Münch
Die Scheidungsimmobilie
2. Auflage

Münch

Die Scheidungsimmobilie

Nutzung – Verwertung – Sicherung – Vereinbarungen – Anträge

von

Notar Dr. Christof Münch, Kitzingen

2. Auflage

Luchterhand Verlag 2013

Zitiervorschlag: Münch, Scheidungsimmobilie, Rdn. 1

Bibliografische Information der Deutschen Nationalbibliothek

Die Deutsche Nationalbibliothek verzeichnet diese Publikation in der Deutschen Nationalbibliografie; detaillierte bibliografische Daten sind im Internet über http://dnb.d-nb.de abrufbar.

ISBN 978-3-472-083382

www.wolterskluwer.de

www.luchterhand-fachverlag.de

Luchterhand – eine Marke von Wolters Kluwer Deutschland GmbH

Umschlagkonzeption: Martina Busch, Grafikdesign, Homburg Kirrberg

Satz: TypoScript GmbH, München

Druck und Weiterverarbeitung: Druckerei Skleniarz, Krakau, Polen

Gedruckt auf säurefreiem und alterungsbeständigem Papier

Vorwort

Die Lösung der Fragen rund um die gemeinsame Immobilie, das sog. Familienwohnheim, stellt häufig den entscheidenden Durchbruch im Scheidungsverfahren dar.

Während die Ehegatten diesen Punkt sehr emotional sehen, ist es Aufgabe der Berater, eine tragfähige Lösung zu erarbeiten, um eine drohende Teilungsversteigerung als oft letzte Stufe in einer sich steigernden Auseinandersetzung zu vermeiden. Ist sie aber unausweichlich, müssen im Interesse des Mandanten oft alle Register des komplizierten Verfahrens gezogen werden.

Dieses Buch will den Berater bei der Scheidung in die Lage versetzen, alle Fragen rund um die Scheidungsimmobilie aus einer Hand zu lösen. Daher werden alle Scheidungsfolgen behandelt, auf die sich die Immobilie, ihre Nutzung und Finanzierung auswirkt.

Nutzungsregelungen und vertragliche Vereinbarungen über die Immobilie einschließlich ihrer Auswirkungen auf das Unterhaltsrecht werden ebenso thematisiert wie vorsorgende Eheverträge oder Scheidungsvereinbarungen mit Rücksicht auf die Immobilie oder erbrechtliche Vorkehrungen nach der Übernahme eines Hauses. Gegenstand der Darstellung sind aber auch die Teilungsversteigerung sowie gerichtliche Regelungen zu Ehewohnung und Haushaltsgegenständen.

Diese Darstellung ist eingebettet in eine allgemeine Erläuterung des Güterstandes und der Inhaltskontrolle bei Eheverträgen und Scheidungsvereinbarungen. Hierzu wird die neueste Rechtsprechung zum Stand Oktober 2012 dargeboten, die seit den Reformen des Jahres 2009 die teilweise neuen Vorschriften ausfüllt und konkretisiert, die aber auch manch überraschende Änderung und Wendung enthält.

Jenseits des Familienwohnheims erfahren auch die Auseinandersetzung einer Vielzahl von Immobilien oder die Schaffung eines Familienpools unter Einbeziehung der Kinder eine ausführliche Darstellung.

Zahlreiche Musterformulierungen, die Sie über die beiliegende CD-ROM für sich nutzbar machen können, sollen Sie in die Lage versetzen, schnell und zielgerichtet eigene Lösungen zu entwickeln.

Der Leserschaft danke ich für die sehr gute Aufnahme der ersten Auflage. Bitte lassen Sie mich auch künftig wissen, wenn Sie in diesem Buch etwas vermissen oder eine kritische Anmerkung haben (kt@notariat-kitzingen.de). Herrn Notarassessor Christian Schall danke ich für die gewissenhafte Mitarbeit bei der Manuskriptkorrektur.

Für alle Vertragsmuster gilt, dass sie als Formulierungsvorschläge gedacht sind, die als Anregung für den Transfer auf den konkreten Lebenssachverhalt dienen, den der Anwender in eigener Verantwortung vorzunehmen hat.

Kitzingen, im Oktober 2012 Dr. Christof Münch

Hinweise zur Arbeit mit den Mustern und Formulierungsvorschlägen

Sämtliche Musterformulierungen sind über die beiliegende CD-ROM verfügbar. Zur Übernahme in Ihre Textverarbeitung legen Sie die CD-ROM in Ihr CD-ROM-Laufwerk ein. Sie können z.B. über das Icon »Arbeitsplatz« durch Doppelklick auf das Symbol des CD-ROM-Laufwerks Zugriff auf die Dateien erhalten.

Durch Doppelklick auf die Datei »start.rtf« gelangen Sie auf ein zentrales Word-Dokument. In diesem Dokument sind sämtliche Word-Dateien der CD-ROM aufgelistet.

Durch Mausklick i.V.m. der STRG-Taste auf die entsprechende Fundstelle gelangen Sie zum gesuchten Formulierungsvorschlag.

Die in diesem Werk abgebildeten Muster und Formulierungsvorschläge können Sie auch über Ihr jBook **online** aufrufen, lokal abspeichern und individuell mit Ihrem eigenen Textverarbeitungsprogramm bearbeiten.

Zu Ihrem jBook gelangen Sie so:

1. Registrieren Sie sich kostenlos auf www.jurion.de
2. Klicken Sie links auf der Startseite in das Fenster »jBook freischalten«.
3. Geben Sie im Folgenden die angeforderten Daten zu Ihrem Printwerk ein.
4. Klicken Sie am unteren Seitenende auf »Freischaltung beantragen«
5. Ihr jBook wird freigeschaltet und steht Ihnen zur Recherche unter »Meine Inhalte« zur Verfügung.

Zu dem von Ihnen gewünschten Muster gelangen Sie entweder über das **Verzeichnis der Muster**, wo Sie über die Verlinkung der Randnummern direkt bei dem entsprechenden Formular gelangen. Oder Sie geben in der Schlagwortsuche den Titel des Musters ein und navigieren über die Trefferliste.

Unter den Mustern finden Sie einen Link zum rtf-Dokument. Wenn Sie diesen anklicken, öffnet sich das Muster als rtf-Dokument, Sie können es in Ihren privaten Ordner ablegen und individuell weiter bearbeiten.

Inhaltsverzeichnis

Seite

Seite

Seite

Seite

Seite

Seite

Seite

Seite

Verzeichnis der Formulierungsvorschläge und Checklisten

Rdn.

Vorsorgende ehevertragliche Regelungen

Literaturverzeichnis

Soweit Literatur abgekürzt zitiert wird, ist diese Zitierweise kursiv dargestellt.

Anwaltkommentar,	*Kaiser/Schnitzler/Friederici, Anwaltkommentar/Bearbeiter* BGB, Band 4: Familienrecht, 2. Aufl. 2010
Bamberger/Roth/Bearbeiter,	Kommentar zum Bürgerlichen Gesetzbuch, 3. Aufl. 2012 *(BGB)*
Bauer/von Oefele/Bearbeiter,	*GBO,* 2. Aufl. 2006
Baumbach/Hopt,	*Handelsgesetzbuch,* 35. Aufl. 2012
Baumbach/Lauterbach/ Hartmann/Albers,	*ZPO,* 70. Aufl. 2012
Bergschneider,	*Verträge in Familiensachen,* 4. Aufl. 2010
Bergschneider,	Richterliche *Inhaltskontrolle* von Eheverträgen und Scheidungsvereinbarungen, 2008
FS BGH,	50 Jahre Bundesgerichtshof, Festgabe aus der Wissenschaft, Band 1, 2000
Börger/Bosch/Heuschmid,	*Familienrecht,* 4. Aufl. 2009
Böttcher,	*ZVG* – Gesetz über die Zwangsversteigerung und die Zwangsverwaltung, 5. Aufl. 2010
Bonefeld/Wachter,	Der Fachanwalt für Erbrecht, 2. Aufl. 2010
Boruttau,	*Grunderwerbsteuergesetz,* 17. Aufl. 2011
Brambring,	*Ehevertrag* und Vermögenszuordnung unter Ehegatten, 7. Aufl. 2012
Büte,	*Zugewinnausgleich* bei Ehescheidung, 4. Aufl. 2012
Damrau,	Praxiskommentar Erbrecht, 2. Aufl. 2010
Dauner-Lieb,	Brennpunkte des Familienrechts, 2003
Demharter,	Grundbuchordnung, 28. Aufl. 2012
Dethloff,	*Familienrecht,* 30. Aufl. 2012
Eckebrecht/Große-Boymann/ Gutjahr/Paul/Schael/von Swieykowski-Trzaska/ Weidemann,	*Verfahrenshandbuch* Familiensachen, 2. Aufl. 2010
Eickmann,	Zwangsversteigerungs- und Zwangsverwaltungsrecht, 2. Aufl. 2009
Engels,	*Steuerrecht* für die familienrechtliche Praxis, 2009
Erman/Bearbeiter,	Handkommentar Bürgerliches Gesetzbuch (*BGB*), 13. Aufl. 2011
Flume,	Allgemeiner Teil des Bürgerlichen Gesetzbuches, Erster Band, Erster Teil, 1977

Formularbuch/Bearbeiter,	Beck'sches Formularbuch, Bürgerliches, Handels- und Wirtschaftsrecht, 10. Aufl. 2010
Formularbuch Familienrecht,	(Hrsg. Bergschneider), Beck'sches Formularbuch, 3. Aufl., 2010
Formularbuch Immobilienrecht	(Hrsg. Weise), Beck'sches Formularbuch 2001
Formularbuch Recht und Steuern,	Beck'sches Formularbuch, 7. Aufl. 2011
Gernhuber/Coester-Waltjen,	Lehrbuch des Familienrechts, 6. Aufl. 2010
Göppinger/Börger/Bearbeiter,	*Vereinbarungen* anlässlich der Ehescheidung, 9. Aufl. 2009
Göppinger/Wax/Bearbeiter,	Unterhaltsrecht, 9. Aufl. 2008
Götz/Brudermüller,	Die gemeinsame Wohnung, 2008
Grobshäuser/Herrmann,	Steuerliche *Gestaltungsmöglichkeiten* bei Trennung und Ehescheidung, 2004
Grziwotz,	*Partnerschaftsvertrag* für die nichteheliche und nicht eingetragene Lebensgemeinschaft, 4. Aufl. 2002
Günther/Hein,	Familiensachen in der Anwaltspraxis, 2. Aufl. 2002
FS Hagen,	Festschrift für Horst Hagen, (Hrsg. Brambring, Medicus, Vogt), 1999
FS Hahn,	Festgabe für Hugo J. Hahn, 2007
FS Hahne,	Festschrift für Meo-Micaela Hahne (Hrsg.: Schwab/Dose), Familienrecht in Theorie und Praxis, 2012
Hamme,	Die *Teilungsversteigerung,* 4. Aufl. 2010
Haußleiter/Schulz,	*Vermögensauseinandersetzung* bei Trennung und Scheidung, 5. Aufl. 2011
FS Henrich,	Festschrift für Dieter Henrich, (Hrsg. Gottwald, Jayme, Schwab), 2000
Herrmann/Heuer/Raupach,	Einkommensteuer- und Körperschaftsteuergesetz, (*EStG*),Stand 250. Erg.L. (2012)
Herr,	Kritik der konkludenten Ehegatteninnengesellschaft, 2008
Hess/Weis/Wienberg,	Kommentar zum Insolvenzrecht (*InsO*), 2. Aufl. 2001
Höland/Sethe,	*Eheverträge* und Scheidungsfolgevereinbarungen, 2006
Hofmann,	*Grunderwerbsteuergesetz,* 9. Aufl. 2010
Horndasch/Viefhues,	FamFG, 2. Aufl. 2011
Huber,	Anfechtungsgesetz, 10. Aufl. 2006
Hügel/Scheel,	Rechtshandbuch *Wohnungseigentum,* 3. Aufl. 2011
Jeep,	*Ehegattenzuwendungen* im Zugewinnausgleich, 1999
Johannsen/Henrich,	Familienrecht, 5. Aufl. 2010
Kaiser/Schnitzler/Friederici,	*Anwaltkommentar/Bearbeiter* BGB, Band 4: Familienrecht, 2. Aufl. 2010
Kanzleiter/Wegmann,	*Vereinbarungen* unter Ehegatten, 7. Aufl. 2007

Kappler,	Die Beendigung der Gütergemeinschaft, 2006
Kirchhof,	*EStG,* 11. Aufl. 2012
Klein	(Hrsg.), Handbuch Familienvermögensrecht, 2011
Kogel,	*Strategien* beim Zugewinnausgleich, 3. Aufl. 2009
Kogel,	Strategien bei der *Teilungsversteigerung* des Familienheims, 2012
Korn/Bearbeiter,	Einkommensteuergesetz, Kommentar (*EStG*), Stand 2011
Kraeft	(Hrsg.), Insolvenzordnung (Heidelberger Kommentar), 6. Aufl. 2011
Krause,	Das *Familienheim* bei Trennung und Scheidung, 2006
Krauß,	*Immobilienkaufverträge* in der Praxis, 6. Aufl. 2012
Langenfeld,	Gesellschaft bürgerlichen Rechts, 7. Aufl. 2009
Langenfeld,	Handbuch der *Eheverträge* und Scheidungsvereinbarungen, 6. Aufl. 2011
Langenfeld,	*Vertragsgestaltung,* 3. Aufl. 2004
Meincke,	Erbschaftsteuer- und Schenkungsteuergesetz, 16. Aufl. 2011
Meyer-Götz,	Formularbuch *Familienrecht,* 2. Aufl. 2011
L. Müller,	Beratung und *Vertragsgestaltung* im Familienrecht, 3. Aufl. 2011
C. Münch,	*Ehebezogene Rechtsgeschäfte,* 3. Aufl. 2011
C. Münch	(Hrsg.), Familienrecht in der Notar- und *Gestaltungspraxis,* 2012
Münchener Anwaltshandbuch Familienrecht,	Hrsg. Schnitzler, *MüHdbFamR/Bearbeiter,* 3. Aufl. 2010
MünchKomm-BGB/Bearbeiter,	Münchener Kommentar zum Bürgerlichen Gesetzbuch, Band 1, 5. Aufl., 2009; Band 6, 5. Aufl., 2009; Band 7, Familienrecht I, 5. Aufl., 2010; Band 8, 6. Aufl.
MünchKomm-ZPO/Bearbeiter,	Münchener Kommentar zur Zivilprozessordnung, 3. Aufl. 2007/2008
Münchener Prozessformularbuch,	Band 3 Familienrecht, Hrsg. Gottwald, 3. Aufl. 2010
MüVertHdb/Bearbeiter,	Münchener Vertragshandbuch, Band 6, 6. Aufl. 2010
Musielack/Bearbeiter,	Kommentar zur Zivilprozessordnung, (*ZPO*), 9. Aufl., 2012
Nieder/Kössinger,	Handbuch der *Testamentsgestaltung,* 4. Aufl. 2011
FS Odersky,	Festschrift für Walter Odersky, (Hrsg. Böttcher, Hueck, Jähnke), 1996
Palandt/Bearbeiter,	BGB, 71. Aufl. 2012
Prütting/Gehrlein,	ZPO, 4. Aufl. 2012
Reimann/Bengel/J. Mayer,	*Testament und Erbvertrag,* 5. Aufl. 2006

K. Schmidt, *Gesellschaftsrecht*, 4. Aufl. 2002

L. Schmidt/Bearbeiter, *Einkommensteuergesetz,* 31. Aufl. 2012

Schöner/Stöber, *Grundbuchrecht,* 14. Aufl. 2008

Schröder/Bergschneider/Bearbeiter, Familienvermögensrecht, 2. Aufl. 2007

Schulte-Bunert/Weinreich, FamFG, 3. Aufl. 2012

FS Schwab, Perspektiven des Familienrechts, Festschrift für Dieter Schwab zum 70. Geburtstag, Hrsg.: *Hofer, Klippel, Walter*, 2005.

Schwab/Bearbeiter, Handbuch des *Scheidungsrechts*, 6. Aufl. 2010

Schwab/Hahne, *Familienrecht* im Brennpunkt, 2004

Simon/Busse, Bayerische Bauordnung, 107. Erg., 2012

Soergel/Bearbeiter, Bürgerliches Gesetzbuch mit Einführungsgesetz und Nebengesetzen, *(BGB),* §§ 1297-1563, 13. Aufl. 1999

Sommer/Kröll/Piehler, Grundstücks- und Gebäudewertermittlung für die Praxis, Stand 2011

Staudinger/Bearbeiter, J. von Staudingers Kommentar zum Bürgerlichen Gesetzbuch, *(BGB),* Bearbeitungsstände: §§ 134-138, 2011; §§ 139-163, 2010; §§ 362-396, 2006; §§ 705-740, 2003; §§ 741-764, 2008; §§ 1297-1563, 2007; §§ 1564-1568b, 2010; §§ 2265-2338, 2006; Art. 219-245 EGBGB, 2003

Stein/Jonas, *ZPO,* 22. Aufl. 2002 ff.

Stöber, *Zwangsversteigerungsgesetz,* 20. Aufl. 2012

Stollenwerk, *Lexikon des Vermögensausgleichs* zwischen Ehegatten und Lebenspartnern, 2004

Storz/Kiderlen, Praxis der *Teilungsversteigerung,* 5. Aufl. 2011

Thomas/Putzo, Kommentar zur Zivilprozessordnung (*ZPO*), 33. Aufl. 2012

Troll/Gebel/Jülicher/Bearbeiter, Erbschaftsteuer- und Schenkungsteuergesetz, Stand 2012

Uhlenbruck (Hrsg.), *Insolvenzordnung,* 13. Aufl. 2010

Vorwerk, Das *Prozessformularbuch,* 9. Aufl. 2010

Wachter (Hrsg.), *Fachanwaltshandbuch* Handels- und Gesellschaftsrecht, 2. Aufl. 2010

Wegmann, *Eheverträge,* 2. Aufl. 2002

Wendl/Dose/Bearbeiter, Das *Unterhaltsrecht* in der familienrichterlichen Praxis, 8. Aufl. 2011

Wever, *Vermögensauseinandersetzung* der Ehegatten außerhalb des Güterrechts, 5. Aufl. 2009

Widmann/Mayer, Umwandlungsrecht, Stand 2011

Wittich,	Die *Gütergemeinschaft,* 2000
Würzburger Notarhandbuch,	3. Aufl. 2012
Zöller/Bearbeiter,	*ZPO,* 29. Aufl. 2011

Abkürzungsverzeichnis

a.A.	anderer Auffassung
abl.	ablehnend
Abs.	Absatz
AcP	Archiv für die civilistische Praxis
Abschn.	Abschnitt
a.F.	alte Fassung
AfA	Absetzung für Abnutzung
Alt.	Alternative
Anm.	Anmerkung
AO	Abgabenordnung
Art.	Artikel
Aufl.	Auflage
BAnZ	Bundesanzeiger
BauGB	Baugesetzbuch
BayObLG	Bayerisches Oberstes Landesgericht
BayStMFin	Bayerisches Staatsministerium der Finanzen
BB	Betriebs-Berater
Bearb.	Bearbeiter
BeckRS	Becksche Rechtssammlung
BelwV	Verordnung über die Ermittlung der Beleihungswerte von Grundstücken
Beschl.	Beschluss
BeurkG	Beurkundungsgesetz
BewG	Bewertungsgesetz
BezG	Bezirkgsgericht
BFH	Bundesfinanzhof
BFH/NV	Bundesfinanzhof – nicht veröffentlichte Entscheidungen
BGB	Bürgerliches Gesetzbuch
BGBl.	Bundesgesetzblatt
BGH	Bundesgerichtshof
BGHZ	Entscheidungen des Bundesgerichtshofs in Zivilsachen
BMF	Bundesministerium der Finanzen
BMJ	Bundesministerium der Justiz
BNotO	Bundesnotarordnung
BR-DrS	Bundesratsdrucksache
BRAK	Bundesrechtsanwaltskammer
BRAK-Mitt.	Mitteilungen der Bundesrechtsanwaltskammer
BSG	Bundessozialgericht
BSHG	Bundessozialhilfegesetz
BStBl.	Bundessteuerblatt
BT-Drucks.	Bundestagsdrucksache
Buchst.	Buchstabe
BVerfG	Bundesverfassungsgericht
BWNotZ	Zeitschrift für das Notariat in Baden-Württemberg
bzgl.	bezüglich

bzw.	beziehungsweise
DB	Der Betrieb
DepotG	Depotgesetz
DFGT	Deutscher Familiengerichtstag
d.h.	das heißt
DNotI	Deutsches Notarinstitut
DNotI-Report	Informationsdienst des Deutschen Notarinstituts
DNotZ	Deutsche Notar-Zeitschrift
DÖV	Die öffentliche Verwaltung
DStR	Deutsches Steuerrecht
DStRE	Deutsches Steuerrecht – Entscheidungsdienst
dt.	deutsch
E	Entwurf
EFG	Entscheidungen der Finanzgerichte
EGBGB	Einführungsgesetz zum Bürgerlichen Gesetzbuch
EGZVG	Einführungsgesetz zum Gesetz über die Zwangsversteigerung und die Zwangsverwaltung
Einl.	Einleitung
ErbbauRG	Gesetz über das Erbbaurecht
ErbStB	Der Erbschaft-Steuer-Berater
ErbStG	Erbschaftsteuer- und Schenkungsteuergesetz
ErbStR	Erbschaftsteuer-Richtlinien
Erg. L.	Ergänzungslieferung
EStG	Einkommensteuergesetz
EStH	Einkommensteuer-Richtlinien, Amtliche Hinweise
EStR	Einkommensteuer-Richtlinien
etc.	etcetera
f.	folgende
FamFG	Gesetz über das Verfahren in Familiensachen und in den Angelegenheiten der freiwilligen Gerichtsbarkeit
FamRB	Der Familien-Rechts-Berater
FamRZ	Zeitschrift für das gesamte Familienrecht
ff.	fortfolgende
FF	Forum Familien- und Erbrecht
FGB-DDR	Familiengesetzbuch der Deutschen Demokratischen Republik
FG	Finanzgericht
FGG	Gesetz über die Angelegenheiten der freiwilligen Gerichtsbarkeit
FinMin	Finanzministerium
FN	Fußnote
Form.	Formular
FPR	Familie Partnerschaft Recht
FS	Festschrift
FuR	Familie und Recht

GBO	Grundbuchordnung
GBV	Allgemeine Verfügung über die Einrichtung und Führung des Grundbuches
GbR	Gesellschaft bürgerlichen Rechts
GewSchG	Gewaltschutzgesetz
GFZ	Geschoßflächenzahl
GG	Grundgesetz
ggf.	gegebenenfalls
grds.	Grundsätzlich
GrEStG	Grunderwerbsteuergesetz
HausratsVO	Verordnung über die Behandlung der Ehewohnung und des Hausrats
HFA	Hauptfachausschuss des Instituts der Wirtschaftsprüfer
HGB	Handelsgesetzbuch
h.M	herrschende Meinung
h.L.	herrschende Lehre
Hrsg.	Herausgeber
HS	Halbsatz
i.d.R.	in der Regel
IDW	Institut der Wirtschaftsprüfer
i.H.d.	in Höhe des
i.H.v.	in Höhe von
IHK	Industrie- und Handelskammer
INF	Die Information über Steuer und Wirtschaft
insb.	insbesondere
InsO	Insolvenzordnung
i.R.d.	im Rahmen des
i.S.d.	im Sinne des
i.V.m.	in Verbindung mit
JA	Juristische Arbeitsblätter
JR	Juristische Rundschau
JuS	Juristische Schulung
JW	Juristische Wochenschrift
JZ	Juristenzeitung
Kap.	Kapitel
KG	Kommanditgesellschaft
KG	Kammergericht
KGJ	Jahrbuch für Entscheidungen des Kammergerichts
krit.	kritisch
KritV	Kritische Vierteljahresschrift für Gesetzgebung und Rechtswissenschaft
KÖSDI	Kölner Steuerdialog
lfd.	laufend(e)
LG	Landgericht

LS	Leitsatz
m.	mit
MDR	Monatsschrift für Deutsches Recht
m.E.	meines Erachtens
MittBayNot	Mitteilungen des Bayerischen Notarvereins, der Notarkasse und der Landesnotarkammer Bayern
MittRhNotK	Mitteilungen der Rheinischen Notarkammer
MüHdbFamR	Münchener Handbuch des Familienrechts
MünchKomm-BGB	Münchener Kommentar zum Bürgerlichen Gesetzbuch
MünchKomm-InsO	Münchener Kommentar zur Insolvenzordnung
MüVertHdb	Münchener Vertragshandbuch
m.w.N.	mit weiteren Nachweisen
NJOZ	Neue Juristische Onlinezeitschrift
NJW	Neue Juristische Wochenschrift
NJW-RR	Neue Juristische Wochenschrift Rechtsprechungs-Report
NotBZ	Zeitschrift für die notarielle Beratungs- und Beurkundungspraxis
Nr.	Nummer
NWB	Neue Wirtschafts-Briefe
NZG	Neue Zeitschrift für Gesellschaftsrecht
NZI	Neue Zeitschrift für Insolvenzrecht
NZM	Neue Zeitschrift für Mietrecht
OFD	Oberfinanzdirektion
OLG	Oberlandesgericht
OLGR	OLG-Report
PKW	Personenkraftfahrzeug
R	Richtlinie
RefE	Referentenentwurf
RegE	Regierungsentwurf
Rn.	Randnummer
RG	Reformgesetz
RG	Reichsgericht
RGZ	Reichsgericht in Zivilsachen RFH Reichsfinanzhof
RNotZ	Rheinische Notar-Zeitschrift
RPfl.	Rechtspfleger
Rspr.	Rechtsprechung
S.	Seite
SGB	Sozialgesetzbuch
SNR	Sondernutzungsrecht
sog.	so genannte
st	ständige(r)
str.	streitig

Tz.	Textziffer
Urt.	Urteil
UStG	Umsatzsteuergesetz
v.	vom
v. a.	vor allem
VAHRG	Gesetz zur Regelung von Härten im Versorgungsausgleich
vgl.	vergleiche
VIA	Verbraucherinsolvenz aktuell (Zs.)
VO	Verordnung
Vorbem.	Vorbemerkung
WEG	Wohnungseigentumsgesetz
WertR	Wertermittlungsrichtlinie
WertV	Wertermittlungsverordnung
WM	Wertpapier-Mitteilungen
WPg	Die Wirtschaftsprüfung
ZAP	Zeitschrift für die Anwaltspraxis
z.B.	zum Beispiel
ZErb	Zeitschrift für die Erbrechtspraxis
ZEV	Zeitschrift für Erbrecht und Vermögensnachfolge
ZFE	Zeitschrift für Familien- und Erbrecht
ZfIR	Zeitschrift für Immobilienrecht
ZGR	Zeitschrift für Unternehmens- und Gesellschaftsrecht
ZIP	Zeitschrift für Wirtschaftsrecht
ZNotP	Zeitschrift für die Notarpraxis
ZPO	Zivilprozessordnung
ZRP	Zeitschrift für Rechtspolitik
z. T.	zum Teil
ZVG	Gesetz über die Zwangsversteigerung und die Zwangsverwaltung

A. Die Immobilie als Wert im Rahmen der Scheidungsfolgenansprüche

Die **Scheidungsimmobilie** ist in vielen Scheidungsverfahren das **zentrale Streitobjekt**. Häufig haben sich in der Ehe alle Anstrengungen auf Bau oder Kauf des Eigenheims und seine Finanzierung und Unterhaltung konzentriert. Dann ist außerhalb der Immobilie kaum Zugewinn angefallen. Eine **Vermögensauseinandersetzung setzt** daher eine **Einigung über den Verbleib der Immobilie voraus**. Diese Einigung wird erschwert zum einen durch die im Rahmen der Scheidung knapper werdenden Finanzmittel und zum anderen durch den emotionalen Konflikt um den bisherigen Lebensmittelpunkt, der zusätzlich mit entscheidend für die weitere Lebenssituation vorhandener Kinder sein kann. 1

Auch bei der Berechnung des Unterhalts spielt das künftige Schicksal des Eigenheims eine ganz entscheidende Rolle. 2

Daher gehört es zu den zentralen Aufgaben jedes Beraters, den Konflikt um die Scheidungsimmobilie zu lösen. Hierzu ist zunächst einmal eine Einschätzung zum Wert der Immobilie zu gewinnen. 3

I. Wertermittlung bei Grundbesitz

1. Bewertung von Grundbesitz

Bei der Bewertung von **Grundstücken und Gebäuden**[1] ist auf den Verkehrswert als den vollen wirklichen Wert[2] abzustellen. Dieser entspricht nach § 194 BauGB dem Preis, der zum Stichtag im gewöhnlichen Geschäftsverkehr nach den rechtlichen Gegebenheiten und tatsächlichen Eigenschaften, der sonstigen Beschaffenheit und der Lage des Grundstücks oder des sonstigen Gegenstandes der Wertermittlung ohne Rücksicht auf ungewöhnliche oder persönliche Verhältnisse zu erzielen wäre. Auf der Grundlage des § 199 Abs. 1 BauGB hat die Bundesregierung im Jahre 2010 die Immobilienbewertung neu geregelt durch die Verordnung über die Grundsätze der Ermittlung der Verkehrswerte von Grundstücken (Immobilienwertermittlungsverordnung – ImmoWertV),[3] welche die alte Wertermittlungsverordnung aus dem Jahre 1988 ersetzt hat.[4] Sie wird ergänzt durch eine Richtlinie zur Ermittlung von Bodenrichtwerten nach § 10 ImmoWertV.[5] 4

1 Hierzu *Sommer/Kröll/Piehler*, Grundstücks- und Gebäudewertermittlung für die Praxis, Stand 2011

2 BGH, FamRZ 1986, 37 ff.

3 ImmoWertV v. 19.05.2010, BGBl. 2010 I, S. 639 ff.

4 Kommentiert bei *Ernst/Zinkahn*, Baugesetzbuch, Stand 102. Erg., 2011 unter G.

5 Richtlinie vom 11.01.2011, BAnz 2011, 597, abgedruckt bei *Simon/Busse*, Bayerische Bauordnung, 107. Erg., 2012, Anhang Nr. 137a.

5 Danach kommen als Wertermittlungsverfahren das **Vergleichswertverfahren** (§ 15 ImmoWertV), das **Ertragswertverfahren** (§§ 17 bis 20 ImmoWertV) oder das **Sachwertverfahren** (§§ 21 bis 23 ImmoWertV) in Betracht. § 8 ImmoWertV ordnet an, dass eines oder mehrere dieser Verfahren zur Wertermittlung heranzuziehen sind. Die Wahl hat nach Art und Gegenstand der Wertermittlung unter Berücksichtigung der im Geschäftsverkehr bestehenden Gepflogenheiten zu erfolgen. Dem Charakter des Objekts kommt also entscheidende Bedeutung zu.[6]

6 Hiernach werden **unbebaute Grundstücke** i.d.R. nach dem **Vergleichswertverfahren** unter Heranziehung der **Bodenrichtwerte** nach § 196 BauGB bewertet. Allerdings müssen aus der Kaufpreissammlung Verkaufsfälle ausgesondert werden, wenn Zweifel an der Vergleichbarkeit bestehen.[7] Dies wird umso mehr gelten, je geringer die Datenbasis der jeweiligen Gutachterausschüsse ist. Bodenrichtwerte beruhen manchmal auf einigen wenigen Verkäufen, deren Aussagekraft dann zweifelhaft sein kann, wenn darin noch **Verwandtenverkäufe** eingeschlossen sind.[8]

▶ Hinweis:

Bodenrichtwerte sollten immer hinterfragt werden! Nach Möglichkeit ist die zugrunde liegende Datenbasis zu ergründen. Häufig entsprechen die Bodenrichtwerte nicht den Verkehrswerten, wenn im untersuchten Gebiet nur wenige Verkäufe zu registrieren waren!

7 Die Bodenrichtwerte sind – so schon der Name – nur Richtwerte, d.h. es muss **individuell hinterfragt** werden, ob für das konkrete Grundstück besondere Gegebenheiten (Lage, Größe, Zuschnitt, Bebaubarkeit) vorliegen, die eine abweichende Bewertung rechtfertigen. Hierbei sind auch Baugrenzen, Baulinien oder die Nachbarbebauung in eine Einzelbewertung einzubeziehen.[9]

▶ Hinweis:

Für die Zugewinnberechnung kann es sich lohnen, hinsichtlich der Wertfeststellung die Grundlagen der Wertermittlung zu überprüfen.

8 Bei **eigengenutzten Ein- und Zweifamilienhäusern** wird zumeist das **Sachwertverfahren** angewandt.[10] Der Sachwert setzt sich aus dem Bodenwert sowie dem Gebäudewert und dem Wert der Außenanlagen nach Herstellungswerten zusammen (§ 21 ImmoWertV).

9 Hierbei ist ein **Altersabschlag** entsprechend dem Verhältnis der Restnutzungsdauer zur Gesamtnutzungsdauer vorzunehmen (§ 23 ImmoWertV). Die Marktsituation für das Objekt ist korrigierend zu berücksichtigen. Für luxuriöse Aufwendungen, die

---

6 OLG Saarbrücken, FamRZ 1998, 235 (nur LS).

7 BGH, FamRZ 1992, 918, 920.

8 Kritisch zur Bedeutung der Kaufpreissammlung für die Verkehrswertermittlung *Weglage*, DS 2012, 144 ff.

9 *Tremel*, ZEV 2007, 365, 366.

10 BGH, FamRZ 1992, 918, 919; OLG Düsseldorf, FamRZ 1989, 280 ff.

jedoch keinen Verkaufswert haben, sind ggf. Abschläge vorzusehen.[11] Das noch vorgesehene **Vergleichswertverfahren** scheidet meistens aufgrund der mangelnden Vergleichbarkeit aus und kommt nur bei Mehrhausanlagen oder Eigentumswohnungen in Betracht, die wirklich vergleichbar sind.

Bei **Renditeobjekten** wird das **Ertragswertverfahren** sachgerecht sein.[12] Hierbei ist der Wert der Gebäude getrennt vom Bodenwert auf der Grundlage des Ertrages zu ermitteln (§ 17 ImmoWertV). Basis der Wertermittlung nach dem Ertragswert (§§ 17,18 ImmoWertV) ist der nachhaltig[13] erzielbare Reinertrag (= Rohertrag abzüglich der nicht auf den Mieter umlegbaren Bewirtschaftungskosten[14]). Ein Instandhaltungsrückstau ist gesondert abzuziehen. Dieser Wert ist um eine angemessene Bodenwertverzinsung zu vermindern und mit einem Vervielfältiger zu multiplizieren. Der Bodenwert ist nach der Vergleichswertmethode zu ermitteln und hinzuzuzählen.[15] 10

Anlehnen kann sich eine Wertermittlung auch an die Verordnung über die Ermittlung der Beleihungswerte von Grundstücken nach § 16 Abs. 1 und Abs. 2 des Pfandbriefgesetzes (**BelWertV**).[16] Diese Verordnung ist bestrebt, den Beleihungswert unabhängig von konjunkturell bedingten Schwankungen und spekulativen Elementen für die gesamte Beleihungsdauer festzustellen, v.a. mit Blick auf die Vermarktungsmöglichkeiten und unter Zugrundelegen einer vorsichtigen Bewertung (§ 3 BelWertV).[17] 11

Ein **Rechtsanwalt** ist nach der Rechtsprechung verpflichtet, die dem Gutachten zugrunde liegenden Daten auf ihre Richtigkeit zu **prüfen**, sonst macht er sich **schadensersatzpflichtig.**[18] 12

▶ **Eine Checkliste zur Überprüfung solcher Gutachten[19] enthält insb. folgende Prüfungspunkte:** 13

- ☐ Immobilienwertermittlungsverordnung als Grundlage?
- ☐ Einsicht in Grundbuch und Information über Belastungen und Baulasten?
- ☐ Angaben zu Denkmalschutz
- ☐ Angaben zu Flächennutzungs- und Bebauungsplan

---

11 *Tremel*, ZEV 2007, 365, 367.

12 BGHZ 17, 236, 240; OLG Frankfurt, FamRZ 1980, 576; *Büte*, Zugewinnausgleich Rn. 134.

13 Zur Bedeutung der Nachhaltigkeit bei der Verkehrswertermittlung: *Kühnberger*, DStR 2012, 426 f.

14 Bei gebrauchten Immobilien ohne Instandhaltungsrückstau etwa 17 bis 30 % des Rohertrages, *Tremel*, ZEV 2007, 365, 367.

15 Berechnungsbeispiel bei *Büte*, Zugewinnausgleich, Rn. 137.

16 BGBl. 2006 I, S. 1175 ff.

17 Hierzu näher *Krause*, Familienheim, 5/1 ff.

18 OLG Düsseldorf, FamRZ 2007, 644.

19 *Büte*, Zugewinnausgleich, Rn. 687 (Anhang 6).

- ☐ Nachprüfung von Vergleichsobjekten (Vergleichswertverfahren), Ertragsangaben, Nachhaltigkeit des Ertrags (Ertragswertverfahren), Baujahr und Restnutzungsdauer sowie etwaiger Baumängel und Instandhaltungsrückstaus (Sachwertverfahren)
- ☐ Verwendung aktueller Indices und Umrechnung auf den Bewertungsstichtag
- ☐ Angaben zu den Bodenrichtwerten, zur Erschließungssituation und zur Lage des Grundstücks (Bodenwert).

Die erbschaftsteuerlichen Wertbestimmungsregelungen des Bewertungsgesetzes sind noch von der vorher geltenden Wertermittlungsverordnung 1988 geprägt. Auf der Basis der aktuellen ImmoWertV wird derzeit eine neue Sachwertrichtlinie vorbereitet. In § 198 BewG wird aber zum Nachweis des niedrigeren gemeinen Wertes schon auf die ImmoWertV verwiesen.[20]

15 Das Gesetz zur Reform des Erbschaftsteuer- und Bewertungsrechts vom 24.12.2008[21] regelt in §§ 157 ff. des **neu gefassten Bewertungsgesetzes** eine detaillierte Bewertung des Grundbesitzes zu Verkehrswerten. So bestimmen etwa §§ 183 ff. BewG, dass bebaute Grundstücke im Vergleichswertverfahren zu bewerten sind, Mietwohngrundstücke und Geschäftsgrundstücke jedoch im Ertragswertverfahren und Grundstücke, für die kein Vergleichswert vorliegt, im Sachwertverfahren.

16 Die zunächst geplante Verordnung zur Ausfüllung des neuen BewG ist mit Rücksicht auf den Parlamentsvorbehalt nunmehr in die Neufassung des Bewertungsgesetzes integriert worden. Die Anlagen 21 ff. BewG enthalten detaillierte Angaben zur Berechnung des Gebäudereinertrags, der Berechnung der Restnutzungsdauer, zur Ermittlung der pauschalierten Bewirtschaftungskosten und zur Berechnung des Gebäuderegelherstellungswertes sowie weiterer notwendiger Angaben.

2. Besonderheiten bei der Land- und Forstwirtschaft

17 Für land- und forstwirtschaftliche Betriebe ordnet **§ 1376 Abs. 4 BGB** an, dass der landwirtschaftliche Ertragswert für die Wertberechnung maßgeblich ist, wenn:

- der Inhaber in Anspruch genommen wird (also nicht, wenn der Inhaber selbst Zugewinn verlangt);
- der Betrieb sowohl im Anfangs- wie im Endvermögen zu berücksichtigen ist (nicht mit in die Ertragswertberechnung einbezogen werden also Grundstücke, die während der Ehe hinzu erworben wurden, wenn durch ihr Herauslösen die Leistungsfähigkeit des Hofes nicht gefährdet ist);[22]
- die Weiterführung durch den Inhaber oder einen Abkömmling erwartet werden kann (Grundstücke, die praktisch baureif sind und deren Herauslösen die Leistungsfähigkeit des Hofes nicht gefährden würde, werden nicht nach dem Ertrags-

20 Zum Ganzen *Drosdzol*, ZEV 2012, 17, 19.

21 BGBl. 2008 I, S. 3018 ff.

22 BGH, FamRZ 1991, 1166, 1167.

wert bewertet.[23] Ebenso werden Grundstücke, die während der Ehe verkauft wurden, im Anfangsvermögen mit dem Verkehrswert angesetzt und zugekaufte Grundstücke im Endvermögen, wenn der Ankauf nicht dringenden betrieblichen Interessen diente).[24]

Als **landwirtschaftlichen Ertragswert** legen die nach Art. 137 EGBGB maßgeblichen 18
landesrechtlichen Vorschriften zumeist das 18- bis 25-fache des jährlichen Reinertrags fest.

Diese Vorschrift, welche die Landwirtschaft vor der Zerschlagung durch nach dem Ver- 19
kehrswert bemessene Zugewinnansprüche schützen sollte, führt in der Praxis sehr häufig dazu, dass ein Zugewinn im Rahmen des landwirtschaftlichen Betriebs nicht anfällt, da die Ertragswerte unverändert oder sogar niedriger sind. Man wird zugleich feststellen müssen, dass dies denjenigen **Ehegatten schutzlos** stellt, der nicht Hofinhaber ist, aber über lange Jahre auf dem Hof mitgearbeitet und so zur Erhaltung und ggf. Wertsteigerung des Hofes beigetragen hat. Aus diesem Grund werden hier zunehmend abweichende Vereinbarungen durch vorsorgenden Ehevertrag getroffen.[25]

▶ Gestaltungsempfehlung:

Bei Mitarbeit des anderen Ehegatten in einem landwirtschaftlichen Betrieb sollte entweder eine konkrete Entlohnung durch Arbeitsvertrag sichergestellt oder die Regelung des § 1376 Abs. 4 BGB für die Wertberechnung des Betriebes nach dem landwirtschaftlichen Ertragswert modifiziert werden.

Ist dies nicht geschehen, hat es der Nichteigentümer-Ehegatte regelmäßig schwer, 20
einen Zugewinn darzulegen.

Die Vorschrift findet auf Bewertungen im Rahmen der Gütergemeinschaft keine ent- 21
sprechende Anwendung.[26]

3. Belastungen, insb. Vorbehaltsrechte

a) Belastungen

Belastungen des Grundbesitzes sind zum Abzug zu bringen, wobei hier bewertungs- 22
rechtliche und güterrechtliche Überlegungen zu unterscheiden sind.

Nach § 6 Abs. 2 ImmoWertV kommen als wertbeeinflussende Rechte und Belastun- 23
gen solche privatrechtlicher und öffentlich-rechtlicher Art, wie Dienstbarkeiten, Nutzungsrechte, Baulasten und sonstige dingliche Rechte und Lasten in Betracht.

---

23 BGHZ 98, 382, 388 für Pflichtteilsansprüche; *Büte*, Zugewinnausgleich, Rn. 154.

24 *Haußleiter/Schulz*, Vermögensauseinandersetzung, Kap. 1 Rn. 293.

25 Formulierungsvorschläge bei *C. Münch*, Ehebezogene Rechtsgeschäfte, Rn. 1066 f.; vgl. auch *Grziwotz*, FamRB 2008, 88.

26 BGH, FamRZ 1986, 776 f.; speziell für die Landwirtschaft *Grziwotz*, Eheverträge in der Landwirtschaft, 2012.

24 Der Wert von Nutzungsrechten des Objektes ist durch Kapitalisierung zu ermitteln. Bestehen sie auf Lebenszeit einer Person, sind sie nach der Lebenserwartung zu kapitalisieren. Hierbei ist es wichtig, die Kostentragung für das Anwesen mit zu berücksichtigen.

25 Bei Leitungs- oder Wegerechten, die ggf. auf Dauer bestellt sind, ist der Wert des betroffenen Grundstücksteils entsprechend zu mindern oder gar ganz herabzusetzen, wenn eine bauliche Nutzung wegen der Belastung nicht mehr durchgesetzt werden kann.

26 Durch eine eingetragene aber nicht valutierte Grundschuld[27] soll eine Minderung noch nicht erfolgen. Bei Valutierung wird jedoch einerseits vertreten, dass auch eine Belastung keine Wertminderung darstelle, da ein fiktiver Käufer das Grundstück lastenfrei erwerben würde,[28] andererseits wird dargelegt, dass nach allgemeinen Bewertungsgrundsätzen Belastungen den Grundstückswert mindern.[29]

27 Zumindest bei der Zugewinnberechnung wäre dies gerechtfertigt, da hier die verbliebene Valutierung in jedem Fall gesondert als Schuld ins Gewicht fällt.

b) Vorbehaltsrechte – Änderung der Rechtsprechung zur Berücksichtigung im Zugewinn

28 Besonderheiten bestehen hinsichtlich solcher Rechte, die bei einer Übergabe des Grundvermögens oder der Land- und Forstwirtschaft für den Übergeber vorbehalten wurden. Solche Übergabeverträge sind dadurch geprägt, dass typischerweise an den Veräußerer Gegenleistungen erbracht werden bzw. dieser sich Nutzungen vorbehält, so in der Gestalt des Nießbrauchs oder eines Wohnrechtes, der Zahlung von dauernden Lasten oder dem Versprechen von Wart- und Pflegeleistungen, aber auch der Übernahme bestehender Verbindlichkeiten oder der Hinauszahlung an Geschwister des Erwerbers.

29 In vielen Fällen wird zusätzlich dem Veräußerer für bestimmte Fälle ein **Rückübertragungsrecht** eingeräumt. Die Praxis sieht dies insb. für den Fall einer vertraglich untersagten Veräußerung oder Belastung, des Vorversterbens oder der Insolvenz des Erwerbers vor. Mit der Zunahme der Scheidungsrate wird aber mehr und mehr auch der Fall der Ehescheidung des Erwerbers als Rückübertragungsgrund mit jeweils unterschiedlichen Formulierungen vereinbart.[30]

30 Im Güterstand der Zugewinngemeinschaft ist fraglich, wie diese Rechte zu behandeln sind, denn die vorbehaltenen Nutzungsrechte bzw. die versprochenen Gegenleistungen müssen zum einen zum Zeitpunkt der Übergabe und zum anderen zum

---

27 OLG Koblenz, FamRZ 2005, 624.

28 *Tremel*, ZEV 2007, 365, 369.

29 *Drosdzol*, ZEV 2008, 10, 13; vgl. auch *Stollenwerk*, Lexikon des Vermögensausgleichs, Rn. 301.

30 Näher zu diesem Punkt *C. Münch*, Ehebezogene Rechtsgeschäfte, Rn. 1308.

Zeitpunkt der Feststellung des Endvermögens bewertet werden. **Rechte**, die **auf Lebenszeit des Berechtigten** gewährt sind, **nehmen** jedoch mit zunehmendem Lebensalter **im Wert ab** bzw. **erlöschen mit dem Tode**, sodass die Belastung im Anfangsvermögen zunächst mehr wert und damit höher ist als später im Endvermögen. Dennoch ist fraglich, ob hierin ein Zugewinn zu erblicken ist, denn das Abnehmen der Belastung ist in der Übergabe an den Erwerber begründet (gleitende Vermögensübergabe) und daher gleichfalls als nach § 1374 Abs. 2 BGB begünstigt anzusehen.[31] Zum anderen wird die Abnahme der Belastung kompensiert durch ein Ansteigen des Grundstückswertes wegen eben dieser Abnahme der Belastung.

Der **BGH** hatte aus diesem Grund in seiner **früheren Rechtsprechung** einen **vereinfachten Weg**[32] vertreten. Er hat den Nießbrauch,[33] aber auch sonstige Leibgedingsleistungen[34] sowohl beim Anfangsvermögen wie auch beim Endvermögen unberücksichtigt gelassen, da dies zum gleichen Ergebnis führt. Abzuziehen vom übernommenen Vermögen waren danach nur Verpflichtungen zur Leistung von Ausgleichsbeträgen an Geschwister, bei späterer Fälligkeit ggf. abgezinst.[35] 31

Diese Rechtsprechung war vielfach kritisiert worden[36] und so hat der BGH seine Rechtsprechung in zwei grundlegenden Urteilen abgeändert. Zunächst hat er entschieden,[37] dass eine **Leibrente**, die im Rahmen einer vorweggenommenen Erbfolge zugesagt wurde, **beim Anfangs- und Endvermögen mit** ihrem jeweils **unterschiedlichen Wert** zu berücksichtigen ist. Die Verringerung der Lebenserwartung des Berechtigten führt somit zu ausgleichungspflichtigem Zugewinn. Dieses Urteil des BGH ist wohl auch auf Pflegeleistungen als Teil eines Leibgedings anzuwenden, die durch Arbeitsleistung erbracht werden, denn diese verhindern, dass der Verpflichtete auf andere Weise Zugewinn erwirtschaftet.[38] 32

In einer zweiten Entscheidung[39] hat der BGH diese Rechtsprechung auch auf **Nutzungsvorbehalte** in Gestalt eines Wohnrechts – Gleiches wird dann auch für den Nießbrauch gelten müssen – ausgedehnt. Der BGH lässt es nunmehr auch nicht genügen, eine unterschiedliche Bewertung und Berechnung zu den Stichtagen des Anfangs- und Endvermögens durchzuführen, sondern er fordert unter Berufung auf 33

31 *Soergel/Lange*, BGB, § 1374 Rn. 13.

32 So *Kogel*, FamRZ 2006, 451, 452.

33 BGH, FamRZ 1990, 603 ff.

34 BGH, FamRZ 1990, 1217 ff.; dem folgend OLG Schleswig, FamRZ 1991, 943 f.

35 BGH, FamRZ 1990, 1217, 1218; Bamberger/Roth/*Mayer*, BGB, 1. Aufl., § 1374 Rn. 15; *Kogel*, FamRB 2007, 194, 195 will als Mindestsumme des privilegierten Erwerbs die Summe der Hinauszahlungen an die Geschwister annehmen.

36 OLG Bamberg, FamRZ 1995, 607 ff.; *Jaeger*, in: Johannsen/Henrich, Familienrecht, § 1374 Rn. 27 f.

37 BGH, Urt. v. 07.09.2005 – XII ZR 209/02, FamRZ 2005, 1974 ff. = DNotZ 2006, 127 ff.

38 So *Kogel*, FamRB 2006, 1 ff.

39 BGH, DNotZ 2007, 849.

Jaeger[40] eine **Bewertung des gleitenden Vermögenserwerbs in der Zeitschiene,**[41] die nicht linear verläuft. Nach *Jaeger* kommt hinzu, dass die Wertminderung des vorbehaltenen Nutzungsrechts auch nicht immer deckungsgleich mit der korrespondierenden Wertsteigerung des Grundstücks sein soll, weil diese Wertsteigerung aufgrund des vorbehaltenen Nutzungsrechts gar nicht komplett beim Grundstückseigentümer ankomme. Je länger das Nutzungsrecht noch besteht, desto weniger Wertsteigerung kann der Eigentümer schon für sich verbuchen. Nach dieser Ansicht geht somit das bisherige »Nullsummenspiel« Minderung des Nießbrauchs = Wertsteigerung des Grundstücks nicht mehr auf. Dieser komplexe gleitende Vermögenserwerb wird auch nach Ansicht des BGH[42] künftig nur noch sachverständig bewertet werden können, sofern sich die Gerichte nicht eine eigene Interpolation zutrauen.[43]

▶ Hinweis:

Bei jeder Vermögensübertragung gegen Vorbehaltsrechte muss künftig überlegt werden, das Objekt und die Wertänderung der Vorbehaltsrechte aus dem Zugewinn herauszunehmen. War dies nicht geschehen, kann sich ein Zugewinn aus den im Wert geminderten Vorbehaltsrechten ergeben.

Diese Rechtsprechung führt in sehr vielen Scheidungsverfahren zur Hinzuziehung von Gutachtern und verlängert und verteuert die Verfahren, um letztlich doch nur eine Scheingenauigkeit zu erreichen. Sie ist daher kritisch zu sehen.[44] Der Vertragsgestalter wird daher versuchen, diese Schwierigkeiten zu vermeiden und von vorneherein die Wertentwicklungen des Anfangsvermögens aus dem Zugewinn herausnehmen. Wo dies nicht gelingt, wird beim Übergabevertrag vermehrt die Scheidung als Rückübertragungsgrund vereinbart.

Die komplizierte neue Lösung des BGH war vor allem dadurch veranlasst, dass es bisher kein negatives Anfangs- und Endvermögen gegeben hatte und daher in denjenigen Fällen, in denen es zu negativen Werten gekommen wäre, die frühere vereinfachte Handhabung durch den BGH zu anderen Lösungen geführt hätte als die nunmehrige Vorgehensweise. Mit der Reform des Zugewinnausgleichs gibt es nunmehr negatives Anfangs- und Endvermögen, sodass eigentlich der Grund für den Rechtsprechungswandel weggefallen ist. Es bleibt daher nur der Appell, zu prüfen, ob man nicht wieder zur simplen und einfachen Lösung zurückkehren kann.

---

40 Henrich/*Jaeger*, Eherecht, § 1374 Rn. 24.

41 Dies ist ein eher theoretisches Konstrukt, welches auch Jaeger nicht näher erläutert. Es wären wohl viele einzelne Bewertungen im jeweiligen Hinzurechnungszeitpunkt vorzunehmen, die am Ende dann zu mitteln wären, so OLG Bamberg, FamRZ 1995, 607.

42 Zur Kritik an dieser Rspr. *C. Münch*, DNotZ 2007, 795; künftig wird man bei den Übergaben eine ehevertragliche Vorsorge treffen müssen und diese Wertentwicklung aus dem Zugewinn herausnehmen. Zur neuen Rechtsprechung *Langheim*, FF 2011, 481 ff.

43 So z.B. OLG Bamberg, FamRZ 1995, 607 ff.

44 *C. Münch*, DNotZ 2007, 795 ff.; *Schröder*, FamRZ 2007, 982, 983.

c) Rückforderungsrechte

Zu den häufig bei Vermögensübergaben vereinbarten Rückforderungsrechten hat sich der BGH in den soeben besprochenen Urteilen nicht geäußert. Das OLG München[45] hatte einen Fall mit einer auflösend bedingten Rückfallvereinbarung zu entscheiden. Das Gericht hielt angesichts dieser Vereinbarung das Eigentum am übertragenen Grundstück für eine bedingte und unsichere Rechtsposition, sodass das Grundstück beim Anfangs- und Endvermögen jeweils nur mit einer Quote von einem Drittel seines Verkehrswertes anzusetzen sei.[46] 34

Der **BGH** hatte hingegen bereits früher den Fall eines **Wiederkaufsrechts** der öffentlichen Hand für 30 Jahre zu entscheiden. Auch wenn dieses Recht den Nutzwert der Immobilie nicht einschränkte, sah der BGH doch eine Wertminderung des Grundbesitzes, denn die wirtschaftliche Verwertbarkeit als Handelsobjekt sei erheblich eingeschränkt.[47] Diese Einschränkung kann zu einer Korrektur des Wertes nach unten führen. Ist der Wert im Rahmen des Zugewinnausgleichs zu ermitteln und kann der Zugewinn nur aufgebracht werden, wenn das übertragene Vermögensgut veräußert wird, weil der Ausgleichspflichtige ansonsten nicht liquide ist, wird damit der Rückkaufsfall sicher ausgelöst. Dann ist der Wert des Gegenstandes nur noch mit dem beim Wiederkauf zu erzielenden Erlös als Liquidationswert anzusetzen. 35

Für die **konkrete** Betrachtung bei der Zugewinnausgleichsberechnung wird somit die **vertragliche Ausgestaltung** des Rückübertragungsanspruchs und auch die Vermögenssituation des Ausgleichsverpflichteten geprüft werden müssen. Danach ist die Höhe des Wertabschlags zu bestimmen, die Herabsetzung auf ein Drittel des Wertes erscheint allerdings relativ hoch. Eine weitere Reduzierung wird stattfinden müssen, wenn wegen des Zugewinnausgleichs ein Verkauf des übertragenen Grundstücks erfolgen müsste und dieser den Rückübertragungsanspruch auslösen würde. 36

Gesonderte Erwägungen sind in dem Fall anzustellen, dass der **Rückübertragungsanspruch** des Veräußerers durch die **Scheidung** des Erwerbers ausgelöst wird. Die Vereinbarung einer solchen Klausel kommt in der Praxis immer häufiger vor. Eine Pflicht des Notars, die Klausel anzuraten, besteht aber nicht.[48] Zuweilen setzen die vertraglichen Regelungen sogar noch früher an und sehen eine Rückübertragung schon für den Fall vor, dass der Erwerber heiratet, ohne das übertragene Vermögen vom Zugewinn auszunehmen.[49] 37

Hierzu vertreten *Haußleiter/Schulz*, dass dann der **Wert des übertragenen Grundbesitzes mit Null sowohl im Anfangs- wie auch im Endvermögen anzusetzen** ist, denn durch die Scheidung entstehe der Rückgewähranspruch immer. Die Frage, ob die 38

45 OLG München, MittBayNot 2001, 85.

46 Missverständlich daher *Tremel*, ZEV 2007, 365, 369, dass Verkaufsverbote unbeachtlich seien.

47 BGH, FamRZ 1993, 1183 f.

48 OLG Bamberg, NotBZ 2004, 238.

49 Formulierung bei *C. Münch*, Ehebezogene Rechtsgeschäfte, Rn. 1311.

Eltern den Anspruch später auch geltend machen, soll dabei wegen des Stichtagsprinzips keine Rolle spielen.[50]

39 Hier wird zur genauen Einschätzung die **Formulierung der Rückgewährverpflichtung** geprüft werden müssen. Sind diese Klauseln so formuliert, dass nicht automatisch ein Rückübertragungsrecht entsteht, sondern nur durch eine Gestaltungserklärung der Eltern, dann könnte man den Rückgewähranspruch durchaus noch als unsicher ansehen. Ferner muss beachtet werden, welche Ersatzansprüche im Fall einer Rückgabe an die Eltern bestehen. Ersatzansprüche werden zumeist im Hinblick auf wertsteigernde Investitionen vereinbart sein. Hinsichtlich einer reinen Wertsteigerung wird aber i.d.R. keine Ersatzpflicht bestehen. Die Ersatzansprüche sind dann jedenfalls im Zugewinn zu berücksichtigen. Durch die Reform des Zugewinnausgleichs, mit welcher der Zugewinnausgleich jedenfalls für die Fälle illoyaler Vermögensminderung schon auf den Trennungszeitpunkt vorverlegt wird, werden erste Überlegungen angestellt, den Stichtag für das Eingreifen des Rückübertragungsrechtes ebenfalls auf den Trennungszeitpunkt vorzuverlegen.[51]

II. Grundbesitz im jeweiligen Güterstand

1. Zugewinngemeinschaft

a) Grundsätze der Zugewinngemeinschaft

40 Entgegen dem Wortlaut »**Zugewinngemeinschaft**« bleiben in diesem Güterstand während der Ehe das **Vermögen** und die Verbindlichkeiten der Ehegatten völlig **getrennt**. Es findet also keine dingliche Beteiligung am Vermögen des jeweils anderen Ehegatten statt. Die Gemeinschaft verwirklicht sich vielmehr nur insoweit, als bei Ende des Güterstandes ein **Ausgleich des Zugewinns** stattfindet, der aber wiederum nicht zu einer dinglichen Beteiligung am Vermögen führt, sondern nur zu einer **Geldforderung**.

41 Dieser Ausgleich des Zugewinns kann im Todesfalle – hier entweder **erbrechtlich** nach § 1371 Abs. 1 BGB oder **güterrechtlich** nach § 1371 Abs. 2 BGB –, bei Scheidung der Ehe oder beim Wechsel des Güterstandes erfolgen. Während sich der Zugewinnausgleich bei der erbrechtlichen Lösung durch Erhöhung des gesetzlichen Erbteils um ein Viertel realisiert, wird bei der güterrechtlichen Lösung das Anfangsvermögen zum Zeitpunkt des Eintritts in die Ehe bzw. des Beginns des Güterstandes einschließlich späterer Hinzurechnungen nach § 1374 Abs. 2 BGB und das Endvermögen zum Zeitpunkt der Beendigung des Güterstandes – bei Scheidung ist die Rechtshängigkeit des Scheidungsantrages nach § 1384 BGB maßgeblich – bestimmt.

50 *Haußleiter/Schulz*, Vermögensauseinandersetzung, Kap. 1 Rn. 262 ff.; abweichend *Kogel*, Strategien, Rn. 579 für die Bewertung im Anfangsvermögen.

51 *Grziwotz*, FamRB 2009, 387, 389.

Die Differenz ist jeweils der Zugewinn eines jeden Ehegatten. Der unterschiedliche Zugewinn der Ehegatten ist sodann in Geld auszugleichen.

Im Rahmen dieser Feststellung des Anfangs- und Endvermögens sind vorhandene Immobilien zu den vorgegebenen Stichtagen wie soeben geschildert zu bewerten. 42

b) Privilegierter Erwerb

Zu beachten ist ferner, dass Immobilien, die ein Ehegatte von der Familie erhalten hat, häufig als sog. privilegierter Erwerb nicht in den Zugewinn fallen. Da der Zugewinnausgleich dazu dienen soll, den anderen Ehegatten an der gemeinsamen Lebensleistung zu beteiligen, sieht das Gesetz den Erwerb von Vermögensgegenständen, der nur auf eine besondere Nähebeziehung zum Veräußerer gegründet ist, als **privilegiert** an und nimmt solche Vermögensgegenstände vom Zugewinn aus. Das BGB ordnet folglich in § 1374 Abs. 2 BGB an, dass Erwerbe 43

- von Todes wegen,
- mit Rücksicht auf ein künftiges Erbrecht,
- durch Schenkung oder
- als Ausstattung

dem Anfangsvermögen des erwerbenden Ehegatten hinzuzurechnen sind. Ist streitig, ob ein nach § 1374 Abs. 2 BGB privilegiertes Anfangsvermögen einem Ehegatten allein oder beiden zuzurechnen ist, ist derjenige darlegungs- und beweispflichtig, der die Hinzurechnung für sich allein erstrebt.[52] Zuwendungen von Eltern an das eigene verheiratete Kind werden i.d.R. für dieses Kind eine privilegierte Zuwendung i.S.d. § 1374 Abs. 2 BGB sein. Die Ansicht des OLG Nürnberg,[53] dass auch im Verhältnis zum eigenen Kind eine nicht privilegierte ehebezogene Zuwendung vorliege, überzeugt nicht,[54] zumal der BGH in seiner neueren Rechtsprechung sogar von einer Schenkung im Verhältnis zum Schwiegerkind ausgeht[55] und selbst der BFH zu der Erkenntnis gelangt ist, dass nach dem gewöhnlichen Interesse der Beteiligten im Falle einer Weiterübertragung durch das eigene Kind als Zuwendungsempfänger auf das Schwiegerkind keine Schenkung seitens der Schwiegereltern an das Schwiegerkind vorliegt.[56]

Für **privilegierte Grundstückserwerbe** gilt: Entscheidend ist der Wert zum Zeitpunkt der Grundbucheintragung.[57] Im Gefolge eines Urteils des OLG München[58] hat der BGH[59] entschieden, dass Investitionen, die vor einer Übertragung eines 44

52 BGH, FamRZ 2005, 1660 f. m. Anm. *Koch*, FF 2005, 320 f.
53 OLG Nürnberg, MittBayNot 2006, 336 = FuR 2006, 429.
54 Anm. *C. Münch*, MittBayNot 2006, 338.
55 BGH, FamRZ 2010, 958 = NJW 2010, 2202; BGH, NJW 2012, 523.
56 BFH, MittBayNot 2012, 250.
57 OLG Bamberg, FamRZ 1990, 408.
58 Vgl. OLG München, FamRZ 2003, 312 m. zutreffender Anm. *Schröder*.
59 BGH, FamRB 2006, 1.

Anwesens, aber im Hinblick auf die anstehende Übertragung getätigt wurden, nicht dem Anfangsvermögen des »investierenden« Ehegatten zuzurechnen sind. Diese Investitionen wären nämlich auch bei einem Umbau nach der Übertragung nicht absetzbar gewesen. Das OLG Schleswig hat geurteilt, dass Investitionen, die der andere Ehegatte zuvor in ein später ererbtes Hausanwesen des anderen getätigt hat, vom Hauswert abgezogen werden müssen, also nicht zum Anfangsvermögen gezählt werden. Dies soll allerdings nur für Geldmittel gelten, nicht für Arbeitsleistung.[60]

45 **Schenkungen** i.S.d. § 1374 Abs. 2 BGB sind nur Schenkungen von dritter Seite, nicht aber Schenkungen unter Ehegatten selbst, sodass diese nicht in das Anfangsvermögen fallen,[61] sondern Zugewinn darstellen.

46 § 1374 Abs. 2 BGB greift nicht ein bei **unbenannten Zuwendungen**[62] **unter Ehegatten**. Auch bei Zuwendungen um der Ehe willen zu deren dauerhafter wirtschaftlicher Sicherung von den **Schwiegereltern** hatte der BGH früher diese Auffassung vertreten.[63] Nunmehr aber hat er seine diesbezügliche Rechtsprechung aufgegeben und sieht die Zuwendungen unmittelbar an ein Schwiegerkind als Schenkung an, die im Rahmen des privilegierten Anfangsvermögens nach § 1374 Abs. 2 BGB zu erfassen ist.[64] Allerdings will der BGH diese Zuwendung nur um den Rückforderungsanspruch vermindert in das Anfangsvermögen einstellen, eine Auffassung die viel Kritik herausgefordert hat,[65] weil das Anfangsvermögen damit erst bei Scheidung feststeht, denn der Anspruch ist im Voraus nicht berechenbar.

47 Häufig wird im Rahmen einer Schenkung oder Zuwendung aber von den Beteiligten eine andere Regelung gewünscht. Daher ist dies im Rahmen der Zuwendung zu berücksichtigen. Bei Grundstückszuwendungen geschieht dies regelmäßig im Rahmen der notariellen Urkunde, bei Zuwendung von Geldvermögen werden entsprechende Anordnungen hingegen häufig übersehen.

▶ Gestaltungsempfehlung:

Bei Schenkungen oder unbenannten Zuwendungen zwischen Ehegatten oder von Schwiegereltern sollte angegeben werden, wie die Berücksichtigung im Rahmen des Zugewinns stattfinden soll.[66]

48 Nicht in das Anfangsvermögen fallen Zuwendungen Dritter, die als **Einkünfte** zu betrachten sind, § 1374 Abs. 2 letzter Halbs. BGB. Dies gilt insb. für Zuwendungen,

60 OLG Schleswig, OLGR 2006, 308.

61 BGH, NJW 1982, 1093.

62 BGHZ 101, 65 ff.

63 BGH, FamRZ 1995, 1060 = DNotZ 1995, 937.

64 BGH, FamRZ 2010, 958 = NJW 2010, 2202; BGH, NJW 2012, 523.

65 Kritik gegenüber der Rechtsprechung des BGH zur Zuwendung an Schwiegerkinder bei *Kogel*, FamRB 2010, 309 ff.

66 Formulierungsvorschläge hierzu bei *C. Münch*, Ehebezogene Rechtsgeschäfte, Rn. 1349.

die dem laufenden Lebensbedarf dienen sollen. Werden sie angespart, unterliegen sie dem Zugewinnausgleich.[67]

Wirkliche Wertsteigerungen des privilegierten Erwerbs **zählen zum Zugewinn** und sind nicht ihrerseits privilegiert.[68] Dies empfinden Ehegatten vielfach als ungerechtfertigt, wenn die Wertsteigerung nicht auf eigener Leistung beruht (z.B. aus Ackerland wird Bauland). Aus diesem Grund nehmen viele Eheverträge einer modifizierten Zugewinngemeinschaft diese Wertsteigerungen des Anfangsvermögens aus dem Zugewinn aus.[69] 49

Nach der Reform des Zugewinnausgleichs kann nunmehr der privilegierte Erwerb aufgrund des neu eingefügten § 1374 Abs. 3 BGB auch negativ sein. Die Gesetzesbegründung stellt dies ausdrücklich klar.[70] Ziel ist es, dass negativer privilegierter Erwerb den Zugewinnausgleich nicht beeinflussen kann. Allerdings sind die Fälle, welche der Gesetzgeber bedenkt, eher rar.[71] Die Gestaltungspraxis könnte allerdings versucht sein, durch eine negative vorweggenommene Erbfolge im Vorfeld der Scheidung unterhalb der Grenze der Illoyalität des § 1375 BGB wegen des Eingreifens der Vermögenswertbegrenzung des § 1378 Abs.2 BGB den Zugewinnausgleich zu verringern.

Privilegierte Erwerbe konnten nach der bisherigen Rechtsprechung des BGH **nicht** mit überschuldetem Anfangsvermögen **verrechnet werden**,[72] weil die Wertfestsetzungen für § 1374 Abs. 1 BGB und § 1374 Abs. 2 BGB nach Auffassung des BGH getrennt zu erfolgen hatten. Mit der Einführung des § 1374 Abs. 3 BGB dürfte jedoch in Zukunft eine solche Saldierung möglich sein.[73] 50

c) Auskunft

Soweit es um die Ermittlung des Zugewinns unter Einbeziehung von Grundbesitz geht, sieht das Gesetz Auskunftsansprüche vor, um demjenigen Ehegatten, der für den Zugewinnausgleichsanspruch die Beweislast hat, entsprechende Darlegungen zu ermöglichen. 51

Im Zentrum steht hierbei die Bestimmung des **§ 1379 BGB**. Diese Vorschrift ist durch das Gesetz zur Änderung des Zugewinnausgleichs- und Vormundschafts- 52

67 *Büte*, Zugewinnausgleich, Rn. 28.

68 Vgl. näher Bamberger/Roth/*J. Mayer*, BGB, § 1374 Rn. 26; *Muscheler*, FamRZ 1998, 266 ff.; eingehend mit einem Vorschlag gesetzlicher Korrektur: *Battes*, FamRZ 2007, 313 ff.

69 *C. Münch*, Ehebezogene Rechtsgeschäfte, Rn. 1025.

70 BT-Drs. 16/10798, 21.

71 *Hoppenz*, FamRZ 2008, 1889, 1890.

72 BGH, DNotZ 1996, 458 ff. = MittBayNot 1995, 301 = JZ 1996, 45 ff. m. Anm. *Gernhuber*.

73 Stellungnahme des Deutschen Notarvereins, notar 2008, 15; 17; *Krause*, ZFE 2009, 55, 56.

rechts[74] grundlegend neu gefasst worden.[75] So wird ein Auskunftsanspruch nach Abs. 1 der Vorschrift **bei folgenden Anlässen** gewährt:

- Beendigung des Güterstandes,
- Antrag auf Scheidung oder Aufhebung der Ehe,
- Antrag auf vorzeitigen Ausgleich des Zugewinns bei vorzeitiger Aufhebung der Zugewinngemeinschaft,
- Antrag auf vorzeitige Aufhebung der Zugewinngemeinschaft.

Abs. 2 der Vorschrift gewährt **zusätzlich** einen Auskunftsanspruch bei **Trennung**.

53 Die Auskunft ist **stichtagsbezogen** zu erteilen. Dieser Stichtag muss im Auskunftsantrag wegen des Bestimmtheitserfordernisses genannt sein.[76]

54 Neu geregelt sind die **Stichtage**, zu denen Auskunft über den Bestand des Vermögens gewährt werden muss:

- Stichtag der Anfangsvermögensberechnung,
- Stichtag der Endvermögensberechnung,
- **Zeitpunkt der Trennung.**

Letzterer ist ganz neu in die Reform des Zugewinnausgleichsrechts eingefügt worden und **korrespondiert mit der neuen Beweislastregel des § 1375 Abs. 2 Satz 2 BGB.** Danach muss der Ehegatte, dessen Vermögen sich zwischen Trennung und Endvermögensberechnung vermindert, nachvollziehbare Gründe darlegen, ansonsten erfolgt eine Hinzurechnung des Verminderungsbetrages nach § 1375 Abs. 2 BGB. Der Anwalt wird also seinem Mandanten raten, Vermögensverluste in diesem Zeitraum genau zu belegen.[77]

▶ Hinweis:

Der Zeitpunkt der Trennung ist im Hinblick auf diese Neuregelung mit Bedacht zu wählen. Veräußerungen etwa von Immobilien zwischen Trennung und Scheidungsantragstellung, ohne dass der Kaufpreis noch im Endvermögen vorhanden ist, führen nach der Neuregelung ggf. zu einer Hinzurechnung nach § 1375 Abs. 2 BGB.

55 Während ein **Auskunftsanspruch in Bezug auf illoyale Vermögensminderungen** bisher nur nach den Grundsätzen von Treu und Glauben durch die Rechtsprechung gewährt wurde,[78] ergibt sich dieser Auskunftsanspruch nunmehr aus § 1379 BGB, denn danach kann Auskunft über das Vermögen verlangt werden, soweit es für die Berechnung des Endvermögens maßgeblich ist. Dies erfasst dann auch illoyale Vermögensminderungen, denn diese müssen dem Endvermögen hinzugerechnet werden.

---

74 BGBl. 2009 I, S. 1696 f.

75 Zu dieser Neuregelung Braeuer, FamRZ 2010, 773 f. und *Finger*, FamFR 2010, 289 f.

76 *Kogel*, Strategien Rn. 285.

77 *Krause*, ZFE 2009, 284, 287.

78 BGH, FamRB 2005, 161; BGH, FamRZ 1997, 800, 803; BGH, FamRZ 1982, 27.

Während bestehender Ehe gewährt die Rechtsprechung unter Berufung auf die Pflicht zur ehelichen Lebensgemeinschaft nach **§ 1353 Abs. 1 Satz 2 BGB** einen allgemeinen **Unterrichtungsanspruch**. Danach müssen sich die Ehegatten wenigstens in »groben Zügen« über den Bestand des Vermögens und wesentliche Vermögensänderungen unterrichten.[79] Eine beharrliche Verweigerung dieser Unterrichtung berechtigt zum vorzeitigen Zugewinnausgleich nach § 1385 Nr. 4 BGB. 56

Die Auskunft muss in der Form eines **Vermögensverzeichnisses nach § 260 Abs. 1 BGB** erstellt sein. Das bedeutet, dass **in einem Schriftstück** eine Übersicht sämtlicher Aktiva und Passiva in geordneter und nachprüfbarer Weise erfolgen muss.[80] Nicht ausreichend ist eine Mehrzahl einzelner Schreiben und Schriftstücke.[81] Bei Nachträgen muss insgesamt die Übersichtlichkeit noch gewahrt bleiben. 57

Umstritten war, ob das Verzeichnis vom Auskunftspflichtigen persönlich unterzeichnet sein muss.[82] Der BGH[83] hat den Meinungsstreit dahin gehend entschieden, dass die Auskunft nach § 260 BGB zwar eine schriftlich verkörperte Erklärung verlangt, die jedoch nicht der Schriftform nach § 126 BGB unterliegt. Daher muss die Auskunft vom Ehegatten stammen, kann aber von einem Boten – auch einem Rechtsanwalt – übermittelt werden, ohne dass der Ehegatte das Schriftstück unterzeichnet hat. Dennoch ist es aus anwaltlicher Sicht ratsam, den Mandanten durch Unterzeichnung die Verantwortung für die Zusammenstellung übernehmen zu lassen.[84] 58

Über § 260 Abs. 2 BGB besteht mit der Abgabe der eidesstattlichen Versicherung ein Druckmittel zur Herbeiführung eines vollständigen und richtigen Bestandsverzeichnisses. Wertangaben sind nicht Gegenstand der Versicherung.[85] 59

Inhalt des reinen **Auskunftsanspruchs nach § 1379 Abs. 1 Satz 1 BGB** ist auch die Angabe der zum Endvermögen gehörenden **Gegenstände nach Anzahl, Art und wertbildenden Faktoren**,[86] sodass dem Ehegatten die Wertermittlung möglich ist.[87] Umfang und Art der Einzelangaben richten sich nach den Besonderheiten der verschiedenen Vermögensgegenstände.[88] Für **Grundstücke** sind somit insb. Lage, Größe, Art und Bebauung anzugeben. 60

---

79 BGH, FamRZ 1976, 516, 517; BGH, FamRZ 2001, 23, 24; OLG Hamm, FamRZ 2000, 228, 229; OLG Karlsruhe, FamRZ 1990, 161.

80 Schwab/*Schwab*, Scheidungsrecht, VII Rn. 335; OLG Brandenburg, FamRZ 2007, 285.

81 OLG Düsseldorf, FamRZ 1979, 808.

82 *Haußleiter/Schulz*, Vermögensauseinandersetzung Kap. 1, Rn 473 mit Nachweisen; OLG Hamm, FamRZ 2005, 1194; OLG Dresden, FamRZ 2005, 1195 je zu § 1605; OLG Nürnberg, FamRB 2005, 236: OLG Naumburg, BeckRS 2007, 05645.

83 BGH, NJW 2008, 917.

84 *Kogel*, Strategien, Rn. 292.

85 *Büte*, FuR 2004, 342, 343.

86 BGH, FamRZ 2003, 597.

87 OLG Naumburg, FamRZ 2001, 1303.

88 BGH, FamRZ 1989, 157, 159.

61 § 1379 Abs. 1 Satz 2 BGB gewährt nunmehr ausdrücklich auch einen Anspruch auf Vorlage von **Belegen**, den es in der bisherigen Fassung des § 1379 BGB so nicht gab.[89]

62 Allerdings bestand auch nach bisherigem Recht schon ausnahmsweise eine Pflicht zur Vorlage von Belegen,[90] wenn der Zweck der Auskunft, dem anderen Ehegatten die Berechnung des Zugewinnausgleichs zu ermöglichen, anders nicht erreicht werden kann.[91] Aus diesem Grund wurde in nachfolgenden Fällen bereits bisher schon die Vorlage von Angaben bzw. Belegen etwa bei **landwirtschaftlichen Grundstücken verlangt:** Bezeichnung nach Lage, Größe, Bonität und Nutzungsart sowie Eigentum und Zupacht, die betriebswirtschaftlichen Jahresabschlüsse, Unternehmensaufwand und -ertrag, Fremdlöhne und Lohnansprüche von Familienangehörigen.[92]

63 Ferner gibt **§ 1379 Abs. 1 Satz 3 BGB** einen **zusätzlichen** neben dem Auskunftsanspruch bestehenden[93] Anspruch auf Wertermittlung, der eigens geltend gemacht werden muss.[94] Der Auskunftspflichtige muss danach den Wert der Aktiva und Passiva des Endvermögens ermitteln und angeben. Auch die Einschaltung von Hilfspersonen kann verlangt werden, grds. jedoch nicht die Vorlage eines Sachverständigengutachtens.[95] In Ausnahmefällen hat jedoch der BGH die Hinzuziehung eines **Sachverständigen** gefordert, wenn anders eine zuverlässige Bewertung nicht möglich ist. Die Kosten hat der BGH dem Auskunftsberechtigten auferlegt.[96]

64 Der Auskunftsanspruch kann mit separater Auskunftsklage oder aber – so die Regel – als Stufenklage geltend gemacht werden. Die **Stufenklage** ist vorzugswürdig, weil sie die **Verjährung** unterbricht[97] und im **Scheidungsverbund** geltend gemacht werden kann (nicht hingegen die reine Auskunftsklage). Bei der Klage auf Auskunft ist ein bestimmter Antrag zu stellen, in dem die begehrte Auskunft genau bezeichnet wird. Anderenfalls wäre eine Klage bereits unzulässig.[98]

65 Wurde das Verzeichnis nicht mit der erforderlichen Sorgfalt erstellt, kann die Abgabe einer eidesstattlichen Versicherung nach § 260 Abs. 2 BGB verlangt werden.

66 Ein **Zurückbehaltungsrecht** wegen der vom anderen Teil bisher noch nicht erteilten Auskunft besteht nicht, da der Zweck des § 273 BGB bei bloß vorbereitenden

89 OLG Karlsruhe, FamRZ 1998, 761; MünchKomm-BGB/*Koch*, § 1379 Rn. 20; Palandt/*Brudermüller*, BGB, § 1379 Rn. 12.
90 Zur Vollstreckbarkeit OLG Brandenburg, FamRZ 2007, 285.
91 BGHZ 75, 195; OLG Naumburg, FamRZ 2001, 1303.
92 OLG Düsseldorf, FamRZ 1986, 168, 169.
93 BGH, FamRZ 2003, 597.
94 *Kogel*, Strategien, Rn. 310.
95 BGH, FamRZ 1991, 316, 317.
96 BGH, FamRZ 1982, 682, 683.
97 *Haußleiter/Schulz*, Vermögensauseinandersetzung, Kap. 1 Rn. 497.
98 *Viefhues*, ZFE 2005, 147, 148.

Ansprüchen nicht erreicht werden kann.[99] Der Auskunftsanspruch besteht auch dann, wenn der Anspruchsteller seinerseits Vermögen verschwiegen hat.[100]

d) Indexierung

Um unechte Wertsteigerungen auszugleichen, ist der Kaufkraftschwund herauszurechnen. Dazu ist das Anfangsvermögen mittels des allgemeinen Lebenshaltungskostenindexes des Statistischen Bundesamts auf die Kaufkraftverhältnisse umzurechnen, die bei Beendigung des Güterstandes vorliegen.[101] Für privilegierten Zuerwerb ist der **Kaufkraftschwund** seit dem Zeitpunkt des Erwerbs zu berücksichtigen.[102] Bisher bediente sich die Rechtsprechung hierzu des Preisindexes für die Lebenshaltung aller privaten Haushalte,[103] künftig wird einheitlich nur noch der **Verbraucherpreisindex für Deutschland** veröffentlicht,[104] sodass dieser Maßstab dann auch für die Indexierung des Anfangsvermögens maßgeblich werden dürfte.[105] 67

Nach Ansicht des OLG Jena ist für die Indexierung des Anfangsvermögens von Vertragsparteien, die in den neuen Bundesländern leben, eine Hochrechnung auf der Basis eines Lebenshaltungskostenindexes für die neuen Bundesländer vorzunehmen.[106] 68

Die **Umrechnung des Anfangsvermögens** geschieht dann nach folgender **Formel**:[107] 69

$$\frac{\text{Wert des Anfangsvermögens} \times \text{Index am Endstichtag}}{\text{Index am Anfangsstichtag}}$$

Ist das Anfangsvermögen überschuldet, so findet nunmehr eine Indexierung des negativen Anfangsvermögens statt.[108]

e) Hinzurechnungen

Auch ein Grundstück, das nicht mehr im Endvermögen vorhanden ist, kann über eine Hinzurechnung nach § 1375 Abs. 2 BGB noch einzurechnen sein. Hier werden 70

99 OLG Jena, FamRZ 1997, 1335; Schwab/*Schwab*, Scheidungsrecht, VII Rn. 346.
100 OLG Düsseldorf, FamRZ 2007, 830.
101 St. Rspr. seit BGH, FamRZ 1974, 83 ff.
102 BGH, FamRZ 1987, 791.
103 *Günther/Hein*, Familiensachen, § 21 Rn. 11.
104 Zur Umstellung der Indexierung: *Reul*, DNotZ 2003, 92 ff.; *Gutdeutsch*, FamRZ 2003, 1061 mit verketteten Indextabellen.
105 Krit. zur einheitlichen Verwendung dieses Indexes mit einem Plädoyer für die Verwendung des Baukostenindexes bei Immobilien: *Kogel*, FamRZ 2003, 278.
106 OLG Jena, FamRB 2005, 222.
107 Vgl. *Büte*, Zugewinnausgleich, Rn. 29.
108 *Kogel*, NJW 2010, 2025 f.; *Reetz*, DNotZ 2009, 826, 828; *Götsche*, ZFE 2009, 404 mit Berechnungsbeispielen.

abschließend[109] drei Tatbestände aufgezählt, bei denen **illoyale Vermögensminderungen** dem Endvermögen wieder hinzugerechnet werden. Eine solche Hinzurechnung ordnet § 1375 Abs. 2 BGB in folgenden Fällen an:

- **Unentgeltliche Zuwendung**: Als Zuwendung ist bereits das Verpflichtungsgeschäft mit dem Versprechen einer Leistung anzusehen. Unentgeltlichkeit liegt vor, wenn der Verminderung des Vermögens des Zuwendenden keine Gegenleistung gegenübersteht.[110] Hierbei handelt es sich v.a. um Schenkungen, Ausstattungen und vorweggenommene Erbfolgen. Nicht zu einer Hinzurechnung führen Pflicht- oder Anstandszuwendungen, wie z.B. eine nicht im Übermaß erfolgte Ausstattung gem. § 1624 BGB.[111]
- **Verschwendung**: Unter Verschwendung versteht man unnütze oder ziellose Ausgaben, die in keinem Verhältnis zu den Einkommens- und Vermögensverhältnissen der Ehegatten stehen.[112] Ein großzügiger Lebensstil oder Ausgaben, welche die Lebensverhältnisse übersteigen, reichen hierzu nicht aus.[113]
- **Benachteiligungsabsicht**: Eine solche liegt vor, wenn die Benachteiligung des anderen Ehegatten das leitende Motiv des Handelns ist. Es muss sich nicht um das einzige Motiv handeln.[114]

71 Hinzuzurechnen sind auch Mittel für die Errichtung einer Stiftung oder für eine Zustiftung, und zwar auch bei Gemeinnützigkeit der Stiftung.[115] Allerdings sind von der Stiftungssumme die ersparten Steuern abzuziehen, sodass nur noch die Differenz hinzugerechnet werden muss.[116]

72 Nach **§ 1375 Abs. 3 BGB unterbleibt eine Hinzurechnung**, wenn von der illoyalen Vermögensminderung (Verpflichtungsgeschäft) bis zur Beendigung des Güterstandes bzw. der Rechtshängigkeit eines Scheidungsantrags[117] zehn Jahre vergangen sind. Die Hinzurechnung unterbleibt ferner, wenn der andere Ehegatte die Vermögensminderung gebilligt hatte. Solches mag insb. dann in Betracht kommen, wenn ein Vermögensgegenstand mit Zustimmung des Ehegatten im Wege der **vorweggenommenen Erbfolge** bereits an Kinder übertragen wurde. Hierbei ist zu beachten, dass dies insb. dann, wenn dieser Vermögensgegenstand aus dem Anfangsvermögen des übertragenden Ehegatten stammt, weil dieser ihn z.B. dynastisch schon von seinen Eltern erhal-

109 OLG Karlsruhe, FamRZ 1986, 167, 168; Palandt/*Brudermüller*, BGB, § 1375 Rn. 22; OLG Karlsruhe, FamRZ 2004, 461: Verbindlichkeiten aus einer Straftat mindern das Endvermögen.

110 BGH, FamRZ 1986, 565, 567.

111 MünchKomm-BGB/*Koch*, § 1375 Rn. 25; MüHdbFamR/Boden/Cremer, § 18 Rn. 231 f.

112 MünchKomm-BGB/*Koch*, § 1375 Rn. 27; Palandt/*Brudermüller*, BGB, § 1375 Rn. 27; OLG Rostock, FamRZ 2000, 228.

113 BGH, FamRZ 2000, 948, 950.

114 BGH, FamRZ 2000, 948, 950.

115 *Werner*, in: FS Schwab, 581, 590.

116 *Werner*, in: FS Schwab, 581, 592.

117 Palandt/*Brudermüller*, BGB, § 1375 Rn. 29.

ten hat, den Zugewinn beträchtlich reduzieren kann, denn der »privilegierte Erwerb versinkt in die Anonymität des dem Güterstand unterworfenen Gesamtvermögens. Chancen und Risiken des privilegierten Erwerbes sind nach dem Berechnungsstichtag (Zeitpunkt des Erwerbes) ausgleichsrelevant«.[118]

Die vorweggenommene Erbfolge führt also nicht zu einer Eliminierung des übertragenen Gegenstandes aus dem Anfangsvermögen. Ohne Ehegattenzustimmung wird auch eine vorweggenommene Übertragung auf Kinder dem Endvermögen hinzugerechnet; zweifelhaft ist dies allenfalls bei Ausstattungen.[119] Daher kann es sich empfehlen, in der Urkunde klarzustellen, ob die Zustimmung nur nach § 1365 BGB erfolgt oder auch nach § 1375 Abs. 3 BGB. Schon die Auslegung wird aber regelmäßig ergeben, dass für denjenigen Ehegatten, der nach § 1365 BGB zugestimmt hat, auch die Konsequenz klar war, dass dieser Vermögensgegenstand beim Ehepartner nicht mehr vorhanden ist und daher aus dem Zugewinn ausscheidet. 73

Die **künftige hypothetische Entwicklung** des durch Vermögensminderung ausgeschiedenen Vermögensgegenstandes ist **unbeachtlich**, sodass z.B. bei der Schenkung eines Geldbetrages nicht auch die künftigen Zinsen dem Endvermögen zugerechnet werden dürfen.[120] Der hinzuzurechnende Vermögensgegenstand unterliegt jedoch einer **Indexierung** nach den allgemeinen Regelungen. 74

Trotz dieser gesetzlichen Anordnung hatte die Hinzurechnung vor der Reform des Güterrechts nur in wenigen Fällen praktische Auswirkungen, da meist trotz der Hinzurechnung die **Forderungsbegrenzung des § 1378 Abs. 2 BGB** auf das vorhandene Vermögen eingriff und einen Ausgleich der illoyalen Vermögensminderung verhinderte. Dies galt in Überschuldungsfällen, aber auch in Fällen mit positivem Endvermögen.[121] 75

Hier ordnet § 1378 Abs. 2 Satz 2 BGB nunmehr an, dass die Begrenzung der Ausgleichsforderung sich um den vollen Betrag der illoyalen Vermögensminderung erhöht. Außerdem greift die neue Beweislastregelung des § 1375 Abs. 2 Satz 2 BGB ein, sodass schon diejenigen Verminderungen nach der Trennung, die nicht plausibel zu erklären sind, zu einer Erhöhung der Vermögenswertbegrenzung führen.

Außerdem ist der Zeitpunkt der Berechnung der Vermögenswertbegrenzung durch die Neufassung des § 1384 BGB auf den Zeitpunkt der Rechtshängigkeit des Scheidungsantrages nach vorne verlagert.

▶ Hinweis:

Nach der Reform des Güterrechtes können illoyale Vermögensverminderungen zu deutlich höheren Zugewinnausgleichsansprüchen führen.

118 So *Muscheler*, FamRZ 1998, 265, 266 zu diesem ansonsten wenig besprochenen Punkt.

119 Vgl. etwa Erman/*Gamillscheg*, BGB, § 1375 Rn. 8; einschränkender *Jakob*, AcP 207 (2007), 198, 205.

120 MünchKomm-BGB/*Koch*, § 1375 Rn. 31.

121 MüHdbFamR/*Miesen*, 2. Aufl., § 19 Rn. 246 f., 251.

f) Verfügungsbeschränkungen

76 Obwohl im Güterstand der Zugewinngemeinschaft die Vermögensgüter getrennt sind und jeder Ehegatte über sein Vermögen grds. allein bestimmt, ordnet **§ 1365 BGB** an, dass sich ein Ehegatte nur mit Einwilligung des anderen Ehegatten verpflichten kann, über sein **Vermögen im Ganzen** zu verfügen. Hat er sich ohne Zustimmung verpflichtet, kann er die Verpflichtung nur erfüllen, wenn der andere Ehegatte einwilligt.[122]

77 Mit dieser Einschränkung will der Gesetzgeber die wirtschaftliche Grundlage der Familie ebenso schützen wie die Anwartschaft des anderen Ehegatten auf Zugewinnausgleich[123] (güterstandsspezifische Regelung).

78 Dieser Schutz wird mit § 1365 BGB durch ein **absolutes Veräußerungsverbot**[124] verwirklicht. Demnach ist ein gutgläubiger Erwerb ausgeschlossen.

▶ Gestaltungsempfehlung:

Beim Erwerb von einem Ehegatten, der im gesetzlichen Güterstand lebt, ist auf die Verfügungsbeschränkung des § 1365 BGB zu achten! In Zweifelsfällen sollte der verfügende Ehegatte eine Versicherung abgeben, dass die Verfügung nicht sein gesamtes Vermögen betrifft oder der andere Ehepartner sollte zustimmen. Verfügungen unter Verstoß gegen § 1365 BGB werden nicht durch Grundbucheintragung geheilt!

79 Die Rechtsprechung legt § 1365 BGB so aus, dass die Vorschrift bereits dann eingreift, wenn ein Ehegatte sich zu einer Verfügung über **im Wesentlichen das ganze Vermögen** verpflichtet. Die Voraussetzungen des § 1365 BGB liegen damit dann nicht mehr vor, wenn dem verfügenden Ehegatten noch 15 % seines Gesamtvermögens verbleiben.[125] Bei größeren Vermögen[126] genügen bereits 10 %[127] verbleibenden Vermögens. Hierzu zählen auch unpfändbare Vermögensgegenstände,[128] nicht jedoch laufendes Einkommen oder künftige Renten- oder Versorgungsberechtigungen.[129]

80 Nach nahezu einhelliger Auffassung greift die Verfügungsbeschränkung des § 1365 BGB auch bei Verfügung nur über einen **Einzelgegenstand** ein, wenn dieser im Wesentlichen das gesamte Vermögen darstellt. Allerdings verlangt die vorherrschende

---

122 Zu den Verfügungsbeschränkungen *Fuge*, ZFE 2004, 47 ff.; *Löhnig*, JA 2006, 753 ff.; zur Vertretung eines geschäftsunfähigen Ehegatten bei der Zustimmung: *Müller*, ZNotP 2005, 419 f.

123 *Müller*, Vertragsgestaltung, Kap.3, Rn. 167.

124 BGHZ 40, 218, 219.

125 BGH, FamRZ 1980, 765; hierzu Dörr, NJW 1989, 810, 814 ff.

126 Nach *Müller*, Vertragsgestaltung, Kap.3, Rn. 171 soll ein großes Vermögen ab 500.000 € vorliegen.

127 BGH, FamRZ 1991, 669, 670.

128 *Langenfeld*, Eheverträge, 5. Aufl., Rn. 199.

129 BGH, NJW 1987, 2673; BGH, FamRZ 1996, 792; *Langenfeld*, Eheverträge, Rn. 412; Palandt/*Brudermüller*, BGB, § 1365 Rn. 5; Staudinger/*Thiele*, BGB, § 1365 Rn. 30.

subjektive Theorie, dass der Vertragspartner des sich zur Verfügung verpflichtenden Ehegatten zum Zeitpunkt des Verpflichtungsgeschäftes[130] zumindest die Umstände kennt, aus denen sich ergibt, dass es sich bei dem Einzelgegenstand um das wesentliche Vermögen handelt.[131]

Dieses Erfassen einzelner Gegenstände macht die Vorschrift des § 1365 BGB für den 81
Rechtsverkehr so problematisch. Wichtige Anwendungsbereiche für die **Verfügungsbeschränkung** bestehen daher bei der Verfügung über Grundbesitz durch Veräußerung oder Belastungen. Bei **Grundstücksverfügungen** sind zur Prüfung, ob über das gesamte Vermögen verfügt wird, die dinglichen Grundstücksbelastungen abzuziehen,[132] jedenfalls soweit sie valutiert sind.[133] Auch der Antrag auf Teilungsversteigerung ist daher nach § 1365 BGB zustimmungspflichtig,[134] nicht jedoch eine Vollstreckungsmaßnahme durch einen Gläubiger.[135] Beim Familienheim wird vertreten, dass durch dessen Zweckbestimmung ein Aufhebungsverbot nach § 749 Abs. 2 BGB vorliegt.[136] Die Eintragung des Ausschlusses der Aufhebung der Gemeinschaft lässt einen verbleibenden Grundstücksteil nahezu unveräußerlich und damit wertlos werden.[137]

Grundstücksbelastungen fallen unter § 1365 BGB, soweit diese den gesamten Grundstückswert ausschöpfen; anderes[138] soll hingegen bei bloßer Erwerbsmodalität gelten.[139] Hierzu hat der BGH entschieden,[140] dass dabei neben dem Nominalbetrag der bestellten Grundschuld auch die Grundschuldzinsen einzubeziehen sind, sofern sie bei einer künftigen Vollstreckung in die Rangklasse 4 des § 10 Abs. 1 ZVG fallen. Der BGH will hiernach regelmäßig den zweieinhalbfachen Jahresbetrag berücksich-

130 Kennt er sie hier nicht, bleibt auch das Verfügungsgeschäft zustimmungsfrei, Schröder/Bergschneider/*Bergschneider*, Familienvermögensrecht, Rn. 4.20.

131 BGHZ 35, 135, 143; BGHZ 43, 174, 175 ff.; BGH, FamRZ 1969, 322; BGH, FamRZ 1990, 970; OLG München, FamRZ 2000, 1152 (nur LS).

132 BGHZ 77, 293, 296.

133 BGH, FamRZ 1996, 792, 794; OLG Schleswig, OLGR 2005, 265; Schröder/Bergschneider/*Bergschneider*, Familienvermögensrecht, Rn. 4.16; a.A. unabhängig vom Valutastand: OLG München, FamRZ 1989, 396; wohl für Beachtlichkeit der Valutierung OLG München, FamRZ 2005, 272; offen *Kogel*, FamRB 2005, 52.

134 BGH, FamRZ 1985, 803; OLG Düsseldorf, FamRZ 1995, 309; OLG Köln, FamRB 2005, 1 f.; Koch, FamRZ 2003, 197, 199: analoge Anwendung. Nicht jedoch bei Antrag eines Gläubigers nach Pfändung, OLG Karlsruhe, FamRZ 2004, 629; auch nicht, wenn keine Folgesache Zugewinn im Verbundverfahren anhängig gemacht wurde, OLG Hamm, FamRB 2006, 293 m. abl. Anm. *Kogel*. Zur Teilungsversteigerung vgl. Rdn. 907 ff.

135 BGH, FamRZ 2006, 856.

136 *Grziwotz*, FamRZ 2002, 1669, 1678.

137 OLG Hamm, FamRZ 2004, 1648.

138 Str. ist, ob Vorbelastungen abzuziehen sind; ablehnend Schröder/Bergschneider/*Bergschneider*, Familienvermögensrecht, Rn. 4.30.

139 Schröder/Bergschneider/*Bergschneider*, Familienvermögensrecht, Rn. 4.32.

140 BGH, FamRZ 2012, 116 m. Anm. *Koch*, die für eine einheitliche Grenze von 10% für alle Vermögensgrößen plädiert; a.A. OLG Hamm, FamRZ 2011, 1732.

tigt wissen, was bei dem derzeitigen Niveau der Grundschuldzinsen bedeutet, dass noch einmal etwa die Hälfte des Nominalbetrags hinzuzuzählen ist. Bei einer 60 % Beleihung ist so sehr schnell der gesamte Grundstückswert ausgeschöpft. In der Praxis wird dies bedeuten, dass öfters als bisher die Ehegattenzustimmung erforderlich sein wird, zumal die Banken die Vermögenssituation zumeist relativ genau erhoben haben.

82 Der Tatbestand des § 1365 BGB ist nicht deshalb ausgeschlossen, weil die Verfügung gegen **Entgelt** erfolgt, denn das Gesetz stellt auf die Verfügung als solche, nicht auf eine wirtschaftliche Einbuße ab.[141]

83 **Zahlungspflichten, Bürgschaften** oder **Schuldübernahmen** fallen nicht unter § 1365 BGB, selbst wenn sie das gesamte Vermögen erfassen.[142] Gleiches gilt für eine Zwangsvollstreckungsunterwerfung.[143]

84 Für Verfügungen im **Zusammenhang mit einer Scheidung** gilt: Verfügungen nach rechtskräftiger Scheidung bedürfen keiner Zustimmung,[144] es sei denn, der Zugewinn ist als abgetrennte Folgesache noch rechtshängig.[145] Dies gilt nicht, wenn der Zugewinn erstmals nach Scheidung rechtshängig[146] oder sonst selbstständig geltend gemacht wird.[147] Rechtsgeschäfte vor diesem Zeitpunkt bleiben auch nach rechtskräftiger Scheidung zustimmungsbedürftig,[148] es sei denn, Zugewinnansprüche können wegen Eintritts der Verjährung nicht mehr durchgesetzt werden.[149] Diese Zustimmungspflicht steht häufig in Scheidungsverfahren einer Verwertung der Immobilie entgegen.

85 **Rechtsfolge fehlender Zustimmung** ist nach § 1366 BGB eine schwebende Unwirksamkeit bei Verträgen, und zwar sowohl des Verpflichtungs- wie des Verfügungsgeschäftes, sowie nach § 1367 BGB die Unwirksamkeit bei einseitigen Rechtsgeschäften. Die **fehlende Zustimmung** kann nach § 1365 Abs. 2 BGB durch das **BetreuungsG** ersetzt werden, wenn das Rechtsgeschäft den Grundsätzen ordnungsgemäßer Verwaltung entspricht und der Ehegatte die Zustimmung ohne ausreichenden Grund verweigert. Der nicht zustimmende Ehegatte kann die Rechte aus der Unwirksamkeit der Verfügung nach § 1368 BGB direkt dem Dritten gegenüber gel-

141 Palandt/*Brudermüller*, BGB, § 1365 Rn. 5; Schröder/Bergschneider/*Bergschneider*, Familienvermögensrecht, Rn. 4.8.; BGHZ 35, 135.

142 Palandt/*Brudermüller*, BGB, § 1365 Rn. 5; BGH, FamRZ 1983, 455.

143 Langenfeld, *Eheverträge*, Rn. 408.

144 OLG Hamm, FamRZ 1987, 591.

145 OLG Köln, FamRZ 2001, 176; OLG Celle, DNotI-Report, 2004, 16 = FamRZ 2004, 625.

146 OLG Hamm, NJW-Spezial 2006, 491.

147 OLG München, Rpfl. 2006, 556.

148 BGH, FamRZ 1978, 396.

149 OLG Celle, NJW-RR 2001, 866; vgl. *Grziwotz*, FamRB 2010, 389 f.

tend machen.[150] Weitere Folgen zieht die Zustimmungsverweigerung nicht nach sich. Insb. führt die unberechtigte Verweigerung nicht zu einer Schadensersatzfolge, da sonst das freie Mitspracherecht des zustimmenden Ehegatten in Zweifel gezogen würde.[151]

Das **Grundbuchamt** darf einen Antrag nur zurückweisen, wenn es positive Kenntnis von der Zustimmungsbedürftigkeit hat oder bei Zweifeln die Vermutung für das Vorliegen der Voraussetzungen des § 1365 BGB durch konkrete Anhaltspunkte belegt ist.[152] Ein solcher konkreter Anhaltspunkt ist nicht schon lediglich der Wert des betroffenen Grundbesitzes.[153] Zudem müssen auch konkrete Anhaltspunkte dafür vorliegen, dass der Erwerber weiß, dass es sich um das nahezu gesamte Vermögen handelt.[154] Der Notar soll über § 1365 BGB aufklären, ist jedoch nicht zu Nachforschungen verpflichtet.[155] Dies wird insb. angesichts der subjektiven Theorie zu gelten haben, wenn der Notar erst durch seine weiteren Nachforschungen beim Erwerber die subjektive Kenntnis vom Gesamtvermögensgeschäft schafft. Es gibt keinen generellen Erfahrungssatz, dass Kinder über die Vermögenssituation ihrer Eltern informiert sind.[156] 86

§ 1365 BGB ist durch **Ehevertrag abdingbar**, welcher der Form des § 1410 BGB bedarf. Im Rahmen einer Trennungs- oder Scheidungsvereinbarung sollte dies, soweit nicht ohnehin Gütertrennung vereinbart wird, erfolgen, damit einem späteren Verkauf der Immobilie nicht die fehlende Zustimmung entgegensteht.

g) Vereinigungsbedingte Wertsteigerungen im Beitrittsgebiet

Grundbesitz, der nach den Regeln des Vermögensgesetzes im Beitrittsgebiet **zurückübertragen** wurde, unterliegt dem Zugewinnausgleich. Umstritten war, mit welchem Wert er beim Anfangsvermögen anzusetzen ist. Setzt man hier den Wert bei Beginn des Güterstandes an, ist die durch die Wiedervereinigung bedingte Wertsteigerung voll auszugleichen.[157] Stellt man auf das Inkrafttreten des Vermögensgesetzes v. 29.09.1990[158] oder die Bestandskraft des Rückübertragungsbescheides für enteig- 87

150 Zu Einzelheiten der Revokation Schröder/Bergschneider/*Bergschneider*, Familienvermögensrecht, Rn. 4.107 f.

151 OLG Hamm, MDR 2011, 1447 = BeckRS 2011, 25022.

152 OLG Zweibrücken, NotBZ 2004, 73; OLG Schleswig, OLGR 2005, 265 = MittBayNot 2005, 38 ff. m. Anm. *Bauer*; *Koch*, FamRZ 2003, 197, 198 m.w.N.; Schröder/Bergschneider/*Bergschneider*, Familienvermögensrecht, Rn. 4.36.

153 OLG München, DNotZ 2007, 381.

154 OLG München, NotBZ 2009, 462 = NJW-RR 2010, 523.

155 *Fuge*, ZFE 2004, 47, 50.

156 OLG Koblenz, FamRZ 2008, 1078.

157 So OLG Düsseldorf, FamRZ 1999, 225 m. Anm. *Schröder* und *Kogel*, FamRZ 1998, 596 f. und FamRZ 1999, 917; *Koch*, FamRZ 2003, 197, 200 ff. mit Verweis darauf, dass eben keine analoge Anwendung des § 1374 Abs. 2 BGB möglich sei.

158 So *Holtfester/Neuhaus-Piper*, FamRZ 2002, 1526, 1531, die ab dann jedenfalls ein gegenwärtiges vermögenswertes Recht annehmen.

nete Grundstücke ab,[159] unterliegt die vereinigungsbedingte Wertsteigerung insoweit nicht dem Zugewinnausgleich.

88 Gibt es bei Überleitungsfällen Rückübertragungsansprüche, sind die durch das inzwischen in Kraft getretene Vermögensgesetz geschaffenen Rückübertragungsansprüche am 03.10.1990 – dem Zeitpunkt der Überleitung des Güterstandes – im Anfangsvermögen des Rückübertragungsberechtigten zu berücksichtigen, sodass der andere Ehegatte nur an den Wertsteigerungen seit diesem Datum teilnähme.[160]

89 Der BGH hat inzwischen diesen Meinungsstreit entschieden und sich der Auffassung angeschlossen, dass solche **vereinigungsbedingten Wertsteigerungen im Zugewinn auszugleichen** sind.[161] Mit dieser Entscheidung hatte der BGH zum einen über die Fallgestaltung zu befinden, dass ein Grundstück ohne Enteignung zu DDR-Zeiten geerbt wurde und nun durch die Wiedervereinigung eine ganz erhebliche Wertsteigerung eintrat. Zum anderen hatte der BGH auch den Fall zu entscheiden, dass ein Grundstück während der DDR-Zeit enteignet worden war und später an die Erben zurückübertragen wurde.

90 Im letzteren Fall bestand hinsichtlich des enteigneten Grundstücks vor Inkrafttreten des Vermögensgesetzes (29.09.1990, BGBl. 1990 II, S. 885) keine rechtlich geschützte Vermögensposition, die dem Anfangsvermögen hätte hinzugerechnet werden können. § 1374 Abs. 2 BGB ist nicht anwendbar, da das Grundstück zwar nach Beginn des Güterstandes erlangt wurde, aber nicht durch Erbfall. **§ 1374 Abs. 2 BGB** ist insoweit **nicht analogiefähig.**[162] Diese Ansicht hat der BGH in einem weiteren Urteil bekräftigt.[163]

91 Das Vermögensgesetz wirkte nur ex nunc und führte nicht zu einer rückwirkenden Beseitigung der Enteignung. Daher war auch keine bereits bestehende rechtlich geschützte Keimzelle zuvor vorhanden. Im Anfangsvermögen ist daher der Restitutionsanspruch oder das Grundstück nicht zu erfassen. Allerdings ist nach BGH im Anfangsvermögen die Anwartschaft auf Zahlung von Lastenausgleich zu berücksichtigen.

92 Im Fall des Erbes zu DDR-Zeiten ohne Enteignung ist das Grundstück zwar im Anfangsvermögen anzusetzen, jedoch zu dem niedrigen Wert, den dieses im Zeitpunkt des Erbfalles hatte, denn zu diesem Zeitpunkt war der Erwerb abgeschlossen. Die weitere Entwicklung war in keiner Weise absehbar. Die vereinigungsbedingte Wertsteigerung fällt also nach BGH in vollem Umfang in den Zugewinn.

---

159 *Bergschneider*, FamRZ 1999, 1068.

160 *Holtfester*, FamRZ 2002, 1680, 1681; *Kogel*, FF 2004, 221.

161 BGH, FamRZ 2004, 781 f. = FPR 2004, 384.

162 A.A. in Abgrenzung zum genannten BGH-Urteil: OLG Düsseldorf, FamRZ 2005, 1835: Vermögensposition beruht auf der Stellung als Erbe, das genügt für § 1374 Abs. 2 BGB; hiergegen *Koch*, FamRZ 2006, 585, 586.

163 BGH, NJW-RR 2007, 1371= FamRZ 2007, 1307 m. abl. Anm. Schröder; hierzu *Börger*, FF 2008, 32 f.

h) Vorherige Ehegattenzuwendung

Besonderheiten sind zu beachten, wenn die Scheidungsimmobilie oder ein Anteil hieran **zuvor von einem Ehegatten an den anderen übertragen** worden war. Hier können zunächst für den Zugewinnausgleich vorgreifliche Rechtsbeziehungen der Ehegatten untereinander bestehen. 93

So kann die Übertragung unter Ehegatten einen **treuhänderischen Charakter** haben, sodass im Fall einer Trennung ein Herausgabeanspruch gegen den Eigentümer-Ehegatten besteht. 94

Es kann eine **Ehegatteninnengesellschaft** vorliegen, aus der sich bei Scheidung Ansprüche ergeben können.[164] 95

Die Übertragung kann – im Ausnahmefall – als echte **Schenkung** oder als sog. **ehebedingte Zuwendung** ausgestaltet worden sein. Schließlich kann im Übertragungsvertrag eine Regelung für den Fall der Scheidung getroffen worden sein, etwa dergestalt, dass der übertragende Ehegatte im Fall einer Scheidung das **Recht** hat, die übertragene Immobilie **zurückzufordern**. Es kann aber auch lediglich eine Anordnung über die Anrechnung oder Nichtanrechnung der Immobilienübertragung auf den Zugewinn getroffen werden.[165] 96

Nach gefestigter Rechtsprechung des BGH[166] findet sowohl bei Schenkungen als auch bei unbenannten **Zuwendungen unter Ehegatten** die Vorschrift des **§ 1374 Abs. 2 BGB keine Anwendung**, da sie nur auf Zuwendungen von dritter Seite passe.[167] Dies hat der BGH erst jüngst wieder bestätigt für unentgeltliche Zuwendungen unter Ehegatten mit Rücksicht auf ein zukünftiges Erbrecht.[168] 97

164 Hierzu näher Rdn. 235 ff.

165 Vgl. *Hoppenz*, FPR 2012, 84, der für den Güterstand der Gütertrennung eine Ausübungskontrolle anstelle der Rechtsprechung zur Rückforderung ehebezogener Zuwendungen setzen möchte.

166 Noch für Anwendung des § 1374 Abs. 2 BGB: BGHZ 65, 320 = DNotZ 1976, 418 ff.; hiergegen dann BGHZ 82, 227, 234 f.; BGH, NJW 1982, 1093 = DNotZ 1983, 177 ff.; BGHZ 101, 65 ff. = NJW 1987, 2814; a.A. etwa MünchKomm-BGB/*Koch*, § 1374 Rn. 22.

167 Zwar wird diese Ansicht in der Lit. teils heftig kritisiert (vgl. nur *Netzer*, FamRZ 1988, 676 ff.; *Seutemann*, FamRZ 1989, 1023; detailliert *Jeep*, Ehegattenzuwendungen; ders. DNotZ 2011, 590 ff.), sie soll aber hier für die praktische Betrachtung maßgeblich bleiben.

168 BGH, NJW 2011, 72 = FamRZ 2010, 2057; hierzu *Jeep*, DNotZ 2011, 590 ff., der kritisiert, der BGH nehme Ehegatten die Möglichkeit, echte, dauerhafte und freigiebige Geschenke zu tätigen. *Braeuer*, FamRZ 2010, 2059 weist darauf hin, dass für anderweitige Bestimmungen die ehevertragliche Form erforderlich ist.

▶ Hinweis:

§ 1374 Abs. 2 BGB gilt nicht für unbenannte Zuwendungen und Schenkungen unter Ehegatten. Diese fallen also in das Endvermögen des Zuwendungsempfängers.

98 Auf der Basis dieser Rechtsprechung erfolgt die Handhabung des **§ 1380 BGB**,[169] also die Anrechnung einer Zuwendung auf die Zugewinnausgleichsforderung. § 1380 Abs. 2 BGB ordnet an, dass der **Wert der Zuwendung dem Zugewinn des Zuwendenden hinzugerechnet** wird. Daraus schließt die Rechtsprechung, dass dieser Wert dann auch **vom Zugewinn bzw. Endvermögen**[170] **des Zuwendungsempfängers in Abzug gebracht** werden müsse.[171] Anschließend wird die Ausgleichsforderung errechnet und davon die Zuwendung in Abzug gebracht.

99 Eine Indexierung wird im Rahmen des § 1380 BGB noch immer abgelehnt,[172] die Gegenmeinung, die keinen Sinn in einer von der sonstigen Anfangsvermögensberechnung abweichenden Handhabung sieht, überzeugt jedoch.[173] So liegen inzwischen auch erste Gerichtsentscheidungen vor, die eine Indexierung bejahen.[174]

100 Umstritten war ferner die Anwendung des § 1380 BGB, wenn der Wert der Zuwendung die Höhe des Ausgleichsanspruchs, der sich ohne Berücksichtigung der Zuwendung ergäbe, übersteigt (**überhöhte Vorwegleistung**).[175] Ging man früher davon aus, dass § 1380 BGB eine negative Ausschlusswirkung habe, sodass in diesem Fall der Zuwendende keinen Zugewinnausgleich geltend machen könne, da das Gesetz seine Rechte auf die Anrechnung beschränke,[176] so nimmt die Rechtsprechung und h.L.[177] heute an, der Anwendungsbereich des § 1380 BGB sei gar nicht eröffnet, sodass der **gewöhnliche Zugewinnausgleich** stattfinde.[178]

▶ Hinweis:

Bei überhöhter Vorwegleistung schließt § 1380 BGB einen Zugewinnausgleichsanspruch des Zuwendenden nicht aus.

---

169 Zur Konkurrenz dieser Anrechnung mit der Pflichtteilsanrechnung vgl. Schröder/Bergschneider/*Bergschneider*, Familienvermögensrecht, Rn. 4.300 ff.

170 Erfasst werden damit Zuwendungen zwischen Heirat und Rechtshängigkeit des Scheidungsantrags, Schröder/Bergschneider/*Bergschneider*, Familienvermögensrecht, Rn. 4.285.

171 BGH, NJW 1982, 1093; *Grünewald*, NJW 1995, 505, 506; dagegen *Hoppenz*, MittBayNot 1998, 217 ff.

172 *Weinreich*, FuR 2003, 447.

173 *Haußleiter/Schulz*, Kap. 1 Rn. 522 ff.; Schröder/Bergschneider/*Bergschneider*, Familienvermögensrecht, Rn. 4.297; MünchKomm-BGB/*Koch*, § 1380 Rn 19.

174 OLG Frankfurt, FamRZ 2006, 1543.

175 *Netzer*, FamRZ 1988, 676, 678; *Jaeger*, DNotZ 1991, 431, 452 f.

176 *Kühne*, FamRZ 1978, 221, 223.

177 BGH, NJW 1982, 1093; OLG Frankfurt, FamRB 2006, 34; Schwab/*Schwab*, Scheidungsrecht, VII Rn. 217 ff.; *Kleinle*, FamRZ 1997, 1383, 1387.

178 Palandt/*Brudermüller*, BGB, § 1380 Rn. 17 stimmt dem zwar grds. zu, sieht aber Fälle, bei denen gleichwohl § 1380 BGB noch zur Anwendung kommen müsse.

Wie nun die **anrechenbare unbenannte Zuwendung im Zugewinnausgleich** wirkt, ist anhand einer zweistufigen Berechnung festzustellen.[179] In der **ersten Stufe** ist zu berechnen, ob **dem Zuwendungsempfänger** unter Berücksichtigung des **§ 1380 BGB** ein Zugewinnausgleichsanspruch zusteht. Ist dies der Fall, hat es damit sein Bewenden. Ist dies aber nicht der Fall, war also die Zuwendung somit größer als der Ausgleichsanspruch, ist auf der **zweiten Stufe** festzustellen, ob nach der **tatsächlichen Vermögenslage dem Zuwendenden** ein Zugewinnausgleichsanspruch zusteht.[180] 101

Noch kontrovers debattiert wird derzeit, wie sich die **Reform des Zugewinnrechts** auf die Anrechnung auswirkt. Grundsatz ist, dass zwar Anfangs- und Endvermögen negativ sein können, §§ 1374 Abs. 3, 1375 Abs.1 Satz 2 BGB, nicht jedoch der Zugewinn selbst[181], denn es soll vermieden werden, dass ein Ehegatte über den Zugewinn für die Verbindlichkeiten des anderen Ehegatten mit haftet und dessen Gläubiger begünstigt werden – so die Gesetzesbegründung –[182]. Zusätzlich wird als Argument herangezogen, dass § 1373 BGB unverändert geblieben sei, der von einem »Übersteigen« spricht[183]. Ausgehend davon bliebe die **Anrechnung unverändert**, denn angerechnet wird auf die Zugewinnausgleichsforderung selbst. Gäbe es hingegen einen negativen Zugewinn, so könnte sich § 1380 BGB als überflüssig erweisen.[184]

Dieser Diskussion hatte der BGH nunmehr – allerdings ohne Eingehen auf die Begründung – die Grundlage entzogen, indem er apodiktisch feststellte, einen negativen Zugewinn gebe es nach wie vor nicht.[185]

Selbst bei Vereinbarung einer Anrechnungsbestimmung ist **kaum vorhersehbar**, wie sich die unbenannte Zuwendung im Zugewinnausgleich letztlich auswirken wird, da dies von der Entwicklung des Gesamtvermögens beider Ehegatten abhängt.[186] 102

Ist angeordnet, dass die **unbenannte Zuwendung nicht anrechenbar sein soll**, ist die Situation **höchstrichterlich noch nicht geklärt**. Überwiegend[187] geht man vom tatsächlichen Endvermögen aus und zieht vom Endvermögen des Zuwendungsempfän- 103

179 *Arend*, MittRhNotK 1990, 65, 71; *Büte*, Zugewinnausgleich, Rn. 300 ff.; *Langenfeld*, Eheverträge, Rn. 716; *Schwab*, FamRZ 1984, 525, 528.

180 Beispielsrechnungen bei *C. Münch*, Ehebezogene Rechtsgeschäfte, Rn. 1168 ff.

181 *Büte*, FuR 2008, 105, 108; *Kogel*, FamRZ 2010, 2036: *Krause*, ZFE 2009, 55, 57; *Hoppenz*, FamRZ 2008, 1889, 1890; vgl. zu anderen Auffassungen *Büte*, FamFR 2010, 196; *Braeuer*, FamRZ 2010, 1614.

182 BT-Drucks. 16/10798, S. 14.

183 *Büte*, FamFR 2010, 196.

184 *Kogel*, FamRZ 2010, 2036, 2037.

185 BGH, NJW-RR 2011, 73, Rn. 34.

186 Noch verwirrender wird es, wenn gegenseitige Zuwendungen vorliegen; vgl. hierzu *Langenfeld*, Eheverträge, 5. Aufl., Rn. 279 ff. (nur Behandlung der Zuwendungen des ausgleichungspflichtigen Ehegatten nach § 1380 BGB) und *Arend*, MittRhNotK 1990, 65, 72 sowie *Kogel*, FamRB 2005, 368, 369 (Saldierung der Zuwendungen).

187 *Rauscher*, AcP 186 (1986), 529, 567 f. unter Anwendung des § 1374 Abs. 2 BGB für solche Fälle; *Reinicke/Tiedtke*, WM 1982, 946, 953.

gers die Zuwendung ab,[188] stellt diese also rechnerisch außerhalb des Zugewinnausgleichs. Dies erscheint angemessen und entspricht regelmäßig dem Willen der Vertragsteile.

104 Diskutiert wird ferner ein Abzug beim Endvermögen des Empfängers bei gleichzeitiger Addition zum Endvermögen des Zuwendenden.[189] Eine solche Lösung begünstigt jedoch den Zuwendungsempfänger übermäßig, da er neben einem vollen Zugewinnausgleich zusätzlich noch die Zuwendung ohne Anrechnung behalten darf.[190] Daher entspricht sie regelmäßig nicht dem Parteiwillen. Etwas anderes kann dann gelten, wenn die Zuwendung aus dem Anfangsvermögen des Zuwendenden stammte. Hier könnte man überlegen, den Betrag der Zuwendung beim Zuwendenden auch aus dem Anfangsvermögen zu eliminieren.

i) Güterstandsmodifizierungen

105 Im gesetzlichen Güterstand werden häufig Modifizierungen für Immobilien vereinbart. Insb. in den Fällen, in denen Immobilien von Eltern übertragen worden sind, trifft man häufig auf Vereinbarungen, dass die Immobilie einschließlich ihrer Wertsteigerungen nach Übertragung vom ehelichen Zugewinn völlig ausgeschlossen wird. Dies ist umso notwendiger, als die Rechtsprechung nunmehr die Wertveränderung der Vorbehaltsrechte im Zugewinn mit gutachterlicher Stellungnahme ausgerechnet haben will.[191]

106 Die Vereinbarung solcher Modifikationen ist üblich und zulässig. Wenn im Scheidungsfall eine solche Vereinbarung vorgelegt wird, ist sie daher zu beachten in dem Rahmen, den die Inhaltskontrolle von Eheverträgen[192] allgemein für die Wirksamkeit und Anwendbarkeit von Eheverträgen vorgibt. Eine solche Vereinbarung ist für sich allein genommen nicht kontrollanfällig. Werden jedoch im Ehevertrag noch weitere Verzichte ausgesprochen, ist der Gesamtinhalt zu würdigen. Über die Formulierung im Rahmen einer vorsorgenden ehevertraglichen Vereinbarung ist später noch zu sprechen.[193]

2. Gütertrennung

107 Im Güterstand der Gütertrennung bestehen **keinerlei güterrechtliche Beziehungen** der Ehegatten untereinander. Abgesehen von den allgemeinen Ehewirkungen stehen sich die Ehegatten vermögensrechtlich wie Unverheiratete gegenüber.[194] Es gibt beim

188 Differenzierend *Arend*, MittRhNotK 1990, 65, 72, der einen solchen Abzug dann ablehnt, wenn der Zuwendende einen Ausgleichsanspruch hat, sodass dieser wieder am Wert der Zuwendung partizipiert.

189 Darstellung der verschiedenen Möglichkeiten bei *Reinicke/Tiedtke*, WM 1982, 946, 953.

190 *Langenfeld*, Eheverträge, 5. Aufl., Rn. 285.

191 Hierzu Rdn. 28 ff.

192 Rdn. 1120 ff.

193 Rdn. 1242 ff.

194 BayObLG, FamRZ 1961, 220 f.

Ende der Ehe also keinen Ausgleichsanspruch bzgl. des Vermögenszuwachses des anderen Ehegatten. Jeder Ehegatte kann über sein Vermögen frei verfügen und haftet mit seinem Vermögen nur für seine Verbindlichkeiten. Die Verfügungsbeschränkungen der §§ 1365, 1369 BGB gelten nicht. Die Gütertrennung hat erbrechtlich die Wirkung einer **Erbteilserhöhung** des überlebenden Ehegatten neben einem oder zwei Kindern, § 1931 Abs. 4 BGB.

Über die Angemessenheit der Gütertrennung gehen die Meinungen auseinander. In der Praxis ist die Gütertrennung wohl eher im Rückzug begriffen gegenüber den vielfältigen Möglichkeiten der Modifikation des gesetzlichen Güterstandes. 108

Die **Vorteile** der Gütertrennung liegen in ihrer **Klarheit** und **Einfachheit.**[195] Als solcher ist der Güterstand daher weit verbreitet v.a. bei Unternehmern;[196] dies mag nicht zuletzt daraus resultieren, dass viele Gesellschaftsverträge von den Gesellschaftern den Ausschluss des Zugewinns – neuerdings zunehmend häufiger alternativ dessen Modifikation – verlangen. Er ist aber auch bei der Wiederverheiratung älterer Eheleute, deren Erben die jeweiligen Kinder sein sollen, ein angemessener Güterstand[197] oder bei beiderseits vermögenden und berufstätigen Ehegatten, die zu individualistischer Vermögenstrennung neigen.[198] 109

Die eine Einschätzung bezeichnet die Gütertrennung als den Güterstand für aufgeklärte und wache Eheleute[199] bzw. für geschäftsgewandte Angehörige der gehobenen Mittel- oder Oberschicht.[200] Ein nicht rechtlicher, aber tatsächlicher Vorteil der Gütertrennung liegt darin, dass Kreditinstitute häufig bei Gütertrennung auf eine **Mithaftung des Ehegatten** verzichten, während sie diese bei modifizierter Zugewinngemeinschaft verlangen. 110

Die **Nachteile** der Gütertrennung bestehen zum einen in der mangelnden Flexibilität bei einer Änderung der Ehekonstellation. Häufig werden auch durch die Gütertrennung wesentlich mehr Ansprüche ausgeschlossen als nach der Vorstellung der Eheleute notwendig wäre, um ihr Regelungsziel zu erreichen. 111

Erhebliche Nachteile ergeben sich v.a. im Erbfall durch den Wegfall der Steuerfreiheit des Zugewinns gem. § 5 ErbStG. Auch die sog. Güterstandsschaukel, die der BFH inzwischen anerkannt hat,[201] lässt sich so nicht durchführen. Es geht erhebliches steuerliches Gestaltungspotenzial verloren.[202] Dies führt in der Praxis dazu, dass in den meisten Fällen, in denen von den Beteiligten eine Gütertrennung angestrebt 112

195 MünchKomm-BGB/*Kanzleiter*, vor § 1414 Rn. 6.

196 Ausdrücklich als passend für den Unternehmensbereich bewertet durch OLG München, FamRZ 2003, 376 m. Anm. *Bergschneider*.

197 *Langenfeld*, Eheverträge, Rn. 975.

198 MünchKomm-BGB/*Kanzleiter*, vor § 1414 Rn. 7.

199 *Langenfeld*, Eheverträge, Rn. 284.

200 MünchKomm-BGB/*Kanzleiter*, vor § 1414 Rn. 11.

201 BFH, ZEV 2006, 41 m. Anm. *Münch*.

202 Hierzu *C. Münch*, FamRB 2007, 281 ff.

war, lediglich eine modifizierte Zugewinngemeinschaft mit Ausschluss des Zugewinns im Scheidungsfall vereinbart wird.

▶ Gestaltungsempfehlung:

Es sollte immer genau überprüft werden, ob zur Erreichung des von den Ehegatten erstrebten Zieles die Gütertrennung wirklich notwendig ist. Modifizierungen des gesetzlichen Güterstandes bieten häufig gleichwertige Vorteile ohne die Nachteile der Gütertrennung. Auch »Alteheverträge« sollten auf ihre ggf. rückwirkende Änderung hin überprüft werden.

113 Ist die Klarheit der gesetzlichen Regelung zuvor noch hervorgehoben worden, hat die **richterliche Korrektur der Vermögensverteilung** im Scheidungsfall diese gesetzlich vorgegebene Klarheit aus Gründen der Einzelfallgerechtigkeit in ganz erhebliche **Rechtsunsicherheit** gestürzt.[203] Gegenüber der Zugewinngemeinschaft, deren Regelung in weitem Umfang als Spezialität gegenüber konkurrierenden Ansprüchen begriffen wird, besteht in der Rechtsprechung bei der Gütertrennung eine ganz erhebliche Bereitschaft, Vermögenszuwendungen oder Mitarbeit im Scheidungsfall unter Berufung auf eine Störung der Geschäftsgrundlage (§ 313 BGB) oder neuerdings wieder verstärkt unter Verweis auf eine Ehegatteninnengesellschaft zu korrigieren.

114 Die **Kautelarjurisprudenz** ist hier gut beraten, solche Streitigkeiten von vornherein dadurch auszuschließen, dass sie die **Rückforderung von Zuwendungen oder Ansprüche aus Ehegatteninnengesellschaften ausdrücklich ausschließt**, es sei denn, dass die Ehegatten entsprechende vertragliche Absprachen getroffen haben. Dass die Ehegatten bei Ausgleichswunsch dann Vereinbarungen benötigen, ist im Rahmen der Beratung deutlich zu machen.[204]

▶ Gestaltungsempfehlung:

Bei der Vereinbarung von Gütertrennung sollten Ansprüche auf Rückgewähr von Zuwendungen aus Störung der Geschäftsgrundlage oder aus Innengesellschaft ausdrücklich ausgeschlossen werden, soweit sie nicht im Einzelfall vertraglich vorbehalten waren.

3. Gütergemeinschaft

a) Verbreitung

115 Die Gütergemeinschaft war verbreiteter, als das eheliche Zusammenleben im Blickpunkt des Interesses stand, das im Recht der Gütergemeinschaft ausführlich behandelt wird. Heute hingegen ist die Abwicklung des Güterstandes in den Vordergrund getreten, welche in der Zugewinngemeinschaft detaillierte Regelung erfahren hat.[205] In der Praxis hat die Gütergemeinschaft heute eine stets **geringer werdende Bedeu-**

203 *Blumenröhr*, in: FS Odersky, 517, 525.

204 Z.T. wird ein solcher Ausschluss krit. gesehen: MüHdbFamR/*Kogel*, § 21 Rn. 67 ff.; *Grziwotz*, ZIP 2006, 9, 10; vgl. *C. Münch*, Ehebezogene Rechtsgeschäfte, Rn. 897 ff.

205 Hierzu eingehend *Bergschneider*, Verträge in Familiensachen, Rn. 731 f.

tung[206] und findet sich v.a. noch im landwirtschaftlichen Bereich und regional in Süddeutschland. Selbst im landwirtschaftlichen Bereich, in dem sie früher weit verbreitet war, wird die Gütergemeinschaft heute eher selten neu vereinbart.[207]

b) Gesamtgut

Im Gegensatz zu den zuvor behandelten Güterständen existiert bei der Gütergemeinschaft ein **gesamthänderisch gebundenes gemeinsames Vermögen** der Ehegatten. Daher regelt das Gesetz intensiv die Verwaltung, aber auch die Auseinandersetzung dieses Gesamtgutes sowie die Abgrenzung zu den anderen Vermögensmassen der Ehegatten. 116

Nach § 1416 Abs. 1 BGB wird das Vermögen der Ehegatten **mit Eingehung** der Gütergemeinschaft **Gesamtgut**, und zwar im Wege der **Universalsukzession**[208] (§ 1416 Abs. 2 BGB). Im Grundbuch erfolgt daher die Eintragung der Eheleute in Gütergemeinschaft im Wege der Grundbuchberichtigung.[209] Auch das während der Ehe **hinzuerworbene Vermögen** wird Gesamtgut.[210] Für die Rechtspraxis ist wichtig, dass es für den **Erwerb eines Grundstücks** zum Gesamtgut der Gütergemeinschaft zur Eintragung und zum Eigentumsübergang auf die Gütergemeinschaft ausreicht, dass ein Ehegatte handelt. Wenn es der nicht (allein) Verwaltende ist, wird zwar das Gesamtgut nicht verpflichtet, die Eintragung kann aber zum Gesamtgut der Gütergemeinschaft erfolgen,[211] auch wenn der Erschienene »für sich« erwirbt.[212] Bei der **Veräußerung eines Grundstücks** hingegen müssen beide Ehegatten mitwirken, wenn sie gemeinsam verwalten.[213] 117

Wurde irrtümlich die Auflassung an die Ehegatten zum Miteigentum je zur Hälfte erklärt, so erwirbt das Gesamtgut dennoch. Das Grundbuch kann ohne Wiederho-

---

206 Detailliert zu Vor- und Nachteilen der Gütergemeinschaft *C. Münch*, Ehebezogene Rechtsgeschäfte, Rn. 357 ff.

207 Eine Gesamtdarstellung findet der Interessierte etwa bei *Wittich*, Die Gütergemeinschaft, 2000; *Bergschneider*, Verträge in Familiensachen, Rn. 731 ff.; *Langenfeld*, Eheverträge, Rn. 297 ff. oder *Mai*, BWNotZ 2003, 55 ff.

208 *Bergschneider*, Verträge in Familiensachen, Rn. 777; MünchKomm-BGB/*Kanzleiter*, § 1416 Rn. 17.

209 *Schöner/Stöber*, Grundbuchrecht Rn. 760; zum Nachweis des Güterstandes durch eidesstattliche Versicherung: BayObLG, ZEV 2003, 335.

210 Unterschiedlich sind die Rechtsauffassungen dazu, wie dies geschieht. Die Durchgangstheorie sieht zunächst für eine logische Sekunde das Eigentum beim Ehegatten (*Tiedtke*, FamRZ 1979, 370; Staudinger/*Thiele*, BGB, § 1416 Rn. 24). Die Unmittelbarkeitstheorie nimmt einen unmittelbaren Erwerb durch das Gesamtgut an (*Bergschneider*, Verträge in Familiensachen, Rn. 778; *Hofmann*, FamRZ 1972, 117 ff.; MünchKomm-BGB/*Kanzleiter*, § 1416 Rn. 2 ff.).

211 BayObLGZ 54, 12 ff.; BayObLG, DNotZ 1976, 174; *Bengel*, MittBayNot 1975, 209 ff.; *Schöner/Stöber*, Grundbuchrecht, Rn. 3378; *Langenfeld*, Eheverträge, Rn. 298.

212 *Bauer/von Oefele/Schaub*, Grundbuchordnung, § 33 Rn. 28.

213 *Langenfeld*, Eheverträge, Rn. 297.

lung der Auflassung berichtigt werden.[214] Bei Auflassung an Ehegatten in Gütergemeinschaft scheidet eine Umdeutung in den Erwerb eines Ehegatten als Alleineigentümer aus, wenn sich herausstellt, dass die Gütergemeinschaft gar nicht bestand. Möglich wäre jedoch eine Umdeutung in einen Erwerb je zur Hälfte.[215]

118 Die **Gesamthandsgemeinschaft** wirkt sich so aus, dass kein Ehegatte Teilung verlangen und kein Ehegatte über seinen Anteil am Gesamtgut oder über einen Anteil an Gegenständen, die zum Gesamtgut gehören, verfügen kann, § 1419 BGB. Der Gesamtgutanteil ist nicht pfändbar (§ 860 Abs. 1 ZPO) und gehört im Fall einer **Insolvenz** nicht zur Masse (§ 36 Abs. 1 InsO).

119 Für die **Verwaltung** des Gesamtgutes ist die gemeinschaftliche Verwaltung heute der Regelfall (§ 1421 Satz 2 BGB) auch wenn im Ehevertrag zur Verwaltung nichts gesagt wird.[216] Sie führt dazu, dass die Ehegatten nach § 1450 BGB auch nur gemeinsam über das Gesamtgut verfügen dürfen. Sofern hier eine Erleichterung gewünscht ist, kommt die Erteilung einer gegenseitigen Vollmacht in Betracht.

c) Vorbehaltsgut

120 Nach **§ 1418 BGB** ist **Vorbehaltsgut** dasjenige Vermögen eines Ehegatten,

- das durch Ehevertrag hierzu erklärt wurde,
- durch Dritte unentgeltlich – ausreichend ist eine gemischte Schenkung[217] – oder von Todes wegen zugewendet wurde mit der Bestimmung des Dritten, es solle Vorbehaltsgut sein,
- als Frucht und Surrogat von Vorbehaltsgut anzusehen ist.

121 § 1418 BGB enthält eine abschließende Aufzählung des Vorbehaltsgutes. Jeder Ehegatte verwaltet sein Vorbehaltsgut selbst und auf eigene Rechnung.

122 **Dritten** gegenüber kann die Eigenschaft als Vorbehaltsgut nur geltend gemacht werden, wenn das Vorbehaltsgut im **Güterrechtsregister**[218] eingetragen ist, § 1418 Abs. 4 BGB. Im **Grundbuch** ist der Ehegatte als Alleineigentümer einzutragen, die Eigenschaft als Vorbehaltsgut kann dort jedoch nicht vermerkt werden.[219]

---

214 BGH, DNotZ 1982, 692.

215 OLG München, MittBayNot 2010, 207 = FamRZ 2010, 1736.

216 Anders bei einer vor dem 01.04.1953 vereinbarten allgemeinen Gütergemeinschaft, für die weiterhin die Verwaltung durch den Ehemann alleine gilt, *Schöner/Stöber*, Grundbuchrecht, Rn. 3375. Für den Fall der Alleinverwaltung hat der BGH entschieden, dass in der Insolvenz des nicht verwaltenden Ehegatten dessen Anteil am Gesamtgut nicht zur Insolvenzmasse gehört und der verwaltende Ehegatten daher die Gegenstände des Gesamtgutes aussondern kann, BGH, ZIP 2006, 1145.

217 MünchKomm-BGB/*Kanzleiter*, § 1418 Rn. 7; Staudinger/*Thiele*, BGB, § 1418 Rn. 25.

218 Dazu *Heinemann*, FamRB 2011, 194 f., der für ein Güterrechtsregister mit Zukunft plädiert.

219 *Bauer/von Oefele/Schaub*, Grundbuchordnung, § 33 Rn. 20; *Schöner/Stöber*, Grundbuchrecht, Rn. 764; MünchKomm-BGB/*Kanzleiter*, § 1418 Rn. 15.

▶ Gestaltungsempfehlung:

Die Gegenstände des Vorbehaltsgutes sollten im Ehevertrag klar und eindeutig bezeichnet sein. Sie sollten im Güterrechtsregister eingetragen sein. Gleiches gilt für Vorbehaltsgut, das durch Erwerb von Dritten diese Eigenschaft erhalten hat.[220]

Nach OLG München[221] ist ein während der Ehe allein aus steuerlichen Gründen in das Vorbehaltsgut einer Gütergemeinschaft überlassener Gesellschaftsanteil mit deren Scheitern nach § 313 BGB in das Gesamtgut zurückzuübertragen. Das OLG hat den Fall nach den Grundsätzen der Störung der Geschäftsgrundlage, die sonst bei Gütertrennung zur Anwendung gelangt, entschieden und weist ausdrücklich einen Vorrang gesellschaftsrechtlicher Ansprüche zurück. 123

d) Sondergut

§ 1417 Abs. 2 BGB definiert als Sondergut solche Gegenstände, die durch Rechtsgeschäft **nicht übertragen werden können**, z.B. Nießbrauchsrechte. Da sie höchstpersönlich und unübertragbar sind, scheiden sie als Gesamthandsvermögen rechtslogisch aus.[222] Sofern die Nichtübertragbarkeit nur auf rechtsgeschäftlicher Abrede beruht (§ 399, 2. Halbs. BGB), soll dies nicht zur Entstehung von Sondergut führen.[223] 124

Gem. § 1417 Abs. 3 BGB verwaltet jeder Ehegatte sein Sondergut selbst, aber **für Rechnung des Gesamtgutes**, sodass das Sondergut wirtschaftlich zum Gesamtgut gehört. 125

e) Beendigung und Auseinandersetzung

Die §§ 1447, 1448 und 1469 BGB führen die Gründe abschließend auf, aus denen ein Ehegatte kraft Gesetzes die **Aufhebung** der Gütergemeinschaft verlangen kann. Die Aufzählung ist erschöpfend und unabdingbar.[224] Die Voraussetzungen sind nur sehr schwer zu erfüllen, da sie von der Rechtsprechung restriktiv gehandhabt werden.[225] Ob eine ehevertragliche Regelung die Aufhebungsgründe erweitern kann, ist umstritten.[226] Mit der Rechtskraft eines Aufhebungsurteils ist die Gütergemeinschaft aufgehoben, es gilt dann Gütertrennung, §§ 1449 Abs. 1, 1470 Abs. 1 BGB. 126

---

220 Vgl. Langenfeld, Eheverträge, 5. Aufl., Rn. 546: »Zur Vermeidung von Schaden und Haftung des Notars und des Registergerichts […]«.

221 OLG München, FamRZ 2006, 204 f.

222 *Langenfeld*, Eheverträge, Rn. 302.

223 Soergel/*Gaul*, BGB, § 1417 Rn. 3; Palandt/*Brudermüller*, BGB, § 1417 Rn. 3; a.A. MünchKomm-BGB/*Kanzleiter*, § 1417 Rn. 3; Staudinger/*Thiele*, BGB, § 1417 Rn. 9.

224 *Bergschneider*, Verträge in Familiensachen, Rn. 799.

225 *Kanzleiter/Wegmann*, Vereinbarungen, Rn. 58.

226 Dafür: MünchKomm-BGB/*Kanzleiter*, § 1447 Rn. 21; Staudinger/*Thiele*, BGB, § 1447 Rn. 29; dagegen: *Langenfeld*, Eheverträge, 5. Aufl., Rn. 592; Soergel/*Gaul*, BGB, § 1447 Rn. 2.

127 Die Gütergemeinschaft **endet** ferner mit einem aufhebenden Ehevertrag, mit der Scheidung oder mit dem Tod.

128 Auch nach der Beendigung der Gütergemeinschaft **dauert** das **Gesamthandsverhältnis** fort, **bis** die Gütergemeinschaft **auseinandergesetzt** ist.[227] Es gilt solange der Grundsatz des Verbotes der Einzelverfügung nach § 1419 BGB. Während dieser Zeit wird das Gesamtgut gemeinschaftlich verwaltet, § 1472 BGB. Seine Surrogate fallen erneut in das Gesamtgut. Bei Verwaltungsmaßnahmen besteht eine Mitwirkungspflicht der geschiedenen Ehegatten.[228] Die Vermögenssituation ist also bei der Gütergemeinschaft mit Scheidung allein noch nicht gelöst, sondern die Ehegatten sind weiterhin in der Gütergemeinschaft miteinander verbunden.

▶ Hinweis:

Die streitige Auseinandersetzung einer Gütergemeinschaft ist sehr schwierig und langwierig.

129 Die **Auseinandersetzung** erfolgt gem. §§ 1474 ff. BGB in folgender Weise[229]: Zunächst werden die Verbindlichkeiten berichtigt. Sofern dies nicht sofort möglich ist, ordnet § 1475 Abs. 1 Satz 2 BGB die Bildung von Rückstellungen an. Ggf. muss hierzu Gesamtgut veräußert werden, § 1475 BGB.

130 Sodann können Ehegatten persönliche Gebrauchsgegenstände oder solche Gegenstände, die sie in die Ehe eingebracht oder während der Ehe durch Erbfolge,[230] Vermächtnis oder mit Rücksicht auf ein künftiges Erbrecht, durch Schenkung oder Ausstattung erworben haben, **gegen Wertersatz übernehmen** (Gestaltungsrecht nach § 1477 BGB). Ein solches Übernahmerecht besteht nicht für **Surrogate**.[231] Zwar hat die Tilgung der Verbindlichkeiten Vorrang vor dem Übernahmerecht, damit dieses aber realisiert werden kann, kommt auch in Betracht, dass der übernehmende Ehegatte die Verbindlichkeiten nicht tilgt, sondern nur die Lastenfreistellungserklärung für den anderen Ehegatten herbeiführt.[232]

▶ Gestaltungsempfehlung:

Sofern die Scheidungsimmobilie in die Ehe eingebracht oder von den Eltern eines Ehepartners zugewendet wurde, kann der betreffende Ehegatte sein Gestaltungsrecht ausüben und die Übernahme der Immobilie in sein Eigentum verlangen.

131 Der danach verbleibende **Überschuss** wird **hälftig geteilt**. Der Wertersatz muss nicht eingezahlt werden, sondern kann mit dem Anspruch auf hälftigen Überschuss ver-

227 Detailliert zur Ermittlung der Auseinandersetzungsbilanz und der Erstellung eines Teilungsplans: Formularbuch-Familienrecht/*Klüber*, Kap. I, II.3. und II.4.

228 BayObLG, FamRZ 2005, 109.

229 Vgl. *Kappler*, FamRZ 2010, 1294 f.

230 BGH, FamRZ 1998, 817, 818: auch bei anschließender Auseinandersetzung mit Abfindungszahlung bei Geschwistern.

231 BGH, FamRZ 1998, 817, 818.

232 Schröder/Bergschneider/*Klüber*, Familienvermögensrecht, Rn. 4.392 ff.

rechnet werden, nachdem er zuvor dem Gesamtgutsvermögen hinzugerechnet wurde.[233] Ist bei der Ausübung des Übernahmerechts nach § 1477 Abs. 2 BGB Wertersatz zu leisten und dieser noch nicht fällig, besteht für den Herausgabepflichtigen ein **Zurückbehaltungsrecht**. Ist die Ausübung des Zurückbehaltungsrechts nicht möglich, ist Sicherheit i.H.d. Hälfte des Wertes des übernommenen Gegenstandes zu erbringen.[234]

Der Grundsatz der hälftigen Teilung nach § 1476 Abs. 1 BGB gilt, wenn sich die Ehegatten nicht scheiden lassen, unabhängig von eingebrachtem oder ererbtem Vermögen und Dauer der Ehe; daher ist eine Aufhebung der Gütergemeinschaft ohne gleichzeitige Regelung der Auseinandersetzung nicht empfehlenswert.[235] Problematisch ist insb., dass es bei der Gütergemeinschaft keinen einheitlichen Bewertungsstichtag gibt.[236] So ist z.B. beim Gestaltungsrecht auf Rückübernahme eingebrachten Grundbesitzes die Grundbucheintragung entscheidend.[237] 132

Im Fall der **Ehescheidung** vor Auseinandersetzung der Gütergemeinschaft ordnet **§ 1478 BGB** an, dass auf Verlangen eines Ehepartners jedem Ehegatten der **Wert dessen zu erstatten** ist, was er in die Gütergemeinschaft **eingebracht** hat. § 1478 Abs. 2 BGB legt fest, was als eingebracht anzusehen ist: Bei Eintritt der Gütergemeinschaft vorhandenes Vermögen,[238] »Anfangsvermögen« wie bei § 1374 Abs. 2 BGB und Rechte, die mit dem Tod eines Ehegatten erlöschen oder durch den Tod eines Ehegatten bedingt sind. Das **Wahlrecht** nach § 1478 BGB besteht neben dem Übernahmerecht nach § 1477 Abs. 2 BGB.[239] Allerdings ist bei § 1477 Abs. 2 BGB der Wert zum Zeitpunkt der Übernahme maßgeblich, bei § 1478 BGB aber nach dessen Abs. 3 der Wert zum Zeitpunkt der Einbringung, korrigiert um einen Inflationsausgleich wie beim Zugewinn.[240] Erreicht wird somit durch die Kombination beider Vorschriften, dass die Ehegatten die Einlagen zurückerhalten, die Wertsteigerung aber geteilt wird.[241] Für § 1478 BGB kommt es nicht darauf an, ob der einmal eingebrachte Vermögensgegenstand noch im Gesamtgut vorhanden ist.[242] 133

233 BGH, FamRZ 1988, 926 ff.

234 OLG Zweibrücken, FamRB 2004, 384; BGH, FamRZ 2007, 625 f.

235 *Haußleiter/Schulz*, Vermögensauseinandersetzung, Kap. 2 Rn. 5340.

236 Schröder/Bergschneider/*Klüber*, Familienvermögensrecht, Rn. 4.640.

237 BGH, FamRZ 1986, 40, 41/42.

238 Hierzu zählen auch Zugewinnansprüche beim Übergang vom gesetzlichen Güterstand zur Gütergemeinschaft, BGHZ 109, 89, 92; Palandt/*Brudermüller*, BGB, § 1478 Rn. 4; *Dörr/Hansen*, NJW 2002, 3140, 3141. Das OLG Bamberg entschied, dass eine ehevertragliche Klausel, wonach der Zugewinnausgleichsanspruch zusätzlich zum Wertersatz auszugleichen sei, diesen Anspruch ungeschmälert von Verlusten erhalten wolle; Zahlung des Zugewinns könnte in einem solchen Fall schon vor Auseinandersetzung der Gütergemeinschaft verlangt werden (OLG Bamberg, FamRZ 2001, 1215, 1216).

239 BGH, NJW-RR 1986, 1132 f.

240 MünchKomm-BGB/*Kanzleiter*, § 1478 Rn. 8.

241 *Haußleiter/Schulz*, Vermögensauseinandersetzung, Kap. 2 Rn. 9374.

242 BGH, FamRZ 1990, 256, 257.

134 Für den Fall der **Aufhebung** der Gütergemeinschaft gibt § 1479 BGB ein **Wahlrecht**, nach welchem der Ehegatte, der die Aufhebung herbeigeführt hat, verlangen kann, die Auseinandersetzung unter Zugrundelegen des Zeitpunktes der Erhebung der Klage auf Aufhebung der Gütergemeinschaft durchzuführen und nicht nach dem sonst maßgeblichen Zeitpunkt der Rechtskraft des Aufhebungsurteils.

135 Einigen sich die Parteien nicht über die Auseinandersetzung, bleibt nur eine **Klage auf Zustimmung zu einem vorgelegten Auseinandersetzungsplan**. Diesen kann der Richter nur bestätigen oder verwerfen, nicht jedoch abändern.[243] **Empfehlenswert** ist es daher, **Alternativen durch Hilfsanträge** einzubringen.[244] Ein anschauliches Beispiel für die Schwierigkeiten einer Auseinandersetzungsklage bietet ein Urteil des OLG Koblenz,[245] das klar herausstellt, dass die Auseinandersetzung nur auf der Basis einer vom Willen zum Konsens getragenen gemeinsamen Lösung Erfolg versprechend ist.

4. Eigentums- und Vermögensgemeinschaft

136 Der **gesetzliche Güterstand** nach §§ 13 bis 16 FGB-DDR lässt sich zusammenfassend mit den Worten des BGH so beschreiben:[246]

> *»Der alleinige gesetzliche Güterstand der ehemaligen DDR, die Eigentums- und Vermögensgemeinschaft, war eine **Errungenschaftsgemeinschaft**. Nach § 13 Abs. 1 FGB-DDR fielen kraft Gesetzes alle von einem oder beiden Ehegatten während der Ehe durch Arbeit oder aus Arbeitseinkünften bzw. diesen gleichgestellten Einkünften erworbenen Sachen und Rechte in das **gemeinsame Eigentum** der Ehegatten, und zwar in Form eines **Gesamthandseigentums**. Bei Beendigung der Ehe wurde dieses gemeinschaftliche Eigentum entweder durch Einigung der Ehegatten oder durch Richterspruch grundsätzlich **real geteilt**, wobei im Falle der Zuweisung von Alleineigentum an einen Ehegatten zum **Ausgleich** für den anderen Ehegatten eine Werterstattung in Geld in Betracht kam (§ 39 Abs. 1 FGB-DDR).*
> *Neben dem gemeinsamen Vermögen der Ehegatten kannte der gesetzliche Güterstand auch das **Alleinvermögen** eines jeden Ehegatten, zu dem insbesondere die vor der Heirat oder während der Ehe etwa durch Geschenk oder Erbschaft erworbenen Gegenstände gehörten (§ 13 Abs. 2 FGB-DDR sogenanntes Sondergut). Hatte ein Ehegatte zur Vergrößerung oder Erhaltung dieses Alleinvermögens des anderen Ehegatten wesentlich beigetragen, so konnte ihm das Gericht nach seinem Ermessen bei Beendigung der Ehe einen **Anteil hieran zusprechen**, der bis zur Hälfte des bei Eheende*

243 BGH, FamRZ 1988, 813 ff.; *Bergschneider*, Verträge in Familiensachen, Rn. 806; Schröder/Bergschneider/*Klüber*, Familienvermögensrecht, Rn. 4.807 f. Muster bei Schröder/Bergschneider/*Klüber*, Familienvermögensrecht, Rn. 4.813 ff.; *Kappler*, Die Beendigung der Gütergemeinschaft, 2006; *ders.*, FamRZ 2007, 696 f. und FamRZ 2010, 1294 f.

244 Schröder/Bergschneider/*Klüber*, Familienvermögensrecht, Rn. 4.811 f.

245 OLG Koblenz, FamRZ 2006, 40 f. m. Anm. *Bergschneider*.

246 BGH, FamRZ 1999, 1197.

vorhandenen Alleinvermögens reichen konnte (§ 40 Abs. 1, Abs. 2 FGB). Dabei handelte es sich um einen Geldanspruch. [...] Dieser schuldrechtliche Anspruch setzte zwar einen besonderen ***Beitrag zur Mehrung oder Erhaltung des Vermögens*** *voraus, jedoch war anerkannt, dass dieser Beitrag auch in Gestalt der Haushaltsführung und Kindererziehung erfolgen konnte.*[247] *Der Anspruch ähnelte in gewisser Hinsicht dem Zugewinnausgleichsanspruch, unterschied sich davon allerdings vor allem darin, daß nicht nur der in der Ehe erzielte Wertzuwachs auszugleichen war, sondern ein Anspruch auch dann in Betracht kam, wenn der Ehegatte nur zur Werterhaltung beigetragen hatte [...]«*

Wichtig ist, dass zum gemeinsamen Eigentum auch **Grundbesitz** gehört, der mit persönlichem Eigentum eines Ehegatten während der Ehe entgeltlich erworben wurde (§ 299 Abs. 1 ZGB-DDR), es sei denn, der andere Ehegatte hat durch beglaubigte Erklärung bestätigt, dass die familienrechtlichen Voraussetzungen zum Erwerb von Alleineigentum vorliegen oder die eheliche Vermögensgemeinschaft rechtskräftig aufgehoben war (§ 299 Abs. 2 ZGB-DDR). 137

Dieses bisherige Recht bleibt für alle Ehen maßgeblich, die **vor dem 03.10.1990 geschieden** wurden. Hierbei kommt es nach ganz herrschender Auffassung auf die Rechtskraft der Scheidung an.[248] 138

Für Ehegatten, die beide **vor dem 03.10.1990** in die BRD **übergesiedelt** waren, findet die Überleitung in die Zugewinngemeinschaft nach dem Gesetz über den ehelichen Güterstand von Vertriebenen und Flüchtlingen[249] bereits früher statt, nämlich zum Anfang des vierten Monats, der auf die Aufenthaltsbegründung beider Ehegatten in der BRD folgt, § 3 Satz 1. Dieser Zeitpunkt ist gleichzeitig auch Stichtag für die Berechnung des Anfangsvermögens, § 3 Satz 2 i.V.m. § 1 Abs. 3 Satz 2.[250] 139

Die Ausgleichsansprüche nach §§ 39, 40 Abs. 1 FGB-DDR verjähren innerhalb von drei Jahren.[251] 140

Der gesetzliche Güterstand der Eigentums- und Vermögensgemeinschaft nach §§ 13 bis 16 FGB-DDR wurde mit **Art. 234 § 4 EGBGB zum 03.10.1990** in die **Zugewinngemeinschaft übergeleitet.**[252] Somit ist für das **Anfangsvermögen** der Ehen im 141

247 OLG Brandenburg, FamRB 2006, 197.

248 BGH, FamRZ 1992, 414, 415; BGH, FamRZ 1993, 1048, 1049; BezG Erfurt, FamRZ 1994, 703; Bamberger/Roth/Thurn, BGB, 1. Aufl., Art. 234 § 4 EGBGB Rn. 8; Palandt/*Brudermüller*, BGB, Art. 234 § 4 EGBGB Rn. 9 (Archiv – www.palandt.beck.de); Schwab/*Schwab*, Scheidungsrecht, VII 404; a.A. Staudinger/*Rauscher*, BGB, Art. 234 § 4 EGBGB Rn. 27.

249 BGBl. 1969 I, S. 1067.

250 Detailliert *Wassermann*, FamRZ 1990, 333 ff.

251 OLG Rostock, OLGR 2007, 7.

252 Ausführlich hierzu *Götsche*, FamRB 2003, 189 f., 221 f., 256 f., 339 f.

Beitrittsgebiet der 03.10.1990 maßgeblich.[253] Eine rückwirkende Ausdehnung auf den Ehebeginn ist nicht zulässig.[254]

142 Die Ehegatten hatten nach Art. 234 § 4 Abs. 2 EGBGB die Möglichkeit, binnen zwei Jahren nach Wirksamwerden des Beitritts für den Fortbestand der **Eigentums- und Vermögensgemeinschaft zu optieren**. Die Option bedurfte der notariellen Beurkundung, Art. 234 § 4 Abs. 3 Satz 2 EGBGB. Diese Möglichkeit soll von weniger als 4.000 Ehepaaren genutzt worden sein.[255] Mit der Ausübung der Option blieb der Güterstand der Eigentums- und Vermögensgemeinschaft rückwirkend bestehen.[256]

143 Mit der Überleitung in die Zugewinngemeinschaft wurde das **alleinige Vermögen** eines Ehegatten i.S.d. § 13 Abs. 2 FGB-DDR zum 03.10.1990 sein Anfangsvermögen. Aus Art. 234 § 4 Abs. 4 EGBGB ergibt sich, dass für das **gemeinschaftliche Vermögen** nach § 13 Abs. 1 FGB-DDR noch eine Auseinandersetzung erforderlich ist. Die überwiegende Meinung ging davon aus, dass bis zu dieser Auseinandersetzung ein Gesamthandsvermögen (beendete und nicht auseinandergesetzte Eigentums- und Vermögensgemeinschaft) fortbestand.[257]

144 Aus diesem Grund fügte der Gesetzgeber mit dem Registerverfahrensbeschleunigungsgesetz[258] die Regelung des **Art. 234 § 4a EGBGB** ein. Danach wird das gemeinsame Eigentum der Ehegatten Eigentum zu gleichen Bruchteilen. Nach Art. 234 § 4a Abs. 1 EGBGB bestand bis zum Ablauf des 24.06.1994 die Möglichkeit, bei unbeweglichen Sachen die Bruchteile anders zu bestimmen. Die Eintragung dieser anderen Miteigentümerverhältnisse geschah auf einfachen Antrag hin, der nicht der Form des § 29 GBO bedurfte (Art. 234 § 4a Abs. 1 Satz 3 EGBGB).

145 Das OLG Naumburg vertritt die Ansicht, dass trotz dieser gesetzlichen Anordnung weiterhin eine Auseinandersetzung nach § 39 FGB-DDR durch reale Teilung bzw. richterliche Vermögensverteilung möglich ist.[259] Der **BGH** ist der Ansicht, dass daneben auch noch **§ 40 FGB-DDR**[260] Anwendung findet, dass es also in Bezug auf das Alleineigentum eines Ehegatten einen Ausgleichsanspruch des anderen Ehegatten geben kann, wenn dieser zur Erhaltung oder Vergrößerung dieses Alleineigentums beigetragen hatte.[261] Dieser Anspruch soll sich am Wert des erhaltenen Alleinvermö-

253 OLG Jena, FamRZ 1997, 1014; OLG Jena, FamRZ 1998, 1028; BGH, FamRZ 1999, 1197.

254 BGH, FamRZ 1999, 1197, 1198; *Maslaton*, FamRZ 2000, 204, 205.

255 *Peters*, FamRZ 1994, 673.

256 Scheidungsbedingte Auseinandersetzung erfolgt dann nach § 39 FGB-DDR, DNotI-Gutachten 1645 v. 05.01.2007.

257 MünchKomm-BGB/*Gernhuber*, 3. Aufl., Art. 234 § 4 EGBGB Rn. 15; KG, FamRZ 1991, 1442; a.A. BezG Frankfurt an der Oder, FamRZ 1993, 1205; zu den steuerrechtlichen Folgen: *Broudré*, DB 1992, 447.

258 BGBl. 1993 I, S. 2215.

259 OLG Naumburg, FamRZ 2001, 1301.

260 Zu diesem Anspruch *Lang*, FF 2006, 29 ff.

261 BGH, ZNotP 1999, 293 = FamRZ 1999, 1197 ff.

gens anlehnen, nicht nur am Wertzuwachs während der Ehe.[262] Dieser Ausgleichsanspruch wäre dann ebenso wie die Ausgleichsverpflichtung beim Zugewinnausgleich in das Anfangs- und Endvermögen einzustellen[263] und zwar mit seinem Wert zum Stichtag 03.10.1990.[264] Das OLG Brandenburg will die Indexierung dann nach dem Index für Gesamtdeutschland vornehmen.[265] Art. 234 § 4a EGBGB bewirkt somit eine dingliche, aber keine güterrechtliche Auseinandersetzung.[266] Dabei ist zu beachten, dass § 39 FGB-DDR nur sinngemäß Anwendung findet. Korrekturen sind insb. im Hinblick auf **Art. 14 GG** dort erforderlich, wo Gegenstände des gemeinschaftlichen Eigentums von erheblichem Vermögenswert einem Ehegatten allein zugewiesen werden sollen. Dies soll nur noch beim Vorliegen triftiger Gründe und gegen gleichzeitige Festlegung eines Erstattungsbetrages erfolgen dürfen.[267] Der Ausgleichsanspruch nach § 40 FGB-DDR ist eigenständig. Seine Verjährung wird durch eine Auskunftsklage bzgl. des Zugewinns nach § 1378 BGB nicht unterbrochen.

Nach OLG Brandenburg besteht ein Ausgleichsanspruch bei annährend gleichwertigen Beiträgen der Ehegatten regelmäßig in Höhe eines Viertels des Vermögenswertes.[268]

Umstritten ist, ob Art. 234 § 4a EGBGB zurückwirkt auf den 03.10.1990 oder ob trotz dieser Vorschrift noch bis 25.12.1993 gesamthänderisches Vermögen bestand.[269] Nach der Gesetzesbegründung sollte die Vorschrift Klarheit für den Übergang schaffen.[270] Für den **Grundbuchverkehr** enthält Art. 234 § 4a EGBGB eine **widerlegliche Vermutungsregelung**, mittels derer jeder Ehegatte, der im Grundbuch in ehelicher Vermögensgemeinschaft eingetragen ist, auf einseitigen schriftlichen Antrag hin die Eintragung der Miteigentümergemeinschaft je zur Hälfte erreichen kann.[271] 146

▶ Gestaltungsempfehlung:

Soweit eine Fallgestaltung mit übergeleitetem Güterstand vorliegt, sind die Auseinandersetzungsregelungen des FGB-DDR weiterhin zu beachten!

262 OLG Brandenburg, FamRZ 2011, 114.

263 OLG Naumburg, FamRZ 2001, 1303; zur Frage der Gerechtigkeit im Vergleich zur reinen Zugewinnregelung: *Maslaton*, FamRZ 2000, 204 f.

264 BGH, FamRZ 1999, 1197, 1198; BGH, FamRZ 2002, 1097.

265 OLG Brandenburg, FamRZ 2006, 624.

266 Bamberger/Roth/*Thurn*, BGB, 1. Aufl., Art. 234 § 4 EGBGB Rn. 22 und § 4a Rn. 3.

267 BGH, FamRZ 1992, 414, 418.

268 OLG Brandenburg, FamRZ 2008, 518.

269 *Schöner/Stöber*, Grundbuchrecht, Rn. 3402 m.w.N. für letzteres Schwab/*Schwab*, Scheidungsrecht, VII Rn. 433.

270 BT-Drucks. 12/5553, S. 135.

271 *Schöner/Stöber*, Grundbuchrecht, Rn. 3402b.

5. Die deutsch-französische Wahl-Zugewinngemeinschaft

146a Am 04.02.2010 wurde zwischen der Bundesrepublik Deutschland und der Französischen Republik ein Abkommen über den neuen **deutsch-französischen Güterstand der Wahl-Zugewinngemeinschaft**[272] geschlossen. Das Abkommen ist noch nicht ratifiziert (Art. 20 Abkommen), der neue Güterstand also derzeit noch nicht geltendes Recht. Der Bundestag hat allerdings das Abkommen bereits ratifiziert und durch Neufassung des **§ 1519 BGB** den neuen Güterstand ins BGB eingeführt. Das entsprechende Gesetz ist bereits **verkündet,**[273] es **tritt** aber nach seinem Art. 6 erst **mit der Ratifikation in Frankreich in Kraft**. Auch in Frankreich liegt bereits ein Gesetzentwurf zur Ratifikation vor.

Da der neue Güterstand – zwar nicht aufgrund seiner zu erwartenden Verbreitung, aber aufgrund seiner fatalen Wirkung eines absoluten Veräußerungsverbotes für das Familienheim – für den Rechtsverkehr künftig erheblich Bedeutung gewinnen wird, darf eine Kommentierung hier im Zusammenhang mit der Scheidungsimmobilie nicht fehlen.[274] Der Güterstand betritt als gemeinsames materielles Recht zweier Länder Neuland.[275]

a) Anwendungsbereich

146b Der neue Güterstand hat einen weiten Anwendungsbereich, denn er gilt **für alle Ehegatten, deren Güterstand dem Sachrecht eines Vertragsstaates unterliegt**. Damit unterfallen dem Wahlgütertand:

- deutsche Ehegatten, die in Frankreich oder französische Ehegatten, die in Deutschland leben,
- deutsch-französische Ehegatten, die in Frankreich oder Deutschland leben,
- ausländische Ehegatten, die ihren gewöhnlichen Aufenthalt entweder in Frankreich oder in Deutschland haben oder für die sonst deren Güterrecht dem deutschen oder französischen Sachrecht unterliegt,[276]
- aber auch deutsche Ehegatten in Deutschland oder französische Ehegatten in Frankreich[277], die dort ohne jeden Auslandsbezug leben. Da die Wahl-Zugewinngemeinschaft mit Schaffung des § 1519 BGB ein deutscher Güterstand wird, ist dazu keine Rechtswahl nötig, sondern nur eine ehevertragliche Wahl dieses Güterstandes.

272 Abrufbar unter www.bmj.de, dort unter Themen, Zivilrecht, Familienrecht, Güterrecht.

273 BGBl. 2012 II, S. 178 f.

274 Er hat in der Lit. bereits ein breites Echo erfahren: *Meyer*, FamRZ 2010, 612 ff.; *Delerue*, FamRBInt 2010, 70 f.; *Schaal*, ZNotP 2010, 162 ff.; *Krause*, ZFE 2010, 247; *Braeuer*, FF 2010, 113 ff.; *Jäger*, DNotZ 2010, 804 ff.; *Süß*, ZErb 2010, 281 ff.; *Klippstein*, FPR 2010, 510 ff.; *Gnan*, ZEV 2010, 238; *Finger*, FuR 2010, 481; *Braun*, MittBayNot 2012, 89; *Heinemann*, FamRB 2012, 129.

275 *Delerue*, FamRBInt 2010, 70.

276 *Heinemann*, FamRB 2012, 129, 131; *Schaal*, ZNotP 2010, 162, 164.

277 *Meyer*, FamRZ 2010, 613, 614; *Delerue*, FamRBInt 2010, 70.

Als zweifelhaft wird die bloß gegenständlich beschränkte Rechtswahl nach Art. 15 Abs. 2 Nr. 3 EGBGB eingeordnet.[278]

b) Begründung des Güterstandes

Nach Art. 3 Abs. 1 Abkommen wird der Güterstand **durch Ehevertrag** vereinbart. 146c
Zur Form sagt das Abkommen selbst nichts. Es ist sowohl in Deutschland (§§ 1408, 1410 mit dem neuen 1519 BGB) als auch in Frankreich (Art. 1394 Code Civil) die **notarielle Beurkundung** bei gleichzeitiger Anwesenheit erforderlich.[279] Allerdings sind nach französischem Recht zusätzlich Publizitätsanforderungen zu beachten wie die Eintragung in die Heiratsurkunde und im Zivilregister (Art. 1397 CC), und zwar auch bei Güterstandsänderungen im Ausland.[280]

Der Ehevertrag kann nach der ausdrücklichen Anordnung des Art. 3 Abs. 3 Abkommen von den Bestimmungen des Abschnittes V. des Abkommens abweichende Regelungen treffen, den Wahl-Güterstand also **modifizieren**, er kann jedoch die Vorschriften über die Vermögensverwaltung, -nutzung und -verfügung sowie die Voraussetzungen der Beendigung des Güterstandes nicht ändern.

c) Grundzüge

Die Regelungen sind an die deutsche Zugewinngemeinschaft angelehnt, enthalten 146d
jedoch einige Besonderheiten:

- Die **Ehewohnung und die Haushaltsgegenstände** sind durch eine absolute Veräußerungsbeschränkung geschützt. Nach Art. 5 Abkommen sind Rechtsgeschäfte hierüber nur mit Zustimmung des anderen Ehegatten wirksam. Dies wird sogleich näher erläutert.
- Die **Vermögenswertbegrenzung** nach Art. 14 Abkommen geht nur auf die Hälfte des vorhandenen Vermögens, nicht wie § 1378 BGB auf das gesamte Vermögen. Sie kann außerdem abbedungen werden.[281]
- **Schmerzensgeld** fällt nicht unter den Zugewinnausgleich, Art. 8 Abs. 2 Abkommen.
- **Schenkungen an Verwandte in gerader Linie**[282] werden auch aus dem Anfangsvermögen des Schenkers eliminiert.
- **Immobilienbewertungen** erfolgen auch für das Anfangsvermögen mit dem Wert am Tag der Beendigung des Güterstandes, wobei Verbesserungen beim Anfangsvermögen unberücksichtigt bleiben, Art. 9 Abs. 2 Abkommen. Damit wird für Immobilien – im Gegensatz zu anderen Vermögenswerten – die Wertsteigerung während der Ehe aus dem Zugewinn eliminiert.[283]

---

278 *Schaal*, ZNotP 2010, 162, 164.

279 *Delerue*, FamRBInt 2010, 70, 71.

280 *Delerue*, FamRBInt 2010, 70, 71.

281 *Heinemann*, FamRB 2012, 129, 134.

282 Dann wohl auch an einseitige Kinder, *Delerue*, FamRBInt 2010, 70, 72.

283 *Braun*, MittBayNot 2012, 89, 93, der zugleich eine individualvertragliche Regelung des Verwendungsersatzes empfiehlt.

- Die **Inflationsanpassung** erfolgt nach Art. 9 Abs. 3 Abkommen nach dem gemittelten Preisindex für die Verbraucherpreise von Deutschland und Frankreich.
- Ein **erbrechtliches Viertel** wie in § 1371 BGB gibt es nicht.

d) Absolutes Verfügungsverbot für die Familienwohnung

146e Für die Vertragspraxis am bedeutendsten ist das Verfügungsverbot für das Familienwohnheim nach Art. 5 des Abkommens, das zugleich die meiste Kritik auf sich zieht. Anfänglichen Hoffnungen, dass möglicherweise die Eigenschaft als Familienwohnheim grundbuchlich zu vermerken sei[284], haben sich nicht nur zerschlagen, sondern § 1519 BGB erklärt sogar darüber hinaus noch **§ 1412 BGB für unanwendbar**, sodass die Unwirksamkeit einer Verfügung über die Familienwohnung Dritten gegenüber nicht von der Eintragung des Güterstandes der Wahlzugewinngemeinschaft in das Güterrechtsregister abhängt, sondern auch ohne eine solche Eintragung eintritt.

146f Das Ansinnen der Gesetzesbegründung, die Notare mögen die Eintragung eines Verfügungsverbotes in das Grundbuch in Betracht ziehen,[285] wird von zwei Autoren mit dem in der juristischen Kommentarsprache äußerst ungewöhnlichen Adjektiv »absurd« gekennzeichnet.[286] Dies bezieht sich zum einen darauf, dass die **Eintragung eines absoluten Verfügungsverbotes** bzw. der Eigenschaft als Ehewohnung im **Grundbuch** als **nicht zulässig** erachtet[287] bzw. der gute Glaube an das Alleinverfügungsrecht ohnehin nicht geschützt wird.[288]

Zum anderen bezieht sich das aber vor allem darauf, dass die gefährlichen Fälle doch diejenigen sind, bei denen dem **Notar und** dem **Vertragspartner nichts von der Wahl der deutsch-französischen Wahl-Zugewinngemeinschaft gesagt** wird, also auch niemand an eine solches Veräußerungsverbot denkt. Im Gegensatz zur Rechtslage bei § 1365 BGB, wo der Notar entweder die Versicherung aufnimmt, dass die Verfügung nicht das gesamte Vermögen betreffe, sodass der andere Vertragsteil geschützt ist, oder aber den Ehegatten zustimmen lässt, wird die **Verfügung entgegen Art. 5 des Abkommens absolut unwirksam sein. Der Vertragspartner ist in diesem Fall ungeschützt.**

146g Als eine Besonderheit am Rande ist zu erwähnen, dass bei einer Vereinbarung der Wahl-Zugewinngemeinschaft ausgehend vom französischen Recht über Art. 16 Abs. 1 EGBGB für den dann ausländischen Güterstand die Schutzwirkung des § 1412 BGB erreicht werden kann.[289]

---

284 *Delerue*, FamRBInt 2010 70, 72; *Schaal*, ZNotP 2010, 162, 167.

285 BT-Drucks. 17/5126, S.8.

286 *Braun*, MittBayNot 2012, 89, 91; *Heinemann*, FamRB 2012, 129, 130.

287 *Jäger*, DNotZ 2010, 804, 821; *Heinemann*, FamRB 2012, 129, 130.

288 Erman/*Heinemann*, § 1519, BGB, Rn. 2.

289 *Heinemann*, FamRB 2012, 129, 130.

▶ Hinweis:

Es gibt **nur eine Möglichkeit, künftig bei Verfügungen von Ehegatten – unabhängig von deren Güterstand – die sichere Wirksamkeit zu erreichen**, das ist die **Mitwirkung des Nichteigentümer-Ehegatten.**[290] Für die Praxis ist dies freilich eine ungeheure Erschwernis. In vielen Trennungsfällen wird die Zustimmung nicht erreichbar sein. Der Gesetzgeber ist – noch vor Inkrafttreten – zur sofortigen Nachbesserung aufgerufen. Es bedarf des § 1412 BGB, damit die Rechtssicherheit nicht für die Mehrzahl der Ehegatten verloren geht, nur weil einige wenige den neuen Güterstand wählen.

e) Praxis

Ob der neue Güterstand in der Praxis eine weite Verbreitung findet, wird sich nicht zuletzt an den **Rahmenbedingungen** entscheiden. Für **Deutschland** ist wichtig, dass die steuerlichen Privilegierungen des **§ 5 ErbStG** Anwendung finden, so Art. 5 des Abkommengesetzes mit einer entsprechenden Änderung in § 5 Abs. 3 ErbStG.[291] Dennoch wird das fehlende erbrechtliche Viertel Ehegatten von der Wahl dieses Güterstandes abhalten. In Frankreich ist der Vorteil der **getrennten vermögensteuerlichen Veranlagung** mit einem zusätzlichen Freibetrag von 790.000 € **nicht vorgesehen.**[292] Für Frankreich ist daher Skepsis angebracht, da der bisher dort schon vorhandene (Wahl-) Güterstand der Zugewinngemeinschaft **nicht populär** ist.[293] In Deutschland können diejenigen Punkte, die als Vorteil ins Auge fallen, auch durch eine Modifikation der deutschen Zugewinngemeinschaft erreicht werden.[294] Es bleibt daher abzuwarten, ob der neue deutsch-französische Güterstand einen Siegeszug antreten wird. Hierzu wird er auf die Mitwirkung der Notare angewiesen sein. Die Nichtanwendung des § 1412 BGB wird hier eher Zurückhaltung aufkommen lassen. 146h

III. Die Immobilie im Unterhaltsrecht

Die Immobilie ist nicht nur im Zugewinnausgleich zu berücksichtigen, sondern auch beim Ehegattenunterhalt. Bei vermieteten Immobilien können die Mieteinnahmen wie sonstige Einkünfte auch in die Unterhaltsberechnung einfließen. Eine besondere Betrachtung ist jedoch für die bis zur Trennung eigengenutzte Immobilie erforderlich. 147

290 *Heinemann*, FamRB 2012, 129, 130.
291 BGBl. 2012 Teil 2, S. 178 f.
292 *Lettelier/Delerue*, FamRBInt 2010, 70, 73.
293 *Meyer*, FamRZ 2010, 613, 616.
294 *Schaal*, ZNotP 2010, 162, 172.

1. Wohnvorteil

a) Wohnvorteil nach der Rechtsprechung

148 Der Gebrauchsvorteil, den die Ehegatten durch das mietfreie Wohnen im eigenen Haus oder in der eigenen Wohnung ziehen, ist bei der Berechnung des Bedarfs wie auch der Leistungsfähigkeit und Bedürftigkeit als **Einkommensbestandteil** mit in die Berechnung einzubeziehen. Es handelt sich um eine **Nutzung** des Grundstücks i.S.d. § 100 BGB,[295] die andere Ausgaben für Mietzinsen erspart, die ansonsten Teil des allgemeinen Lebensbedarfs sind.[296] Andererseits muss der Eigentümer die Kosten und Lasten tragen und ggf. Zins- und Tilgungsleistungen aufbringen. **Nur** die **Differenz** zwischen dem sogleich noch näher zu bestimmenden **Gebrauchswert** einerseits und dem anzuerkennenden **Aufwand** andererseits ist als Wohnvorteil zu den Einkünften des Eigentümers zu rechnen. Es kommt also auf den Betrag an, um den der Eigentümer billiger als ein Mieter lebt.[297]

149 Da es um Nutzungsvorteile geht, ist die Zurechnung eines Wohnvorteils unabhängig davon, woher das Geld für den Erwerb der Immobilie oder eines Nutzungsrechtes als Grundlage für den Wohnvorteil stammt. Lediglich **freiwillige Leistungen Dritter**, welche die Nutzung unentgeltlich gewähren, können dem Nutzungsberechtigten nicht als Wohnvorteil zugerechnet werden, da diese Leistungen keinen Einkommenscharakter haben.[298] Dies gilt auch, wenn der Ehegatte zwar Eigentümer eines Hauses ist, die Eltern jedoch ein Nießbrauchsrecht haben und den Ehegatten kostenfrei wohnen lassen.

150 Der mit dem **mietfreien Wohnen** in einem eigenen Haus oder einer Eigentumswohnung verbundene Vorteil ist grds. nach den **tatsächlichen Verhältnissen** und nicht nach einem pauschalen Ansatz zu bemessen. Maßgebend ist dabei i.d.R. der tatsächliche **objektive Mietwert** des Eigenheims.[299] Damit ist die frühere Rechtsprechung zur sog. »Drittelobergrenze« aufgegeben,[300] nach welcher der Wohnwert ein Drittel des zur Verfügung stehenden Einkommens nicht übersteigen durfte.[301] Ein Erwerbstätigkeitsbonus darf für den Wohnwert nicht angesetzt werden.[302]

151 Als Wohnwert ist die **objektive Marktmiete (Kaltmiete)** anzusehen.[303] Von diesem Wohnwert dürfen zur Berechnung des endgültigen Wohnvorteils noch die zugelasse-

295 BGH, FamRZ 1990, 989, 990; BGH, FamRZ 2007, 879.
296 BGH, FamRZ 2003, 1179 und st. Rspr.
297 So Wendl/Dose/*Gerhardt*, Unterhaltsrecht, § 1 Rn. 474.
298 OLG München, FamRZ 1996, 169; OLG Koblenz, FamRZ 2003, 534.
299 So BGH, FamRZ 2003, 1179; BGH, FamRZ 1998, 899.
300 Bestätigt durch BGH, FamRZ 2007, 879 f.
301 So noch BGH, FamRZ 1989, 1160.
302 BGH, FamRZ 1990, 989, 991.
303 BGH, FamRZ 1998, 87, 89; BGH, FamRZ 2000, 950 f.

nen Abzugsposten subtrahiert werden. Das kann so weit gehen, dass sich sogar ein negativer Wohnwert ergibt.[304]

Das Verhältnis des Wohnvorteils zum **Erwerbstätigkeitsbonus** ist folgendermaßen zu sehen: Ergibt sich ein **positiver Wohnwert**, ist hiervon **kein Erwerbstätigkeitsbonus abzuziehen**. Ergibt sich hingegen ein **negativer Wohnvorteil**, ist dieser zu behandeln wie sonstige berücksichtigungsfähige Verbindlichkeiten, d.h. er ist vom Einkommen **abzuziehen**, **bevor** der **Erwerbstätigkeitsbonus** in Abzug gebracht wird.[305] 152

Z.T. wird auch vertreten, dass beim Kindesunterhalt zumindest bei volljährigen Kindern ein Wohnwert Berücksichtigung finden müsse.[306] 153

Dem angemessenen Wohnwert ist nicht noch ein fiktiver Wohnwert für die vom gemeinsamen Kind genutzte eigene Wohnung im Dachgeschoss hinzuzurechnen, wenn das Kind diese Wohnung auch schon vor Trennung mietfrei genutzt hat, denn die Ehe war dann nicht durch Mieteinnahmen bzgl. dieser Wohnung geprägt.[307] 154

Die Berücksichtigung des Wohnwertes als Nutzungsvorteil und der Abzug der Lasten jeweils im Rahmen des Unterhaltsrechts schließen eine weitere Berücksichtigung etwa durch Geltendmachung eines Nutzungsentgeltes oder im Rahmen des Gesamtschuldnerausgleichs aus.[308] 155

b) Trennungsunterhalt

Bei der Berechnung von Trennungs- und nachehelichem Unterhalt wirkt sich der Wohnvorteil unterschiedlich aus. 156

Nach der **Trennung** bewohnt i.d.R. ein Ehegatte ein für ihn allein oder mit den Kindern viel zu großes Haus. Aus diesem Grund wird hier nicht die Marktmiete für das Gesamtobjekt angesetzt, sondern nur der **angemessene Wohnvorteil.** Danach ist zu ermitteln, welche Kosten der Berechtigte auf dem Wohnungsmarkt für eine seinen Bedürfnissen entsprechende kleinere Wohnung hätte.[309] Es ist notfalls der angemessene Wohnvorteil zu schätzen unter Berücksichtigung der Miete des Ausziehenden, einer um 1/3 gekürzten Marktmiete und den Einkommensverhältnissen der Ehegatten.[310] Die Begründung für diesen verminderten Wohnvorteil liegt v.a. darin, dass während der Trennungsphase die Versöhnung der Ehegatten noch gefördert werden soll. Für eine solche ist der Erhalt des Familienwohnheims wesentliche Voraussetzung. 157

304 BGH, FamRZ 2007, 879.

305 BGH, FamRZ 1997, 806, 807; BGH, FamRZ 1999, 367, 369; OLG Brandenburg, ZFE 2007, 471.

306 *Spangenberg*, FamRZ 2007, 1854.

307 OLG Karlsruhe, FamRZ 2009, 48.

308 *Finke*, FPR 2008, 94, 97.

309 BGH, FamRZ 2007, 879; BGH, FamRZ 2000, 351, 353; OLG Schleswig, FamRZ 2005, 211.

310 *Gerhardt*, FuR 2007, 393, 394.

158 Fraglich ist, **wie lange** dieser reduzierte Wohnwert anzunehmen ist. Der Standpunkt des BGH war, dass dies auch für eine **längere Trennungszeit** gelte, solange nur die Wiederherstellung der ehelichen Lebensgemeinschaft nicht ausgeschlossen sei, denn in dieser Zeit könne dem nutzenden Ehegatten eine Verwertung des Familienheims nicht angesonnen werden.[311] Der BGH befürwortete unter diesen Voraussetzungen den Ansatz des niedrigeren Wohnwertes in der Trennungszeit, also durchaus bis zu drei Jahren nach Trennung.[312]

158a Dazu hat der BGH[313] nunmehr klargestellt, dass der **volle Mietwert** jedenfalls ab dem Zeitpunkt anzusetzen ist, ab dem eine Wiederherstellung der ehelichen Gemeinschaft nicht mehr zu erwarten ist. Der Zeitpunkt soll jedenfalls dann erreicht sein, wenn entweder der **Scheidungsantrag rechtshängig** geworden ist oder aber wenn die Ehegatten die **vermögensrechtlichen Folgen ihrer Ehe abschließend geregelt** haben.[314]

▶ Hinweis:

Mit einer Scheidungsvereinbarung, die abschließend die güterrechtlichen Folgen regelt, erhöht sich der Wohnvorteil auf den vollen Mietwert.

159 In der Literatur wird z.T. darauf abgestellt, ob eine **unterhaltsrechtliche Obliegenheit zur Nutzungsänderung** besteht. Danach kann der angemessene Wohnvorteil auch weiterhin angesetzt werden, wenn durch Veräußerung oder Vermietung keine erhöhte Leistungsfähigkeit oder verminderte Bedürftigkeit hergestellt werden kann.[315] Andererseits kann bei langer Trennung dann schon vor Rechtskraft der Scheidung auf die Marktmiete abgestellt werden,[316] wenn ausgeschlossen werden kann, dass die Ehe fortgesetzt wird.[317] Hierbei ist sicherlich auch zu bedenken, dass anderenfalls Anreiz bestünde, die Scheidung hinauszuzögern, um von dem niedrigeren angemessenen Wohnwert zu profitieren und dass der Gesetzgeber das Scheitern der Ehe nach 3-jähriger Trennung unwiderleglich vermutet, § 1566 Abs. 2 BGB.[318]

160 *(unbesetzt)*

---

311 BGH, FamRZ 2000, 351.

312 Vgl. etwa BGH, FamRZ 2000, 950 f.; *Borth*, FamRB 2005, 36; *Wever*, FF 2005, 23; für Geltung während der gesamten Trennungszeit ohne Begrenzung auf das erste Trennungsjahr OLG Zweibrücken, FamRB 2007, 36. Nach *Schürmann*, FuR 2006, 385, 386 kann dies sogar nach Scheidung noch gelten, wenn der Umzug in eine kleinere Wohnung noch nicht verlangt werden kann.

313 BGH, NJW 2008, 1946 f. = ZFE 2008, 268.

314 Dem folgend: OLG Köln, FamRZ 2009, 449.

315 *Schürmann*, FuR 2006, 440 f.; OLG Zweibrücken, FamRZ 2007, 470: für den gesamten Trennungszeitraum.

316 *Wever*, FF 2005, 23; für ein Ansetzen des objektiven Wohnwertes bei schnellem Scheidungsverfahren schon nach Ablauf des Trennungsjahres: OLG Hamm, FamRZ 2005, 367.

317 *Graba*, FamRZ 2006, 821, 822.

318 *Gerhardt*, FuR 2007, 393.

Die Entscheidung des BGH zum Übergang auf den vollen Mietwert bei Rechtshängigkeit des Scheidungsantrags oder abschließender Regelung der vermögensrechtlichen Folgen wird in der Literatur mit Zustimmung,[319] aber auch mit Kritik aufgenommen. So stelle die Entscheidung einen Systembruch dar, ohne ihn zu thematisieren.[320] Ferner wird kritisiert, dass der BGH mit dieser Entscheidung Hausschulden ohne Rechtfertigung anders behandle als andere Verbindlichkeiten und dass man bei Weglassen der Tilgung auch den Wohnwert nur soweit zurechnen dürfe, wie er bereits abgezahlt ist.[321] Letztlich sei allein auf die Obliegenheitsverletzung abzustellen, die Wohnung nicht anderweitig zu nutzen.[322] 161

Bei Veräußerung bereits während der Trennungszeit sind die Zinsen auch hier schon als Surrogat des Wohnwertes anzusehen.[323] 162

Im **Mangelfall** vertreten die Gerichte noch eine zusätzliche Begrenzung des Wohnvorteils. Dieser könne dann nicht höher sein als der in der Berechnung des **Selbstbehaltes** nach den Unterhaltsrichtlinien enthaltene Anteil an der **Kaltmiete**.[324] 163

c) Nachehelicher Unterhalt

Beim nachehelichen Unterhalt – das Scheitern der Ehe ist nun endgültig – gibt es i.d.R. keinen Grund mehr, von der geschilderten objektiven **Marktmiete** (Netto-Kaltmiete) abzuweichen, denn nach der Scheidung kann der Ehegatte die zu große Wohnung verwerten.[325] Tut er dies nicht, muss er sich den vollen Wohnwert als Einkommen anrechnen lassen.[326] 164

Im Gegenzug sieht aber der BGH den Wohnbedarf im Rahmen des nachehelichen Unterhalts als geringer an als den vollen Wohnwert, da nunmehr das zu große Familienwohnheim allein bewohnt werde. Er will daher in diesen Fällen den Abzug der Kosten nicht für das gesamte Familienwohnheim zulassen, sondern nur für ein den Veränderungen angemessenes Familienwohnheim, sodass dem Ehegatten ein Einkommensüberschuss zuzurechnen ist.[327]

Hierbei ist allerdings **nicht schematisch** zu verfahren. In Ausnahmefällen kann ein niedrigerer Wert anzunehmen sein, wenn eine Vermietung oder ein Verkauf trotz 165

319 Wendl/Dose/*Gerhardt*, Unterhaltsrecht, § 1 Rn. 507, 510; *Griesche*, NJW 2008, 1949.

320 *Juncker*, FamRZ 2008, 1601.

321 *Norpoth*, FamRZ,2008, 2245 ff.

322 *Graba*, ff 2008, 253 ff., der für eine Berücksichtigung des Wohnvorteils auch im Rahmen des Kindesunterhalts plädiert; krit. auch *Büttner*, FamRZ 2008, 967 f.

323 BGH, FamRZ 2001, 986, 991; BGH, FamRZ 2005, 1159; vgl. unten Rdn. 192 ff.

324 OLG Nürnberg, NJW-RR 2008, 600 = FamRZ,2008, 992; OLG Stuttgart, NJW-RR 2007, 1380.

325 Hierzu sogleich unten Rdn. 187 ff.

326 BGH, FamRZ 2000, 950: für den Elternunterhalt; Wendl/Dose/*Gerhardt*, Unterhaltsrecht, § 1 Rn. 481.

327 BGH, FamRB 2012, 103 = BeckRS 2012, 04472.

Bemühen nicht erfolgreich war, sodass eine weitere Vermögensverwertung aus Billigkeitsgründen nicht verlangt werden kann.[328]

166 Außerdem ist bei beengten Verhältnissen eine Gegenkontrolle anhand des ohne Wohnvorteil verfügbaren Einkommens durchzuführen. Dieses darf den Betrag nicht unterschreiten, der für einen Empfänger von ALG II zur freien Verfügung steht.[329] Das OLG Stuttgart[330] nimmt im Mangelfall eine Kürzung des objektiven Wohnwertes auf die im Selbstbehalt enthaltenen Wohnkosten vor (im Entscheidungszeitpunkt 360 €).

2. Abzugsposten

167 **Verbrauchsunabhängige Nebenkosten**, mit denen ein Mieter üblicherweise nicht belastet wird,[331] **Instandhaltungskosten und Rücklagen** – diese allerdings nur in angemessener Höhe, d.h. entsprechend den Instandsetzungsnotwendigkeiten –,[332] Hausverwalterkosten sowie Zins- und Tilgungsleistungen[333] – insoweit sogleich näher erläutert – für die Baufinanzierungskredite sind von dem Wohnwert abzusetzen, wenn der nutzende Ehegatte sie trägt. Nach den Leitlinien der OLG[334] (zumeist Nr. 5) mindern diejenigen verbrauchsunabhängigen Kosten den Wohnwert nicht, welche wieder auf den Mieter umgelegt werden können.[335] Dieser Auffassung ist inzwischen unter Aufgabe gegenteiliger Rechtsprechung auch der BGH.[336] Bei der Minderung des Wohnwertes durch Kosten ist die Auffassung des BGH zu beachten, dass im Rahmen des nachehelichen Unterhalts die Kosten für ein zu großes Familienwohnheim nicht in vollem Umfang abgezogen werden dürfen, sondern nur in dem Rahmen, wie sie für ein angemessenes Familienwohnheim anfallen.[337]

168 Bei der **Bedarfsbemessung** waren nach früherer Rechtsprechung hierbei stets Zins- und Tilgungsleistung anzusetzen (sowohl beim Trennungs- wie beim nachehelichen Unterhalt), da diese Leistungen eheprägend waren.[338] Nach **neuerer Rechtspre-**

---

328 BGH, FamRZ 2003, 1179.

329 *Schürmann*, FuR 2006, 385, 386 mit Berechnungsbeispiel.

330 OLG Stuttgart, NJW-RR 2007, 1380 ff.

331 BGH, FamRZ 2000, 351, 354; BGH, FamRZ 2005, 1817 ff.; BGH, FamRZ 2007, 879; Reinecke, ZFE 2004, 361, 365; Unterhaltsgrundsätze des OLG Frankfurt unter 5.; Süddeutsche Leitlinien unter 5., Leitlinien abgedruckt unter: www.famrz.de.

332 BGH, FamRZ 2000, 351, 154.

333 BGH, FamRZ 2000, 351, 354: jedenfalls Zins und Tilgung bei Instandhaltungskosten.

334 Jeweils aktuell abgedruckt unter www.famrz.de unter Leitlinien/Dokumente Unterpunkt Leit- und Richtlinien

335 So OLG Düsseldorf, FuR 2008, 411.

336 BGH, NJW 2009, 2523.

337 BGH, FamRB 2012, 103 = BeckRS 2012, 04472.

338 *Borth*, FamRB 2003, 328, 329; MüHdbFamR/*Gandel*, § 8 Rn. 49; Gerhardt, FuR 2007, 393, 395; differenzierend Wohlgemuth, FuR 2007, 503 mit Berechnungsbeispielen je nach Eigentümerstellung und Nutzung.

chung[339] ist zu **differenzieren**: Bei **Miteigentum** verbleibt es bei der bisherigen Rechtsprechung, da die Tilgung beiden Ehegatten zugutekommt. Bei **Alleineigentum** hingegen stellt die **Tilgung** nach nunmehriger Ansicht des BGH eine **einseitige Vermögensbildung** dar, die dem anderen Ehegatten nicht mehr zugutekommt. Daher ist hier auch beim Bedarf schon die Tilgung ab dem Zeitpunkt nicht mehr zu berücksichtigen, ab dem der andere Ehegatten nicht mehr von ihr profitiert.

Beim Bedarf ist der Wohnvorteil dann anzusetzen, wenn die Ehe bereits durch den 169
Wohnvorteil geprägt wurde.

Beim **Trennungsunterhalt** sind **Zins- und Tilgungsleistungen** im Rahmen der 170
Bedürftigkeit und Leistungsfähigkeit in die Berechnung einzubeziehen.[340] Es kann auch zu einem negativen Wohnwert kommen, wenn Zins- und Tilgungsleistungen höher sind.[341] Allerdings ist in den Fällen, in denen Zins und Tilgung beim Bedarf eingerechnet wurden, im Rahmen der Bedürftigkeit eine Grenze zu beachten: Hier können Kreditraten immer nur bis zur Höhe der eigenen anrechenbaren Einkünfte vermehrt um den Wohnvorteil abgezogen werden. Ansonsten würde durch einen weiteren Abzug der Bedarf nochmals erhöht.[342]

▶ Berechnungsbeispiel:[343]

a) Bedarf

Unterhaltsrelevantes Einkommen des Pflichtigen:	2.042 €
Unterhaltsrelevantes Einkommen der Berechtigten	592 €
Wohnvorteil der Berechtigten	500 €
Abzgl. Hauslasten	- 1.118 €
Gesamteinkünfte	2.016 €
Unterhaltsbedarf der Berechtigten (50%)	**1.008 €**

339 BGH, FamRZ 2008, 963; hierzu Wendl/Dose/*Gerhardt*, Unterhaltsrecht, § 1 Rn. 507 f., 510.

340 Differenziert und ausführlich Wendl/Dose/*Gerhardt*, Unterhaltsrecht, § 1 Rn. 507 ff. Dies soll nach Ansicht des OLG Hamm nur dann nicht mehr gelten, wenn eine Wiederherstellung der ehelichen Lebensgemeinschaft nicht mehr zu erwarten ist und das Scheidungsverfahren zügig durchgeführt wird, OLG Hamm, FamRZ 2005, 367 – insoweit anders als BGH, FamRZ 2000, 351.

341 *Schwolow*, FuR 2006, 73 f. mit guter Übersicht über die Berechnung des Wohnvorteils.

342 BGH, FamRZ 2007, 879 = ZFE 2007, 306.

343 Zitiert aus BGH, FamRZ 2007, 879.

b) Höhe des Unterhaltsanspruchs/Bedürftigkeit

Bedarf der Berechtigten	1.008 €
abzgl. eigenes Einkommen	- 592 €
abzgl. Wohnvorteil	- 500 €
zzgl. Hauslasten (eigentl. 1.118 €, aber begrenzt auf)	1.092 €
Unterhaltsanspruch:	**1.008 €**

171 Grund für die Berücksichtigung der Zins- und Tilgungsleistungen ist, dass dem Eigentümer eine Verwertung noch nicht zugemutet werden kann und dass der andere Ehepartner über den Zugewinn an der weiteren Wertsteigerung bzw. Tilgung teilnimmt.[344]

172 Der BGH hat in seiner neueren Rechtsprechung deutlich gemacht, dass ein **Abzug der Tilgung dann ausscheidet, wenn der andere Ehegatte von dieser Vermögensbildung nicht mehr profitiert** und anderenfalls eine einseitige Vermögensbildung zulasten des Unterhaltsberechtigten vorläge. Sodann hat der BGH[345] zwei Ereignisse benannt, mit deren Eintritt die Tilgung nicht mehr abgezogen werden kann. Dies ist zum einen die **Rechtshängigkeit des Scheidungsantrags**, die nach § 1384 BGB für die Zugewinnberechnung und nach der Neufassung auch für die Vermögenswertbegrenzung maßgeblich ist.[346] Zum anderen ist dies eine **endgültige Regelung von Zugewinn und Vermögensausgleich**, die im Fall des BGH schon bei Trennung stattfand, sodass schon ab diesem Zeitpunkt der volle Mietwert anzusetzen war. Dies gilt nach OLG Saarbrücken dann auch für den Kindesunterhalt.[347]

173 Der BGH hat allerdings auch darauf hingewiesen, dass nach seiner neuen Rechtsprechung bis zu 4 % des Bruttoeinkommens als **zusätzliche Altersversorgung** abgezogen werden dürfen und dies auch auf die Tilgung einer Immobilienverbindlichkeit Anwendung findet.[348]

174 Hatten die Ehegatten ein **Haus in Miteigentum** und **erwirbt ein Ehegatte die Haushälfte vom anderen hinzu**, dann ist beim Erwerber der Wohnvorteil voll anzusetzen. Zins und Tilgung in der bisherigen Höhe mindern Bedarf oder Leistungsfähigkeit.

---

344 BGH, FamRZ 2007, 879.
345 BGH, NJW 2008, 1946.
346 So schon *Gerhardt*, FuR 2007, 393 ff.
347 OLG Saarbrücken, FamRZ 2010, 1344.
348 BGH, NJW 2008, 1946.

Bei einem Kredit für den Hinzuerwerb dürfen aber nur die Zinsen abgezogen werden, nicht die Tilgung.[349]

Muss ein Ehegatte für den Wert des bei ihm verbleibenden Eigenheims Zugewinnausgleich zahlen und nimmt er hierfür einen Kredit auf, sind diese Kreditzinsen nicht vom Wohnvorteil absetzbar.[350]

I.R.d. **nachehelichen Unterhalts** kann jedoch bei Bestimmung der Bedürftigkeit bzw. Leistungsfähigkeit nur noch die Zinsbelastung berücksichtigt werden, da die Tilgungsleistung nicht mehr für die Gesamtfamilie erbracht wird, sondern zur Vermögensbildung.[351] Etwas anderes kann dann gelten, wenn der Nutzende zahlt, die Immobilie aber beiden Ehegatten gehört, sodass auch dem nicht nutzenden Ehegatten die Tilgung zugutekommt.[352] 175

Sofern der Wohnwert auf diese Weise bei der Unterhaltsberechnung der Ehegatten[353] gewichtet worden ist, kommen insoweit andere Ansprüche wie Gesamtschuldnerausgleich oder Nutzungsentgelt nicht in Betracht.[354] Noch nicht ausdiskutiert ist die Frage, ob der Ansatz eines Wohnvorteils am Verbot der **Doppelverwertung** scheitert, wenn die Wohnung bereits im Zugewinnausgleich berücksichtigt wurde.[355] Ein paralleles Problem ergibt sich bei der Tilgung, wenn diese unterhaltsrechtlich zu einem Abzug führt, ohne im Zugewinn erfasst zu werden. Auf das Doppelverwertungsverbot wird noch näher einzugehen sein.[356] 176

Auch im Güterstand der **Gütertrennung**, bei dem sich das Problem einer Doppelverwertung im Rahmen des Zugewinnausgleichs nicht stellt, gilt das unterhaltsrechtliche **Verbot der Vermögensbildung auf Kosten des anderen Ehegatten**, sodass nur noch der Zinsanteil abzugsfähig ist, wenn das Scheitern der Ehe feststeht. Hier könnte man dafür plädieren, parallel zur Zugewinngemeinschaft auf den Zeitpunkt 177

349 BGH, FamRZ 2005, 1159 f.; BGH, FamRZ 2005, 1817, 1820 f.; krit. zu dieser Rspr. *Graba*, FamRZ 2006, 821, 827; anders auch OLG Hamm, NJW-RR 2003, 510 und OLG Saarbrücken, NJW-RR 2005, 444, die den Wohnwert und die Zinsen aus dem Verkauf des halben Anteils gegeneinander aufheben wollen; vgl. auch OLG Koblenz, FF 2005, 193 ff.; gute Zusammenstellung bei *Gerhardt*, FamRZ 2003, 414 ff. Im Rahmen einer Scheidungsvereinbarung könnte jedenfalls die vereinfachte Lösung des OLG Saarbrücken vertraglich festgelegt werden, vgl. *Finke*, FF 2005, 198 und *Reinecke*, ZFE 2004, 361, 370; vgl. hierzu Formulierungsvorschlag bei *C. Münch*, Ehebezogene Rechtsgeschäfte, Rn. 2694.

350 *Borth*, FamRB 2003, 328, 329 m.w.N.

351 BGH, FamRZ 1998, 87.

352 Wendl/Dose/*Gerhardt*, Unterhaltsrecht, § 1 Rn. 508.

353 Nicht ausreichend ist eine Berücksichtigung beim Kindesunterhalt. Dies schließt ein Nutzungsentgelt unter Ehegatten noch nicht aus, OLG Karlsruhe, NJW-RR 2005, 1240.

354 BGH, FamRZ 1994, 1100 1102.

355 So *Graba*, FamRZ 2006, 821, 828; eine differenzierte Lösung schlägt vor: *Wohlgemuth*, FuR 2007, 503.

356 Vgl. Rdn. 408 ff.

der Rechtshängigkeit des Scheidungsantrages abzustellen. Eigentlich steht aber bereits vorher mit dem endgültigen Scheitern der Ehe fest, dass es sich nur noch um einseitige Vermögensbildung handelt. Daher könnte man – der herrschenden Auffassung beim Aufleben von Ausgleichsansprüchen im Rahmen des Gesamtschuldnerausgleichs folgend[357] – die **endgültige Trennung**, die sich jedenfalls mit dem Auszug aus der ehelichen Wohnung manifestiert, als entscheidenden Stichtag ansehen, ab dem **Tilgungen nicht mehr abgezogen** werden dürfen.[358]

178 Bei **Gütergemeinschaft** soll der entscheidende Stichtag erst die Rechtskraft des die Gütergemeinschaft aufhebenden Urteils sein.[359]

179 Ein in der Praxis häufiger Fall ist bei einer **Scheidung nur kurze Zeit nach dem Hausbau** – die wohl aufgrund der besonderen Anspannung in dieser Phase nicht selten zu beobachten ist – die Veräußerung des Hauses zu einem Wert, der die **Schulden nicht deckt**. Übernimmt hier ein Ehegatte die Schuldentilgung und Verzinsung allein, wird dies unterhaltsrechtlich zu berücksichtigen sein, da er diese Leistung für beide haftenden Ehegatten erbringt.[360] Je nach Höhe der verbleibenden Verbindlichkeiten kann der Ehepartner jedoch auch gehalten sein, die Verbraucherinsolvenz zu beantragen, insb. wenn vorrangig Kindesunterhalt in Betracht kommt.[361] Anders als in den Fällen des Kindesunterhaltes besteht jedoch gegenüber Ehegatten eine Pflicht zur Einleitung eines Verbraucherinsolvenzverfahrens nach Auffassung des BGH nicht.[362]

180 *(unbesetzt)*

181 Das OLG Düsseldorf hat entschieden, dass es bei einer Sondertilgung eines Hauskredites möglich wäre, die früheren Zinsbeträge fiktiv fortzuschreiben, da keine Veranlassung besteht, dem anderen Ehegatten diesen Zinswegfall zugutekommen zu lassen.[363]

3. Altersvorsorge

182 Eine Besonderheit gilt dann, wenn die **Scheidungsimmobilie als Altersvorsorge** für den tilgenden Ehegatten dient. Der BGH[364] hat mittlerweile ausgesprochen, dass die gesetzliche Rentenversicherung allein auch unter Berücksichtigung des Versorgungsausgleichs den Lebensstandard im Alter nicht sichern kann. Es müsse ferner zusätz-

---

357 OLG Dresden, FamRZ 2003, 158; OLG Hamm, FamRZ 1999, 1501; OLG Köln, FamRZ 1992, 832; OLG Frankfurt, FamRZ 2005, 908; OLG Bremen, OLGR 2005, 315; a.A. OLG München, FamRZ 2000, 672: erst ab Rechtshängigkeit.

358 *Krause*, Familienheim, 1/48 ff.

359 *Krause*, Familienheim, 1/54.

360 *Krause*, Familienheim, 1/69 f.

361 Hierzu näher *C. Münch*, Ehebezogene Rechtsgeschäfte, Rn. 2326 f.

362 BGH, NJW 2008, 851.

363 OLG Düsseldorf, NJW 2009, 600.

364 BGH, FamRZ 2005, 1817, 1822; BGH, NJW 2008, 1946.

lich privat vorgesorgt werden. Eine solche private Altersvorsorge erkennt der BGH daher auch beim Ehegattenunterhalt an und gestattet, diese Beträge unterhaltsrechtlich sowohl beim Pflichtigen wie auch beim Berechtigten zu berücksichtigen.

Allerdings macht der **BGH** zwei Einschränkungen. Solche zusätzliche private Altersvorsorge ist nur **bis zu höchstens 4 % des Vorjahresbruttoeinkommens** abziehbar. Ferner ist eine abschließende Angemessenheitsprüfung des ermittelten Unterhalts vorzunehmen. 183

Allgemein sind Altersvorsorgebeträge nur dann zum Abzug zugelassen, wenn sie auch tatsächlich erbracht werden. Ein rein fiktiver Abzug ist also unzulässig.[365] Allerdings kommt es nicht darauf an, ob die Altersvorsorgebeträge schon während der Ehezeit erbracht wurden. Beachtlich sind vielmehr auch nach dem Ende der Ehezeit neu aufgenommene Zahlungen für die Altersvorsorge.[366] 184

In diesem Zusammenhang hat der BGH ausdrücklich den Erwerb des früheren Familienwohnheims als eine Form der Altersvorsorge genannt. 185

Daraus folgt, dass eine **Tilgung**, die nach allgemeinen Maßstäben beim nachehelichen Unterhalt nicht mehr **abgezogen** werden dürfte, dennoch abgezogen werden darf, wenn und **soweit** sie sich im Rahmen der privaten Altersvorsorge hält.[367] 186

4. Verwertungspflicht

Im Unterhaltsrecht besteht die **Obliegenheit**, vorhandenes **Vermögen** so **ertragreich** wie möglich anzulegen, um die Leistungsfähigkeit zu erhöhen oder die Bedürftigkeit zu mindern.[368] 187

Während der Trennungszeit besteht nach allgemeiner Ansicht **noch keine Verpflichtung zur Aufgabe des Eigenheims** und Anmietung einer der neuen Situation entsprechenden kleineren Wohnung,[369] denn die Wiederherstellung der ehelichen Lebensgemeinschaft soll nicht zusätzlich erschwert werden. 188

Anders hingegen wird die Situation nach Scheidung für den **nachehelichen Unterhalt**. Hier besteht grds. die Obliegenheit, eine wirtschaftlich angemessene Nutzung des für den verbleibenden Ehegatten zu großen Hauses zu verwirklichen. Er kann daher gehalten sein, einzelne Räume oder einen Teil des Hauses zu vermieten, soweit dies nach den räumlichen Verhältnissen möglich ist. Es kann ihm sogar obliegen, ein zu großes Haus vollständig zu vermieten und sich selbst eine angemessene kleinere 189

365 BGH, FamRZ 2003, 860, 83; BGH, FamRZ 2007, 793; *Büttner*, FamRZ 2004, 1918, 1920.

366 BGH, FamRZ 2009, 1207; *Götsche*, FamRB 2010, 16, 17.

367 BGH, NJW 2008, 1946; BGH, FamRZ 2007, 879; BGH, FamRZ 2005, 1817, 1822; *Gerhardt*, FuR 2007, 393, 395; *Gerhardt*, FamRZ 2007, 945, 947.

368 BGH, FamRZ 2003, 1179.

369 BGH, FamRZ 1989, 1160, 1161; BGH, FamRZ 2000, 950, 951; *Huhn*, RNotZ 2007, 177, 179.

Wohnung zu suchen.[370] Bei dieser **Obliegenheit** sind allerdings **Zumutbarkeitsgesichtspunkte** zu beachten und es ist eine entsprechende Abwägung beiderseitiger Interessen durchzuführen. Im Hinblick auf eine Obliegenheit zur Verwertung, insb. aber zum Verkauf[371] werden die Kriterien der §§ 1577 Abs. 3 und 1581 Satz 2 BGB zu beachten sein, wonach eine Verwertungspflicht nicht besteht, wenn die Verwertung unwirtschaftlich oder unter Berücksichtigung der beiderseitigen wirtschaftlichen Verhältnisse unbillig ist.

190 Besteht nach diesen Grundsätzen **ausnahmsweise keine Obliegenheit zur Verwertung**, kann **nicht die volle Marktmiete** des Objektes als Wohnwert angesetzt werden. Vielmehr ist in diesen Fällen auch beim nachehelichen Unterhalt lediglich die Miete für eine angemessene, den eigenen Bedürfnissen genügende kleinere Wohnung anzusetzen.[372]

191 Eigentlich teilt sich somit beim nachehelichen Unterhalt die Zurechnung der Wohnung auf in einen Wohnwert i.H.d. Miete für eine angemessene Wohnung und den Differenzbetrag zur Marktmiete, der fiktiv wegen Obliegenheitsverletzung bei Verwertung der Wohnung zugerechnet wird.[373]

5. Verkaufserlös als Surrogat

192 Mit der Änderung der Rechtsprechung und dem Wechsel von der Anrechnungs- zur Differenzmethode bei der Aufnahme einer Erwerbstätigkeit erst nach der Ehe[374] hat der **BGH** die neue Erwerbstätigkeit als »**Surrogat**« der vorherigen Familienarbeit in die Unterhaltsberechnung einbezogen. Diese Surrogatslösung hat der BGH **auf den Verkaufserlös** einer bisher als **Ehewohnung** genutzten Immobilie **übertragen**,[375] sodass die Zinsen aus dem Verkaufserlös oder ein erneuter Wohnvorteil bei einer Ersatzanschaffung prägendes Einkommen darstellen.[376] Somit zieht der BGH eigentlich nicht mehr nur den Nutzwert, sondern den Anlagewert für Unterhaltszwecke heran,[377] denn der Zinsertrag ist auch dann maßgeblich, wenn er den früheren Wohnwert übersteigt[378] – anders die vorherige Rechtsprechung, welche nur den Wohnvorteil fortgeschrieben hat.[379] Diese Rechtsprechungsänderung wird begrüßt, da nunmehr die Ehegatten das Risiko des Verkaufs der Scheidungsimmobilie teilen.[380]

370 BGH, FamRZ 2000, 950 f.

371 Zur Verwertungspflicht auch durch Verkauf: BGH, FamRZ 2005, 1159, 1162.

372 BGH, FamRZ 2000, 950, 951; BGH, NJW 2012, 1144 = FamRZ 2012, 514.

373 *Graba*, FamRZ 2000, 952.

374 BGH, DNotZ 2002, 440 f. = FamRZ 2001, 986 = NJW 2001, 2254.

375 BGH, FamRZ 2001, 1140, 1143; BGH, FamRZ 2005, 1159 f.; BGH, FamRB 2006, 104.

376 Doppelte Surrogation von Kapital und Zinsgewinn: *Graba*, FPR 2002, 48, 49; eingehend zum Surrogat beim Wohnungsverkauf: *Soyka*, FuR 2003, 1 ff.

377 Göppinger/Wax/*Bäumel*, Unterhaltsrecht, Rn. 1012.

378 BGH, FamRZ 2002, 88, 91.

379 BGH, FamRZ 1998, 87 f.

380 Wendl/Dose/*Gerhardt*, Unterhaltsrecht, § 1 Rn. 559.

Gehört die Scheidungsimmobilie beiden Ehegatten zum **Miteigentum je zur Hälfte** und teilen diese bei einem **Drittverkauf** den Erlös abzüglich der Restschuld, wird durch die neue Rechtsprechung die Unterhaltsberechnung einfacher, denn die Zinseinnahmen und Zurechnungen können für beide Ehegatten in gleicher Höhe angenommen werden[381] und **neutralisieren** sich daher. 193

Anders kann es allerdings sein, wenn später der Geldbetrag aus dem **Erlös verbraucht** wird oder ein Ehegatte sich eine andere Immobilie kauft. Dies führt in der Praxis zu großen Problemen bei späteren Abänderungen von Unterhaltsbeträgen. Zwar ist jeder Ehegatte grds. verpflichtet, sein Vermögen so ertragreich wie möglich anzulegen. Tut er dies nicht oder verbraucht er das Geld, ist es jedoch schwierig, hier fiktive Zinseinnahmen anzusetzen, denn der BGH hat entschieden, dass dies nur unter den Voraussetzungen des § 1579 Nr. 4 BGB – also bei **mutwilliger Herbeiführung der Bedürftigkeit** – möglich ist und selbst dann bei Kindesbetreuungsunterhalt nur eingeschränkt. 194

Hier kann insb. für spätere Abänderungsfälle eine »**Surrogatsvereinbarung**« getroffen werden, die bewirkt, dass der Veräußerungserlös und die daraus erzielbaren Zinsen bei der **Unterhaltsberechnung generell außer Betracht** bleiben. Dann müssen die Ehegatten das Schicksal dieses Erlöses nicht weiter verfolgen, es entfällt die Problematik, sich auf Verschwendung des Erlöses zu berufen oder sich einem bei Ersatzanschaffung von Wohnraum gegenüber den Zinseinnahmen niedrigeren Wohnwert gegenüberzusehen. Eine solche Vereinbarung kann insb. anlässlich eines Verkaufs ehevertraglich getroffen werden und kann so lauten: 195

▶ Formulierungsvorschlag (Surrogatsvereinbarung): 196

Wir vereinbaren, dass der Erlös aus dem Verkauf unseres Hauses in ....., von dem nach Abzug der Verbindlichkeiten auf jeden von uns .....,00 € entfallen, und der daraus sich ergebende Zinsvorteil oder bei Ersatzanschaffung ein erneuter Wohnvorteil bei der Berechnung des Bedarfs sowie bei der Berechnung unseres anrechnungspflichtigen Einkommens im Rahmen der Leistungsfähigkeit oder Bedürftigkeit außer Betracht bleiben sollen. Jeder von uns kann über diesen Erlös beliebig verfügen, ohne dass dies unterhaltsrechtliche Auswirkungen haben soll.

Sofern der als Surrogat anzusehende Verkaufserlös später eingesetzt wird, um eine neue Immobilie zu erwerben, kommt der neue Wohnvorteil als weiteres (fortgesetztes) Surrogat in Betracht. Neu hat der BGH folgenden Sachverhalt entscheiden: Bei der Anschaffung einer neuen Wohnimmobilie (gemeinsam mit dem neuen Ehegatten) wurde nicht nur der Erlös aus der ehemaligen Scheidungsimmobilie investiert, sondern es mussten weitere Kredite aufgenommen werden. Die Zinsbelastung dieser zusätzlichen Kredite überstieg den objektiven Wohnvorteil aus dem neuem Familienheim. Der BGH[382] sieht damit keinen weiteren Wohnvorteil mehr und lässt zu, dass 197

381 So indirekt aus BGH, FamRZ 2005, 1159, 1162.
382 BGH, NJW 2009, 145 f.

der Wohnvorteil auf diese Weise »verschwindet«.[383] Eine Grenze zieht der BGH nur da, wo die Anlage so unwirtschaftlich ist, dass eine Obliegenheit zur Vermögensumschichtung besteht. Dies wird aber nur selten der Fall sein.

198 ▶ Praxistipp:

Der Wohnvorteil kann verschwinden, wenn nach dem Verkauf der Scheidungsimmobilie durch Investition in eine teurere Immobilie die Zinsen der zusätzlichen Kredite den objektiven Wohnvorteil übersteigen! Damit werden im Unterhalt dann keine Erträge mehr aus dem Erlös der Veräußerung der Scheidungsimmobilie eingestellt. Ausnahme: Die Maßnahme ist so unwirtschaftlich, dass eine Obliegenheit zur Vermögensumschichtung besteht.

199 **Übernimmt ein Ehegatte die Haushälfte des anderen** Ehegatten, hat die obergerichtliche Rechtsprechung[384] und die Literatur[385] dafür plädiert, den Wohnvorteil des übernehmenden Ehegatten und den Zinsvorteil des verkaufenden Ehegatten gegeneinander aufzuheben, um die Unterhaltsberechnung zu vereinfachen. Es sollte dann für beide Ehegatten ein eheprägender Zinsvorteil angenommen werden, der für den im Objekt verbleibenden Ehegatten fiktiv angesetzt wird. Dem hat der **BGH** sich nicht angeschlossen. Er hat den fiktiven Ansatz für nicht zulässig gehalten und rechnet den **Wohnvorteil** des erwerbenden Ehegatten einerseits und den **Zinsvorteil** des verkaufenden Ehegatten andererseits **getrennt** aus und lässt beide ein je **eigenes Schicksal** entwickeln.[386]

200 In den Fällen des Hinzuerwerbs von Miteigentumsanteilen ist beim Erwerber der Wohnvorteil voll anzusetzen. Zins und Tilgung in der bisherigen Höhe mindern den Bedarf oder die Leistungsfähigkeit. Bei einem Kredit für den Hinzuerwerb dürfen aber nur die Zinsen abgezogen werden, nicht die Tilgung.[387]

201 Jedenfalls im Rahmen einer Unterhaltsvereinbarung können die Ehegatten – sinnvoll im Zusammenhang mit dem Erwerb der Haushälfte – festlegen, dass sie bei der

383 Born, NJW 2009, 148.

384 OLG Hamm, NJW-RR 2003, 510; OLG Saarbrücken, NJW-RR 2005, 444; OLG Koblenz, FF 2005, 193 ff.

385 Wendl/Dose/*Gerhardt*, Unterhaltsrecht, § 1 Rn. 569 mit eingehender Begründung und dem Plädoyer, bei Übertragung einer Haushälfte immer zugleich den Unterhalt mit zu regeln; *Graba*, FamRZ 2003, 414 ff.

386 BGH, FamRZ 2005, 1159 f.; BGH, FamRZ 2005, 1817, 1820 f.; dem folgend OLG Saarbrücken, FamRZ 2008, 411 ff.

387 BGH, FamRZ 2005, 1159 f.; BGH, FamRZ 2005, 1817, 1820 f.; krit. zu dieser Rspr. *Graba*, FamRZ 2006, 821, 827; anders auch OLG Hamm, NJW-RR 2003, 510 und OLG Saarbrücken, NJW-RR 2005, 444, die den Wohnwert und die Zinsen aus dem Verkauf des halben Anteils gegeneinander aufheben wollen; vgl. auch OLG Koblenz, FF 2005, 193 ff.; gute Zusammenstellung bei *Gerhardt*, FamRZ 2003, 414 ff. Im Rahmen einer Scheidungsvereinbarung könnte jedenfalls die vereinfachte Lösung des OLG Saarbrücken vertraglich festgelegt werden, vgl. *Finke*, FF 2005, 198 und *Reinecke*, ZFE 2004, 361, 370.

Unterhaltsberechnung sowohl den Wohnwert des Nutzenden als auch den Zinsvorteil des Veräußernden außer Betracht lassen wollen (»**Surrogatsgleichstellungsvereinbarung**«).[388] Eine solche Vereinbarung kann lauten:

▶ Formulierungsvorschlag (Surrogatsgleichstellungsvereinbarung): 202

Wir vereinbaren, dass sowohl der Wohnwert, welchen der Ehemann sich aus der Nutzung des Hauses in ..... zurechnen lassen muss – auch wenn er negativ sein sollte – wie auch der Zinsvorteil, welchen sich die Ehefrau aus dem Empfang des Erlöses aus dem Verkauf ihrer Haushälfte zurechnen lassen muss, bei der Berechnung des Bedarfs sowie bei der Berechnung unseres anrechnungspflichtigen Einkommens im Rahmen der Leistungsfähigkeit oder Bedürftigkeit außer Betracht bleiben sollen. Der Ehemann kann über das Haus und die Ehefrau über den Erlös beliebig verfügen, ohne dass dies unterhaltsrechtliche Auswirkungen haben soll.

Sofern mit der **Gegenleistung** für die Übernahme einer Haushälfte nicht nur diese Haushälfte **bezahlt**, sondern **auch** der **Zugewinn abgegolten** wird (höherer Erlös) oder der Zugewinn verrechnet wird (niedrigerer Erlös), ist die Gegenleistung aufzuteilen bzw. die Verrechnung anzugeben, wenn in dieser Vereinbarung nicht auch der Unterhalt einer abschließenden Regelung zugeführt wird. 203

Der Grund liegt in der möglicherweise unterschiedlichen Behandlung von Zugewinn einerseits und Surrogat für den Wohnwert andererseits. So ist etwa gesondert zu fragen, ob die **aus dem Zugewinn erzielten Zinsen** nach den Kriterien des BGH[389] **eheprägend** oder nur bei der Bedürftigkeit oder Leistungsfähigkeit zu berücksichtigen sind.[390] Der BGH hat entschieden, dass solche Zinsen dann eheprägend sind, wenn zuvor Erträge aus dem Vermögen die ehelichen Lebensverhältnisse geprägt haben.[391] 204

Der BGH hat auch geurteilt, dass **Vermögenserträge** aus der **Auseinandersetzung des Güterstandes oder des Miteigentums** entgegen der früheren Rechtsprechung als **bedarfsprägend** anzusehen sind, da sie an die Stelle der ursprünglichen Erträge treten.[392] 205

▶ Hinweis:

Bei der Auseinandersetzung von Scheidungsimmobilien in einer Scheidungsvereinbarung mit Gütertrennung sollte eine Gegenleistung aufgeteilt sein, sodass klar ist, inwieweit sie auf die Anschaffung der Haushälfte entfällt und inwieweit auf den Zugewinn.

6. Der neue Lebenspartner als Mitbewohner

Wenn der Ehegatte, der das Familienwohnheim übernimmt, einen neuen Lebenspartner in das Familienheim aufnimmt, nutzt er dieses über den eigenen Vorteil 206

388 Vgl. etwa *Finke*, FF 2007, 185, 190.
389 BGH, NJW 2008, 57 f.
390 BGH, FamRZ 1986, 437, 439; detailliert *Gerhardt*, FamRZ 2003, 414, 416 f.
391 BGH, NJW 2008, 57 = FamRZ 2007, 1532 m. Anm. *Maurer*.
392 BGH, FamRZ 2007, 1532 m. Anm. *Maurer*.

hinaus, sodass es auch in der Trennungszeit nicht gerechtfertigt ist, den Vorteil auf eine lediglich angemessene Miete zu beschränken. Vielmehr ist in diesem Fall die volle Marktmiete des Objektes schon in der Trennungszeit anzusetzen.[393]

7. Mietzins im Unterhalt

207 Zahlt ein ausgezogener Ehepartner als Unterhaltspflichtiger die **Miete** für die bisherige Ehewohnung **weiter** an den Vermieter, so ist folgendermaßen zu differenzieren: Während grds. die Mietzahlung zu den Kosten der Lebensführung gehört und daher aus dem gezahlten Unterhalt zu bestreiten ist, soll für die **erste Trennungsphase** bis zum Ablauf des Trennungsjahres etwas anderes gelten. Hier kann der Mietzins **wie eine Verbindlichkeit** vor Unterhaltsberechnung **abgezogen** werden.[394] Dadurch kommt es zu einer Erhöhung des Unterhaltes. Nach Ablauf des Trennungsjahres ist dagegen eine direkte Mietzahlung vom Unterhaltspflichtigen an den Vermieter als eine Zahlung zu werten, die auf den Unterhalt angerechnet wird. Sie ist also in vollem Umfang von dem Unterhalt des Berechtigten abzuziehen.[395] Eine solche Anrechnung wird auch dann vorzunehmen sein, wenn die Wohnung einem Ehegatten gehört und zwischen den Ehegatten ein Mietverhältnis vereinbart oder durch das Gericht angeordnet wird. Die geschuldete Miete des Unterhaltsberechtigten kann mit dem Unterhalt verrechnet werden.

IV. Besonderheiten aufgrund der Eigentümerstellung

208 Die Ansprüche rund um die Scheidungsimmobilie hängen nicht zuletzt maßgeblich von der Ausgestaltung der Eigentümerstellung ab. Diese Besonderheiten sind daher nach den güterrechtlichen und unterhaltsrechtlichen Auswirkungen zu betrachten.

1. Ehegattenaußengesellschaft

a) Erwerb von Grundbesitz in der Rechtsform der GbR

209 Vielfach erwerben Ehegatten **Grundbesitz** sogleich als GbR einer **Ehegattenaußengesellschaft** bürgerlichen Rechts. In einigen Regionen scheint dies sogar zeitweilig der Regelfall geworden zu sein.[396] Die Gestaltung ist höchstrichterlich anerkannt.[397] Auch nach der Anerkennung der Rechtsfähigkeit der Außen-GbR durch den BGH[398] wurde die GbR nach h.M. und insb. der Rechtsprechung des BayObLG lange Zeit

---

393 Wendl/Dose/*Gerhardt*, Unterhaltsrecht, § 1 Rn. 480; OLG Koblenz, NJW 2003, 1816; OLG Karlsruhe, OLGR 2006, 102 f.

394 Wendl/Dose/*Gerhardt*, Unterhaltsrecht, § 1 Rn. 470 (trennungsbedingter Mehrbedarf; *Krause*, Familienheim, 2/41.

395 *Krause*, Familienheim, 2/43 ff. mit Berechnungsbeispiel.

396 Vgl. zum »Hamburger Ehegattenmodell« *K. Schmidt*, AcP 182 (1982), 481 ff.

397 BGH, NJW 1982, 170.

398 BGH, NJW 2001, 1056.

nicht als grundbuchfähig angesehen. Dem hat jedoch der BGH widersprochen und in einer Grundsatzentscheidung die Grundbuchfähigkeit der GbR gebilligt.[399] Die Gesellschaft bürgerlichen Rechts konnte nach Auffassung des BGH danach sogar unter einer Sammelbezeichnung in das Grundbuch eingetragen werden. Diese Entscheidung traf der BGH im Bewusstsein der aus der mangelnden Registerpublizität der GbR folgenden Probleme. Er forderte den Gesetzgeber auf, dem durch die Schaffung eines Registers für die GbRs abzuhelfen. Der Gesetzgeber reagierte auch prompt auf dieses Urteil, aber nicht durch die Schaffung eines GbR-Registers, sondern durch die Änderung des **§ 47 Abs. 2 GBO**, der nunmehr die Eintragung einer Sammelbezeichnung allein verbietet, sondern verlangt, dass jedenfalls auch die Gesellschafter einzutragen sind. Ferner wurde **§ 899a BGB** eingefügt, nach dem bei einer eingetragenen Gesellschaft bürgerlichen Rechts in Ansehung des eingetragenen Rechts vermutet wird, dass die im Grundbuch eingetragenen Personen Gesellschafter sind und darüber hinaus keine weiteren Gesellschafter existieren. Die §§ 892 bis 899 BGB gelten für die Eintragung der Gesellschafter somit entsprechend.[400] Diese Regelung gilt nach Art. 229 § 21 EGBGB auch für Altgesellschaften.

Im Gefolge dieser Gesetzgebung wurde freilich der Rechtsverkehr mit bestehenden Gesellschaften bürgerlichen Rechts durch übertriebene Anforderungen vor allem des OLG München[401] nahezu lahmgelegt. Das Gericht forderte in der Auflassungsurkunde Merkmale zur eindeutigen Identifizierung der Gesellschaft als unverwechselbares Rechtssubjekt wie Gründungsort und -zeitpunkt, Name und Sitz. Vertretungsberechtigung, Existenz und Identität der Gesellschaft müssen somit – noch dazu in grundbuchtauglicher Form – nachgewiesen sein. Da ein Gesellschaftsvertrag geändert werden kann, genügte diesen Ansprüchen nicht einmal ein notariell beurkundeter Gesellschaftsvertrag.[402] Diese Situation führte zu einer umfassenden Erörterung von Gestaltungsvarianten für die bereits existierende GbR bis hin zu »Geburtsvollmachten«.[403] 209a

All diesen Diskussionen hatte der **BGH ein Ende bereitet,**[404] als er entschied, dass es **genügt, wenn die GbR und die Gesellschafter in der Auflassung genannt sind, und die Handelnden erklären, dass sie die alleinigen Gesellschafter sind. Weitere Nach-** 209b

---

399 BGH, NJW 2009, 594 ff; hierzu *Blum/Schellenberger*, BB 2009, 400 ff.; *Abicht*, notar 2009, 117.

400 Zu der Neuregelung: *Böttcher*, notar 2010, 222; *Lautner*, DNotZ 2009, 650 ff.; *Ruhwinkel*, MittBayNot 2009, 421 ff.; *Tebben*, NZG 2009, 288; aus der Sicht des BGH: *Krüger*, NZG 2010, 801 ff.

401 OLG München, DNotZ 2010, 299 f. = NZG 2010, 341.

402 Vgl. in diesem Sinne auch KG, DStR 2011, 279; ohne verstärkte Anforderungen hingegen OLG Saarbrücken, DNotI-Report 2010, 59; OLG Nürnberg, RNotZ 2011, 380; OLG Zweibrücken, DNotZ 2011, 207.

403 Vgl. Gutachten DNotI-Report 2010, 189 ff.; *Reymann*, ZNotP 2011, 84 f.

404 Aktuell zur Gesamtentwicklung *Hertel*, in Festschrift Brambring, 2012, 171 ff.

weise über Existenz, Identität und Vertretungsverhältnisse bedürfe es darüber hinaus gegenüber dem Grundbuchamt nicht.[405]

Der BGH führte wörtlich aus: »Dessen ungeachtet können mögliche Schwierigkeiten bei der Feststellung der Identität einer GbR durch die Angabe zusätzlicher, über die Benennung der Gesellschafter hinausgehender Unterscheidungsmerkmale allenfalls verringert werden. Vollständig ausschließen lassen sie sich nicht. Bestehen also – wie hier – keine konkreten Anhaltspunkte für das Vorhandensein einer anderen GbR mit identischen Gesellschaftern, hat das Grundbuchamt keinen Anlass, solche zusätzlichen Angaben einzutragen, und deshalb auch keinen Anlass, deren Nachweis zu verlangen.«

Aus dem Urteil spricht klar, dass der Gesetzgeber die Verkehrsfähigkeit der GbR mit untauglichen Mitteln – nämlich ohne Register – geregelt hat, dass die Gerichte aber nicht befugt sind, diese Verkehrsfähigkeit durch weitere Anforderungen zu stören. Dieser Rechtsprechung hat sich nunmehr auch das OLG München angeschlossen.[406] Derzeit geht die Diskussion darüber, ob der wirksame dingliche Erwerb von einer GbR kondiktionsfest ist oder nicht, wenn die GbR in Wirklichkeit nicht ordnungsgemäß vertreten wurde und der schuldrechtliche Vertrag fehlt, dem § 899a BGB nicht zur Wirksamkeit verhilft.[407]

▶ Hinweis:

Auch Ehegatten können sich diese neue Rechtsprechung zunutze machen und sich z.B. als Objekt-GbR eintragen lassen.

210 Ein solcher **Erwerb in der Rechtsform der GbR** bietet einige Vorteile. Durch die Schaffung von Gesamthandsvermögen wird nach § 719 Abs. 1 BGB eine **Veräußerung eines Anteils an einem Vermögensgegenstand der Gesellschaft durch einen Ehegatten ausgeschlossen**. Die Übertragung von Gesellschaftsanteilen kann ebenfalls ausgeschlossen werden. Die bei Miteigentum eintretende Problemlage, dass ein Ehegatte gegen den Willen des anderen über sein Miteigentum verfügt, stellt sich hier also nicht. Außerdem lässt sich später die Übertragung des Grundbesitzes oder von Teilen desselben auf Abkömmlinge gut bewerkstelligen und auch diese sind gesamthänderisch gebunden. Allerdings ist auf die persönliche Haftung aller Beteiligter ausdrücklich hinzuweisen, die nach der neuen Rechtsprechung des BGH nicht mehr ausgeschlossen werden kann.[408] Dies führt häufiger zum Ausweichen in die **Rechtsform der KG** in den Fällen eines Familienpools.[409]

---

405 BGH, MittBayNot 2011, 393 = NJW 2011, 1958.

406 OLG München, MittBayNot 2011, 396 = ZIP 2011, 1256.

407 Vgl. *Hartmann*, RNotZ 2011, 401 ff.

408 BGH, NJW 1999, 3483; zur quotalen Haftung bei Tilgungen aus dem Gesellschaftsvermögen: BGH, DB 2011, 1102.

409 Ausführlich zu Pro und Contra der Rechtsformwahl bei der GbR *Munzig* in C. Münch, Gestaltungspraxis, § 12, der auf die Schwierigkeiten der Verkehrsfähigkeit von Grundbesitz in der Rechtsform der GbR ausführlich eingeht.

Wenn Grundbesitz solchermaßen in einer Außen-GbR erworben wird, benötigt es hierzu einen **Gesellschaftsvertrag**, denn die gesetzlichen Regelungen etwa der Auflösung im Todesfall (§ 727 BGB) passen regelmäßig nicht.[410] 211

Ein solcher Gesellschaftsvertrag bedarf der notariellen Beurkundung, wenn er eine Verpflichtung zum Erwerb oder zur Veräußerung von Grundbesitz enthält. Dies gilt insb. dann, wenn eine Gesellschaft speziell zum Erwerb eines bestimmten Grundstücks gegründet wird und der Erwerb und die spätere Verwaltung dieses Grundstücks Gegenstand der Gesellschaft sind.[411] Nach der Rechtsprechung ist eine Beurkundungsbedürftigkeit jedoch dann nicht gegeben, wenn lediglich die »Verwaltung und Verwertung« von Grundbesitz Gegenstand der Gesellschaft sind.[412] Einige Stimmen in der Literatur weisen jedoch mahnend darauf hin, dass trotz der Aufnahme dieses Gesellschaftszwecks in den Vertrag die Intention der Eheleute zumeist auf den Erwerb des einen konkreten Grundstücks gerichtet ist, sodass in weiterem Umfang Beurkundungsbedürftigkeit vorliegt.[413] Ehegatten, die ein Familienheim in GbR erwerben, ist daher anzuraten, einen gesonderten Gesellschaftsvertrag zu schließen.[414] 212

b) Übertragung von Anteilen an einer Grundstücks-GbR

Die **Übertragung von Anteilen** an einer GbR bedarf im Regelfall **nicht der notariellen Beurkundung**. Dies gilt sogar dann, wenn Grundbesitz das nahezu gesamte Vermögen der GbR darstellt. Zwar wird hier wirtschaftlich über Grund und Boden verfügt, rechtlich aber nur über einen Anteil an einer Personengesellschaft.[415] Aus diesem Grund wollen die h.L. und die Rechtsprechung § 311b Abs. 1 BGB nicht anwenden.[416] Die Grenze, dass mit der Änderung im Gesellschafterbestand wirtschaftlich Grundstückseigentum unter Ausschaltung der Form- und Publizitätsgrundsätze übertragen werden soll,[417] wird nur sehr schwer praktikabel zu ziehen sein. Allerdings verweigerte der BGH beim Erwerb von Anteilen an einer GbR konsequent den Gutglaubensschutz des § 892 BGB.[418] Hieran dürfte sich auch durch § 899a BGB nichts geändert haben, denn die Vermutung des § 899a BGB gilt nur in 213

410 Formulierungsmuster einer solchen Ehegattengesellschaft bei *C. Münch*, Ehebezogene Rechtsgeschäfte, Rn. 1715 und *Munzig* in C. Münch, Gestaltungspraxis, § 22; es kann nicht schon wegen der Ehegatteneigenheimgesellschaft von einem Fortsetzungswillen ohne vertragliche Regelung ausgegangen werden, *Rapp*, MittBayNot 1987, 70, 71. Interessant auch ein Urteil des OLG Hamm (NZG 2008, 21), wonach die gesetzlich vorgesehene Ausschließung eines Gesellschafters nach § 737 BGB in grundbuchmäßiger Form nachzuweisen ist, was nicht gelingen dürfte.

411 BGH, DStR 2001, 1711.

412 BGH, NJW 1996, 1279.

413 *Weser*, FS Schwab, 595, 611, Fn. 50.

414 Zur Formulierung vgl. Rdn. 1307.

415 *K. Schmidt*, NJW 2001, 993, 998.

416 BGHZ 86, 367 = DNotZ 1984, 169 = NJW 1983, 1110.

417 MünchKomm-BGB/*Ulmer/Schäfer*, § 719 Rn. 35.

418 BGH, ZIP 1997, 244 = NJW 1997, 860.

Ansehung des eingetragenen Rechts. § 892 BGB ermöglicht daher nach wie vor keinen gutgläubigen Erwerb eines Gesellschaftsanteils.[419] Insgesamt führt diese Rechtsansicht zu einer **Mobilisierung des Grund und Bodens**[420] und zu einer Mediatisierung der Grundstücksbeteiligung.[421]

214 **Unter Ehegatten lässt sich diese Möglichkeit allerdings nutzen**, um über den Anteil an der GbR letztendlich den Grundbesitz unter Ehegatten außerhalb des Grundbuches formfrei zu übertragen. Der Vorgang wird nicht publik, sodass keine besonderen Kosten anfallen. Der Vorgang müsste bei Unentgeltlichkeit nach § 30 ErbStG dem FA angezeigt werden. Immerhin fällt bei lediglich eigenbewohnten Immobilien nach § 13 Abs. 4a ErbStG keine Schenkungsteuer an.

215 Diese Übertragungen werfen Schwierigkeiten bei einer späteren Vollstreckung auf, wenn die Übertragung bereits außerhalb der Anfechtungsfristen geschehen war. Ehegatten könnten versucht sein, je nachdem, von welcher Seite eine Vollstreckung droht, eine entsprechende Übertragung vorzutragen.[422]

c) Außen-GbR bei der Scheidung

216 Aufgrund der dargestellten Flexibilität sind Ehegatten beim Erwerb einer Immobilie mit dem Ansinnen, diese als GbR zu erwerben, sehr schnell bei der Hand. Gedanken darüber, welche Auswirkungen diese Erwerbsform bei Scheidung hat, machen sich die Beteiligten aber eher selten.

▶ Hinweis:

Bei der Gründung einer Ehegatten-GbR sollten die Rechtsfolgen bei einer Scheidung bedacht und nach Möglichkeit mit geregelt sein.

217 Wollen Ehegatten im Zuge einer Trennung und späteren Scheidung die GbR, in der sie das Familienheim halten, auflösen bzw. auseinandersetzen, sind hierzu zunächst die rechtlichen Grundlagen zu bedenken.

aa) Gesetzliche Regelung einer vertragslosen GbR

218 Haben Ehegatten das Familienheim als GbR erworben, **ohne** dass eine eigene **vertragliche Regelung** der GbR erfolgt ist, müssen die gesetzlichen Vorgaben der §§ 705 ff. BGB beachtet werden.

219 Danach ist gem. § 719 Abs. 1 Satz 1 BGB die **Verfügung über einen Anteil** an einem **Einzelgegenstand** der GbR **nicht zulässig**. Diese Vorschrift ist zwingend.[423] Daher können die Ehegatten nicht über ihren Anteil am Familienwohnheim verfügen. Fer-

419 Palandt/*Bassenge*, § 899a, Rn. 8.

420 Immer wieder beklagt von *K. Schmidt*: AcP 182 (1982), 481, 510 ff.; JZ 1985, 909, 911; ZIP 1998, 2 ff.; vgl. auch *Lindemeier*, DNotZ 1999, 876, 877.

421 *Limmer*, FS Hagen, 321, 326.

422 *K. Schmidt*, NJW 1996, 3326.

423 Palandt/*Sprau*, BGB, § 719 Rn.3; MünchKomm-BGB/*Ulmer/Schäfer*, § 719 Rn. 8.

ner ist ein Gesellschafter einer GbR – anders als der Bruchteilsberechtigte (§ 749 Abs. 1 BGB) – nach § 719 Abs. 1 Satz 2 BGB nicht berechtigt, Teilung zu verlangen. Diese Vorschrift gilt für die werbende Gesellschaft und lässt einen Anspruch nach Auflösung der Gesellschaft unberührt.[424]

Auch der **Gesellschaftsanteil** ist nach §§ 717 ff. BGB nur **übertragbar**, wenn dies im Gesellschaftsvertrag zugelassen ist oder unter Zustimmung aller Gesellschafter erfolgt.[425] Daher kann eine Übertragung des GbR-Anteils nur erfolgen, wenn beide Ehegatten einverstanden sind. 220

bb) Einvernehmliches Ausscheiden und Auflösung der GbR

(1) Ausscheiden und Anwachsung

Möglich wäre ein **Ausscheiden** des weichenden Ehegatten mit der Rechtsfolge der **Anwachsung** auf den verbleibenden Gesellschafter nach § 738 Abs.1 Satz 1 BGB. Die **gesamthänderische Mitberechtigung** des Ausscheidenden **fällt** somit **den übrigen Gesellschaftern an.** Verbleibt nur noch ein Gesellschafter, soll dieses Prinzip entsprechend anwendbar sein, sodass das Gesamthandsvermögen dem **einzig verbleibenden Gesellschafter** als **Alleineigentümer** zufällt.[426] Die Anwachsung ist rechtlich zwingend.[427] Es ist somit weder eine rechtsgeschäftliche Übertragung der einzelnen Vermögensgegenstände erforderlich, noch bei Grundbesitz eine Auflassung. Die Rechtsänderung tritt außerhalb des **Grundbuches** ein und wird dort nur **berichtigend vermerkt**,[428] und zwar bei der zweigliedrigen Ehegattengesellschaft unabhängig davon, ob die Gesellschafter oder die Gesellschaft eingetragen waren, denn es entsteht Alleineigentum. Dem ausscheidenden Gesellschafter steht in diesen Fällen nach § 738 Abs. 1 Satz 2 BGB ein **Abfindungsanspruch** zu. Die Höhe und Fälligkeit dieses Abfindungsanspruchs ist häufig im Gesellschaftsvertrag abweichend vom Gesetz geregelt, das einen Abfindungsanspruch aus dem wahren Anteilswert vorsieht, der durch eine Auseinandersetzungsbilanz zu ermitteln ist. 221

Der ausscheidende Gesellschafter haftet im Außenverhältnis für die Verbindlichkeiten fort (**Nachhaftung**), jedoch nach § 736 Abs. 2 BGB i.V.m. § 160 HGB begrenzt auf fünf Jahre. Er hat jedoch nach § 738 BGB gegen die Mitgesellschafter einen Anspruch auf Schuldbefreiung. Eine andere Beurteilung kann sich ggf. dann ergeben, wenn neben der Haftung aus der GbR die Haftung noch auf anderen Gründen beruht. 222

424 MünchKomm-BGB/*Ulmer/Schäfer*, § 719 Rn. 12.

425 Palandt/*Sprau*, BGB, § 717 Rn. 1 ff.; *Göppinger/Börger*, Vereinbarungen, 6. Teil Rn. 54.

426 Palandt/*Sprau*, BGB, § 738 Rn. 1 unter Verweis auf BGH, NZG 2000, 474 (zu § 142 HGB); BGH, NJW 1966, 827 f.; BGH, DStR 2008, 1792 f.

427 Palandt/*Sprau*, BGB, § 738 Rn. 1; MünchKomm-BGB/*Ulmer/Schäfer*, § 738 Rn. 8.

428 MünchKomm-BGB/Ulmer/Schäfer, § 738 Rn. 9.

(2) Anteilsübertragung

223 Eine andere Art des Ausscheidens ist **Anteilsübertragung**[429] entweder an einen Dritten (etwa den neuen Partner des verbleibenden Ehegatten) oder auch an den einzigen anderen Gesellschafter.[430] Bei der Anteilsübertragung bestehen die Rechtsbeziehungen zwischen Veräußerer und Erwerber, ohne dass es zu einer Anwachsung an die anderen Gesellschafter kommt.[431] Sofern die Übertragung auf den letzten verbleibenden Gesellschafter erfolgt, erlischt die Gesellschaft und der verbleibende Gesellschafter wird Alleineigentümer.[432]

224 Wenn die Auflösung der GbR und die Übernahme des Familienheims durch einen Ehegatten **einvernehmlich** geschehen, wird bei einem solchen Vertrag i.d.R. die **Grundbucherklärung zur Berichtigung** abgegeben. Da die Änderung kraft Gesetzes außerhalb des Grundbuches eintritt, kann die Übertragung des Anteils aufschiebend bedingt durch die vereinbarte Zahlung gestaltet sein, um den Veräußerer abzusichern. In der Vereinbarung ist i.d.R. zugleich die Einigung über die Höhe und Fälligkeit der Abfindung enthalten.

(3) Auflösung der GbR

225 Schließlich kann die GbR **einvernehmlich aufgelöst** werden. Die Gesellschafter beschließen die Auflösung und **verteilen** anschließend das Vermögen der **Liquidationsgesellschaft** nach Maßgabe der §§ 730 ff. BGB. Hierbei kann das Wohnhausgrundstück von einem Ehegatten übernommen oder auch das Gesamthandseigentum nur in Miteigentum umgewandelt werden. Bei der Übernahme des Wohnhausgrundstücks wird zugleich die Übernahme etwa noch vorhandener Verbindlichkeiten oder gar – wenn die Verbindlichkeiten den Wert übersteigen – die Nachschusspflicht nach § 735 BGB eine Regelung erfahren. Im Gegensatz zum Ausscheiden mit Anwachsungsfolge oder zur Übertragung des GbR-Anteils hat die **Übernahme** des Familienwohnheims in dieser Form durch **Einzelrechtsübertragung** zu erfolgen. Die Gesamthandsgemeinschaft besteht solange fort, bis das Gesellschaftsvermögen vollständig auseinandergesetzt ist.

cc) Auseinandersetzung der GbR gegen den Willen des anderen Ehegatten

226 Ist eine einvernehmliche Lösung nicht möglich, kann derjenige Ehegatte, der die Gesellschaft beendigen möchte, die **Kündigung der Gesellschaft** aussprechen.

227 Ist die Gesellschaft auf unbestimmte Zeit eingegangen und stehen gesellschaftsvertragliche Vereinbarungen nicht entgegen, kann die GbR nach § 723 Abs. 1 Satz 1 BGB **jederzeit gekündigt** werden. Bestehen **Kündigungsbeschränkungen**, ist eine

429 Hierzu Formulierungsvorschlag unter Rdn. 707.

430 Für die Zulässigkeit auch in diesen Fällen, *Flume*, Allgemeiner Teil des Bürgerlichen Rechts, I/1 § 17 VIII, 373 f.; MünchKomm-BGB/*Ulmer/Schäfer*, § 719 Rn. 26.

431 BGH, NJW 1981, 1095.

432 OLG Düsseldorf, NJW-RR 1999, 619; OLG München, NJW-RR 2011, 542; *Schöner/Stöber*, Grundbuchrecht, Rn. 4250.

sofortige Kündigung nach § 723 Abs. 1 Satz 2 BGB zulässig, wenn ein **wichtiger Grund** vorliegt.

228 Hier stellt sich im Rahmen der Scheidung die Frage, ob die Trennung der Ehegatten bzw. diejenigen Gründe, die zu einer solchen Trennung geführt haben, insb. aber ein etwaiger **Ehebruch** einen solch wichtigen Grund darstellen.

229 Insoweit bestehen zwar bei Familiengesellschaften gesteigerte Treuepflichten,[433] diese beziehen sich aber auf den mitgliedschaftlichen Bereich, sodass private Zerwürfnisse nur dann Bedeutung haben, wenn sie sich mittelbar auf das Gesellschaftsverhältnis auswirken. Dafür dürfte der Ehebruch alleine nicht genügen.[434] Entsprechend hat der BGH auch zu § 530 BGB entschieden, dass Ehebruch **allein kein Grund** für einen Widerruf wegen groben Undanks darstellt. Vielmehr müssen **weitere Umstände** hinzutreten.[435] Diese könnten etwa beim Familienheim darin gesehen werden, dass ein Ehegatte auszieht und die in der Ehe geübte Rollenverteilung hinsichtlich der Erhaltung und Pflege des Familienheims nicht mehr fortsetzt. Ebenso mag genügen, dass ein Ehegatte die bisher in der Ehe geübte **Abzahlungspraxis** für die Kredite des Familienwohnheims **stoppt** und daher die Kündigung der Kredite droht. Auch wenn der BGH eine Kündigung aus wichtigem Grund dann zulässt, wenn eine irreparable Zerstörung eines Vertrauensverhältnisses vorliegt,[436] wird man doch annehmen müssen, dass hier nicht nur das persönliche Vertrauensverhältnis, sondern gerade das der Gesellschafter in Bezug auf die Gesellschaft gestört sein muss.

230 Ist die Kündigung wirksam erklärt, hat die Auseinandersetzung des Gesellschaftsvermögens nach den §§ 730 ff. BGB zu erfolgen. Das Wesen der Abwicklung einer GbR besteht darin, dass die Gesellschaft nicht sofort beendet, sondern nur in eine **Abwicklungsgesellschaft** überführt wird. Für einzelne Ansprüche der Gesellschafter greift eine **Durchsetzungssperre**. Das bedeutet, dass diese nicht mehr einzeln geltend gemacht werden können, sondern nur noch einen Rechnungsposten im Rahmen der Gesamtabwicklung darstellen.

231 Fraglich ist daher, wie nun der Anspruch auf Auseinandersetzung bzgl. der Scheidungsimmobilie geltend gemacht werden kann. **§ 731 BGB** verweist für das Verfahren der Auseinandersetzung auf die **Vorschriften über die Gemeinschaft** und damit auch auf § 753 BGB. Heute wendet sich die h.M. der Ansicht zu, dass bei Grundstücken einer GbR damit eine **Teilungsversteigerung in Vorbereitung der Auseinandersetzung** möglich sein soll,[437] während die früher herrschende Auffassung dies ablehnte und stattdessen eine Verwertung »nach der Verkehrssitte« befürwortete, da

433 BGH, NJW 1992, 300.
434 BGH, NJW 1967, 1081.
435 BGH, NJW 1999, 1623.
436 BGH, NJW 2000, 3491.
437 MünchKomm-BGB/*Ulmer/Schäfer*, § 731 Rn. 5 und § 733 Rn. 23; Palandt/*Sprau*, BGB, § 733 Rn. 11; Bamberger/Roth/*Timm/Schöne*, § 731 Rn. 4.

die Verweisung auf die Regelungen des Gemeinschaftsrechts nur subsidiär gelte.[438] Der **BGH** hat insoweit differenziert entschieden und die Teilungsversteigerung jedenfalls dann zugelassen, wenn die Gesellschaft im Wesentlichen nur ein einziges Vermögensgut erworben hat und verwaltet, denn hier sei regelmäßig die Veräußerung der einzige Weg zur Vorbereitung der Auseinandersetzung.[439] Ebenso lässt der BGH die Teilungsversteigerung in Vorbereitung der Auseinandersetzung einer Erbengemeinschaft in einer älteren Entscheidung zu.[440] Die Teilungsversteigerung dient insoweit stets der Vorbereitung der Auseinandersetzung. Der Erlös wird im Rahmen der GbR verteilt. Die Literatur erachtet eine Klage auf Auseinandersetzung unter Vorlage eines Teilungsplanes nicht als zulässig, solange mit dem Grundstück ein unteilbarer Gegenstand vorliegt und die Teilungsversteigerung nicht durchgeführt sei.[441]

232 Soweit die Ehegatten-GbR also lediglich das Familienheim hält, könnte in Vorbereitung der Auseinandersetzung die Teilungsversteigerung beantragt werden.

233 Wenn im Gesellschaftsvertrag eine Fortsetzung der Gesellschaft nach Ausscheiden eines Gesellschafters oder die Übernahme durch den verbleibenden Alleingesellschafter vorgesehen ist, kommt auch ein **Ausschließungsbeschluss** mit anschließender **Anwachsung** nach § 738 BGB in Betracht. Für die Gründe der Ausschließung gilt – soweit diese nicht speziell vereinbart wurden – das zur Kündigung soeben Ausgeführte.

234 § 736 Abs. 2 BGB regelt mittlerweile die 5-jährige **Nachhaftung** des Ausscheidenden in Anlehnung an § 160 HGB. Die herrschende Auffassung vertritt auch bei einer Auflösung der GbR eine 5-jährige Nachhaftung in Analogie zu § 159 HGB.[442]

2. Ehegatteninnengesellschaft

a) Ehegatteninnengesellschaft in der Rechtsprechung

235 Die Rechtsprechung griff auf die Rechtsfigur der **Ehegatteninnengesellschaft** als eine GbR ohne Gesamthandsvermögen erstmals zu Beginn der **fünfziger Jahre** zurück, um die Fälle der **Mitarbeit von Ehegatten** im Betrieb des anderen Ehegatten zu erfassen und hier einen Ausgleichsanspruch bei Scheitern der Ehe zusprechen zu können. Nach einem Grundsatzurteil aus dem Jahr 1952[443] nahmen zahlreiche wei-

438 RG, JW 1934, 3268 ff.; Staudinger/*Habermeier*, BGB, § 731 Rn. 4.
439 BGH, NJW 1992, 830, 832.
440 BGH Urt. v. 22.02.1968 – III ZR 148/66, jurionRS 1968, 12297.
441 *Damrau*, Praxiskommentar Erbrecht, § 2042 Rn. 76 f.; *Klinger/Maulbetsch*, NJW-Spezial 2007, 349 f.
442 MünchKomm-BGB/*Ulmer/Schäfer*, § 736 Rn. 28 ff.
443 BGHZ 8, 249 = NJW 1953, 418.

tere Entscheidungen des BGH eine Ehegatteninnengesellschaft an.[444] Sie waren damit begründet, dass ein Ehegatte eine Mitarbeit über das unterhaltsrechtlich geschuldete Maß hinaus i.d.R. in der Erwartung leiste, durch diese Arbeitsleistung eine wirtschaftliche Teilhabe am Gesamtergebnis zu erlangen.

Zu Beginn der **achtziger Jahre** nahm der BGH dann einen **familienrechtlichen Kooperationsvertrag** an, für den durch die Scheidung die **Geschäftsgrundlage wegfiel**, sodass ein Ausgleichsanspruch auf dieser Basis bestand, wenn das Güterrecht keine ausreichenden Ansprüche bot.[445] Diese Rechtsprechung drängte die Lösung über die Ehegatteninnengesellschaft für zwei Jahrzehnte vollständig in den Hintergrund. 236

Mit dem Urt. v. 30.06.1999[446] stellte der BGH wieder die Rechtsfigur der **Ehegatteninnengesellschaft** in den **Vordergrund**.[447] Im Urteilsfall wurde umfangreicheres Immobilienvermögen über lange Jahre hinweg auf den Namen der Ehefrau zu Alleineigentum erworben. Der Ehemann behauptete, erhebliche Beiträge geleistet und deshalb einen Ausgleichsanspruch zu haben. 237

Zudem wendet der BGH damit die Grundsätze der Ehegatteninnengesellschaft auch auf rein finanzielle Zuwendungen ohne Rücksicht auf Mitarbeit an, während die bisherige Rechtsprechung eine gesellschaftsrechtliche Lösung nur bei Mitarbeit von Ehegatten greifen lassen wollte.[448] 238

In einem weiteren Urteil löst der BGH auch Fragen der **Zusammenveranlagung** dadurch, dass er entsprechende Pflichten aus einer von ihm so gesehenen Ehegatteninnengesellschaft folgert[449] und bestätigt damit die gestiegene Bedeutung dieses Rechtsinstituts. In diesem Rahmen kann nur kurz angesprochen werden, dass das Steuersparmodell, das der BGH als Grund und Zweck der Ehegatteninnengesellschaft sieht, gerade dann »platzen« könnte, wenn mit der Ehegatteninnengesellschaft eine verdeckte Mitunternehmerschaft vorliegt.[450] Aus diesem Grund ist die Steuerrechtsprechung zu Recht sehr vorsichtig bei der Annahme einer solchen verdeckten Mitunternehmerschaft und warnt, ein Rechtsbindungswille dürfe nicht fiktiv unterstellt werden. Vielmehr erfordere eine solche Mitunternehmerschaft die Übernahme von Mitunternehmerrisiko und regelmäßig eine Beteiligung an den stillen Reser- 239

444 BGH, FamRZ 1954, 136; BGH, FamRZ 1961, 519; BGH, FamRZ 1967, 320 = BGHZ 47, 157; weitere Nachweise bei *Wever*, Vermögensauseinandersetzung, Rn. 631 ff.; *Herr*, in C. Münch, Gestaltungspraxis, § 6 mit detaillierter Rechtsprechungsübersicht; *Blumenröhr*, FS Odersky, 517 ff.; *Haas*, FamRZ 2002, 205.

445 BGH, FamRZ 1982, 910 ff.; BGH, FamRZ 1984, 1167 ff.; vgl. auch OLG Düsseldorf, FamRZ 1992, 562 f.

446 BGHZ 142, 137 = FamRZ 1999, 1580 = NJW 1999, 2962 = DNotZ 2000, 514 ff.

447 *Jost*, JR 2000, 503, 544; zur Lebenspartner-Innengesellschaft: *Schulz*, FamRZ 2007, 593.

448 *Wever*, Vermögensauseinandersetzung Rn. 611.

449 BGH, FamRZ 2003, 1454 = DStR 2003, 1805.

450 Hierzu die krit. Kommentare von *Wever*, FamRZ 2003, 1457 und *Spieker*, FamRZ 2004, 174.

ven.[451] Sofern Kinder an der GbR beteiligt werden, ist die Rechtsprechung zur steuerlichen Anerkennung der Beteiligung von Abkömmlingen an einer KG entsprechend anwendbar.[452]

240 Im dritten Urteil zur Ehegatteninnengesellschaft betont der **BGH**, dass die Ansprüche aus Ehegatteninnengesellschaft **nicht subsidiär gegenüber dem Zugewinnausgleich** sind.[453] Mit diesem Urteil droht eine noch weitere Ausdehnung der Ehegatteninnengesellschaft. Damit werden Gestaltungsvorschläge zur haftungsgünstigen Vermögensverteilung unterlaufen, sodass das Urteil als »familienpolitisch nicht wünschenswert« kritisiert wurde.[454] Dieser Ansicht wird heftig widersprochen, die Ansprüche könnten und sollten nicht der Pfändung entzogen sein.[455] Diese Kritik übersieht nur, dass von der Rechtsprechung die Ehegatteninnengesellschaft eher konstruktiv und ohne Grundlage im Willen der Parteien den Ehegatten »nachgesagt« wird. Erst im Scheidungsfall – oder künftig vielleicht im Pfändungsfall – spielt diese Konstruktion eine Rolle.[456]

240a Ein »Paradebeispiel« einer Ehegatteninnengesellschaft hatte das OLG Köln[457] zu beurteilten. Das Unternehmen lief alleine auf die Ehefrau, da der Ehemann als Beschäftigter im öffentlichen Dienst keine selbstständige Tätigkeit aufnehmen durfte. Die handwerklichen Tätigkeiten konnte allein der Ehemann ausführen. In der Scheidungsvereinbarung hatte dieser dann auch noch den Betrieb übernommen.

Die Rechtsprechung des BGH zur Ehegatteninnengesellschaft wird inzwischen aber auch durchaus kritisch gesehen und mit der Forderung nach Rückkehr zu einer einzigen Anspruchsgrundlage unter dem Dach des § 313 BGB konfrontiert.[458]

b) Abgrenzung

241 Der BGH nutzte das Urt. v. 30.06.1999 zu grds. Ausführungen über die Ehegatteninnengesellschaft und ihre Abgrenzung zu den unbenannten Zuwendungen sowie zur rechtlichen Einordnung im Verhältnis zum ehelichen Güterrecht. Danach gilt Folgendes:

242 Der BGH räumt der Ehegatteninnengesellschaft den **Vorrang vor der** Rechtsfigur der **unbenannten Zuwendung**[459] oder in Fällen der Ehegattenmitarbeit dem **famili-**

451 FG Baden-Württemberg, DStRE 2005, 1185 ff.

452 FG Köln, DStRE 2006, 760.

453 BGH, FamRZ 2006, 607; hierzu Anm. *Volmer*, FamRZ 2006, 844 und *C. Münch*, MittBayNot 2006, 423.

454 *Volmer*, FamRZ 2006, 844, 845.

455 *Kogel*, FamRZ 2006, 1177 f.

456 Sehr krit. daher *Herr*, Kritik der konkludenten Ehegatteninnengesellschaft.

457 OLG Köln, FamRZ 2010, 1738.

458 *Wever*, FS Hahne. 191, 200 f.

459 BGH, DNotZ 2000, 514, 515 (»in erster Linie«) = FamRZ 1999, 1580 f. = NJW 1999, 2962 f.

enrechtlichen Vertrag sui generis ein und ändert damit eine Rechtsprechungstendenz, die nahezu zwei Jahrzehnte gewährt hatte.

Grundvoraussetzung einer Ehegatteninnengesellschaft ist nach der Rechtsprechung des BGH, dass sich der Gesellschaftszweck **nicht in der Verwirklichung der ehelichen Lebensgemeinschaft erschöpft, sondern darüber hinausgeht.**[460] Damit ist zugleich das Abgrenzungskriterium gegenüber der unbenannten Zuwendung oder der Mitarbeit auf der Grundlage eines familienrechtlichen Vertrages eigener Art gegeben, denn diese geschehen zur Verwirklichung der ehelichen Lebensgemeinschaft[461] (»Geben um der Ehe willen«). Nach *Langenfeld* beginnt damit die Ehegatteninnengesellschaft dort, wo der Bereich der ehebezogenen Zuwendungen überschritten wird.[462] *Wever* leitet hieraus ab, die Beteiligung an einer Ehegatteninnengesellschaft erfolge auch im eigenen Interesse, die unbenannte Zuwendung dagegen v.a. im Interesse des Zuwendungsempfängers.[463] 243

Damit werden künftig einige Fallgestaltungen, die in der Vergangenheit von der Rechtsprechung über den Wegfall der Geschäftsgrundlage gelöst wurden, in den **Anwendungsbereich der Ehegatteninnengesellschaft** fallen,[464] zumal der BGH nunmehr auch bei reinem Kapitaleinsatz die Ehegatteninnengesellschaft bejaht. Insofern kann man von einem **Vorrang der Ehegatteninnengesellschaft** sprechen. 244

Damit wird die Ehegatteninnengesellschaft zur **zentralen Anspruchsgrundlage**[465] von Ausgleichsansprüchen außerhalb des Güterrechts.[466] 245

Für die Scheidungsimmobilie ist zu differenzieren: 246

Sofern es sich um das **Familienwohnheim** handelt, wird sich, auch wenn unterhaltsrechtlich die Schaffung eines Familienwohnheims nicht verlangt werden kann, der Zweck gerade in der Verwirklichung der ehelichen Lebensgemeinschaft erschöpfen, sodass beim reinen Familienwohnheim nicht der Anwendungsbereich der Ehegatteninnengesellschaft eröffnet ist, sondern weiterhin die Grundsätze der Störung der Geschäftsgrundlage Anwendung finden.[467] Sofern also Ehegatten nur das Familienwohnheim ohne weiteren Immobilienbesitz ihr Eigentum nennen, wird es nicht zu einer Ehegatteninnengesellschaft kommen.

460 Bei einer ausdrücklich vereinbarten Ehegatteninnengesellschaft steht nicht entgegen, dass durch die Beitragsleistungen des Ehegatten gleichzeitig Verpflichtungen berührt werden, die sich bereits aus dem Familienrecht ergeben (OLG Düsseldorf, FamRZ 1992, 562 f.).

461 Detailliert *Haas*, FamRZ 2002, 205, 213 f., der von Überschneidungsbereichen spricht.

462 MüVertHdb/*Langenfeld*, Form VI.13, Anm. 2.

463 *Wever*, Vermögensauseinandersetzung, Rn. 613.

464 *Grziwotz*, DNotZ 2000, 486, 495.

465 Vgl. Hofer, FS Schwab, 79 ff: »Das Gesellschaftsrechtliche an der Ehe«.

466 *Jaeger*, FS Henrich, 323, 328 spricht von starken, in ihren Auswirkungen noch nicht vorhersehbaren Veränderungen.

467 Vgl. *Grziwotz*, DNotZ 2000, 486, 495.

247 Für **weitere Immobilien** kann dagegen der Anwendungsbereich der Ehegatteninnengesellschaft eröffnet sein, wenn die Ehegatten gemeinsam erarbeiteten oder finanzierten Grundbesitz im Alleineigentum eines Ehegatten haben. In diesem Fall kann möglicherweise auch das Familienwohnheim mit in die Ehegatteninnengesellschaft fallen.[468]

▶ Hinweis:

Geht es nur um das Familienwohnheim, ist der Anwendungsbereich der Ehegatteninnengesellschaft nicht eröffnet.

248 Mit dem geschilderten Urteil aus dem Jahr 2003[469] hat der **BGH** ausgesprochen, dass die gesellschaftsrechtlichen Ansprüche **keineswegs** immer nur **subsidiär** gegenüber den Regelungen des **Güterrechts** sind, zumal dann, wenn es um Ansprüche geht, die sich aus dem Güterrecht nicht herleiten lassen (hier z.B. ein Anspruch auf Zustimmung zur gemeinsamen Veranlagung). Dies hat der BGH später noch vertieft,[470] besonders in einem Fall, in welchem Ansprüche aus Innengesellschaft zeitlich über die Ehezeit hinaus bestanden.[471] Damit muss die Praxis von einer **Gleichrangigkeit** ausgehen. Das Recht der Ehegatteninnengesellschaft ist »nicht mehr bloß Lückenfüller für Defizite im familienrechtlichen Ausgleich«,[472] es handelt sich um einen selektiven vorzeitigen Zugewinnausgleich.[473] Auch nach der Reform des Zugewinnausgleichs mit der Einführung negativen Anfangs- oder Endvermögens ist der Zugewinnausgleich nicht dergestalt perfektioniert, dass für die Innengesellschaft kein Platz mehr wäre.[474]

249 Etwaige Ansprüche aus Ehegatteninnengesellschaft sind daher durchaus vorrangig zu ermitteln und müssten Eingang in die Zugewinnberechnung finden. In diesem Fall ist sehr genau zu prüfen, ob sich der Aufwand des Verfolgens gesellschaftsrechtlicher Ansprüche lohnt oder ob das Einstellen in den Zugewinnausgleich genügt.[475] Bei der ausdrücklichen Begründung einer Ehegatteninnengesellschaft wird häufig gewollt sein, dass es bei dem gesellschaftsrechtlichen Ausgleich sein Bewenden hat.

250 Zu Recht wird deutlich gemahnt, sich in solchen Fällen nicht auf den Rechtsstreit über den Zugewinn zu beschränken, denn wenn eine Ehegatteninnengesellschaft besteht und die gesellschaftsrechtlichen Ansprüche den Zugewinn letztlich neutralisieren, wird eine Klage auf Zugewinn keinen Erfolg haben, gesellschaftsrechtliche

468 Vgl. hierzu *C. Münch*, Ehebezogene Rechtsgeschäfte, Rn. 1697 ff. mit Formulierungsvorschlägen.

469 BGH, DStR 2003, 1805 f. = FamRZ 2003, 1454 m. Anm. Wever.

470 BGH, DB 2006, 886.

471 BGH, FamRZ 2006, 607 f.

472 *K. Schmidt*, JuS 2006, 754, 756.

473 *Herr*, FamRB 2011, 258 ff.

474 *Wall*, FamRB 2010, 348 ff.

475 *Haußleiter/Schulz*, Vermögensauseinandersetzung, Kap. 5 Rn. 306 ff.

Ansprüche sind dann möglicherweise verjährt.[476] Die Interdependenz beider Ansprüche ist also aufzuklären, bevor sie gerichtlich geltend gemacht werden.[477]

Nach der Rechtsprechung des BGH **scheidet** eine **Ehegatteninnengesellschaft** bei alternativem Vorliegen folgender Voraussetzungen **aus:** 251

- wenn **gezielt** das Privatvermögen des **Eigentümer**-Ehegatten gefördert werden und die Vermögenswerte diesem rechtlich und **wirtschaftlich allein** verbleiben sollten,
- sofern die Ehegatten eine **ausschließliche Abrede** über den Vermögensausgleich getroffen,[478] also z.B. Darlehensverträge oder Arbeitsverträge geschlossen haben. Dies kann auch konkludent geschehen.[479] Es kann auch eine Ehegatteninnengesellschaft mit einem Freiberufler vorliegen.[480] Allerdings will die Rechtsprechung in der fehlenden beruflichen Qualifikation als Freiberufler ein starkes Indiz gegen die Ehegatteninnengesellschaft erblicken.[481]

▶ Gestaltungsempfehlung:

Sofern die Unwägbarkeiten vermieden werden sollen, die mit der Rechtsfigur der Ehegatteninnengesellschaft verbunden sind, sollte jeweils bei der Zuwendung oder Mitarbeit eine ausschließliche Abrede über den Vermögensausgleich begründet werden.

c) Voraussetzungen

Nach dem BGH bestehen folgende Voraussetzungen für die Annahme einer Ehegatteninnengesellschaft: 252

- **Verfolgung eines über die eheliche Lebensgemeinschaft hinausgehenden Zwecks:** Dies wurde anerkannt etwa für gemeinsame Vermögensbildung durch Einsatz von Vermögenswerten und/oder Arbeitsleistung oder gemeinsame berufliche und gewerbliche Tätigkeit, so etwa beim Bau und der Verwaltung von zehn Mieteinheiten.[482] Der BGH hat dies abgelehnt für den Bau eines Familienheims,[483] die Mitarbeit nicht über den Rahmen der üblichen Ehegattenmitarbeit hinaus[484] oder die Gestellung einer dinglichen Sicherheit.[485] Wenn die Ehegatten

476 *Kogel*, FF 2006, 149 ff.
477 *Schulz*, FamRB 2005, 111 ff., 142 ff., 143.
478 So BGH, DNotZ 2000, 514, 516; a.A. *Gebel*, BB 2000, 2017, 2022.
479 OLG Köln, FamRZ 2010, 1738.
480 *Herr*, FamRB 2011, 221 ff.
481 OLG Hamm, FamRB 2012, 301.
482 OLG Hamm, FamRZ 2010, 1737.
483 BGH, DNotZ 2000, 514, 517.
484 BGH, FamRZ 1975, 35, 37; BGH, FamRZ 1989, 147 f.; BGH, FamRZ 1995, 1062, 1063 (bei Mitarbeit auf arbeitsvertraglicher Grundlage ist kein Raum mehr für die Annahme einer durch schlüssiges Verhalten begründeten Ehegatteninnengesellschaft).
485 BGH, FamRZ 1987, 907.

ein Unternehmen aufbauen oder auch nur gemeinsam gleichberechtigt eine berufliche oder gewerbliche Tätigkeit ausüben, steht es der Annahme einer Innengesellschaft nicht entgegen, wenn sie aus dem Erlös auch ihren Lebensunterhalt bestreiten.[486]
- **Gleichberechtigte Mitarbeit oder Beteiligung:** Somit reicht eine lediglich untergeordnete Tätigkeit nicht aus. Andererseits ist auch keine gleich hohe oder gleichartige Beteiligung erforderlich. Vielmehr wirken sich die verschieden hohen Beiträge lediglich auf die Beteiligungsquote aus.[487]
- **Vorstellung der Ehegatten**, dass die Gegenstände auch bei formal-dinglicher Zuordnung zum Alleineigentum eines Ehegatten **wirtschaftlich beiden** gehören sollen. Weitere bewusste Vorstellungen über die Bildung einer Gesellschaft sollen demnach nicht erforderlich sein.[488]

253 Hierin liegt einer der zentralen Angriffspunkte gegen die Rechtsfigur der Ehegatteninnengesellschaft. Wo sie zu einem Auffangnetz für gerechte eheliche Vermögensverteilung wird oder gar zu einem Ersatz für eine eigentlich vorzunehmende Inhaltskontrolle,[489] wird das notwendige rechtsgeschäftliche Element beim Abschluss eines Gesellschaftsvertrages doch sehr in den Hintergrund gedrängt.[490] Daher bemühen sich die Rechtsprechung und die familienrechtliche Literatur, objektive Indizien für den stillschweigenden Abschluss einer Ehegatteninnengesellschaft zu finden. Jedenfalls kann der entsprechende Verpflichtungswille nicht lediglich fiktiv unterstellt werden.[491]

254 **Indizien** für eine Innengesellschaft können in Folgendem liegen:[492]

- **Abreden über Ergebnisverwendung**, insb. über die Wiederanlage erzielter Erlöse, unter Einbeziehung des dinglich nicht berechtigten Ehegatten;[493]
- **Erfolgs- und Verlustbeteiligung** des Nichteigentümer-Ehegatten;[494]

486 BGH, FamRZ 1990, 973 f.

487 *Wever*, Vermögensauseinandersetzung, Rn. 607.

488 BGH, DNotZ 2000, 514 ff.; Grziwotz, DNotZ 2000, 486, 495 sieht unter diesen Umständen die unbenannte Zuwendung praktisch nur noch auf den Bau des Familienwohnheims begrenzt.

489 Vgl. etwa *Wever*, Vermögensauseinandersetzung, Rn. 626, wonach die Ehegatteninnengesellschaft unverzichtbar sei für Fälle drohender krasser Benachteiligung. Hier werden m.E. Ehegatteninnengesellschaft und Inhaltskontrolle unzulässig vermengt.

490 Vgl. *Haas*, FamRZ 2002, 205, 207 m.w.N. auch zur Kritik schon an der älteren Rspr. des BGH.

491 FG Baden-Württemberg, EFG 2005, 1510; *Herr*, Kritik der konkludenten Ehegatteninnengesellschaft, 311 ff.

492 Schröder/Bergschneider/*Wever*, Familienvermögensrecht, Rn. 5.135 ff.

493 *Haas*, FamRZ 2002, 205, 215.

494 *Haas*, FamRZ 2002, 205, 215; *Wever*, Vermögensauseinandersetzung, Rn. 618 sieht bei der Beteiligung an Gewinn und Verlust ein positives Indiz, meint aber, dass die Nichtbeteiligung nicht gegen das Vorliegen einer Gesellschaft spreche; BGH, FamRZ 1962, 357, 358; OLG Hamm, NJW-RR 1994, 1382.

- **Entnahmerecht** des Nichteigentümerehegatten;[495]
- Übertragung aufgrund **haftungsrechtlicher** Überlegungen;[496]
- **planvolles** und zielstrebiges **Zusammenwirken**, um erhebliche Vermögenswerte zu schaffen,[497] nicht lediglich Zusammenwirken an einem Einzelprojekt. Hierbei spielt insb. eine Rolle, ob der nichtbeteiligte Ehegatte in erheblichem Umfang seine Arbeitskraft[498] oder besondere fachliche Qualifikationen einbringt.[499] Auch das Zurverfügungstellen einer wesentlichen Betriebsgrundlage[500] kann für ein Gesellschaftsverhältnis sprechen.
- **Angaben Dritten gegenüber** können ebenfalls aufschlussreich sein, insb. etwa dann, wenn die Bezeichnung GbR geführt wird.[501]

Ansprüche aus Ehegatteninnengesellschaft können bei Gütertrennung ebenso gegeben sein wie bei Zugewinngemeinschaft.[502] 255

d) Ausgleichsanspruch bei Scheitern der Ehe

Das Zusammenwirken der Ehegatten findet mit der **Trennung der Ehegatten** sein Ende. Dieses ist nach Ansicht des BGH unabhängig von der späteren Rechtshängigkeit eines Scheidungsantrags regelmäßig der Stichtag für die Bewertung von Ausgleichsansprüchen,[503] denn ab diesem Zeitpunkt könne nicht mehr von einer gemeinsamen Vermögensbildung ausgegangen werden.[504] Ausreichend ist jedenfalls, wenn ein Ehegatte im Zuge der Trennung durch sein Verhalten zu erkennen gibt, dass er an der bisherigen gemeinsamen Zweckverfolgung nicht mehr festhalten will.[505] Dieser Stichtag weicht somit vom Güterrecht mit seiner Bezugnahme auf die Rechtshängigkeit des Scheidungsantrags ab. Auch Ansichten, die als Stichtag erst die Auseinandersetzung der Ehegatten sehen wollen,[506] erteilt der BGH eine Absage. 256

---

495 OLG Celle, NZG 1999, 650 (allgemein zur Innengesellschaft, nicht speziell für Ehegatten).

496 So der Sachverhalt bei BGH, DNotZ 2000, 514 ff.

497 *Haas*, FamRZ 2002, 205, 215; OLG Düsseldorf, NJW-RR 1995, 1246, 1247.

498 BGH, FamRZ 1962, 357, 358.

499 *Wever*, Vermögensauseinandersetzung, Rn. 609.

500 *Wever*, Vermögensauseinandersetzung, Rn. 616.

501 *Wever*, Vermögensauseinandersetzung, Rn. 620.

502 So nun ausdrücklich BGH, FamRZ 2006, 607 f.

503 Auf diesen Zeitpunkt stellt der BGH, DNotZ 2000, 514, 523 ab, da bereits ab diesem Zeitpunkt unabhängig von der Rechtshängigkeit eines späteren Scheidungsantrags nicht mehr von einer gemeinsamen Vermögensbildung ausgegangen werden könne. *Wever*, Vermögensauseinandersetzung, Rn. 647 will gesondert festgestellt wissen, an welchem Tag die Ehegatten ihre gemeinsame Vermögensbildung beendet haben, denn das müsse nicht notwendig mit der Trennung zusammenfallen.

504 Anders im Fall BGH, FamRZ 2006, 607 f., wo gerade eine weitere Fortsetzung der Gesellschaft gewünscht worden war.

505 OLG Hamm, FamRZ 2010, 1737 f.

506 *Haußleiter/Schulz*, Vermögensauseinandersetzung, 2. Aufl. Rn. 100, 110; a.A. nun Kap. 5 Rn. 286.

257 Da es sich um eine Innengesellschaft handelt, besteht i.d.R. kein Gesamthandsvermögen, sondern der nach außen auftretende Gesellschafter ist und bleibt Eigentümer.[507] Aus diesem Grund kommt es nicht zu einer Auseinandersetzung nach den §§ 730 bis 735 BGB, sondern die Trennung der Ehegatten führt zur Auflösung und **sogleich** zur **Vollbeendigung**[508] der Gesellschaft.

258 Auf diesen Tag ist daher das **Vermögen in der Hand des Inhabers zu bewerten.** Hierzu ist zunächst festzustellen, welches Vermögen des Inhabers als gemeinsam erwirtschaftetes Vermögen der Gesellschafter zu gelten hat. Dies kann etwa dann Schwierigkeiten bereiten, wenn der Eigentümer-Ehegatte Gewinne in eigene Vermögensgüter investiert hat. Solche Gewinne sind aber gleichwohl hinzuzuzählen.[509]

259 Dem Nichteigentümer-Ehegatten steht ein **schuldrechtlicher Ausgleichsanspruch** zu, durch den er so gestellt wird, als bestünde ein Gesamthandsvermögen. D.h. zum einen, dass nicht etwa die zurückliegenden Leistungen bewertet werden, sondern nur die vorhandenen Vermögenswerte und Verbindlichkeiten. Es findet also keine nachträgliche Entlohnung statt. Zum anderen kann der Nichteigentümer-Ehegatte keine dingliche Beteiligung an den Vermögensgütern verlangen, sondern lediglich Zahlung in Geld.[510] Er ist aber auch an einem Verlust beteiligt[511] und kann daher auch einer Nachschusspflicht unterliegen, ohne dass es eine dem § 1378 Abs. 2 BGB entsprechende Kappungsgrenze gäbe.[512]

260 Die Höhe des Ausgleichsanspruchs wiederum richtet sich **nach der Beteiligungsquote**. Diese ergibt sich aus dem **Verhältnis der geleisteten Beiträge**, soweit nicht eine besondere Absprache bestanden hat.[513] Hieran wird es bei der stillschweigenden Ehegatteninnengesellschaft aber häufig gerade fehlen. Nach längerer Ehe und umfangreicher Vermögensbildung werden sich naturgemäß auch die einzelnen Beiträge der Gesellschafter zur Vermögensbildung nur noch schwer feststellen lassen. In diesem Fall hat ohne Rücksicht auf Art und Größe seines Beitrages **jeder** Gesellschafter einen **gleich hohen Anteil** nach der Regelung des **§ 722 Abs. 1 BGB**. Wer mehr als die Hälfte verlangt oder weniger als die Hälfte der Verbindlichkeiten tragen will, den trifft die Darlegungs- und Beweislast für eine abweichende Quote.[514]

---

507 Das Fehlen von Gesamthandsvermögen ist keine zwingende Konsequenz der Innengesellschaft. Auch bei dieser kann es – ausnahmsweise – zu Gesamthandsvermögen kommen, vgl. *K. Schmidt*, § 58 II. 2. m.w.N.; MünchKomm-BGB/*Ulmer/Schäfer*, § 705 Rn. 280. Bei den hier besprochenen Konstellationen wird es jedoch regelmäßig an einem solchen fehlen.

508 BGH, DNotZ 2000, 514, 524.

509 *Wever*, Vermögensauseinandersetzung, Rn. 649 m.w.N.

510 BGH, DNotZ 2000, 514, 524.

511 Schröder/Bergschneider/*Wever*, Familienvermögensrecht, Rn. 5.164.

512 *Herr*, FamRB 2011, 86, 87.

513 BGH, FamRZ 1990, 973, 974.

514 BGH, DNotZ 2000, 514, 524.

Diese klare und praktikable Regelung war für den BGH ein entscheidender Punkt dafür, die Abwicklung über die Rechtsfigur der Ehegatteninnengesellschaft wieder in den Vordergrund zu stellen, denn sie erspart die mühevolle Nachzeichnung der über mehrere Jahre oder Jahrzehnte erbrachten Leistungen. 261

Hervorzuheben ist, dass ein **Ausgleichsanspruch** aus Ehegatteninnengesellschaft ein **Gesamtanspruch** ist. Die Ehegatten haben also einen gesellschaftsrechtlichen Gesamtausgleich durchzuführen für alle gemeinsam geschaffenen Werte. Erst nach deren Saldierung kann der Gesamtausgleich beansprucht werden. Die Abrechnung bzgl. einer einzelnen Immobilie kann also nicht verlangt werden, wenn die Ehegatteninnengesellschaft sich über mehrere Immobilien erstreckt. Hiermit wird vermieden, dass in einer Einzelangelegenheit ein fehlerhafter Ausgleich getroffen wird, ohne die anderen Vermögensverschiebungen in der Ehegatteninnengesellschaft zu betrachten. Dies hat das OLG Saarbrücken in einem instruktiven Fall entschieden,[515] in dem auch festgestellt wird, dass eine Ehegatteninnengesellschaft vorliegt, auch wenn die verschiedenen Immobilien, die von der Gesellschaft erfasst werden, jeweils im Eigentum einmal des Ehemannes und ein anderes Mal im Eigentum der Ehefrau stehen, beide Ehegatten jedoch planmäßig und zielstrebig zusammenwirken, um einen Immobilienbestand aufzubauen.[516] 262

e) Drittwirkung und Steuern

Fraglich ist, ob der BGH Gesellschafterbeiträge im Rahmen einer Ehegatteninnengesellschaft ebenso wie ehebedingte Zuwendungen etwa im Erbrecht als unentgeltlich einstuft.[517] Dies ist angesichts des von der Rechtsprechung auf § 722 BGB gestützten **Halbteilungsgrundsatzes** schwieriger zu begründen, zumal ja Voraussetzung einer Ehegatteninnengesellschaft ist, dass der Nichteigentümer-Ehegatte durch Mitarbeit oder finanzielle Zuwendungen seinen eigenen Beitrag zur Gesellschaft leistet. Ob dadurch aber letztendlich etwa Pflichtteilsansprüche verkürzt werden können, ist zweifelhaft. Dem Eigentümer-Ehegatten[518] verbleibt sein Eigentum, belastet mit dem Ausgleichsanspruch. Der Nicht-Eigentümer-Ehegatte hat den Ausgleichsanspruch. Pflichtteilsberechtigte erfahren nur dann einen Nachteil, wenn bei geringfügigen Bei- 263

515 OLG Saarbrücken, OLGR 2007, 493 ff.; Revision anhängig BGH XII ZR 48/07.

516 Zu Gestaltungsvorschlägen für einen Vertrag der Ehegatteninnengesellschaft vgl. *C. Münch*, Ehebezogene Rechtsgeschäfte, Rn. 1697 f.

517 *Grziwotz*, DNotZ 2000, 486, 495.

518 Diese »Rollen« können auch vermischt sein, da beide Ehegatten mit jeweils eigenem Grundvermögen an der Innengesellschaft teilnehmen können.

trägen des Nichteigentümer-Ehegatten die Rechtsprechung zu einem hälftigen Ausgleichsanspruch kommt.

264 Interessant wird sein, wie diese Konstruktion der Ehegatteninnengesellschaft sich auf die **schenkungsteuerliche Behandlung von Vermögensverschiebungen** auswirkt. Zunächst unterliegen Leistungen der Gesellschafter zur Förderung des Gesellschaftszwecks nicht der Schenkungsteuer, da es an der objektiven Unentgeltlichkeit fehlt.[519] Hinter gesellschaftsbezogenen Leistungen können sich aber auch freigiebige Zuwendungen verbergen. Die Abgrenzung ist im Fall einer Ehegatteninnengesellschaft besonders schwierig, weil während ihres Bestehens unterschiedliche Beiträge erfolgen können und erst bei Beendigung sichtbar wird, ob eine bleibende Vermögensverschiebung stattgefunden hat. Höchstens diese wäre dann als freigiebige Zuwendung i.S.d. § 7 Abs. 1 Nr. 1 ErbStG steuerbar, nicht jedoch der Ausgleichsanspruch als Ergebnis gesellschaftsrechtlicher Erfolgsteilhabe.[520] Im Erbfall wird die Ehegatteninnengesellschaft völlig stiefmütterlich behandelt. Nicht selten ließen sich wohl Ansprüche aus Ehegatteninnengesellschaft einem Erbe gegenrechnen. Nur vereinzelt wird die Ehegatteninnengesellschaft in der Literatur als erbschaftsteuerliches Gestaltungsmittel propagiert.[521]

▶ Hinweis:

Wenn man sich auf die Rechtsfigur der Ehegatteninnengesellschaft beruft, müssen auch die schenkungsteuerlichen Folgen bedacht werden.

f) Keine taugliche Haftungsvermeidung

265 Schließlich darf nicht übersehen werden, dass bei Bejahung einer Ehegatteninnengesellschaft auch die **Vorschriften über die GbR** tatsächlich zur Anwendung kommen.[522] So müssten in diesem Fall auch ein Kontrollrecht und ein Kündigungsrecht abseits des Falles eines Scheiterns der Ehe bestehen, sofern man nicht eine familienrechtliche Überlagerung annehmen wollte, denn im Rahmen des § 723 BGB kann auch das ordentliche Kündigungsrecht nicht auf Dauer ausgeschlossen werden.[523]

266 Den Ausgleichsanspruch des zuwendenden Ehegatten könnten dessen Gläubiger pfänden und sodann die Gesellschaft nach § 725 BGB kündigen.[524] Somit wäre die Ehegatteninnengesellschaft **für Vermögensübertragungen aus Haftungsgründen völlig untauglich**. Dem könnte man nur entgegenhalten, dass diese Ansprüche höchst-

519 *Gebel*, BB 2000, 2017, 2022.

520 *Gebel*, BB 2000, 2017, 2023.

521 *Wall*, ZEV 2007, 249.

522 Hierauf weist *Jaeger*, FS Henrich, 323, 330 f. völlig zu Recht hin und zieht daraus die Konsequenz, dass eine Ehegatteninnengesellschaft nur sehr selten vorliegen wird, weil diese Konsequenzen regelmäßig nicht gewollt werden.

523 MünchKomm-BGB/*Ulmer/Schäfer*, § 723 Rn. 70 f.

524 *Jaeger*, FS Henrich, 323, 334 kritisiert insb., dass auf diese Weise eine der Errungenschaftsgemeinschaft ähnliche Ausgleichsordnung neben dem Güterrecht errichtet wird.

persönlich und daher unpfändbar seien. Dies wird aber im Gesellschaftsrecht angesichts des zwingenden Charakters des § 725 Abs. 1 BGB schwieriger zu begründen sein,[525] zumal sich der BGH inzwischen eindeutig zur Pfändbarkeit von Rückforderungsrechten geäußert hat, die ohne weitere Begründung ausgeübt werden können.[526] Um einen ähnlichen Fall handelt es sich letztlich auch bei einer Innengesellschaft, die ein Gesellschafter jederzeit ordentlich kündigen könnte.[527]

Es ist daher **völlig verfehlt**, wenn die **Gerichte** bei einer Intention der Ehegatten, die das Vermögen auf einen von ihnen übertragen, um sich vor Gläubigern des anderen Ehegatten zu schützen, den Willen zur Begründung einer Ehegatteninnengesellschaft unterstellen. Da diese gekündigt und gepfändet werden kann, geht der Wille gerade nicht dahin, gesellschaftsrechtliche Ansprüche zu begründen. Insofern ist ein Urteil des OLG Schleswig zu kritisieren[528] und ihm eine Entscheidung des OLG Frankfurt gegenüberzustellen, in welcher ausgeführt wird,[529] Ehegatten, die Vermögen den **Gläubigern entziehen** wollten, könne man keinen **Willen zur Begründung einer Ehegatteninnengesellschaft unterstellen**, die dieses Vermögen gerade den Gläubigern ausliefern würde. 267

▶ Gestaltungsempfehlung: 268

Die Ehegatteninnengesellschaft ist völlig untauglich, um Vermögen vor Gläubigern eines Ehegatten in Sicherheit zu bringen. Ist solches gewünscht, darf den Ehegatten ein Wille zur Begründung einer Ehegatteninnengesellschaft nicht unterstellt werden. Vertraglich sollte eine solche dann ausgeschlossen werden.

g) Folgen für Scheidungsimmobilien

Im Rahmen einer Scheidungssituation sind Ansprüche aus Ehegatteninnengesellschaft aufzuklären, wenn die Ehegatten mehrere Immobilien besitzen. Insb. das dritte Urteil des BGH zur Ehegatteninnengesellschaft[530] zeigt besonders deutlich die Notwendigkeit, solche Ansprüche bei einer **Scheidungsvereinbarung** einer Regelung zuzuführen. 269

In einer solchen Scheidungsvereinbarung sollten also entweder alle Ansprüche aus Ehegatteninnengesellschaft ausdrücklich ausgeschlossen sein oder es ist jedenfalls in diesem Zusammenhang eine umfängliche **Abgeltungsvereinbarung** aufzunehmen, die deutlich macht, dass neben der Regelung in der Scheidungsvereinbarung keine weiteren Ansprüche bestehen sollen, damit nicht plötzlich nach einer eigentlich als abschließend angesehenen Scheidungsvereinbarung noch Ansprüche nachgeschoben werden. 270

525 MünchKomm-BGB/*Ulmer/Schäfer*, § 725 Rn. 7.

526 BGH, FamRZ 2003, 858; hierzu *C. Münch*, ZFE 2003, 269 ff.

527 Vgl. *Brambring*, Ehevertrag, Rn. 107 dazu, dass die Folgewirkungen der bestehenden Ansprüche noch ungeklärt sind.

528 OLG Schleswig, FamRZ 2004, 1375 m. krit. Anm. *Wever*.

529 OLG Frankfurt, FamRZ 2004, 877, 878.

530 BGH, FamRZ 2006, 607 ff.

271 Nach nunmehr drei Grundsatzurteilen zur Ehegatteninnengesellschaft wird diese in der **anwaltlichen Strategie** breiteren Raum einnehmen müssen. Auch bei Zugewinngemeinschaft sind Fälle der Ehegatteninnengesellschaft denkbar. Die Ansprüche hieraus unterliegen anderen Vorschriften als der Zugewinnausgleich. So können sich erhebliche Unterschiede etwa hinsichtlich Fälligkeit und Verzinsung oder des Einwands nach § 1378 Abs. 2 BGB ergeben. Im Einzelfall kann sich also durchaus eine Verfolgung dieser Ansprüche aus Ehegatteninnengesellschaft als ratsam erweisen.[531] Dies wird nunmehr durch die Schaffung des »Großen Familiengerichts« in § 266 FamFG leichter.[532]

271a Andererseits wird beim gesetzlichen Güterstand der Anspruch aus Ehegatteninnengesellschaft im Zugewinn erneut berücksichtigt. *Wall*[533] hat eingehend untersucht, wann Ansprüche aus Ehegatteninnengesellschaft nach der Reform des Zugewinnausgleichs noch sinnvoll verfolgt werden sollten und kommt zu dem Ergebnis, dass bei **negativem Zugewinn**, den der gesetzliche Güterstand nicht vorsieht, und bei **Investitionen aus dem Anfangsvermögen** in den Betrieb des Ehepartners die Ansprüche aus Ehegatteninnengesellschaft **zu unterschiedlichen Ergebnissen** führen.

3. Miteigentum

a) Der »Auffanggüterstand der Miteigentümergemeinschaft«

272 Die Scheidungsimmobilie wird am häufigsten ohne weitere Regelung des Innenverhältnisses von beiden Ehegatten in Bruchteilsgemeinschaft gehalten. Das geht so weit, dass von einem »**Güterstand der Miteigentümergemeinschaft**« die Rede ist, der sogar in der praktizierten Ehe der Regelgüterstand sein soll.[534]

273 Gemeint ist, dass Ehegatten heute vielfach die wichtigen Vermögensgüter in Bruchteilsgemeinschaft innehaben. Dies gilt insb. für das Familienwohnheim, Bankkonten oder -depots, aber auch andere Wertgegenstände. Häufig wird die Begründung von Miteigentum unreflektiert geschehen, obwohl sie durchaus nicht immer ratsam ist, wie die Steuerprobleme bei einer Scheidungsauseinandersetzung zeigen.

274 Die Bruchteilsgemeinschaft nach §§ 741 ff. BGB ist quasi eine **Auffanggemeinschaft**. Immer dann, wenn ein Recht mehreren gemeinschaftlich zusteht, ohne dass eine andere Regelung eingreift, besteht eine Bruchteilsgemeinschaft, § 741 BGB. Das **Miteigentum** nach §§ 1008 ff. BGB ist ein Unterfall der Bruchteilsgemeinschaft.[535]

---

531 Hierzu *Kogel*, FamRZ 2006, 1799 f. und *Herr*, in: C. Münch, Gestaltungspraxis, § 6.

532 Dieses ist nach § 266 Nr. 3 FamFG für Ansprüche aus Ehegatteninnengesellschaft zuständig, nicht jedoch für Ansprüche aus der Auseinandersetzung einer Handelsgesellschaft: *Wever*, FF 2008, 399, 402.

533 *Wall*, FamRB 2010, 348 ff.

534 *Grziwotz*, FamRZ 2002, 1669.

535 Palandt/*Bassenge*, BGB, § 1008 Rn. 1.

Die **§§ 742 ff. BGB** enthalten Regelungen zur Verwaltung, aber auch zur Liquidation dieser Gemeinschaft. **Viele** dieser **Bestimmungen** sind ihrerseits wiederum **abdingbar**, sodass Ehegatten eine Bruchteilsgemeinschaft auch vorsorgend individuell-rechtlich ausgestalten könnten. Dies geschieht aber selten, da meistens in den Fällen, in denen das Gemeinschaftsverhältnis reflektiert wird, die individualistische Sicht der Bruchteilsgemeinschaft, bei der jeder sein Recht allein ausüben, über seinen Anteil verfügen und jederzeit die Aufhebung der Gemeinschaft verlangen kann, durch eine stärkere Verbundenheit, etwa durch Begründung einer GbR, abgelöst wird.[536] 275

In der Praxis häufig sind lediglich **Vereinbarungen zum Ausschluss der Aufhebung der Gemeinschaft**, v.a. wenn das Familienwohnheim zu einem Zeitpunkt gekauft wird, zu dem die Ehegatten noch nicht verheiratet sind, aber auch bei Trennungsvereinbarungen. 276

Wichtig ist, dass die Ansprüche aus Bruchteilsgemeinschaft von denen aus Zugewinn zu unterscheiden sind. So kann ein Anspruch auf Aufhebung der Gemeinschaft jederzeit geltend gemacht werden, sodass ggf. Ansprüche früher entstehen und früher verzinslich sind. Solche Ansprüche sind ferner nicht dem § 1378 Abs. 2 BGB ausgesetzt.[537] 277

b) Miteigentum bei funktionierender Ehe

Während intakter Ehe sind die Vorschriften über die Bruchteilsgemeinschaft aber vielfach durch die Vorschriften über die eheliche Lebensgemeinschaft **überlagert**.[538] 278

Es bestehen Nutzungsrechte des anderen Ehegatten bzgl. der Haushaltsgegenstände bis zur Trennung, bzgl. der Ehewohnung bis zur Scheidung. So kann etwa aufgrund der gegenseitig bestehenden Verpflichtung, der Familie angemessenen Unterhalt zu gewähren, **kein** Ehegatte vom anderen die Zahlung eines **Nutzungsentgelts** fordern.[539] 279

Verlangt ein Ehegatte nach § 749 Abs. 1 BGB die **Aufhebung der Gemeinschaft** am Familienwohnheim, ohne dass eine Trennung der Ehegatten vorliegt, wird diesem Verlangen regelmäßig § 1353 Abs. 1 Satz 2 BGB entgegenstehen.[540] Denn aus dieser Bestimmung folgt einmal das Gebot der Rücksichtnahme bei der Durchsetzung vermögensrechtlicher Ansprüche gegen den anderen Ehegatten, aber auch der Schutz des räumlich-gegenständlichen Bereichs der Ehe.[541] Zuweilen wird auch vertreten, in der Zweckbestimmung des Familienheims liege bereits ein stillschweigend vereinbartes Aufhebungsverbot nach § 749 Abs. 2 BGB.[542] Im Ergebnis besteht Einigkeit darüber, dass vor Trennung eine Aufhebung der Gemeinschaft nicht durchgesetzt werden kann. 280

536 *K. Schmidt*, NJW 1996, 3325, 3326.
537 Vgl. *Büte*, FuR 2007, 397, 400.
538 BGH, FamRZ 1988, 264, 265.
539 *Wever*, Vermögensauseinandersetzung, Rn. 39.
540 BGH, FamRZ 1962, 295.
541 *Wever*, Vermögensauseinandersetzung, Rn. 223.
542 *Grziwotz*, FamRZ 2002, 1669, 1678.

c) Miteigentum nach der Trennung

281 Mit der Trennung erlischt das Nutzungsrecht des Nichteigentümers an den Haushaltsgegenständen, mit der Scheidung grds. auch das (Mit-) Nutzungsrecht an der Ehewohnung, es sei denn, es kommt zur **richterlichen Nutzungszuweisung** im Rahmen der **§§ 1361a, 1361b, 1568a, 1568b BGB**, die jedoch auch bei der Ehewohnung im Regelfall nur bis zur rechtskräftigen Scheidung ausgesprochen werden kann. Hinsichtlich der Ehewohnung kann aber keine Veränderung im Eigentum durch die richterliche Zuweisung erfolgen. Erfolgt eine gerichtliche Zuweisung, werden vom FamG regelmäßig auch Nutzungsentgelte festgesetzt.[543]

282 Bei **Miteigentum** an dem Familienwohnheim besteht nach einer Trennung mannigfacher **Regelungsbedarf**. Hier stellen sich folgende Fragen:

- Wird die Familienwohnung verkauft oder kann ein Ehegatte sie übernehmen?
- Wer nutzt künftig die Familienwohnung? Wie hoch ist das Nutzungsentgelt?
- Wer trägt welche Lasten?
- Wer übernimmt welche Verbindlichkeiten?

All diese Punkte können in einer **Trennungs- oder Scheidungsvereinbarung**[544] eine Regelung erfahren.[545]

283 Sofern eine einvernehmliche Regelung nicht zustande kommt, aber auch keine Wohnungszuweisung vorliegt,[546] kann jeder Ehegatte vom anderen **nach § 745 Abs. 2 BGB** eine angemessene Neuregelung der Benutzung und Verwaltung verlangen und diese ggf. gerichtlich durchsetzen.

284 Hierbei ist darauf zu achten, dass allein der Auszug eines Ehegatten den Verbliebenen nicht zur Zahlung eines Nutzungsentgelts verpflichtet. Vielmehr entsteht eine Verpflichtung zur Zahlung eines Nutzungsentgelts erst, wenn der ausgezogene Ehegatte deutlich eine andere Verwaltung und Benutzung verlangt.

▶ Hinweis:

Ansprüche auf Nutzungsentgelt setzen voraus, dass der Anspruchsberechtigte deutlich eine andere Regelung der Benutzung und Verwaltung nach § 745 Abs. 2 BGB verlangt hat.

---

543 Detailliert *Wever*, Vermögensauseinandersetzung, Rn. 934 ff.

544 Hierzu ausführlich *C. Münch*, ZFE 2005, 432 ff. und ZFE 2006, 15 ff.

545 Formulierungsvorschläge s. Rdn. 683, Rdn. 705, Rdn. 707, Rdn. 718, Rdn. 725, Rdn. 728, Rdn. 764, Rdn. 775; vgl. auch *Müller*, Vertragsgestaltung, Kap. 3, Rn. 411 ff.; *Börger*, FPR 2000, 262 ff.

546 Zur nunmehr umstrittenen Abgrenzung zwischen § 745 Abs. 2 BGB und § 1361b Abs. 3 BGB vgl. *Wever*, Vermögensauseinandersetzung, Rn. 99 ff. Palandt/*Brudermüller*, BGB, § 1361b Rn. 20; *Haußleiter/Schulz*, Vermögensauseinandersetzung, Kap. 4 Rn. 61 f.; *Huber*, FamRZ 2000, 129, 130 f.

Dieses Verlangen ist jedenfalls mit der endgültig erscheinenden Trennung gerechtfertigt.[547] 285

Bei **Miteigentum** ist § 1361b Abs. 3 Satz 2 BGB bis zur Scheidung **lex specialis** zu § 745 Abs. 2 BGB, und zwar auch bei freiwilligem Auszug.[548] Die Frage der Normenkonkurrenz war besonders bedeutsam v.a. für die Zuständigkeit des FamG nach altem Recht.[549] Mit der Schaffung des »Großen Familiengerichts« nach § 266 FamFG handelt es sich auch bei der Streitigkeit um das Miteigentum unter Ehegatten um eine sonstige Familiensache im Sinne dieser Vorschrift.[550] 286

Im Vordergrund einer Neuregelung steht die Festsetzung der Zahlung eines angemessenen **Nutzungsentgelts** durch den im Haus verbliebenen Partner. Dieses wird regelmäßig i.H.d. Hälfte der ortsüblichen Miete anzunehmen sein,[551] während einer Übergangsphase von sechs bis zwölf Monaten jedoch nur i.H.d. ersparten Miete,[552] zumindest bei einer aufgedrängten Alleinnutzung.[553] Das Nutzungsentgelt ist zu vermindern, wenn den Eltern des ausgezogenen Ehegatten ein Wohnrecht an einer nicht abgeschlossenen Wohnung im Haus zusteht.[554] 287

Die **Lasten** des Anwesens müssen gleichfalls einer Regelung zugeführt werden. Sofern der allein Nutzende diese Lasten auch für den anderen Teil trägt, können die Lasten mit dem Nutzungsentgelt verrechnet werden.[555] Dies gilt für die eigentümerbezogenen Grundstückskosten sowie die Zins- und Tilgungsleistungen.[556] 288

Sofern die Gebrauchsvorteile aus der Nutzung und die Lastentragung **bereits** bei der **Unterhaltsberechnung** Eingang gefunden haben, kommt eine Neuregelung der Verwaltung und Benutzung grds. **nicht mehr zusätzlich** in Betracht.[557] Sofern eine **Unterhaltsvereinbarung** getroffen wird, sollte die Einbeziehung der Nutzungen und der Lastentragung deutlich gemacht werden. Wichtig ist insb. die Vereinbarung, dass einem Ehegatten kostenfrei die Nutzung gewährt wird, wenn dafür weniger Unter- 289

547 BGH, FamRZ 1982, 355, 356; BGH, FamRZ 1994, 822; a.A. OLG Düsseldorf, FamRZ 1998, 168 (Scheidungsantrag).

548 *Haußleiter/Schulz*, Vermögensauseinandersetzung, Kap. 4 Rn. 61 m.w.N.; *Huber*, FamRZ 2000, 129, 131; MüHdbFamR/*Müller*, § 16 Rn. 48; Palandt/*Brudermüller*, BGB, § 1361b Rn. 20; a.A. Bamberger/Roth/*Neumann*, BGB, § 1361b Rn. 14.

549 Zöller/*Philippi*, ZPO, 27. Aufl., § 621 Rn. 52b; OLG Thüringen, FamRZ 2006, 868; OLG Dresden, NJW 2005, 3151; OLG Brandenburg, OLG-NL 2006, 157.

550 *Wever*, FF 2008, 399, 401.

551 *Wever*, Vermögensauseinandersetzung, Rn. 125.

552 OLG Celle, NJW 2000, 1425, 1426.

553 *Haußleiter/Schulz*, Vermögensauseinandersetzung, Kap. 4 Rn. 65; hierzu OLG Düsseldorf, FamRZ 2006, 209: zu große Wohnfläche »aufgedrängt«.

554 OLG Düsseldorf, NJW-RR 2005, 1241.

555 Vgl. BGH, FamRZ 1994, 822.

556 *Wever*, Vermögensauseinandersetzung, Rn. 146.

557 *Wever*, Vermögensauseinandersetzung, Rn. 157 ff. mit konkreten Berechnungsbeispielen; *Huber*, FamRZ 2000, 129, 131 f.

halt gezahlt wird. Denn eine solche Regelung bewirkt einen Freistellungsanspruch, wenn der Ehepartner später das Familienwohnheim verkauft und ein Käufer die Zahlung eines Nutzungsentgelts verlangt.[558]

290 Nach der Rechtsprechung des BGH wird bei Zahlung einer Nutzungsentschädigung das die ehelichen Lebensverhältnisse prägende Einkommen unter dem Gesichtspunkt des **Surrogats** für den nicht genutzten Wohnvorteil entsprechend erhöht.[559] Allerdings mindert eine etwaige Einkommensteuerlast auf die Nutzungsentschädigung den Bedarf, sodass es in der Trennungsphase sogar besser sein kann, keine Nutzungsentschädigung zu verlangen, wenn Unterhalt geschuldet wird.[560]

291 Die **Aufnahme eines neuen Lebenspartners** durch den Nutzenden kann jedoch eine Änderung der Verhältnisse darstellen, die zu einer Neubeurteilung führt.[561]

▶ Gestaltungsempfehlung:

Sofern eine Unterhaltsvereinbarung geschlossen wird, in deren Berechnungsgrundlage der Nutzungsvorteil des kostenfreien Wohnens Eingang gefunden hat, sollte diese Pflicht als Teil der Unterhaltsgewährung bezeichnet sein und nicht als bloße Geschäftsgrundlage, damit eine spätere Anpassung diese Umstände berücksichtigen kann.

292 Erfolgen nach der Trennung noch wertsteigernde Aufwendungen durch einen Ehegatten im Einverständnis mit dem anderen, kann hierfür ein Ausgleich verlangt werden, nicht jedoch für solche Aufwendungen, die vor der Trennung getätigt wurden.[562]

293 Die Teilung erfolgt bei Immobilienvermögen gem. § 753 BGB, §§ 180 ff. ZVG durch die gesondert dargestellte **Teilungsversteigerung.**[563]

4. Treuhandeigentum

a) Auftragsrecht bei treuhänderischer Übertragung

294 Neben der ehebedingten Zuwendung oder der Schenkung gibt es unter Ehegatten auch treuhänderische Übertragungen, die nicht als unentgeltlich zu werten sind und zu eigenen (Rück-) Übertragungsansprüchen führen.

295 Dies mag ein Urteil des **OLG Hamburg** illustrieren.[564] Hier hatte die Ehefrau auf den Ehemann ein Zwischenmietverhältnis **treuhänderisch übertragen**. Später war ein Ehevertrag geschlossen worden, der einen Verzicht auf Zugewinn im Scheidungsfall

558 BGH, FamRZ 1997, 484 = NJW 1997, 731.
559 BGH, FamRZ 2005, 1817.
560 Borth, FamRB 2005, 335.
561 OLG Karlsruhe, NJW-RR 2005, 1240.
562 OLG Brandenburg, ZErb 2005, 293 f.
563 Vgl. Rdn. 776 ff.
564 OLG Hamburg, FamRZ 2002, 395 f.

enthielt, aber auch den Ausschluss der Rückforderung von Zuwendungen im Scheidungsfall.

Nach der Auffassung des OLG Hamburg begründet die **rein formale Übertragung von Vermögenspositionen aus steuerlichen Gründen** einen Fall **fremdnütziger (Verwaltungs-) Treuhand.**[565] Dieser Treuhand liegt, nachdem es einen eigenen gesetzlichen Vertragstyp des Treuhandvertrages nicht gibt,[566] im **Innenverhältnis** ein **Auftrag** nach § 662 BGB zugrunde. Wäre eine entgeltliche Vereinbarung getroffen worden, läge eine Geschäftsbesorgung nach § 675 BGB vor. Aus dem internen Auftragsverhältnis folgt aber nach § 667 BGB eine Herausgabepflicht bei Beendigung des Auftrages. Dieses Auftragsverhältnis soll zunächst ehelich überlagert worden sein, **mit der Trennung** der Parteien jedoch – vorliegend war außerdem noch eine Kündigung des Auftrages ausgesprochen worden – entstand der **Herausgabeanspruch nach § 667 BGB.** 296

Dieser Anspruch geht den vertraglichen Regelungen des Zugewinnausgleichs vor und greift nach OLG Hamburg **sogar dann**, wenn die Rückforderung von Zuwendungen ausdrücklich **ehevertraglich ausgeschlossen** worden ist. Nach Ansicht des Gerichts handelt es sich gar nicht um eine Zuwendung.[567] 297

Im Ergebnis besteht somit im **Treuhandfall** ein **Rückübertragungsrecht**. Aus Auftragsrecht können sich weitere Ansprüche etwa auf Aufwendungsersatz ergeben. Das schon von Anfang an im Rahmen des Auftrages bestehende Rückerwerbsrecht wird aufgrund seines besonderen Charakters auch durch eine Abgeltungsklausel nicht ausgeschlossen, sofern dies nicht ausdrücklich geschieht. 298

▶ Gestaltungsempfehlung:

Bei Abschluss eines Ehevertrages oder einer Scheidungsvereinbarung wird der Vertragsgestalter nach etwaigen Treuhandverhältnissen fragen und bestehende Treuhandverhältnisse regeln.

Treuhandverhältnisse unter Ehegatten sollten jedoch am besten vertraglich so ausgestaltet werden, dass hierbei geklärt wird, ob im Scheidungsfall eine Rückübertragung stattzufinden hat, sofern es sich nicht um verdeckte Treuhandverhältnisse handelt.[568] 299

565 BGH, FamRZ 1992, 1401.

566 BGH, BB 1969, 1154; hierzu Henssler, AcP 196 (1996), 37 f.; grundlegend zur Treuhand: *Coing*, Die Treuhand kraft privaten Rechtsgeschäfts, 1973; *Grundmann*, Der Treuhandvertrag, 1997; *Siebert*, Das rechtsgeschäftliche Treuhandverhältnis, 1933.

567 Zur vorrangigen Prüfung und zur Schwierigkeit des Nachweises BGH, FamRZ 1988, 482 f.

568 Wenn ein Treuhandverhältnis steuerlich anerkannt werden soll, so muss es in der zivilrechtlich notwendigen Form vereinbart sein. Ehegatten, die eine tatsächliche Durchführung ohne jeden schriftlichen Nachweis behaupten, finden beim BFH kein Gehör, BFH, BStBl. 2010 II, S. 823 f.; zu den Anforderungen an die tatsächliche Durchführung BFH, DStR 2012, 1014.

b) Freistellung von Verbindlichkeiten aus Auftragsrecht

300 Die Rechtsprechung hat ferner verschiedentlich die Anwendung von Auftragsrecht in den Fällen bejaht, in denen ein Ehegatte für Verbindlichkeiten des anderen Ehegatten Sicherheiten gestellt hatte[569] (»familienrechtlich begründetes besonderes Schuldverhältnis«). Diese Anspruchsgrundlage ist also insb. in Betracht zu ziehen, wenn **Scheidungsimmobilien für** den **Nichteigentümer-Ehegatten belastet** sind und deren Freistellung erreicht werden soll.

301 Ob die Übernahme einer solchen Mithaft für nicht ehebedingte Verbindlichkeiten wirklich aufgrund familiärer Beistandspflicht geschuldet wird, wenn der andere Ehegatte sich in Bedrängnis befindet,[570] erscheint zweifelhaft. Zumindest muss hier differenziert werden, ob die Sphäre, aus der die finanzielle Bedrängnis stammt, wenigstens ehebezogen ist (z.B. Gewerbe, aus dem jahrelang der Unterhalt der Familie bestritten worden ist). Ansonsten begründet die allgemeine Beistandspflicht allein keine Verpflichtung zur Haftungsmitübernahme.

302 Die Begründung für die Anwendung des Auftragsrechts liegt darin, dass die bloße **Gestellung von Sicherheiten keine Zuwendung** im Sinne einer Übertragung der Vermögenssubstanz darstellt.[571] Zumeist wird aber ein Auftragsverhältnis stillschweigend vereinbart worden sein. Der notwendige **Rechtsbindungswille** der Vertragsteile wird daraus hergeleitet, dass die Sicherheit i.d.R. eine beträchtliche Höhe erreicht und mit der notariellen Beurkundung eines Grundpfandrechts den Beteiligten die Bedeutung auch bewusst wird.[572]

303 Ist somit bei der Gestellung von Sicherheiten Auftragsrecht anwendbar, gibt das Scheitern der Ehe dem Auftragnehmer ein Recht zur **Kündigung** des Auftrages aus wichtigem Grund nach § 671 Abs. 3 BGB. Der BGH hat dies bestätigt.[573] Bei intakter Ehe wäre hingegen eine Kündigung ausgeschlossen, wenn der Auftrag der Verwirklichung der ehelichen Lebensgemeinschaft dient.[574] Als Folge der Kündigung kann der Beauftragte Ersatz seiner Aufwendungen verlangen. Hat er für den Auftrag Verbindlichkeiten übernommen, kann er aus Auftragsrecht nach § 670 i.V.m. § 257 BGB **Befreiung von den Verbindlichkeiten** verlangen. Aus § 257 Satz 2 BGB ergibt sich, dass dieser Befreiungsanspruch – im Gegensatz zu demjenigen aus Gesamtschuldnerschaft – auch schon vor Fälligkeit der Verbindlichkeit gegeben ist.[575]

569 BGH, FamRZ 1989, 835 ff.; OLG Hamm, FamRZ 2003, 97 ff.; OLG München, FPR 2003, 502; OLG Bremen, FamRB 2005, 285.

570 Schröder/Bergschneider/*Schröder*, Familienvermögensrecht, Rn. 2.10.

571 BGH, FamRZ 1989, 835 ff.; OLG Hamm, FamRZ 2003, 97 ff.; *Wever*, Vermögensauseinandersetzung, Rn. 379.

572 OLG Hamm, FamRZ 2003, 97, 99.

573 BGH, DB 2003, 991; so auch OLG Bremen, FamRB 2005, 285, 286.

574 BGH, FamRZ 1989, 835, 837.

575 *Gerhards*, FamRZ 2006, 1793, 1795.

Allerdings ist dieser Befreiungsanspruch aufgrund der **Nachwirkungen der Ehe** eingeschränkt.[576] Schon aus § 671 Abs. 2 BGB folgt der Rechtsgedanke, dass der Auftraggeber für die Besorgung des Geschäftes anderweitig Vorsorge treffen können muss. Auch wenn die Trennung wichtiger Kündigungsgrund ist, will der BGH aufgrund der Nachwirkungen der Ehe diesen Schutz des Auftraggebers eingreifen lassen.[577] Dem Auftraggeber muss die Rückführung des Kredits im Rahmen eines vernünftigen, seinen Möglichkeiten entsprechenden Tilgungsplanes möglich sein. Einem Befreiungsanspruch kann entgegenstehen, dass der Auftraggeber keine Sicherheiten anbieten kann und kein verwertbares Vermögen hat.[578] Eine weitere Einschränkung muss sich der Sicherungsgeber gefallen lassen, wenn es sich bei dem Vermögensgut, für das die Ehegatten beide Sicherheiten stellen mussten, um das Familienheim handelt.[579] Ein erwägenswerter Vorschlag geht dahin, die Einschränkungen des Befreiungsanspruchs nach den Vorgaben des § 1353 Abs. 1 Satz 2 BGB i.V.m. den Wertungen des § 1382 BGB vorzunehmen.[580] 304

Hat der mithaftende Ehegatte zur Abwendung seiner Haftung an den Gläubiger geleistet, steht ihm ein Anspruch auf Erstattung der geleisteten Zahlungen zu.[581] 305

c) Auftragsrecht bei treuhänderischer Haftungsübertragung

Ein Treuhandverhältnis soll auch dann vorliegen, wenn Vermögensgegenstände dem unmittelbaren Zugriff von Gläubigern entzogen werden sollen.[582] In einem solchen Fall überträgt der Eigentümer die Immobilie auf seinen Ehegatten, nicht um sie diesem endgültig zuzuwenden, sondern um sie einer Pfändung durch Gläubiger zu entziehen. 306

Allerdings haben die obigen Ausführungen zum Auftragsverhältnis gezeigt, dass diese Form der **treuhänderischen Übertragung** zur **Haftungsabschirmung denkbar ungeeignet** ist, hat doch der Treugeber aus dem Treuhandverhältnis bzw. soweit im Regelfall ein Auftrag zugrunde liegt, aus § 667 BGB einen Rückübertragungsanspruch, der seinerseits gepfändet werden könnte. Selbst wenn man als Voraussetzung dieses Rückübertragungsanspruchs eine Kündigung des Auftrages annimmt, ist nach der Entscheidung des BGH zur Pfändbarkeit von Rückforderungsrechten[583] nicht ausgeschlossen, dass der BGH auch dieses Gestaltungsrecht den Pfändungsgläubiger ausüben lässt, denn er hatte in seiner Entscheidung darauf abgestellt, dass der Rückübertragungsanspruch Vermögenswert hat, weil er jederzeit geltend gemacht werden 307

576 *Wever*, Vermögensauseinandersetzung, Rn. 952 i.V.m. Rn. 382.
577 BGH, FamRZ 1989, 835, 838.
578 BGH, FamRZ 1989, 835, 838.
579 LG Ulm, FamRZ 2003, 1190.
580 *Gerhards*, FamRZ 2006, 1793 ff.
581 OLG Bremen, FamRB 2006, 285, 286.
582 *Wever*, Vermögensauseinandersetzung, Rn. 943; zum schwierigen Nachweis eines solchen Treuhandverhältnisses: BGH, FamRZ 1988, 482, 484.
583 BGH, FamRZ 2003, 858; hierzu *C. Münch*, ZFE 2003, 269 f.

kann. Beim Auftrag aber kann ein Widerruf oder eine Kündigung auch jederzeit erfolgen, § 671 BGB. Da der BGH bei einer unmittelbaren Übertragung auf den Treuhänder dem Treugeber bei Insolvenz des Treuhänders ein Aussonderungsrecht gewährt[584] bzw. die Drittwiderspruchsklage bei Maßnahmen der Einzelzwangsvollstreckung erfolgreich wäre,[585] bestünde die gleiche Situation wie im entschiedenen Fall, dass nämlich die Gläubiger beider Seiten ansonsten vom Zugriff ausgeschlossen wären. Dies hat der BGH verworfen.[586]

308 Daher erscheint eine bloß treuhänderische Übertragung nicht geeignet, eine haftungsabschirmende Wirkung auszuüben.

▶ Hinweis:

Eine lediglich treuhänderische Übertragung von Vermögensgegenständen auf den anderen Ehegatten ist nach der Verschärfung der Rechtsprechung des BGH nicht mehr geeignet, eine haftungsabschirmende Wirkung zu begründen.

309 Wenn Ehegatten jedoch eine Immobilie solchermaßen übertragen hatten, kann aus dem Treuhandverhältnis ein vorrangiger Anspruch auf Herausgabe der Immobilie resultieren, der auf Rückgabe in Natur gerichtet ist und unabhängig vom Anspruch auf Zugewinn besteht. Die Vermögenslage nach Erfüllung dieses Anspruchs ist dann für die Zugewinnberechnung maßgebend. Beim Streit um die Scheidungsimmobilie kann ein solcher Anspruch also fruchtbar gemacht werden.

▶ Hinweis:

Beim Streit um das Familienheim können Ansprüche aus Auftragsrecht bestehen, wenn zuvor eine treuhänderische Übertragung stattgefunden hat.

V. Ansprüche außerhalb des Güterrechts

310 Nachdem die Immobilie nun im Güterrecht, im Unterhaltsrecht und unter Berücksichtigung der verschiedenen Eigentümerkonstellationen betrachtet wurde, müssen noch die Ansprüche der sog. zweiten Spur[587] oder des Nebengüterrechts[588] Berücksichtigung finden. Gerade für die anwaltliche Tätigkeit im Rahmen eines Scheidungsverfahrens ist dies ein vermintes Terrain. Es ist hier mit besonders großer Sorg-

584 BGH, DNotZ 1993, 384 ff.

585 Palandt/*Bassenge*, BGB, § 903 Rn. 42.

586 BGH, FamRZ 2003, 858.

587 *Schwab*, Brühler Schriften zum Familienrecht, 11. DFGT; *Grziwotz*, DNotZ 2000, 486.

588 *Herr*, in: C. Münch, Gestaltungspraxis, § 6; aktuelle Zusammenfassungen finden sich bei *Wever*, FamRZ 2012, 416 ff.; *Herr*, NJW 2012, 1847 f. und *Bergschneider*, FPR 2011, 244 f.

falt in die Sachverhaltsermittlung einzusteigen. Ferner sind die Mandanten auf ein gesteigertes Prozessrisiko in diesem Zusammenhang ausdrücklich hinzuweisen.[589]

Die grundsätzliche Eignung dieses von der Rechtsprechung entwickelten Instrumentes der zweiten Spur des Familienrechts wird in letzter Zeit mehr und mehr in Zweifel gezogen.[590] So wird insb. eine vorrangige Ausübungskontrolle im Bereich der Gütertrennungseheverträge als vorrangige Alternative bei bestehender Gütertrennung zunehmend zur Diskussion gestellt.[591]

Zunächst ist auf die Störung der Geschäftsgrundlage einzugehen.

1. Störung der Geschäftsgrundlage

Familienrechtliche Tendenz der Zeit ist die Bildung eines »Güterrechts jenseits des Güterrechts mit den Mitteln des allgemeinen Vermögensrechts«[592] zur ex-post **Korrektur von Vermögenstransfers.** Eine Tendenz, welche die vorausschauende Gestaltung durch Verträge schwieriger macht und den Anwalt im Rahmen einer Streitigkeit vor besondere Anforderungen an die Sachverhaltsaufklärung und -bewertung stellt.[593] 311

a) Unbenannte Zuwendung

Ausgangspunkt ist die Rechtsprechung, welche in verschiedenen Sachverhaltskonstellationen Zuwendungen unter Ehegatten nicht als Schenkung eingeordnet hat,[594] sondern als **sog. unbenannte Zuwendung.**[595] Dem liegt die Annahme zugrunde, dass die Ehegatten sich subjektiv nicht über die Unentgeltlichkeit einig sind, sondern die Zuwendung »**um der Ehe willen**« erfolgt, d.h. als Beitrag zur Verwirklichung, Ausgestaltung, Erhaltung und Sicherung der ehelichen Lebensgemeinschaft[596] in der Erwartung, die Ehe werde Bestand haben, sodass der Zuwendende innerhalb der 312

589 OLG Düsseldorf, FamRZ 2011, 323; hierzu besonders instruktiv aus anwaltlicher Sicht *Herr*, in C. Münch, Gestaltungspraxis, § 6 mit gesonderten Hinweisen zu Angriffs- und Verteidigungsstrategien.

590 Vgl. etwa *Herr*, Kritik der konkludenten Ehegatteninnengesellschaft, 2008.

591 *Hoppenz*, FamRZ 2011, 1697 f.; *Bergschneider*, FamRZ 2010, 1857 f.; *Wever*, in: FS Hahne, 191 ff.

592 *Schwab*, DNotZ-Sonderheft 2001, 9, 13.

593 OLG Düsseldorf, FamRZ 2004, 1647.

594 Krit. hiergegen *Koch*, FamRZ 1995, 321 ff.; Bamberger/Roth/*J. Mayer*, BGB, § 1372 Rn. 13.

595 Vgl. zu Zuwendungen unter Ehegatten aus rechtshistorischer Sicht: *Löhning*, FS Schwab, 179 ff.

596 BGH, FamRZ 1980, 664; BGH, FamRZ 1982, 910; BGH, MittBayNot 1990, 178; BGH, NJW 1994, 2545; auch frühere Entscheidungen billigen Ausgleichsansprüche zu, ohne schon von einer unbenannten Zuwendung zu sprechen; zusammenfassend *Friedrich*, JR 1986, 1 ff.; *Kleinle*, FamRZ 1987, 1383 ff.; krit. *Hepting*, FS Henrich, 267 ff. und *Seiler*, FS Henrich, 551 ff.

ehelichen Lebensgemeinschaft weiterhin am Vermögenswert und dessen Früchten teilhaben wird.[597] Dass eine Zuwendung in diesem Sinne der ehelichen Lebensgemeinschaft dienen sollte, bedarf der tatrichterlichen Feststellung.[598] Dem Wortlaut der notariellen Urkunde kommt hierbei jedenfalls bei jüngeren Urkunden eine indizielle Bedeutung zu.[599]

313 Der BGH geht davon aus, dass damit ein **familienrechtlicher Vertrag eigener Art** zustande kommt.[600] Der **Bestand der Ehe** ist in diesen Fällen nicht Vertragszweck, sondern **Geschäftsgrundlage.**[601]

314 Die Rechtsprechung hat in folgenden fünf **Fallgruppen**[602] bisher eine unbenannte Zuwendung angenommen. Die reine uneigennützige Schenkung wird demgegenüber die Ausnahme sein:[603]

- Mitbeteiligung am gemeinsamen **Familienwohnheim**
  - bei Erwerb des gemeinsamen Hauses nur aus Mitteln eines Ehegatten,
  - Hingabe von Mitteln für den Erwerb allein durch den anderen Ehegatten,
  - Übertragung eines Miteigentumsanteiles;
- Einsatz von Vermögen zur **Alterssicherung**;[604]
- haftungsmäßig günstige Organisation des Familienvermögens;[605]

---

597 BGH, ZNotP 2006, 303 f.

598 BGH, ZNotP 2006, 303 f. = FamRZ 2006, 1022: diese Sentenz des für Schenkungen zuständigen X. Senates ist etwas verwirrend, da heute von der unbenannten Zuwendung als Regelfall ausgegangen wird. Klarstellend daher die Anm. *Wever* zu diesem Urteil in FamRZ 2006, 1023 f.: Wer sich auf Schenkungswiderruf stützt, muss die Schenkung nachweisen. Verwendet die Urkunde das Wort »Schenkung«, dann muss aber zur Widerlegung der Schenkung die ehebezogene Zuwendung festgestellt werden. Auch OLG Hamburg, FuR 2006, 566 fordert eine positive tatrichterliche Feststellung, dass die Zuwendung der ehelichen Lebensgemeinschaft dienen sollte.

599 BGH, FamRB 2006, 231 m.Anm. *Wever*. Dies gilt noch nicht für die Verträge aus den siebziger Jahren und davor, da hier die unbenannte Zuwendung noch nicht etabliert war.

600 Zur Kritik an dieser Einschätzung: *Rauscher*, AcP 186 (1986), 529, 535 f.; MünchKomm-BGB/*Koch*, vor § 1363 Rn. 20.

601 Hierzu ausführlich *Klepsch*, NotBZ 2003, 457 ff. Der dort (463 ff.) vertretene Standpunkt, die Notarurkunde müsse die ehebedingte Zuwendung nicht von der Schenkung unterscheiden, kann freilich nicht gebilligt werden.

602 Zusammenfassend *Frank*, Anm. BGH, MittBayNot 1990, 181; *Langenfeld*, Eheverträge, Rn. 710, 726; vgl. auch die Aufzählung bei *Wever*, Vermögensauseinandersetzung, Rn. 405.

603 *Schulz*, FamRB 2004, 364, 365.

604 BGH, NJW 1972, 580; BGH, MittBayNot 1988, 181; vgl. auch OLG Stuttgart, FamRZ 2011, 1823 f. zur Pflichtteilsfestigkeit solcher Altersvorsorge.

605 BGH, MittBayNot 1990, 178 ff.; krit. hierzu *Hoppenz*, MittBayNot 1998, 217 ff., der in diesem Fall eine Zuwendung ablehnt, da eine dem Treuhandverhältnis vergleichbare Konstellation vorliege; zum Treuhandverhältnis ebenso *Arend*, MittRhNotK 1990, 65, 68, der die Treuhandabrede in diesem Fall nicht für beurkundungsbedürftig hält; OLG Düsseldorf, FamRB 2004, 37.

- **Vermögensbildung** beim Zuwendungsempfänger, wenn ehevertraglich Gütertrennung oder modifizierte Zugewinngemeinschaft vereinbart wurde;[606]
- Vermögenstransfer aus **steuerlichen Gründen.**[607]

Nicht um eine unbenannte Zuwendung geht es, wenn eine Übertragung gerade **mit Blick auf** ein künftiges **Scheidungsverfahren** geschieht, denn diese Zuwendung hängt nicht vom Fortbestehen der Ehe ab. Die Annahme des OLG Schleswig,[608] dass es sich dann um eine Schenkung handeln müsse, mag allerdings bezweifelt werden, da in einer Scheidungssituation die Zuwendung regelmäßig auch nicht unentgeltlich geschieht, sondern im Zusammenhang mit der Regelung der Scheidungsfolgen. 315

Bei diesen **unbenannten Zuwendungen** unter Ehegatten hat die Rechtsprechung als Folge einer Scheidung die Möglichkeit der Störung der Geschäftsgrundlage nach § 313 BGB[609] als gegeben gesehen, Bereicherungsansprüche hingegen abgelehnt.[610] Allerdings hat in den letzten Jahren der BGH[611] die Ehegatteninnengesellschaft zunehmend in den Vordergrund gestellt,[612] die bei Scheidung einer Ehe zu Ansprüchen nach §§ 738 ff. BGB führt. Im Urteilsfall war umfangreicheres Immobilienvermögen über lange Jahre hinweg auf den Namen der Ehefrau zu Alleineigentum erworben worden. Der Ehemann behauptete, erhebliche Beiträge geleistet und deshalb einen Ausgleichsanspruch zu haben. Der BGH nutzte das Urteil zu grds. Ausführungen über die Ehegatteninnengesellschaft und ihre Abgrenzung zu den unbenannten Zuwendungen und betonte, dass die Ehegatteninnengesellschaft **Vorrang vor der** Rechtsfigur der **unbenannten Zuwendung** habe.[613] Die Literatur sieht hierin einen Wandel der Rechtsprechung, der den Anwendungsbereich der unbenannten Zuwendung künftig nur noch auf den Bau eines Familienwohnheims beschränkt.[614] 316

606 BGH, MittBayNot 1989, 157 f.

607 Etwa zur Begründung des sog. Wiesbadener Modells oder als Beginn einer für später geplanten Gesamtübertragung auf die Kinder zur Ausnutzung von Freibeträgen. Bestätigt hat diese Fallgruppe BGH, NJW-RR 1993, 1410, obwohl im konkreten Fall eine Schenkung vorlag.

608 OLG Schleswig, OLGR 2006, 823.

609 Detaildarstellungen zu diesem Rechtsinstitut etwa von *Riesenhuber*, BB 2004, 2679; *Rösler*, JuS 2005, 27 ff., 120 ff.

610 Etwa BGH, NJW 1972, 580 (noch ohne die Bezeichnung unbenannte Zuwendung); BGHZ 84, 361 ff. = FamRZ 1982, 910 ff.; BGH, FamRZ 1994, 1167 = NJW 1994, 2545; BGH, MittBayNot 1995, 295 f.; *Schulz*, FamRB 2004, 364 ff.

611 BGH, FamRZ 1999, 1580; BGH, FamRZ 2003, 1454; BGH, FamRZ 2006, 607.

612 Zur Rechtsprechungsgeschichte insoweit vgl. *Haas*, FamRZ 2002, 205; *Wever*, Vermögensauseinandersetzung, Rn. 631 ff.; *Blumenröhr*, FS Odersky, 517 ff.

613 BGH, DNotZ 2000, 514, 515 (»in erster Linie«).

614 *Grziwotz*, DNotZ 2000, 486, 495.

317 Darüber hinaus hat die Rechtsprechung bei **Mitarbeit** zwar den Begriff der Zuwendung[615] verworfen, aber einen **familienrechtlichen Vertrag eigener Art** angenommen, dessen Geschäftsgrundlage gleichfalls mit der Scheidung wegfallen könne. Der BGH hat dies neben den Fällen der Mitarbeit im Betrieb des Ehegatten[616] auch bei der Schaffung eines Familienwohnheims auf dem Grundstück des anderen Ehegatten bejaht für diejenigen Leistungen, die über Gefälligkeiten oder geschuldeten Unterhalt hinausgehen;[617] dies gilt auch bei Mitarbeit vor der Eheschließung.[618]

317a Was die Ansprüche aus Störung der Geschäftsgrundlage anbelangt, so wird mit Spannung die weitere Entwicklung der Rechtsprechung abzuwarten sein. Mit der **Kehrtwende des BGH**, der früher die **Zuwendungen an Schwiegerkinder** der ehebezogenen Zuwendung gleichgestellt hatte,[619] ist nunmehr die Rechtsfigur der »ehebezogenen Schenkung« geschaffen worden.[620] Auch wenn der BGH die Unterschiede von Drittzuwendungen und Zuwendungen unter Ehegatten noch betont hat,[621] stellt sich die Frage, ob das Urteil Auswirkungen auch auf Zuwendungen unter Ehegatten hat. Solche sind am ehesten zu erwarten, wo der BGH sich der Anspruchsgrundlage des § 812 Abs. 1 Satz 2, 2. Alt. BGB öffnet und einen Anspruch wegen Zweckverfehlung bejaht. Da er dies zuvor auch schon bei Zuwendungen unter nicht verheirateten Partnern getan hat,[622] ist möglicherweise eine Ausdehnung auch auf Ehegattenzuwendungen zu erwarten.[623]

b) Vorrang des Güterrechts

318 Für die Rechtsfolgen einer Scheidung im Hinblick auf die unbenannte Zuwendung ist zunächst zu fragen, ob die güterrechtlichen Regelungen bereits zu einem für den Zuwendenden zumutbaren Ergebnis führen.[624] Nur wenn dies nicht der Fall ist, kann der durch die Scheidung eingetretene Wegfall der Geschäftsgrundlage zu Ansprüchen auf Anpassung oder gar Rückgewähr führen, da nach herrschender Auffassung die Zugewinnregelungen vorrangig sind.

319 Dieser Vorrang des Güterrechts wird entgegen anderslautender Ansicht[625] auch nicht durch die Schuldrechtsmodernisierung und die Aufnahme der Störung der

615 Gleichfalls nicht mit dem Begriff der Zuwendung fassbar ist die Zahlung auf gemeinsame Verbindlichkeiten, da der Zahlende hiermit eine eigene Schuld tilgt. Die Lösung dieser Fälle ist über den Gesamtschuldnerausgleich zu suchen.

616 BGH, FamRZ 1994, 1167 = NJW 1994, 2545 = DNotZ 1995, 668 f.

617 BGHZ 84, 361 ff. = FamRZ 1982, 910 ff.

618 BGH, ZNotP 2002, 361, 363.

619 BGH, NJW 1995, 1889 ff. = FamRZ 1995, 1060 f.

620 BGH, NJW 2010, 2201 = FamRZ 2010, 958 f; BGH, NJW 2010, 2884 = FamRZ 2010, 1626; BGH, NJW 2012, 523.

621 BGH, FamRZ 2010, 958, 960; hierzu Wever, FS Hahne, 191, 196.

622 BGH, FamRZ 2009, 849.

623 *Wever*, FS Hahne, 191, 197.

624 BGH, FamRZ 1991, 1169, 1170.

625 *Löhnig*, FamRZ 2003, 1521 f.

Geschäftsgrundlage in § 313 BGB geändert. Dass dort nicht zu prüfen ist, ob unangemessene oder untragbare Ergebnisse drohen, bedeutet nichts für die Frage, ob § 313 BGB durch das Güterrecht verdrängt wird. Vielmehr nimmt § 313 BGB ausdrücklich auf die gesetzliche Risikoverteilung Bezug. Als solche sind vorrangig gerade die Regelungen des Güterrechts anzusehen. Nach Art. 229 § 5 Satz 1 EGBGB ist § 313 BGB auf solche Zuwendungen anwendbar, die seit dem 01.01.2002 erfolgt sind.[626]

Insofern unterscheidet die Rechtsprechung: 320

Haben die Ehegatten **Gütertrennung** vereinbart, kommt ein Ausgleichsanspruch oder gar eine dingliche Rückforderung in Betracht, wenn die Beibehaltung der Vermögensverhältnisse, die durch eine Ehegattenzuwendung herbeigeführt worden sind, dem benachteiligten Ehegatten **nach Treu und Glauben nicht zumutbar** ist.[627] Da hier ein Ausgleichssystem des Zugewinns fehlt, sieht die Rechtsprechung die Voraussetzungen für Ansprüche aus Wegfall der Geschäftsgrundlage nicht sehr streng.

Im Güterstand der **Zugewinngemeinschaft**[628] hingegen hat der Zugewinnausgleich grds. Vorrang und schließt eine Anwendung der Grundsätze über den Wegfall der Geschäftsgrundlage aus. Nur in extremen Ausnahmefällen,[629] in denen die güterrechtlichen Ausgleichsregelungen **zu schlechthin unangemessenen und untragbaren Ergebnissen** führen, sind diese Grundsätze anwendbar.[630] Weitere Voraussetzung für einen Anspruch auf Anpassung oder Rückgewähr ist eine **umfassende Abwägung aller Gesamtumstände** des Einzelfalles.[631] Von Bedeutung sind insoweit insb. Dauer der Ehe, Alter der Parteien, Art und Umfang der erbrachten Leistung, Leistungen des Zuwendungsempfängers in und für die Ehe, Höhe der Vermögensvermehrung sowie Einkommens- und Vermögensverhältnisse der Parteien. 321

322

*Der **BGH** formuliert dies für den Anspruch bei Gütertrennung so:*
»Für die Unzumutbarkeit muss der Anspruchssteller ganz besondere Umstände zur Dauer der Ehe, zum Alter der Ehegatten, zur Art und zum Umfang der erbrachten Leistungen, zur Höhe der dadurch bedingten und noch vorhandenen Vermögensver-

626 Schröder/Bergschneider/*Wever*, Familienvermögensrecht, Rn. 5.354, der ebenfalls vertritt, dass mit dieser Vorschrift keine sachliche Änderung einhergeht.

627 BGHZ 84, 361 ff. = FamRZ 1982, 910.

628 Bei Gütergemeinschaft werden solche Ansprüche nur ganz ausnahmsweise in Betracht kommen; so etwa, wenn ein Ehegatte dem anderen eine Zuwendung noch im Güterstand der Gütertrennung vor Eingehen der Gütergemeinschaft gemacht hat und der Empfänger bei Auseinandersetzung des Gesamtgutes diese nach § 1478 BGB als in das Gesamtgut eingebracht zurückverlangt, Schröder/Bergschneider/*Wever*, Familienvermögensrecht, Rn. 5.404.

629 Das OLG Frankfurt hat einen solchen Ausgleichsanspruch z.B. abgelehnt bei Investitionen in das Anwesen des Ehegatten, obwohl im Zugewinn offensichtlich kein Anspruch bestand, OLG Frankfurt, FuR 2006, 132 f.

630 BGH, FamRZ 1989, 147; BGH, FamRZ 1991, 1169; BGH, MittBayNot 1997, 295.

631 BGH, NJW 1994, 2545.

mehrung und zu den beiderseitigen Einkommens- und Vermögensverhältnissen sowie zu möglichen Vereinbarungen darlegen. Auch im Fall der Gütertrennung entspricht nämlich eine angemessene Beteiligung beider Ehegatten an dem gemeinsam Erarbeiteten dem Charakter der ehelichen Lebensgemeinschaft als einer Schicksals- und damit auch Risikogemeinschaft. Der von den Parteien frei gewählte Güterstand der Gütertrennung darf jedoch nicht ausgehöhlt, nicht auf Umwegen in eine Zugewinngemeinschaft kraft Richterrechts umgewandelt werden«.[632]

323 Die Anwendung dieser Grundsätze hat den Vorteil, dass in einer umfassenden Abwägung zum Zeitpunkt des Scheidungsverfahrens die Situation beurteilt wird und der Richter entscheidet, ob ein Rückgewähr- oder Ausgleichsanspruch besteht. Wollten sich Ehegatten den Unsicherheiten einer solchen richterlichen Entscheidung nicht aussetzen und haben bei der Übertragung das Schicksal im Scheidungsfall geregelt, hat diese Regelung Vorrang. War hingegen nur angeordnet, dass es sich um eine ehebedingte Zuwendung handelt, ohne weitere Anordnungen zu treffen,[633] sind die Ansprüche aus Störung der Geschäftsgrundlage zu prüfen. Dabei soll auch dem **besonderen Zweck der jeweiligen Zuwendung** Bedeutung beigemessen werden.[634]

324 Es geht also letztlich nicht nur um die isolierte Korrektur einer Einzelzuwendung, sondern um eine **Gesamtkorrektur** der ehelichen Vermögensverteilung.[635]

325 Der Vorrang des Güterrechts soll sogar dann gelten, wenn die Zugewinnausgleichsforderung schon verjährt ist, die Forderung aus der ehebedingten Zuwendung dagegen noch nicht verjährt wäre.[636]

c) Gesetzlicher Güterstand

326 **Ansprüche** aus einer Störung der Geschäftsgrundlage im gesetzlichen Güterstand **scheitern regelmäßig** am Vorrang des Zugewinnausgleichs.

327 Wenn ein Ehegatte dem anderen einen Vermögensgegenstand zuwendet, den er selbst erst während der Ehe erworben hat, hätte dieser Gegenstand auch dem Zugewinnausgleich unterlegen. Eine Rückgewähr wirkt sich in solchen Fällen wirtschaftlich i.d.R. überhaupt nicht aus.

328 Kommt der Vermögensgegenstand dagegen aus dem Anfangsvermögen des Zuwendenden, erhält dieser nur einen Teil des Wertes (im Normalfall die Hälfte) zurück.

632 BGH, FamRZ 1990, 855, 856.
633 So z.B. Formularbuch-Immobilienrecht/*Fritsch*, Formular A. II. 3. § 2.
634 *Wever*, Vermögensauseinandersetzung, Rn. 457.
635 So zu Recht *Hoppenz*, MittBayNot 1998, 217, 221.
636 OLG Düsseldorf, FamRZ 2003, 872 m. krit. Anm. *Bergschneider*, 873; zustimmend *Brudermüller*, NJW 2003, 3166, 3167.

▶ **Beispiel:**[637]

Beide Ehegatten heiraten ohne Anfangsvermögen. Ehemann M wendet Ehefrau F 50.000 € in Wertpapieren zu. Bei Rechtshängigkeit der Scheidung hat M 150.000 € Endvermögen, F dagegen nur die zugewendeten 50.000 €.
Ohne Berücksichtigung der Zuwendung hätte M an F einen Zugewinnausgleich von 50.000 € zu zahlen. Beide Ehegatten hätten dann je 100.000 €.
Hätte M die 50.000 € nicht zugewendet, wäre sein Endvermögen 200.000 €, F hätte kein Endvermögen. M müsste dann 100.000 € Zugewinn zahlen und das Ergebnis wäre das Gleiche.
Liegt der Sachverhalt so, dass M die Wertpapiere im Wert von 50.000 € als Anfangsvermögen hatte, F hingegen ohne Anfangsvermögen heiratete und beide kein Endvermögen besitzen außer den 50.000 €, die F zugewendet bekam, dann muss F im Zugewinn 25.000 € an M zurückzahlen, der also die Hälfte seines Anfangsvermögens wiedererhält.

Nach der Rechtsprechung des BGH ist die Grenze der Untragbarkeit noch nicht überschritten, wenn der Zuwendende über den Zugewinn annähernd die Hälfte seiner Zuwendung wiedererhält.[638] Selbst für den Fall, dass der Zuwendende weniger als die Hälfte erhält, soll noch kein Ausgleichsanspruch bestehen: 329

> *»Aber auch dann, wenn sein Ausgleichsanspruch dahinter [der Hälfte] zurückbleibt, ist eine Korrektur nicht ohne Weiteres geboten, weil sich in gewissen Abweichungen von der hälftigen Beteiligung ein noch normal zu nennendes Risiko verwirklicht, wie es im Zugewinnausgleich angelegt ist und vor dem auch der Ehegatte, der die Zuwendung gemacht hat, nicht völlig bewahrt werden kann.«*[639]

Das OLG Frankfurt hat unter Berufung auf diese Rechtsprechung den Ausgleichsanspruch sogar da verneint, wo mangels Endvermögens des Empfängers gar kein Zugewinn zu realisieren war.[640] 330

Der BGH hat sogar in einem Fall, in welchem die ehebedingte **Zuwendung noch nicht vollzogen war** (der notarielle Überlassungsvertrag war geschlossen, der Vollzug im Grundbuch jedoch nicht erfolgt) den Vorrang des Zugewinnausgleichs mit der Folge bejaht, dass trotz der Ehescheidung der Vollzug des Überlassungsvertrages verlangt und nicht etwa die Ausführung der Zuwendung unter Berufung auf einen Wegfall der Geschäftsgrundlage verweigert werden konnte.[641] 331

637 Nach *Wever*, Vermögensauseinandersetzung, Rn. 469.
638 Vgl. auch BGH, FamRZ 1982, 778.
639 BGH, FamRZ 1991, 1169, 1171.
640 OLG Frankfurt, FuR 2006, 132 f.
641 BGH, FamRZ 2003, 230.

332 **Schlechthin unangemessen und untragbar** ist das Ergebnis aber in den Fällen, in denen beim Zuwendungsempfänger zwar rechnerisch kein Zugewinn anfällt, der zugewendete Gegenstand sich aber noch im Endvermögen des Empfängers befindet.[642]

333 Die Entscheidungen, in denen die Rechtsprechung einen Ausgleichsanspruch zugesprochen hat, zeigen, dass es sich um **extreme Ausnahmefälle** handelt. Als Beispiel mögen die Fälle dienen, in denen etwa kein Zugewinn entsteht, weil die Zuwendung nach Rechtshängigkeit erfolgte[643] oder weil die Zuwendung etwa bei einer Investition in eine in Miteigentum stehende Immobilie bei beiden Seiten zu einem Zugewinn führte.[644]

d) Gütertrennung oder Modifikation des gesetzlichen Güterstandes

334 Wenn Ehegatten Gütertrennung wählen oder eine Modifikation des gesetzlichen Güterstandes, die den Zugewinn auf den Todesfall zwar begrenzt, im Fall einer Scheidung aber ausschließt, haben sie bewusst auf den gesetzlich vorgesehenen Ausgleichsmechanismus für den ehelichen Zugewinn verzichtet. Wenn sich ein Ehegatte in dieser Situation entscheidet, dem anderen Ehegatten eine **Zuwendung** zu machen, wird er sich i.d.R. dessen bewusst sein und **rechnet** zumindest im Zeitpunkt der Zuwendung regelmäßig **nicht mit einer Rückerstattung**. Es ist daher für Ehegatten zumeist überraschend, dass die Rechtsprechung Rückforderungs- bzw. Ausgleichsansprüchen in dieser Situation eher zum Erfolg verhilft als bei der Zugewinngemeinschaft.

335 Wird weder bei der Zuwendung eine Regelung über die Rückforderbarkeit bei Scheidung getroffen noch ehevertraglich ein Ausschluss von Ansprüchen wegen Störung der Geschäftsgrundlage vereinbart,[645] dann kann die Ehescheidung zu einer Störung der Geschäftsgrundlage führen, mit der Folge, dass ein Ausgleich bzw. eine Rückforderung schon dann möglich ist, wenn das Beibehalten der Vermögenslage für den Zuwendenden **unzumutbar** ist.

336 Eine solche Unzumutbarkeit liegt **nicht** vor, wenn die Zuwendung **gerade eine angemessene Beteiligung** des anderen Ehegatten an dem gemeinsam Erarbeiteten ist, wenn also durch die Zuwendung gerade der Nachteil der Gütertrennung und das Fehlen von Ausgleichsansprüchen kompensiert wird. Eine Unzumutbarkeit wird dagegen v.a. in denjenigen Fällen zu bejahen sein, in denen durch die Zuwendung der Empfänger weit mehr erhalten hat, als ihm selbst bei Zugewinngemeinschaft gebührt hätte,[646] insb. in

642 BGH, FamRZ 1991, 1169, 1171.

643 BGH, FamRZ 1994, 228.

644 OLG Stuttgart, FamRZ 1994, 1326 ff. = NJW-RR 1994, 1490 (Investition von Vergleichsleistung für Unfallfolgen).

645 Bedenken gegen die Ausschließbarkeit bei MüHdbFamR/*Kogel*, § 21 Rn. 67: unterliegt als Billigkeitsklausel nicht der Parteidisposition; *Grziwotz*, ZIP 2006, 9, 10; hiergegen *C. Münch*, Ehebezogene Rechtsgeschäfte, Rn. 1398.

646 So z.B. im Fall des OLG Karlsruhe, FamRZ 2001, 1075.

den Fällen, wo die Zuwendung erfolgte, um die Zuwendungsgegenstände vor Gläubigern des zuwendenden Ehegatten in Sicherheit zu bringen.

e) Anspruchsinhalt

Die Rechtsfolge einer Störung der Geschäftsgrundlage besteht in einer Anpassung der Verhältnisse.[647] Damit ist eine sehr flexible Rechtsfolge gegeben, die aber auch entsprechend unberechenbar[648] ist. 337

Ein Ausgleich erfolgt grds. in **Geld**. Nur ganz **ausnahmsweise**, bei einem besonders geschützten Interesse des Zuwendenden, kann es zu einer dinglichen **Rückgewähr** kommen, die i.d.R. wieder Zug-um-Zug **gegen** Zahlung eines angemessenen **Ausgleichsbetrages** zu erfolgen hat.[649] Eine Rückgewähr wird v.a. dort in Betracht kommen, wo ein Gegenstand für die gewerbliche Tätigkeit des Zuwendenden benötigt wird oder mit treuhänderischem Einschlag zugewendet worden war.[650] 338

Die **Höhe des Ausgleichsbetrages** berücksichtigt die Aufwendungen, welche der Zuwendungsempfänger gehabt hat und die er im Vertrauen auf den Fortbestand der Vermögenslage oder zur Erhaltung und Verschönerung getätigt hat; hierunter fallen also nicht nur wertsteigernde Aufwendungen.[651] Auch Arbeitsleistung ist hierbei zu berücksichtigen, soweit sie über das nach den Grundsätzen des ehelichen Unterhalts geschuldete Maß hinausgeht.[652] Bei der Bemessung des Ausgleichsbetrages hat eine **Gesamtwürdigung aller Umstände** unter Billigkeitsgesichtspunkten stattzufinden, bei der auch die Dauer der Ehe und die Einkommens- und Vermögensverhältnisse zu berücksichtigen sind.[653] Die **Dauer der Ehe** ist unter dem Gesichtspunkt zu berücksichtigen, dass für diese Zeit der **Zweck der Zuwendung erreicht** wurde, sodass die Zuwendung desto weniger auszugleichen ist, je länger die Ehe nach der Zuwendung noch dauerte. Ein Ausgleich kann bei längerer Ehedauer aus diesem Grund sogar ganz zu verneinen sein.[654] 339

Hinsichtlich der **Darlegungs- und Beweislast** nimmt der BGH an, dass derjenige Ehegatte, der die dingliche Rückforderung geltend macht, diese nur Zug-um-Zug gegen Zahlung des Ausgleichsbetrages verlangen kann. Daher muss dieser Ehegatte auch schlüssig darlegen, auf welche Summe sich die Ausgleichszahlung beläuft und sich zur Erstattung Zug-um-Zug gegen Rückgabe bereit erklären. Lediglich Eigen- 340

647 Palandt/*Grüneberg*, BGB, § 313 Rn. 40 ff.

648 *Bergschneider*, Verträge in Familiensachen, Rn. 577.

649 BGH, ZNotP 2002, 361 f.

650 *Wever*, FamRZ 2000, 993, 999.

651 BGH, FamRZ 1999, 365.

652 BGH, FamRZ 1998, 669 zu Fällen der Rückgewähr bei der Zuwendung von Schwiegereltern. Diese Grundsätze gelten aber auch für Ehegattenzuwendungen, *Wever*, Vermögensauseinandersetzung, Rn. 545; *Wever*, FamRZ 2003, 565, 572.

653 BGH, FamRZ 1999, 365.

654 *Haußleiter/Schulz*, Vermögensauseinandersetzung, Kap. 5 Rn. 230.

leistungen hat derjenige Ehegatte, von dem Rückforderung verlangt wird, im Einzelnen vorzutragen.[655]

▶ Hinweis:

Wer eine dingliche Rückforderung verlangt, muss auch den Ausgleichsanspruch, den er zu erfüllen hat, schlüssig darlegen und sich zur Zahlung bereit erklären!

Auf der Grundlage der Erfüllung dieser Ansprüche findet dann bei gesetzlichem Güterstand der Zugewinnausgleich statt.[656]

341 Die Ansprüche aus Störung der Geschäftsgrundlage sind **begrenzt** durch den **Wert der Zuwendung** und denjenigen Wert, der beim Empfänger beim **Scheitern** der **Ehe noch vorhanden** ist.[657]

▶ Beispiel:

Einen instruktiven Fall hat das OLG München behandelt.[658] Hier hatte die Mutter von drei Kindern ihr gesamtes Erbe für den Bau eines Hauses verwendet, das dem Ehemann gehörte. Ein Zugewinnausgleichsanspruch bestand nicht, weil das Anfangsvermögen des Ehemannes sehr hoch gewesen und das Endvermögen durch hohe Verbindlichkeiten gemindert war, die zudem nicht auf dem Hausbau beruhten. Aus diesem Grund konnte die Mutter auch keinen Unterhalt beanspruchen. Sie war völlig mittellos, ohne laufendes Einkommen und hatte die drei Kinder zu versorgen. Hier hat das OLG München den vollen Betrag der investierten Erbschaft als Ausgleich zugesprochen.

342 In einem weiteren Fall hat das OLG München bei Gütertrennung einen Ausgleichsanspruch bei **Investitionen in das Familienwohnheim** bejaht und ausgeführt, die Höhe des Betrages richte sich **nach dem Wert der zukünftig wegfallenden Mitbenutzung des Familienheims**, begrenzt durch den Wert des beim Eigentümer noch vorhandenen Vermögens.[659]

343 Abzulehnen hingegen ist eine Entscheidung des OLG Frankfurt,[660] in welcher das Gericht den Anspruch auf Zugewinnausgleich dahingestellt sein lässt und jedenfalls denjenigen auf Wegfall der Geschäftsgrundlage zuspricht. Hier wird die Reihenfolge umgekehrt, das schlechthin unangemessene Ergebnis nicht überprüft und wohl auch die Zuständigkeit zum Zeitpunkt der Entscheidung verkannt.

---

655 BGH, FamRZ 1999, 365.

656 *Langenfeld*, Eheverträge, Rn. 775.

657 *Haußleiter/Schulz*, Vermögensauseinandersetzung, Kap. 5 Rn. 234; OLG München, FamRZ 2004, 1874, 1875; BGH, FamRZ 1982, 910.

658 OLG München, FamRZ 1999, 1663; dort auch zur Rechtskraft als Voraussetzung der Rückgewähr; a.A. *Wever*, FamRZ 2000, 993, 999: Scheitern der Ehe.

659 OLG München, FamRZ 2004, 1874 f. m. Anm. *Wever*, der sich krit. zur Berechenbarkeit des Ausgleichsbetrages äußert.

660 OLG Frankfurt, FF 2002, 173 f. m. abl. Anm. *Kogel*.

Als noch offen ist die Frage zu bezeichnen, wann der auf eine Störung der Geschäftsgrundlage gestützte Anspruch fällig wird. Nach den OLG München bzw. Düsseldorf liegt **Fälligkeit** erst mit Rechtskraft der Scheidung vor, da erst dann feststehe, dass über den Zugewinn kein ausreichender Ausgleich erfolgt.[661] Ein unterschiedlicher Stichtag für verschiedene Güterstände erscheint hingegen wenig einleuchtend.[662] Das Datum der Rechtskraft ist vorzugswürdig, weil dann über den Zugewinn regelmäßig entschieden sein wird, sodass insoweit klar ist, ob dieser einen angemessenen Ausgleich bietet. Dies dürfte auch nach der Vorverlegung des Stichtages für die Vermögenswertbegrenzung auf den Zeitpunkt der Rechtshängigkeit gelten. 344

Andererseits ist der BGH der Auffassung, dass sich der Gläubiger eines Ausgleichsanspruchs, der erst nach Abschluss des Zugewinnausgleichsverfahrens geltend gemacht wird, dasjenige anrechnen lassen muss, was er durch die Nichtberücksichtigung im Zugewinn mehr erhalten hat.[663]

Ein Antrag auf Ausgleich einer ehebezogenen Zuwendung[664] wird nach dem Gesagten i.d.R. ein Zahlungsantrag sein. Der Antrag kann folgendermaßen lauten: 345

▶ Formulierungsbeispiel (Antrag auf Ausgleich einer unbenannten Zuwendung im Güterstand der Gütertrennung): 346

An das
Amtsgericht .....
– Familiengericht –

Antrag auf Ausgleich einer unbenannten Zuwendung

.....

– Antragsteller –

Verfahrensbevollmächtigter Rechtsanwalt .....
gegen
.....

– Antragsgegnerin –

Der Unterfertigte beantragt namens des Antragstellers:
Die Antragsgegnerin wird verurteilt an den Antragsteller ..... € nebst 5 % Zinsen über dem Basiszinssatz nach § 247 BGB seit dem ...... zu zahlen.

Zur **Begründung** trage ich vor:

1. Antragsteller und Antragsgegnerin haben am ..... vor dem Standesbeamten in ..... miteinander die Ehe geschlossen.

---

661 OLG München, FamRZ 1999, 1663, 1664; OLG Düsseldorf, FamRZ 1992, 652, 653; *Koch*, FamRZ 2003, 197, 209.

662 So aber *Haußleiter/Schulz*, Vermögensauseinandersetzung, Kap. 5 Rn. 237.

663 BGH, FamRZ 2009, 193, 196 (Tz. 36).

664 MüHdbFamR/*Kogel*, § 21 Rn. 146.

2. Antragsteller und Antragsgegnerin lebten seit dem ...... getrennt. Ihre Ehe ist inzwischen rechtskräftig geschieden worden (AZ: ..... Beschluss des AG ..... vom .....).

3. Mit Urkunde des Notars ..... in ..... vom ..... URNr. ..... vereinbarten die Ehegatten Gütertrennung.
Beweis: Beiziehung der familiengerichtlichen Akten.

4. Dem Antragsteller war von seinen Eltern im Jahre ..... ein Mehrfamilienhaus in ..... übereignet worden. Dieses hatte er im Laufe der Ehe durch diverse Um- und Anbauten im Wert erheblich gesteigert. Der heutige Verkehrswert beläuft sich auf etwa ..... €. Das Haus ist unbelastet.
Beweis: Sachverständigengutachten.....

5. Mit Urkunde des Notars ..... in ..... vom ..... URNr. ..... hat der Antragsteller dieses Anwesen auf die Antragsgegnerin übertragen. Der Rechtsgrund der Zuwendung ist in der Urkunde als »ehebedingte Zuwendung« angegeben.
Beweis: Beglaubigte Abschrift der Urkunde (Anlage)
Dieses Haus hat einen Mietertrag von ..... € jährlich bei einer Kostenquote von ca. 20 %.
Die Übertragung geschah seinerzeit aus Haftungsgründen, denn der Antragsteller war selbstständig tätig.

6. Der Antragsteller hat als Selbstständiger keine eigene Rentenversicherung. Die Mieteinnahmen aus dem Mehrfamilienhaus sollten seine Altersversorgung sein. Das Vermögen des Antragstellers besteht heute nur noch aus Wertpapieren im Gesamtwert von ..... €.

7. Die Antragsgegnerin ist Eigentümerin dieses Hausanwesens mit dem o.g. Mietertrag. Sie hat ferner zwei lastenfreie Eigentumswohnungen in ..... . Da der Antragsteller und die Antragsgegnerin keine Kinder haben und jeder von ihnen durchgehend berufstätig war, hat die Antragsgegnerin ferner erhebliches Geldvermögen und bezieht derzeit eine eigene Altersrente in Höhe von monatlich ..... €. Der Antragsteller hat den Umfang seines Betriebs verkleinert, ist aber weiterhin auf die Fortsetzung seiner selbstständigen Tätigkeit angewiesen, die ihm monatliche Einkünfte in Höhe von ..... € erbringt.

8. Der Antragsteller macht mit dem vorliegenden Antrag einen Anspruch auf Störung der Geschäftsgrundlage geltend. Die Beibehaltung der gegenwärtigen Vermögenslage nach Scheidung ist dem Antragsteller nach Treu und Glauben nicht zumutbar, da er keinen Zugriff auf den von ihm allein geschaffenen Vermögenswert des Mehrfamilienhauses hat und durch die Gütertrennung ein anderweitiger Ausgleich nicht stattgefunden hat. Da er kaum eigene Vermögenswerte hat, die Antragsgegnerin hingegen auch ohne das in Ziffer 5. genannte Mehrfamilienhaus ein gesichertes Auskommen hat, ist die Beibehaltung der Vermögenssituation für den Antragsteller nicht zumutbar. Die geforderte Ausgleichssumme entspricht einem Drittel des Verkehrswertes des übertragenen Anwesens. Sie kann daher von der Antragsgegnerin notfalls durch eine Finanzierung am ansonsten lastenfreien Objekt aufgebracht werden. Die Mieteinnahmen genügen, um Verzinsung und Tilgung abzudecken. Dem Antragsteller steht daher ein Anspruch in der genannten Höhe zu.

9. Die Antragsgegnerin ist mit Schreiben vom ..... ergebnislos zur Zahlung aufgefordert worden. Sie schuldet daher Verzugszinsen seit dem ..... .

10. Gegenstandswert ..... .

2. Gesamtschuldnerausgleich

a) Gemeinsame Ehegattenverbindlichkeiten

Zwar **haften** Ehegatten **grds. nur für eigene Verbindlichkeiten**, in vielen Fällen wird jedoch eine gemeinsame Verbindlichkeit von Ehegatten vorliegen, da gerade die **Kreditwirtschaft** – sogar unabhängig von den Eigentumsverhältnissen – **häufig beide Ehegatten als Schuldner** vorsieht, da sie Bedenken wegen Vermögensverschiebungen auf den nicht haftenden Ehegatten hat oder im Hinblick auf die Beleihungsmöglichkeit wegen des § 1365 BGB. Sofern der Ehegatte kein eigenes Interesse an der Darlehensgewährung hat, wird er häufig – unabhängig von der Bezeichnung durch die Bank – nicht Mitschuldner, sondern nur Mithaftender sein. Dies hat zur Folge, dass die Mithaftung bei krasser finanzieller Überforderung sittenwidrig sein kann.[665] Diese Frage ist vorrangig zu prüfen, weil bei Sittenwidrigkeit der Mithaftung die Haftung schon im Außenverhältnis zu Fall gebracht werden kann.[666] 347

▶ Hinweis:

Sofern schon die Mithaftung eines Ehegatten sittenwidrig ist, geht diese Prüfung der Untersuchung von Ansprüchen aus dem Innenverhältnis vor.

Eine gemeinsame Darlehensschuld stellt sich somit als Regelfall bei der Finanzierung des Familienwohnheims, aber auch bei anderen Anschaffungen oder Investitionen, dar. Gelegentlich muss auch ein Ehegatte als Mitschuldner auftreten, wenn ein Kredit nur für den anderen Ehepartner gedacht ist, etwa für einen Gewerbebetrieb des anderen Ehegatten. 348

Neben Darlehen resultiert eine gesamtschuldnerische Haftung häufig aus Mietverträgen sowie kraft Gesetzes aus dem Steuerschuldverhältnis (§ 44 AO).[667] 349

In solchen Fällen unterzeichnen Ehegatten zwar gemeinsam den Darlehensvertrag und die Grundschuld bzw. den Mietvertrag, es **fehlen jedoch regelmäßig Bestimmungen über das Innenverhältnis** der so entstehenden Gesamtschuldnerschaft, obwohl diese – wie die nachfolgende Darstellung zeigen wird – im Trennungsfall überaus wichtig sind.[668] 350

665 Hierzu *C. Münch*, Ehebezogene Rechtsgeschäfte, Rn. 9 f.

666 *Duderstadt*, FPR 2003, 173, 175.

667 Ferner wären zu nennen die Geschäfte zur Deckung des Lebensbedarfes nach § 1357 Abs. 1 Satz 2 BGB, die jedoch nicht allzu häufig die Rspr. beschäftigen; vgl. etwa LG Stuttgart, FamRZ 2001, 610 und BGH, FamRZ 2004, 778 (Telefon).

668 Krit. hierzu *Wever*, Vermögensauseinandersetzung, Rn. 275.

▶ Gestaltungsempfehlung:

Sofern Ehegatten im Zuge einer gemeinsamen Finanzierung beraten werden, sollte man das Innenverhältnis der Gesamtschuldner vorher regeln und bestimmen, wer bei einer Trennung für die Verbindlichkeiten aufzukommen hat.

b) Gesamtschuldnerausgleich unter Ehegatten

351 Ist keine gesonderte Regelung getroffen, richtet sich die Frage, ob ein Gesamtschuldner, der auf eine Gesamtschuld gezahlt hat, vom anderen einen Ausgleich verlangen kann, nach **§ 426 Abs. 1 Satz 1 BGB**. Dort ist angeordnet, dass Gesamtschuldner im Verhältnis zueinander zu gleichen Teilen verpflichtet sind, »soweit nichts anderes bestimmt ist«. Wer mehr leistet, als er nach dieser Bestimmung zu leisten verpflichtet ist, kann vom anderen Teil einen Ausgleich verlangen. Ferner ordnet **§ 426 Abs. 2 BGB** an, dass auf einen Gesamtschuldner, der einen Gläubiger befriedigt und gegen einen anderen Gesamtschuldner einen Ausgleichsanspruch hat, die Forderung des Gläubigers gegen die übrigen Schuldner übergeht. Dies führt nach §§ 412, 401 BGB auch zum Übergang der Neben- und Vorzugsrechte.

352 **Entscheidend** für die Frage, ob unter Ehegatten ein Ausgleichsanspruch besteht, ist somit die Frage, **ob** im Innenverhältnis von einer hälftigen Teilung auszugehen oder ob **etwas anderes angeordnet** ist.

aa) Funktionierende Ehe

353 Hat während der Ehe bis zu ihrem Scheitern ein Ehegatte Verbindlichkeiten getilgt, ist mit der Rechtsprechung des BGH davon auszugehen, dass eine **familienrechtliche Überlagerung** insoweit vorliegt, als ein **späterer Ausgleichsanspruch ausgeschlossen** ist. In der Absprache der Ehegatten in Bezug auf die eheliche Rollenverteilung bei der Tilgung der Verbindlichkeiten, die i.d.R. auch berücksichtigt, dass der andere Ehegatte auf seine Weise in anderer Art Leistungen für die Familie erbringt, liegt eine andere Anordnung i.S.d. § 426 Abs. 1 Satz 1 BGB, wonach der zahlende Ehegatte auch im Innenverhältnis zur Zahlung verpflichtet ist.[669] Verstärkt wird dieses Argument noch durch einen Verweis auf § 1360b BGB. Nach dieser Vorschrift besteht eine gesetzliche Vermutung, dass ein Ehegatte von dem anderen auch dann keinen Ersatz verlangen will, wenn er einen höheren als den ihm eigentlich obliegenden Beitrag zum Familienunterhalt leistet.[670]

354 Eine **abweichende Vereinbarung** wird also aus der **tatsächlichen Übung** gefolgert. Für Ausgaben, die zum Bestreiten der Kosten allgemeiner Lebenshaltung getätigt

669 BGHZ 87, 265 ff. = FamRZ 1983, 795 = NJW 1983, 1845; BGH, MittBayNot 1995, 48 = NJW 1995, 652; BGH, FPR 2003, 246; OLG Bremen, FamRZ 2000, 1152; OLG Oldenburg, FamRZ 2005, 1837.

670 OLG Oldenburg, FamRZ 2005, 1837.

wurden, soll – ebenfalls unter Verweis auf § 1360b BGB – kein Gesamtschuldnerausgleich stattfinden.[671]

▶ Hinweis:

Schon die tatsächliche Verfahrensweise einer Schuldentilgung allein durch einen Ehegatten während funktionierender Ehe führt zu einer anderen Bestimmung i.S.d. § 426 Abs. 1 Satz 1 BGB. Wer einen Ausgleich verlangen will, muss sich diesen also ausdrücklich vorbehalten!

Hierbei kommt es allein auf den **Zeitpunkt der Leistungserbringung** an, nicht auf 355
den Zeitraum, für den die Leistung gedacht war. Liegt bei Leistungserbringung noch eine intakte Ehe vor, scheidet ein Erstattungsanspruch aus. Dies hat der BGH entschieden für eine Einkommensteuervorauszahlung i.H.v. fast 25.000 €, die kurz vor Scheitern der Ehe erbracht worden, aber für einen Zeitraum danach bestimmt war.[672]

Noch nicht endgültig geklärt ist, ob dies nur bei der Alleinverdiener- oder auch bei 356
der **Doppelverdienerehe** gilt. Der BGH hat ausgesprochen, dass dann, wenn beide Ehegatten verdienen, die Einkommens- und Vermögensverhältnisse der Ehegatten sowie die Verwendung des Kredits die Bestimmung der verhältnismäßigen Beteiligung beeinflussen.[673] Auch andere Entscheidungen des BGH gehen in diese Richtung.[674] Diese Sicht unterliegt aber insofern berechtigter Kritik, als kaum allein der Umstand, dass auch der nicht auf die Gesamtschuld zahlende Ehegatte Geld verdient, einen Ausgleichsanspruch begründen kann, wenn auch dieser Leistungen für die Familie erbringt. Vielmehr dürfte die besondere Fallkonstellation einer sehr hohen Zahlung kurz vor der Trennung letztlich im Einzelfall zu dieser Entscheidung geführt haben.[675] In seinen weiteren Entscheidungen geht der BGH dann auch auf das Kriterium der Doppelverdienerehe nicht mehr ein.[676] Ausführlich beschäftigt sich hingegen der BFH mit der Thematik. Er ist der Ansicht, dass Doppelverdiener grds. im Verhältnis ihrer Einkommen für Gesamtschulden aufzukommen haben, sieht aber eine andere Bestimmung i.S.d. § 426 Abs. 1 BGB in einer tatsächlich anderen

671 OLG Oldenburg, FamRZ 2006, 267 f.

672 BGH, FamRZ 2002, 739 m. Anm. *Wever* = NJW 2002, 1570 f.

673 Vgl. BGH, NJW-RR 1988, 259.

674 BGH, FamRZ 1989, 147, 149, 150; BGH, FamRZ 1987, 1239, 1240.

675 *Wever*, Vermögensauseinandersetzung, Rn. 289; krit. und a.A. auch *Haußleiter/Schulz*, Vermögensauseinandersetzung, Kap. 5 Rn. 132 f.: Dort wird vertreten, dass ein nachträglicher Ausgleich verlangt werden kann, wenn der andere Ehegatte keinen gleichwertigen Beitrag zur ehelichen Lebensgemeinschaft geleistet hat.

676 So etwa BGH, FamRZ 2002, 739 m. Anm. Wever; hierzu auch *Wever*, FamRZ 2003, 565, 568; einen Ausgleich ablehnend auch bei der Doppelverdienerehe OLG Bremen, FamRZ 2000, 1152 (nur LS) und *Bosch*, FamRZ 2002, 366, 367.

Handhabung.[677] Im Ergebnis kann somit auch in der Doppelverdienerehe ein nachträglicher Ausgleich nicht in jedem Fall befürwortet werden.[678]

357 Eine **Ausnahme**, dass also doch ein Ausgleichsanspruch besteht, wird ferner für den Fall vertreten, dass ein Ehegatte abredewidrig für den Familienunterhalt nicht aufkommt, sodass dieser auch noch vom tilgenden Ehegatten bestritten werden muss.[679]

358 Diskutiert werden ferner bestimmte Sonderkonstellationen, bei denen es indirekt über § 1380 BGB doch zu einem Ausgleich für die geleisteten Zahlungen kommt. Auch hier wird dafür plädiert, eine eheliche Überlagerung anzunehmen.[680] Dieses Argument ist jedoch für den güterrechtlichen Ausgleich nicht brauchbar, denn dieser basiert gerade auf der ehelichen Vermögensverteilung.

bb) Scheitern der Ehe

359 Mit dem Scheitern der Ehe jedoch hat sich die Situation geändert. Es ist von nun an nicht mehr davon auszugehen, dass die Ehegatten zur Bestreitung der familiären Bedürfnisse zusammenwirken. **Mit dem Scheitern der Ehe leben somit die Ausgleichsansprüche wieder auf**, allerdings nur für die Zukunft.[681] Ein Ausgleich der bei intakter Ehe erbrachten Leistungen scheidet auch dann regelmäßig aus.

360 Das Scheitern der Ehe wird bereits mit der Trennung anzunehmen sein, denn ab diesem Zeitpunkt werden keine Leistungen mehr füreinander erbracht.[682] Dies gilt jedenfalls für eine **endgültige Trennung**, die sich mit dem Auszug aus der ehelichen Wohnung manifestiert.[683] Vereinzelt wird allerdings auch vertreten, dass entscheidender Stichtag, ab dem ein Ausgleichsanspruch entsteht, parallel zum Zugewinnausgleich der Tag der Rechtshängigkeit des Scheidungsantrags sei.[684]

361 Für diesen Anspruch ist **nicht Voraussetzung**, dass der zahlende Ehegatte den anderen auf eine abweichende Verfahrensweise **vorher hinweist** oder einen entsprechenden Ausgleich verlangt.[685] Es kann daher auch Ausgleich für eine zurückliegende Zeit verlangt werden, jedoch erst von der Trennung an. Der BGH begründet dies mit

---

677 BFH, BStBl. 2003, S. 267 ff. = DB 2003, 644.

678 *Schulz*, FPR 2006, 472, der sich gegen eine unterschiedliche Behandlung der Allein- und der Doppelverdienerehe ausspricht.

679 *Schwab/Borth*, Scheidungsrecht, 4. Aufl., IX Rn. 42.

680 *Krause*, Familienheim, 9/5 f., 10

681 OLG Hamm, FamFR 2011, 212; OLG Saarbrücken, FamRZ 2010, 1902.

682 OLG Dresden, ZFE 2002, 348 m. Anm. *Viefhues* = FamRZ 2003, 158; OLG Hamm, FamRZ 1999, 1501; OLG Köln, FamRZ 1992, 832, 834; *Wever*, Vermögensauseinandersetzung, Rn. 366 ff.

683 OLG Frankfurt, FamRZ 2005, 908; OLG Bremen, OLGR 2005, 315; *Haußleiter/Schulz*, Vermögensauseinandersetzung, Kap. 5 Rn. 176; nach OLG Bamberg, FamRZ 2001, 1074 genügt auch bereits Getrenntleben in der gemeinsamen Wohnung.

684 OLG München, FamRZ 2000, 672; Bosch, FamRZ 2002, 366, 372.

685 BGH, MittBayNot 1995, 48 = NJW 1995, 652 = DNotZ 1995, 676.

dem Fehlen einer dem § 745 Abs. 2 BGB[686] für das Miteigentum entsprechenden Vorschrift im Rahmen des § 426 BGB. Auch die alleinige Weiterzahlung von Zins und Tilgung führt nicht zur Annahme der Übernahme der alleinigen Haftung.[687]

Allerdings sind die Gerichte auch der Ansicht, ein Fortbestehen der in der intakten Ehe bestehenden Aufgabenverteilung unter den Ehegatten könne auch für ein Fortbestehen der anderweitigen Bestimmung i.S.d. § 426 BGB sprechen.[688] In gleicher Weise hat das OLG Koblenz[689] entschieden, dass im Falle des Todes des Alleinverdieners bei intakter Ehe kein Anspruch gegen den anderen Ehegatten auf Gesamtschuldnerausgleich besteht. Einen solchen hatte im zugrunde liegenden Fall der Insolvenzverwalter geltend gemacht. 362

▶ Gestaltungsempfehlung:

Nach der Trennung kann man sich nicht mehr darauf verlassen, dass ein Ehegatte Schulden tilgt, ohne vom anderen einen Ausgleich zu verlangen; vielmehr soll ein Ausgleichsanspruch auch ohne vorherigen Hinweis entstehen. Vereinbarungen, die zur Regelung eines Trennungszustandes getroffen werden, sollten daher hierzu unbedingt eine Aussage enthalten.

Probleme bereiten dann Fälle, in denen ein **Ausgleich nachträglich geltend gemacht wird** und der Verpflichtete im Vertrauen darauf, dies werde nicht erfolgen, kein Nutzungsentgelt gefordert hat und dies wegen § 745 Abs. 2 BGB, der einen vorherigen Hinweis verlangt, auch nachträglich nicht mehr tun kann. Der BGH löst diese Fälle so, dass er in der Nichtgeltendmachung eines Nutzungsentgelts auch eine andere Bestimmung i.S.d. Gesamtschuldnerausgleichs sieht.[690] Das OLG Bremen hat entschieden, dass auch rückwirkend demjenigen, der einen Ausgleich fordert, die Einwendung kostenfreier Nutzung entgegengehalten werden kann.[691] 363

Ein gleichartiges **Problem** besteht dann, wenn ein i.S.d. Gesamtschuldnerausgleichs Ausgleichsverpflichteter **mit Rücksicht auf die Schuldentilgung** durch den anderen Ehegatten **keinen Unterhalt** geltend gemacht hat. Verlangt der Tilgende später Ausgleich, kann Unterhalt für die Vergangenheit nicht geltend gemacht werden, §§ 1613 Abs. 1, 1361 Abs. 4, 1360a Abs. 3 und 1585b Abs. 2 BGB. Die Gerichte kommen 364

686 Aus dieser Bestimmung ergibt sich, dass im Fall von Miteigentum ein Nutzungsentgelt gegen Miteigentümer erst geltend gemacht werden kann, wenn eine Neuregelung der Verwaltung und Benutzung verlangt worden war.

687 OLG München, FamRZ 2007, 1174.

688 OLG Köln, OLGR 2006, 309.

689 OLG Koblenz, FamRZ 2012, 1053 ff.

690 BGH, FamRZ 1993, 676 ff.

691 OLG Bremen, OLGR 2005, 315 = FamRB 2005, 162.

hier zu unterschiedlichen Lösungen,[692] sodass mit Recht vor dem Entstehen einer solchen Situation gewarnt wird.[693]

365 Nunmehr hatte der BGH[694] zunächst entschieden, dass allein in der Nichtgeltendmachung des Unterhalts keine abweichende Bestimmung i.S.d. § 426 Abs. 1 Satz 1 BGB liegt. In einem späteren Urteil hat der BGH sich allerdings für eine Entscheidung nach den Umständen des Einzelfalles ausgesprochen.[695]

366 Für den Fall, dass die **Gesamtschuld bei der Unterhaltsberechnung berücksichtigt** wird und so die **Unterhaltszahlung verringert**, soll allerdings eine anderweitige Bestimmung gegeben sein.[696] Ist dies durch Unterhaltsvergleich geschehen und ändert sich nachher die Situation so, dass die Schuldentilgung durch einen Ehegatten nicht durchgeführt werden kann, weil die Bank den Kredit kündigt, schließt der Unterhaltsvergleich eine gesamtschuldnerische Haftung nicht mehr aus.[697] Gleiches soll dann gelten, wenn trotz vertraglicher Abrede der Unterhaltsanspruch später verwirkt wird. Dann fällt auch die Geschäftsgrundlage für die Abrede über den Gesamtschuldnerausgleich weg.[698] Eine Beachtung der Gesamtschuld beim Kindesunterhalt stellt noch keine anderweitige Bestimmung i.S.d. § 426 Abs. 1 Satz 1 BGB dar.[699]

367 Ob der Umstand, dass die Einbeziehung in die Unterhaltsberechnung aufgrund der regelmäßig angewandten Unterhaltsquote von 3/7 nicht zu einem hälftigen Ausgleich führt, auch nicht zu einem Anspruch auf Restausgleich berechtigt, ist umstritten. Während das OLG Köln noch eine Ausgleichsquote von 1/14 zusprechen möchte,[700] lehnt die Literatur einen solchen Ausgleich überwiegend ab.[701]

368 Nicht zweifelsfrei ist auch, ob die Berücksichtigung beim Unterhalt den Unterhaltsverpflichteten auch zur späteren alleinigen Tilgung verpflichtet[702] und ob dies auch

692 OLG Köln, FamRZ 1999, 1501 (Nichtgeltendmachung von Unterhalt allein ist keine abweichende Bestimmung i.S.d. § 426 BGB); OLG Rostock, OLGR 2001, 500; OLG München, FamRB 2005, 349 und OLG Köln, FamRB 2006, 134 (auch bei stillschweigender Vereinbarung entfällt Gesamtschuldnerausgleich).

693 *Haußleiter/Schulz*, Vermögensauseinandersetzung, Kap. 5 Rn. 162; *Wever*, Vermögensauseinandersetzung, Rn. 343.

694 BGH, NJW 2005, 2307 f.

695 BGH, NJW 2008, 849.

696 BGH, NJW 2005, 2307; OLG Frankfurt, FamRZ 2005, 908; OLG Frankfurt, FamRZ 2007, 1169; OLG Koblenz, FamRZ 2010, 1901 f.; *Haußleiter/Schulz*, Vermögensauseinandersetzung, Kap. 5 Rn. 155.

697 OLG Zweibrücken, FamRZ 2005, 910.

698 OLG Bremen, FamRZ 2007, 47.

699 Vgl. *Meyer*, FamRZ 2011, 1703.

700 OLG Köln, FamRZ 1991, 1192.

701 *Haußleiter/Schulz*, Vermögensauseinandersetzung, Kap. 5 Rn. 158 f., 60; *Wever*, Vermögensauseinandersetzung, Rn. 338 f.; Schröder/Bergschneider/*Wever*, Familienvermögensrecht, Rn. 5.259.

702 Hierzu etwa OLG Köln, FamRZ 1995, 1149 f.

die Ablösung der Forderung etwa beim Verkauf des Familienheims beinhaltet.[703] Letzteres kann aus der Unterhaltsregelung aber wohl nicht entnommen werden.

▶ Gestaltungsempfehlung:

Soll wegen der Schuldentilgung eines Ehegatten kein Unterhalt von diesem verlangt werden, muss vereinbart sein, dass dann ein späterer Gesamtschuldnerausgleich ausgeschlossen ist. Gelingt dies nicht, muss wenigstens hinsichtlich des Unterhalts Verzug begründet werden, damit er ggf. für die Vergangenheit geltend gemacht werden kann.

▶ **Formulierungsvorschlag (tilgungsbedingte Unterhaltsreduzierung als anderweitige Bestimmung beim Gesamtschuldnerausgleich):** 369

In der vorliegenden Unterhaltsregelung liegt zugleich eine anderweitige Bestimmung i.S.d. § 426 BGB, die dem Ehemann als Unterhaltspflichtigem einen Innenausgleich verwehrt, jedenfalls so lange, wie die Unterhaltsregelung fortbesteht. Eine Anpassung der Unterhaltsregelung aus anderen Gründen als der Schuldentilgung, z.B. aufgrund einer Mehrung anderer Einkünfte, hindert das Fortbestehen der Unterhaltsregelung in diesem Sinne nicht.
Sofern der Ehemann die alleinige Verzinsung und Tilgung einstellt, ist der Unterhalt unter Berücksichtigung dessen neu festzulegen.

Wenn nun die Ausgleichspflicht mit dem Scheitern der Ehe wieder auflebt, gilt **grds.** die Regelung des § 426 Abs. 1 Satz 1, wonach beide Ehegatten im Innenverhältnis **je zur Hälfte** verpflichtet sind. 370

Es kann jedoch auch nach dem Scheitern der Ehe **etwas anderes bestimmt sein**, wie die Rechtsprechung in diesem an **Kasuistik** reichen Feld verschiedentlich festgestellt hat: 371

- So sind **Gesamtschulden**, die dem Gewerbebetrieb eines Ehegatten dienen, von diesem allein zurückzuzahlen.[704] Ebenso alle anderen Verbindlichkeiten, die ausschließlich im Interesse eines Ehegatten eingegangen wurden.[705]
- Bei **Miteigentum** bestimmt sich jedoch regelmäßig auch das Innenverhältnis einer dieses Miteigentum betreffenden Gesamtschuld nach den Miteigentumsanteilen,[706] sodass insb. bei abweichenden Miteigentumsquoten hinsichtlich des Familienwohnheims auch eine andere als hälftige Teilung im Innenverhältnis besteht. Ein Alleineigentümer hat daher auch die Lasten allein zu tragen.[707] Sofern sich die Ehegatten über die Übertragung des Eigentums auf einen Ehegatten einig geworden sind und dieser die Nutzung bereits allein ausübt, ist er auch allein für die

703 Ablehnend OLG Hamm, FamRZ 1999, 1501 (nur LS).
704 BGH, FamRZ 1986, 881; differenzierend OLG Naumburg, FamRZ 2005, 906.
705 BGH, FamRZ 1988, 596, 597; Bosch, FamRZ 2002, 366, 368.
706 BGH, FamRZ 1983, 795.
707 BGH, FamRZ 1997, 487.

Schuldentilgung verantwortlich. Dies soll selbst dann gelten, wenn es aufgrund einer Zwangsversteigerung nicht mehr zur Eigentumsübertragung kommt.[708]

- Bei **gemeinsamer Darlehensschuld** richtet sich die Aufteilung danach, in welcher Höhe die Darlehenssumme dem einen oder dem anderen Ehegatten allein zugutegekommen ist.[709]
- Nimmt ein Ehepartner ein Darlehen alleine, aber auch im Interesse des anderen Ehegatten auf (im Falle des BGH ein Elterndarlehen), so kann er aufgrund konkludenter Vereinbarung einen Ausgleichsanspruch gegen den anderen Ehegatten haben.[710]
- Bei der Neuregelung der **Nutzung des Familienheims** können Ausgleichs- und Nutzungsentschädigungsansprüche miteinander verrechnet werden.[711]
- Zieht ein Ehegatte aus der gemeinsamen **Mietwohnung** aus, kann der andere einen Ausgleichsanspruch haben, wenn er sich aus dem Mietvertrag nicht vorzeitig lösen kann.[712] Ansonsten wird der die Wohnung weiter bewohnende Ehegatte jedenfalls nach einer Übergangszeit die Miete im Innenverhältnis allein aufzubringen haben. Nach OLG Brandenburg entfällt dann, wenn der verbleibende Ehegatte nach einer Überlegungsfrist die Wohnung beibehält, auch ein gesamtschuldnerischer Ausgleichsanspruch für die Zeitdauer der Überlegungsfrist.[713]
- Stellt ein Ehegatte den Anspruch in den Zugewinn ein, der andere jedoch nicht, so ist der Gesamtschuldnerausgleich nicht durch den Zugewinn erledigt.[714]
- Sind bei der Unterhaltsberechnung nur die monatlichen Zinsen berücksichtigt, so liegt darin keine anderweitige Bestimmung bezüglich des Darlehenskapitals.[715]

c) Anspruchsinhalt

372 Der Ausgleichsanspruch des leistenden Ehegatten richtet sich zunächst insoweit auf **Erstattung der Leistungen**, als diese über die Verpflichtungen aus dem Innenverhältnis hinaus erbracht wurden. Geht der Anspruch, welcher befriedigt wurde, nach § 426 Abs. 2 BGB auf den Zahlenden über, kann dieser ggf. aus den gestellten Sicherheiten gegen den weiteren Gesamtschuldner vorgehen.

373 Ein Ehegatte hat aber schon vor seiner Zahlung einen Anspruch gegen den anderen Ehegatten, dass dieser sich entsprechend seiner Verpflichtung im Innenverhältnis **an der Befriedigung des Gläubigers beteiligt**.[716] Ein solcher Anspruch setzt aber die Fälligkeit der Forderung voraus.[717]

---

708 OLG Koblenz, FF 2003, 28.

709 OLG Frankfurt, NJW-RR 2004, 1586.

710 BGH, NJW-RR 2010, 1513 = FamRZ 2010, 1542.

711 BGH, FamRZ 1986, 881.

712 OLG Dresden, ZFE 2002, 348 = FamRZ 2003, 158; OLG Frankfurt, FamRZ 2002, 27.

713 OLG Brandenburg, FamRZ 2007, 1172.

714 OLG Köln, BeckRS 2010, 23547.

715 OLG Stuttgart, FamFR 2010, 105..

716 BGHZ 23, 361, 363; Palandt/*Grüneberg*, BGB, § 426 Rn. 4 f.

717 BGH, NJW 1981, 1666, 1667; BGH, NJW 1986, 979.

Sofern nach Scheitern der Ehe ein Ehegatte für die Verbindlichkeiten im Innenverhältnis allein aufzukommen hat, ändert dies nichts an der fortbestehenden gesamtschuldnerischen **Außenhaftung** des anderen Ehegatten. Ein Befreiungsanspruch aus dem Gesamtschuldverhältnis besteht nämlich nur für den fälligen Teil der Forderung. Der BGH[718] greift hier auf die Regeln des Auftragsrechts zurück und gibt dem anderen Ehegatten einen **Anspruch auf Befreiung** von der Gesamtschuld im Außenverhältnis **nach den Regeln des Auftragsrechts.** Danach könne der nach außen nur mitverpflichtete Ehegatte den Auftrag außerordentlich kündigen nach § 671 Abs. 3 BGB und sodann Freistellung als eine Form des Aufwendungsersatzes verlangen, §§ 670, 257 BGB.[719] Die Befreiung muss allerdings dem allein zahlenden Ehegatten zumutbar sein, d.h. es ist auf seine Umschuldungsmöglichkeiten Rücksicht zu nehmen.[720] Somit erstreckt sich der Befreiungsanspruch nach Auftragsrecht auch auf den noch nicht fälligen Teil der Gesamtschuld.[721] 374

d) Vorrang des Gesamtschuldnerausgleichs

Der BGH ist in nunmehr gefestigter Rechtsprechung der Ansicht, dass der **Gesamtschuldnerausgleich** vorrangig[722] vor dem Zugewinnausgleich ist und **unabhängig** von ihm besteht.[723] 375

Bei richtiger Anwendung verfälscht demnach der Gesamtschuldnerausgleich den Zugewinnausgleich nicht, weder bei der offenen noch der getilgten Gesamtschuld.[724] Grund ist, dass sich Zahlung und Befreiungsanspruch in der Endvermögensberechnung regelmäßig aufheben, denn die Zahlung mindert zwar das Aktivvermögen, der Befreiungsanspruch gegen den anderen Ehegatten ist jedoch wiederum in die Vermögensberechnung einzustellen. Im Ergebnis wird bei beiden Ehegatten somit die **gemeinsame Schuld mit der Quote im Zugewinn** angesetzt, die im Innenverhältnis auf sie entfällt.[725] 376

Große Vorsicht sollten die Vertragsteile walten lassen, wenn sie einen Hausbau nach dem sog. **Zweikontenmodell** finanzieren und das Darlehen nach außen einen 377

718 BGH, FamRZ 1989, 835 = NJW 1989, 1920; hierzu *Bosch*, FamRZ 2002, 366, 369; *Wever*, Vermögensauseinandersetzung, Rn. 379.

719 Krit. zu einer Lösung über das Auftragsrecht: *Bosch*, FamRZ 2002, 366, 369.

720 *Wever*, Vermögensauseinandersetzung, Rn. 382; vgl. hierzu Rdn. 300 ff.

721 Schröder/Bergschneider/*Wever*, Familienvermögensrecht, Rn. 5.285 ff.

722 BGHZ 87, 265 ff. = FamRZ 1983, 795 = NJW 1983, 1845; BGH, FamRZ 1987, 1239 = NJW 1988, 133 = DNotZ 1988, 176; BGH, FPR 2003, 246; BGH, FamRZ 2011, 622 f.

723 Zur Gesamtschuld im Zugewinnausgleich: *Braeuer*, FPR 2012, 100.

724 Vgl. die Berechnungsbeispiele bei *Gerhards*, FamRZ 2001, 661, 662 ff.

725 OLG Karlsruhe, FamRZ 2005, 909; *Wever*, Vermögensauseinandersetzung, Rn. 348; *Kotzur*, NJW 1989, 817. Nach OLG Koblenz, ZEV 2003, 334 gilt dies sogar für eine Verbindlichkeit, die nur ein Ehegatte im Außenverhältnis allein eingegangen ist, wenn dies zur Finanzierung rein familiärer Zwecke erfolgt ist (z.B. Finanzierung eines Familienwohnheims, das beiden Ehegatten gehört).

Betriebsmittelkredit darstellt, der jedoch notwendig ist wegen der hohen Entnahmen, die für den Hausbau Verwendung fanden. Das OLG Karlsruhe hat aus der Eigenschaft als Betriebsmittelkredit gefolgert, dass ein Anspruch desjenigen Ehegatten, der den Betrieb führt, gegen den anderen Ehegatten nicht besteht, obwohl dieser den Darlehensantrag mit unterzeichnet hatte.[726] Auch wenn das Gericht ausführt, dass aufgrund der guten Einnahmesituation die Lücke im betrieblichen Vermögen längst wieder geschlossen ist, ist die Entscheidung doch bedenklich und mahnt zur Vorsicht, sonst wird aus dem steuerlichen Zweikontenmodell ein zivilrechtliches **Alleinzahlermodell**.

▶ Hinweis:

Wird ein Familienheim über das sog. »Zweikontenmodell« finanziert, ist eine Regelung des Innenverhältnisses der Ehegatten dringend erforderlich.

378 Im Gegenteil ist somit die Bewältigung des Gesamtschuldnerausgleichs **Voraussetzung für** eine zutreffende Berechnung des **Zugewinnausgleichs**, da in das jeweilige Endvermögen die Forderungen oder Verbindlichkeiten aus dem Gesamtschuldnerausgleich einzustellen sind.[727] Eine Ausnahme besteht dann, wenn ein Ehegatte dauerhaft zahlungsunfähig ist, da dann der Ausgleichsanspruch des anderen Ehegatten wertlos ist. Liegt eine solche Situation vor, ist daher die Gesamtschuld allein beim solventen Ehegatten als Minus in die Vermögensbilanz einzustellen.[728] In diesem Fall wird häufig eine Abrede unterstellt, dass dieser Ehegatte die Schuld dann auch allein zu tragen hat, sodass eine spätere Geltendmachung eines Gesamtschuldnerausgleichs ausgeschlossen ist.[729] Dem ist der BGH gefolgt.[730]

379 Dies wird es bei sorgfältiger Überlegung **in vielen Fällen unnötig** machen, **neben dem Zugewinnrechtsstreit gesondert** den **Gesamtschuldnerausgleich** geltend zu machen. Dies ist vielmehr nur in wenigen Fällen sinnvoll, etwa wenn sich die Gesamtschuld nicht im Zugewinnausgleich auswirkt. Ferner kann eine getrennte Geltendmachung sinnvoll sein, wenn eine Scheidung demnächst nicht beabsichtigt ist oder der Anspruch zu verjähren droht.[731]

▶ Hinweis:

Vor der isolierten Geltendmachung von Ansprüchen aus einem Gesamtschuldverhältnis von Ehegatten sollte stets geprüft werden, ob ein solcher Rechtsstreit wirtschaftlich überhaupt sinnvoll ist. Er ist es nicht, wenn sich der Anspruch im Zugewinn wieder ausgleicht.

726 OLG Karlsruhe, FamRZ 2005, 488.

727 Vgl. OLG Düsseldorf, FamRZ 1999, 228, 230.

728 BGHZ 87, 265 ff. = FamRZ 1983, 795 = NJW 1983, 1845; BGH, FamRZ 2011, 25 m. Anm. *Koch* und Anm. *Brauer*, FamRZ 2011; 453; *Bosch*, FamRZ 2002, 366, 370; *Wever*, Vermögensauseinandersetzung, Rn. 350.

729 OLG Karlsruhe, FamRZ 1991, 1195; einschränkend *Bosch*, FamRZ 2002, 366, 370: nur wenn auch beim Zugewinnausgleich für den Ehegatten ein Vorteil gegeben war.

730 BGH, FamRZ 2011, 622; vgl. hierzu *Wever*, FamRZ 2012, 416, 420.

731 *Hansen-Tilker*, FamRZ 1997, 1189, 1192 f.

e) Verfahrensrecht

Die **Geltendmachung** der Forderungen hatte nach altem Recht vor verschiedenen Gerichten zu erfolgen. Während das **FamG** die Zugewinnausgleichsforderung verhandelte, musste der Anspruch nach § 426 BGB vor dem **Prozessgericht**[732] geltend gemacht werden. 380

Mit der Schaffung des »Großen Familiengerichts« durch § 266 FamFG[733] ist jedoch nunmehr eine zentrale Zuständigkeit für alle scheidungsbedingten Streitigkeiten zwischen Ehegatten geschaffen, die auch Ansprüche aus Gesamtschuldnerausgleich mit umfasst.[734] 381

Gegen einen Zahlungsanspruch nach § 426 BGB kann ein beklagter Ehegatte grds. mit einem Zugewinnausgleichsanspruch nach § 1378 Abs. 1 BGB **aufrechnen**, gegen einen Befreiungsanspruch ein **Zurückbehaltungsrecht** unter Berufung auf seinen Anspruch aus § 1378 Abs. 1 BGB geltend machen. Die für das Zurückbehaltungsrecht erforderliche Voraussetzung, dass die Forderungen aus demselben rechtlichen Verhältnis resultieren, hatte der BGH schon vor der einheitlichen gerichtlichen Zuständigkeit bejaht.[735] 382

Ist der Zugewinnausgleich noch nicht entstanden, weil der Güterstand noch nicht beendet, d.h. die Scheidung noch nicht rechtskräftig ist,[736] scheiden hingegen sowohl eine Aufrechnung als auch ein Zurückbehaltungsrecht aus.[737] Vorher wird nur in ganz extremen Ausnahmefällen eine Möglichkeit bestehen, sich unter Verweis auf ein laufendes Zugewinnverfahren, in dem das Geleistete sogleich wieder zurückzugewähren wäre (**dolo petit**), gegen eine isolierte Entscheidung zum Gesamtschuldnerausgleich zu wehren.[738] Das OLG Frankfurt hat solches in einem Fall zugelassen, in dem die Beklagte behauptet hatte, der isolierte Prozess diene nur dazu, sie durch Vollstreckungen mittellos zu machen.[739] 383

Im **Zugewinnausgleichsverfahren** ist die Frage der Ansprüche aus dem Gesamtschuldverhältnis Vorfrage, weil das Ergebnis in die Zugewinnberechnung einzustellen ist.[740] Die einheitliche gerichtliche Zuständigkeit wird nunmehr eine sachgerechte Entscheidung aller Ansprüche wesentlich erleichtern. 384

Bestehen somit beide Ansprüche nebeneinander, ist dennoch eine analoge Anwendung der **Einwendungen** der §§ 1372 ff. BGB auf den Gesamtschuldnerausgleich 385

---

732 So die st. Rspr.: BGH, FamRZ 1987, 1239; BGH, FamRZ 1988, 920; BGH, FamRZ 1988, 1031; BGH, FamRZ 1995, 216, 218.

733 FGG-Reformgesetz v. 17.12.2008, BGBl. 2008 I, S. 2586 ff.

734 *Wever*, FF 2008, 399, 401.

735 BGH, FamRZ 1985, 49; BGH, FamRZ 1990, 250.

736 OLG Düsseldorf, FamRZ 1999, 228, 230.

737 *Gerhards*, FamRZ 2001, 661, 666 m.w.N.; OLG Düsseldorf, FamRZ 1999, 228 ff.

738 *Hansen-Tilker*, FamRZ 1997, 1188, 1189.

739 OLG Frankfurt, FamRZ 1985, 482.

740 OLG Düsseldorf, FamFR 2009, 140; KG, FamRZ 2009, 1327.

ausgeschlossen. Aus § 1353 Abs. 1 Satz 2 BGB folgt jedoch ein Gebot der Rücksichtnahme, das noch über die rechtskräftige Scheidung der Ehe hinaus wirkt.[741]

386 Noch nicht vollständig geklärt sind die Probleme, die sich ergeben, wenn **nach Abschluss des Zugewinnausgleichsverfahrens** Gesamtschuldnerausgleichsansprüche geltend gemacht werden, die folglich nicht mehr in den Zugewinn einbezogen werden können. Hier wird vertreten, dass der Beklagte dann Einwendungen aus dem Zugewinnausgleich geltend machen und die Auswirkung im Zugewinn darstellen und von der Forderung abziehen kann. Dass die Beweislage hier bei länger zurückliegenden Zugewinnverfahren schwierig ist, versteht sich.[742] Der BGH hat Sympathien für diesen Standpunkt erkennen lassen.[743]

f) Beratungs- und Vertragspraxis

387 Für die Beratungs- und Vertragspraxis ist diese **Zweigleisigkeit** der Ansprüche **unbefriedigend**. Ihre Berücksichtigung ist aber gleichwohl dringend erforderlich. Aus den geschilderten rechtlichen Folgen ergeben sich folgende Beratungshinweise:

▶ Gestaltungsempfehlung:

Den Mandanten sollte dazu geraten werden, das Entstehen eines Gesamtschuldverhältnisses nach Möglichkeit zu vermeiden, wenn Verbindlichkeiten nur im Interesse eines Ehegatten aufgenommen werden.

388 Lässt sich das Entstehen eines Gesamtschuldverhältnisses nicht vermeiden, weil etwa die Bonität des anderen Ehegatten mit eingebunden werden muss, gilt folgende Empfehlung:

▶ Gestaltungsempfehlung:

Das Innenverhältnis der Ehegatten sollte insoweit klargestellt werden, dass nur der Ehegatte, in dessen Interesse die Verbindlichkeit besteht, im Innenverhältnis für diese Verbindlichkeit aufzukommen hat. Sofern noch vorhanden, können für den Ausgleichsanspruch Sicherheiten bestellt werden. Über § 426 Abs. 2 BGB gehen allerdings auch die Sicherheiten des Gläubigers auf den zahlenden Gesamtschuldner über, der im Innenverhältnis Ausgleich verlangen kann.

389 Sind Ehegatten ein Gesamtschuldverhältnis eingegangen, ist für das weitere Vorgehen Folgendes zu beachten:

390 Für Zahlungen vor der Trennung spricht die Rechtsprechung grds. keinen Ausgleich zu, wenn dieser nicht vorbehalten war.

741 Detailliert: *Gerhards*, FamRZ 2001, 661, 664.

742 Zum Problemkreis: *Hansen-Tilker*, FamRZ 1997, 1188, 1193.

743 BGH, FamRZ 2009, 193, 196.

Gestaltungsempfehlung:

Sofern bei Zahlungen auf eine Gesamtschuld vor Trennung ein Ausgleich für den Fall einer Trennung stattfinden soll, muss dieser zuvor vereinbart werden!

Für Zahlungen nach der Trennung besteht im Grundsatz ein Ausgleichsanspruch. Insb. im Bereich der Steuerzahlungen kann es daher aus vermögensrechtlicher Sicht sogar ratsam sein, den Trennungszeitpunkt hierauf einzurichten. 391

Der Ausgleichsanspruch kann für Zahlungen nach der Trennung auch rückwirkend bis zur Trennung geltend gemacht werden, und zwar ohne vorheriges Verlangen. 392

Hinweis:

In allen Trennungs- und Scheidungsvereinbarungen sollte die Frage des Gesamtschuldnerausgleichs immer mitgeregelt werden. Eine Abgeltungsklausel kann absichern, dass solche Ansprüche nicht nachgeschoben werden können!

3. Ansprüche der Schwiegereltern

Zu den Ansprüchen, die außerhalb des Güterrechts in einer Scheidungssituation noch zu berücksichtigen sind, gehören auch die **Ansprüche von Schwiegereltern**, die diese entweder direkt gegen das eigene Kind oder auch gegen das Schwiegerkind haben. Solche familieninternen Ansprüche werden oftmals bei einer Trennung behauptet, ohne dass sie vom anderen Ehepartner verifiziert werden können. So sollen etwa **Darlehensforderungen** der Eltern das Endvermögen des Kindes reduzieren. Immer häufiger sind aber auch Scheidungsimmobilien, die von Eltern übertragen wurden, mit einem **Rückfallrecht** für den Fall belastet, dass die Ehe des Kindes geschieden wird. Schließlich beschäftigen Zuwendungen von Schwiegereltern die Gerichte, wenn nicht klar ist, wer Schenkungsadressat war und die Schwiegereltern nun **vom Schwiegerkind die Zuwendung zurückfordern**. Bei der Regelung der Ansprüche rund um die Scheidungsimmobilie müssen daher solche Ansprüche mitberücksichtigt werden. Sofern Ansprüche in Betracht kommen, sollten sie auch unter die Abgeltungswirkung einer Scheidungsvereinbarung fallen oder es sollte ausdrücklich eine Freistellung vereinbart werden. 393

Direkte Zuwendungen von den Schwiegereltern an das Schwiegerkind kommen wohl nur im Bereich der Geldschenkung vor. Bei Grundstücksschenkungen werden die Notare i.d.R. auf eine **Kettenschenkung**[744] hinweisen, um die schenkungsteuerlichen Freibeträge auszunutzen. Diese **Kettenschenkung** hat durch ein **neueres Urteil des BFH klarere Konturen** erhalten. Hatte der BFH zunächst mit einem Urteil aus 394

744 *Troll/Gebel/Jülicher*, § 7 Rn. 236 ff. Zur Möglichkeit der Kettenschenkung zunächst an das eigene Kind und dann von diesem weiter auf den Ehegatten: FG Rheinland-Pfalz, DNotI-Report 1999, 114 f.; BFH, FamRZ 2005, 1250. Zu schenkungsteuerlichen Aspekten *C. Münch*, StB 2003, 130 ff.; *C. Münch*, FamRB 2006, 283; *Wälzholz*, FamRB 2004, 103.

dem Jahre 2005[745] die Praxis aufgeschreckt,[746] so hat er sich nunmehr eine praxisgerechte Sichtweise zu Eigen gemacht.[747] Der BFH hatte folgende Fallgestaltung zu beurteilen:

Ein Vater übertrug zu Urkunde 1 ein Grundstück auf seinen Sohn, erklärte die Auflassung und bewilligte die Eigentumsumschreibung. Eine Auflassungsvormerkung wurde nicht eingetragen. Der Vater behielt sich aber die Rückforderung bei Veräußerung durch den Sohn ohne seine Zustimmung vor. In nachfolgender Urkunde 2 vom selben Tag übertrug dieser mit Zustimmung des Vaters einen halben Anteil als ehebezogene Zuwendung weiter an seine Ehefrau, erklärte die Auflassung und Bewilligung und verzichtete auf seine Zwischeneintragung als Alleineigentümer. Der BFH sah – entgegen der Vorinstanz – eine **echte Kettenschenkung** als gegeben an, sodass der Sohn seiner Frau den Hälfteanteil schenkte, nicht der Vater seiner Schwiegertochter. Der Sohn sei frei gewesen in dem Entschluss, den Anteil weiter zu schenken, auch wenn der ursprünglich zuwendende Vater damit einverstanden sein musste. Die Schenkung sei mit Auflassung und Bewilligung[748] ausgeführt, einer **Zwischeneintragung habe es nicht bedurft.** Abschließend fasst der BFH das Urteil in die Erkenntnis zusammen, dass **Eltern regelmäßig überhaupt kein Interesse** daran haben, **ihr Grundstück im Wege der vorweggenommenen Erbfolge nicht auf die Kinder, sondern unmittelbar auf die Schwiegerkinder zu überlassen.**

▶ Gestaltungsempfehlung:

Nach der neuen Rechtsprechung des BGH kann die Weiterveräußerung eines von den Eltern erworbenen Grundstücks auf den Ehepartner am selben Tag, in getrennten Urkunden, aber ohne Zwischeneintragung vorgenommen werden, um zu einer echten Kettenschenkung zu kommen.

Der BGH knüpft aber an einen Vermögenstransfer direkt an Schwiegerkinder auch unliebsame vermögensrechtliche Folgen. Zunächst stellte der BGH in seiner alten Rechtsprechung die Schenkung an Schwiegerkinder einer ehebezogenen Zuwendung gleich.[749] Im Fall des BGH hatte eine Mutter einen größeren Geldbetrag direkt auf ein Gemeinschaftskonto von Sohn und Schwiegertochter überwiesen, damit diese Schulden des Familienwohnheims tilgen konnten. Einige Jahre später wurde die Ehe geschieden.

395 Der BGH lehnte es zunächst ab, die Zuwendung an das Schwiegerkind als eine Schenkung anzusehen, sondern wandte die **Grundsätze der unbenannten Zuwen-**

745 BFH, FamRZ 2005, 1250.

746 Zur Gestaltungspraxis ausführlich *C. Münch*, Ehebezogene Rechtsgeschäfte, Rn. 1341 ff.

747 BFH, MittBayNot 2012, 250 = BFH/NV 2012, 580 = FamRZ 2012, 548.

748 Darauf stellte der BFH ausdrücklich ab! Also Vorsicht bei Urkundskonstruktionen, welche die Bewilligung als solche aussetzen!

749 BGH, NJW 1995, 1889 ff. = FamRZ 1995, 1060 ff. = JZ 1996, 199 m. abl. Anm. *Tiedtke*. Vgl. auch OLG Köln, ZEV 2002, 197, das in gleicher Weise urteilt und dies auch für die Kettenschenkung bestätigt.

dung unter Ehegatten **entsprechend** an und stufte damit die Zuwendung als auf einem besonderen familienrechtlichen Rechtsverhältnis beruhend ein, sodass sie nicht nach § 1374 Abs. 2 BGB dem Anfangsvermögen des Schwiegerkindes zuzurechnen ist.[750] Die Zuwendung an das eigene Kind sollte dagegen als Schenkung in dessen Anfangsvermögen fallen. Nach dem gleichen Prinzip sollte die Zuwendung eines Bruders eines der Ehegatten behandelt werden.[751] Für eine Erbauseinandersetzung, mit der ein Grundstück auf Sohn und Schwiegertochter zu Miteigentumsanteilen übertragen wurde, spaltete der BGH hingegen den einheitlichen dinglichen Vollzug in zwei Rechtsgeschäfte auf und nahm eine (gemischte) Schenkung an das Kind und eine Weiterübertragung von diesem auf das Schwiegerkind an.[752]

Das KG wandte diese Grundsätze auch auf Zuwendungen an einen Schwiegersohn in spe an, wenn zum Zeitpunkt der Zuwendung die später tatsächlich erfolgte Eheschließung bereits beabsichtigt war.[753] 396

Damit wollte der BGH über die Frage einer **Rückerstattung der Zuwendung nach den Grundsätzen über den Wegfall bzw. die Störung der Geschäftsgrundlage** entscheiden.[754] 397

Eine Korrektur wäre nach diesen Grundsätzen nur dann erfolgt, wenn die **Vermögensverteilung unter Berücksichtigung des Zugewinnausgleichs ansonsten unzumutbar und unangemessen** wäre und zwar aus der Sicht des Kindes. Sofern das Kind daher über den Zugewinn die Hälfte der Zuwendung, welche an das Schwiegerkind ging, zurückerhielt, entstand nach den Grundsätzen des Wegfalls – jetzt der Störung – der Geschäftsgrundlage kein Rückgewähranspruch. Die Grundsätze dieser Entscheidungen hat der BGH später bekräftigt.[755] Er erweiterte sie noch auf Zuwendungen von Großeltern.[756] 398

Diese **Vermischung der Ansprüche der Schwiegereltern mit denen des Kindes** wurde heftig und mit durchaus bedenkenswerten Argumenten **kritisiert**,[757] sie beruhte aber letztlich darauf, dass der BGH als Alternative für den Fall, dass die Schwiegereltern das Scheitern der Ehe bedacht hätten, nicht das völlige Unterlassen 398a

750 Zuwendungen anderer Verwandter fallen grds. unter § 1374 Abs. 2 BGB, es sei denn, sie dienen nicht der Vermögensbildung, sondern werden für den laufenden Unterhalt benötigt (BGHZ, 101, 229 ff.). Wer also laufende Zuwendungen aus der Verwandtschaft erhält und möchte, dass diese insgesamt seinem Anfangsvermögen gutgeschrieben werden, der muss festlegen, dass die Zuschüsse der Vermögensbildung dienen.

751 OLG Koblenz, NJW 2003, 1675.

752 BGH, NJW 2007, 1744.

753 KG, NJW-RR, 2007, 365 f.

754 Vgl. auch OLG München, FamRZ 2004, 196.

755 BGH, FamRZ 1998, 669; BGH, FamRZ 1999, 365; ebenso OLG Celle, ZEV 2003, 295.

756 BGH, FamRB 2006, 133.

757 *Koch*, FS Schwab, 513, 519; s.a. *Tiedtke*, JZ 1996, 201, 202; *Lipp*, JZ 1998, 908.

der Zuwendung an das Schwiegerkind in Betracht zog, sondern die Durchführung der gesamten Zuwendung ganz an das eigene Kind.

Nun jedoch hat der **BGH** in seiner Rechtsprechung eine **Kehrtwende** vollzogen. Seit einem Grundsatzurteil aus dem Jahre 2010[758], das er kurz darauf nochmals bestätigte,[759] sieht der BGH die Zuwendung an das Schwiegerkind als **ehebezogene Schenkung** an und nicht mehr als Rechtsverhältnis eigener Art, das der ehebezogenen Zuwendung unter Ehegatten entspricht. Auch auf diese Schenkung sollen jedoch die **Grundsätze der Störung der Geschäftsgrundlage anwendbar** sein. Die gesetzlichen Widerrufsgründe sind nach Auffassung des BGH nur Sonderfälle einer solchen Störung der Geschäftsgrundlage. Geschäftsgrundlage der Schenkung sei regelmäßig das Fortbestehen der Ehe zwischen Kind und Schwiegerkind, damit das Kind in den fortdauernden Genuss der Schenkung komme. Entfalle diese Geschäftsgrundlage mit der Trennung, so sei im Wege der richterlichen **Vertragsanpassung** über einen Rückgewähranspruch zu entscheiden.

398b Mit dieser Rechtsprechungsänderung wird vor allem erreicht, dass die Frage der **Rückabwicklung nunmehr unmittelbar zwischen Schwiegerkind und Schwiegereltern** zu entscheiden ist und damit **unabhängig von güterrechtlichen Erwägungen** der Ehegatten erfolgt. Sollte allerdings – ausgehend von der alten Rechtsprechung – eine Berücksichtigung im abgeschlossenen Zugewinnausgleichsverfahren bereits stattgefunden haben, so wird dies im Rahmen der Gesamtabwägung auch beim Anspruch der Schwiegereltern Berücksichtigung finden müssen.[760]

Eine **Doppelinanspruchnahme** des beschenkten Schwiegerkindes durch Zugewinnausgleich einerseits und direktem Anspruch der Schweigereltern andererseits will der BGH dadurch **vermeiden**, dass er die **Schenkung beim Schwiegerkind sowohl im Anfangs- wie auch im Endvermögen** erfasst, sodass sich auf den Zugewinnausgleichsanspruch keine Auswirkungen ergeben sollen.[761] Schon im Anfangsvermögen will der BGH die schwiegerelterliche Schenkung mit einem **um den Rückforderungsanspruch geminderten Wert** einstellen. Dabei soll der Rückforderungsanspruch mit dem Wert abgezogen werden, mit dem er später – im Zeitpunkt der Zuwendung ist dessen Höhe noch nicht absehbar, da sie u.a. auch von der Ehedauer abhängt[762] – tatsächlich entsteht.[763] Der Rückforderungsanspruch wird damit im

758 BGH, NJW 2010, 2202 = ZEV 2010, 371 f. m. Anm. *Langenfeld* = FamRZ 2010, 958 f. m. Anm. *Wever*, FamRZ 2010, 1047 ff.; hierzu *Zimmermann*, FamFR 2010, 268 f.; *Schulz*, FF 2010, 273 ff.; *Braeuer*, FPR 2011, 75 ff.; *Bruch*, MittBayNot 2011, 144; *Büte*, FuR 2011, 664 f.; *Hoppenz*, FamRZ 2010, 1718; *Kogel*, FamRZ 2011, 1121 f.; *ders.*, FamRB 2010, 309 ff.; *Stein*, FamFR 2011, 243 f.

759 BGH, NJW 2010, 2884 = FamRZ 2010, 1626 m. Anm. *Wever*; BGH, NJW 2012, 523.

760 *Schlecht*, FamRZ 2010, 1021, 1025.

761 BGH, FamRZ 2010, 958 f., Rn. 39 f.

762 Nach *Schulz*, FamRZ 2011, 12, 13 ist nach 20-jähriger Nutzung in der Ehe der Zweck der Zuwendung erreicht.

763 *Wever*, FamRZ 2010, 1047.

Zugewinn zum durchlaufenden Posten,[764] der die Zuwendung im Vermögen des Schwiegerkindes neutralisiert.[765]

So jedenfalls im Regelfall. Probleme werden aufgezeigt in Fällen, in denen das Schwiegerkind ausgleichspflichtig ist und durch den Abzug des Rückforderungsanspruchs die Vermögenswertbegrenzung des § 1378 Abs. 2 BGB ausgelöst wird, sodass es in der Folge zu einem niedrigeren Zugewinnausgleichsanspruchs des Kindes kommt.[766]

Diese Behandlung des Rückforderungsanspruchs ist zugleich der größte Kritikpunkt an der Rechtsprechungsänderung des BGH. Denn Sie führt zu einem »beweglichen Anfangsvermögen«, das zum Zeitpunkt des Eingehens der Ehe oder der Zuwendung nicht fest bestimmt werden kann, sondern erst zum Zeitpunkt der Bemessung des Endvermögens feststeht.[767] Bedenken bestehen ferner für die Fälle, in denen die zuwendenden Schwiegereltern schon vor dem Auseinanderbrechen der Ehe verstorben sind.[768] Hier stellt sich die Frage, ob solche (latenten) Rückforderungsansprüche vererblich sind.[769] Falls diese Frage bejaht wird, so kann es zu durchaus unangenehmen Anspruchskonstellationen kommen, dass etwa nicht der Ehegatte des beschenkten Schwiegerkindes bei der Scheidung die Schenkung zurückfordern kann, sondern etwa dessen Geschwister. Hier wird man kautelarjuristisch Vorsorge treffen müssen. 398c

▶ Gestaltungsempfehlung:

Bis zur Entscheidung der Frage über die Vererblichkeit eines Rückforderungsanspruchs gegenüber Schwiegerkindern sollte dieser im Testament der zuwendenden Schwiegereltern Beachtung finden. Ggf. könnte ein solcher (latenter) Anspruch auch bereits zu Lebzeiten an das eigene Kind in dieser Ehe gegeben werden. All dies zeigt letztendlich, dass man von Zuwendungen an Schwiegerkinder absehen sollte.

Darüber hinaus hält der BGH nunmehr bei der Schenkung von Schwiegereltern **auch Ansprüche wegen Zweckverfehlung nach § 812 Abs. 1 Satz 2, 2. Alt BGB** für **möglich,**[770] die dann wohl auch Arbeitsleistungen erfassen müssten.[771] Für Arbeitsleistungen in erheblichem Umfang ergäbe sich damit eine neue Anspruchsgrundlage.[772] Allerdings muss hierfür der Fortbestand der Ehe nicht nur Geschäftsgrundlage gewesen sein, sondern es muss eine Zweckvereinbarung getroffen sein, was eher 398d

764 *Krause*, ZFE 2010, 284, 286.
765 *Langenfeld*, ZEV 2010, 376.
766 *Hoppenz*, FamRZ 2010, 1027, 1028.
767 Zur Kritik an der Rechtsprechungsänderung: *Kogel*, FamRB 2010, 309.
768 *Wever*, FamRZ 2010, 1629.
769 Damit befasst sich *Stein*, FamFR 2011, 243 f.
770 Hierzu ausführlich *Schlecht*, FamRZ 2010, 1021, 1025 f.
771 *Schlecht*, FamRZ 2010, 1021, 1022.
772 *Krause*, ZFE 2010, 284, 285.

selten festzustellen sein wird,[773] denn dies setzt positive Kenntnis von der Zweckvorstellung des anderen voraus, ein bloßes Kennenmüssen genügt nicht.[774]

Für **Zahlungen nach der Scheidung** verneint der BGH hingegen eine Rückabwicklung über eine Störung der Geschäftsgrundlage, denn sie werden nicht mehr in der Erwartung des Fortbestandes der Ehe erbracht.[775]

▶ Gestaltungsempfehlung:

Der BGH hat seine Rechtsprechung zu Schwiegerelternzuwendungen grundlegend verändert. Nunmehr bestehen direkte Ansprüche zu den Schwiegereltern, die bei Regelungen im Rahmen der Scheidung berücksichtigt werden müssen. Insofern empfiehlt sich die Erstreckung von Abgeltungsklauseln auch auf solche Ansprüche, ggf. auch im Rahmen einer Freistellung, wenn die Schwiegereltern an der Regelung nicht beteiligt werden sollen.

Mit dieser Rechtsprechungswende schafft der BGH die **neue Rechtsfigur der »ehebezogenen Schenkung«**. Kritischen Stimmen in der Literatur, die befürchteten, diese Änderung könne auch auf die Ehegattenzuwendungen durchschlagen, begegnete der BGH zwar, indem er in einem weiteren Urteil ausdrücklich feststellte, die Situation unterscheide sich grundlegend von der Ehegattenzuwendung[776]; dennoch wird weiterhin eine Änderung auch in diesem Bereich befürchtet.[777]

399 Umstritten waren unter Geltung der früheren BGH-Rechtsprechung die Fälle, in denen die Schwiegereltern mit der Zuwendung eigene Interessen verfolgten, etwa die Aufnahme in das übertragene Hausanwesen bei Pflegebedürftigkeit. Während die Literatur einen Rückgewähranspruch befürwortet,[778] hat das OLG Koblenz das Verfolgen eigener Interessen als Indiz gegen eine ehebedingte Zuwendung gewertet.[779] Gleiches dürfte auch im Lichte der geänderten Rechtsprechung gelten.

400 Besteht ein Rückgewähranspruch, handelt es sich **regelmäßig** um einen **finanziellen Ausgleichsanspruch**. Im Rahmen der Störung der Geschäftsgrundlage ist hierzu eine umfassende Gesamtabwägung vorzunehmen, wie sie in der früheren Rechtsprechung vorgezeichnet war, lediglich güterrechtlichen Aspekten kommt nach der Rechtsprechungsänderung keine Bedeutung mehr zu.[780] Dabei ist insb. zu berücksichtigen, wie lange die Ehe Bestand gehabt hat, denn für diesen Zeitraum wurde der Zweck der

773 BGH, NJW 2012, 523, 524, Rn. 33.

774 *Herr*, FamFR 2012, 92.

775 BGH, NJW 2012, 523 ff.

776 BGH, NJW 2010, 2884 = FamRZ 2010, 1626, Rn. 12.

777 *Bergschneider*, FPR 2011, 244, 245; zu den Folgen der Rechtsprechungsänderung *Herr*, FamRB 2010, 380 f.

778 *Wever*, Vermögensauseinandersetzung, Rn. 563 ff.

779 OLG Koblenz, FamRZ 2006, 412.

780 BGH, NJW 2012, 523, 524.

Zuwendung erreicht, sodass ein entsprechender Abschlag gerechtfertigt ist.[781] Der Anspruch ist stets begrenzt auf die noch vorhandene Vermögensvermehrung. Dass das eigene Kind bei einer Zuwendung an beide Miteigentümer der dafür angeschafften Immobilie ist, vermag das Ergebnis aber nicht zu beeinflussen, denn dies beruht auf der Zuwendung an das Kind direkt, nicht aber auf der Schenkung an das Schwiegerkind.[782]

Einen Anspruch auf **dingliche Rückgewähr** gesteht der BGH nur ganz ausnahms- 401
weise zu. Er hat ihn in einem Fall bejaht, in dem der Schwiegervater an Sohn und Schwiegertochter je eine Haushälfte übertrug, um das Anwesen im Familienstamm zu erhalten und seiner Ehefrau ein freies Wohnen sicherzustellen. Diese Zielvorstellung war Geschäftsgrundlage geworden. Eine Anpassung war hier entsprechend der Zielvorstellung nur durch dingliche Rückgewähr möglich.[783] Eine solche dingliche Rückgewähr hat dann **Zug-um-Zug gegen Zahlung eines finanziellen Ausgleichs** an das Schwiegerkind zu erfolgen. Zur Festlegung dieses Ausgleichsbetrages ist eine Gesamtwürdigung aller Umstände unter Billigkeitsgesichtspunkten durchzuführen. Hiernach sind nicht nur Wertsteigerungen zu ersetzen, sondern auch Investitionen und Arbeitsleistungen zur Werterhaltung und Verschönerung des Anwesens.[784] Der Rückfordernde hat hierbei den Ausgleichsbetrag anzubieten bzw. seine Vorstellungen darzulegen und kann die Festsetzung in das gerichtliche Ermessen stellen.[785]

(unbesetzt) 402-403

Die Betrachtung der **schenkungsteuerlichen Folgen direkter Zuwendung** zeigt 404
sogleich, dass die Übertragung unmittelbar von den Schwiegereltern auf das Schwiegerkind – neben den Unwägbarkeiten zivilrechtlicher Rückgewähransprüche – in der Praxis nur selten ratsam ist. Bei einer Zuwendung unmittelbar an das Schwiegerkind sind die schenkungsteuerlichen Rahmenbedingungen schlecht. Die Schwiegerkinder unterfallen nach § 15 Abs. 1 ErbStG der Steuerklasse II und haben nach § 16 Abs. 1 Nr. 4 ErbStG nur einen Freibetrag von 20.000 €, der sich allenfalls verdoppeln lässt, wenn die Schenkung von beiden Schwiegereltern kommt. Zudem sind die Steuersätze für die Steuerklasse II nach § 19 ErbStG wesentlich höher. Sie liegen nach dem

781 BGH, FamRZ 1999, 365, 367; Schröder/Bergschneider/*Wever*, Familienvermögensrecht, Rn. 5.445.
782 BGH, NJW 2012, 523, 524.
783 BGH, FamRZ 1998, 669.
784 BGH, FamRZ 1998, 669; *Wever*, Vermögensauseinandersetzung, Rn. 545.
785 BGH, FamRZ 1999, 365.

neuen Erbschaftsteuerrecht ab 01.01.2009[786] bis zu 6.000.000 € bei 30 %, bei höheren Werten sogar bei 50 %.[787]

405 Bei der Zuwendung an das eigene Kind hingegen sind im Rahmen der Steuerklasse I bis zu 400.000 € je Elternteil steuerfrei übertragbar und die entsprechenden Steuersätze belaufen sich auf 7 %, 11 %, 15 % usw.

406 So fällt vielfach bei einer Zuwendung an Kind und Schwiegerkind beim Schwiegerkind Schenkungsteuer an, während die gleiche Zuwendung steuerfrei wäre, wenn sie nur dem eigenen Kind gewährt worden wäre. Aus diesem Grund geht die Gestaltungspraxis regelmäßig den Weg einer Kettenschenkung. Die Eltern beschenken **zunächst das eigene Kind** und **dieses** gibt sodann einen **halben Anteil**[788] an seinen Ehepartner **weiter**. Dem liegt das Ziel zugrunde, dass auch das Steuerrecht zwei selbstständige Schenkungen annimmt. Im Zusammenhang mit der geänderten Rechtsprechung des BGH wird zu Recht darauf hingewiesen, dass diese latente Schenkungsteuerlast bei der Ermittlung von Anfangs- und Endvermögen berücksichtigt werden muss.[789]

▶ Hinweis:

I.d.R ist es richtig, eine direkte Zuwendung an das Schwiegerkind zu vermeiden. Eine Ausnahme besteht da, wo das Zivilrecht nahelegt, von einer Zuwendung an das eigene Kind abzusehen, etwa bei Insolvenzproblemen oder Pflichtteilsbelastung des eigenen Kindes.

407 Für **Zuwendungen an die Schwiegereltern** – insb. durch Leistungen im Zusammenhang einer Renovierung der Immobilie der Schwiegereltern, wenn die Ehegatten das Haus kostenfrei bewohnen – sucht die Rechtsprechung die Lösung nicht über den Wegfall der Geschäftsgrundlage, sondern gewährt Ansprüche nur nach Bereicherungsrecht. Solange allerdings eine Ehegatte das Haus weiter bewohnt, wird ein fortbestehendes Leihverhältnis angenommen, das bereicherungsrechtliche Ansprüche zunächst ausschließt. Solche bestehen also erst nach Ende des Leihverhältnisses.[790]

---

786 Erbschaftsteuerreformgesetz v. 24.12.2008, BGBl. 2008 I, S. 3018 f.; hierzu Übersicht von *Wälzholz*, FamRB 2009, 92 ff.

787 Ob diese völlige Gleichstellung der Steuerklasse II mit den nicht verwandten Erben der Steuerklasse III vor den Augen des BVerfG Gnade findet, wird sich freilich noch zeigen müssen. Sie missachtet den Begriff der Verwandtschaft. Dazu ist nunmehr ein Verfahren beim BFH anhängig (Beschluss v. 05.10.2011 – II R 9/11, FamRZ 2012, 30, in dem es voraussichtlich zu einer Vorlage beim BVerfG kommen wird.

788 Ggf. aber auch eine andere Quote, wenn die Ehegatten etwa die Miteigentumsanteile nach den Finanzierungsverhältnissen bestimmen wollen.

789 *Kogel*, FamRZ 2012, 832 f.

790 OLG Oldenburg, FamRB 2008, 65.

VI. Doppelverwertungsverbot

Die Scheidungsimmobilie spielt in mehreren Bereichen familienrechtlicher Ansprüche eine Rolle, so im Zugewinn und im Unterhalt. Diskutiert werden ferner Ansprüche aus Miteigentum, aus Gesamtschuldnerausgleich oder auf gesellschaftsrechtlicher Basis. Zwischen den einzelnen Bereichen bestehen Abgrenzungsschwierigkeiten. Wichtig ist, dass Ansprüche nicht doppelt gewichtet werden. 408

1. Das Doppelverwertungsverbot

Durch mehrere Urteile[791] und Beiträge[792] ist das Thema der Doppelberücksichtigung insb. für **Abfindungen und Schulden bei Unterhalt und Zugewinn** derzeit sehr aktuell. 409

Der BGH hat entschieden, dass eine **Mitarbeiterbeteiligung**, welche die Parteien bei einem Unterhaltsvergleich bereits einbezogen haben, nicht noch zusätzlich mit dem Beteiligungswert im Zugewinnausgleich berücksichtigt werden kann.[793] Er hat dazu aus **§ 2 Abs. 4 VersAusglG** (§ 1587 Abs. 3 BGB a.F.), der eine Doppelberücksichtigung von Anrechten bei Versorgungsausgleich und Zugewinnausgleich ausschließt, einen **allgemeinen Grundsatz** abgeleitet, dass eine Doppelberücksichtigung auch gegenüber dem Unterhalt nicht erfolgen kann (sog. **Doppelverwertungsverbot**).[794] In einer späteren Entscheidung hat der BGH ausgeführt, dass Parteien, welche eine **Arbeitnehmerabfindung** als unterhaltsrelevant ihrer Unterhaltsverpflichtung zugrunde legen, damit **ehevertraglich** diese Abfindung aus dem Zugewinn ausschließen.[795] Zumeist ist bei bloßen Unterhaltsvereinbarungen die notarielle **Form** für die güterrechtlichen Eheverträge **nicht gewahrt**. Gleichwohl steht nach dem BGH eine solche Abrede **nach Treu und Glauben** einer Einstellung des Abfindungsbetrages in 410

791 BGH, FamRZ 2003, 432; BGH, FamRZ 2004, 1352 = NJW 2004, 2765; OLG München, FPR 2004, 505; BGH, NJW 2008, 1221.

792 Anm. *Schröder*, FamRZ 2003, 434; Anm. *Bergschneider*, FamRZ 2004, 1353; Anm. *Kogel*, FamRZ 2004, 1866; *Kogel*, FamRZ 2004, 1614 ff.; Kogel, NJW 2007, 556; Schröder, FamRZ 2005, 89 mit Replik Kogel; Gerhardt/Schulz, FamRZ 2005, 145 f., 317 ff.; *Schmitz*, FamRZ 2005, 1520; *Schmitz*, FamRZ 2006, 1811; *Rehme*, FuR 2006, 389 ff.; *C. Münch*, FamRZ 2006, 1164 ff.; *C. Münch*, NJW 2008, 1201; *Hoppenz*, FamRZ 2006, 1242 ff.; *Schulz*, FamRZ 2006, 1237 ff.; *Wohlgemuth*, FamRZ 2007, 187 f.; *Hermes*, FamRZ 2007, 184 ff.

793 Die Rspr. des BGH zur Mitarbeiterbeteiligung wurde v.a. von *Brudermüller* (NJW 2003, 3166) kritisiert, da hier eine Doppelberücksichtigung gerade nicht vorliege, weil der Unterhalt nur auf die Erträge dieser Beteiligung zugreife, der Zugewinnausgleich hingegen auf die Substanz, sodass der BGH nach dieser Ansicht die Frage der Bewertung einer solchen Beteiligung nicht hätte offenlassen dürfen.

794 BGH, FamRZ 2003, 432; krit. v.a. aus prozessökonomischen Gründen gegen das Doppelverwertungsverbot und unter Verweis auf die allgemeinen Mechanismen des Zugewinnausgleichs: *Maier*, FamRZ 2006, 897 ff.

795 Krit. hierzu *Gerhardt/Schulz*, FamRZ 2005, 145, 146.

den Zugewinn entgegen, da die Vertragsparteien sich sonst in Widerspruch zu ihrem früheren Verhalten setzen.[796]

411 Problematisch unter dem Aspekt der Doppelberücksichtigung sind ferner **Unterhaltsrückstände**. Nach der Rechtsprechung mindern Unterhaltsrückstände beim Zugewinnausgleich das Endvermögen des Unterhaltspflichtigen und Unterhaltsforderungen erhöhen das Endvermögen des Unterhaltsberechtigten.[797] Der sich daraus errechnende Zugewinn neutralisiert somit die Unterhaltsforderung. Hier will die Literatur korrigierend eingreifen, entweder über § 242 BGB[798] oder aber über die Einstufung der Nichtzahlung als illoyale Vermögensminderung und die Anwendung des § 1375 Abs. 2 Satz 3 BGB.[799] Der BGH hat jedoch inzwischen geurteilt, dass solche Unterhaltsrückstände beim Unterhaltspflichtigen als Verbindlichkeit im Endvermögen zu berücksichtigen sind.[800]

Auch Steuerrückerstattungen oder -nachzahlungen sind unter dem Aspekt der Doppelverwertung problematisch. Nach Ansicht des OLG Dresden sind solche Ansprüche für Veranlagungszeiträume vor dem Endvermögensstichtag nur zugewinnrechtlich, nicht unterhaltsrechtlich zu erfassen.[801]

412 ▶ Hinweis:

Der BGH hat entschieden, dass zur Vermeidung einer Doppelberücksichtigung bei der Bewertung einer freiberuflichen Praxis im Zugewinn nicht nur ein pauschaler Unternehmerlohn rein kalkulatorisch, sondern der konkret gerechtfertigte Unternehmerlohn abzuziehen ist.[802]

2. Geltung für Verbindlichkeiten

413 Eine ähnliche Problematik ergibt sich bei der Berücksichtigung von **Schulden**. Dieses Feld ist für die Bewertung von Immobilien in Zugewinn oder Unterhalt besonders interessant. Wenn die Schuld beim **Zugewinnausgleich** vom Endvermögen desjenigen Ehegatten abgezogen worden ist, der die Schuldentilgung übernimmt, würde mit einer zusätzlichen Berücksichtigung der Schuldentilgung bei der **Unterhaltsberechnung** gleichfalls eine Doppelbelastung eintreten.

414 Der unterhaltsberechtigte Ehegatte würde je nach Konstellation[803] letztendlich den gesamten Kredit tilgen.

796 BGH, FamRZ 2004, 1352 = NJW 2004, 2765.
797 OLG Celle, FamRZ 1991, 944; OLG Hamm, FamRZ 1992, 679.
798 *Kogel*, FamRZ 2004, 1614, 1617.
799 *Schröder*, FamRZ 2005, 89; *Kogel*, FamRZ 2011, 779 f. .
800 BGH, FamRZ 2011, 25 f.
801 OLG Dresden, FamRZ 2011, 113.
802 BGH, NJW 2008, 1221.
803 Vgl. insoweit die Liquiditätszusammenstellungen bei *Kogel*, FamRB 2005, 207 f. verallgemeinernde Aussagen lassen sich hier kaum treffen, vgl. etwa die Beispiele bei *Hermes*, FamRZ 2007, 184 ff. mit der Gegenrechnung des Wohnwertes.

Daher haben die OLG München[804] und Saarbrücken[805] m.E. zu Recht entschieden, dass dann, wenn die Schuld bereits beim Zugewinn als Passivposten eingestellt worden ist, die Tilgungen nicht nochmals als Abzugsposten beim Unterhalt berücksichtigt werden dürfen.[806] Anders hingegen für die Zinszahlungen, diese haben beim Zugewinnausgleich keine Berücksichtigung gefunden. In der Literatur hat diese Auffassung Unterstützung gefunden,[807] aber auch Kritik geerntet.[808] Es wird abzuwarten sein, ob sich der BGH dem anschließt. Verwunderlich ist, dass die zitierten OLG eine Revision zum BGH nicht zuließen, obwohl der BGH divergierender Ansicht ist.[809] Dem BGH hat sich das OLG Koblenz angeschlossen.[810] 415

Umstritten ist, in welchem **Rechtsbereich** die Position zu berücksichtigen ist, die dem Doppelverwertungsverbot unterfällt. Die Auswirkung der Zuordnung wird sogleich betrachtet. *Gerhardt/Schulz*[811] und das OLG München[812] wollen beim Aktivvermögen einen **Vorrang des Unterhaltsrechts**, bei Schulden hingegen einen **Vorrang des Güterrechts**. Dies wird im Hinblick auf die Verbindlichkeiten insb. mit der Vorschrift des § 1375 Abs. 1 BGB begründet.[813] Andere treten für einen generellen Vorrang des Zugewinnausgleichs ein.[814] Bedenkenswert ist der Ansatz, auf die Interdependenz der Ausgleichsformen hinzuweisen und den Widerspruch ggf. dadurch aufzulösen, dass die Auswirkungen etwa des Zugewinnausgleichs auf den Unterhalt betrachtet werden.[815] Tendenziell spricht aufgrund der vom BGH im Rahmen der Inhaltskontrolle aufgestellten Kernbereichsthese einiges dafür, die Berücksichtigung zunächst beim Unterhaltsrecht vorzunehmen. 416

3. Einfluss auf die Wertermittlungsmethode

Das sog. Doppelverwertungsverbot von **Vermögenspositionen und Schulden bei Unterhalt und Zugewinn** wird auch Konsequenzen für die Bewertung im Zugewinn 417

804 OLG München, FamRZ 2005, 459 und OLG München, FamRZ 2005, 713; a.A. OLG Karlsruhe, FamRZ 2005, 909; zustimmend *Kleffmann*, FuR 2006, 97, 104.

805 OLG Saarbrücken, FamRZ 2006, 1038 m. Anm. *Kogel.*

806 Eine solche Konkurrenz leugnet *Schmitz*, FamRZ 2006, 1811 f.

807 *Gerhardt/Schulz*, FamRZ 2005, 145 f., 317 f. mit getrennter Darstellung der Schuldarten; *Niepmann*, FF 2005, 131 ff., die danach entscheiden will, ob sich die Schuld tatsächlich auf den Zugewinn ausgewirkt hat; *Kogel*, FamRZ 2004, 1614, 1617 und *Kogel*, FamRZ 2006, 1038 f.; *Grziwotz*, MittBayNot 2005, 284 ff.; *Hoppenz*, FamRZ 2006, 1242, 1244.

808 *Schmitz*, FamRZ 2005, 1520; *Schulin*, FamRZ 2005, 1521; *Wohlgemuth*, FamRZ 2007, 187 f.; *Hermes*, FamRZ 2007, 184 ff.

809 So auch *Kogel*, FamRB 2006, 167.

810 OLG Koblenz, FuR 2007, 542.

811 FamRZ 2005, 145 ff.

812 OLG München, FamRZ 2005, 714.

813 *Grziwotz*, FPR 2006, 485, 487.

814 *Hoppenz*, FamRZ 2006, 1242, 1247.

815 *Hoppenz*, FamRZ 2006, 1242, 1245.

haben müssen.[816] Dies wird zurzeit für die Unternehmensbewertung diskutiert. Die dort aufgeworfenen Fragen müssen aber auch bei der Immobilienbewertung gelöst werden.

418 Aus diesem Verbot der Doppelverwertung wird sogar teilweise die Konsequenz entwickelt, das Ertragswertverfahren sei für die **Bewertung von Unternehmen** oder Unternehmensbeteiligungen im Zugewinn nicht mehr geeignet[817] bzw. eine Unternehmensbewertung sei im Zugewinn gar nicht mehr erforderlich, wenn die Parteien nicht die Herausnahme aus dem Unterhalt vereinbart hätten.[818] Dieser Ansicht ist nunmehr das OLG Oldenburg beigetreten;[819] das Urteil wurde jedoch vom BGH aufgehoben.[820]

419 Beide Schlussfolgerungen sind wohl zu weitgehend.[821] Einen **generellen Vorrang** des Einstellens von Unternehmen oder Unternehmensbeteiligungen in das **Unterhaltsrecht** sollte es **nicht** geben.[822] Die Tendenz, auch **Unternehmen** im Zugewinn hoch zu bewerten, **die in dritter Hand nichts wert sind**, weil sie allein auf der persönlichen Leistung des Inhabers beruhen,[823] muss sich wieder abschwächen. Jedenfalls aber muss die **persönliche Leistung** eines solchen Inhabers für die **Unterhaltsbemessung** vorbehalten bleiben und nicht werterhöhend im Zugewinn wirken. Dieser Ansicht ist der BGH nunmehr gefolgt.[824] Er hatte inzwischen Gelegenheit, diesen Standpunkt in weiteren Urteilen zu vertiefen.[825]

420 Die gleiche Abgrenzungsfrage stellt sich bei der **Immobilienbewertung**, wenn hier auf den **Ertragswert** abzustellen ist, wie dies insb. bei vermieteten Immobilien nach §§ 17 ff. ImmowertV[826] vorgesehen ist und nunmehr auch bei der Ermittlung des gemeinen Wertes im Rahmen der Erbschaftsteuer maßgeblich ist.[827] Denn auch hier fließt der zukünftige Mietertrag in die Wertermittlung der Immobilie ein und die Mieteinkünfte sind andererseits Grundlage der Unterhaltsbemessung. Soweit ersichtlich wird diese Problematik bisher nicht durch obergerichtliche Rechtsprechung behandelt.

---

816 Vgl. näher *C. Münch*, FamRZ 2006, 1164 ff.; *ders.*, NJW 2008, 1201; *Kogel*, NJW 2007, 556 ff.

817 *Brudermüller*, NJW 2003, 3166; hiergegen *Kogel*, FamRZ 2004, 1614, 1619.

818 *Fischer-Winckelmann*, FuR 2004, 433 ff.

819 OLG Oldenburg, FamRZ 2006, 1031 m. abl. Anm. *Hoppenz* = FamRB 2006, 262; a.A. hingegen OLG Köln, FamRZ 2006, 704.

820 BGH, NJW 2008, 1221.

821 Eingehend hierzu *C. Münch*, FamRZ 2006, 1164 ff.; zustimmend *Kogel*, NJW 2007, 556, 561; gegen die Argumentation des OLG Oldenburg auch *Koch*, FamRZ 2007, 509, 511.

822 So aber *Fischer-Winckelmann*, FuR 2004, 433 ff.

823 Bamberger/Roth/*J. Mayer*, BGB, § 1376 Rn. 13.

824 BGH, NJW 2008, 1221; zu diesem Urteil *C. Münch*, NJW 2008, 1201 ff.

825 BGH, NJW 2011, 999 = FamRZ 2011, 622.

826 ImmoWertV v. 19.05.2010, BGBl. 2010 I, S. 639 ff.

827 § 182 BewG in der Fassung des Erbschaftsteuerreformgesetzes v. 24.12.2008, BGBl. 2008 I, S. 3018 ff.

4. Unterschiede bei güter- oder unterhaltsrechtlicher Erfassung

Auch wenn man akzeptiert, dass etwa eine Darlehensverbindlichkeit beim Hausbau nur entweder dem Unterhalt oder dem Zugewinn zugeordnet werden kann, so stellt sich die nächste Fragen nach den **Unterschieden** bei der Einberechnung in den **Unterhalt** oder dem Abzug im Rahmen des **Zugewinns.** 421

Daher ist am besten mit dem jeweils vertretenen Mandanten über die Vornahme der Einordnung zu sprechen.[828] Sie kann erheblich unterschiedliche wirtschaftliche Auswirkungen haben etwa in folgenden Fällen: 422

- Der Unterhalt entfällt bei Wiederheirat oder Tod des Berechtigten, während der Zugewinn mit der Scheidung abgerechnet und ausgeglichen wird. Die gezahlten Summen sind vererblich. Die Berechnung ändert sich durch Wiederheirat oder Tod nicht.
- Möglicherweise wirkt sich die Schuld im Unterhaltsrecht aufgrund der finanziellen Situation der Beteiligten gar nicht aus, wenn die Einkünfte des Verpflichteten ohnehin niedrig sind und die Ehefrau nach neuem Unterhaltsrecht erst im Rang nach den Kindern Unterhalt erhält (§ 1609 BGB n.F.).
- Der Anspruch auf Zugewinnausgleich kann schon verjährt sein, während laufende Unterhaltsansprüche noch bestehen.[829]
- Außerdem werden beim Zugewinn 50 % berücksichtigt, beim Unterhalt hingegen nur die Unterhaltsquote.
- Unterhaltszahlungen können in bestimmten Grenzen steuerlich abgesetzt werden im Wege des begrenzten Realsplittings.[830]
- Bei sehr hohem Einkommen wird der Unterhalt konkret nach dem in der Ehe gepflegten Lebensstand berechnet. Hier werden weiter gehende Erträge unterhaltsrechtlich nicht berücksichtigt, während der Zugewinn stets in voller Höhe durchgeführt wird.
- Haben die Parteien einen Ehevertrag geschlossen und hierbei nur für einen der beiden Bereiche Verzichte ausgesprochen, ist ganz entscheidend, ob die entsprechenden Vorgänge dann im anderen Bereich zu berücksichtigen sind.

5. Wohnvorteil

Noch nicht ausdiskutiert ist die Frage, ob der Ansatz eines Wohnvorteils am Verbot 423
der **Doppelverwertung** scheitert, wenn die Wohnung bzw. das Haus mit dem sachli-

828 Gegen Wahlrecht und für Vorrangigkeit der Unterhaltsberücksichtigung *Gerhardt/Schulz*, FamRZ 2005, 145, 146.

829 Eingehend *Kogel*, FamRZ 2004, 1614, 1615 f.

830 Hierauf weist *Viefhues*, ZFE 2007, 84, 86 hin.

chen Wert bereits im Zugewinnausgleich berücksichtigt wurde.[831] Denn im Wert der Wohnung bzw. des Hauses drückt sich gerade der Nutzungsvorteil aus.

Hier stellt sich die Sachlage ähnlich dar wie beim Ertrag vermieteter Immobilien.

424 Klar dürfte sein, dass bei einer unterhaltsrechtlichen Berücksichtigung des Wohnwertes[832] Ansprüche aus Gesamtschuldnerausgleich oder auf Nutzungsentgelt nicht mehr in Betracht kommen.[833]

425 Sofern im Wohnvorteil auch die Tilgung zu berücksichtigen ist,[834] sollte der Stichtag, ab dem die Tilgungen nicht mehr berücksichtigt werden, nicht erst mit der Scheidung angenommen werden, sondern schon mit der Rechtshängigkeit des Scheidungsantrages, denn ab diesem Zeitpunkt wird die Tilgung beim Zugewinn nicht mehr berücksichtigt, sodass sie dem anderen Teil nicht mehr zugutekommt. Dies hat der BGH[835] nunmehr so entschieden. Nach dem BGH gilt Gleiches auch ab dem Abschluss einer umfassenden Regelung in einer Scheidungsvereinbarung.

831 So *Graba*, FamRZ 2006, 821, 828; vgl. auch OLG Brandenburg, OLGR 2008, 239: kein Doppelverwertungsverbot zum Zugewinnausgleich bei Einstellung der Tilgungsleistungen in den Wohnvorteil.

832 Nicht ausreichend ist eine Berücksichtigung beim Kindesunterhalt. Dies schließt ein Nutzungsentgelt unter Ehegatten noch nicht aus, OLG Karlsruhe, NJW-RR 2005, 1240; ebenso wenig den Gesamtschuldnerausgleich, BGH, NJW 2008, 849.

833 BGH, FamRZ 1994, 1100 1102.

834 Ausführlich hierzu Rdn. 148 ff.

835 BGH, NJW 2008, 1946.

B. Streit um die Nutzung der Scheidungsimmobilie

Wenn die Nutzung der Scheidungsimmobilie streitbefangen und ein Ehepartner auf die Nutzung angewiesen ist, wird nicht selten eine **richterliche Überlassung** der Ehewohnung beantragt. 426

Die **weit überwiegende Zahl** gerichtlicher Entscheidungen zur Überlassung der Ehewohnung betrifft den **Trennungszeitraum**. Hier regelt § 1361b BGB die vorläufige Nutzungsüberlassung. Im Zeitpunkt der Trennung ist die Regelung der Weiternutzung der Scheidungsimmobilie wichtig. Im Scheidungszeitpunkt hat sich jeder Ehegatte mit der Situation arrangiert, sodass Anträge auf endgültige Überlassung der Ehewohnung eher die Ausnahme bilden. Sie haben v.a. noch Bedeutung, um das Mietverhältnis der tatsächlichen Nutzung anzupassen. I.d.R. stellt die vorläufige Überlassung faktisch eine endgültige Regelung dar.[836] 427

Das Recht der Überlassung der Ehewohnung ist mit dem Gesetz zur Änderung des Zugewinnausgleichs- und Vormundschaftsrechts[837] neu geregelt worden. Dabei blieb die vorläufige Überlassung nach § 1361b BGB unverändert. Die endgültige Überlassung jedoch wurde unter Aufhebung der HausratsVO nunmehr in § 1568a BGB neu geregelt. 428

Verfahrensvorschriften für beide Bereiche finden sich seit der Neuregelung des familiengerichtlichen Verfahrens[838] in §§ 200 ff. FamFG. Eine weitere Möglichkeit, die Überlassung der Wohnung verlangen zu können, sieht **§ 2 des Gewaltschutzgesetzes**[839] zum Schutz vor Gewalt und Nachstellungen vor. 429

I. Vorläufige Benutzungsregelung

Die Voraussetzungen der vorläufigen Wohnungsüberlassung richten sich somit weiterhin nach § 1361b BGB: 430

1. Ehewohnung

Der **Begriff der »Ehewohnung«** ist hierbei in einem weiten Sinne zu verstehen und erfasst alle Räume, welche die Ehegatten zum Wohnen benutzten oder gemeinsam bewohnt haben oder die dafür nach den Umständen bestimmt waren.[840] Nicht zur Ehewohnung gehören damit beruflich oder gewerblich genutzte Räumlichkeiten, 431

836 *Götz/Brudermüller*, Die gemeinsame Wohnung, Rn. 160.

837 BGBl. I 2009, 1696. Das Gesetz hat den Begriff der Wohnungszuweisung durch denjenigen der Überlassung der Ehewohnung ersetzt.

838 FGG-Reformgesetz, BGBl. I 2008, S. 2585 ff.

839 BGBl. I 2001, S. 3513.

840 BGH, FamRZ 1990, 987, 988.

selbst wenn sich diese innerhalb der Ehewohnung befinden. Auf solche Räume kann sich daher die richterliche Anordnung der Wohnungsüberlassung nicht erstrecken.[841]

432 Aufgrund der gewandelten Wohnsituation mehren sich die Stimmen, die auch Ferien- und Wochenendwohnungen einbeziehen und damit ggf. **mehrere Ehewohnungen** bejahen wollen, wenn bei ihnen jeweils ein Schwerpunkt familiären Zusammenlebens vorliegt.[842]

433 Bei Auszug wegen ehelicher Konflikte bleibt die Wohnung Ehewohnung,[843] und zwar auch noch nach längerer Zeit.[844] Dies gilt insb. dann, wenn der ausgezogene Ehegatte die Wohnung an Wochenenden oder in den Ferien nutzt, um hier den Umgang mit seinen Kindern zu pflegen.[845] Wenn ein Ehegatte sie allerdings **endgültig verlassen** hat,[846] insb. wenn sich die Ehegatten über die alleinige Weiternutzung durch den Nichteigentümer-Ehegatten einig sind,[847] dann ist sie **keine Ehewohnung mehr** mit der Folge, dass § 1361b BGB nicht mehr eingreift.[848] Dies gilt auch dann, wenn der ausziehende Ehegatte als alleiniger Mieter die Wohnung gekündigt hat. Der Wunsch des verbleibenden Ehegatten, in der Wohnung bleiben zu können, rechtfertigt dann keine Überlassung nach § 1361b BGB.[849] Die Überlassung kann auch stets nur zu Wohnzwecken erfolgen und nicht zur Weitervermietung oder Veräußerung.[850]

434 Allerdings soll nach Auffassung des OLG Hamm eine solche endgültige Einigung noch nicht vorliegen, wenn die Ehegatten über die Nutzungsvergütung hinsichtlich der überlassenen Scheidungsimmobilie streiten.[851]

435 Nach **§ 1361b Abs. 4 BGB vermutet** das Gesetz **unwiderleglich** die **Überlassung der Ehewohnung**, wenn der ausgezogene Ehegatte nicht binnen sechs Monaten seine Absicht bekundet, wieder zurückzukehren. Da die Vermutung unwiderleglich ist, kommt der in der Wohnung verbliebene Ehegatte in den Genuss eines alleinigen Nutzungsrechtes, wenn der Rückkehrwille nicht fristgemäß erklärt wurde. Die Ver-

841 Palandt/*Brudermüller*, BGB, § 1361b Rn. 6.

842 *Brudermüller*, FamRZ 2003, 1705; *Haußleiter/Schulz*, Vermögensauseinandersetzung, Kap. 4 Rn.119; MüHdbFamR/*Müller*, § 16 Rn. 5 ff.; Palandt/*Brudermüller*, BGB, § 1361b Rn. 6; Staudinger/*Weinreich*, § 1568a BGB, Rn. 11; OLG Frankfurt am Main, FamRZ 1982, 398; OLG Naumburg, FamRZ 2005, 1269; a.A. OLG Bamberg, FamRZ 2001, 1316 f.; KG, FamRZ 1986, 1010 f.

843 OLG Karlsruhe, FamRZ 1999, 1087.

844 OLG München, FamRZ 1986, 1019: nach 13 Jahren.

845 OLG Brandenburg, FamRZ 2008, 1930.

846 BGH, FamRZ 1982, 355; *Brudermüller*, FamRZ 2003, 1705.

847 OLG Karlsruhe, FamRZ 1999, 1087.

848 Detailliert *Kemper*, in: Horndasch/Viefhues, FamFG, § 200 Rn.8.

849 OLG Köln, FamRB 2005, 223.

850 OLG Frankfurt am Main, FamRZ 2004, 875 – selbst bei Nießbrauch des Antragstellers und Strafhaft des anderen Ehegatten.

851 OLG Hamm, FamRB 2008, 197.

mutung gilt allerdings nur für die Trennungszeit, sodass nach Scheidung eine andere Überlassung beantragt werden kann.[852]

▶ Praxistipp:

Wer aus der Wohnung auszieht, aber dennoch später eine Wohnungsüberlassung an sich erreichen möchte, muss den Rückkehrwillen äußern und den Zugang einer entsprechenden Äußerung innerhalb der sechsmonatigen Frist nachweisen.[853]

2. Trennung

Die vorläufige Wohnungsüberlassung sieht als **Voraussetzung** das **Getrenntleben** der Eheleute an. Dieser Begriff ist so zu verstehen wie in § 1567 BGB. Objektiv ist somit Voraussetzung, dass die häusliche Gemeinschaft nicht mehr besteht. Umstritten ist, ob es **subjektiv** genügt, dass (zunächst) nur die häusliche Gemeinschaft mit dem Partner abgelehnt wird[854] oder ob bereits die **Ablehnung der gesamten ehelichen Lebensgemeinschaft** erforderlich ist.[855] Für letzteres spricht insb., dass eine richterliche Entscheidung über die Wohnungsüberlassung sonst bereits zu Beginn von Konfliktsituationen infrage käme, welche die Voraussetzungen für das Anlaufen des Trennungsjahres noch nicht erfüllen. Scheidungsabsicht ist jedenfalls noch nicht erforderlich.[856] 436

Sofern es wegen der herrschenden Umstände noch nicht zur Trennung hat kommen können, genügt auch die Absicht entsprechender Trennung. Die Wohnungsüberlassung wird in einem solchem Fall auch von demjenigen Ehegatten beantragt werden können, der die Trennungsabsicht nicht hat.[857] 437

3. Unbillige Härte

Eine **unbillige Härte** muss vorliegen, damit ein Ehegatte die Überlassung der Ehewohnung verlangen kann. Dieser Begriff in der seit 01.01.2002 geltenden Fassung des § 1361b BGB stellt eine Herabmilderung der Eingriffsschwelle gegenüber dem vorher verwendeten Begriff der schweren Härte dar.[858] 438

Einen Katalog von Härtefällen enthält das Gesetz nicht. Eine **Begriffsbestimmung** darf wohl nicht mehr wie unter der alten Regelung[859] auf schlechthin untragbare Zustände durch Störung des Familienlebens abstellen, zu deren Behebung die rich- 439

852 Palandt/*Brudermüller*, BGB, § 1361b Rn. 25.

853 Götz/*Brudermüller*, Die gemeinsame Wohnung, Rn. 189.

854 Bamberger/Roth/*Neumann*, BGB, § 1361b Rn. 4.

855 So etwa Palandt/*Brudermüller*, BGB, § 1361b Rn. 7; Götz/*Brudermüller*, Die gemeinsame Wohnung, Rn. 162 m.w.N.

856 OLG Naumburg, FamRZ 2003, 1748.

857 Götz/*Brudermüller*, Die gemeinsame Wohnung, Rn. 163.

858 *Schwab*, FamRZ 2002, 1, 2; zur Kritik der alten Regelung: *Schwab*, FamRZ 1999, 1317 f.

859 So KG, FamRZ 1987, 850; OLG Bamberg, FamRZ 1990, 1353 f.

terliche Entscheidung über die Wohnungsüberlassung dringend erforderlich wäre.[860] Andererseits genügen bloße Unbequemlichkeiten oder Belästigungen nicht.[861] Damit ist die Schwelle auf das auch bei Scheidung nach § 1568a BGB n.F. geregelte Niveau abgesenkt worden.[862]

440 Es ist in jedem Fall eine **Gesamtabwägung** vorzunehmen, in die alle Verhältnisse umfassend einzustellen sind.[863] In diese Gesamtabwägung sind die Belange beider Ehegatten einzubeziehen, etwa wer auf die Wohnung angewiesen ist, wer leichter eine andere Wohnung finden kann, Alter und Gesundheitszustand der Eheleute, aber auch Einkommens- und Vermögensverhältnisse[864] oder die Tatsache, dass einer der Ehegatten die Wohnung schon vor der Heirat bewohnt oder erhebliche Leistungen zum Ausbau erbracht hat.

441 Die Umstände, die für das Vorliegen einer unbilligen Härte sprechen, bedürfen einer substanziierten Darlegung nach Zeit, Ort, näheren Umständen und Folgen.[865]

442 Bei der Prüfung, ob eine unbillige Härte vorliegt, ist in besonderer Weise die **dingliche Berechtigung** an der Ehewohnung zu berücksichtigen (§ 1361b Abs. 1 Satz 3 BGB). Daher kommt bei Alleineigentum eines Ehegatten die Überlassung an den anderen zur alleinigen Nutzung nur ausnahmsweise in Betracht und wenn, dann regelmäßig nur befristet.[866] Jedenfalls sollen höhere Anforderungen an die unbillige Härte zu stellen sein. Gegenüber dem Kindeswohl tritt die dingliche Berechtigung jedoch zurück.[867]

443 Nach längerer Trennung sollen die Voraussetzungen einer Wohnungsüberlassung an den allein in der Wohnung verbliebenen Ehegatten geringer sein.[868]

444 Die beiden wichtigsten und häufigsten Gründe für eine unbillige Härte nennt das Gesetz selbst. Daneben kommt insb. Alkoholmissbrauch als Überlassungsgrund in Betracht, wenn dieser zu konkreten Ausfallerscheinungen oder zu sonstigen Störungen der ehelichen Lebensgemeinschaft führt.[869]

a) Gewaltanwendung

445 Nach bisheriger Rechtsprechung sollte selbst bei **Gewaltanwendung** eine schwere Härte nur bei schwerer körperlicher Misshandlung der Familienmitglieder vorlie-

---

860 So zu Recht Schwab/*Motzer*, Scheidungsrecht, VIII Rn. 72.
861 OLG Brandenburg, FamRZ 1996, 743, 744.
862 AG Tempelhof-Kreuzberg, FamRZ 2003, 532.
863 MüHdbFamR/*Müller*, § 16 Rn. 39.
864 Götz/*Brudermüller*, Die gemeinsame Wohnung, Rn. 179.
865 *Haußleiter/Schulz*, Vermögensauseinandersetzung, Kap. 4 Rn. 29.
866 Schwab/*Motzer*, Scheidungsrecht, VIII Rn. 77.
867 *Götz/Brudermüller*, Die gemeinsame Wohnung, Rn. 180.
868 OLG Bamberg, FamRZ 1990, 1353, 1354; OLG Köln, FamRZ 1996, 547.
869 *Haußleiter/Schulz*, Vermögensauseinandersetzung, Kap. 4 Rn. 20.

gen.[870] V.a. in diesen Fällen macht sich die Herabsenkung der Eingriffsschwelle bemerkbar, denn nunmehr soll bei jeder vorangegangenen Gewaltanwendung oder Gewaltandrohung eine unbillige Härte zu prüfen sein.[871] Nach OLG Köln[872] kann sich Gewalt auch in indirekter Aggression gegen eine Person äußern, wobei es nicht auf die objektive Ernsthaftigkeit etwaiger Bedrohungen ankommt, sondern darauf, ob sich der andere Ehegatte subjektiv so belastet fühlt, dass ihm objektiv die Fortsetzung der häuslichen Gemeinschaft nicht mehr zugemutet werden kann. Damit kann Gewalt auch bei psychischer Aggression bejaht werden, so etwa bei Erniedrigen, Anschreien, Mundtotmachen, Psychoterror oder häuslichem Vandalismus.[873] Nicht ausreichend sind »situationsübliche« Drohungen.[874]

§ 1361b Abs. 2 Satz 2 BGB ordnet an, dass ein Überlassungsanspruch nicht mehr besteht, wenn eine **Wiederholung der Gewaltanwendung ausgeschlossen** ist, außer die Schwere der Tat lässt das weitere Zusammenleben unzumutbar werden. Die Beweislast für die fehlende Wiederholungsgefahr trifft in diesem Fall den Täter. 446

▶ Praxistipp:

Wenn ein Wohnungsüberlassungsantrag auf Gewaltanwendung gestützt wird, sollten schon im Antrag die Fakten aufgezählt werden, die für eine Wiederholungsgefahr sprechen, insb. gleichartige frühere Vorfälle.[875]

b) Wohl der Kinder

Genannt ist weiter der Fall der Beeinträchtigung des **Kindeswohls** (§ 1361b Abs. 1 Satz 2 BGB). Die Belange von Kindern haben bei der Billigkeitsabwägung im Rahmen der Wohnungszuweisung daher grds. Priorität.[876] Unter den Begriff der »schweren Härte« hatte die Rechtsprechung eine Verletzung des Kindeswohls erst dann subsumieren wollen, wenn »infolge andauernder heftiger Streitigkeiten eine Gesundheitsgefährdung des Kindes zu befürchten wäre«.[877] Nunmehr kann die richterliche Anordnung der Überlassung der Ehewohnung bereits erfolgen, wenn das Wohl von im Haushalt lebenden Kindern **beeinträchtigt** ist. Entscheidend ist somit, ob ein **erträgliches Auskommen der Familie unter einem Dach** noch möglich ist.[878] Gerade das Interesse der Kinder kann dazu führen, dass die Wohnung im Zweifelsfalle demjenigen Elternteil überlassen wird, der für die Kinder zu sorgen hat, selbst dann – 447

870 OLG Celle, FamRZ 1992, 676, 677; Palandt/*Brudermüller*, BGB, § 1361b Rn. 10 m.w.N. .
871 OLG Stuttgart, FamRZ 2004, 876.
872 OLG Köln, OLGR 2005, 440.
873 *Götz/Brudermüller*, Die gemeinsame Wohnung, Rn. 174.
874 OLG Köln, FamFR 2010, 524.
875 *Götz/Brudermüller*, Die gemeinsame Wohnung, Rn. 185.
876 OLG Brandenburg, FamRZ 2010, 1983.
877 OLG Celle, FamRZ 1992, 676, 677.
878 *Haußleiter/Schulz*, Vermögensauseinandersetzung, Kap. 4 Rn. 18.

zumindest vorläufig – wenn der andere Ehegatte Alleineigentümer ist.[879] Damit ist häufig mit der Sorgerechtsverteilung oder der Bestimmung, bei wem die Kinder leben, auch schon die Entscheidung über die Wohnung gefallen; eine Tendenz, die dazu führt, dass um das Sorgerecht für die Kinder auch mit Blick auf die Wohnung gekämpft wird.[880] Eine unbillige Härte liegt nach Auffassung des OLG Köln[881] noch nicht vor, wenn die Ehefrau mit drei schulpflichtigen Kindern aus einer 180 m² großen in eine 106 m² umfassende Wohnung umziehen muss, die nur 500 m entfernt ist.

4. Nur vorläufige Regelung

448 Der Anspruch nach § 1361b Abs. 1 BGB richtet sich darauf, die Ehewohnung ganz oder z.T. überlassen zu erhalten.

449 In Fällen der Gewaltanwendung oder -androhung ist nach § 1361b Abs. 2 BGB regelmäßig die **ganze Wohnung** zu überlassen. Auch in anderen Fällen kommt aber die Überlassung nur eines **Teils der Ehewohnung nur sehr selten** in Betracht. Dies soll nur dann geschehen, wenn die Wohnung zwei Bäder, Toiletten und Kochstellen hat[882] oder die Platzverhältnisse so großzügig sind, dass mit einem Zusammentreffen der zerstrittenen Eheleute nicht gerechnet werden muss.[883] Z.T. wird unter Rückgriff auf die Rechtsprechung vor der Gesetzesänderung noch vertreten, die Alleinüberlassung sei nur ultima ratio gegenüber der Teilzuordnung.[884]

450 Die Überlassung der Wohnung ist im Rahmen des **§ 1361b BGB stets nur** eine **vorläufige Nutzungsregelung**. Diese bezieht sich nur auf das Innenverhältnis der Ehegatten. Es findet also keine rechtlich endgültige Regelung statt. Die Überlassung nach § 1361b BGB führt somit zu keiner Änderung der Eigentumsverhältnisse und v.a. auch nicht zu einer Umgestaltung des Mietverhältnisses, selbst wenn die Ehegatten dies einvernehmlich so wollen.[885] Die Überlassung kann zudem ausschließlich zu Wohnzwecken erfolgen. Daher wird ein Überlassungsverlangen des dinglich Berechtigten abzulehnen sein, wenn dieser die Wohnung nicht selbst nutzen, sondern vermieten oder verkaufen will.[886] Trotz dieser rechtlichen Vorläufigkeit nimmt die Entscheidung häufig faktisch das weitere Schicksal der Ehewohnung vorweg.

Da den anderen Ehegatten für den Fall der Wohnungsüberlassung eine Unterlassungsverpflichtung nach § 1361b Abs. 3 Satz 1 BGB trifft, kann das Gericht auch

879 OLG Stuttgart, FamRZ 2004, 876; OLG Brandenburg, ZFE 2011, 70.

880 Krit. daher *Brudermüller*, FuR 2003, 433, 435.

881 OLG Köln, FamRZ 2011, 372.

882 OLG Frankfurt, FamRZ 1996, 289, 290; *Brudermüller*, FamRZ 1999, 129, 134.

883 *Haußleiter/Schulz*, Vermögensauseinandersetzung, Kap. 4 Rn. 25.

884 Bamberger/Roth/*Neumann*, BGB, § 1361b Rn. 5.

885 OLG Hamm, FamRZ 2000, 1102; OLG Hamm, OLGR 2007, 596; *Götz/Brudermüller*, Die gemeinsame Wohnung, Rn. 160.

886 OLG Frankfurt, FamRZ 2004, 875 sogar für den extremen Fall, dass der andere Ehegatte sich in Strafhaft befindet; OLG Karlsruhe, FamRZ 1999, 1087.

begleitende Schutz- oder Unterlassungsanordnungen nach § 209 Abs. 1 FamFG erlassen, etwa Betretungs-, Näherungs- und Belästigungsverbote oder ein an den Alleinmieter gerichtetes Kündigungsverbot.[887] Nicht zulässig sind nach herrschender Auffassung Veräußerungsverbote oder Verbote der Teilungsversteigerung. Dem kann das Gericht nur durch die Begründung eines Mietverhältnisses zwischen den Ehegatten entgegenwirken, das auch bei Veräußerung und Teilungsversteigerung für die Dauer seines Bestehens Schutz gewährt.[888] Die Begründung kann auch durch einstweilige Anordnung nach § 49 FamFG erfolgen.[889]

5. Nutzungsentschädigung

Nach § 1361b Abs. 3 Satz 2 BGB kann von dem nutzenden Ehegatten eine **Nutzungsvergütung**[890] verlangt werden, soweit dies der Billigkeit entspricht. 451

Zur Nutzungsvergütung hat die Neufassung des § 1361b Abs. 3 BGB einige Klärung gebracht. So ist es heute ganz überwiegende Ansicht, dass ein Vergütungsanspruch **auch bei freiwilligem Auszug** des Eigentümer-Ehegatten besteht.[891] Der Vergütungsanspruch nach § 1361b Abs. 3 Satz 2 BGB wird also losgelöst von den Voraussetzungen des Abs. 1 betrachtet und setzt bei freiwilligem Auszug nicht mehr voraus, dass die Voraussetzungen des Abs. 1 wenigstens vorgelegen hätten.[892] 452

Ein Anspruch auf Nutzungsentschädigung soll erst ab dem Zeitpunkt bestehen, zu dem ein entsprechendes **deutliches Zahlungsverlangen** vorliegt.[893] Ferner wird dem nutzenden Ehegatten auch nach Zugang der Aufforderung noch eine angemessene Überlegungsfrist zuzubilligen sein, um sich klar zu werden, ob er für die künftige Nutzung die geforderte Entschädigung zahlen will.[894] 453

887 *Schulz,* in C. Münch, Gestaltungspraxis, § 5, Rn. 22, 39; *Weinreich,* in: Schulte-Bunert/Weinreich, FamFG, § 209, Rn. 7.

888 OLG Celle, NJW 2011, 2062 = FamRZ 2012, 32 = FamFR 2011, 259 m. Anm. *Ebert.*

889 *Schulz,* in C. Münch, Gestaltungspraxis, § 5, Rn. 43 ff. m.w.N.

890 OLG Naumburg, FamRZ 2003, 1748 gewährt als Minus auch Freistellung des nicht mehr nutzenden Ehegatten von Mietzinsansprüchen des Vermieters.

891 OLG Brandenburg, NJW-RR 2008, 957; OLG München, FamRZ 1999, 440; *Haußleiter/Schulz,* Vermögensauseinandersetzung, Kap. 4 Rn. 62 f.; Palandt/*Brudermüller,* BGB, § 1361b Rn. 20; *Wever,* Vermögensauseinandersetzung, Rn. 99; *ders.,* FF 2005, 23, 25; differenzierend *Erbarth,* FamRZ 2005, 1713; detailliert zu dieser Frage BGH, FamRZ 2006, 930 f.

892 BGH, FamRZ 2006, 930 f. m. Anm. *Brudermüller.*

893 OLG Braunschweig, FamRZ 1996, 548, 549; OLG Köln, FamRZ 1992, 440, 441; OLG München, FamRZ 1999, 1270; ferner: *Haußleiter/Schulz,* Vermögensauseinandersetzung, Kap. 4 Rn. 64; MüHdbFamR/*Müller,* § 16 Rn. 53; Palandt/*Brudermüller,* BGB, § 1361b Rn. 23.

894 *Schulz* in C. Münch, Gestaltungspraxis, § 5 Rn. 61 m.w.N. aus der Rechtsprechung, die sich auf die parallele Situation des Gesamtschuldnerausgleichs beziehen.

454 Sofern **unterhaltsrechtlich** die Nutzung der Wohnung bereits als **fiktives Einkommen** berücksichtig wurde, kommt die weitere Festsetzung einer Nutzungsvergütung nicht mehr in Betracht,[895] denn die **Unterhaltsregelung** hat grds. **Vorrang** .[896] Dies gilt aber nur dann, wenn der Wohnvorteil tatsächlich unterhaltsrechtlich ausgeglichen wurde, nicht schon, wenn er nur in den Überlegungen des Gerichts eine Rolle gespielt hat.[897] Auch wenn ein Ehegatte die Nutzungsvergütung nicht geltend gemacht hat, soll er diesen Anspruch insoweit einem Anspruch des die Hauslasten tragenden Ehegatten auf Gesamtschuldnerausgleich entgegenhalten können, der Ausgleichsanspruch ist insoweit von vorneherein beschränkt.[898]

455 Die Festsetzung einer Nutzungsvergütung entspricht i.d.R. der **Billigkeit**, wenn der weichende Ehegatte **Alleineigentümer** ist. Die Vergütung kann herabgesetzt werden, wenn dem verbleibenden Ehegatten die Alleinnutzung **aufgedrängt** wurde und der Wohnwert den Bedarf übersteigt. Insb. im ersten Trennungsjahr wird ein erheblicher Abschlag vom Marktwert der Wohnung gerechtfertigt sein.[899] Bei der Überlassung einzelner Räume in der Ehewohnung an die jeweiligen Ehegatten und Küche, Bad etc. zur gemeinschaftlichen Nutzung kann der Eigentümer noch keine Nutzungsvergütung verlangen, denn hier wird nur Mitbesitz in Teilbesitz umgewandelt, sodass eine Nutzungsvergütung nicht der Billigkeit entspräche.[900] Eine Nutzungsvergütung entspricht nicht mehr der Billigkeit, wenn zugleich die Nutzung einer im gemeinsamen Eigentum stehenden Ferienimmobilie verweigert wird.[901] Eine Nutzungsvergütung kann insb. dann der Billigkeit entsprechen, wenn der Alleineigentümer selbst in beengten Verhältnissen lebt.[902]

456 Bei der Festsetzung der Nutzungsvergütung ist zu berücksichtigen, wer die **Hauslasten** oder auch die **Finanzierung** trägt.[903] Ebenso ist die Zahlung verbrauchsunabhängiger Nebenkosten durch den nicht nutzenden Ehegatten in die Berechnung einzubeziehen.

457 Die Vergütungspflicht kann durch das Angebot auf **Wiedereinräumung des Mitbesitzes jederzeit abgewendet** werden.[904] Auch bei Mitbesitz in Form einer Aufteilung einer Wohnung soll eine Nutzungsvergütung entstehen können, wenn die Wohnung im Alleineigentum eines Ehegatten steht; dies entspricht jedoch im Trennungsjahr

---

895 BGH, FamRZ 1986, 436, 437; BGH, FamRZ 1979, 484, 486; OLG Naumburg, FamRZ 2009, 2090; OLG Saarbrücken, FamRZ 2010, 1981; *Haußleiter/Schulz*, Vermögensauseinandersetzung, Kap. 4 Rn. 60 m.w.N.; *Huber*, FamRZ 2000, 129, 131.

896 Palandt/*Brudermüller*, BGB, § 1361b Rn. 20.

897 OLG Karlsruhe, OLGR 2008, 875.

898 KG, FamRZ 2008, 2034.

899 Vgl. die detaillierte Darstellung beim Wohnvorteil unter Rdn. 148 ff.

900 OLG Brandenburg, FamRZ 2008, 1931.

901 OLG Frankfurt/M., FamRZ 2011, 373.

902 OLG Bremen, FamRZ 2010, 1980.

903 Detailliert *Wever*, FF 2005, 23 ff.

904 KG, FamRZ 2001, 368; BGH, FamRZ 1986, 436, 437.

zumindest dann noch nicht der Billigkeit, wenn der Nichteigentümer-Ehegatte in der beiderseits genutzten Wohnung die gemeinsamen Kinder versorgt.[905]

Ist der allein nutzende Ehegatte nicht leistungsfähig, entfällt ein Anspruch auf Nutzungsvergütung.[906] 458

Auch bei **Miteigentum** beider Ehegatten kann die Alleinnutzung eines Ehegatten zu einer (anteiligen) Nutzungsentschädigung führen.[907] Hierbei ist allerdings auch zu berücksichtigen, dass volljährige Kinder ein Zimmer nutzen, von denen eine »Abgabe« verlangt werden könnte, die auch dem weichenden Ehegatten zugute kommen muss.[908] 459

Bei **Miteigentum** ist § 1361b Abs. 3 Satz 2 BGB nach inzwischen herrschender Auffassung **lex specialis** zu § 745 Abs. 2 BGB.[909] Dies war bedeutsam v.a. für die Zuständigkeit des FamG.[910] Diese wurde bisher bereits für Streitigkeiten auf Nutzungsentschädigung überwiegend bejaht. Nachdem nunmehr in §§ 111, 266 FamFG das sog. »Große Familiengericht« eingeführt wurde, ist diese Streitfrage insoweit obsolet, da somit alle aus der Ehe herrührenden Ansprüche als sonstige Familiensachen anzusehen sind. 460

Auch einem weichenden Ehegatten, der **nicht Eigentümer oder Miteigentümer** der Ehewohnung ist, kann in Ausnahmefällen ein Anspruch auf Nutzungsentschädigung zustehen, wenn dies der Billigkeit entspricht, etwa weil er durch Umbauten und Investitionen zum Wert des Wohneigentums erheblich beigetragen hat.[911] 461

Bei einer Mietwohnung verneint das OLG Köln einen Anspruch auf **Gesamtschuldnerausgleich gegen den ausgezogenen Ehegatten** auf anteilige Zahlung der Mietzins- 462

905 OLG Brandenburg, NJW-RR 2008, 957 f.

906 Palandt/*Brudermüller*, BGB, § 1361b Rn. 21.

907 *Götz/Brudermüller*, Die gemeinsame Wohnung, Rn. 269.

908 OLG Hamm, FamRZ 2011, 892.

909 OLG Jena, NJW 2006, 703; OLG Hamm, FamRB 2008, 197; OLG Frankfurt/M., FamRZ 2011, 373; OLG Hamm, FamRZ 2011, 481; OLG Hamm, FamRZ 2011, 892; *Haußleiter/Schulz*, Vermögensauseinandersetzung, Kap. 4, Rn. 61 m.w.N.; *Huber*, FamRZ 2000, 129, 131; MüHdbFamR/*Müller*, § 16 Rn. 48 f.; Palandt/*Brudermüller*, BGB, § 1361b Rn. 20; a.A. Bamberger/Roth/*Neumann*, BGB, § 1361b Rn. 14; KG, NJW-RR 2007, 798: § 745 Abs. 2 BGB dann alleinige Anspruchsgrundlage, wenn wegen endgültiger Einigung über die Nutzung die Wohnung keine Ehewohnung mehr ist; anders aber dann KG, FamRZ 2008, 1933: § 1361b Abs. 3 BGB als lex specialis; einschränkend auch *Wever*, FamRZ 2003, 565, 566, der fordert, es müssten beim freiwilligen Auszug die Voraussetzungen der Wohnungsüberlassung vorgelegen haben; für eine Anwendung des § 1361b BGB wohl auch BGH, FamRZ 2006, 930 f., der die Frage allerdings nicht entscheiden musste.

910 Vgl. OLG Jena, FamRZ 2008, 1934.

911 OLG München, FamRB 2008, 66; der Leitsatz klingt missverständlich so, als könne eine solche Nutzungsentschädigung dem Nichteigentümer generell gewährt werden.

raten jedenfalls ab Scheidung.[912] Das LG Mönchengladbach will hierzu auf die nächste Kündigungsmöglichkeit nach Trennung abstellen.[913] Wenn man dem in der Wohnung verbliebenen Ehegatten eine Überlegungsfrist zubilligt und dieser nach einer Weile ebenfalls auszieht, so entfällt auch während der Überlegungsfrist nach Ansicht des OLG Brandenburg ein gesamtschuldnerischer Ausgleich.[914] Anders entschied jedoch ein anderer Senat desselben Gerichts für den Fall, dass der ausgezogene Ehegatte die Miete und Nebenkosten getragen hat und nun vom weiter die Ehewohnung bewohnenden Ehegatten im Wege des Gesamtschuldnerausgleiches die Hälfte der Kosten verlangt.[915]

463 Das OLG Naumburg sieht den Freistellungsanspruch als Minus zur Nutzungsvergütung und kommt daher zu einer familiengerichtlichen Zuständigkeit.[916] Auch diese Streitfrage ist mit der Einführung des »Großen Familiengerichts« obsolet.

6. Gewaltschutzgesetz

464 Auch nach dem **Gewaltschutzgesetz** kann eine Wohnungsüberlassung in Betracht kommen, und zwar für alle Personen die dauerhaft in häuslicher Gemeinschaft leben, nicht nur für Ehegatten. Insofern überschneiden sich die Anwendungsbereiche der beiden Vorschriften.[917] Nach dem Gewaltschutzgesetz kann jedoch nicht verlangt werden, dass ein Gewalttäter seinen Wohnsitz aufgibt.[918]

465 **§ 2 GewSchG** enthält – im Gegensatz zu den Schutzanordnungen nach § 1 GewSchG[919] – eine echte **materiell-rechtliche Anspruchsgrundlage** für die Wohnungsüberlassung.[920]

466 § 2 GewSchG gewährt einen **Anspruch auf Nutzung** des Opfers gegen den Täter. Ein bestehendes **Mietverhältnis** wird durch diese Wohnungsüberlassung **nicht berührt.**

467 Die Voraussetzungen einer Wohnungsüberlassung nach § 2 GewSchG sind die folgenden:

468 – Auf Dauer angelegter gemeinsamer Haushalt
Dieser Begriff fordert **mehr als reine Wohn- und Wirtschaftsgemeinschaften,** nämlich eine Verantwortung für anfallende finanzielle, rechtliche und tatsächliche

912 OLG Köln, FamRZ 2003, 1664.
913 LG Mönchengladbach, FamRZ 2003, 1839.
914 OLG Brandenburg, FamRZ 2007, 1172.
915 OLG Brandenburg, FamRZ 2008, 156.
916 OLG Naumburg, FamRZ 2003, 1748.
917 Zur anwaltlichen Handhabung des Gewaltschutzgesetzes *Müller*, NJW 2010, 2640 ff.
918 OLG Karlsruhe, FamRZ 2012, 455, das aber mögliche Ansprüche nach §§ 823, 1004 BGB sieht.
919 Zum anwendbaren Recht bei Schutzanordnungen nach dem Gewaltschutzgesetz *Breidenstein*, FamFR 2012, 172 f.
920 *Hohloch*, FPR 2008, 430.

Angelegenheiten und entspricht letztlich den von der Rechtsprechung herausgearbeiteten Kriterien einer »eheähnlichen Gemeinschaft«.[921] Bei **Ehegatten** wird diese Voraussetzung i.d.R. unproblematisch **zu bejahen** sein.

- Tat nach § 1 Abs. 1 Satz 1 GewSchG oder Drohung nach § 1 Abs. 2 GewSchG 469
  Die Wohnungsüberlassung setzt eine Tat nach § 1 Abs. 1 Satz 1 GewSchG voraus, d.h. eine **vollendete vorsätzliche und widerrechtliche Verletzung des Körpers, der Gesundheit oder der Freiheit**. Unter die Körper- oder Gesundheitsverletzung fällt auch die psychische Gewalt, sodass medizinisch feststellbare psychische Gesundheitsschäden ausreichen, insbes. etwa Schlafstörungen.[922]

  Im Fall einer bloßen **Drohung** mit einer solchen Tat ist nach § 2 Abs. 6 GewSchG **weiter Voraussetzung**, dass die Wohnungsüberlassung zur Alleinnutzung erforderlich ist, um eine **unbillige Härte** für das Opfer zu vermeiden. Eine Drohung kann auch schlüssig erfolgen. Sie kann auch im Versuch einer Gewalttat zu erblicken sein.[923] Die Drohung muss ernsthaft sein. Nicht jede Auseinandersetzung ist schon eine Drohung, vielmehr ist diese abzugrenzen von bloßen Verwünschungen, Beschimpfungen oder Prahlereien.[924] 470

  Die Tat muss **vorsätzlich** begangen worden sein, sodass ein fahrlässiges Verhalten nicht genügt. Die **Widerrechtlichkeit** wird indiziert. Sie entfällt bei Notwehr oder Nothilfe. Eine solche Situation muss der Täter darlegen.[925] Ein Verschulden ist nicht Voraussetzung, wenn sich der Täter vorübergehend in einen schuldunfähigen Zustand versetzt hat, etwa durch Alkohol, § 2 Abs. 6 Satz 2 i.V.m. § 1 Abs. 3 GewSchG[926]. 471

- Ausschluss bei fehlender Wiederholungsgefahr 472
  Ein Anspruch auf Wohnungsüberlassung ist ausgeschlossen, wenn weitere Verletzungen nicht zu besorgen sind, § 2 Abs. 3 Nr. 1 GewSchG. Dabei spricht nach einer Tat aufgrund des präventiven Charakters des GewSchG eine **tatsächliche Vermutung für die Wiederholungsgefahr**. Der **Täter muss** also **darlegen**, dass weitere Verletzungen nicht zu besorgen sind. Hieran stellt die Rechtsprechung strenge Anforderungen.[927] Der Wohnungsüberlassungsantrag sollte dennoch diejenigen Aspekte, die für eine Wiederholungsgefahr sprechen, detailliert angeben.

- Ausschluss bei Versäumung der Dreimonatsfrist 473
  Nach § 2 Abs. 3 Nr. 2 GewSchG muss das Opfer die Wohnungsüberlassung vom Täter **binnen drei Monaten** nach der Tat **schriftlich verlangen**. Hierzu ist die

921 *Götz/Brudermüller*, Die gemeinsame Wohnung, Rn. 222 f. m.w.N.
922 *Götz/Brudermüller*, Die gemeinsame Wohnung, Rn. 218.
923 *Götz/Brudermüller*, Die gemeinsame Wohnung, Rn. 221.
924 OLG Bremen, FamRB 2011, 11.
925 OLG Brandenburg, NZM 2006, 77.
926 Nicht ausreichend ist die Tat eines Unzurechnungsfähigen, OLG Celle, FamRZ 2012, 456.
927 OLG Brandenburg, NZM 2006, 77; allgemein BayObLG, NJW-RR 1987, 463.

Einreichung des Antrages bei Gericht und dessen Zustellung ausreichend. Ansichten, die den **Ausschlussgrund einschränken** wollen, wenn dem Opfer das schriftliche Verlangen **nicht möglich oder zumutbar** war,[928] ist angesichts des Gesetzeszweckes zuzustimmen, insbes. für die Fälle, dass der Täter das Opfer schwerwiegend verletzt hat oder dass der Täter unbekannten Aufenthaltes war.

474 – Ausschluss bei schwerwiegenden Täterbelangen
Ein Anspruch auf Wohnungsüberlassung ist schließlich dann ausgeschlossen, wenn **besonders schwerwiegende Täterbelange** entgegenstehen, § 2 Abs. 3 Nr. 3 GewSchG. An das Vorliegen solcher Belange, für die der Täter die Beweislast trägt, sind sehr strenge Anforderungen zu stellen.

475 In Gewaltschutzsachen kann die **Hauptsacheentscheidung** nach § 216 FamFG und auch eine **einstweilige Anordnung** nach § 214 FamFG für **sofort wirksam** erklärt werden mit einer **Vollstreckungsanordnung** noch **vor Zustellung** an den Gegner. Die Maßnahmen können daher beschleunigt durchgeführt werden.[929] Einstweilige Anordnungen in Gewaltschutzsachen[930] sind ebenso zu befristen[931] wie Hauptsacheentscheidungen.[932]

476 Die Anspruchskonkurrenz zu § 1361b BGB ist umstritten. Zum einen wird vertreten, § 1361b BGB sei die speziellere Vorschrift, da sie für die Trennungssituation geschaffen ist.[933] Soweit daraus gefolgert wird, § 2 GewSchG greife nur ein, wenn keine Trennungssituation vorliegt,[934] ist dem zu widersprechen. Der Sinn des GewSchG verbietet es, sein Eingreifen von diffizilen Ermittlungen zu Trennungsabsichten abhängig zu machen.[935] Es besteht also eine **Anspruchskonkurrenz.**[936] Die Ansprüche unterscheiden sich dabei z.T. in ihren Auswirkungen. So kann etwa § 1361b BGB weiter gehend sein, denn die Wohnungsüberlassung kann hiernach bis zur Scheidung dauern, während sie nach § 2 GewSchG zu befristen ist. Andererseits wird in § 2 GewSchG aufgrund seiner deeskalierenden Wirkung sogar eheerhaltende Funktion gesehen.[937]

476a Verfahren nach dem Gewaltschutzgesetz sind nach § 111 Nr. 6 FamFG Familiensachen.

928 *Götz/Brudermüller*, Die gemeinsame Wohnung, Rn. 233.

929 Bamberger/Roth/*Neumann*, BGB, § 1361b Rn. 21; *Schulte-Bunert*, in: Schulte-Bunert/Weinreich, FamFG, §§ 214, 216.

930 Hierzu *Bruns*, FamRZ 2012, 1024 f.

931 OLG Saarbrücken, FamRB 2011, 11; OLG Saarbrücken, FPR 2011, 232.

932 OLG Celle, NJW-RR 2009, 1307 = FamRZ 2009, 1751.

933 Palandt/*Brudermüller*, BGB, § 2 GewSchG Rn. 2.

934 Vgl. etwa 15. Deutscher Familiengerichtstag, FamRZ 2003, 1906, 1907; *Brudermüller*, FamRZ 2003, 1705, 1707; *Götz/Brudermüller*, Die gemeinsame Wohnung, Rn. 259; Garbe-von Kuczkowski/Garbe, FamRB 2008, 85.

935 So ausdrücklich *Haußleiter/Schulz*, Vermögensauseinandersetzung, Kap. 11 Rn. 39 ff.

936 *Hohloch*, FPR 2008, 430, 431.

937 Erman/*Gamillscheg*, BGB, § 1361b Rn. 16.

Auch **polizeirechtliche Platzverweise** im Zusammenhang mit dem Gewaltschutzgesetz beschäftigen die Rechtsprechung. Als zulässig wird erachtet, einen polizeilichen Platzverweis auszusprechen, um von häuslicher Gewalt betroffenen Familienangehörigen eine Phase der Ruhe zu verschaffen, damit sie die Möglichkeit haben, Entscheidungen etwa zur Inanspruchnahme des Gewaltschutzgesetzes zu treffen.[938]

7. Vertragliche vorläufige Nutzungsregelung

Vertragliche Vereinbarungen für Scheidungsimmobilien, die im Eigentum der Ehegatten stehen, werden an anderer Stelle ausführliche vorgestellt.[939] Hier sollen daher **vertragliche Regelungen** besprochen werden, die das **Mietverhältnis** in der Trennungsphase zum Gegenstand haben. 477

Besitzen die **Ehegatten** kein Familienwohnheim zum Eigentum, sondern **wohnen zur Miete**, können sie Vereinbarungen über dieses Mietverhältnis treffen, die, soweit sie zur Freistellung eines Ehegatten führen sollen, der Zustimmung des Vermieters bedürfen.[940] Das OLG Hamburg hat dem ausziehenden Ehepartner gegen den verbleibenden einen Anspruch auf Mitwirkung an der Kündigung des gemeinsam eingegangenen Mietverhältnisses zugesprochen, wenn der verbleibende Ehegatte zur Freistellung des ausgezogenen nicht in der Lage ist.[941] Dem sollen auch §§ 1361b, 1568a BGB nicht entgegenstehen.[942] Demgegenüber hat das OLG Köln einen solchen Anspruch unter Verweis auf das Rücksichtnahmegebot des § 1353 BGB verneint.[943] Zu beachten ist, dass auch bei Unterzeichnung des Mietvertrages durch nur einen Ehegatten ein konkludenter Eintritt des anderen Ehepartners in den Mietvertrag in Betracht kommt.[944] 478

Sind die Verhältnisse mit dem Vermieter bereits geklärt, kann dies in der Vereinbarung so festgehalten werden. Es sind dann nur noch die restlichen gegenseitigen Pflichten festzuhalten.[945] 479

938 VG Göttingen, NJW 2012, 1675 f.

939 Rdn. 578 ff.

940 Zu Ansprüchen des verbleibenden Ehepartners auf Beteiligung des ausgezogenen Ehegatten an den Mietkosten vgl. OLG Dresden, OLG-NL 2002, 174.

941 OLG Hamburg, NJW-RR 2001, 1012 und OLG Hamburg, FamRZ 2011, 481; die Rechtslage ist sehr umstritten, vgl. *Langheim*, FamRZ 2007, 2030 f.

942 *Schwartmann*, FamRB 2005, 371, 373.

943 OLG Köln, FamFR 2011, 21.

944 BGH, MDR 2006, 84.

945 Streiten die Ehegatten um die Einhaltung von Verpflichtungen aus Vereinbarungen, so ist die Einordnung dieser Streitigkeit nicht unumstritten. Eine Ehewohnungssache nach § 111 Nr. 5 FamFG wird wohl nicht vorliegen. Die Verweisung an das Prozessgericht unter Berufung auf Urteile nach alter Rechtslage (so z.B. *Eckebrecht*, Verfahrenshandbuch, § 3, Rn. 10) erscheint aber auch nicht richtig, da es sich zumindest um eine sonstige Familiensache im Sinne des § 266 Abs. 1 Nr. 3 FamFG handelt.

480 ▶ Formulierungsvorschlag (Weiternutzung der gemieteten Wohnung durch einen Ehegatten – bereits geklärte Verhältnisse):

1)

Die Verhältnisse hinsichtlich der ehelichen Wohnung in ....., ...straße sind geklärt. Die Ehefrau wird mit unseren Kindern weiterhin diese Wohnung bewohnen.

2)

Der Mietvertrag ist mit dem Vermieter bereits in entsprechender Weise umgestellt. Allerdings hat der Ehemann noch für fünf Jahre vom 01.01.2013 an die Haftung für Mietrückstände bis zu insgesamt 12 Monatsmieten übernommen. Außerdem hatte er zu Beginn des Mietverhältnisses die Kaution über drei Monatsmieten in Höhe von insgesamt 3.600,00 € gestellt. Die Schönheitsreparaturen in der Wohnung sind zum Ende des Jahres 2012 durchgeführt und von beiden Teilen einvernehmlich bezahlt worden.

3)

Wir vereinbaren Folgendes: Die Ehefrau verpflichtet sich, die Mietzahlungen an den Vermieter vertragsgerecht zu erbringen, insbesondere die Miete und die Nebenkostenvorauszahlungen an den Vermieter zu zahlen und den Ehemann im Fall einer Inanspruchnahme durch den Vermieter unverzüglich freizustellen. Wird der Ehemann dennoch vom Vermieter wegen der Haftung für Mietrückstände in Anspruch genommen, so kann er Leistungen direkt gegenüber diesem erbringen und vom jeweils geschuldeten Ehegattenunterhalt in Abzug bringen.
Die Kaution in Höhe von 3.600,00 € soll der Ehefrau allein zustehen.

481 Soweit derjenige Ehegatte, der in der Ehewohnung verblieben ist, das **Mietverhältnis fortsetzen** möchte, ohne dass zuvor schon eine Regelung gefunden war, kommt eine Übernahmevereinbarung in Betracht, welche die gegenseitigen Rechte und Pflichten aus dem Mietverhältnis festlegt.

482 ▶ Formulierungsvorschlag (Übernahme Mietvertrag mit Freistellungsverpflichtung):

.....

1)

Die Ehegatten leben seit dem ..... getrennt. Sie sind sich einig, dass die Ehewohnung in der .....straße, die sie aufgrund eines Mietvertrages mit dem Eigentümer, Herrn ..... vom ..... nutzen, künftig von der Ehefrau und den gemeinsamen Kindern bewohnt wird. Der Ehemann ist am ..... aus der Wohnung ausgezogen.
Alternative:
Der Ehemann verpflichtet sich, diese Wohnung bis zum ..... unter Mitnahme seiner persönlichen Habe und Rücklassung aller Schlüssel zu räumen.

2)

Vom Tag des Auszugs des Ehemannes an kommt die Ehefrau allein für die Zahlung von **Miete und Nebenkostenvorauszahlungen** auf. Bis zu diesem Zeitpunkt haben die Ehegatten diese Leistungen je zu gleichen Teilen zu erbringen, ohne dass eine Verrechnung mit anderen Forderungen oder ein späterer Erstattungsanspruch besteht.[946] **Abrechnungen** mit dem Vermieter sind ebenfalls für Zeiträume bis zum Auszugstag noch mit beiden Ehegatten vorzunehmen, ab diesem Zeitpunkt mit der Ehefrau allein.

Alternative:

Eine weitere Endabrechnung findet allein zwischen dem Vermieter und der Ehefrau statt, auch sofern sie Zeiten gemeinsamer Nutzung betrifft.

3)

Anlässlich des Auszugs des Ehemannes sind die mietvertraglich geschuldeten **Schönheitsreparaturen** zu erbringen und von beiden Seiten zu gleichen Teilen zu zahlen.

Alternative:

Schönheitsreparaturen sind von der Ehefrau zu erbringen, wenn sie nach Mietvertrag fällig sind. Ein Ausgleichsanspruch gegenüber dem Ehemann besteht insoweit nicht.

4)

Die vorhandene **Mietkaution** steht der Ehefrau zu.

5)

Die Ehefrau verpflichtet sich, den Ehemann im Außenverhältnis gegenüber dem Vermieter mit dem Tag des Auszugs aus dem Mietverhältnis zu entlassen und von allen weiter gehenden Verpflichtungen **freizustellen**. Sofern dies nicht gelingt, verpflichtet sie sich hiermit im Innenverhältnis zum Ehemann, die Zahlungen jeweils fristgerecht zu leisten, insbesondere die Miete und die Nebenkostenvorauszahlungen an den Eigentümer zu zahlen, und den Ehemann im Fall einer Inanspruchnahme durch den Eigentümer unverzüglich freizustellen, ohne dass weitere Ausgleichsansprüche bestehen. Wird der Ehemann dennoch vom Eigentümer aus dem Mietverhältnis in Anspruch genommen, so kann er Leistungen direkt gegenüber dem Eigentümer erbringen und vom jeweils geschuldeten Ehegattenunterhalt in Abzug bringen.[947]

946 *Bergschneider*, Familienrechtliche Verträge, Rn. 978.

947 Vorschlag von *Müller*, Vertragsgestaltung, Kap. 3, Rn. 423; ferner *Börger*, FPR 2000, 262, 265, die sogar den Abzug vom Kindesunterhalt mit Freistellung vorschlägt, was wohl zu weitgehend ist.

483 Ist die Wohnung für einen Ehegatten zu groß oder zu teuer, werden die Ehegatten vereinbaren, die **Wohnung aufzugeben**. Die Rechtsprechung gewährt inzwischen einen Anspruch auf Mitwirkung des anderen Ehegatten an der Kündigung, wenn die nacheheliche Solidarität dem nicht entgegensteht.[948]

484 ▶ Formulierungsvorschlag (Aufgabe der angemieteten Ehewohnung):

...

1)

Die Ehegatten leben seit dem ..... getrennt. Sie sind sich einig, dass sie die Ehewohnung in der ...straße, die sie aufgrund eines Mietvertrages mit dem Eigentümer, Herrn ..... vom ..... nutzen, zum nächstmöglichen Kündigungstermin kündigen und aufgeben. Die Ehegatten verpflichten sich gegenseitig, alle Erklärungen abzugeben, die zur Beendigung des Mietverhältnisses erforderlich sind, und die Wohnung zum Kündigungstermin geräumt zu übergeben.

2)

Alle bis zum Ende des Mietverhältnisses noch anfallenden Kosten und Abrechnungen tragen die Eheleute zu gleichen Teilen. Dies gilt auch für anstehende Schönheitsreparaturen. Eine zurückzugebende Kaution steht beiden Ehegatten je zur Hälfte zu.

485 Soll ohne Eigentumsregelung lediglich der Auszug des Nichteigentümer-Ehegatten vereinbart sein, der das Haus derzeit noch bewohnt, so kann eine dementsprechende Vereinbarung eine Räumungsverpflichtung mit Zwangsvollstreckungsvereinbarung vorsehen.[949]

486 ▶ Formulierungsvorschlag (Räumungsverpflichtung mit Zwangsvollstreckungsunterwerfung):

Über die fernere Nutzung der ehelichen Wohnung in ....., ...straße haben wir uns folgendermaßen geeinigt:
Das Anwesen steht im Eigentum der Ehefrau, die derzeit bei ihren Eltern wohnt.
Der Ehemann verpflichtet sich zur Räumung des Anwesens bis spätestens zum ..... unter Mitnahme seiner persönlichen Habe und der ihm gemäß diesem Abschnitt der Urkunde zustehenden Haushaltsgegenstände. Das Hausanwesen ist in besenreinem Zustand zu übergeben.
Wegen dieser Räumungsverpflichtung unterwirft sich der Ehemann der Ehefrau gegenüber der

sofortigen Zwangsvollstreckung.

Er weist den Notar an, der Ehefrau ohne weitere Nachweise auf einseitigen Antrag insoweit eine vollstreckbare Ausfertigung dieser Urkunde zu erteilen.

---

948 OLG Köln, FamRZ 2007, 46: schon ab Trennung; OLG Hamburg, NJW-RR 2001, 1012: ab Scheidung; a.A. OLG München, FamRZ 2004, 1875: auch nach Scheidung nicht; hierzu *Götz/Brudermüller*, FamRZ 2008, 1895, 1897.

949 Die Zwangsvollstreckungsunterwerfung nach § 794 Abs. 1 Nr. 5 ZPO sollte zulässig sein, da es – ebenso wie bei der Veräußerung durch den Eigentümer – nicht um Ansprüche geht, die den Bestand eines Mietverhältnisses betreffen, Zöller/*Stöber*, ZPO, § 794 Rn. 26; *Langenfeld*, Eheverträge, 5. Aufl., Rn. 911 ff.

8. Anträge

Abschließend seien noch einige Formulierungsempfehlungen[950] für gerichtliche Anträge in diesem Zusammenhang gegeben. Vorläufige Regelungen zur Überlassung der Ehewohnung können stets nur im isolierten Verfahren geltend gemacht werden.[951] Das Verfahren bleibt auch dann isoliert, wenn zwischenzeitlich die Scheidung rechtshängig geworden ist.[952] Nach § 207 FamFG soll das Gericht die Angelegenheit in den Fällen des § 1361b BGB mit den Ehegatten in einem Termin erörtern. Hierzu soll das persönliche Erscheinen der Ehegatten angeordnet werden. § 205 FamFG sieht außerdem eine Anhörung des Jugendamtes vor, wenn Kinder im Haushalt der Ehegatten leben. 487

Gerade Verfahren zur Überlassung der Ehewohnung in einer Trennungssituation werden wegen ihrer Eilbedürftigkeit[953] sehr häufig im Wege des einstweiligen Rechtsschutzes nach § 49 FamFG betrieben.[954]

a) Überlassung der Ehewohnung nach § 1361b BGB

▶ Formulierungsvorschlag (Antrag auf Überlassung der Ehewohnung für die Dauer des Getrenntlebens): 488

An das
Amtsgericht
Familiengericht
.....

....., den .....

In der Familiensache
.....

– Antragstellerin –

Verfahrensbevollmächtigte Rechtsanwältin .....
gegen
......

– Antragsgegner –

stelle ich hiermit ich namens und in Vollmacht der Antragstellerin den

Antrag auf Überlassung der Ehewohnung nach § 1361b BGB.

Ich beantrage zu erkennen:

---

950 Auf der Basis der Formulierungen von MüHdbFamR/*Müller*, § 16; *Haußleiter/Schulz*, Vermögensauseinandersetzung, Kap. 4 Rn. 41 ff.; *Poppen*, in: Vorwerk, Prozessformularbuch, Kap. 137 Rn. 26 f.; Münchener Prozessformularbuch/*Müller*, Bd. 3, Familienrecht, D VI.

951 *Götz/Brudermüller*, Die gemeinsame Wohnung, Rn. 351.

952 MüHdbFamR/*Müller*, § 16 Rn. 70.

953 Eine solche hat das OLG Köln, FamRZ 2011, 118 zu Recht verneint, wenn der Antragsteller die Wohnung selbst verlassen hatte und seitdem sechs Monate vergangen sind.

954 *v. Swieykowski-Trzaska*, in Eckebrecht, Verfahrenshandbuch, § 3, Rn. 85 ff., dort auch Antragsmuster mit Begründung; *Schulz*, in: C. Münch, Gestaltungspraxis, § 5, Rn. 31

1. Die im gemeinsamen Eigentum der Ehegatten ... stehende Ehewohnung in ....., ...straße ....., 2. Stock bestehend aus ..... wird der Antragstellerin für die Dauer des Getrenntlebens der Beteiligten[955] zur alleinigen Nutzung überlassen.

2. Dem Antragsgegner wird aufgegeben, die unter 1. genannten Ehewohnung unter Mitnahme seiner persönlichen Sachen und gegen Übergabe sämtlicher Haus- und Wohnungsschlüssel bis zum ..... zu räumen und die Wohnung an die Antragstellerin herauszugeben. § 885 Abs. 2 bis 4 ZPO ist bei der Vollstreckung nicht anzuwenden.[956]

Alternative:

3. Dem Antragsgegner wird es bei Meidung eines vom Gericht festzusetzenden Ordnungsgeldes verboten, die Ehewohnung ohne Zustimmung der Antragstellerin zu betreten. Es wird ihm weiter aufgegeben, jegliche Misshandlung, Bedrohung oder Belästigung der Antragstellerin zu unterlassen[957].

4. Dem Antragsgegner wird untersagt, Haushaltsgegenstände mitzunehmen[958].

5. Die Antragstellerin ist berechtigt, das Schloss für die Wohnungsabschlusstür auszuwechseln.

6. Die Entscheidung ist sofort wirksam. Die Vollstreckung ist schon vor der Zustellung an den Antragsgegner zulässig.[959]

7. Der Antragsgegner trägt die Kosten des Verfahrens.

---

955 Zur Geltungsdauer Palandt/*Brudermüller*, BGB, § 1361b Rn. 27 und *Götz/Brudermüller*, Die gemeinsame Wohnung, Rn. 250 f.: Anordnung verliert ihre Wirksamkeit bei Wiederaufnahme der ehelichen Lebensgemeinschaft oder rechtskräftiger Scheidung der Ehe. Einer zusätzlichen Befristung bedarf es dann, wenn die Wohnung ausnahmsweise dem dinglich nicht Berechtigten überlassen wird und ein Ende des Getrenntlebens nicht absehbar ist. In diesem Fall wäre eine vorläufige Überlassung für eine fest bestimmte Frist auszusprechen.

956 *Haußleiter/Schulz*, Vermögensauseinandersetzung, Kap. 4 Rn. 40 schlagen als alternative Formulierung vor: »Die Räumungsverpflichtung bezieht sich nur auf die Person des Antragsgegners. Sachen dürfen aus der Wohnung nicht weggeschafft werden.« Zur Vollstreckung in Familiensachen nach dem FamFG: *Giers*, FamRB 2009, 87 ff. Für Familiensachen, die keine Ehe- oder Familienstreitsachen sind, verweist § 95 FamFG weiter auf die Vorschriften der ZPO.

957 MüHdbFamR/*Müller*, § 16 Rn. 12. Diese Anordnung wird man insbesondere in Fällen mit Gewaltanwendung beantragen.

958 Vgl. *Brudermüller*, FamRZ 1987, 109, 114 m.w.N.

959 § 209 Abs. 2 FamFG sieht für die Entscheidungen im Grundsatz die Wirksamkeit mit Rechtskraft der Endentscheidung vor. Das Gericht soll jedoch in Wohnungsüberlassungssachen nach § 1361b BGB die sofortige Wirksamkeit anordnen. Zusätzlich wird in § 209 Abs. 3 FamFG vorgesehen, dass die Zulässigkeit eine Vollstreckung schon vor Zustellung an den Antragsgegner – diese ist nach § 87 Abs. 2 FamFG auch künftig Voraussetzung der Vollstreckung – angeordnet werden kann, um die Anwendung weiterer Gewalt nach Zustellung der Entscheidung zuvorzukommen, wie dies bisher nach § 64b Abs. 2 Satz 2 FGG in Gewaltschutzsachen schon möglich war.

Zur

Begründung

trage ich Folgendes vor:

1. Die Beteiligten haben am ..... die Ehe geschlossen. Sie haben zwei gemeinsame minderjährige Kinder, den Sohn ....., geb. am ..... und die Tochter ....., geb. am ....., die in der Ehewohnung leben.[960]
Die Kinder sind in den letzten Jahren überwiegend von der Antragstellerin betreut worden, die hierzu für einige Jahre ihren Beruf aufgegeben hatte und nun halbtags berufstätig ist. Der Sohn geht derzeit in die zweite Klasse der Grundschule, die er fußläufig in 10 Minuten erreichen kann. Die Tochter besucht den Kindergarten in der Nachbarschaft.

2. Antragstellerin und Antragsgegner sind gemeinsam Miteigentümer je zur Hälfte der vorgenannten Ehewohnung. Die Wohnung ist zwar noch mit Grundschulden belastet, Verbindlichkeiten bestehen jedoch nicht mehr.

3. Die Antragstellerin beabsichtigt, sich scheiden zu lassen.
Sie lebt vom Antragsteller seit dem ..... in der Ehewohnung dauerhaft getrennt in der Weise, dass sie aus dem gemeinsamen Schlafzimmer ausgezogen und in das Zimmer des ältesten Kindes gezogen ist. Dieses ist im Zimmer der jüngeren Schwester vorläufig mit untergebracht.
Der Grund für die Trennung liegt darin, dass der Antragsgegner dem Alkohol zu stark zuspricht und in angetrunkenem Zustand Ehefrau und Kinder beschimpft und in der letzten Zeit auch körperlich misshandelt. Hierzu sind folgende Vorgänge[961] zu nennen:

a) .....
Beweis: ärztliches Attest des Hausarztes Dr. .....

b) .....
Beweis: Zeugnis des Hausbewohners .....

c) .....
Zuletzt hat der Antragsgegner eine der übrigen Familie fremde Frau mit in die eheliche Wohnung gebracht und mit ihr im gemeinsamen ehelichen Schlafzimmer übernachtet.

960 Vgl. § 203 Abs. 3 FamFG.

961 Zur Begründung des Antrags sind behauptete Vorfälle nach Zeit, Ort und näheren Umständen, sowie konkreten Folgen detailliert zu schildern und nachzuweisen, Verletzungen sind durch ärztliche Atteste zu dokumentieren, *Poppen*, in: Vorwerk, Prozessformularbuch, Kap. 137 Rn. 29; OLG Brandenburg, FamRZ 1996, 743, 744: einmaliger Vorfall, der mehrere Jahre zurückliegt in Verbindung mit allgemeiner Schilderung genügt nicht; OLG Köln, FamRZ 1994, 632.

4. Aus diesem Grunde ist es der Antragsgegnerin nicht mehr zuzumuten, gemeinsam mit dem Antragsgegner in der Ehewohnung zu wohnen. Sie ist auf die Ehewohnung zur Betreuung der Kinder angewiesen. Die Kinder sollen nicht aus ihrer gewohnten Umgebung herausgenommen werden.

5. Die Antragstellerin hat den Antragsgegner durch Anwaltsbrief vom ..... aufgefordert, die eheliche Wohnung zu verlassen.
   Beweis: Anwaltsbrief vom ..... (Aktenexemplar) mit Zugangsnachweis

6. Die Antragstellerin beantragt daher im isolierten Verfahren nach § 1361b BGB i.V.m. § 200 Abs. 1 Nr. 1 FamFG, dass die Wohnung für die Dauer des Getrenntlebens der Antragstellerin zur alleinigen Nutzung überlassen und dem Antragsgegner deren Räumung aufgegeben wird.

7. Die Anordnung der sofortigen Wirksamkeit und der Zulässigkeit der Vollstreckung bereits vor Zustellung ist erforderlich, um weitere körperliche Misshandlungen der Antragstellerin zu unterbinden.

8. Die örtliche Zuständigkeit des Gerichts ergibt sich aus § 201 Nr. 2 FamFG, nachdem die eheliche Wohnung im Bezirk des .....gerichts liegt.

9. Der Streitwert wird auf ..... € beziffert. Gerichtskosten sind durch Verrechnungsscheck bezahlt.

2 Abschriften anbei

.....

Rechtsanwältin

b) Wohnungsüberlassung nach dem Gewaltschutzgesetz

▶ Formulierungsvorschlag (Antrag auf Wohnungsüberlassung nach dem Gewaltschutzgesetz): 489

An das
Amtsgericht
Familiengericht[962]
.....

....., den .....

In der Familiensache
.....

– Antragstellerin –

Verfahrensbevollmächtigte Rechtsanwältin .....
gegen
.....

– Antragsgegner –

stelle ich hiermit ich namens und in Vollmacht der Antragstellerin den

Antrag auf Überlassung der Ehewohnung nach dem Gewaltschutzgesetz.

Ich beantrage zu erkennen:

1. Die im gemeinsamen Eigentum der Ehegatten ..... stehende Ehewohnung in ....straße ....., 2. Stock bestehend aus ..... wird – zunächst auf die Dauer von sechs Monaten – der Antragstellerin zur alleinigen Nutzung überlassen.
2. Der Antragsgegner ist verpflichtet, die unter 1. genannten Ehewohnung sofort zu räumen und die Wohnung an die Antragstellerin herauszugeben. § 885 Abs. 2 bis 4 ZPO ist bei der Vollstreckung nicht anzuwenden.
3. Im Wege der Anordnung nach § 1 Gewaltschutzgesetz[963] wird dem Antragsgegner – zunächst befristet auf drei Monate – verboten:

---

962 Gewaltschutzsachen sind nach § 111 Nr. 6 FamFG Familiensachen. Das Jugendamt ist nach § 212 FamFG auf Antrag hin zu beteiligen, wenn ein Kind im Haushalt lebt. Ist der Antrag gestellt, so ist das Jugendamt nach § 7 Abs. 2 Nr. 2 FamFG zum Verfahren hinzuzuziehen. § 213 FamFG sieht auch ohne Antrag eine Anhörung des Jugendamtes vor. Vorläufiger Rechtsschutz wird nach § 49 FamFG gewährt und setzt die Anhängigkeit der Hauptsache nicht voraus. Auch bei Anhängigkeit einer solchen sieht § 50 Abs. 2 FamFG eine Eilzuständigkeit auch bei anderen örtlich zuständigen Gerichten vor.

963 Eine Strafbarkeit nach § 4 GewSchG tritt nur ein, wenn ein Verstoß gegen eine Anordnung nach § 1 GewSchG vorliegt. Aus diesem Grund wurden die Anordnungen nach dieser Rechtsgrundlage beantragt, die auch teilweise nach § 2 GewSchG möglich wären. Das Gericht wird den Antragsgegner im Anordnungsbeschluss darauf hinweisen, dass ein Verstoß gegen die Anordnungen nach § 1 GewSchG nach § 4 GewSchG mit einer Freiheitsstrafe bis zu einem Jahr oder mit Geldstrafe bestraft werden kann (vgl. *Götz/Brudermüller*, Die gemeinsame Wohnung, Rn. 330).

- die oben genannte Ehewohnung in ..... zu betreten;
- sich in einem Umkreis von 500 m rund um diese Wohnung aufzuhalten;
- mit der Antragstellerin privat oder an ihrer Arbeitsstelle telefonisch, per SMS, per e-mail oder sonst mittels elektronischer Kommunikationsmittel in Kontakt zu treten;
- den Arbeitsplatz der Antragstellerin, die Schule des Sohnes ..... in ..... oder den Kindergarten der Tochter ..... in ..... aufzusuchen.

4. Dem Antragsgegner wird aufgegeben:
   - der Antragstellerin alle Wohnungs- und Hausschlüssel auszuhändigen;
   - beim Auszug seine persönlichen Sachen mitzunehmen. Haushaltsgegenstände darf er aus der Wohnung nicht entfernen.
5. Für jeden Fall der Zuwiderhandlung wird ein Ordnungsgeld angedroht, dessen Höhe in das Ermessen des Gerichtes gestellt wird.
6. Die Entscheidung ist sofort wirksam.[964] Die Vollstreckung ist vor ihrer Zustellung an den Antragsgegner zulässig. Die Zustellung des Beschlusses darf nicht vor der Vollstreckung erfolgen.[965]
7. Der Antragsgegner trägt die Kosten des Verfahrens.[966]

Zur

Begründung

trage ich Folgendes vor:

1. Die Beteiligten haben am ..... die Ehe geschlossen. Sie haben zwei gemeinsame minderjährige Kinder, den Sohn ....., geb. am ..... und die Tochter ....., geb. am ..... , die in der Ehewohnung leben.[967]
   Die Kinder sind in den letzten Jahren überwiegend von der Antragstellerin betreut worden, die hierzu für einige Jahre ihren Beruf aufgegeben hatte und nun halbtags berufstätig ist. Der Sohn geht derzeit in die zweite Klasse der Grundschule, die er fußläufig in zehn Minuten erreichen kann. Die Tochter besucht den Kindergarten in der Nachbarschaft.
2. Antragstellerin und Antragsgegner sind gemeinsam Miteigentümer je zur Hälfte der vorgenannten Ehewohnung. Die Wohnung ist zwar noch mit Grundschulden belastet, Verbindlichkeiten bestehen jedoch nicht mehr.

---

964 Anordnungsmöglichkeit nach § 216 Abs. 1 FamFG.

965 Vgl. § 216 Abs. 2 FamFG.

966 Der Hauptantrag kann ggf. mit einem Antrag auf einstweilige Anordnung verbunden werden, § 214 FamFG.

967 Vgl. § 203 Abs. 3 FamFG.

3. Die Antragstellerin beabsichtigt, sich scheiden zu lassen.
Sie lebt vom Antragsteller seit dem ..... in der Ehewohnung dauerhaft getrennt in der Weise, dass sie aus dem gemeinsamen Schlafzimmer ausgezogen und in das Zimmer des ältesten Kindes gezogen ist. Dieses ist im Zimmer der jüngeren Schwester vorläufig mit untergebracht.
Der Grund für die Trennung liegt darin, dass der Antragsgegner dem Alkohol zu stark zuspricht. Diese Situation hat sich seit der Trennung in der gemeinsamen Wohnung noch verschlimmert. So sind allein aus den letzten beiden Wochen folgende Vorgänge[968] zu nennen:

a) Am Sonntag, dem ....., gegen 20.00 Uhr brach der Antragsgegner die Tür des Zimmers auf, in dem die Ehefrau nun ihr Schlafzimmer hat und stürzte sich auf die Antragstellerin. Dabei beschimpfte er diese mit unflätigen Worten und äußerte seinen Unwillen noch länger »nur für sie« arbeiten zu gehen. Im Verlaufe der Auseinandersetzung schlug er die Antragstellerin so schwer ins Gesicht, dass diese ein blaues Auge und mehrere Schwellungen davontrug.
Beweis: ärztliches Attest des Hausarztes Dr. .....
Zeugnis des Schreinermeisters .....

b) Am darauffolgenden Dienstag, dem ....., um 18.00 Uhr schlug der Antragsgegner in alkoholisiertem Zustand beide Kinder, weil sie ihn durch lautes Spielen beim Schlafen gestört hatten.
Beweis: Zeugnis des Hausbewohners .....

c) Am Montag, dem ....., schlug der Antragsgegner eine Kommode im Flur kurz und klein und drohte weitere Gewalt für den Fall an, dass die Antragstellerin nicht in das gemeinsame Schlafzimmer zurückkehre.
Beweis: Eidesstattliche Versicherung der Antragstellerin

d) Der Antragsgegner findet sich mit der Trennung nicht ab. Er ruft ständig die Antragstellerin an ihrem Arbeitsplatz an versucht, sie zur Aufgabe der Trennung zu überreden. Außerdem hat er schon in alkoholisiertem Zustand die Kinder in der Schule bzw. im Kindergarten abgeholt.
Beweis: Zeugnis der Lehrerin Frau ..... und der Kindergärtnerin Frau .....

4. Die Unterfertigte hat den Antragsgegner im Namen der Antragstellerin zweimal schriftlich zur Unterlassung aufgefordert.
Beweis: Anwaltsschreiben vom ..... (Aktenexemplar) mit Zugangsnachweis

Dies hatte jedoch keinen Erfolg. Es bedarf daher der vorstehend beantragten Maßnahmen nach dem GewSchG.

5. Die Anordnung der sofortigen Wirksamkeit und der Zulässigkeit der Vollstreckung bereits vor Zustellung ist erforderlich, um weitere körperliche Misshandlungen der Antragstellerin zu unterbinden.

968 Zur Begründung des Antrags sind behauptete Vorfälle nach Zeit, Ort und näheren Umständen, sowie konkreten Folgen detailliert zu schildern und nachzuweisen.

6. Die örtliche Zuständigkeit des Gerichts ergibt sich aus § 211 Nr. 1 und 2 FamFG, nachdem die Gewalttat im Bezirk des .... Gerichts begangen wurde und die eheliche Wohnung Schauplatz der Gewalttat war. Sie liegt im selben Gerichtsbezirk.

.....

.....
Rechtsanwältin

c) Zahlung einer Benutzungsvergütung bei Getrenntleben nach § 1361b BGB

490 ▶ Formulierungsvorschlag (Antrag auf Zahlung einer Benutzungsvergütung bei Getrenntleben):

An das
Amtsgericht
Familiengericht
.....

....., den .....

In der Familiensache
.....

– Antragstellerin –

Verfahrensbevollmächtigte Rechtsanwältin .....
gegen
.....

– Antragsgegner –

stelle ich hiermit ich namens und in Vollmacht der Antragstellerin den

Antrag auf Festsetzung einer Benutzungsvergütung nach § 1361a Abs. 3 Satz 2 BGB.

Ich beantrage zu erkennen:

1. Dem Antragsgegner wird aufgegeben, an die Antragstellerin ab dem ..... für die Dauer der alleinigen Nutzung der Ehewohnung in ....., ...straße ....., ... Stock eine monatliche Benutzungsvergütung in Höhe von ..... € zu entrichten, fällig zum 03. eines jeden Monats.
2. Der Antragsgegner trägt die Kosten des Verfahrens.

Zur

Begründung

trage ich Folgendes vor:

1. Mit Beschluss vom ..... AZ: ..... des angerufenen Gerichts wurde dem Antragsgegner die Ehewohnung zur alleinigen Nutzung für die Dauer des Getrenntlebens überlassen.
   Demgemäß nutzt der Antragsgegner die Ehewohnung, die im Alleineigentum der Antragstellerin steht, seit dem ..... allein.
2. Eine Nutzungsvergütung wurde seinerzeit nicht festgesetzt, weil die Antragstellerin dem Antragsgegner zur Zahlung von Trennungsunterhalt verpflichtet war. In diesem Zusammenhang war der Wohnvorteil des Antragsgegners bei der Unterhaltsberechnung mit eingeflossen.
   Dieser Unterhaltsanspruch ist aber seit dem ..... entfallen, weil der Antragsgegner seither einer dauerhaft gesicherten Beschäftigung nachgeht.
3. Die Antragstellerin zahlt Zins und Tilgung für die Wohnung allein, der Antragsgegner entrichtet lediglich die verbrauchsabhängigen Nebenkosten.
4. Die Nutzungsvergütung ist in der beantragten Höhe angemessen, denn die Wohnung hat eine Nutzfläche von ..... m^2 mit mittlerer Ausstattung. Die objektive Marktmiete beträgt hierfür ..... € pro m^2. Die beantragte Nutzungsvergütung beläuft sich auf 75 % dieser Marktmiete.
5. Der Antragsgegner wurde mit Anwaltsschreiben vom ..... ihm zugegangen am ..... aufgefordert, die beanspruchte Nutzungsvergütung zu entrichten.
   Beweis: Anwaltsbrief und Rückschein des Einschreibens

.....

2 Abschriften anbei

.....

Rechtsanwältin

II. Richterliche Regelung nach der Scheidung

Die Überlassung der Ehewohnung wird **i.d.R. nach § 1361b BGB** als vorläufige Überlassung geltend gemacht, denn im oder unmittelbar nach dem Trennungszeitpunkt ist diese Frage dringlich. Nach Ablauf des Trennungsjahres sind die Verhältnisse **häufig fest gefügt**, sodass i.R.d. Scheidung weit seltener eine Überlassung der Ehewohnung verlangt wird. Selbst die **Umgestaltung des Mietverhältnisses** im Außenverhältnis zum Vermieter ist nach neuem Recht gemäß § 1568a Abs. 3 Nr. 1 BGB ohne Wohnungsüberlassungsverfahren möglich. Allerdings bewirkt die vorläufige Nutzungsüberlassung nach § 1361b BGB noch nicht, dass der Charakter als Ehewohnung verloren geht.[969] 491

969 *Götz/Brudermüller*, Die gemeinsame Wohnung, Rn. 196.

492 Mit dem Gesetz zur Änderung des Zugewinnausgleichs- und Vormundschaftsrechts[970] wurden die Vorschriften zur endgültigen Wohnungszuweisung insoweit grundlegend geändert, als die bisherige Sonderregelung in der **Hausratsverordnung vollständig aufgehoben** und die Materie wieder in das BGB integriert wurde. **§ 1568a BGB** regelt nunmehr die Wohnungszuweisung – die allerdings nicht mehr als solche bezeichnet wird, sondern als Überlassung der Ehewohnung[971] – und § 1568b BGB die Überlassung von Haushaltsgegenständen.

493 Das Verfahren richtet sich nunmehr nach §§ 200 ff. FamFG.

1. Grundsätze und Voraussetzungen richterlicher Entscheidung

494 Während der Trennung der Ehegatten findet nur eine vorläufige Nutzungsregelung nach § 1361b BGB statt. Mit Wirkung ab Rechtskraft der Scheidung[972] hingegen erfolgt eine endgültige Nutzungsregelung nach **§ 1568a BGB.**

495 Nach **§ 1 HausratsVO** a.F. konnte der Richter auf Antrag die Rechtsverhältnisse an der Ehewohnung regeln, wenn sich die Ehegatten **nicht einig** waren. Nach **§ 2 HausratsVO** a.F. hatte der Richter nach **billigem Ermessen** unter Berücksichtigung aller Umstände des Einzelfalles, insbes. aber des **Kindeswohls** und der **Erfordernisse des Gemeinschaftslebens** zu entscheiden.[973]

496 Diese Billigkeitsentscheidung der HausratsVO a.F. wird nunmehr ersetzt durch ein **System von Anspruchsgrundlagen.** Hierbei sollen allerdings die bisher von der Rechtsprechung herausgearbeiteten Grundsätze weiterhin Berücksichtigung finden. Allerdings wurde das strenge System der Anspruchsgrundlagen, das noch den RefE prägte, in der Gesetzesfassung insoweit aufgeweicht, als § 1568a BGB einen Anspruch auf Wohnungsüberlassung neben den dort vorgesehenen Gründen zusätzlich auch dann gewährt, wenn die Überlassung der Wohnung »aus anderen Gründen der Billigkeit entspricht«. Auch wenn die **Billigkeit damit im Gewand einer Anspruchsgrundlage erscheint**, kehrt man damit noch mehr zu den bisherigen Rechtsgrundsätzen zurück.

497 Allerdings soll eine richterliche Überlassung an den Antragsgegner ausscheiden, auch wenn dies nach Überzeugung des Richters der Billigkeit entspräche, wenn dieser kei-

970 BGBl. 2009 I, 1696 f.; Inkrafttreten zum 01.09.2009.

971 Auch das erst zum 01.09.2009 in Kraft getretene FamFG wurde insoweit in seinen §§ 200 ff. schon vor seinem Inkrafttreten wieder geändert.

972 *Haußleiter/Schulz*, Vermögensauseinandersetzung, Kap. 4 Rn. 74.

973 Die Billigkeitsentscheidung ist wohl auf den Erlass 1944 als Kriegsverordnung zurückzuführen (vgl. BR-Drucks. 536/08, S. 21), wo auch die Erfordernisse des Gemeinschaftslebens noch eine ganz andere Bedeutung gehabt haben mochten. Die Entstehungszeit war der Verordnung aber insoweit nicht abträglich, als die Probleme der Wohnungsüberlassung geblieben sind und die HausratsVO durch spätere Gesetze in den Willen des aktuellen Gesetzgebers aufgenommen wurde, *Neumann*, FamRB 2008, 191.

nen eigenen Antrag auf Wohnungsüberlassung gestellt und somit die Überlassung nicht verlangt hat.[974]

Die bisherige Rechtsprechung hatte folgende allgemeine Grundsätze herausgearbeitet: 498
Unter den **Erfordernissen des Gemeinschaftslebens** sind v.a. die sozialen Beziehungen der Ehegatten, also die Nähe zu Betreuungspersonen oder zur Arbeitsstelle zu verstehen. Beachtung verdient auch der Umstand, dass ein Ehegatte die Wohnung schon vor der Heirat bewohnte.[975] Ferner sind die **wirtschaftlichen Möglichkeiten** der Ehegatten zu betrachten. Wer sich eine Ersatzwohnung beschaffen kann, dem ist es eher zuzumuten, die Ehewohnung zu verlassen. Schließlich sind auch **persönliche Voraussetzungen** wie Alter und Gesundheitszustand mit in die Abwägung einzubeziehen,[976] nicht jedoch Belange familienfremder Dritter wie etwa neuer Lebenspartner.[977]

Die **Ursache der Eheauflösung** ist als Regelbeispiel nicht mehr genannt, sodass sie 499
grds. nicht zu berücksichtigen ist. Allerdings hindert dies nicht, extreme Ausnahmefälle eines schwerwiegenden, eindeutigen und klaren Fehlverhaltens eines Ehegatten in die Abwägung einzubeziehen.[978]

Künftige Ereignisse sind einzubeziehen, wenn sie sicher vorhersehbar sind, z.B. die Wiederheirat eines Ehegatten.[979]

§ 1568a BGB gewährt nunmehr einem Ehegatten einen **Anspruch auf Überlassung** 500
der Ehewohnung,

- wenn er auf deren Nutzung in **stärkerem Maße angewiesen** ist als der andere Ehegatte oder
- wenn die Überlassung **aus anderen Gründen** der **Billigkeit** entspricht.

Für die Frage, wann ein Ehegatte in stärkerem Maße auf die Wohnungsnutzung 501
angewiesen ist als der andere, soll berücksichtigt werden:

- das **Wohl der im Haushalt lebenden Kinder** und
- die **Lebensverhältnisse der Ehegatten**.

Dies **knüpft an die bisherigen Voraussetzungen nach § 2 HausratsVO a.F. an** und 502
soll sicherstellen, dass wie bisher alle Umstände des Einzelfalles Berücksichtigung finden können. Insoweit sollte die Neufassung keine Änderung gegenüber der bisherigen Rechtsprechung bringen.[980]

Die **Ergänzung** um andere **Billigkeitsgründe** soll ermöglichen, trotz des neuen 503
Anspruchsgrundlagensystems Billigkeitsaspekte einfließen zu lassen. Dies wird

974 *Götz/Brudermüller*, NJW 2008, 3025, 3027; Staudinger/*Weinreich*, § 1568a BGB, Rn.6.
975 KG, FamRZ 1988, 182, 184.
976 Staudinger/*Weinreich*, BGB, § 1568a BGB, Rn. 29.
977 Staudinger/*Weinreich*, § 1568a BGB, Rn. 31.
978 Palandt/*Brudermüller*, BGB § 1568a, Rn. 5; *Schulz*, in: C. Münch, Gestaltungspraxis, § 5, Rn. 72; Schwab/*Motzer*, Scheidungsrecht, VIII, Rn. 89; Staudinger/*Weinreich*, § 1568a BGB, Rn. 32.
979 MünchKomm-BGB/*Wellenhofer*, § 1568a, Rn. 15.
980 BR-Drucks. 635/08, S. 43 f.

insbes. dann der Fall sein, wenn keine Kinder vorhanden sind. Auf diese Weise kann etwa berücksichtigt werden, wenn ein Ehegatte bereits in der Ehewohnung **aufgewachsen** ist.[981]

504 Die Einigung ist nicht mehr ausdrücklich textlich als Verfahrenshindernis erwähnt wie noch in § 1 HausratsVO a.F. Die Gesetzesbegründung zum FamFG sieht dies nicht als erforderlich an, da ein Ehegatte einen verfahrensleitenden Antrag nach § 203 FamFG im Fall einer Einigung nicht stellen werde, ansonsten fehle es am Regelungsinteresse.[982]

2. Wohnung im Alleineigentum oder Miteigentum mit Dritten

505 **§ 1568a Abs. 2 BGB**, der inhaltlich dem § 3 HausratsVO a.F. entspricht, gibt **dem Eigentümer** oder sonstigen dinglich Berechtigten an der Ehewohnung den **Vorrang** bei der Frage der Nutzung der Ehewohnung. Die Anordnung, dass dies auch für Wohnungseigentum und Dauerwohnrecht gilt, wird systematisch besser nun von ihrem bisherigen Platz in § 60 WEG in den neu gefassten § 1568a Abs. 2 BGB verlagert.

506 Eine Nutzungsüberlassung an den **Nichteigentümer-Ehegatten** kommt **nur** in Betracht, wenn sie **erforderlich** ist, **um eine unbillige Härte zu vermeiden**, d.h. wenn dies dringend erforderlich ist, um eine unerträgliche Belastung abzuwenden, die den Berechtigten ansonsten außergewöhnlich beeinträchtigen würde.[983] Dies ist etwa dann anerkannt, wenn der Nichteigentümer-Ehegatte für sich und die von ihm betreuten gemeinsamen Kinder keine Wohnung finden kann, die für ihn erschwinglich ist.[984]

507 Für die Frage, ob die Überlassung an den Eigentümer-Ehegatten eine unbillige Härte darstellt, kommt es nicht darauf an, ob der Eigentümer die Wohnung selbst dringend braucht, sondern **nur darauf, ob** die Überlassung **an den Eigentümer für** den **Nichteigentümer-Ehegatten** eine **unbillige Härte** darstellt.[985]

508 Während **§ 1568a Abs. 2 BGB** einen **Anspruch auf Überlassung** der Ehewohnung gibt, sieht **§ 1568a Abs. 5 BGB** einen weiteren **Anspruch auf Begründung eines Mietverhältnisses** zu ortsüblichen Bedingungen vor.

Der Bundesrat hatte gegenüber dem Regierungsentwurf kritisiert, dass die beiden Ansprüche **nicht miteinander verknüpft** sind,[986] sodass es geschehen kann, dass trotz Wohnungsüberlassung kein Mietvertrag beansprucht wird.

981 So BR-Drucks.635/08, S. 44.
982 BT-Drucks. 16/6308, S. 249.
983 Palandt/*Brudermüller*, BGB, Anh. zu §§ 1361a, 1361b, § 1568a, Rn. 8.
984 OLG Köln, FamRZ 1996, 492.
985 OLG Oldenburg, FamRZ 1998, 571.
986 So ausdrücklich die später vom Bundesrat übernommene Begründung des Rechtsausschusses, BR-Drucks. 635/1/08, S. 9 f.

Die endgültige Gesetzesfassung will dem dadurch abhelfen, dass § 1568a Abs. 5 BGB auch der zur Vermietung berechtigten Person einen Anspruch auf Abschluss eines Mietverhältnisses gibt, sodass die Nutzung allein durch mietrechtliche Ansprüche[987] abgegolten sein soll und keine familienrechtlichen Nutzungsentgeltansprüche mehr bestehen.[988]

Eine Änderung der Eigentumsverhältnisse kann nach § 1568a BGB nicht bewirkt werden. 509

3. Familienwohnheim in Miteigentum

Ebenso wie die HausratsVO regelt § 1568a BGB das Miteigentum nicht gesondert. 510 Die Rechtsprechung wendet in diesen Fällen die allgemeine Vorschrift des § 1568a Abs. 1 BGB und nicht die erschwerten Überlassungsvoraussetzungen des § 1568a Abs. 2 BGB an.[989] Insofern dürfte sich zur Rechtslage nach der HausratsVO nichts geändert haben.

Da ein Eingriff in die Eigentumsverhältnisse nicht erfolgen kann, wird effektiver 511 Schutz für den Nutzenden durch die Begründung eines Mietverhältnisses erreicht, denn das Sonderkündigungsrecht des Erstehers nach § 57a ZVG gilt bei einer Teilungsversteigerung nicht, § 183 ZVG.[990]

4. Regelung des Mietverhältnisses

Ein Schwerpunkt der Neuregelung nach § 1568a BGB gegenüber der Vorgängerrege- 512 lung des § 5 HausratsVO a.F. liegt in der Neufassung der Regelung über die Umgestaltung oder Neubegründung eines Mietverhältnisses nach § 1568a Abs. 3 bis 5 BGB. Hierdurch sollte zum einen der **Umstellung** der richterlichen Entscheidung **auf ein Anspruchssystem** Rechnung getragen werden, aber auch eine **Angleichung** der Überlassung der Ehewohnung nach § 1568a BGB **an** die zahlreichen **Neuordnungen im Bereich des Mietrechts** der letzten Jahre erreicht werden.[991] Damit ist an vielen Punkten die bisher angenommene familienrechtliche Überlagerung des Mietrechts[992] aus dem Blickfeld geraten, was zu Problemen führt.

---

987 Kritisch hierzu und zu den offenen Fragen: *Götz/Brudermüller*, NJW 2008, 3025, 3027.

988 BT-Drs. 16/13027, S.11.

989 BayObLG, FamRZ 1974, 22 f.; OLG Celle, FamRZ 1992, 465, 466; *Götz/Brudermüller*, Die Gemeinsame Wohnung, Rn. 207 jeweils zur Rechtslage nach der HausratsVO.

990 *Haußleiter/Schulz*, Vermögensauseinandersetzung, Kap. 4 Rn. 116.

991 Hierzu eingehend *Götz/Brudermüller*, NJW 2010, 5 ff.

992 Hierzu etwa *Götz/Brudermüller*, Die gemeinsame Wohnung, Rn. 3, 41; detailliert zur Problematik *Schulz*, FPR 2010, 541.

a) Ausscheiden aus dem Mietverhältnis

aa) Einvernehmliche Mitteilung

513 § 1568a Abs. 3 Nr. 1 BGB gibt **erstmals** die **Möglichkeit**, dass die **Ehegatten** nur aufgrund ihrer Einigung **ohne eine richterliche Anordnung**[993] mittels einer Mitteilung dieser Einigung über die Überlassung der Ehewohnung an den Vermieter **bewirken** können, **dass** damit **der zur Überlassung verpflichtete Ehegatte aus dem Mietverhältnis ausscheidet**. Derjenige Ehegatte, dem die Wohnung überlassen wird, führt dann entweder das Mietverhältnis allein weiter, wenn es bisher mit beiden Ehegatten bestand, oder er wird anstelle des ausscheidenden Ehegatten alleiniger Mieter. Abs. 3 ist zwingendes Recht, sodass nicht etwa zugunsten des Vermieters die Scheidung als auflösende Bedingung des Mietverhältnisses vereinbart werden darf.[994]

514 Diese Lösung ist dem Eintrittsrecht beim Tode eines Mieters nach **§§ 563, 563a BGB nachgebildet**, also eng an das Mietrecht angelehnt. Dem entsprechend wird dem Vermieter auch das Kündigungsrecht nach § 563 Abs. 4 BGB zugestanden, sodass der Vermieter außerordentlich mit der gesetzlichen Frist kündigen kann, wenn **in der Person des übernehmenden Ehegatten** ein **wichtiger Grund** vorliegt. Allein die bloße Befürchtung, der verbliebene Ehegatte könne die Miete nicht zahlen oder die geringere Solvenz des verbliebenen Ehegatten, wird noch nicht zur Kündigung berechtigen, sonst wäre der Sinn des § 1568a BGB ins Gegenteil verkehrt;[995] anders mag dies bei dauernder Zahlungsunfähigkeit oder Vermögenslosigkeit sein.[996] Der wichtige Grund bei § 563 Abs. 4 BGB soll demjenigen des § 553 Abs. 1 Satz 2 BGB entsprechen.[997]

515 Die Anregung des Bundesrates, man solle regeln, dass im Fall einer **außerordentlichen Kündigung** nach § 1568a Abs. 3 BGB der Vermieter auch **gegen den ausgeschiedenen Ehegatten Ansprüche aus dem Mietvertrag** geltend machen kann, hat der Gesetzgeber nicht aufgegriffen.

516 Die einvernehmliche Mitteilung hat die Umgestaltung des Mietverhältnisses zur Folge, die mit Zugang der Mitteilung beim Vermieter eintritt. Es ist daher darauf zu achten, diesen **Zugang nachweislich** herbeizuführen, sei es durch Einschreiben mit Rückschein oder durch quittierte Übergabe. Geschieht die **Mitteilung in getrennten**

---

993 Ein Verfahren zur Wohnungsüberlassung ist damit bei Einigkeit der Ehegatten nicht mehr zulässig, da insoweit das Rechtsschutzbedürfnis fehlt, *Schulz*, in: C. Münch, Gestaltungspraxis, § 5, Rn. 75; BT-Drucks 16/6308, S. 249.

994 *Götz/Brudermüller*, NJW 2010, 5, 8; Staudinger/*Weinreich*, § 1568a BGB, Rn. 77.

995 Vgl. *Krause*, ZFE 2008, 448, 449; Staudinger/*Weinreich*, § 1568a BGB, Rn. 75.

996 *Roth*, FamRZ 2008, 1388, 1389; Staudinger/*Weinreich*, § 1568a BGB, Rn. 75.

997 Palandt/*Weidenkaff*, BGB, § 563 Rn. 23. Diese Verweisung hilft freilich an der konkreten Stelle nicht weiter, denn bei § 553 BGB wird dann wieder auf § 540 BGB verwiesen und die Situation dort bei der Untervermietung ist eine ganz andere, weil hier immer noch der Hauptmieter haftet.

Schreiben, so ist der Zugang des letzten Schreibens maßgeblich.[998] Stellen die Ehegatten eine solche Mitteilung schon nach Trennung zu, so erfolgt die **Umgestaltung** des Mietverhältnisses gleichwohl **erst ab Rechtskraft der Ehescheidung**, weil erst ab diesem Zeitpunkt der Regelungsbereich des § 1568a BGB greift.[999] Es handelt sich um eine Gestaltungserklärung nach § 180 Satz 2 BGB, sodass eine nachträgliche Genehmigung ausscheidet.[1000]

▶ Praxistipp:

Wenn die Umgestaltung des Mietverhältnisses durch Erklärung gegenüber dem Vermieter erfolgen soll, muss später der Nachweis des Zugangs dieser Erklärung geführt werden können!

Für den weichenden Ehegatten ist die Situation problematisch, dass sich die Ehegat- 516a
ten über die Weiternutzung zwar einig sind, sodass eine gerichtliche Umgestaltung des Mietverhältnisses nicht in Frage kommt, dass sich aber der weiternutzende Ehegatte weigert, an einer einvernehmlichen Mitteilung gegenüber dem Vermieter mitzuwirken. Der weichende Ehegatte wird in solchen Fällen bestrebt sein, eine Umgestaltung des Mietverhältnisses zu erreichen, um seine Haftung aus dem Mietvertrag zu beenden. Auch wenn ein Anspruch auf Mitwirkung an der Kündigung des Mietvertrages überwiegend verneint wird, da sich der verbleibende Ehegatte damit selbst schaden würde,[1001] so muss man doch als Minus einen **Anspruch auf Mitwirkung an der einvernehmlichen Erklärung gegenüber dem Vermieter** nach erfolgter Einigung anerkennen, der sich auf die fortbestehende nacheheliche Solidarität gründet.[1002] Ein solches Verfahren auf Mitwirkung unterfällt als sonstige Familiensache i.S.d. § 266 Abs. 1 Nr. 3 FamFG in die Zuständigkeit des FamG, ist jedoch Familienstreitsache und nicht Familiensache nach § 111 Nr. 5 FamFG.[1003] Ggf. sollte damit zusätzlich ein Antrag auf Räumung verbunden werden.[1004]

---

998 Palandt/*Brudermüller*, BGB, § 1568a, Rn. 12.

999 Palandt/*Brudermüller*, BGB, § 1568a, Rn. 12; *Schulz*, in: C. Münch, Gestaltungspraxis, § 5, Rn. 78; Staudinger/*Weinreich*, § 1568a BGB, Rn. 58.

1000 *Götz/Brudermüller*, NJW 2010, 5, 7.

1001 Anders OLG Köln, FamFR 2011, 21 allerdings unter Beachtung des aus § 1353 BGB folgenden Rücksichtnahmegebotes.

1002 *Abramenko*, FamRB 2012, 125, 127; *Götz*, in: Johannsen/Henrich, Familienrecht, §1568a BGB, Rn. 32; *Schulz*, FPR 2010, 541, 542; OLG Hamburg, FamRZ 2011, 481.

1003 *Götz*, in: Johannsen/Henrich, Familienrecht, § 200 FamFG, Rn. 23.

1004 *Abramenko*, FamRB 2012, 125, 127.

517 ▶ Formulierungsvorschlag (Einvernehmliches Schreiben an den Vermieter zur Umgestaltung des Mietverhältnisses):

Ehegatten
.....
.....straße .....
.....

Per Einschreiben mit Rückschein

Übernahme des Mietverhältnisses allein durch Frau .....

Sehr geehrte .....
aufgrund des schriftlichen Mietvertrages vom ..... haben wir, die Unterzeichnenden, von Ihnen die Wohnung in der ..... straße Nr. ....., ... Stock angemietet.
Unsere Ehe ist seit zwei Wochen rechtskräftig geschieden.
Nach § 1568a Abs. 3 Nr. 1 BGB teilen wir Ihnen hiermit mit, dass wir uns darüber einig sind, dass die Wohnung ab dem ..... allein von mir, ...(Name der Ehefrau) ....., genutzt wird. Ich bewohne die Wohnung nunmehr allein mit unseren beiden Kindern. Mir wurde die Wohnung überlassen. Das Mietverhältnis wird daher ab besagtem Zeitpunkt von mir allein fortgesetzt. Ich, ... (Name des Ehemannes) ..... scheide somit aus dem Mietverhältnis aus.
Die hinterlegte Kaution steht bei Beendigung des Mietverhältnisses allein mir, ...(Name der Ehefrau) ..... zu.

....., den .....
....

bb) Richterliche Umgestaltung des Mietverhältnisses

518 Als **zweite Möglichkeit** für den Fall, dass sich die Ehegatten nicht einig sind, verbleibt nach wie vor nach § 1568a Abs. 3 Nr. 2 BGB die **gerichtliche Umgestaltung des Mietverhältnisses** mit Rechtskraft der Endentscheidung im Wohnungsüberlassungsverfahren.[1005] Auch in diesem Fall steht dem Vermieter das außerordentliche Kündigungsrecht nach § 563 Abs. 4 BGB zu.

cc) Keine richterlichen Schutzanordnungen mehr

519 § 5 Abs. 1 Satz 2 HausratsVO a.F. sah **richterliche Sicherungsanordnungen zugunsten des Vermieters** vor, so etwa eine **übergangsweise Mithaftung des ausscheidenden Ehegatten**. Der RefE des Gesetzes zur Änderung des Zugewinnausgleichs- und Vormundschaftsgerichts mit Stand 01.11.2007 sah in Fußnote 1 zu § 1568a BGB eine Ergänzung des § 209 Abs. 1 FamFG dahin vor, dass das Gericht angehalten war, befristete Sicherungsanordnungen zugunsten des Vermieters zu treffen. Der RegE hatte dies nicht übernommen mit der Begründung, dass für solche richterlichen Anordnungen in einem auf Anspruchsgrundlagen umgestellten System kein Platz

1005 Nach § 148 FamFG werden Entscheidungen in Folgesachen nicht vor der Rechtskraft des Scheidungsausspruchs rechtskräftig.

ist.[1006] Dieser Entwurf stellt dann die Sicht des Vermieters in den Mittelpunkt und argumentiert weiter, dieser könne ja nunmehr bei Zahlungsrückständen außerordentlich kündigen.

Diese auf Kritik gestoßene Regelung[1007] hatte der Bundesrat zu Recht beanstandet[1008] und die Aufnahme von Sicherungsanordnungen in das Gesetz gefordert, denn sonst werde der Schutz des schwächeren, auf die Wohnung angewiesenen Ehegatten untergraben. Wenn dieser sich aufgrund von Zahlungsschwierigkeiten sogleich mit der außerordentlichen Kündigung des Vermieters nach § 543 Abs. 2 Nr. 3 BGB konfrontiert sehe, helfe ihm die Wohnungsüberlassung nichts. Gleichwohl hat der Gesetzgeber solche Schutzanordnungen in der endgültigen Gesetzesfassung nicht mehr vorgesehen, sodass sie nicht länger ergehen können, mangels einer planwidrigen Lücke auch nicht in Analogie zu § 209 FamFG.[1009]

Ansonsten kommt eine inhaltliche Umgestaltung des bestehenden Mietvertrages 520
nach § 1568a Abs. 3 BGB nicht in Betracht.

Möglich ist aber der Erlass eines Kündigungsverbotes als Schutzanordnung gemäß § 209 Abs. 1 FamFG, das bei drohender Kündigung regelmäßig im Wege der einstweiligen Anordnung nach § 49 Abs. 1, Abs. 2 Satz 2 FamFG beantragt wird. Damit der Vermieter bei Verstoß nicht gutgläubig weitervermietet. sollte diesem die einstweilige Anordnung zur Kenntnis gebracht werden.[1010]

b) Neubegründung eines Mietverhältnisses

Die Neubegründung eines Mietverhältnisses nach § 1568a Abs. 5 BGB kommt ein- 521
mal dann in Betracht, wenn bei einer Wohnung, die im Eigentum eines oder beider Ehegatten steht, die Überlassung **an den Nichteigentümer-Ehegatten** bzw. an einen Ehegatten allein erfolgt.

Ein Mietverhältnis kann danach aber auch in allen anderen Fällen begründet werden, 522
in denen z.Zt. der Entscheidung keines (mehr) besteht. Auch der dinglich Berechtigte kann die Begründung eines Mietverhältnisses verlangen.

Hier sind insb. Fälle denkbar, dass die **Wohnung im Eigentum der Eltern oder** 523
Schwiegereltern steht und die Ehegatten die Wohnung bisher ohne förmlichen Mietvertrag bewohnt haben.

1006 BR-Drucks. 635/08, S. 44.

1007 *Götz/Brudermüller*, Die gemeinsame Wohnung, Rn. 457; dies., NJW 2008, 3025, 3027 f.

1008 BR-Drucks. 635/1/08, S. 6.

1009 *Götz/Brudermüller*, NJW 2010, 5, 9; *Schulz*, in: C. Münch, Gestaltungspraxis, Rn. 99.

1010 *Schulz*, in: C. Münch, Gestaltungspraxis, § 5, Rn. 89.

524 § 1568a Abs. 5 BGB greift aber auch dann ein, wenn die Wohnung vom Alleinmieter-Ehegatten bereits **wirksam gekündigt** wurde,[1011] der andere Ehegatte aber noch in der Wohnung lebt.[1012]

c) Inhalt eines neu begründeten Mietvertrages

525 Die Neuregelung bringt hier erhebliche Änderungen. Während § 5 Abs. 2 HausratsVO die richterliche Mietfestsetzung nach billigem Ermessen vorsah – und damit auch die Berücksichtigung der nachehelichen wirtschaftlichen Verflechtungen und Verhältnisse der Ehegatten erlaubte[1013] – ist nunmehr der **Anspruch auf Begründung eines Mietverhältnisses** nach dem Wortlaut des **§ 1568a Abs. 5 BGB** an die **ortsübliche Vergleichsmiete** geknüpft. Ob es daneben wirklich noch eine Berücksichtigung der persönlichen und wirtschaftlichen Verhältnisse geben kann, wie die Gesetzesbegründung meint,[1014] erscheint angesichts des klaren Gesetzeswortlauts zweifelhaft.

526 Während bisher davon ausgegangen wurde, dass Mietverhältnisse insbes. des Nichteigentümer-Ehegatten als Mieter gegenüber dem Eigentümer-Ehegatten grds. **zeitlich zu befristen**[1015] sind, schlägt bei der Gesetzesneufassung erneut die mietrechtliche Basis durch. Hier wurde der Mieterschutz mit § 575 BGB seit 2001 auf den Abschluss des Vertrages vorverlagert. Befristete Mietverträge sind daher nur noch unter den engen Voraussetzungen dieser Vorschrift erlaubt. Während es der RefE auch für § 1568a BGB dabei belassen wollte,[1016] hat der Gesetzgeber letztendlich zu Recht[1017] zwei Tatbestände vorgesehen, bei denen der Vermieter eine angemessene Befristung des Mietverhältnisses verlangen kann:

- bei Vorliegen der Voraussetzungen des **§ 575 Abs. 1 BGB** oder
- wenn die Begründung eines **unbefristeten Mietverhältnis**ses unter Würdigung der berechtigten Interessen des Vermieters **unbillig** wäre.

527 Mit letzterer Möglichkeit wollte der Gesetzgeber die besondere Situation, dass der Vermieter das Mietverhältnis letztlich nicht freiwillig schließt, berücksichtigen. Zugleich kommt er damit verfassungsrechtlichen Bedenken nach, dass die Eigentumsrechte nach Art. 14 GG mit der Pflicht zum Abschluss eines unbefristeten Mietvertrages unter Umständen nicht ausreichend gewahrt sind.[1018]

1011 Zur Wirksamkeit einer ehewidrig erklärten Kündigung gegenüber dem Vermieter vgl. *Götz/Brudermüller*, Die gemeinsame Wohnung, Rn. 47.

1012 BR-Drucks. 635/08, S. 46.

1013 Palandt/*Brudermüller*, BGB, 68. Aufl., § 5 HausratsVO Rn. 6.

1014 BR-Drucks. 635/08, S. 46.

1015 *Brudermüller*, FamRZ 1999, 129, 134.

1016 *Roth*, FamRZ 2008, 1388, 1389 bezeichnet dies als konsequent.

1017 Vgl. etwa die Kritik in der Stellungnahme des Deutschen Notarvereins, notar 2008, 15, 23.

1018 Zu eng daher *Krause*, ZFE 2008, 448, 450: grds. Anspruch auf unbefristeten Mietvertrag.

Es wird sich erweisen müssen, ob sich Fallgruppen herausbilden, bei denen ein unbefristetes Mietverhältnis unbillig ist, so dass es zu einer regelmäßigen Befristung kommt. Möglicherweise ist auch an eine Vermietung nur zu vorübergehendem Gebrauch nach § 549 Abs. 2 Nr. 1 BGB zu denken, für welche die Mieterschutzvorschriften nicht in gleicher Weise gelten.[1019]

d) Nutzungsverhältnis

Die **Begründung eines bloßen entgeltlichen Nutzungsrechtes** ist vom Gesetzgeber **nicht mehr gewünscht**, weil man allzu sehr auf das Mietrecht abstellt[1020] und die Sondersituation der Wohnungsüberlassung nach Scheidung nicht berücksichtigt. Dies wird aus der Praxis zu Recht kritisiert,[1021] bietet doch die Begründung eines Nutzungsverhältnisses eine praxisgerechtere und einfachere Lösung als die mietrechtliche Variante, zumal sie mit Anrechnung eines Wohnvorteils auf der Unterhaltsebene besser und systemgerechter in das familienrechtliche Gesamtsystem eingeordnet werden kann. Allerdings schuf sie keinen Schutz bei einer Veräußerung durch den Alleineigentümer.[1022] 528

e) Frist

Wie bisher auch nach der zuweilen übersehenen Vorschrift des § 12 HausratsVO enthält **§ 1568a Abs. 6 BGB** eine **Ausschlussfrist von einem Jahr** ab Rechtskraft der Scheidung für Eingriffe in die Rechte Dritter aufgrund des § 1568a BGB. Auch wenn der Wortlaut insoweit nicht ganz eindeutig ist, wird dies nicht nur für richterliche Anordnungen zu gelten haben, sondern auch für die einvernehmliche Mitteilung der Mietvertragsübernahme gem. § 1568a Abs. 3 Nr. 1 BGB. Aus der Gesetzesbegründung ergibt sich nicht, ob mit der im Verhältnis zu § 12 HausratsVO a.F. geänderten Fassung auch ein anderer Anwendungsbereich verbunden ist. § 1568a Abs. 6 BGB umfasst nach seinem Wortlaut z.B. auch Ansprüche gegen den Alleineigentümer-Ehegatten auf Begründung eines Mietverhältnisses. Zur Sicherheit sollte daher auch hier die Jahresfrist beachtet werden. 529

▶ Praxistipp:

Wer Ansprüche auf Wohnungsüberlassung verfolgen will, muss an die Ausschlussfrist von einem Jahr nach Rechtskraft der Scheidung gem. § 1568a Abs. 6 BGB denken!

1019 *Schulz*, in: C. Münch, Gestaltungspraxis, § 5, Rn. 110, der bei Miteigentum generell für eine Befristung plädiert, da sonst eine Teilungsversteigerung zum Schaden beider Eheleute wirtschaftliche unmöglich werde.

1020 Vgl. BR-Drucks. 635/08, S. 44.

1021 *Götz/Brudermüller*, Die gemeinsame Wohnung, Rn. 457.

1022 OLG Celle, NJW 2011, 2062 = FamRZ 2012, 32.

5. Nutzungsentschädigung

530 **Unter Geltung der HausratsVO** konnte nach allgemeiner Ansicht wie beim Getrenntleben nach § 1361b Abs. 3 BGB auch nach der Scheidung eine **Nutzungsvergütung** verlangt werden, selbst wenn § 3 HausratsVO dies nicht ausdrücklich vorsah; bei Miteigentum war diese nur nach dem halben Wert zu bemessen.[1023] Das sollte nach im Vordringen befindlicher Meinung auch bei freiwilligem Auszug gelten.[1024] Die Begründung mit der HausratsVO a.F. und nicht mit § 745 BGB führte zugleich zu einer familiengerichtlichen Zuständigkeit.[1025] Zwar ist diese nunmehr für beide Anspruchsgrundlagen mit der Einführung des »Großen Familiengerichts« durch § 266 FamFG gegeben. Die Ansprüche unterscheiden sich aber insofern, als Ansprüche nach § 745 Abs. 2 BGB anders als Wohnungsüberlassungssachen zu den sonstigen Familiensachen gehören und damit als Familienstreitsachen gelten, sodass unterschiedliche Verfahrensvorschriften maßgeblich sind.[1026] Eine Nutzungsentschädigung entfällt immer dann, wenn der Nutzungsvorteil unterhaltsrechtlich wirklich Berücksichtigung gefunden hat. Die Oberlandesgerichte haben noch keine einheitliche Linie gefunden, ob solche Nutzungsvergütungen nach Scheidung nun nach § 745 Abs. 2 BGB (so OLG Stuttgart)[1027] oder nach § 1568a BGB zu bemessen sind (so OLG Hamm)[1028].

531 Umstritten war schon nach der HausratsVO a.F., ob gerichtlich eine **Ausgleichszahlung** an den weichenden Ehegatten angeordnet werden kann (etwa für Umzugskosten, Neueinrichtungsaufwand, Maklerkosten etc.).[1029] Nach neuem Recht ist solches nur noch bei Haushaltsgegenständen vorgesehen, woraus der Schluss gezogen wird, dass eine Ausgleichszahlung bei der Wohnungsüberlassung keine gesetzliche Grundlage mehr hat.[1030]

532 Der RegE zur **Neuregelung des § 1568a BGB** sah zunächst Nutzungsentschädigungsansprüche nicht vor, da er die Regelung durch ein Mietverhältnis mit ortsüblicher Miete als ausreichend erachtete. Daraus wurde sogleich die Schlussfolgerung gezogen, es entfalle damit künftig die Grundlage für eine Analogie, da keine ungeplante

---

1023 BayOblG, FamRZ 1974, 22, 24; OLG Köln, FamRZ 2002, 1124; Brudermüller, FamRZ 2003, 1705, 1710; *Haußleiter/Schulz*, Vermögensauseinandersetzung, 4. Aufl., Kap. 4 Rn. 67.

1024 Vgl. detailliert zum Ganzen: OLG München, FamRZ 2007, 1655 f. m. abl. Anm. *Wever.*

1025 A.A. OLG Brandenburg, NJW 2008, 1603 und OLG Karlsruhe, BeckRS 2008, 21550 – 4 U 72/06.

1026 *Götz/Brudermüller*, FPR 2009, 38, 42.

1027 OLG Stuttgart, FamRZ 2012, 33.

1028 OLG Hamm, FamRZ 2011, 481.

1029 *Haußleiter/Schulz*, Vermögensauseinandersetzung, 4. Aufl., Kap. 4 Rn. 102 m. umfassenden Nachweisen; Schwab/*Motzer*, Scheidungsrecht, 5. Aufl., VIII Rn. 101.

1030 *Schulz*, in: C. Münch, Gestaltungspraxis, § 5 Rn. 91 f.

Gesetzeslücke bestehe.[1031] Der Bundesrat wies zu Recht darauf hin,[1032] dass Abs. 2 und Abs. 5 des § 1568a BGB nicht verknüpft sind und daher durchaus Fälle vorstellbar erscheinen, in denen es nicht zum Abschluss eines Mietvertrages kommt. Der Vorschlag des Bundesrates zur Regelung einer Nutzungsvergütung wurde jedoch nicht aufgegriffen. Stattdessen wurde auch der zur Vermietung berechtigten Person ein Anspruch auf Abschluss eines Mietvertrages gegeben, so dass auch der Eigentümer einen Mietvertrag erzwingen kann.[1033]

6. Anträge

Der Antrag auf Überlassung der Ehewohnung für die Zeit ab Rechtskraft der Ehe- 533
scheidung ist nach § 137 Abs. 1, Abs. 2 Nr. 3 FamFG im Verbund zu entscheiden, wenn er mit bzw. nach Rechtshängigkeit des Scheidungsantrags eingereicht wird. Er kann auch nach der Scheidung im isolierten Verfahren geltend gemacht werden, wenn im Scheidungsverfahren eine Wohnungsüberlassung nicht beantragt worden ist. Hierbei ist die Jahresfrist des § 1568a Abs. 6 BGB zu beachten.

Solche Anträge können folgendermaßen formuliert werden:[1034]

a) Wohnungsüberlassung mit Umgestaltung des gemeinschaftlichen Mietvertrages

▶ Formulierungsvorschlag (Antrag auf Überlassung der Ehewohnung für die 534
Zeit ab Rechtskraft der Ehescheidung im Scheidungsverbund mit Umgestaltung des gemeinschaftlichen Mietvertrages):

An das
Amtsgericht
Familiengericht
.....

....., den .....

In der Familiensache
.....

– Antragstellerin –

1031 *Roth*, FamRZ 2008, 1388, 1389.

1032 BR-Drucks. 635/1/08, S. 10.

1033 Der BGH, FamRZ 2010, 1630 spricht Nutzungsentgelt nach § 745 Abs. 2 BGB zu für ein dingliches Mitbenutzungsrecht an der Ehewohnung im Alleineigentum des anderen Ehegatten.

1034 Auf der Basis der Formulierungen von Münchener Prozessformularbuch/Müller, Bd. 3, C VII und D.VI; MüHdbFamR/Müller, § 16; Götz/Brudermüller, Die gemeinsame Wohnung, Rn. 342; Poppen in Vorwerk, Prozessformularbuch, Kap. 137 Rn. 26 f.; Haußleiter/Schulz, Vermögensauseinandersetzung, Kap. 4 Rn. 91.

Verfahrensbevollmächtigte Rechtsanwältin .....
gegen
.....

– Antragsgegner –

stelle ich hiermit ich namens und in Vollmacht der Antragstellerin den

Antrag auf Überlassung der Ehewohnung ab Rechtskraft der Ehescheidung nach § 1568a BGB im Scheidungsverbund.

Az. des Scheidungsverfahrens: .....
Verfahrensbeteiligter:[1035] Herr ..... als Vermieter, wohnhaft ......
Ich beantrage zu erkennen:

1. Die im Haus .....straße Nr. ..... gelegene Ehewohnung im 2. Stock bestehend aus .... wird der Antragstellerin ab Rechtskraft der Ehescheidung zur alleinigen Nutzung überlassen.
2. Das zwischen Antragstellerin und Antragsgegner auf der einen und dem Vermieter, Herrn ....., auf der anderen Seite aufgrund schriftlichen Mietvertrages vom ..... bestehende Mietverhältnis über die in Ziffer 1 genannte Ehewohnung wird ab Rechtskraft der Ehescheidung allein von der Antragstellerin fortgesetzt.
3. Der Antragsgegner scheidet zum gleichen Zeitpunkt aus dem Mietverhältnis aus.[1036]
4. Die Kostenentscheidung folgt derjenigen in der Hauptsache.

Alternative:

2.a) Dem Antragsgegner wird aufgegeben unter Mitnahme seiner persönlichen Sachen und unter Zurücklassung aller Haushaltsgegenstände aus der unter Ziffer 1) genannten Wohnung bis zum ...... auszuziehen, die Wohnung also zu räumen, der Antragstellerin zu übergeben und sie ohne ihre Zustimmung nicht wieder zu betreten[1037] . § 885 Abs. 2 bis 4 ZPO finden keine Anwendung.

1035 Die Rechtsstellung als Verfahrensbeteiligter ergibt sich aus § 204 Abs. 1 FamFG.

1036 Die an dieser Stelle früher anzutreffenden Sicherungsanordnungen etwa zur Mithaft für Mietrückstände sind im neuen § 1568a BGB nicht mehr vorgesehen.

1037 Antragstellung empfehlenswert, wenn Räumung noch aussteht, *Götz/Brudermüller*, Die gemeinsame Wohnung, Rn. 310.

Zur

Begründung

trage ich Folgendes vor:

1. Hinsichtlich der persönlichen Verhältnisse der Beteiligten verweise ich auf den bisherigen Vortrag im Scheidungsverfahren. Die Antragstellerin und der Antragsgegner sind aufgrund des schriftlichen Mietvertrages vom ..... gemeinsam Mieter der in Ziffer 1. des Antrags bezeichneten Mietwohnung.
   Beweis: Kopie des Mietvertrages als Anlage 1

   Die Antragstellerin lebt mit den beiden gemeinsamen minderjährigen Kindern, dem Sohn ....., geb. am ..... und der Tochter ....., geb. am ..... , allein in der Ehewohnung.
   Die Kinder sind in den letzten Jahren vor der Trennung überwiegend und nach der Trennung allein von der Antragstellerin betreut worden, die hierzu für einige Jahre ihren Beruf aufgegeben hatte und nun halbtags berufstätig ist. Die Antragstellerin erreicht ihre Arbeitsstelle zu Fuß in fünf Minuten. Der Sohn geht derzeit in die erste Klasse des Gymnasiums, das er fußläufig in zehn Minuten erreichen kann. Die Tochter besucht die dritte Klasse der Grundschule in der Nachbarschaft. Die Antragstellerin benötigt derzeit keinen Pkw.
   Der Antragsgegner ist nach einem Ehestreit aus der Ehewohnung aus- und zu seiner neuen Partnerin gezogen. In der außergerichtlichen Korrespondenz hat er jedoch verlangt, die Antragstellerin solle die Ehewohnung räumen, da er von seiner jetzigen Wohnung aus 10 Minuten länger zur Arbeit fahren müsse.

   Alternative:
   Der Antragsgegner lebt nach wie vor mit in der Ehewohnung. Die Trennung wurde bisher in der ehelichen Wohnung so vollzogen, dass der Antragsgegner allein das große Arbeitszimmer bewohnt, während die Restfamilie Wohnzimmer und Schlafzimmer sowie das Kinderzimmer benutzt. Das bisherige Elternschlafzimmer wurde dabei zum Kinderzimmer umfunktioniert, die Antragstellerin schläft im Wohnzimmer. Küche, Bad, WC und Eingangsbereich werden gemeinsam genutzt.
   Diese Situation ist auf Dauer nicht mehr tragbar, zumal der Antragsgegner zuletzt eine der übrigen Familie fremde Frau mit in die eheliche Wohnung gebracht und mit ihr gemeinsam im Arbeitszimmer übernachtet hat.
   Beweis: Hausbewohner ......
   Außerdem gibt es regelmäßig lautstarken Streit über die gemeinsame Nutzung der Küche und des Bades. Wegen der lang andauernden Benutzung des Bades durch den Antragsgegner ist das pünktliche Eintreffen der Kinder in der Schule gefährdet.
   Beweis: Zeugnis des Hausbewohners ....
   Das gemeinsame Bewohnen der Wohnung ist daher der Antragstellerin nicht mehr zuzumuten.

2. Demgemäß ist eine Überlassung der Ehewohnung an die Antragstellerin zur alleinigen Nutzung nach § 1568a BGB geboten. Die Antragstellerin ist auf die Nutzung der Wohnung gerade unter Berücksichtigung des Wohls der im Haushalt lebenden Kinder in stärkerem Maße angewiesen als der Antragsgegner. Die Kinder können Grundschule und Gymnasium von der Ehewohnung aus fußläufig erreichen. Die Kinder haben ihre Freunde im Wohnviertel und sollten nicht aus ihrer gewohnten Umgebung herausgenommen werden. Es ist daher im überwiegenden Interesse der Kinder, der Antragstellerin die Ehewohnung zu überlassen.

   Die Antragstellerin arbeitet derzeit nur in Teilzeit, verdient daher nur wenig und hat kein nennenswertes eigenes Vermögen. Sie ist auf die ergänzenden Unterhaltszahlungen des Antragsgegners angewiesen. Nur bei Weiternutzung der Ehewohnung kommt die Restfamilie ohne einen Pkw aus. Die Antragsgegnerin hat ferner die Möglichkeit, in wenigen Jahren eine Vollzeittätigkeit in ihrer bisherigen Firma anzutreten. Dies ist ihr bereits angeboten worden. Nur so kann sie ihren Lebensunterhalt selbst bestreiten und von den Unterhaltszahlungen unabhängig werden.
   Der Antragsgegner hingegen kann einige Minuten mehr Fahrzeit mit dem Pkw durchaus bewältigen. Außerdem stehen ihm auch nach Abzug der Unterhaltszahlungen noch erheblich mehr eigene Mittel zur Verfügung, sodass es ihm leichter fallen wird als der Antragstellerin, eine neue Wohnung anzumieten.

2 Abschriften anbei jeweils für Antragsgegner und weitere Beteiligte.

.....
Rechtsanwältin

b) Wohnungsüberlassung und Räumung

535 Nachfolgend wird ein Überlassungsantrag vorgestellt, wenn der Antragsgegner im Haus der Eltern der Antragstellerin wohnt und nach Rechtskraft der Scheidung räumen soll. In der Alternative ist zusätzlich die Verpflichtung zur Zahlung einer Nutzungsentschädigung vorgesehen. Sie mag bei sonst gleichem Antragswortlaut und entsprechend abgewandelter Begründung dann verwendet werden, wenn die Ehewohnung im Alleineigentum der Antragstellerin steht. Da es nicht um Zahlungen durch denjenigen Ehegatten geht, dem die Wohnung überlassen wird, ist weiterhin von einer familienrechtlichen Nutzungsentschädigung die Rede. Diese fällt mir Räumung spätestens vier Wochen nach Rechtskraft der Scheidung weg.

▶ Formulierungsvorschlag (Antrag auf Überlassung der Ehewohnung für die Zeit ab Rechtskraft der Ehescheidung im Scheidungsverbund ohne Mietvertrag im Haus der Eltern): 536

An das
Amtsgericht
Familiengericht
.....

....., den .....

In der Familiensache
.....

– Antragstellerin –

Verfahrensbevollmächtigte Rechtsanwältin .....
gegen
.....

– Antragsgegner –

stelle ich hiermit ich namens und in Vollmacht der Antragstellerin den

Antrag auf Überlassung der Ehewohnung ab Rechtskraft der Ehescheidung nach § 1568a BGB im Scheidungsverbund.

Az. des Scheidungsverfahrens: .....

Verfahrensbeteiligter:[1038] die Eltern der Antragstellerin, Herr ..... und Frau ..... als Grundstückseigentümer, wohnhaft ......

Ich beantrage zu erkennen:

1. Die im Haus .....straße Nr. ..... gelegene Ehewohnung im 2. Stock bestehend aus ..... wird der Antragstellerin ab Rechtskraft der Ehescheidung zur alleinigen Nutzung überlassen.
2. Dem Antragsgegner wird aufgegeben, unter Mitnahme seiner persönlichen Sachen und unter Zurücklassung aller Haushaltsgegenstände aus der unter Ziffer 1) genannten Wohnung bis zum ..... – d.h. unter Gewährung einer Räumungsfrist von einem Monat ab Rechtskraft der Scheidung – auszuziehen, die Wohnung also zu räumen der Antragstellerin zu übergeben. § 885 Abs. 2 bis 4 ZPO finden keine Anwendung
3. Die Kostenentscheidung folgt derjenigen in der Hauptsache.

1038 Die Rechtsstellung als Verfahrensbeteiligter ergibt sich aus § 204 Abs. 1 FamFG.

Alternative (bei Alleineigentum der Antragstellerin):
Dem Antragsgegner wird aufgegeben, für jeden angefangenen Monat der Weiternutzung der in Ziffer 1 genannten Ehewohnung bis zur Räumung an die die Antragstellerin eine monatliche Nutzungsentschädigung in Höhe von ..... € zu zahlen.
Zur

Begründung

trage ich Folgendes vor:

1. Hinsichtlich der persönlichen Verhältnisse der Beteiligten verweise ich auf den bisherigen Vortrag im Scheidungsverfahren. Die Antragstellerin und der Antragsgegner wohnten in der in Ziffer 1 bezeichneten Wohnung. Diese liegt im Hausanwesen ....., das im Eigentum der Eltern der Antragstellerin steht. Die Antragstellerin ist seinerzeit mit den beiden Kindern in die Wohnung der Eltern gezogen, um die Trennung zu vollziehen.
2. Die derzeitigen Wohnverhältnisse kann die Antragstellerin nicht beibehalten, zumal ihre Eltern nur einer vorläufigen Aufnahme in ihre eigene Wohnung zugestimmt haben.
3. Da der Antragsgegner in der letzten Zeit eine neue Lebenspartnerin in die Wohnung aufgenommen hat, ist die weitere Nutzung dieser Wohnung im elterlichen Haus der Antragstellerin nach der Scheidung nicht mehr zumutbar.
4. Der Antragsgegner verfügt über genügend finanzielle Mittel, um sich eine andere Wohnung zu suchen, zumal er für sich allein nur eine sehr viel kleinere Wohnung benötigen würde.
   Somit ist die Antragstellerin zum einen viel stärker auf die Nutzung der Ehewohnung angewiesen als der Antragsgegner. Die Überlassung an die Antragstellerin entspricht zum anderen der Billigkeit.
5. Da dem Antragsteller bereits vor einigen Monaten mitgeteilt wurde, dass er die Wohnung nur noch bis zur Scheidung nutzen kann,

   Beweis: Anwaltsschreiben vom ..... (Aktenexemplar) mit Zugangsnachweis

   hatte er Zeit, sich auf die neue Situation einzustellen. Eine Räumungsfrist von einem Monat nach Rechtskraft der Scheidung ist unter diesen Umständen ausreichend. Auf die bisherigen Aufforderungen zur Räumung der Wohnung hat der Antragsgegner nicht reagiert.

Alternative:
- *Die Nutzungsvergütung ist in der beantragten Höhe angemessen, denn die Wohnung hat eine Nutzfläche von ..... m^2 mit mittlerer Ausstattung. Die objektive Marktmiete beträgt hierfür ..... € pro m^2. Dies entspricht der beantragten Nutzungsvergütung. Hierbei ist zu berücksichtigen, dass der Antragsgegner bisher nur die Nebenkosten gezahlt hat und dass der Antragsgegner nicht zur Unterhaltszahlung verpflichtet ist.*

2 Abschriften anbei

.....

Rechtsanwältin

c) Wohnungsüberlassung und Begründung eines Mietverhältnisses

Nachfolgend wird schließlich noch ein Überlassungsantrag vorgestellt für den Fall, dass die Ehewohnung als Eigentumswohnung im Eigentum des Antragsgegners steht, die Antragstellerin aber auf die Ehewohnung angewiesen ist und daher die Überlassung der Wohnung erstrebt. Gegenüber dem Alleineigentümer ist der Antrag aber nur für eine bestimmte Zeit und unter Begründung eines Mietverhältnisses gestellt. 537

▶ Formulierungsvorschlag (Antrag auf Überlassung der Ehewohnung im Alleineigentum des Antragsgegners für eine befristete Zeit ab Rechtskraft der Ehescheidung im Scheidungsverbund gegen Begründung eines Mietvertrages): 538

An das
Amtsgericht
Familiengericht
.....

....., den .....

In der Familiensache
.....

– Antragstellerin –

Verfahrensbevollmächtigte Rechtsanwältin .....
gegen
.....

– Antragsgegner –

stelle ich hiermit ich namens und in Vollmacht der Antragstellerin den

Antrag auf Überlassung der Ehewohnung ab Rechtskraft der Ehescheidung nach § 1568a BGB im Scheidungsverbund.

Az. des Scheidungsverfahrens: .....
Ich beantrage zu erkennen:

1. Die im Haus .....straße Nr. ..... gelegene Ehewohnung im 2. Stock bestehend aus ..... wird der Antragstellerin ab Rechtskraft der Ehescheidung zur alleinigen Nutzung überlassen.
2. Zwischen dem Antragsgegner und der Antragstellerin wird ab Rechtskraft der Ehescheidung auf die Dauer von fünf Jahren ein befristeter Mietvertrag über die in Ziffer 1 genannte Wohnung begründet. Der monatliche Mietzins wird auf ..... € festgesetzt. Zusätzlich hat die Antragstellerin die verbrauchsabhängigen Nebenkosten zu zahlen.[1039] Im Übrigen gelten die gesetzlichen Vorschriften des Mietrechts (§§ 535 bis 580a BGB).

1039 Mit dieser Tenorierung wird der Anspruchslösung Rechnung getragen. Der neue § 1568a BGB sieht nur in Abs. 3 einen rechtsgestaltenden Ausspruch vor, wenn Dritte als Vermieter betroffen sind.

3. Die Kostenentscheidung folgt derjenigen in der Hauptsache.

Zur

Begründung

trage ich Folgendes vor:

1. Hinsichtlich der persönlichen Verhältnisse der Beteiligten verweise ich auf den bisherigen Vortrag im Scheidungsverfahren. Die Antragstellerin und der Antragsgegner wohnten in der in Ziffer 1 bezeichneten Wohnung. Diese Eigentumswohnung gehört dem Antragsgegner allein, der aber Eigentümer noch dreier weiterer Eigentumswohnungen im selben Ort ist. In einer davon wohnt er.
2. Die Antragstellerin lebt mit den drei gemeinsamen Kindern in dieser Wohnung. Sie ist daher in stärkerem Umfang auf die Nutzung der Wohnung angewiesen, um den Kindern die Nähe der Schule und ihren Freundeskreis zu erhalten.
3. Die Nutzungsüberlassung kann auf fünf Jahre befristet werden, weil dann zwei Kinder die Schule abgeschlossen haben und wirtschaftlich selbstständig sein werden. Die Antragstellerin kann dann leichter eine kleinere Wohnung für sich und das im Haushalt verbliebene Kind finden, zumal sie dann auch wieder mehr arbeiten kann.
4. Der Antragsgegner hingegen hat bereits eigenen Wohnraum und benötigt die größere Wohnung nicht.
5. Der Mietzins entspricht dem ortsüblichen Mietzins. Im Unterhaltsverfahren wurde der Antragstellerin ein Wohnvorteil nicht zugerechnet, sodass die Festsetzung eines Mietzinses gerechtfertigt ist.[1040]

2 Abschriften anbei

.....

Rechtsanwältin

III. Haushaltsgegenstände

1. Begriff und Abgrenzung

539 Unter **Haushaltsgegenständen** werden alle beweglichen Gegenstände verstanden, die nach den Vermögens- und Lebensverhältnissen der Ehegatten für die Wohnung, die Hauswirtschaft und das Zusammenleben der Familie bestimmt sind.[1041] Nicht zu

1040 Steuerlich kann es durchaus gewollt sein, dass der Eigentümer einen Mietzins erzielt, um Abschreibungen geltend machen zu können. Die dann höhere Unterhaltszahlung kann zusätzlich nach § 10 Abs. 1 Nr. 1 EStG bis zu 13.805 € jährlich als Sonderausgabe abgezogen werden.

1041 BGH, FamRZ 1984, 144 = NJW 1984, 484 OLG Düsseldorf, FamRZ 1992, 60.

den Haushaltsgegenständen zählen Einbaumöbel, die wesentliche Bestandteile des Gebäudes sind.[1042]

Haushaltsgegenstände, die nach §§ 1361a, 1568b BGB verteilt werden, unterliegen **nicht dem Zugewinnausgleich**. Sie sind also weder im Anfangs- noch im Endvermögen zu erfassen.[1043] 540

Mit der Neukonzeption der Verteilung von Haushaltsgegenständen durch das Gesetz zur Änderung des Zugewinnausgleichs- und des Vormundschaftsrechts[1044] ist **§ 9 HausratsVO a.F.** ausdrücklich **nicht** mehr **übernommen** worden, weil man hierin einen zu starken Eingriff in das Eigentum sah. **Gegenstände im Alleineigentum** eines Ehegatten müssen also **nicht mehr** im Rahmen der **Verteilung von Haushaltsgegenständen** nach Scheidung an den anderen Ehegatten herausgegeben werden. 541

Anders noch der RefE mit Stand 01.11.2007. Hierin war eine dem § 9 HausratsVO a.F. entsprechende Regelung vorgesehen, allerdings sollte die Übereignung nur gegen Ausgleichszahlung erfolgen. Damit aber nicht genug: Nach dem RefE hätten Unterschiede zwischen Verkehrswert und angeordneter Ausgleichszahlung noch dem Zugewinn unterliegen sollen. Diese aufgrund Ihrer Kompliziertheit unpraktikable Vorstellung ist zu Recht kritisiert[1045] worden, weil der Rechtsbereich Zugewinn doch solche Festsetzungen akzeptieren solle, die der Gesetzgeber bewusst abweichend vom Verkehrswert vorgenommen hat. Der Gesetzgeber hat diese Vorstellung des RefE nicht übernommen. 542

Somit unterfallen also **Haushaltsgegenstände im Alleineigentum** eines Ehegatten dem **Zugewinnausgleich**, weil sie nicht im Anwendungsbereich des § 1568b BGB liegen.[1046] 543

Daher ist es **problematisch**, wenn Ehegatten vor Stellung eines Scheidungsantrags bereits **außerhalb einer notariellen Urkunde Haushaltsgegenstände verteilt** haben, die einem Ehegatten zu Alleineigentum zustehen. Diese Verteilung beeinflusst nach OLG Düsseldorf den Zugewinnausgleich nicht, denn sie ist wegen Verstoßes gegen § 1378 Abs. 3 Satz 2 BGB nichtig. Daher sind die Gegenstände weiterhin im Endvermögen des Eigentümers zu erfassen.[1047] 544

1042 OLG Zweibrücken, FamRZ 1993, 82 f.; OLG Hamm, FamRZ 1991, 89.

1043 *Büte*, Zugewinnausgleich, Rn. 143; *Gernhuber*, FamRZ 1984, 1053, 1054; a.A. für Erfassung im Anfangsvermögen: MüHdbFamR/*Boden*, § 18 Rn. 141; *Koch*, FamRZ 2003, 197, 199; OLG Celle, FamRZ 2000, 226.

1044 BT-Drs. 16/10798 und 16/13027.

1045 Stellungnahme des Deutschen Notarvereins, notar 2008, 15, 23.

1046 BGH, FamRZ 1991, 1166, 1168; BGH, FamRZ 2011, 183 f.

1047 OLG Düsseldorf, FamRZ 2005, 273 f.

▶ Gestaltungsempfehlung:

Vorsicht bei der Verteilung von Haushaltsgegenständen vor der notariellen Scheidungsvereinbarung! Hier droht Formnichtigkeit, sodass der abschließende Regelungszweck verfehlt wird.

545 Häufig entstehen **Abgrenzungsschwierigkeiten** zwischen Haushaltsgegenständen und Zugewinn, da Gegenstände,

- die lediglich dem **persönlichen Interesse** eines Ehegatten dienen oder
- die als **Kapitalanlage** oder **Objektsammlung** anzusehen sind,

nicht als Haushaltsgegenstände gelten können.

546 **Gegenstände von höherem Wert** – gemessen am Lebenszuschnitt der Ehegatten – sind dann als Haushaltsgegenstände anzusehen, wenn sie in der Ehewohnung tatsächlich genutzt worden sind, nicht hingegen, wenn sie der reinen Kapitalanlage dienten.[1048]

547 Problematisch ist mitunter die Einordnung von **Kfz** unter den Begriff des Haushaltsgegenstandes. Werden sie ausschließlich für berufliche oder persönliche Zwecke genutzt, unterfallen sie dem Zugewinnausgleich.[1049] Werden sie aber ausschließlich für unmittelbar familienbezogene Zwecke verwendet, können sie als Haushaltsgegenstand zu betrachten sein.[1050] Nach der Rechtsprechung einiger OLG, der sich die Literatur zunehmend anschließt,[1051] ist der einzige in der Familie vorhandene Pkw als Haushaltsgegenstand anzusehen.[1052] Eine **Motorjacht** kann Haushaltsgegenstand sein, wenn sie der Freizeit- und Urlaubsgestaltung der Familie gewidmet ist.[1053]

548 **Haustiere** sind keine Sachen (§ 90a BGB), auf sie werden aber die Vorschriften über Haushaltsgegenstände entsprechend angewandt.[1054] Die Frage beschäftigt die Gerichte doch gelegentlich. So hat das OLG Hamm[1055] erst kürzlich entschieden, dass es keine gesetzliche Rechtsgrundlage für ein Umgangsrecht mit dem Familienhund gibt, denn § 1361a BGB erlaube keine vorübergehende Nutzungszuweisung

1048 BGH, FamRZ 1984, 575; OLG Bamberg, FamRZ 1997, 378; *Haußleiter/Schulz*, Vermögensauseinandersetzung, Kap. 4 Rn. 130; Grziwotz, FamRZ 2002, 1669, 1671; zur Abgrenzung im Detail *Brudermüller*, FamRZ 1999, 129, 136 f.

1049 OLG Koblenz, FamRB 2006, 102.

1050 OLG Oldenburg, FamRZ 1997, 942; weiter gehend *Haußleiter/Schulz*, Vermögensauseinandersetzung, Kap. 4 Rn. 132: Gibt es in der Familie nur einen Pkw, gehört dieser i.d.R. zum Hausrat.

1051 *Schulz*, in: C. Münch, Gestaltungspraxis, § 5 Rn. 126 m.w.N.; Palandt/*Brudermüller*, § 1361a BGB, Rn. 5.

1052 KG, FamRZ 2003, 1927; OLG Düsseldorf, FamRB 2007, 97.

1053 OLG Dresden, FamRZ 2004, 273 (Wert 42.000 €).

1054 OLG Zweibrücken, FamRZ 1998, 1432; OLG Bamberg, FamRB 2004, 73.

1055 OLG Hamm, FamRZ 2011, 893 f.

etwa für bestimmte Stunden oder Tage in der Woche. Auch aus Gemeinschaftsrecht leitete das Gericht keine Anspruchsgrundlage ab.[1056]

Für **Verbindlichkeiten**, die sich auf Haushaltsgegenstände beziehen, bestand früher eine Sonderregelung in § 10 HausratsVO a.F., die jedoch der Gesetzgeber bewusst nicht in die Neukonzeption des § 1568b BGB übernommen hat mit der Begründung, dass die Verteilung von Schulden auf andere Weise bei der Scheidung rechtlich einfacher gewürdigt werden kann.[1057] 549

Bei Zweifelsfragen ist eine **ehevertragliche Regelung** darüber zulässig, welche Gegenstände als Haushaltsgegenstände zu gelten haben oder nicht.[1058] 550

▶ Formulierungsvorschlag (Definition Haushaltsgegenstände): 551

Wir sind uns einig, dass der Orientteppich im Salon sowie die Sammlung der Bilder von Max Ackermann nicht als Haushaltsgegenstände i.S.d. § 1568b BGB gelten, sondern dem Zugewinnausgleich unterliegen. Dies gilt auch für alle weiteren Bilder dieses Künstlers, die etwa noch erworben werden.
Der Pkw-Kombi der Marke ..... hingegen sowie ein an seine Stelle tretendes Ersatzfahrzeug soll ein Haushaltsgegenstand sein.

2. Überlassung bei Trennung

Bei der Trennung sieht § 1361a BGB eine vorläufige Überlassung von Haushaltsgegenständen durch das FamG zur alleinigen Nutzung ohne Eigentumsänderung (§ 1361a Abs. 4 BGB) vor. Voraussetzung ist das Getrenntleben. Trennungsabsicht genügt anders als bei § 1361b BGB nicht. 552

§ 1361a BGB gibt nur Anspruch auf alleinige Nutzungsüberlassung. Soweit keine gerichtliche Überlassung oder Einigung der Ehegatten besteht, steht ihnen ohnehin auch nach der Trennung bereits Mitbesitz an den Haushaltsgegenständen ohne Rücksicht auf die Eigentumsverhältnisse zu.[1059] Je nach Eigentumslage können dann verschiedene Rechtsverhältnisse entstehen, für die § 1361a BGB vier Ansprüche vorsieht. 553

a) Herausgabe von eigenem Alleineigentum

Haushaltsgegenstände, die einem Ehegatten zu Alleineigentum zustehen, kann dieser grds. herausverlangen, § 1361a Abs. 1 Satz 1 BGB. Demgegenüber soll der andere Ehegatte ein Recht zum Besitz nur aus § 1361a Abs. 1 Satz 2 BGB oder aus vertraglicher Gebrauchsüberlassung herleiten können. 554

1056 Krit. hierzu Neumann, FamRB 2011, 81: wenn Gerichte genaue Nutzungszeiten von Bad und Küche regeln könnten, dann sollten sie sich auch der Hunde annehmen.

1057 BR-Drucks. 635/08, S. 48.

1058 *Langenfeld*, Eheverträge, Rn. 811.

1059 BGH, FamRZ 1979, 282, 283; Schwab/*Motzer*, Scheidungsrecht, VIII Rn. 117.

b) Gebrauchsüberlassung bei Alleineigentum des anderen Ehegatten

555 Der Nichteigentümer-Ehegatte hat jedoch einen Anspruch auf Gebrauchsüberlassung gegen den Eigentümer, wenn er den Haushaltsgegenstand **zur Führung eines abgesonderten Haushalts benötigt** und die Überlassung an ihn nach den Umständen des Falles **der Billigkeit entspricht**, § 1361a Abs. 1 Satz 2 BGB. Der Anspruch soll sich nicht nur auf unverzichtbare Gegenstände für eine Mindestausstattung beschränken, sondern sich **nach den ehelichen Lebensverhältnissen** bemessen.[1060] Hierbei ist auch auf die **Bedürfnisse** der im Haushalt betreuten **Kinder** abzustellen.[1061] Bei der Betreuung von zwei Kindern, darunter einem Kleinkind, entspricht die Überlassung des Pkw an den betreuenden Elternteil regelmäßig der Billigkeit.[1062] Im Rahmen der Billigkeitsabwägung muss das Gebrauchsinteresse des Nichteigentümers höher stehen als das Besitzinteresse des Eigentümers. Da es nicht um eine endgültige Überlassung geht, hängt diese nicht von den gleichen strengen Voraussetzungen ab, wie sie die dauerhafte Zuweisung nach § 9 HausratsVO a.F. früher hatte.[1063] Bei der Billigkeitsabwägung können Verschuldensgesichtspunkte i.R.d. §§ 1361 Abs. 3, 1579 BGB Berücksichtigung finden.[1064] Der Eigentümer schuldet weder den Transport noch dessen Kosten; vielmehr hat der Berechtigte die Gegenstände abzuholen.[1065]

c) Verteilung bei Miteigentum

556 Die Vermutung gemeinsamen Eigentums nach § 1568b Abs. 2 BGB ist für § 1361a BGB analog heranzuziehen.[1066] Dieses gemeinsame Eigentum wird unter den Ehegatten nach den Grundsätzen der Billigkeit zur Nutzung verteilt, § 1361a Abs. 2 BGB. Zwar kommt es hierbei anders als nach § 1361a Abs. 1 Satz 2 BGB nicht allein darauf an, wer die Gegenstände benötigt,[1067] gleichwohl ist jedoch die Billigkeitsentscheidung nicht nach dem Wert der Gegenstände zu treffen, sondern nach den praktischen Bedürfnissen.[1068] Die Eigentumsverhältnisse bleiben bei der Verteilung von Haushaltsgegenständen nach § 1361a BGB unberührt, § 1361a Abs. 4 BGB. Die Ehegatten können allerdings die Übereignung der Gegenstände vereinbaren. Das OLG Köln[1069] nimmt ausführlich zur Beweislast Stellung. Soweit die Miteigentumsvermutung des § 1586b Abs. 2 BGB greift, muss derjenige Ehegatte, der sich

1060 BayOblG, NJW 1972, 949; Bamberger/Roth/*Neumann*, BGB, § 1361a Rn. 8.
1061 OLG Koblenz, FamRZ 1991, 1302.
1062 KG, FamRZ 2003, 1927.
1063 Schwab/*Motzer*, Scheidungsrecht, VIII Rn. 120.
1064 Palandt/*Brudermüller*, BGB, § 1361a Rn. 13:*Schulz*, in: C. Münch, Gestaltungspraxis, § 5 Rn. 143.
1065 MünchKomm/*Weber-Monecke*, BGB, §1361a Rn. 13.
1066 Bamberger/Roth/*Neumann*, BGB, § 1361a Rn. 11; Palandt/*Brudermüller*, BGB, § 1361a Rn. 16.
1067 Palandt/*Brudermüller*, BGB, § 1361a Rn. 16.
1068 Schwab/*Motzer*, Scheidungsrecht, VIII Rn. 118.
1069 OLG Köln, FamRZ 2011, 975 f.

auf Alleineigentum beruft, dieses nachweisen. Greift diese Vermutung nicht – so etwa bei vorehelich erworbenen Gegenständen – hat der Anspruchsteller, welcher Haushaltsgegenstände behauptet, sein Miteigentum nachzuweisen.

d) Nutzungsvergütung

Gerichtlich kann nach § 1361a Abs. 3 BGB eine angemessene Vergütung für die Nutzung eines Haushaltsgegenstandes festgesetzt werden, und zwar sowohl für die Überlassung von Gegenständen an den Nichteigentümer nach § 1361a Abs. 1 Satz 2 BGB als auch für die Verteilung der gemeinschaftlichen Gegenstände nach § 1361a Abs. 2 BGB.[1070] Dies kommt insb. bei der Überlassung von Kfz in Betracht. Hier muss der nutzende Ehegatte zunächst die Haftpflichtversicherung und bei neuwertigen Fahrzeugen mit hohem Zeitwert noch eine Vollkaskoversicherung abschließen.[1071] Ob daneben noch eine Nutzungsvergütung gefordert werden kann, hängt ganz entscheidend auch von den finanziellen Verhältnissen der Ehegatten ab.[1072] Häufig kann derjenige Ehegatte, der auf die Nutzung angewiesen ist, nach seinen Einkommensverhältnissen eine zusätzliche Vergütung nicht aufbringen. 557

3. Überlassung bei Scheidung

Die Überlassung der Haushaltsgegenstände bei Scheidung ist mit dem Gesetz zur Änderung des Zugewinnausgleichs- und Vormundschaftsrechts[1073] neu in § 1568b BGB geregelt worden. Die HausratsVO wurde aufgehoben. Die frühere Regelung des § 8 HausratsVO für Miteigentum wurde umgesetzt. Die §§ 9 (Alleineigentum) und 10 (Hausratsforderungen) der HausratsVO a.F. wurden nicht mit übernommen, sondern fallen weg. Die Sonderregelung für Haushaltsgegenstände im Rahmen der Scheidung gilt daher nur noch für solche, die in Miteigentum der Ehegatten stehen. Wie bei der Überlassung der Ehewohnung nach § 1568a BGB wurde eine Norm geschaffen, nach welcher die Ehegatten einen Anspruch auf Überlassung und Übereignung der Haushaltsgegenstände haben. Die richterliche Zuweisung nach Billigkeit ist damit weggefallen. 558

a) Miteigentum und Vermutung

Nach § 1568b Abs. 2 BGB gelten Haushaltsgegenstände, die während der Ehe für den gemeinsamen Haushalt angeschafft wurden, **kraft gesetzlicher Vermutung** als **gemeinsames Eigentum** der Ehegatten. Dies gilt unabhängig vom Güterstand, also auch bei Gütertrennung. Diese Vermutung wird nicht allein dadurch widerlegt, dass ein Ehegatte den Haushaltsgegenstand allein gekauft und bezahlt hat, da i.d.R. auch ein alleine kaufender Ehegatte für beide erwirbt und der Verkäufer dies so versteht, 559

1070 Münchener Prozessformularbuch/*Müller*, Bd. 3, D. VII.1., Anm.7.

1071 OLG Koblenz, FamRZ 1991, 1302; *Haußleiter/Schulz*, Vermögensauseinandersetzung, Kap. 4 Rn. 148.

1072 OLG München, FamRZ 1998, 1230.

1073 BGBl 2009 I, 1696.

sofern nicht ausdrücklich etwas anderes vereinbart war.[1074] Wer Alleineigentum behauptet, muss dies nachweisen. Die Vermutung gilt nicht für Haushaltsgegenstände, die vorehelich[1075] – hier ist zu ermitteln, wie erworben wurde – oder nach der Trennung[1076] – hier ggf. je nach Stichtag noch Zugewinnausgleich – angeschafft wurden.

560 Mit der Reform des Zugewinnausgleichsrechts wurde **§ 1370 BGB**, wonach Ersatzanschaffungen demjenigen gehören, dem auch der vorherige Gegenstand gehört hat, **aufgehoben**. Die Vorschrift gilt nach der Übergangsregelung des Art. 6 Abs. 1 des Gesetzes zur Änderung des Zugewinnausgleichs- und Vormundschaftsrechts **aber weiterhin** für diejenigen Haushaltsgegenstände, die bis zum **01.09.2009 angeschafft** worden sind.

b) Kriterien der Überlassung und Übereignung

561 § 1568b BGB hat nicht die Zuweisungsvorschrift des § 8 Abs. 1 HausratsVO a.F. aufgenommen, nach welcher der Richter die Haushaltsgegenstände gerecht und zweckmäßig zu verteilen hatte. Damit ist die Gesamtverteilung nach Billigkeit wohl aufgegeben.[1077] Vielmehr hat der Gesetzgeber § 1568b BGB über die Haushaltsgegenstände an die Vorschrift des § 1568a BGB über die Ehewohnung angelehnt und eine parallele Vorschrift geschaffen. Demnach gewährt § 1568b Abs. 1 BGB nunmehr einem Ehegatten einen **Anspruch auf Überlassung derjenigen Haushaltsgegenstände**,

- auf deren Nutzung er in **stärkerem Maße angewiesen** ist als der andere Ehegatte oder
- deren Überlassung **aus anderen Gründen** der **Billigkeit** entspricht.

562 Für die Frage, wann ein Ehegatte in stärkerem Maße auf die Nutzung bestimmter Haushaltsgegenstände angewiesen ist als der andere soll berücksichtigt werden:

- das Wohl der im Haushalt lebenden Kinder und
- die Lebensverhältnisse der Ehegatten.

563 Es wird dabei bleiben, dass auch die Frage der **Leistungsfähigkeit für eine Ersatzbeschaffung** in die Abwägung einzubeziehen ist. Im Rahmen der Billigkeitsprüfung bei gleichem Angewiesensein beider Ehegatten auf den Haushaltsgegenstand ist schließlich die Frage von Bedeutung, ob ein Ehegatte einen Haushaltsgegenstand allein genutzt und erhalten hat oder ein besonderes **Affektionsinteresse** besteht oder ob er auf Veranlassung eines Ehegatten angeschafft worden ist.[1078] Welche Gründe zum

1074 BGH, FamRZ 1991, 923, 924.
1075 OLG Brandenburg, FamRZ 2003, 532 f.
1076 BGH, FamRZ 1984, 144, 147.
1077 *Roth*, FamRZ 2008, 1388, 1390.
1078 *Haußleiter/Schulz*, Vermögensauseinandersetzung, Kap. 4 Rn. 174; BR-Drucks. 635/08, S. 49.

Scheitern der Ehe geführt haben, ist bei der endgültigen Verteilung – anders als im Rahmen des § 1361a BGB – nicht zu berücksichtigen.[1079]

Ein Anspruch besteht nicht nur auf Überlassung zur Nutzung, sondern auf Übereignung der entsprechenden Haushaltsgegenstände, § 1568b Abs. 1 BGB. Die Übereignung erfolgt allerdings nicht mehr durch richterlichen Zuweisungsakt. 564

c) Ausgleichszahlung

Wie § 8 Abs. 3 Satz 2 HausratsVO gewährt auch **§ 1568b Abs. 3 BGB** einen Anspruch auf Ausgleichszahlung. Dieser Anspruch wird ggf. durch gerichtliche Entscheidung nach **§ 209 Abs. 1 FamFG** umgesetzt. 565

Der Gesetzgeber des § 1568b BGB stellt sich dabei eine **für jeden** übertragenen **Gegenstand** errechnete **Ausgleichszahlung zum Verkehrswert** vor, der am Ende mit den Ausgleichsansprüchen des anderen Ehegatten verrechnet werden mag.[1080] 566

Unter der HausratsVO a.F. wurde hingegen die Gesamtverteilung betrachtet und demjenigen, der insgesamt weniger erhalten hat, eine Ausgleichszahlung nach Billigkeit zugesprochen. 567

Wer verbissene Streitigkeiten um Haushaltsgegenstände erlebt hat, dem will dies als weltfremdes Programm erscheinen. Man hätte stattdessen akzeptieren können, dass die Verteilung der Haushaltsgegenstände einem Sonderrecht unterliegt, das nicht bis zur letzten Verkehrswertberechnung wie beim Güterstand ausgereizt werden muss. Die Folge wird zukünftig ein verstärkter Streit um Ausgleichszahlungen sein, die bisher eher die Ausnahme waren.[1081] Begrüßenswert sind daher Stellungnahmen, die eine überschlägige Bewertung des Haushalts genügen lassen wollen. Abzustellen ist dabei nicht auf die Anschaffungskosten, sondern auf den Verkehrswert zum Zeitpunkt der Entscheidung.[1082] 568

Irritierend ist die Begründung des RegE, soweit es dort heißt, eine Sonderregelung liege in § 1568b BGB nur vor, soweit auch von ihr Gebrauch gemacht würde. Wenn nicht, dann soll das Ehegüterrecht zur Anwendung gelangen. Dem ist mit *Götz/Brudermüller*[1083] entgegenzuhalten, dass dies zu einem nicht notwendigen Verlust an Praktikabilität führt. Macht ein Ehegatte vorhandene Ausgleichsansprüche nach § 1568b BGB nicht geltend, sollte es damit sein Bewenden haben. 569

1079 *Schulz*, in: C. Münch, Gestaltungspraxis, § 5 Rn. 163.
1080 So ausdrücklich BR-Drucks. 635/08, S. 49, 50 m. Beispielen.
1081 *Roth*, FamRZ 2008, 1388, 1390.
1082 Staudinger/*Weinreich*, § 1568b BGB, Rn. 49.
1083 *Götz/Brudermüller*, FamRZ 2008, 3025, 3031.

570 Noch schlimmer wäre freilich die Regelung des RefE zum Stand 01.11.2007 gewesen, denn nach den Vorstellungen dieses Entwurfs hätte bei Ausgleichszahlungen unter dem Verkehrswert die Differenz noch dem Zugewinnausgleich unterliegen sollen.[1084]

4. Vereinbarungen

571 **Ehevertraglich** können die Ehegatten Vereinbarungen treffen, indem sie einmal regeln, **welche Gegenstände** Haushaltsgegenstände sein sollen. Zum anderen können die Ehegatten **i.R.d. Scheidung** Vereinbarungen über die **Verteilung der Haushaltsgegenstände** treffen. In der Praxis hat sich in **Streitfällen** eine detaillierte **Regelung des Holens oder Bringens** der Gegenstände oft als nützlich erwiesen.

572 ▶ Formulierungsvorschlag (Vereinbarung über die Verteilung der Haushaltsgegenstände bei Scheidung):

1)

Die Ehegatten leben seit dem ..... getrennt. Das Scheidungsverfahren ist unter AZ: ..... anhängig. Die Ehegatten sind sich einig, dass die Ehewohnung in der .....strasse, die sie aufgrund eines Mietvertrages mit dem Eigentümer, Herrn ..... vom ..... nutzen, künftig von der Ehefrau und den gemeinsamen Kindern bewohnt wird. Der Ehemann ist bereits aus der Wohnung ausgezogen.

2)

Dem Ehemann stehen die in dieser Urkunde als Anlage 1 beigefügten Liste enthaltenen Haushaltsgegenstände zur alleinigen Nutzung und zum alleinigen Eigentum zu. Die Ehefrau behält alle übrigen Haushaltsgegenstände zur alleinigen Nutzung und zum Alleineigentum. Hierunter fallen insbesondere die in der in Anlage 2 beigefügten Liste enthaltenen Gegenstände.
Die Vertragsteile sind sich über alle hiermit verbundenen Eigentumsübergänge einig.

3)

Die dem Ehemann zustehenden Haushaltsgegenstände sind von diesem auf eigene Kosten in der Ehewohnung abzuholen. Die Ehefrau hat die Gegenstände spätestens einen Monat von heute an zur Abholung bereitzustellen und dem Ehemann von der erfolgten Bereitstellung Nachricht zu geben. Die Ehefrau wiederum ist von der Abholung zuvor in Kenntnis zu setzen. Kann diese den Termin zur Abholung nicht wahrnehmen, hat sie dafür Sorge zu tragen, dass dem Ehemann die Wohnung zur Abholung seiner Haushaltsgegenstände geöffnet wird.
Die Ehefrau unterwirft sich wegen der Herausgabe dieser Haushaltsgegenstände nach Anlage 1 dem Ehemann gegenüber der sofortigen Zwangsvollstreckung. Sie weist den Notar an, dem Ehemann ohne weitere Nachweise auf einseitigen Antrag insoweit eine vollstreckbare Ausfertigung dieser Urkunde zu erteilen.

1084 Krit. zu diesem nicht Gesetz gewordenen Vorschlag die Stellungnahme des Deutschen Notarvereins, notar 2008, 15, 23; *Neumann*, FamRB 2008, 191, 192; *Roth*, FamRZ 2008, 1388, 1390.

4)

Hinsichtlich der Personenkraftwagen gilt, dass jeder Ehegatte denjenigen Personenkraftwagen erhält und übernimmt, den er derzeit in seinem Besitz hat. Die Ehegatten sind sich über die Eigentumsübergänge einig.
Sofern hinsichtlich eines Kraftwagens noch Verbindlichkeiten bestehen, hat derjenige Ehegatte, der den Wagen übernimmt, diese Verbindlichkeiten im Innenverhältnis allein zu tragen. Der jeweils andere Ehegatte soll nach Möglichkeit auch im Außenverhältnis freigestellt werden.

5)

Für die Fotos und Filme, welche die Familie betreffen, gilt, dass sich jeder Ehegatte verpflichtet, die in seinem Besitz befindlichen Filme und Fotos – bei Digitalfotos in digitaler Form – dem anderen Ehegatten für sechs Wochen zur Verfügung zu stellen, damit dieser sich in geeigneter Weise Kopien beschaffen kann.

6)

Während der Ehe haben die Ehegatten einen Hund als Haustier angeschafft. Diesen Hund behält die Ehefrau mit den Kindern. Diese hat alle Kosten auch für Versicherungen zu tragen. Dem Ehemann ist die Möglichkeit zu geben, den Hund gelegentlich zu sich zu nehmen.

7)

Ein weiterer Ausgleich in Geld findet nicht statt. Alle etwaigen Vertragsverhältnisse für einen zu Alleineigentum übernommenen Gegenstand werden mit dem Eigentümer dieses Gegenstandes unter Freistellung des anderen Ehegatten fortgesetzt. Die Hausratsversicherung wird von der Ehefrau fortgeführt. Der Ehemann hat bei Bedarf eine neue Versicherung abzuschließen.

5. Anträge

Das Verfahren der Überlassung bzw. Zuteilung von Haushaltsgegenständen richtet 573
sich nach §§ 200 ff. FamFG. Hierzu ordnet **§ 203 Abs. 2 FamFG** an, dass jeder **Antrag diejenigen Gegenstände** zu enthalten hat, deren **Zuteilung begehrt wird.** Bei der endgültigen Teilung der Haushaltsgegenstände **nach § 1568b BGB** soll der Antrag zudem eine **Aufstellung sämtlicher Haushaltsgegenstände** und deren genaue Bezeichnung enthalten, sodass ein Gerichtsvollzieher die Gegenstände bei Vollstreckung identifizieren könnte; dies gilt sogar dann, wenn sich die Ehegatten über die Verteilung der meisten Haushaltsgegenstände schon einig geworden sind, denn der Richter benötigt für seine Entscheidung einen Gesamtüberblick.[1085] Das Gericht kann nach § 206 Abs. 1 FamFG vom Antragsteller Angaben nachfordern, aber auch

1085 *Schulz*, in: C. Münch, Gestaltungspraxis, § 5 Rn. 176.

vom Antragsgegner Angaben verlangen. Dies geschieht in der Regel unter Fristsetzung. Deren Ablauf führt nach § 206 Abs. 2 FamFG zur Präklusion.[1086]

574 Schon dies zeigt, dass eine gerichtliche Geltendmachung solcher Ansprüche mit erheblichen Kosten verbunden ist. Der Aufwand der Zusammenstellung und ggf. mit Rücksicht auf eine Ausgleichszahlung noch eine sachverständige Bewertung der Haushaltsgegenstände einschließlich der damit verbundenen Anwalts- und Gerichtskosten lässt eine Einigung der Ehegatten und eine **einvernehmliche Auseinandersetzung** i.R.d. Scheidung in jedem Fall **ratsamer** erscheinen.

575 Anträge wegen der Verteilung der Haushaltsgegenstände können folgendermaßen formuliert werden:[1087]

a) Antrag auf Überlassung von Haushaltsgegenständen für die Trennungszeit nach § 1361a BGB

576 ▶ Formulierungsvorschlag (Antrag auf Verteilung von Haushaltsgegenständen bei Getrenntleben):

An das
Amtsgericht
Familiengericht
.....

....., den .....

In der Familiensache
.....

– Antragstellerin –

Verfahrensbevollmächtigte Rechtsanwältin ......
gegen
.....

– Antragsgegner –

stelle ich hiermit ich namens und in Vollmacht der Antragstellerin den

Antrag Herausgabe, Überlassung und Verteilung von Haushaltsgegenständen nach § 1361a BGB.

1086 Hierzu *Götz/Brudermüller*, FPR 2009, 38, 39.

1087 Auf der Basis der Formulierungen in Münchener Prozessformularbuch/*Müller*, Bd. 3, C VIII., D.VII.; *Haußleiter/Schulz*, Vermögensauseinandersetzung, Kap. 4 Rn. 145 ff.; Vorwerk/*Poppen*, Prozessformularbuch, Kap.137, Rn. 1 ff.

Ich beantrage zu erkennen:

1. Der Antragsgegner ist verpflichtet, der Antragstellerin folgende in ihrem Eigentum stehende Haushaltsgegenstände sofort herauszugeben:
   - Biedermeierspeisezimmer bestehend aus Kommode, Geschirrschrank, Esstisch und sechs Stühlen
   - Stereoanlage ..... bestehend aus Tuner, Plattenspieler, CD-Player, Verstärker und fünf Lautsprechern.

2. Dem Antragsgegner wird aufgegeben, der Antragstellerin folgende in seinem Eigentum stehenden Haushaltsgegenstände vorläufig zur Benutzung zu überlassen:
   - Kinderzimmer der Marke Dada von 1960 bestehend aus Wickelkommode, Gitterbett, Kinderbett, Kleiderschrank, Spieltisch und zwei Stühlen
   - Waschmaschine.

3. Von den in gemeinsamem Eigentum stehenden Haushaltsgegenständen werden der Antragstellerin folgende Gegenstände zugeteilt:
   - Tafelservice Meißner Zwiebelmuster blau bestehend aus .....
   - Essbesteck Hildesheimer Rose von 1950 bestehend aus ....
   - .....

4. Dem Antragsgegner wird verboten, Haushaltsgegenstände aus der Wohnung zu entfernen.[1088]

5. Die Kosten des Verfahrens werden gegeneinander aufgehoben.

Zur

Begründung

trage ich Folgendes vor:

1. Antragstellerin und Antragsgegner haben am ..... die Ehe geschlossen. Sie haben zwei gemeinsame minderjährige Kinder, den Sohn ....., geb. am ..... und die Tochter ....., geb. am ......
   Die Antragstellerin ist am ..... gemeinsam mit den Kindern in Trennungsabsicht aus der ehelichen Wohnung ausgezogen. Die Beteiligten leben nunmehr auf Dauer getrennt. Die Antragstellerin beabsichtigt, nach Ablauf des Trennungsjahres die Ehescheidung zu beantragen. Mit diesem Antrag erstrebt die Antragstellerin eine vorläufige Regelung der vor dem Auszug gemeinsam genutzten Haushaltsgegenstände.

2. Die Antragstellerin ist Alleineigentümerin des Biedermeierspeisezimmers, das sie von ihrer Großmutter vor der Hochzeit geschenkt bekam.
   Beweis: Zeugnis der Großmutter der Antragstellerin, Frau ....., wohnhaft in .....

1088 Ergänzende Anordnung nach § 209 FamFG, vgl. *Schulz*, in: C. Münch, Gestaltungspraxis, § 5 Rn. 145 f.; *Kemper*, in: Horndasch/Viefhues, FamFG, § 209 Rn.7 mit Formulierungsbeispiel.

Die Antragstellerin ist ferner Alleineigentümerin der in Ziffer 1. des Antrages bezeichneten Stereoanlage. Diese trat an die Stelle derjenigen Stereoanlage, welche die Antragstellerin mit in die Ehe eingebracht hatte, die aber vor fünf Jahren funktionsuntüchtig wurde und daher über den Händler entsorgt werden musste. Die dafür als Ersatz angeschaffte Stereoanlage steht daher nach dem für Anschaffungen vor dem 01.09.2009 weiterhin anwendbaren § 1370 BGB der Antragstellerin zu Alleineigentum zu.

Beweis: Zeugnis der Mutter der Antragstellerin, Frau ....., wohnhaft in ......, Zeugnis des Inhabers der Firma Elektro ....., Herrn ....., wohnhaft in ......

3. Der Antragsgegner ist zwar Alleineigentümer des mit Antrag 2. zur Überlassung verlangten Kinderzimmers und der Waschmaschine. Er hat diese Gegenstände jedoch nach § 1361a Abs. 1 Satz 2 BGB der Antragstellerin zum Gebrauch zu überlassen, da diese sie zur Führung ihres abgesonderten Haushaltes benötigt und die Überlassung der Billigkeit entspricht.
Die Antragstellerin lebt seit ihrem Auszug in einer kleinen Zwei-Zimmer-Wohnung. Da die Kinder bei der Antragstellerin leben, sind diese auf die Benutzung des Mobiliars ihres vormaligen Kinderzimmers angewiesen. Ebenso sind Mutter und Kinder auf die Benutzung der Waschmaschine angewiesen. Die Antragstellerin hat kein eigenes Einkommen und Vermögen und kann sich mithilfe des Trennungsunterhaltes nur die lebensnotwendigen Dinge beschaffen. Für größere Anschaffungen fehlen ihr die finanziellen Mittel. Der Antragsgegner hingegen benötigt derzeit das Kinderzimmer nicht, da die Kinder nicht bei ihm wohnen. Er benutzt außerdem die Waschmaschine nicht, da er nicht selbst wäscht, sondern seine Wäsche zur Wäscherei bringt.

4. Mit dem Antrag nach Ziffer 3. erstrebt die Antragstellerin eine angemessen Verteilung von Haushaltsgegenständen, die während der Ehezeit gemeinsam angeschafft wurden. Der Antrag bezieht sich aufgrund der derzeitigen räumlichen Enge nur auf einzelne, derzeit dringend benötigte Haushaltsgegenstände. Eine Verteilung aller Haushaltsgegenstände liegt darin nicht. Die endgültige Verteilung der Haushaltsgegenstände bleibt somit vorbehalten.

5. Die Festsetzung einer Nutzungsvergütung kommt angesichts des Umstandes, dass von den gemeinsamen Haushaltsgegenständen dem Antragsgegner ein gleichwertiger Teil verbleibt und dass die Antragstellerin in beengter finanziellen Verhältnissen lebt, nicht in Betracht.
Die Antragstellerin hat den Antragsgegner durch Anwaltsbrief vom ..... vergeblich aufgefordert, die in den Anträgen im Einzelnen aufgeführten Haushaltsgegenstände zu überlassen.

Beweis: Anwaltsbrief vom ..... (Aktenexemplar) mit Zugangsnachweis

2 Abschriften anbei

.....

Rechtsanwältin

b) Antrag auf endgültige Verteilung der Haushaltsgegenstände nach § 1568b BGB

▶ Formulierungsvorschlag (Antrag auf Überlassung von Haushaltsgegenständen im Scheidungsverbund): 577

An das
Amtsgericht
Familiengericht
.....

....., den .....

In der Familiensache
.....

– Antragstellerin –

Verfahrensbevollmächtigte Rechtsanwältin .....
gegen
......

– Antragsgegner –

stelle ich hiermit ich namens und in Vollmacht der Antragstellerin den

Antrag auf endgültige Überlassung von Haushaltsgegenständen nach § 1568a BGB im Scheidungsverbund.

Az.: des Scheidungsverfahrens: .....
Ich beantrage zu erkennen:

1. Der Antragsgegner ist verpflichtet, der Antragstellerin folgende in gemeinsamem Eigentum der Beteiligten[1089] stehende Haushaltsgegenstände zu überlassen und mit Rechtskraft der Scheidung an sie herauszugeben und zu übereignen:[1090]
   - Komplette Wohnzimmereinrichtung bestehend aus: Wohnzimmerschrank, Sitzgarnitur, Wohnzimmertisch, Fernseher der Marke .....und Stereoanlage der Marke .....
   - Tafelservice Meißner Zwiebelmuster blau bestehend aus .....
   - Essbesteck Hildesheimer Rose von 1950 bestehend aus .....
   - Pkw der Marke ....., Baujahr ....., derzeitiges amtl. Kennzeichen ..... zusammen mit Kfz-Schein und Kfz-Brief
   - .....

1089 Die Neuregelung des § 1568b BGB hat eine Regelung entsprechend § 9 HausratsVO a.F. nicht übernommen, sodass es nur noch um die Verteilung des gemeinsamen Eigentums gehen kann.

1090 Mit der Neuregelung wurde die hoheitliche Eigentumszuweisung nach § 8 HausratsVO a.F. nicht übernommen. Vielmehr wurde die Zuweisung auf ein System gegenseitiger Ansprüche umgestellt, deren Erfüllung notfalls gerichtlich geltend gemacht werden muss.

2. Der Antragstellerin wird aufgegeben, dem Antragsgegner mit Rechtskraft der Scheidung einen Ausgleichsbetrag in Höhe von ..... € zu bezahlen. Der Ausgleichsbetrag ist in monatlichen Raten von ..... € zu entrichten, beginnend mit dem nächsten Monatsersten nach Eintritt der Rechtskraft der Ehescheidung. Eine Verzinsung erfolgt nicht.

3. Die Kostenentscheidung folgt derjenigen in der Hauptsache.

Zur

Begründung

trage ich Folgendes vor:

1. Hinsichtlich der allgemeinen Verhältnisse verweise ich auf den bisherigen Vortrag im Scheidungsverfahren. Die Beteiligten haben sich bisher außergerichtlich nicht über die vollständige Verteilung der Haushaltsgegenstände einigen können, sodass die endgültige Verteilung der Haushaltsgegenstände im Scheidungsverbund mit zu regeln ist.

2. Anliegend überreiche ich eine Liste aller Haushaltsgegenstände, aus der auch Anschaffungsdatum sowie Neu- und Zeitwert und die jeweiligen Eigentumsverhältnisse hervorgehen. Die Haushaltsgegenstände in seinem Alleineigentum hat bereits jeder Ehegatte in Besitz genommen. Über die Haushaltsgegenstände nach Ziffern III.1. und III.2. der Anlage ist bereits außergerichtlich eine Einigung erzielt worden. Die Ehegatten haben insoweit den Besitz bereits übergeben und sind sich über den Eigentumsübergang einig geworden.

   Hinsichtlich der in Ziffer III.3. der Anlage aufgeführten Haushaltsgegenstände konnte bisher keine Einigung erzielt werden. Gleiches gilt für die in Ziffer IV. aufgeführten Haushaltsgegenstände, welche der Antragsgegner als sein Alleineigentum reklamiert, weil er sie allein gekauft und bezahlt hat. Aber die Anschaffung erfolgte in beiderseitigem Einvernehmen zur Nutzung im gemeinsamen Haushalt. Diese Nutzung ist auch erfolgt. Daher liegt nach § 1568b Abs. 2 BGB gemeinsames Eigentum vor.

3. Die Antragstellerin ist auf die Nutzung der von ihr verlangten Haushaltsgegenstände insbesondere unter Berücksichtigung des Wohls der bei ihr lebenden gemeinsamen Kinder und der Einkommens- und Vermögensverhältnisse beider Ehegatten in weitaus stärkerem Maße angewiesen als der Antragsgegner. Die Antragstellerin ist anlässlich der Trennung mit den Kindern zunächst in das Haus der Eltern gezogen und hat nur das Kinderzimmer und einen Teil des Schlafzimmers mitgenommen. Sie hat aber ab ...... eine eigene Wohnung angemietet. Die ihr anlässlich der Trennung überlassenen Haushaltsgegenstände nach Ziffern I. und III.1. der Anlage reichen zur Möblierung der Wohnung jedoch nicht aus. Die Antragstellerin benötigt daher dringend das Wohnzimmer mit Fernseher und Stereoanlage für sich und die Kinder, denn sie muss auch den Kindern ein Zuhause bieten, in dem es ihnen möglich ist, zu leben und auch einmal Schulfreunde mitzubringen. Allein in den künftig sehr

beengten Kinderzimmern ist dies nicht möglich. Geschirr und Besteck hat die Antragstellerin bisher überhaupt nicht mitgenommen, da sie bei ihren Eltern die dort vorhandenen Haushaltsgegenstände mitbenutzt hat. Auch hier ist sie mit den Kindern auf eine Ausstattung angewiesen, zumal sie auch die herausverlangten Gegenstände selbst ausgesucht und zusammengestellt hat.
Den Pkw benötigt die Antragstellerin dringend, um die Kinder zur Schule fahren und selbst zur Arbeitsstelle gelangen zu können.
Dem Antragsgegner verbleibt nach der Aufteilung aus der Anlage die Einrichtung der übrigen Zimmer des vormals gemeinsamen Wohnhauses. Er hat ferner einen eigenen weiteren Pkw der Marke ....., dessen Berücksichtigung einvernehmlich im Zugewinn erfolgt. Zudem ist der Antragsgegner aufgrund seiner Vermögensverhältnisse in der Lage, sich Ersatzgegenstände zu beschaffen, ganz im Gegensatz zur Antragstellerin, die nun wieder halbtags arbeitet, aber noch zusätzlich auf Unterhalt angewiesen ist und über keinerlei nennenswertes Vermögen verfügt. Die angestrebte Verteilung entspricht daher auch der Billigkeit.[1091]

4. Die Verteilung der Haushaltsgegenstände ohne den Pkw ist als wertgleich anzusehen. Dies ergibt ein Vergleich der in der Anlage aufgeführten Zeitwerte. Für die Überlassung und Übereignung des Pkw wird jedoch ein Ausgleichsbetrag zu entrichten sein. Über diesen können sich die Beteiligten nicht einigen. Der Antragsgegner hat in der Vorkorrespondenz einen Betrag gefordert, der nahezu den Zeitwert des Pkw erreicht. Die Antragstellerin ist bereit, die Hälfte des Zeitwertes in Höhe von ..... €

   Beweis: Sachverständigengutachten ......

   zu zahlen. Da sie in beengten finanziellen Verhältnissen lebt, kann sie dies nur ratenweise erfüllen, so wie in Ziffer 2. des Antrages dargelegt.

2 Abschriften anbei
.....
Rechtsanwältin

1091 Nach § 1568b Abs. 1 BGB ist die Verteilung grds. nach dem Angewiesensein vorzunehmen. Erst wenn dies für beide Ehegatten gleich ist, kommt zusätzlich die Billigkeit zum Tragen. Es sollte gleichwohl in der Begründung auf solche Gesichtspunkte durchaus hingewiesen werden.

Anlage:

Liste aller Haushaltsgegenstände der Ehegatten .....

I. Haushaltsgegenstände im Alleineigentum der Antragstellerin
   1. .....
   2. .....

II. Haushaltsgegenstände im Alleineigentum des Antragsgegners
   1. .....
   2. .....

III. Haushaltsgegenstände im gemeinsamen Eigentum von Antragstellerin und Antragsgegner
   1. Haushaltsgegenstände, welche die Antragstellerin übernimmt
   (1) .....
   (2) .....
   2. Haushaltsgegenstände, welche der Antragsgegner übernimmt
   (1) .....
   (2) .....
   3. Haushaltsgegenstände, über deren Verteilung keine Einigkeit besteht
   (1) Komplette Wohnzimmereinrichtung bestehend aus: Wohnzimmerschrank, Sitzgarnitur, Wohnzimmertisch, Anschaffung ....., Neuwert ....., Zeitwert ca. .....
   (2) Fernseher der Marke ....., Anschaffung ....., Neuwert ....., Zeitwert ca.....
   (3) Stereoanlage der Marke ....., Anschaffung ....., Neuwert ....., Zeitwert ca. .....
   (4) Pkw der Marke ....., Baujahr ....., derzeitiges amtl. Kennzeichen ....., Anschaffung ....., Neuwert ....., Zeitwert ca. .....
   (5) .....

IV. Haushaltsgegenstände, deren Eigentumsverhältnisse streitig sind
   1. Tafelservice Meißner Zwiebelmuster blau bestehend aus ....., Anschaffung ....., Neuwert ....., Zeitwert ca. .....
   2. Essbesteck Hildesheimer Rose von 1950 bestehend aus ....., Anschaffung ....., Neuwert ....., Zeitwert ca. .....
   3. .....

Rechtsanwältin

C. Vertragliche Eigentumsänderungen oder Dauerregelungen

I. Das Grundbuch der Scheidungsimmobilie

Bei allen nachfolgenden Gestaltungen gilt es als zentrale Aufgabe des Beraters, zunächst das **Grundbuch der Scheidungsimmobilie** richtig zu lesen und zu interpretieren. Daher soll dieses einführend dargestellt werden. 578

1. Die Grundbuchrecherche

Das **Grundbuch** wird inzwischen weitgehend **elektronisch geführt**. Das Registerverfahrensbeschleunigungsgesetz[1092] hat mit der Einführung des siebten Abschnitts der GBO (§§ 126ff.) die rechtlichen Voraussetzungen für die Einführung des maschinell geführten Grundbuches geschaffen. An die Stelle des früheren Grundbuchblattes aus Papier ist inzwischen der in den **Datenspeicher aufgenommene Inhalt** getreten, der nunmehr als **das Grundbuch** anzusehen ist.[1093] § 126 GBO gestattet ausdrücklich auch die Führung von Eigentümer- und Grundstücksverzeichnissen in maschineller Form. Die Grundbücher werden von den AG geführt.[1094] 579

Inzwischen wurde durch das Gesetz zur Einführung des elektronischen Rechtsverkehrs und der elektronischen Akte im Grundbuchverfahren sowie zur Änderung weiterer grundbuch-, register- und kostenrechtlicher Vorschriften (ERVGBG)[1095] eine Einsicht in die vom Grundbuchamt weiter aufbewahrten Originale nach § 12b Abs. 1 GBO ausgeschlossen. Ferner wurden mit diesem Gesetz die Voraussetzungen für den elektronischen Rechtsverkehr mit dem Grundbuchamt und die komplett elektronische Führung der Grundakte geschaffen, die aber in der Praxis noch nicht umgesetzt sind.[1096]

Beim maschinell geführten Grundbuch tritt an die Stelle der Abschrift der Ausdruck und an die Stelle der beglaubigten Abschrift der amtliche Ausdruck, § 131 GBO. Der **amtliche Ausdruck** ist als solcher bezeichnet und mit einem Dienstsiegel oder -stempel versehen. Er wird nicht unterschrieben. § 78 Abs. 2 Satz 2 GBV fingiert die Gleichstellung des amtlichen Ausdruckes mit einer beglaubigten Abschrift. Der amtliche Ausdruck enthält daher einen »Beglaubigungsvermerk« mit der Bezeichnung desjenigen, der den Ausdruck veranlasst hat. 580

Die Einsicht selbst erfolgt nach § 79 Abs. 1 Satz 1 GBV durch Wiedergabe des betreffenden Grundbuchblattes auf einem Bildschirm. Anstelle dieser Wiedergabe kann die Einsicht nach § 79 Abs. 2 GBV auch durch Einsicht in einen Ausdruck

---

1092 BGBl. 1993 I, S. 2182ff.

1093 Bauer/von Oefele/*Waldner*, Grundbuchordnung, § 126 Rn. 1.

1094 § 1 GBO, Ausnahme Baden-Württemberg, § 143 GBO – Führung der Grundbuchämter durch gemeindliche Grundbuchämter über die Amtsnotare.

1095 BGBl. 2009 I, 1713 f.

1096 Zu den Problemen solcher Umsetzung: *Radke*, ZRP 2012, 113 f.

erfolgen. Die Akteneinsicht in eine später elektronisch geführte Grundakte erfolgt nach § 99 GBV in gleicher Weise.

581 Die **Einsichtnahme** in das Grundbuch kann mittels eines automatisierten **Abrufverfahrens** erfolgen, § 133 Abs. 2 GBO. Hierzu sind Gerichte, Behörden, Notare, öffentlich bestellte Vermessungsingenieure oder am Grundstück dinglich Berechtigte nach entsprechender Einrichtung und Genehmigung durch die Landesjustizverwaltung befugt. Diese nach § 133 Abs. 2 Satz 2 GBO privilegierten Nutzer müssen ebenfalls ein **berechtigtes Interesse** nach § 12 GBO haben, dieses aber nicht in jedem Abrufeinzelfall nachweisen.[1097]

581a Das berechtigte Interesse bedeutet, dass der Antragsteller ein verständiges, durch die Sachlage gerechtfertigtes Interesse vorträgt, sodass die Verfolgung unbefugter Zwecke oder eine bloße Neugier ausgeschlossen scheint und das Interesse das Recht auf informationelle Selbstbestimmung des Eigentümers überwiegt.[1098] Einschränkend wird vertreten, dass ein berechtigtes Interesse sich auf eine unmittelbare rechtliche Handlungsabsicht gründet. Demgemäß wurde die Grundbucheinsicht zum Zwecke einer Vollstreckung oder im Rahmen einer Zwangsversteigerung verweigert.[1099] Der BGH hat jüngst geurteilt,[1100] dass der Presse wegen ihrer verfassungsrechtlich geschützten Position ein Einsichtsrecht zustehen kann, wenn nach Abwägung und unter Beachtung des Verhältnismäßigkeitsgrundsatzes das Informationsinteresse das Geheimhaltungsinteresse überwiegt. Der Schutz des Eigentümers tritt dabei dann zurück, wenn dieser durch sein eigenes öffentliches Verhalten Anlass zur weiteren Erörterung gegeben hat. Ein Anspruch des geschiedenen Ehegatten auf Einsicht wurde bejaht, wenn es diesem um die Durchsetzung seiner Zugewinnausgleichsansprüche geht.[1101] Gleiches gilt für Fragen rund um § 1365 BGB. Das OLG Rostock[1102] hat jüngst bestätigt, dass ein getrennt lebender Ehegatte im Güterstand der Zugewinngemeinschaft ein berechtigtes Interesse hat, in Grundbücher, in denen der andere Ehegatte eingetragen ist oder war, Einsicht zu nehmen. Abgelehnt wurde ein berechtigtes Interesse des Sohnes, der Einsicht nehmen wollte, um zu sehen, ob sein Vater das Hausgrundstück, in dem er wohnte, an die

1097 Das berechtigte Interesse geht sehr weit; so hat z.B. das BVerfG, ZfIR 2000, 901 sogar ein berechtigtes Interesse der Presse auf Grundbucheinsicht anerkannt, ohne dass der Eigentümer zuvor angehört werden musste.

1098 *Demharter*, Grundbuchordnung, § 12, Rn. 7; *Böttcher*, NJW 2012, 822, 826; OLG Schleswig, BeckRS 2011, 01850; OLG Düsseldorf, BeckRS 2012, 12834.

1099 OLG Düsseldorf, BeckRS 2012, 12834: § 42 ZVG beschränke zwar § 12 GBO nicht, für eine Einsicht über die in § 42 ZVG genannten Unterlagen hinaus müsse allerdings ein weiteres als das für § 42 ZVG vorgetragene Interesse bestehen; zum Umfang der Grundbucheinsicht bei der Nachlassermittlung: *Sarres*, ZEV 2012, 294 ff.

1100 BGH, NJW-RR 2011, 1651.

1101 *Demharter*, Grundbuchordnung, § 12, Rn. 9; LG Stuttgart, RPfl. 1998, 339.

1102 OLG Rostock, FamFR 2012, 89.

Tochter übertragen hatte.[1103] Rechtliches Gehör ist dem Eigentümer nach Ansicht des BGH vor Grundbucheinsicht nicht zu gewähren.[1104]

Im Einzelfall können auch **nicht privilegierte Nutzer** sich des elektronischen Abrufverfahrens bedienen, § 133 Abs. 4 GBO. Sie sind aber von der Darlegung eines berechtigten Interesses nicht befreit. Die maschinelle Bearbeitung solcher Anfragen ist daher regelmäßig nur bei Zustimmung des Eigentümers möglich.[1105] 582

Neben dem einzelnen Grundbuchblatt gibt es ein **Eigentümer- und ein Grundstücksverzeichnis**, §§ 12a, 126 Abs. 2 GBO. In diesen Verzeichnissen kann bei sonst fehlenden Angaben gesucht werden, um Grundstücke aufzufinden. 583

▶ Hinweis:

Eine sorgfältige Grundbuchrecherche ist die grundlegende Voraussetzung für die Regelung der Rechtsverhältnisse rund um die Scheidungsimmobilie!

2. Aufbau des Grundbuches

Die **Aufschrift** des Grundbuches enthält die Angabe des zuständigen AG, des Grundbuchbezirks und der Blattstelle. 584

Das **Bestandsverzeichnis** enthält in Spalte 1 die laufende Nummer des Grundstücks und ggf. in Spalte 2 eine frühere laufende Nummer, sodass Veränderungen nachvollzogen werden können. 585

In Spalte 3 schließlich wird das Grundstück bezeichnet und zwar unter a/b die Gemarkung und die Flurstücksnummer als vermessungstechnische Bezeichnung des Grundstücks. Unter c wird – insoweit landesrechtlich unterschiedlich, vgl. § 6 Abs. 3a GBV[1106] – entweder die Bezeichnung nach einer Steuerrolle oder – wenn nicht vorhanden, sonst unter e – die Bezeichnung nach Wirtschaftsart und Lage geführt. Letztere nimmt am öffentlichen Glauben des Grundbuches nicht teil.[1107] 586

Die Spalte 4 enthält Angaben zur Größe des Grundstücks. Spalten 5 bis 8 sind für die Eintragung von Änderungen vorgesehen.[1108] 587

Abteilung I des Grundbuches gibt Auskunft über den **Eigentümer** der im Bestandsverzeichnis dargestellten Grundstücke. 588

In **Abteilung II** des Grundbuches werden alle **Belastungen** mit Ausnahme der Hypotheken, Grund- und Rentenschulden eingetragen. Wichtig ist hier, dass die 2. Spalte auf die laufende Nummer des Bestandsverzeichnisses verweist, sodass hieraus zu 589

1103 OLG München, FamRZ 2012, 1081.

1104 BGH, NJW-RR 2011, 1651; a.A. *Böttcher*, NJW 2012, 522, 526.

1105 Bauer/von Oefele/*Waldner*, Grundbuchordnung, § 133 Rn.1 ff.

1106 In der Fassung der Bekanntmachung vom 24.01.1995, BGBl. 1995 I, S. 114, zuletzt geändert durch das ERVGBG vom 11.8.2009. BGBl. 2009 I, S. 1713.

1107 *Schöner/Stöber*, Grundbuchrecht, Rn. 345.

1108 Anschauliche Praxisbeispiele enthalten die Anlagen zur GBV.

erkennen ist, welches Grundstück von der Belastung betroffen ist. Zur genauen Bezeichnung des Rechtes wird häufig gem. § 874 BGB auf die Eintragungsbewilligung Bezug genommen, sodass erst bei Heranziehung der Eintragungsurkunde der genaue Rechtsinhalt nachvollzogen werden kann.

590 In **Abteilung III** schließlich sind die Hypotheken und Grundschulden eingetragen. Auch hier bezeichnet die Spalte 2 die laufende Nummer des betroffenen Grundstücks. Wichtig ist, dass bei der Bezeichnung »Grundschuld« eine Grundschuld mit Brief vorliegt, sodass für Grundbuchänderungen der Brief benötigt wird. Ein solcher ist nur ausgeschlossen, wenn das Recht als »Grundschuld ohne Brief« bezeichnet wird.

3. Eintragungsgrundsätze

591 Bevor eine Eintragung in das Grundbuch vorgenommen werden kann, müssen folgende Eintragungsgrundsätze Beachtung finden:

a) Antrag

592 Jede Eintragung setzt grds.[1109] einen **Antrag** des Begünstigten oder von der Eintragung Betroffenen voraus, **§ 13 GBO**. Der Antrag ist eine reine Verfahrenshandlung. Der **Zeitpunkt des Antragseingangs** beim Grundbuchamt hat jedoch auch ganz **erhebliche materiell-rechtliche Bedeutung** für:

- den Rang eines Rechtes, §§ 879 BGB, 17, 45 GBO;
- den maßgeblichen Zeitpunkt des gutgläubigen Erwerbs;
- die Entstehung eines Anwartschaftsrechts;
- die Unmaßgeblichkeit späteren Verlusts der Verfügungsbefugnis, § 878 BGB.

593 Anträge sind rücknehmbar, allerdings dann nur in öffentlich beglaubigter Form. Anträge können nach § 16 Abs. 2 GBO so miteinander verbunden werden, dass der eine nicht ohne den anderen vollzogen werden kann.

b) Bewilligung/Einigung

594 Voraussetzung der Eintragung ist ferner nach **§ 19 GBO** die **Eintragungsbewilligung** des Betroffenen. Hier gilt das sog. formelle Konsensprinzip, wonach für den Grundbucheintrag die einseitige Bewilligung genügt, auch wenn zur materiellen Entstehung des Rechtes die Einigung erforderlich ist. Eine Ausnahme hiervon macht § 20 GBO für:

- die Auflassung;
- die Bestellung, Inhaltsänderung oder Übertragung eines Erbbaurechtes.

1109 Ausnahme ist etwa die Eintragung eines Widerspruchs nach § 53 GBO.

Die Bewilligung gilt nach heute vorherrschender Auffassung als Verfahrenshandlung.[1110] Im Vordringen befindlich ist insoweit eine notarielle Praxis, welche die Auflassung erklärt und auch nicht sperrt, dafür aber die **Bewilligung** ausdrücklich **aussetzt**, die erst vom Notar bei Grundbuchvorlage nachgeholt wird. Das Verfahren wird allgemein von den Grundbuchämtern akzeptiert, ist aber noch nicht vollends rechtlich geklärt.[1111] 595

Die Bewilligung kann nach **§ 22 GBO** durch den **Unrichtigkeitsnachweis** ersetzt werden. 596

c) Voreintragung

Nach **§ 39 GBO** kann das Grundbuchamt eine Eintragung nur vornehmen, wenn der Betroffene zum Zeitpunkt der neuen Eintragung bereits als Berechtigter eingetragen ist. Ausnahmen vom Voreintragungsgrundsatz: 597

- bei Briefrechten ist Briefbesitz und öffentlich beglaubigte Abtretung ausreichend;
- bei Erbschaften und Weiterübertragung oder Aufhebung eines Rechtes, § 40 GBO (da die Belastung nicht genannt ist, muss bei Eintragung eines Finanzierungsgrundpfandrechtes vor Eigentumsumschreibung beim Kauf von den Erben der Erbgang voreingetragen werden).

d) Nachweisform und genaue Bezeichnung

Nach **§ 29 GBO** müssen die Bewilligung und die sonstigen zur Eintragung erforderlichen Erklärungen durch **öffentliche oder öffentlich beglaubigte Urkunden** und andere Voraussetzungen durch öffentliche Urkunden nachgewiesen werden. In der Eintragungsbewilligung ist das Grundstück nach **§ 28 GBO** übereinstimmend mit dem Grundbuch oder durch Hinweis auf das **Grundbuchblatt** zu bezeichnen. 598

e) Weitere Eintragungsvoraussetzungen

Es können weitere Eintragungsvoraussetzungen hinzutreten, insbes. die Vorlage eines Grundschuldbriefes, die Vorlage notwendiger Genehmigungen und des Vorkaufsrechtszeugnisses sowie der Unbedenklichkeitsbescheinigung nach § 22 Grunderwerbsteuergesetz. 599

4. Das Grundstück/Wohnungseigentum/Erbbaurecht

Unter **Grundstück im Rechtssinne** versteht man einen räumlich abgetrennten, also katastermäßig vermessenen Teil der Erdoberfläche, der im Grundbuch auf einem besonderen Grundbuchblatt oder unter einer eigenen Nummer im Bestandsverzeich- 600

1110 *Schöner/Stöber*, Grundbuchrecht, Rn. 98.

1111 Vgl. *Krauß*, Immobilienkaufverträge, Rn. 994 f.; Bauer/von Oefele/*Kössinger*, Grundbuchordnung, § 29 Rn. 41 ff.

nis gebucht ist.[1112] Ein Grundstück im Rechtssinne kann daher aus mehreren Flurstücken bestehen, nicht aber umgekehrt. Mehrere Flurstücksnummern können unter einer laufenden Nummer in Spalte 1 eingetragen sein. Sie sind dann **grundbuchrechtlich vereinigt**.

601 Über mehrere Grundstücke desselben Eigentümers kann nach § 4 Abs. 1 GBO ein gemeinsames Grundbuchblatt geführt werden. Zu beachten ist hier, dass für **abweichende Eigentumsverhältnisse** stets auch jeweils separate Grundbücher zu führen sind.

602 Wenn also im Rahmen eines Scheidungsverfahrens der gesamte Grundbesitz gesucht wird, muss daran gedacht werden, dass insbes. bei Reihenhausbebauungen häufig **Zuwegungen** oder **Garagenvorplätze** mehreren Eigentümern gehören. Sie sind daher auf einem gesonderten Blatt vorgetragen und dürfen nicht vergessen werden. Ein Hinweis hierauf ergibt sich manchmal aus den bei einer Grundschuld eingetragenen Mithaftstellen, denn der eingetragene Gläubiger wird i.d.R. alle Grundstücke in wirtschaftlichem Zusammenhang mitbelastet haben.

603 Sofern die Eintragung lautet ».. hierzu die zum Weg FlNr. ....gezogene Teilfläche«, handelt es sich um einen **Anliegerweg**, der einen unselbstständigen Bestandteil des Grundstücks bildet.[1113]

604 Zum Grundstück gehören als **wesentliche Bestandteile** die mit dem Grund und Boden fest verbundenen **Gebäude**, § 94 BGB, sodass Gebäude i.d.R. kein eigenes rechtliches Schicksal haben, vielmehr erstreckt sich das Eigentum am Grundstück auch auf das Gebäude, § 946 BGB.

605 Anders kann dies für **Gebäudeeigentum** nach dem Recht der früheren DDR sein, für das ein eigenes Gebäudegrundbuchblatt (deklaratorisch) angelegt wurde, oder für dem Mobiliarrecht unterliegende sog. **Baulichkeiten** nach § 296 ZGB-DDR, die auch weiterhin vom Grund und Boden unabhängiges Eigentum des Nutzungsberechtigten darstellen, Art. 231 § 5 Abs. 1 Satz 1 EGBGB. Diese Vorschrift stellt klar, dass Gebäudeeigentum oder Baulichkeiten auch weiterhin nicht als wesentliche Bestandteile des Grundstücks gelten können.[1114]

606 Ferner sind die sog. **Scheinbestandteile** nach § 95 BGB nicht wesentliche Bestandteile des Grundstücks, wenn sie entweder nur zu einem vorübergehenden Zweck mit dem Grund und Boden verbunden worden sind oder in Ausübung eines Rechts an einem fremden Grundstück. Eine solche Einordnung kommt neben Versorgungsleitungen auch für Windkraftanlagen oder **Photovoltaikanlagen** in Betracht, die zumeist aufgrund einer Dienstbarkeit angebracht werden. Diese Problematik wird in letzter Zeit verstärkt diskutiert und kann für die Photovoltaikanlagen auch bei den

1112 RGZ 84, 265, 270; BayOblG, RPfl. 1981, 190, 191.
1113 BayOblG, RPfl. 1993, 104.
1114 Hierzu *Krauß*, Immobilienkaufverträge, Rn. 3718 ff.

Scheidungsimmobilien praxisrelevant werden.[1115] Für solche Anlagen ist ein berechtigtes Interesse an einer Eigentümerdienstbarkeit anerkannt.[1116] Nach der Rechtsprechung des BGH – bei der noch nicht ganz klar ist, ob sie nicht auf Straßenleitungen beschränkt bleibt – könnte auch nachträglich durch entsprechende Einigung über den Eigentumsübergang und eine nur vorübergehende Nutzung ein Scheinbestandteil geschaffen werden.[1117]

Bei **Wohnungs- oder Teileigentum** wird ein Miteigentumsanteil am Grundstück mit dem ausschließlichen alleinigen Eigentum an bestimmten Räumen des Gebäudes verbunden. Das Wohnungs- oder Teileigentum ist echtes Eigentum i.S.d. BGB und als solches selbstständig veräußerlich, vererblich und belastbar.[1118] Für jedes Wohnungs- oder Teileigentum wird ein eigenes Grundbuchblatt gebildet. Hier ist sorgfältig zu recherchieren, was zur betroffenen Wohnung gehört. Insbes. **Pkw-Stellplätze** können ganz unterschiedlich zu behandeln sein. Sie können ein mit dem Wohnungseigentum verbundenes Sondernutzungsrecht sein. Sie können aber auch, sofern sie sich etwa in der Tiefgarage befinden, als selbständiges Eigentum mit einem eigenen Miteigentumsanteil am Grundstück verbunden und an gesonderter Stelle im Grundbuch vorgetragen sein. 607

Ein **Erbbaurecht** schließlich ist eine Grundstücksbelastung dergestalt, dass derjenige, zu dessen Gunsten das Erbbaurecht eingetragen ist, das veräußerliche und vererbliche Recht hat, auf oder unter der Oberfläche des Grundstücks ein Bauwerk zu errichten, § 1 Abs. 1 ErbbauRG. Das aufgrund des Erbbaurechtes errichtete **Bauwerk** gilt dann als **wesentlicher Bestandteil des Erbbaurechts, nicht mehr des Grundstücks**, § 12 ErbbauRG. Mit anderen Worten: Eigentum an Grund und Boden sowie Gebäude sind getrennt. Erbbaurecht und Grundstück sind dann selbstständig belastbar. Die Fungibilität des Erbbaurechts ist einmal dadurch eingeschränkt, dass dieses immer nur auf bestimmte Zeit bestellt wird. Zum anderen bestehen zahlreiche Zustimmungsnotwendigkeiten bei einer Veräußerung oder Belastung. 608

Die Besonderheiten beim Bestehen einer **Grundstücks-GbR** wurden bereits besprochen.[1119] Wenn die Immobilie in einer **Erbengemeinschaft** gehalten wird, so ist § 2033 Abs. 2 BGB zu beachten, wonach kein Miterbe über seinen Anteil an einzelnen Nachlassgegenständen verfügen kann. 609

▶ Hinweis:

Wichtig ist die Erörterung all dessen, was zur Scheidungsimmobilie gehört. Ein intensive Befragung des Mandanten und besser noch eine Vorlage des ursprünglichen Kaufvertrages und – bei Wohnungseigentum – der Teilungserklärung sind unerlässlich.

1115 Vgl. BGH, NJW 2006, 990; OLG Celle 4 U 41/07 vom 22.05.2007, NJOZ 2007, 4202; Gutachten DNotI 11415; *Stieper*, WM 2007, 861.

1116 OLG München, DNotI-Report 2011, 172.

1117 BGH, NJW 2006, 990; krit. hierzu *Tersteegen*, RNotZ 2006, 433 ff.

1118 *Schöner/Stöber*, Grundbuchrecht, Rn. 2800 ff.

1119 Rdn. 209 ff.

5. Der Eigentümer

610 In **Abteilung I** des Grundbuches ist der Eigentümer eingetragen. Bei einer natürlichen Person sind Name, Geburtsname und Geburtsdatum einzutragen. Bei mehreren Personen ist das Gemeinschaftsverhältnis nach § 47 GBO anzugeben. Bei Firmen ist die Eintragung im Handelsregister zu verwenden. Zweckmäßig, wenngleich nicht vorgeschrieben, ist die Angabe des Registergerichts und der Registernummer. Die Auswirkungen verschiedener Eigentümerstellungen waren bereits Gegenstand der Darstellung.[1120] Betont sei nochmals die Änderung des § 47 Abs. 2 GBO, der nunmehr die Eintragung einer Gesellschaft bürgerlichen Rechts unter einer Sammelbezeichnung allein verbietet, sondern verlangt, dass jedenfalls auch die Gesellschafter einzutragen sind. Ferner wird nunmehr nach § 899a BGB bei einer eingetragenen Gesellschaft bürgerlichen Rechts in Ansehung des eingetragenen Rechts vermutet, dass die im Grundbuch eingetragenen Personen Gesellschafter sind und darüber hinaus keine weiteren Gesellschafter existieren. Die §§ 892 bis 899 BGB gelten für die Eintragung der Gesellschafter somit entsprechend.[1121]

6. Belastungen in Abteilung II des Grundbuches

611 In Abteilung II können verschiedene Belastungen eingetragen sein, die für die Wertschätzung und Nutzbarkeit des Grundstücks von erheblicher Bedeutung sind. Diese sollen in unserem Zusammenhang nur in einer Kurzübersicht vorgestellt werden.

612 Zu beachten ist der jeweilige **Rang der Belastung**. Dieser bestimmt sich gem. **§ 879 BGB** zunächst nach dem Datum der Eintragung, bei gleichem Datum nach der Reihenfolge der Eintragung. Rechte, die in verschiedenen Abteilungen des Grundbuches unter dem gleichen Tag gebucht wurden, haben den gleichen Rang. Der Rang eines Rechtes ist maßgeblich für die Reihenfolge, in welcher die eingetragenen Rechte verwirklicht werden, so insbes. im Fall einer Zwangsvollstreckung, wenn der Erlös nicht zur Befriedigung aller Rechte ausreicht oder bei einem Konflikt verschiedener Nutzungsrechte, wenn nicht alle gleichzeitig ausgeübt werden können. Hier erhält das rangbessere Recht den Vorrang.[1122]

a) Grunddienstbarkeiten

613 Nach § 1018 BGB kann ein Grundstück als **dienendes Grundstück** zugunsten des **jeweiligen Eigentümers** eines anderen Grundstücks als **herrschendes Grundstück** in der Weise belastet sein, dass

1120 Rdn. 208 ff.

1121 Zu der Neuregelung: *Böttcher*, notar 2010, 222; *Lautner*, DNotZ 2009, 650 ff.; *Ruhwinkel*, MittBayNot 2009, 421 ff.; *Tebben*, NZG 2009, 288; aus der Sicht des BGH: *Krüger*, NZG 2010, 801 ff.

1122 Vgl. zum Rang und zu den umstrittenen Fragen der Rechtsnatur des Ranges etwa Palandt/*Bassenge*, BGB, § 879 Rn. 1; Bauer/von Oefele/*Knothe*, Grundbuchordnung, § 45 Rn. 8 ff.; *Schöner/Stöber*, Grundbuchrecht, Rn. 308 ff.

- dieser das Grundstück in einzelnen Beziehungen **nutzen** darf oder
- auf dem Grundstück gewisse **Handlungen nicht vorgenommen** werden dürfen oder
- die Ausübung eines Rechtes ausgeschlossen ist, dass sich aus dem Eigentum am belasteten Grundstück gegenüber dem anderen Grundstück ergibt.

Voraussetzung ist nach § 1019 BGB, dass sich dadurch ein **Vorteil für das herrschende Grundstück** ergibt. 614

Nicht sicherbar ist mit diesem Recht ein **aktives Tun** des Eigentümers des dienenden Grundstücks.[1123] Nicht sicherbar ist ein **Wettbewerbsverbot** für bestimmte Marken oder Konkurrenten.[1124] 615

Die wichtigsten Grunddienstbarkeiten sind Geh- und Fahrtrechte, Versorgungsleitungsrechte, Stellplatznutzungsrechte, Baubeschränkungen oder Bauverbote sowie Immissionsduldungsrechte. 616

b) Beschränkt persönliche Dienstbarkeiten

Beschränkt persönliche Dienstbarkeiten geben **einem Begünstigten** das Recht, das Grundstück in einzelnen Beziehungen zu nutzen oder geben ihm sonst eine Befugnis, die Inhalt der Grunddienstbarkeit sein könnte. 617

Begünstigt ist hier also nicht der jeweilige Eigentümer eines Grundstücks, sondern eine **bestimmte natürliche oder juristische Person**. 618

Praxishäufig sind beschränkt persönliche Dienstbarkeiten für die **öffentliche Hand** in Kombination mit Grunddienstbarkeiten für Nachbargrundstücke zur Erschließungssicherung, **Versorgungsleitungsrechte** für bestimmte Energielieferanten oder **dingliche Wohnungsrechte** nach § 1093 BGB. Nach § 1093 Abs. 2 BGB darf der Wohnungsberechtigte seine Familie und die zur Bedienung und Pflege erforderlichen Personen in die Wohnung aufnehmen, soweit nichts anderes geregelt ist. 619

c) Reallast

Die Reallast ist eine Belastung des Grundstücks dergestalt, dass an den Berechtigten **wiederkehrende Leistungen aus dem Grundstück** zu entrichten sind, § 1105 BGB. Eine solche Reallast kann für den jeweiligen Eigentümer eines anderen Grundstücks bestellt sein (subjektiv-dinglich, Abs. 1) oder für eine bestimmte natürliche oder juristische Person (subjektiv-persönlich, Abs. 2). 620

Die Leistungen müssen nicht in Natur aus dem Grundstück erbracht werden, vielmehr **haftet** das **Grundstück** lediglich für ihre Entrichtung. 621

1123 BGH, NJW-RR 2003, 733.
1124 BGH, NJW 1985, 2474.

622 Wichtig ist, dass bei der Reallast auch der **Grundstückseigentümer persönlich haftet**, § 1108 BGB. Aufgrund dieser gesetzlichen Anordnung ist Vorsicht geboten bei der Übernahme von Reallasten. Wird etwa eine Scheidungsimmobilie übertragen, an der eine Reallast eingetragen ist, die – etwa bei Geschäftsunfähigkeit der Berechtigten – nicht gelöscht werden kann, entsteht für den Erwerber eine persönliche Haftung für die Leistungen. Diese kann sehr hoch sein, wenn es etwa um Wart- und Pflegeverpflichtungen geht. Eine rein schuldrechtliche Freistellung der Vertragsteile im Innenverhältnis verhindert diese Inanspruchnahme nicht.

▶ Hinweis:

Bei der Übernahme von Reallasten ist Vorsicht geboten wegen der Anordnung einer persönlichen Haftung nach § 1108 BGB.

623 Reallasten kommen insbes. vor, wenn ein Grundstück im Generationenvertrag übergeben wird und **Wart- und Pflegeleistungen**, **Verköstigung** oder **Geldzahlungen** vereinbart werden, sie erfassen aber z.B. auch Ansprüche auf **Energiebezug**.

d) Leibgeding

624 Das Leibgeding ist kein eigenes dingliches Recht, sondern nur eine **Zusammenfassung verschiedener Rechte** unter einem einheitlichen Begriff, § 49 GBO. Es beinhaltet i.d.R. verschiedene Nutzungen und Leistungen bei der Übergabe, die zur lebenslangen Versorgung erbracht werden. Während die dingliche Sicherung dem BGB unterliegt, verweist Art. 96 EGBGB für den zugrunde liegenden schuldrechtlichen Vertrag auf das **Landesrecht**. Für die Beleihung eines Grundstücks bilden Leibgedingsrechte oft ein großes Hindernis, wenn nach Landesrecht an die Stelle von Naturalleistungen ersatzweise Geldleistungspflichten treten. Außerdem genießt das Leibgeding nach § 9 EGZVG eine Sonderstellung in der Zwangsversteigerung. Leibgedingsrechte erlöschen demnach nicht, auch wenn sie nicht in das geringste Gebot fallen.

e) Nießbrauch

625 Nach § 1030 BGB ist der Nießbrauch das Recht, **alle Nutzungen** des belasteten Gegenstandes zu ziehen. Dem Nießbraucher stehen im Gegensatz zum Dienstbarkeitsberechtigten alle Nutzungen aus dem belasteten Gegenstand umfassend zu. Der Nießbraucher ist aber nicht berechtigt, die Sache umzugestalten oder wesentlich zu verändern. Der Nießbrauch ist als höchstpersönliches Recht **nicht übertragbar und nicht vererblich**, §§ 1059, 1061 BGB (Ausnahme bei juristischen Personen nach § 1059a BGB). Wichtig bei der Bestellung eines Nießbrauchs ist die **Lastenverteilung**. Nach der gesetzlichen Verteilung trägt der Nießbraucher die laufenden Unterhaltskosten und öffentlichen Lasten, §§ 1041, 1045, 1047 BGB, insb.. auch die Zinsen für bereits eingetragene Belastungen, nicht hingegen die Tilgung, § 1047 BGB. Dem Eigentümer hingegen verbleiben die außergewöhnlichen Unterhaltungskosten und öffentlichen Lasten. Von dieser gesetzlichen Verteilung kann vertraglich abgewichen werden, was auch häufig geschieht.

f) Vorkaufsrecht

Das BGB kennt das **schuldrechtliche** (§§ 463 ff. BGB) und das **dingliche Vorkaufsrecht** (§§ 1094 ff. BGB). Auch das schuldrechtliche Vorkaufsrecht wird, wenn es zu einem festen Kaufpreis vereinbart ist, dinglich durch eine Vormerkung gesichert. Das dingliche Vorkaufsrecht kann zugunsten des jeweiligen Eigentümers eines anderen Grundstücks (subjektiv-dinglich) oder zugunsten einer anderen Person bestellt werden (subjektiv-persönlich). Letzteres ist **nicht vererblich und nicht übertragbar**, wenn nichts anderes vereinbart wurde, **§ 473 BGB**. Vererbliche Vorkaufsrechte sind nach einigen Generationen sehr schwer und nur mit erheblichem Aufwand für die Erbenermittlung zu löschen und stellen ein großes Hindernis im Grundstücksverkehr dar. 626

Das Vorkaufsrecht kann erst ausgeübt werden, wenn ein rechtswirksamer Kaufvertrag vorliegt. Die **Ausübungsfrist** beträgt **zwei Monate nach Empfang** der Mitteilung, § 469 BGB. 627

Das dingliche Vorkaufsrecht kann für **einen oder mehrere Verkaufsfälle** bestellt sein, § 1097 BGB. Ein solches für mehrere Verkaufsfälle muss vom ersten Käufer übernommen werden und mindert daher den Wert des Grundstücks. 628

Ein Vorkaufsrecht soll ausgeschlossen sein, wenn ein **Miteigentümer** den anderen Miteigentumsanteil eines mit einem Vorkaufsrecht belasteten Grundstücks erwirbt.[1125] Wenn eine Scheidungsimmobilie im Rahmen einer **Scheidungsvereinbarung** unter Ehegatten übertragen wird, wird regelmäßig kein Kaufvertrag vorliegen, der ein Vorkaufsrecht auslöst, sondern ein sonstiges Erwerbsgeschäft, das eine Gesamtvereinbarung enthält. 629

g) Vormerkung

Die Vormerkung kann nach § 883 BGB **zur Sicherung eines Anspruchs** auf Einräumung oder Aufhebung eines Rechts an einem Grundstück oder einem das Grundstück belastenden Recht eingetragen werden. Zulässig ist auch die Sicherung eines künftigen oder bedingten Anspruchs. Die Vormerkung ist kein dingliches Recht im eigentlichen Sinn, sondern ein **Sicherungsmittel eigener Art**. Gesichert wird ein bestehender schuldrechtlicher Anspruch. Die Vormerkung ist **akzessorisch**, d.h. sie entfaltet Sicherungswirkung nur insoweit, als der schuldrechtliche Anspruch noch besteht. Abredewidrige Verfügungen sind dem Begünstigten gegenüber relativ unwirksam. Die Vormerkung hat rangwahrende Wirkung und ist insolvenzfest, § 106 InsO. 630

h) Miteigentümervereinbarungen

In Abteilung II werden ferner die Miteigentümervereinbarungen eingetragen, die nach § 1010 BGB auch gegen Sonderrechtsnachfolger wirken sollen. Hier können 631

1125 BGHZ 13, 133.

die Miteigentümer die Verwaltung und Benutzung des Grundbesitzes regeln oder die Aufhebung der Gemeinschaft, die nach § 749 Abs. 1 BGB sonst jederzeit verlangt werden kann, auf Zeit oder für immer ausschließen, wobei auch hierbei das Recht zur Aufhebung aus wichtigem Grunde nicht wirksam ausgeschlossen werden kann. Die Vereinbarung wirkt allerdings nach § 751 BGB nicht gegen Gläubiger, die den Anteil gepfändet haben. Daher hat die Miteigentümervereinbarung nicht die gleiche Sicherheit wie etwa eine Aufteilung in Eigentumswohnungen.

632 Gleichwohl kommt sie gerade bei der Scheidungsimmobilie vor, wenn eine Dauergemeinschaftslösung vereinbart wird oder zumindest für die Trennungszeit eine Sicherung gegen eine überraschende Teilungsversteigerung vereinbart sein soll.[1126]

i) Sonstige Vermerke

633 In Abteilung II können ferner weitere Vermerke wie z.B. Insolvenz- und Zwangsversteigerungsvermerke, Umlegungs- oder Flurbereinigungs- sowie Sanierungsvermerke eingetragen sein.

7. Belastungen in Abteilung III des Grundbuches

634 In Abteilung III des Grundbuches werden Hypotheken, Grund- und Rentenschulden eingetragen.

635 Unter einer **Hypothek** versteht man eine Belastung derart, dass an denjenigen, zu dessen Gunsten die Belastung erfolgt, eine bestimmte Geldsumme zur Befriedigung wegen einer ihm zustehenden Forderung aus dem Grundstück zu zahlen ist, § 1113 BGB. Die Hypothek ist ein dingliches Verwertungsrecht, d.h. es kann vom Eigentümer nicht Zahlung der Forderung verlangt werden, sondern nur Duldung der Zwangsvollstreckung in das Grundstück wegen der Forderung. Die Hypothek ist **akzessorisch** zur Forderung. Sie entsteht für den genannten fremden Gläubiger nicht ohne die Forderung, § 1163 BGB. Forderung und Hypothek können nicht getrennt voneinander abgetreten oder übertragen werden, § 1153 BGB.[1127]

636 Ganz im Gegensatz dazu ist die heute gebräuchlichere[1128] **Grundschuld** eine Belastung eines Grundstücks in der Weise, dass an den Gläubiger eine bestimmte Geldsumme aus dem Grundstück zu zahlen ist. Die Grundschuld ist ebenso wie die Hypothek ein dingliches Verwertungsrecht. Allerdings ist sie im Gegensatz zu dieser nicht akzessorisch. Sie verpflichtet also abstrakt zur Zahlung einer bestimmten Geld-

---

1126 Vgl. Rdn. 726 ff.

1127 Detaillierter: *Schöner/Stöber*, Grundbuchrecht, Rn. 1911 ff.

1128 Krit. zu dieser nicht-akzessorischen Sicherheit im Lichte der Entwicklung des Verkaufs von Grundschulden durch Banken *Grziwotz*, NJW 49/2007, III. Der Gesetzgeber hat inzwischen mit dem Risikobegrenzungsgesetz das Recht der Grundschulen geändert (BGBl. 2008 I, 1666). Insbesondere hat er mit § 1193 Abs. 2 Satz 2 BGB n.F. die sofortige Fälligkeit für Sicherungsgrundschulden nicht mehr zugelassen; hierzu *Dieckmann*, NZM 2008, 865 ff.

summe ohne Zusammenhang mit einer Forderung. Im **Sicherungsvertrag** kann sich der Gläubiger verpflichten, die Grundschuld nur in bestimmter Weise zu verwerten. Der abstrakte dingliche Inhalt der Grundschuld wird dadurch aber nicht geändert. Der Sicherungsvertrag führt dennoch nicht zur Akzessorietät der Grundschuld. Diese besteht also auch nach Erlöschen der gesicherten Forderung als Fremdgrundschuld weiter.

Die **Rentenschuld** ist eine Grundschuld, bei der bestimmte Geldsummen in regelmäßig wiederkehrenden Terminen zu zahlen sind, § 1199 BGB. Sie ist heute ungebräuchlich. 637

8. Baulast

Neben den geschilderten im Grundbuch eingetragenen Rechten müssen noch die **Baulasten** Erwähnung finden. Diese stellen **dingliche Belastungen** des Grundstücks dar, und begründen die **öffentlich-rechtliche Verpflichtung** des Eigentümers der Baubehörde gegenüber zu einem tatsächlichen Tun, Dulden oder Unterlassen, die über die bloßen Verpflichtungen aus dem öffentlichen Baurecht hinausgehen.[1129] Baulasten gibt es auf der Grundlage der Landesbauordnungen in den meisten Bundesländern. Eine Ausnahme bilden Bayern und Brandenburg, die dieses Institut nicht kennen. 638

Baulasten werden nicht im Grundbuch eingetragen, sondern in einem separaten **Baulastenverzeichnis** geführt, das bei den Gemeinden oder der unteren Bauaufsichtsbehörde angelegt ist. 639

Typische Anwendungsbereiche für die Baulast sind etwa Sicherungen der Zufahrt, eine Vereinigungsbaulast zur Errichtung von Gebäuden auf mehreren Grundstücken, Anbaubaulasten bei Reihenhäusern, Abstandsbaulasten, Leitungsbaulasten, Stellplatz- oder Kinderspielplatzbaulasten.[1130] 640

Im **Vergleich zur Grunddienstbarkeit** ist die Baulast weiter, da sie auch ein aktives Tun zum Inhalt haben kann. Die Eintragung im Baulastenverzeichnis ist konstitutiv (Ausnahme: Baden-Württemberg), allerdings hat das Verzeichnis keinen öffentlichen Glauben. Ein Rangverhältnis zu den im Grundbuch eingetragenen Rechten gibt es nicht, sodass die Baulast bei einer Versteigerung auch außerhalb des geringsten Gebotes bestehen bleibt. Die Eintragung in das Verzeichnis wird als Verwaltungsakt gesehen, der in Rechtskraft erwachsen kann.[1131] 641

9. Eigentumsänderung

Eigentumsänderungen vollziehen sich i.d.R. **zweistufig** durch **Auflassung** bzw. beim Erbbaurecht durch **Einigung** (§§ 873, 925 BGB) und anschließender **Eintragung**. In 642

1129 Z.B. § 83 BauO NW; Bauer/von Oefele/*Meincke*, Grundbuchordnung, § 54 Rn. 15.
1130 *Krauß*, Immobilienkaufverträge, Rn. 719.
1131 Zu alledem *Schmitz-Vornmoor*, RNotZ 2007, 121, 124 ff.; *Couzinet*, DÖV 2008, 62 ff.

diesen Fällen ist die Eintragung für den Eigentumswechsel **konstitutiv**. Die Einigung ist dem Grundbuchamt nach § 20 GBO nachzuweisen im Gegensatz zu anderen Eintragungen, die aufgrund Bewilligung erfolgen können. Bei der Eigentumsübertragung kann dies zur Sicherung des Veräußerers verwendet werden, indem die zweite Stufe in notariell überwachter Form ausgesetzt wird, bis etwa eine vereinbarte Gegenleistung erbracht ist. Verträge mit der Verpflichtung zum Erwerb oder zur Übertragung von Grundbesitz bedürfen nach § 311b Abs. 1 BGB der notariellen Beurkundung. Die Auflassung muss nach § 925 BGB bei gleichzeitiger Anwesenheit beider Teile vor dem Notar erklärt werden.

643 Anders ist dies, wenn der **Eigentumswechsel außerhalb des Grundbuches** eintritt und das Grundbuch nur **berichtigt** werden muss. Das ist der Fall bei Erbfolge, Erbteilsübertragung, Anwachsung, Vereinbarung von Gütergemeinschaft (§ 1416 BGB), handelsrechtlichen Umwandlungsvorgängen oder Übertragungen durch Hoheitsakt wie etwa Zuschlag in der Zwangsversteigerung. Mit dem Antrag auf Grundbuchberichtigung müssen nach § 22 GBO Nachweise der Unrichtigkeit in grundbuchmäßiger Form vorgelegt werden.

10. Umfang der Beurkundungspflicht und der grundbuchlichen Formpflicht

644 Bei der Veräußerung von Grundbesitz ist wichtig, dass sich der Umfang der Formbedürftigkeit nach **§ 311b BGB** auf den **ganzen Vertrag** erstreckt, also auf alle Abreden, aus denen sich nach dem Willen der Vertragsteile das Veräußerungsgeschäft zusammensetzt.[1132] Demgemäß sind **alle Vereinbarungen beurkundungsbedürftig**, mit denen das Rechtsgeschäft nach dem Willen der Beteiligten **steht oder fällt**.[1133]

645 Das bedeutet insbes. für **alle Absprachen** der Ehegatten im Rahmen einer **Trennung oder Scheidung**, bei denen es auch um die Veräußerung einer Scheidungsimmobilie geht, dass die gesamte Vereinbarung der Beurkundung bedarf.[1134] Dies sollte beachtet werden, da die Gefahren bei Unwirksamkeit des Vertrages sehr viel größer sind als die Kosten für die Mitbeurkundung weiterer Abreden, die von ihrem Geschäftswert her neben den Immobilien zumeist ohnehin nicht allzu schwer wiegen.

▶ Hinweis:

Die Beurkundung des Eigentumswechsels an einer Scheidungsimmobilie hat umfassend alle Abreden zu enthalten, über welche die Ehegatten im Zusammenhang mit der Immobilie einig sind und von denen die Immobilienübertragung mit abhängt.

1132 BGH, NJW 1984, 974.

1133 BGH, NJW 2004, 3330; für die Fälle einseitiger Abhängigkeit der anderen Abreden vom Grundstückserwerb vgl. BGH, NJW 2000, 951.

1134 Vgl. zum Beurkundungszusammenhang: *Seeger*, MittBayNot 2003, 11 ff.

II. Rückgabeverlangen

Besonderheiten gelten, wenn die Scheidungsimmobilie von den Eltern oder vom anderen Ehegatten erworben worden und mit einem Rückübertragungsvorbehalt für den Scheidungsfall versehen ist. Hier wird die Regelung im Scheidungsfall i.d.R. mit der Durchführung der Rückübertragung einhergehen. 646

1. Eltern

a) Vereinbarung eines Rückübertragungsrechtes

Immer häufiger enthalten Übergabeverträge von Eltern auf Kinder ein **Recht der Eltern**, bei Vorliegen bestimmter Voraussetzungen die **Rückgabe** des Vertragsgegenstandes **verlangen zu können**. Hierzu gehört neben dem Fall des Verkaufs und dem vorzeitigen Todesfall auf der Erwerberseite auch der Fall der Scheidung der Ehe des Kindes. Eine Pflicht des Notars, die Klausel anzuraten, besteht aber nicht.[1135] 647

Man könnte zunächst denken, dass die Scheidung nicht problematisch ist, weil das von den Eltern übertragene Vermögen nach § 1374 Abs. 2 BGB nicht dem Zugewinn unterliegt. Zum einen sind jedoch **Wertsteigerungen** dieses Vermögens zugewinnausgleichspflichtig. Eine Teilhabe des Schwiegerkindes an diesen Wertsteigerungen über den Zugewinn wird regelmäßig von den Betroffenen nicht als gerechtfertigt angesehen. Noch weiter gehend kann ein Verlust des Anfangsvermögens eintreten, wenn das Kind seinen Ehepartner am übertragenen Vertragsobjekt dinglich beteiligt. Diese **dingliche Beteiligung**, d.h. die Weiterübertragung eines Anteils vom Kind auf das Schwiegerkind wollen Eltern vielfach nicht, zumal dann, wenn es sich um ein Anwesen handelt, in dem sie selbst wohnen. 648

Zum anderen will die Rechtsprechung des BGH[1136] nunmehr die **Vorbehaltsrechte** der Übergeber, welche allein durch das steigende Lebensalter der Eltern im Wert sinken, genau bewertet wissen und die Wertsteigerung des Grundstücks dem Zugewinn unterwerfen. So kann z.B. eine dauernde Last oder ein Wohnungsrecht, das bei Übergabe hochgerechnet auf die Lebenserwartung des Übergebers einen Wert von 100.000 € hat, zehn Jahre später nur noch einen Bruchteil davon wert sein, weil die Lebenserwartung gesunken ist. Dementsprechend steigt der Wert des Grundstücks, allerdings nicht genau korrespondierend. Der **BGH** will diese Wertveränderungen auf der Zeitschiene erfasst und **gutachterlich bewertet** sehen, damit sie dem **Zugewinnausgleich** unterworfen werden. 649

Ein solch teures und streitanfälliges Verfahren kann vermieden werden, wenn die Eltern sich bei Übergabe bereits für den Scheidungsfall die Rückforderung des Vertragsobjektes vorbehalten. Dann fällt die Immobilie zurück und die Bewertung der dann weggefallenen Vorbehaltsrechte entfällt. 650

1135 OLG Bamberg, NotBZ 2004, 238.

1136 BGH, DNotZ 2007, 849; hierzu *C. Münch*, DNotZ 2007, 795 ff.

651 Eine **Rückübertragungsklausel** ist jedoch dann **kritisch** zu hinterfragen, wenn Eltern einen Bauplatz übertragen, auf dem **Kind und Schwiegerkind später bauen**, sodass das Haus den Hauptwert darstellt. Muss der Bau finanziert werden, kann ohnehin eine eingetragene Rückauflassungsvormerkung nicht an vorderer Rangstelle verbleiben. Möglich ist es, in diesem Fall die Rückforderung nur so lange vorzubehalten, bis die Bebauung stattfindet. Zu bedenken ist ferner, dass ein Rückübertragungsanspruch in der Gefahr steht, durch Gläubiger der Eltern gepfändet zu werden.[1137]

652 Die Vereinbarung eines Rückübertragungsanspruches sollte so ausgestaltet sein, dass der Anspruch durch die Stellung des Scheidungsantrages ausgelöst wird, damit er zu dem nach § 1384 BGB für die Berechnung des Zugewinnausgleichs und der Vermögenswertbegrenzung entscheidenden Zeitpunkt der Rechtshängigkeit eines Scheidungsantrages besteht.

653 Zuweilen sehen die vertraglichen Regelungen sogar einen noch früheren Zeitpunkt vor und greifen schon dann, wenn der Erwerber heiratet, ohne das übertragene Vermögen vom Zugewinn auszunehmen. Eine Regelung, wie sie im Gesellschaftsrecht verbreitet ist, wird dann auch für das Immobilienrecht übernommen.

654 Wird eine Rückübertragung für den Fall der **Scheidung** des Erwerbers vereinbart, vertreten *Haußleiter/Schulz*[1138], dass dann der **Wert des übertragenen Grundbesitzes mit Null sowohl im Anfangs- wie auch im Endvermögen anzusetzen** ist, denn durch die Scheidung entstehe der Rückgewähranspruch immer. Im Endvermögen kann allerdings ein Wert anzusetzen sein, wenn die Eltern verpflichtet sind, wertsteigernde Aufwendungen zu ersetzen. Auch im Anfangsvermögen sei diese Bewertung gerechtfertigt, da es keinen Zugewinn ohne Rückgewähranspruch geben könne. *Kogel*[1139] stimmt der Bewertung für das Endvermögen zu, meint aber, dass zumindest die kostenlose Nutzung, welche die Eltern dem Kind zugewendet haben, bewertet werden müsse. Die Frage, ob die Eltern den Anspruch später auch geltend machen, soll dabei wegen des Stichtagsprinzips keine Rolle spielen.[1140]

655 Hier wird zur genauen Einschätzung die **Formulierung der Rückgewährverpflichtung** geprüft werden müssen. Sind diese Klauseln so formuliert, dass nicht automatisch ein Rückübertragungsrecht entsteht, sondern nur durch eine Gestaltungserklärung der Eltern, dann könnte man den Rückgewähranspruch durchaus noch als unsicher ansehen. Ferner muss beachtet werden, welche Ersatzansprüche im Fall einer Rückgabe an die Eltern bestehen. Ersatzansprüche werden zumeist im Hinblick auf wertsteigernde Investitionen vereinbart worden sein. Hinsichtlich einer reinen Wertsteigerung wird aber i.d.R. keine Ersatzpflicht bestehen. Die Ersatzansprüche sind dann jedenfalls im Zugewinn zu berücksichtigen.

1137 Vgl. hierzu BGH, FamRZ 2003, 858; hierzu *C. Münch*, FamRZ 2004, 1329 f.

1138 *Haußleiter/Schulz*, Vermögensauseinandersetzung, Kap. 1 Rn. 264.

1139 *Kogel*, Strategien, Rn. 579.

1140 *Haußleiter/Schulz*, Vermögensauseinandersetzung, Kap. 1 Rn. 267.

Die Vereinbarung eines solchen Rückübertragungsrechtes kann folgendermaßen lauten:

▶ **Formulierungsvorschlag (Rückübertragungsklausel bei Elternzuwendung):** 656

..... (Eingang, Grundbuchstand, Überlassung) .....

IV. Rechtsgrund

1)

Die vorstehende Überlassung erfolgt im Wege der vorweggenommenen Erbfolge.

2)

Die Gegenleistungen des Erwerbers ergeben sich aus den nachfolgenden Bestimmungen der Ziffer V.
Weitere Gegenleistungen als die in dieser Urkunde aufgeführten sind nicht zu erbringen.

3)

Soweit der Wert des überlassenen Vertragsobjektes den Wert der Gegenleistungen übersteigt, hat sich der Erwerber diesen Wert auf seinen Pflichtteil nach dem Veräußerer anrechnen zu lassen.
Eine etwa bestehende Ausgleichungspflicht gem. §§ 2050 ff. BGB wird erlassen bzw. eine solche wird ausdrücklich nicht angeordnet.[1141]

..... (Gegenleistungen, Besitzübergang, Erschließung) .....

VIII. Veräußerungsverbot, Rückerwerbsrecht

1)

Der Erwerber verpflichtet sich gegenüber dem Veräußerer, den Vertragsgrundbesitz oder Teile hiervon ohne seine Zustimmung weder zu veräußern noch zu belasten. Auf die Bestimmung des § 137 BGB wurde hingewiesen.

2)

Für den Fall der Zuwiderhandlung gegen das vereinbarte Veräußerungs- und Belastungsverbot sind die Erschienen zu 1)

– nachfolgend kurz: Rückerwerbsberechtigter genannt –

berechtigt, den heutigen Vertragsgrundbesitz mit allen Rechten und Pflichten, Bestandteilen und dem gesetzlichen Zubehör zurückzuerwerben.

1141 Diese Regelung ist je nach Wunsch der Vertragsteile anzupassen.

3)

Das gleiche Recht steht dem Rückerwerbsberechtigten zu, wenn
a) über das Vermögen des Erwerbers ein Insolvenzverfahren eröffnet wird oder Zwangsversteigerungs- oder Zwangsvollstreckungsmaßnahmen gegen das Vermögen des Erwerbers durchgeführt werden oder eine Verschlechterung der Vermögenslage i.S.d. § 490 Abs. 1 BGB eintritt[1142]

oder

b) der Erwerber vor dem Längerlebenden seiner Eltern verstirbt und der Vertragsgrundbesitz nicht im Wege der Erbfolge oder Vermächtniserfüllung oder durch Übertragung seitens des Erben des Erwerbers auf die Kinder oder eines der Kinder des Erwerbers übergeht

Alternative:
In diesem Fall kann – wenn der heutige Erwerber seinen Ehegatten zum Alleinerben eingesetzt hatte – das Rückerwerbsrecht nur ausgeübt werden, wenn dem Ehegatten des heutigen Erwerbers ein lebenslanges/auf fünf Jahre vom Todestag des Erwerbers an begrenztes unentgeltliches Wohnungsrecht in der Wohnung.....am Vertragsgrundbesitz eingeräumt wird. Nebenkosten sowie Kosten der Schönheitsreparaturen sind in diesem Fall vom Wohnungsberechtigten zu tragen.[1143]

oder

c) der Erwerber oder sein Ehepartner Antrag auf Scheidung der Ehe gestellt hat.
Alternative:
..... der Erwerber eine Ehe eingeht und nicht ehevertraglich entweder Gütertrennung vereinbart oder das Vertragsobjekt samt seiner Wertsteigerungen vom Zugewinn ausgeschlossen hat, nachdem er vom Veräußerer hierzu aufgefordert wurde und seit der Aufforderung drei Monate vergangen sind.[1144]

4)

Dieses Rückerwerbsrecht ist höchstpersönlich.
Bei mehreren Berechtigten steht das Rückerwerbsrecht nach dem Tod eines Berechtigten dem Überlebenden allein zu. Ansonsten ist das Rückerwerbsrecht nicht vererblich und nicht übertragbar.

1142 *Spiegelberger*, MittBayNot 2000, 1 ff. fordert eine Vorverlegung auf diesen Zeitpunkt. Dazu, dass auch bei dieser Formulierung eine Vormerkung eingetragen werden kann: OLG München, DNotZ 2007, 948 = MDR 2007, 1011.

1143 Diese Alternative kann dann verwendet werden, wenn der Erwerber und sein Ehegatte ihren Lebensmittelpunkt im übertragenen Anwesen haben, der Ehegatte des Erwerbers keine eigenen Investitionen vornehmen muss und daher nicht Miteigentümer wird, der Erwerber aber seinem Ehegatten die Wohnung auf Lebenszeit oder für eine Übergangszeit erhalten will. Dass Schwiegerkinder hier ein eigenes Recht erhalten, kann Konflikte entschärfen, wenn sie eigentlich die Mitübertragung des Grundbesitzes anstreben.

1144 Zur Vormerkungsfähigkeit in diesem Fall: BayObLG, MittBayNot 2002, 396; dazu, dass diese Klausel vormundschaftsgerichtlich genehmigungsfähig ist: LG München, MittBayNot 2002, 404.

Es ist innerhalb von 24 Monaten nach Kenntnis vom Eintritt der Voraussetzung durch schriftliche Erklärung gegenüber dem Eigentümer bzw. dessen Erben auszuüben. Entscheidend für die Einhaltung der Frist ist die Absendung durch den Erklärenden.

5)

Für den Rückerwerb gelten folgende Bestimmungen:
a) Der Grundbesitz ist frei von Rechten Dritter zu übertragen.
Ausnahmen hiervon bilden etwaige Rechte, die in der vorliegenden Urkunde übernommen werden, und etwaige Rechte, die mit Zustimmung des Rückerwerbsberechtigten im Grundbuch eingetragen werden.
Hinsichtlich eingetragener Grundpfandrechte hat der Rückerwerbsberechtigte auch die zugrunde liegenden Verbindlichkeiten in persönlicher Haftung mit schuldbefreiender Wirkung zu übernehmen, soweit die Darlehensvaluten für Investitionen auf dem Vertragsgrundbesitz verwendet wurden; ein Erstattungsbetrag gemäß nachfolgendem Buchst. b) ist insoweit nicht zu zahlen.
b) Der Rückerwerbsberechtigte hat dem heutigen Erwerber die von diesem auf den Vertragsgrundbesitz gemachten Aufwendungen – hierzu zählen auch Schuldentilgungen –zum Zeitwert im Zeitpunkt der Rückübertragung zu ersetzen. Nicht zu ersetzen sind Aufwendungen zur gewöhnlichen Erhaltung oder Arbeitsleistung des Erwerbers.

Alternative 1:
Zu ersetzen sind auch gemäß dieser Urkunde erbrachte Abfindungsleistungen.
Alternative 2:
Ein erklärter Pflichtteilsverzicht im Hinblick auf diese Überlassung verliert mit Rückforderung seine Gültigkeit.

Im Übrigen hat der Rückerwerbsberechtigte keine Gegenleistung zu erbringen.
c) Die Kosten der Rückübertragung und durch die Rückübertragung etwa anfallende Verkehrssteuern hat der Rückerwerbsberechtigte zu tragen.

6)

Zur Sicherung aller Ansprüche der Rückerwerbsberechtigten als Gesamtberechtigte auf Übertragung des Eigentums aus dem vorvereinbarten Rückerwerbsrecht

bewilligen und beantragen

die Vertragsteile die Eintragung einer

(Rückauflassungs-) Vormerkung gem. § 883 BGB

zugunsten der Rückerwerbsberechtigten als Gesamtberechtigte gem. § 428 BGB[1145] am Vertragsgrundbesitz in das Grundbuch an nächstoffener Rangstelle.

1145 Sind die zuwendenden Eltern von vorneherein Gesamtgläubiger, dann sichert die Vormerkung auch das Recht des Überlebenden allein. Das Problem einer Sukzessiv- oder Alternativberechtigung stellt sich hier nicht, *Schöner/Stöber*, Grundbuchrecht, Rn. 261a. Ansonsten kann der Anspruch des Eigentümer-Elternteils für den Fall des Vorversterbens an den anderen Elternteil abgetreten und dann diese Abtretung bei der eingetragenen Vormerkung berichtigend vermerkt werden, *Schöner/Stöber*, Grundbuchrecht, Rn. 261e; es könnten auch zwei Vormerkungen beantragt werden.

7)

Der Erwerber behält sich das Recht vor, im Rang vor sämtlichen in dieser Urkunde bestellten Rechten Grundpfandrechte bis zum Gesamtbetrag von ..... € (in Worten ..... Euro) zuzüglich Zinsen bis zu 18 % jährlich und zuzüglich einer einmaligen Nebenleistung bis zu 6 % des jeweiligen Grundschuldkapitals zugunsten beliebiger Gläubiger eintragen zu lassen. Der Rangvorbehalt darf seinem gesamten Umfang nach nur einmal voll ausgenutzt werden. Verzinsungsbeginn ist der Tag der Beurkundung des den Vorrang ausnutzenden Grundpfandrechts. Die Eintragung dieses Rangvorbehalts gem. § 881 BGB in das Grundbuch wird

bewilligt und beantragt.

Vollzugsnachricht wird erbeten.

8)

Jeder Veräußerer bevollmächtigt den Erwerber und jeden im Zeitpunkt der Einreichung der Löschungsbewilligung eingetragenen Grundstückseigentümer oder dessen gesetzlichen Vertreter einzeln, unter Vorlage der Sterbeurkunde des betreffenden Veräußerers die Löschung der zu dessen Gunsten im Grundbuch eingetragenen Auflassungsvormerkung zu bewilligen und zu beantragen. Die Vollmacht ist widerruflich.[1146]

b) Ausübung des Rückübertragungsrechtes

657 Wenn die Scheidungsimmobilie mit einem solchen Rückübertragungsrecht von einem der Ehegatten erworben worden ist und dieses Recht nun im Scheidungsfall ausgeübt wird, unterliegt die Scheidungsimmobilie vorrangig diesem Rückübertragungsverfahren. Im Zugewinn ist die Immobilie dann – wie dargelegt – nur insoweit zu erfassen, als in der Folge des Rückübertragungsanspruches Verbindlichkeiten durch Übernahme wegfallen oder Ersatzleistungen beansprucht werden können.

1146 Löschungsvollmacht erforderlich, nachdem die Rspr. bei der Auflassungsvormerkung eine sog. Vorlöschensklausel nicht mehr zulässt, BGH, NJW 1996, 59. Grundlegend *Wufka*, MittBayNot 1996, 156 f., 160.

Eine Rückübertragung, die dann einvernehmlich zwischen Eltern und Kind stattfindet, kann so formuliert sein:

▶ Formulierungsvorschlag (Rückübertragung an Eltern nach Ausübung eines Rückerwerbsrechtes): 658

URNr. .....
vom .....

Grundstücksübertragung und Auflassung
(Rückerwerb)

Heute, den .....
erschienen vor mir,
.....
Notar in .....
1. Herr .....,
geboren am .....
wohnhaft in .....,
nach Angabe im gesetzlichen Güterstand lebend.

2. dessen Eltern,
Frau ....., geborene ......
geboren am .....
und
Herr .....,
geboren am ......,
beide wohnhaft in .....,
nach Angabe im gesetzlichen Güterstand der Zugewinngemeinschaft verheiratet.

Die Erschienenen sind mir, dem Notar, persönlich bekannt.
Nach Unterrichtung über den Grundbuchinhalt beurkunde ich auf Ansuchen der Erschienenen bei gleichzeitiger Anwesenheit folgende

Rückübertragung von Grundbesitz:

A. Vorbemerkung

I. Grundbesitz

Die Erschienenen zu 2) haben mit Urkunde des beurkundenden Notars vom ..... URNr. ...../..... folgenden Grundbesitz der Gemarkung ..... auf den Erschienenen zu 1. Übertragen.
FlurNr. ....., ... zu ..... m^2,

Der Grundbesitz wurde mit Vollzug dieses Vertrages eingetragen im Grundbuch des Amtsgerichts ..... für ..... Blatt ..... Dieser Grundbesitz war bei Übertragung belastet wie folgt:
Abt. II:
Rückauflassungsvormerkung (bedingt) für die Erschienenen zu 2).
.....
Abt. IIII war unbelastet.
Der Erschienene zu 1). hat mit Zustimmung der Erschienenen zu 2. inzwischen eine Grundschuld ohne Brief über 150.000 € für die .....-Bank in Abteilung III eingetragen. Diese Grundschuld sichert derzeit Verbindlichkeiten, welche zur Renovierung des Vertragsanwesens aufgenommen wurden in Höhe von 120.000 €. Für diese Verbindlichkeiten haftet der Erschienene zu 1). allein. 30.000 € an Verbindlichkeiten hat der Erschienene zu 1). bereits getilgt.
Ferner hat der Erschienene aus eigenen Mitteln einen Betrag von 50.000 € aufgewendet zum Anbau eines Wintergartens. Die Beteiligten gehen davon aus, dass auch um diese Summe der Wert des Anwesens nach wie vor erhöht ist.

II. Erwerbsbedingungen

In der vorgenannten Übertragungsurkunde hatten die Vertragsteile vereinbart, dass der Erschienene zu 1) den Vertragsgrundbesitz ohne Zustimmung der Erschienenen zu 2) nicht veräußern oder belasten darf. Für den Fall der Zuwiderhandlung waren ansonsten die Erschienenen zu 2) berechtigt, den heutigen Vertragsgrundbesitz zurück zu erwerben.
Das gleiche Recht steht den Erschienen zu 2) nach der Übertragungsurkunde zu, wenn der Erwerber oder sein Ehepartner Antrag auf Scheidung der Ehe gestellt hat.
Die Übertragungsurkunde regelt ferner, dass das Rückerwerbsrecht innerhalb von 24 Monaten nach Kenntnis vom Eintritt der Voraussetzung durch schriftliche Erklärung gegenüber dem Eigentümer auszuüben ist.
Die eingetragene Rückauflassungsvormerkung sichert diesen Anspruch der Erschienenen zu 2).

III. Rückgabeverlangen/Scheidungssituation

Die Ehefrau des Erschienenen zu 1) hat am ..... beim Amtsgericht ..... (AZ: .....) Antrag auf Ehescheidung gestellt. Sie ist bereits zwei Monate vorher aus dem bis dahin gemeinsam bewohnten Vertragsobjekt ausgezogen.
Daraufhin haben die Erschienen zu 2) unter Berufung auf die Übertragungsurkunde schriftlich die Rückgabe verlangt. Dieses Verlangen ging dem Erschienenen zu 1) drei Wochen nach Rechtshängigkeit des Scheidungsantrages zu.
Die Vertragsteile sind somit übereinstimmend der Auffassung, dass damit die Pflicht des Erschienenen zu 1) zur Rückübertragung des Grundbesitzes ausgelöst wurde.
Der Rückübertragung des Vertragsgrundbesitzes und der weiter in diesem Zusammenhang erforderlichen Regelungen dient diese Urkunde.

B. Rückübertragung von Grundbesitz

I. Übertragung

Der Erschienene zu 1)

– nachstehend kurz: Veräußerer –

überlasst hiermit das in Abschnitt A näher bezeichnete Vertragsobjekt mit allen damit vebundenen Rechten, Pflichten, Bestandteilen und dem Zubehör an die Erschienenen zu 2) als Miteigentümer je zur Hälfte

– nachstehend kurz: Erwerber –.

Bewegliche Gegenstände sind außer dem gesetzliche Zubehör nicht mitüberlassen.

II. Auflassung

Wir sind uns darüber

einig,

dass das Eigentum am überlassenen Vertragsobjekt vom Veräußerer auf die Erwerber zum Miteigentum je zur Hälfte übergeht.
Der Veräußerer bewilligt und die Erwerber

beantragen

die Eintragung der Auflassung im Grundbuch.
Um Vollzugsmitteilung an den amtierenden Notar wird gebeten.
Auf die Bestellung und Eintragung einer Auflassungsvormerkung verzichten wir nach Belehrung durch den Notar.

III. Schuldübernahme, Aufwendungsersatz, Notaranweisung

1) Schuldübernahme

Die Erwerber übernehmen das am Vertragsgrundbesitz in Abteilung III des Grundbuches eingetragene Grundpfandrecht über 150.000 € in dinglicher Haftung.
Entstandene Eigentümerrechte und/oder Rückgewähransprüche werden hiermit entschädigungslos auf die Erwerber mit deren Zustimmung übertragen, die Eigentumsumschreibung vorausgesetzt.
Die Umschreibung im Grundbuch wird bewilligt, mit dieser Urkunde jedoch ausdrücklich nicht beantragt, auch nicht vom Notar gemäß § 15 GBO.
Da eine persönliche Haftung mit Zwangsvollstreckungsunterwerfung bisher nur vom Veräußerer übernommen worden ist, erklären die Erwerber Folgendes:
Die Erwerber übernehmen als Gesamtschuldner für den Eingang des Grundschuldbetrages oben genannter Grundschuld samt der im Grundbuch eingetragenen Zinsen und Nebenleistungen gegenüber der eingetragenen Gläubigerin die persönliche Haftung in der im Grundbuch eingetragenen Höhe und unterwerfen sich wegen dieser Zahlungsverpflichtung der

sofortigen Zwangsvollstreckung

in ihr gesamtes Vermögen. Die Gläubigerin ist berechtigt, sich jederzeit eine vollstreckbare Ausfertigung dieser Urkunde erteilen zu lassen, ohne dass es des Nachweises der die Vollstreckbarkeit begründenden Tatsachen bedarf.

Ferner übernehmen die Erwerber die dem übernommenen Grundpfandrecht zugrunde liegende Schuldverpflichtung gegenüber dem Gläubiger als künftiger alleiniger Schuldner mit schuldbefreiender Wirkung. Die befreiende Schuldübernahme erfolgt jeweils mit Wirkung vom heutigen Tag an mit dem zu diesem Zeitpunkt gegebenen genauen Stand der Schuldverpflichtungen.
Auf das Erfordernis der Änderung der Zweckbestimmungserklärung wurde hingewiesen.
Nach Hinweis des Notars auf das Erfordernis der Genehmigung der befreienden Schuldübernahme durch den Gläubiger

beauftragen und ermächtigen

die Vertragsteile den Notar und dessen amtlich bestellten Vertreter, dem Gläubiger die befreiende Schuldübernahme durch Übersendung einer Abschrift dieser Urkunde anzuzeigen. Die gemäß § 415 BGB erforderliche Genehmigung werden die Vertragsteile selbst einholen.
Sollte die befreiende Schuldübernahme durch den Gläubiger nicht genehmigt werden, gelten vorstehende Vereinbarungen insoweit als Erfüllungsübernahme i.S.d. § 329 BGB, sodass die Erwerber dem Veräußerer gegenüber verpflichtet sind, die Verbindlichkeiten jeweils fristgerecht zu erfüllen, insbesondere die Zins- und Tilgungsbeträge an den Gläubiger zu zahlen, und den Veräußerer im Fall einer Inanspruchnahme durch den Gläubiger unverzüglich freizustellen; Gleiches gilt bis zur Genehmigung sowie bis zum vertragsgemäßen Vollzug der Eigentumsumschreibung.
Etwaige Kosten, Spesen oder Provisionen anlässlich der Genehmigung der Schuldübernahme haben die Erwerber zu tragen.
Der Notar hat darauf hingewiesen, dass eine Schuldübernahme den Vorschriften des Verbraucherdarlehensvertrages unterliegen kann. Die Einhaltung der daraus folgenden Pflichten des Kreditinstituts hat auf die übrigen Bestimmungen dieses Vertrages keinen Einfluss.

Alternative:[1147]
Einer Schuldübernahme durch die Erwerber im Außenverhältnis hat die eingetragene Gläubigerin nicht zugestimmt.

1147 Sind die Eltern, die nun die Rückgabe verlangen, schon älter, weil die Übertragung länger zurückliegt, lässt sich häufig eine Schuldübernahme nicht mehr realisieren, weil den Eltern laufende Einnahmequellen fehlen und die Bank den Veräußerer nicht freistellt. Hier wird als Alternative vorgesehen, dass der Veräußerer die Raten an die Bank weiterhin zahlt und diese gegenüber den Erwerbern mit dem für das weitere Bewohnen des Anwesens fällige Nutzungsentgelt verrechnet.

Daher vereinbaren die Vertragsteile nur im Innenverhältnis im Wege einer Erfüllungsübernahme i.S.d. § 329 BGB, dass die Erwerber dem Veräußerer gegenüber verpflichtet sind, die Verbindlichkeiten jeweils fristgerecht zu erfüllen, insbesondere die Zins- und Tilgungsbeträge an den Gläubiger zu zahlen, und den Veräußerer im Fall einer Inanspruchnahme durch den Gläubiger unverzüglich freizustellen; Gleiches gilt bis zur Genehmigung sowie bis zum vertragsgemäßen Vollzug der Eigentumsumschreibung.
Da der Veräußerer aber weiterhin im Anwesen wohnen bleibt, vereinbaren die Vertragsteile ein Nutzungsentgelt, das in der Höhe der monatlichen Zahlung an die eingetragene Gläubigerin entspricht. Der Veräußerer zahlt daher weiterhin die Zins- und Tilgungsraten wie im bisherigen Umfang in Entlastung der Erwerber an die Gläubigerin. Die Zahlung wird mit dem Nutzungsentgelt verrechnet.[1148]

2) Aufwendungsersatz

In Erfüllung der Verpflichtung aus der Übertragungsurkunde zum Ersatz der vom heutigen Veräußerer auf den Vertragsgrundbesitz gemachten Aufwendungen einschließlich der Schuldentilgung vereinbaren die Vertragsteile weiter:
Zum Ersatz der getätigten Aufwendungen einschließlich der bereits geleisteten Schuldentilgung verpflichten sich die Erwerber ferner, an den Veräußerer den Betrag von

80.000 €

– in Worten: achtzigtausend Euro – zu zahlen. Dieser Betrag ist wie folgt zur Zahlung fällig: .....[1149]
Wegen dieser Verpflichtung zur Zahlung von Aufwendungsersatz unterwerfen sich die Erschienenen zu 2) der

sofortigen Zwangsvollstreckung

aus dieser Urkunde in ihr gesamtes Vermögen. Die Erwerber haften als Gesamtschuldner.
Der Veräußerer ist berechtigt, sich jederzeit auf einseitigen Antrag auf schuldnerische Kosten eine vollstreckbare Ausfertigung dieser Urkunde erteilen zu lassen, ohne dass es hierzu des Nachweises der Fälligkeit oder sonstiger die Vollstreckbarkeit begründender Tatsachen bedarf.

1148 In diesem Fall wird die Schuldübernahme nicht genehmigt. Die Notaranweisung in Nr. 3) muss dann entfallen und die Umschreibung sofort stattfinden, wenn die Vertragsteile dies nach Hinweis auf die damit verbundenen Risiken wünschen. Ansonsten muss eine anderweitige Sicherheit vereinbart werden.

1149 Hier ist die Fälligkeit abzustimmen auf die finanziellen Möglichkeiten der Eltern. Ggf. kann Ratenzahlung oder spätere Fälligkeit – etwa bei Auszahlung einer Lebensversicherung – vereinbart werden. Wenn keine Verbindlichkeiten bestehen, kann ggf. auch eine Mietverrechnung sinnvoll sein.

3) Notaranweisung

Die Vertragsteile

weisen

den Notar unter Verzicht auf ihr eigenes Antragsrecht unwiderruflich an, den Antrag auf Eintragung der Eigentumsumschreibung beim Grundbuchamt erst dann zu stellen, wenn der Veräußerer dem Notar schriftlich bestätigt hat, dass

a) ihm die befreiende Schuldübernahme gemäß vorstehender Ziffer 1) durch die Gläubigerin nachgewiesen wurde oder die Erwerber dies bankbestätigt nachweisen

und

b) der Aufwendungsersatz gezahlt wurde und dies dem Notar in gleicher Weise nachgewiesen wurde.

Die entsprechende Bestätigung wird der Veräußerer dem Notar zu gegebener Zeit unaufgefordert übersenden.
Vor Nachweis der Schuldentlassung und Zahlung des Aufwendungsersatzes werden von dieser Urkunde nur Ausfertigungen und beglaubigte Abschriften ohne die Auflassung erteilt.

Alternative:[1150]
Nach Belehrung durch den Notar erklären die Vertragsteile: Eine Anweisung an den Notar, wonach dieser die Eigentumsumschreibung erst nach Schuldentlassung und Zahlung des Aufwendungsersatzes veranlassen soll, wollen wird ausdrücklich nicht aufnehmen.

III. Weitere Vereinbarungen

1) Besitz, Nutzen, Lasten und Gefahr

Besitz, Nutzungen, Lasten und Abgaben aller Art sowie die mit dem Vertragsgrundbesitz verbundene Haftung und die Verkehrssicherungspflichten gehen ebenso wie die Gefahr einer zufälligen Verschlechterung oder eines zufälligen Untergangs ab sofort auf die Erwerber über.
Die Pflicht zur Zahlung der Grunderwerbsteuer übernehmen die Erwerber ab dem nächsten Fälligkeitstermin.
Soweit vom Veräußerer Erschließungs- oder Anliegerkosten im weitesten Sinne geleistet wurden, kommen diese den Erwerbern zugute. Vorausleistungen und Rückzahlungsansprüche werden an die Erwerber abgetreten. Alle künftig anfallenden und von heute an zugestellten derartigen Leistungen für den Vertragsgrundbesitz, auch wenn sie bereits ausgeführte Arbeiten betreffen, tragen ausschließlich die Erwerber. Der Veräußerer versichert, dass offene, bereits festgesetzte derartige Forderungen nicht bestehen.

1150 Wenn die Vertragsteile die sofortige Eigentumsumschreibung wünschen und das Vertrauen in der Familie so groß ist, dass auf die Sicherheit für den Veräußerer verzichtet werden soll.

2) Rechte bei Mängeln

Der Veräußerer schuldet ungehinderten und lastenfreien Besitz- und Eigentumsübergang. Ausgenommen sind die in der Urkunde ausdrücklich übernommenen Rechte, nicht eingetragene altrechtliche Dienstbarkeiten oder Rechte, die mit Zustimmung der Erwerber neu bestellt werden.
Die Erwerber bewilligen und beantragen die Löschung der zu ihren Gunsten eingetragenen Auflassungsvormerkung (bedingt) Zug und Zug mit Eigentumsumschreibung.
Eine weitere Haftung, insbesondere für die Freiheit von Sachmängeln aller Art, die Grundstücksgröße und den Grundbuchbeschrieb, Flächenmaß, Bodenbeschaffenheit, Verwertbarkeit für die Zwecke der Erwerber sowie baulichen Zustand ist ausgeschlossen, außer bei Vorsatz. Der Vertragsbesitz geht über in dem Zustand, in dem er sich heute befindet und der den Erwerbern bekannt ist.
Der Vertragsgrundbesitz ist nicht vermietet oder verpachtet. Der Veräußerer wird den Vertragsgrundbesitz weiterhin nutzen. Hierzu vereinbaren die Vertragsteile Folgendes:
Der Veräußerer hat an die Erwerber mit Beginn des auf die Beurkundung folgenden Monats einen monatlichen Mietzins in Höhe von ..... € zu entrichten. Er hat ferner alle Nebenkosten selbst zu tragen.
..... (ggf. weitere Vereinbarungen) .....[1151]

3) Finanzierungsvollmacht

.....[1152]

4) Genehmigung/Versicherung

Behördliche Genehmigungen sind zu diesem Vertrag nicht erforderlich. Der Erschienene zu 1) versichert, mit dieser Urkunde nicht über sein gesamtes Vermögen oder einen wesentlichen Teil zu verfügen.

C. Schlussbestimmungen

1) Abwicklungsvollmacht

.....

2) Amtliche Hinweise

.....

3) Kosten, Steuern und Abschriften

.....

1151 Hier können ggf. weitere Vereinbarungen getroffen werden. Ferner sollte zuvor steuerliche Beratung wegen der Versteuerung einer Miete und der steuerlichen Geltendmachung der übernommenen Schuldzinsen etc. gesucht werden. Wenn die Schuldübernahme nicht genehmigungsfähig ist, wurde in der Alternative zu Nr. II.1) dieses Vertrages eine Verrechnungsklausel vorgestellt.

1152 Aufnehmen, wenn die Eltern zur Finanzierung des Aufwendungsersatzes eine weitere Grundschuld eintragen lassen wollen.

2. Ehegatten

659 Haben die Ehegatten sich zuvor die Scheidungsimmobilie zugewendet, jedoch einen Rückübertragungsanspruch für den Scheidungsfall begründet, sollten die Ehegatten im Zusammenhang mit ihren Vereinbarungen zur Scheidung **zunächst die Rückabwicklung** durchführen. Mit dem Vermögensstand nach Rückabwicklung wird dann der Zugewinn berechnet. Eine gleiche Vorgehensweise kommt in Betracht, wenn der Eigentümer – etwa wegen Wegfalls der Geschäftsgrundlage – zur Rückübertragung verpflichtet ist oder den i.d.R. nur bestehenden Geldanspruch durch Übertragung der Immobilie erfüllen will.

660 Sofern die Übertragung auf den Ehegatten einen treuhandähnlichen Charakter hatte,[1153] ist das entsprechende Treuhandverhältnis nun aufzulösen.

Die Rückübertragung unter Ehegatten kann so formuliert werden:

661 ▶ Formulierungsvorschlag (Rückabwicklung ehebezogener Zuwendung):

..... (weitere Regelungen einer Scheidungsvereinbarung) .....

C. Rückabwicklung einer ehebezogenen Zuwendung

I. Vorbemerkung

1) Grundbesitz

Die Ehefrau ist alleinige Eigentümerin des Anwesens ....., eingetragen im Grundbuch des Amtsgerichts ..... für ..... Blatt .....
Dieser Grundbesitz ist belastet wie folgt: .....
Die grundstücksbezogenen Verbindlichkeiten, zu deren Absicherung die vorgenannten Grundpfandrechte eingetragen sind, belaufen sich zum Stichtag ..... auf ..... €.
Für diese Verbindlichkeiten haftet die Ehefrau den Gläubigern gegenüber als Darlehensnehmerin. Der Ehemann hat zur Absicherung eine Bürgschaft gegenüber dem Gläubiger abgegeben.

2) Übertragung

Der vorgenannte Grundbesitz war der Ehefrau im Rahmen einer ehebezogenen Zuwendung mit Urkunde des Notars ..... in ..... vom ..... URNr. ..... übertragen worden.
Dabei hatten die Vertragsteile vereinbart, dass der zuwendende Ehemann das Recht haben solle, im Fall der Scheidung der Ehe die Rückübertragung des Zuwendungsobjekts zu verlangen. Der Rückforderungsanspruch solle mit der Rechtshängigkeit des Scheidungsantrags gleich welches Ehegatten entstehen und mit Rechtskraft der Scheidung erlöschen, sofern er bis dahin nicht geltend gemacht wurde.

1153 Hierzu *C. Münch*, Ehebezogene Rechtsgeschäfte, Rn. 1668 ff.

In diesem Zusammenhang hat sich der Ehemann verpflichtet, bei der Rückübertragung diejenigen Belastungen und die zugrunde liegenden grundstücksbezogenen Verbindlichkeiten zu übernehmen, die mit seiner Zustimmung eingetragen worden sind.
Für sonstige Aufwendungen der Ehefrau in den Grundbesitz sollte eine Ersatzpflicht bestehen.
Auf der Grundlage der nach Rückforderung, Übernahme von Verbindlichkeiten und Rückerstattung von Aufwendungen bestehenden Vermögenslage sollte dann der gesetzliche Zugewinnausgleich stattfinden.

3) Scheidungssituation

Da die vorliegende Vereinbarung der einvernehmlichen Vorbereitung einer Ehescheidung dient, nachdem der Ehemann Antrag auf Scheidung der Ehe gestellt hat, soll die ehebezogene Zuwendung bereits in diesem Rahmen wieder rückgängig gemacht werden. Der Ehemann macht daher sein Rückforderungsrecht für den Scheidungsfall hiermit geltend. Hierzu stellen die Vertragsteile Folgendes fest:
Die in Ziffer 1) genannten Grundpfandrechte und die zugrunde liegenden Verbindlichkeiten sind mit Einverständnis des Ehemannes eingetragen bzw. aufgenommen worden.
Die Ehefrau hat aus ihrem eigenen Anfangsvermögen einen Betrag von 30.000 € in das vertragsgegenständliche Anwesen investiert.

II. Übertragung

Hiermit überträgt die Ehefrau

– nachstehend kurz: Veräußerer –

den vorbezeichneten Grundbesitz mit allen Rechten, Pflichten, Bestandteilen und dem Zubehör an den Ehemann

– nachstehend kurz: Erwerber –

zum Alleineigentum zurück.
Bewegliche Gegenstände sind nicht Gegenstand dieser Vereinbarung.

III. Auflassung

Wir sind uns darüber

einig,

dass das Eigentum am überlassenen Grundbesitz gem. Ziffer I.1) vom Veräußerer auf den Erwerber zum Alleineigentum übergeht.
Der Veräußerer bewilligt und der Erwerber

beantragt

die Eintragung der Auflassung im Grundbuch.
Um Vollzugsmitteilung an den amtierenden Notar wird gebeten.
Auf die Bestellung und Eintragung einer Auflassungsvormerkung verzichten wir nach Belehrung durch den Notar.
Die Vertragsteile

weisen

den Notar unter Verzicht auf ihr eigenes Antragsrecht unwiderruflich an, den Antrag auf Eintragung der Eigentumsumschreibung beim Grundbuchamt erst dann zu stellen, wenn der Veräußerer dem Notar schriftlich bestätigt hat, dass ihm

a) die befreiende Schuldübernahme gemäß nachfolgender Ziffer IV. durch die Gläubiger nachgewiesen wurde und
b) der Aufwendungsersatz gemäß nachfolgender Ziffer V. gezahlt wurde

oder der Erwerber dies bankbestätigt nachweist.
Die entsprechende Bestätigung wird der Veräußerer dem Notar zu gegebener Zeit unaufgefordert übersenden.
Vor Nachweis der Schuldentlassung und der Erstattung der Aufwendungen werden von dieser Urkunde nur Ausfertigungen und beglaubigte Abschriften ohne die Auflassung erteilt.

IV. Schuldübernahme

Der Erwerber übernimmt das am Vertragsgrundbesitz in Abteilung III des Grundbuches eingetragene Grundpfandrecht über ..... € in dinglicher Haftung.
Entstandene Eigentümerrechte und/oder Rückgewähransprüche werden hiermit entschädigungslos auf den Erwerber mit dessen Zustimmung übertragen, die Eigentumsumschreibung vorausgesetzt.
Die Umschreibung im Grundbuch wird bewilligt, mit dieser Urkunde jedoch ausdrücklich nicht beantragt, auch nicht vom Notar gemäß § 15 GBO.
Da eine persönliche Haftung mit Zwangsvollstreckungsunterwerfung bisher nur vom Veräußerer abgegeben worden war, erklärt der Erwerber Folgendes:
Der Erwerber übernimmt für den Eingang des Grundschuldbetrags oben genannter Grundschuld
..... (Regelungen wie im vorhergehenden Muster) .....

V. Aufwendungsersatz

Die Ehefrau hat aus ihrem Anfangsvermögen Aufwendungen i.H.v. 30.000 € für das Vertragsanwesen erbracht. Der Ehemann verpflichtet sich hiermit, diese Aufwendungen an die Ehefrau zu erstatten, und zwar binnen vier Wochen von heute an.
Wegen der voreingegangenen Verpflichtung zur Zahlung des Aufwendungsersatzes unterwerfe ich, der Ehemann, mich der

sofortigen Zwangsvollstreckung

aus dieser Urkunde in mein Vermögen.
Der Veräußerer ist berechtigt, sich jederzeit auf einseitigen Antrag auf schuldnerische Kosten eine vollstreckbare Ausfertigung dieser Urkunde erteilen zu lassen, ohne dass es hierzu des Nachweises der Fälligkeit oder sonstiger die Vollstreckbarkeit begründender Tatsachen bedarf.
..... (Besitz, Nutzen, Lasten etc., ggf. Finanzierungsvollmacht) .....

D. Zugewinnausgleich

.....
Hinsichtlich des in Buchstabe C dieses Vertrages an den Ehemann zurückübertragenen Grundbesitzes gilt Folgendes:
Der Grundbesitz und die grundstücksbezogenen Verbindlichkeiten sind nach den Regelungen der Übertragung ebenso wie die Verpflichtung zur Erstattung des Aufwendungsersatzes im Endvermögen des Ehemannes zu berücksichtigen.
Der Ersatz bzw. Anspruch auf Ersatz des aufgewendeten Anfangsvermögens sind bei der Ehefrau sowohl im Endvermögen wie auch im Anfangsvermögen zu berücksichtigen.
..... (ggf. weitere scheidungsbezogene Regelungen) .....

III. Drittverkauf

1. Verkaufsabrede

In vielen Trennungsfällen ist das Familienwohnheim entweder **zu groß** für eine verbleibende Vertragspartei oder die finanziellen Verhältnisse sind so angespannt, dass wegen des trennungsbedingten Mehrbedarfes eine vorher schon knapp kalkulierte **Finanzierung nicht mehr** erbracht werden kann. Hier sollten die Ehegatten sich von den emotionalen Bindungen an das Familienwohnheim lösen und den vernünftigen Weg einer Veräußerung gehen. 662

Wenn schon in der frühen Phase einer Trennung eine entsprechende gegenseitige Festlegung erfolgen soll, ohne dass bereits ein Käufer gefunden ist, können die Ehegatten eine **Verkaufsabrede** treffen. 663

Diese legt zunächst die **Räumungsverpflichtung** des noch im Haus verbliebenen Ehegatten einschließlich Kostentragung und die Frage einer Nutzungsentschädigung für diese Zwischenzeit fest. 664

Sodann wird eine **Verkaufsverpflichtung** einschließlich des Prozedere für den Verkauf geregelt. Zugleich wird für eine Übergangszeit von sechs Monaten die **Teilungsversteigerung** durch Vereinbarung ausgeschlossen. 665

Die **Erlösabrede** beschreibt, in welcher Quote und auf welche Weise die Erlösverteilung erfolgt. Wenn dies gewünscht ist, kann auch entsprechend der Surrogatsrechtsprechung des BGH die Behandlung des Erlöses im Zugewinn angesprochen werden. Sinnvoll ist hier eine Bestimmung, welche die Erlöse im Endvermögen festschreibt, sodass kein Ehegatte benachteiligt wird, wenn Geldvermögen bis zum Stichtag der Zugewinnberechnung verbraucht wird. 666

667 Je nachdem, wie das Vertrauen zueinander noch ausgeprägt ist, kann ggf. sogar eine Verkaufsvollmacht aufgenommen werden.

668 ▶ Formulierungsvorschlag (Verkaufsabrede):

.....

I. Vorbemerkung

1) Grundbesitz/Familienwohnheim

Die Ehegatten sind Miteigentümer je zur Hälfte des Anwesens ....., eingetragen im Grundbuch des Amtsgerichts ..... für ..... Blatt .....
Dieser Grundbesitz ist belastet wie folgt: .....
Die Verbindlichkeiten zur Hausfinanzierung, für welche die Ehegatten als Gesamtschuldner haften, belaufen sich zum Stichtag ..... auf ..... €.

2) Trennung/Räumung

Die Ehegatten leben seit dem ..... getrennt. Sie sind sich einig, dass das Haus gemäß Ziffer 1), welches die Ehewohnung darstellt, veräußert werden soll. Der Ehemann ist bereits aus dem Anwesen ausgezogen. Die Ehefrau verpflichtet sich gegenüber ihrem Ehemann, das Anwesen bis zum Ablauf von sechs Monaten von heute an zu räumen.
Wegen dieser Räumungsverpflichtung unterwirft sich die Ehefrau dem Ehemann gegenüber der sofortigen Zwangsvollstreckung.[1154] Sie weist den Notar an, dem Ehemann ohne weitere Nachweise auf einseitigen Antrag insoweit eine vollstreckbare Ausfertigung dieser Urkunde zu erteilen.
Die Ehefrau ist als Nutzungsberechtigte von heute an bis zur Räumung allein zur Tragung der Betriebskosten verpflichtet. Gleiches gilt für Schönheitsreparaturen und Gartenpflege. Die Ehefrau hat alle öffentlichen Lasten und Abgaben ebenso wie die Versicherungen zu tragen. Ihr obliegen allein die Reinigung und die Verkehrssicherungspflicht. Die Ehefrau hat Kaufinteressenten nach kurzfristiger vorheriger Anmeldung Zutritt zum Anwesen zu gewähren und die Verkaufsbemühungen zu unterstützen, außer zur Unzeit.
Die Kosten der Instandhaltung und Instandsetzung des Anwesens treffen bis zur Veräußerung beide Miteigentümer je zur Hälfte.
Eine Nutzungsentschädigung wird nicht geschuldet, da die Nutzung durch die Ehefrau allein nur vorübergehend ist.
Die Zins- und Tilgungsleistungen werden wie bisher von beiden Ehegatten gemeinschaftlich erbracht.

1154 In dieser Fallgestaltung wird unterstellt, dass die Ehegatten keine Kinder haben und auch sonst keine schutzwürdigen Belange gegen eine Räumung sprechen.

3) Verkaufsverpflichtung

Beide Ehegatten sind sich darüber einig, dass das in Ziffer 1) genannte Hausanwesen verkauft werden soll und verpflichten sich hiermit, an einer solchen Veräußerung mitzuwirken.
Die Veräußerung soll so bewirkt werden, dass binnen der nächsten beiden Monate von heute an jeder der Ehegatten Kaufinteressenten benennen kann. Ist einer dieser Kaufinteressenten bereit, 80 % des Verkehrswerts zu zahlen, so ist der andere Ehegatte verpflichtet, am Verkauf mitzuwirken, es sei denn, der Kaufinteressent ist mit dem benennenden Ehegatten in gerader Linie oder bis zum zweiten Grad der Seitenlinie verwandt.
Der Verkehrswert ist, sofern sich die Ehegatten auf diesen nicht einigen können, durch einen vom Präsidenten der örtlich zuständigen IHK zu benennenden Sachverständigen für die Vertragsteile verbindlich zu schätzen.

Alternative:
..... Ist einer dieser Kaufinteressenten bereit, mindestens eine Summe von ..... € zu zahlen, so ist der andere Ehegatte verpflichtet .....

Ist binnen dieser Frist ein Kaufvertrag nicht zustande gekommen, vereinbaren die Ehegatten bereits heute, den Makler ..... durch Alleinauftrag mit dem Verkauf des Anwesens zu betrauen.[1155]

4) Teilungsversteigerung

Kommt bis zum Ablauf von sechs Monaten von heute an der Abschluss eines notariellen Kaufvertrages nicht zustande, kann jeder Ehegatte die Teilungsversteigerung des Anwesens betreiben.
Bis zu diesem Zeitpunkt vereinbaren wir Folgendes:
Das Recht jeden Miteigentümers, die Aufhebung der Gemeinschaft zu verlangen, wird bis zum Ablauf von sechs Monaten von heute an ausgeschlossen. Wir vereinbaren dies gerade angesichts der vorliegenden Trennungssituation, sodass die Trennung keinen wichtigen Grund i.S.d. § 749 Abs. 2 Satz 1 BGB darstellt.[1156]
Eine Grundbucheintragung soll mit Rücksicht auf die anstehende Veräußerung des Anwesens nicht erfolgen.

Alternative:
Die Ehegatten bewilligen und beantragen die Eintragung des Teilungsausschlusses an dem in Ziffer I.1. genannten Grundbesitz in das Grundbuch an nächstoffener Rangstelle.

1155 So der Vorschlag von *Müller*, Vertragsgestaltung, Kap. 3, Rn. 427. In Betracht kommt etwa auch die Einschaltung der Finanzierungsbank, Schröder/Bergschneider/*Perpeet*, Familienvermögensrecht, Rn. 3.190.

1156 Dazu dass die Trennung auch bei vorsorgender Vereinbarung nicht zu einem Wegfall der Geschäftsgrundlage führt, wenn der Teilungsausschluss gerade für diesen Fall vereinbart wurde: BGH, DStR 2004, 50 (hier für die nichteheliche Lebensgemeinschaft).

5) Erlösverteilung

Von dem Veräußerungserlös werden zunächst die Verbindlichkeiten, welche auf dem Anwesen lasten, beglichen. Sodann sind davon die Kosten der Veräußerung zu bestreiten.
Der restliche Erlös ist je zur Hälfte unter den Ehegatten aufzuteilen.
Für den Fall, dass die Veräußerung vor der Rechtshängigkeit eines Scheidungsantrags erfolgt, wird der Nettoerlös eines jeden Ehegatten seinem Endvermögen zugerechnet, unabhängig davon, ob dieser Erlös am Stichtag zur Berechnung des Endvermögens noch vorhanden ist.[1157] Allerdings werden im Gegenzug etwa vom Erlös angeschaffte Surrogate in Höhe der Erlösverwendung unberücksichtigt gelassen.

Alternative 1:
Der restliche Erlös ist auf einem Anderkonto des den Kaufvertrag beurkundenden Notars zu hinterlegen, bis wir diesem übereinstimmende Anweisung zur Auszahlung erteilen oder die Auszahlung gerichtlich angeordnet ist.[1158]
Für dieses Anderkonto gelten folgende Bestimmungen: .....

Alternative 2:
Die Ehegatten erteilen sich gegenseitig unter Befreiung von den Beschränkungen des § 181 BGB und unter Genehmigung alles Gehandelten Vollmacht zur Veräußerung des in Ziffer 1) genannten Grundbesitzes, den notariellen Verkaufsvertrag zu schließen, die Auflassung zu erklären und entgegenzunehmen und alle Erklärungen abzugeben und in Empfang zu nehmen, die zum Abschluss dieses Vertrages erforderlich oder zweckdienlich sind.
Die Vollmacht umfasst auch die Befugnis zur Belastung des Grundbesitzes mit Grundpfandrechten und zur Unterwerfung unter die sofortige Zwangsvollstreckung hinsichtlich des Grundbesitzes. Diese Vollmacht wird im Innenverhältnis dahin gehend eingeschränkt, dass von ihr nur zur Bestellung von Grundpfandrechten des Käufers Gebrauch gemacht werden darf.

1157 Das Haus in Miteigentum wäre beiden Ehegatten in gleicher Weise zugerechnet worden. Es soll durch diese Klausel verhindert werden, dass ein Ehegatte beim entscheidenden Stichtag der Rechtshängigkeit des Scheidungsantrags kein Geld mehr hat. So der Vorschlag von *Müller*, Vertragsgestaltung, Kap. 3, Rn. 427; *Börger*, FPR 2002, 262, 265.

1158 Zu verwenden in den Fällen, in denen zwar aufgrund drängender Schuldenlast über den Verkauf des Anwesens Einigkeit herrscht, die Verteilung des Resterlöses aber von der Gesamtabrechnung unter Einbeziehung des Zugewinnausgleichs abhängt. Die Einzahlung des Restbetrags kann auch auf ein Bankkonto mit lediglich gemeinschaftlicher Verfügungsbefugnis vorgenommen werden.

2. Kaufvertragsbesonderheiten im Scheidungsfall

Wenn bereits ein Käufer gefunden ist, kann die Immobilie verkauft werden. Für diesen **Kaufvertrag in der Trennungs- oder Scheidungsphase** sind einige Besonderheiten zu beachten. 669

a) Kaufpreisaufteilung

Zunächst muss der Kaufpreis dazu dienen, die an der Immobilie noch lastenden **Verbindlichkeiten** wegzufertigen, um die Immobilie lastenfrei an den Käufer übereignen zu können. 670

Sodann müssen sich die Ehegatten über die **Aufteilung des** ihnen **verbleibenden Kaufpreisteiles** einig werden. Dieser kann hälftig aufgeteilt werden, wenn das Anwesen im Eigentum beider Ehegatten steht. Wenn die Ehegatten in unterschiedlicher Höhe Investitionen in das Haus getätigt haben oder etwa das Grundstück vor Bebauung von einem Ehegatten stammt, könnte dies bereits bei der Erlösverteilung berücksichtigt werden, wenn sich die Ehegatten hierüber einig sind. Insbes. dann, wenn die Immobilie im Wesentlichen das gesamte Vermögen darstellt, wäre auf diese Weise ggf. auch der Zugewinn schon verteilt. Es könnte eine dementsprechende Erklärung beider Ehegatten abgegeben werden. 671

Sind sich die Ehegatten über die **Erlösverteilung nicht einig**, weil Zugewinnfragen eine Rolle spielen und der verbleibende Erlösteil die einzige Vermögensmasse ist, aus der etwaige Ansprüche befriedigt werden können, sollte dieser Streit den Verkauf als solchen nicht blockieren und den Käufer nicht tangieren. Wenn der diesbezügliche Streit beim Kaufvertrag ausgetragen wird, könnte dies dazu führen, dass ein Käufer doch Abstand nimmt. Eine Verschiebung des Verkaufs aber bringt selten mehr Erlös. Außerdem müssen die Ehegatten in der Zwischenzeit die Verkehrssicherungspflicht für das Haus und die anfallenden Kosten weiterhin tragen. Aus diesem Grund sollte der Verkauf durchgeführt werden und der umstrittene Erlösanteil nicht ausgekehrt, sondern zunächst bis zu einer späteren Einigung sichergestellt werden. 672

b) Sicherung des Kaufpreises

Eine solche Sicherung des Kaufpreises kann entweder dadurch geschehen, dass der den Ehegatten verbleibende Erlösanteil zunächst auf einem **Anderkonto** des den Kauf beurkundenden Notars hinterlegt wird, bis die Ehegatten entweder einvernehmlich eine Auszahlungsanweisung erteilen oder ein Ehegatte letztendlich gerichtlich seinen Anspruch durchsetzt. 673

Die Ehegatten können aber auch für diesen Fall ein gesondertes Bankkonto einrichten, über das nur beide Ehegatten gemeinsam verfügen können (**Und-Konto**) und den Käufer anweisen, den Kaufpreis, soweit er nicht zur Lastenfreistellung benötigt wird, ausschließlich auf dieses Konto zu überweisen. Auch hier kann man nach Einigung den Erlös gemeinsam verteilen. 674

675 Ist nach übereinstimmender Ansicht nur ein Teil des Kaufpreises zur Sicherstellung erforderlich, genügt es, nur diesen Teil auf einem Und-Konto einzuzahlen.

c) Besitzübergang/Räumung

676 Bei Kaufverträgen in der Trennungsphase treten häufig Unstimmigkeiten hinsichtlich der Räumung und Besitzübergabe auf, zumal die Räumung i.d.R. auch Fälligkeitsvoraussetzung beim Kaufvertrag ist. Derjenige Ehegatte, der bereits aus dem Anwesen **ausgezogen** ist, möchte möglichst **schnell** eine **Räumung** des Anwesens erreichen. Der andere Ehegatte, der – ggf. mit den Kindern – das Haus noch bewohnt, muss zuerst eine andere **Wohnung finden**. Der **Käufer** wird eine explizite Räumungspflicht zu einem bestimmten Datum fordern. Eine Vollstreckungsunterwerfung bzgl. der Räumung kann im Interesse des Käufers vorgesehen werden. Allerdings muss dieser bedenken, dass eine **Räumungsvollstreckung** bei minderjährigen Kindern im Anwesen auf Schwierigkeiten stoßen wird. Daher ist regelmäßig die Kaufpreisfälligkeit von der Räumung abhängig zu machen und ggf. zusätzlich ein Rücktrittsrecht für den Käufer zu vereinbaren, wenn der Räumungszeitpunkt längere Zeit überschritten ist.

677 Hilfreich ist es häufig, wenn schon im Vorfeld sich auch der bereits ausgezogene Ehegatte um eine **Ersatzwohnung** oder die Anschaffung einer kleineren Ersatzimmobilie mit kümmert, etwa einem potenziellen Vermieter gegenüber die Kaution stellt oder zunächst noch für einen gewissen Zeitraum die Mithaftung für den Mietzins übernimmt. Diese Mithaftung kann dann ggf. nach Verkauf des eigenen Hauses und Erlöseingang durch eine Mietvorauszahlung an den neuen Vermieter des Ehegatten, der noch räumen musste, wieder abgelöst werden.

3. § 1365 BGB

678 Sofern die Scheidungsimmobilie im **Eigentum eines Ehegatten** steht, wird dieser häufig im Zusammenhang mit der Scheidung die Immobilie veräußern wollen. Wenn das Anwesen **nicht das wesentliche Vermögen** darstellt – es müssen dem veräußernden Ehegatten noch 15 %[1159] seines Vermögens verbleiben, bei größeren Vermögen genügen 10 %[1160] – dann genügt eine entsprechende **Versicherung** im Kaufvertrag.

1159 BGH, FamRZ 1980, 765; hierzu Dörr, NJW 1989, 814 ff.

1160 Nach *Müller*, Vertragsgestaltung, Kap.3, Rn. 171, soll ein großes Vermögen ab 500.000 € vorliegen; *Koch*, FamRZ 2012, 118 geht ab 250.000 € von einem größeren Vermögen aus.

679 Bei der Prüfung, ob die veräußerte Immobilie das gesamte Vermögen darstellt, sind die **dinglichen Belastungen** des Hauses **abzuziehen,**[1161] jedenfalls soweit sie valutiert sind.[1162]

680 Für Verkäufe im **Zusammenhang mit einer Scheidung** ist sorgfältig zu prüfen, **ob § 1365 BGB noch anwendbar** ist. Verfügungen nach rechtskräftiger Scheidung bedürfen keiner Zustimmung mehr,[1163] es sei denn, der Zugewinn ist als abgetrennte Folgesache noch rechtshängig.[1164] Dies gilt nicht, wenn der Zugewinn erstmals nach Scheidung rechtshängig wird[1165] oder sonst selbstständig geltend gemacht wird.[1166] Rechtsgeschäfte vor diesem Zeitpunkt bleiben hingegen auch nach rechtskräftiger Scheidung zustimmungsbedürftig,[1167] es sei denn, Zugewinnansprüche können wegen Eintritts der Verjährung nicht mehr durchgesetzt werden.[1168]

681 Die Bestimmung des § 1365 BGB ist unbedingt zu beachten, denn es handelt sich um ein absolutes Veräußerungsverbot,[1169] das auch einen gutgläubigen Erwerb ausschließt.

4. Überschießende Schulden

682 Als letztes Problem sei noch angesprochen, dass nicht selten bei einer **Scheidung in den ersten Jahren nach Hausbau** die noch bestehenden hohen **Verbindlichkeiten den erlösten Kaufpreis übersteigen.** Hier muss im Gespräch mit den beteiligten Banken eine Lösung gefunden werden, wie die Restschuld getilgt und verzinst wird und ob ggf. andere Sicherheiten gestellt werden können. Die Ehegatten untereinander müssen Einigkeit erzielen, wie die Tilgung und Verzinsung der Restschuld zwischen ihnen verteilt wird. Für die Abwicklung des Kaufvertrages ist in jedem Fall erforderlich, dass die Bank die eingetragenen Grundschulden gegen Zahlung des gesamten Kaufpreises löschen lässt und keine höheren Forderungen dem Käufer gegenüber stellt.

1161 BGHZ 77, 293, 296.

1162 BGH, FamRZ 1996, 792, 794; OLG Schleswig, OLGR 2005, 265; Schröder/Bergschneider/*Bergschneider*, Familienvermögensrecht, Rn. 4.16; a.A.: unabhängig vom Valutastand: OLG München, FamRZ 1989, 396; wohl für Beachtlichkeit der Valutierung: OLG München, FamRZ 2005, 272; offen *Kogel*, FamRB 2005, 52.

1163 OLG Hamm, FamRZ 1987, 591.

1164 OLG Köln, FamRZ 2001, 176; OLG Celle, DNotI-Report, 2004, 16 = FamRZ 2004, 625.

1165 OLG Hamm, NJW-Spezial 2006, 491.

1166 OLG München, Rpfl. 2006, 556.

1167 BGH, FamRZ 1978, 396.

1168 OLG Celle, NJW-RR 2001, 866.

1169 BGHZ 40, 218, 219.

5. Formulierungsvorschlag

683 ▶ Formulierungsvorschlag (Drittverkauf in der Scheidung)

Kaufvertrag
mit Auflassung

Heute, am .....
– ..... –
erschienen vor mir,
.....
Notar in .....

1. Herr .....
wohnhaft in ..... (Vertragsobjekt) .....
und dessen Ehefrau
Frau .....
wohnhaft in .....
nach Angabe im gesetzlichen Güterstand verheiratet, aber getrennt lebend

2. Ehegatten .....
.....
Die Erschienenen wiesen sich durch ihre amtlichen Lichtbildausweise aus.
Nach Unterrichtung über den Grundbuchinhalt beurkunde ich auf Ansuchen und nach Erklärung der Erschienenen bei ihrer gleichzeitigen Anwesenheit folgenden

Kaufvertrag:

I. Grundbuchstand, Vertragsobjekt

Im Grundbuch des Amtsgerichts ..... für ..... Blatt .....
sind an dem dort vorgetragenen und in der
Gemarkung .....
gelegenen Grundbesitz

Fl. Nr. ..... zu .....
die Erschienenen zu 1. als Miteigentümer je zur Hälfte eingetragen.

Der vorgenannte Grundbesitz ist wie folgt belastet im Grundbuch eingetragen:
Abteilung II: .....
Abteilung III:
Grundschuld ohne Brief zu ..... € für die .....
Grundschuld ohne Brief zu ..... € für die .....

Die Erschienenen zu 1) leben getrennt. Unter Az. ..... ist beim AG ..... das Scheidungsverfahren anhängig. Als Folgesache[1170] ist ferner der Anspruch der Ehefrau auf Zugewinn anhängig. Die Ehefrau ist mit den gemeinsamen Kindern bereits aus dem Vertragsobjekt ausgezogen und hat die von ihr beanspruchten Haushalts- und sonstigen beweglichen Gegenstände mitgenommen.
Heutiges Vertragsobjekt ist der vorgenannte Grundbesitz mit sämtlichen Gebäulichkeiten, insbesondere dem Hausanwesen.

1170 Nunmehr § 137 Abs. 2 Nr. 4 FamFG.

II. Verkauf

Frau ..... und Herr .....

– nachfolgend kurz: »der Verkäufer« –

verkaufen hiermit das in Ziffer I dieser Urkunde näher bezeichnete Vertragsobjekt mit allen Rechten und Pflichten, Bestandteilen und dem gesetzlichen Zubehör
an
die Ehegatten .....

– nachfolgend kurz: »der Käufer« –

zum Miteigentum je zur Hälfte.
Mitverkauft und im nachgenannten Kaufpreis mit einem Wert von ..... € enthalten ist die Einbauküche einschließlich Elektrogeräten, die Einbaumöbel im Bad und das Gartenhäuschen. Ansonsten sind bewegliche Gegenstände außer etwaigem gesetzlichen Zubehör nicht mitverkauft.

III. Auflassung und Vormerkung

1. Die Auflassung ist in der beigefügten Anlage 1 enthalten, auf die verwiesen wird. Sie ist Bestandteil der Urkunde und wird mitverlesen.
2. Zur Sicherung des Anspruchs des Käufers auf Übertragung des Eigentums am Vertragsgrundbesitz

b e w i l l i g t

der Verkäufer die Eintragung einer **Vormerkung gem. § 883 BGB** zugunsten des Käufers im angegebenen Erwerbsverhältnis in das Grundbuch.
Der Käufer

b e a n t r a g t

die Eintragung dieser Vormerkung.
Der Käufer bewilligt und

b e a n t r a g t

die Löschung der Vormerkung Zug um Zug mit Eigentumsumschreibung im Grundbuch unter der Voraussetzung, dass seit dem Tag der Eintragung der Vormerkung ohne Zustimmung des Käufers keinerlei Rechte im weitesten Sinn im Grundbuch eingetragen worden sind.
3. Die Vertragsteile weisen den Notar unter Verzicht auf ihr eigenes Antragsrecht unwiderruflich an, den Antrag auf Eintragung der Eigentumsumschreibung beim Grundbuchamt erst dann zu stellen, wenn der Verkäufer dem Notar schriftlich bestätigt hat, dass der Kaufpreis – in der Hauptsache – durch Lastenfreistellung und durch Überweisung auf das in nachfolgender Ziffer IV. genannte Und-Konto bezahlt ist oder dies dem Notar vom Käufer mittels Vorlage bankbestätigter Überweisungsbelege nachgewiesen wurde.
Vor diesem Nachweis werden von dieser Urkunde nur Ausfertigungen und beglaubigte Abschriften ohne die Anlage erteilt.

IV. Kaufpreis

Der Kaufpreis beträgt ..... €
(– in Worten .... Euro –).

Der Kaufpreis ist innerhalb von zehn – 10 – Tagen nach Absendung (Datum des Poststempels) einer schriftlichen Mitteilung des Notars zur Zahlung fällig, wonach dieser bestätigt, dass

a) die beantragte Vormerkung zugunsten des Käufers im Grundbuch eingetragen wurde,

u n d

b) die Lastenfreistellung des Vertragsobjektes bezüglich aller im Grundbuch im Vorrang vor der Auflassungsvormerkung des Käufers eingetragenen und vom Käufer nicht übernommenen Belastungen gesichert ist,

nicht jedoch vor dem ..... (frühestes Zahlungsdatum) .....[1171]

Weitere vom Notar nicht zu überprüfende Fälligkeitsvoraussetzung ist, dass der Erschienene zu 1., Herr ....., das Vertragsanwesen ordnungsgemäß besenrein geräumt hat.
Die Lastenfreistellung nach vorstehendem Buchstaben b) gilt als gesichert, wenn die Lastenfreistellungserklärung dem Notar entweder bedingungslos oder unter der Auflage vorliegt, dass bestimmte Ablösungsbeträge, die insgesamt aus dem Kaufpreis erfüllt werden können, an den Gläubiger gezahlt werden müssen.
Soweit ein Grundpfandrechtsgläubiger die Lastenfreistellung von Ablösezahlungen abhängig macht, ist der Verkäufer verpflichtet, diese zu leisten und beauftragt den Käufer, die Ablösung in Anrechnung auf den Kaufpreis vorzunehmen, ohne dass dieser oder der Notar zu prüfen haben, ob die Beträge zu Recht gefordert werden. Zahlung an sich selbst kann der Verkäufer insoweit nicht verlangen. Der Verkäufer darf jedoch weiterhin mahnen und fordern.
Der Restkaufpreis, der zur Lastenfreistellung nicht benötigt wird, kann nur durch Zahlung auf folgendes Und-Konto, über das die Erschienenen zu 1. nur gemeinsam verfügungsberechtigt sind, geleistet werden:
.....-Bank, Konto ....., BLZ .....

Sofern die Erschienenen sich auf die Aufteilung und Abhebung des Kaufpreises nicht einigen können, soll zunächst die Entscheidung in der Folgesache Zugewinn abgewartet werden. Jeder Ehegatte verpflichtet sich gegenüber dem anderen, an einer Auszahlung dergestalt mitzuwirken, dass die festgestellten Ansprüche auf Zugewinnausgleich aus dem Restkaufpreis bedient werden können.

Alternative 1:
Den Erschienene zu 1. ist bekannt, dass die noch bestehenden Verbindlichkeiten einschließlich der vom Gläubiger geforderten Vorfälligkeitsentschädigung den Kaufpreis übersteigen. Daher verpflichtet sich jeder Ehegatte, an den Gläubiger jeweils einen Betrag von ..... € bis zum ..... zu zahlen, damit die Lastenfreistellung nach diesem Vertrag gewährleistet werden kann.

1171 Eine solche Angabe wird oft gewünscht, wenn die Räumung noch aussteht, weil die Räumung einen Endtermin hat, aber eine frühere Räumung zulässig ist. Mit diesem frühesten Zahlungstermin kann der Käufer seine Zahlung entsprechend kalkulieren, auch wenn wider Erwarten die Räumung früher eintritt.

Alternative 2:
Der nach Abzug der Verbindlichkeiten verbleibende Restbetrag ist zu 1/3 an die Ehefrau auf deren Konto ..... und zu 2/3 an den Ehemann auf dessen Konto ..... auszuzahlen. Diese Aufteilung berücksichtigt die unterschiedlichen Investitionen der Verkäufer in das Vertragsanwesen.
Die Verkäufer sind sich einig, dass mit dieser Verteilung der Zugewinn hinsichtlich des Hausgrundstücks und des an seine Stelle getretenen Erlöses vollständig ausgeglichen ist und verzichten insoweit gegenseitig unter Annahme des anderen Teils auf etwaigen weiteren Zugewinnausgleich. Auch andere Ansprüche – etwa aus Gesamtschuldnerausgleich oder Ehegatteninnengesellschaft – sind insoweit ausgeschlossen.[1172]

Die Zahlung hat innerhalb der vorgenannten Frist beim Empfänger einzugehen.
Bis zur Fälligkeit ist der Kaufpreis unverzinslich.
Der Notar hat über die Verzugsregelung belehrt.
Die Käufer haften als Gesamtschuldner.
Sämtliche Eigentümerrechte und Rückgewähransprüche im weitesten Sinne aus den in Abteilung III des Grundbuches eingetragenen und noch einzutragenden Rechten werden an den Käufer unter der Bedingung abgetreten, dass er den Kaufpreis zahlt.

V. Zwangsvollstreckungsunterwerfung

Wegen des Kaufpreisanspruches – in Bezug auf die Zinsen mit Wirkung ab sofort – unterwirft sich der Käufer (mehrere als Gesamtschuldner) der

sofortigen Zwangsvollstreckung

aus dieser Urkunde in sein gesamtes Vermögen.
Der Verkäufer kann sich ohne weiteren Nachweis eine vollstreckbare Ausfertigung dieser Urkunde erteilen lassen.

VI. Besitz, Nutzungen, Lasten, Erschließung

1. Herr ..... verpflichtet sich, den Vertragsgrundbesitz bis spätestens ..... vollständig, mit Ausnahme übernommener Gegenstände, zu räumen und die erfolgte Räumung dem Käufer unverzüglich anzuzeigen. Herr ..... ist jedoch zu einer früheren Räumung berechtigt.

1172 Kann bei Einigkeit der Ehegatten verwendet werden. Wenn das Haus den wesentlichen Vermögensgegenstand darstellt, kann ggf. auch komplett auf Zugewinn verzichtet und etwa anhängige Folgesachen können zurückgenommen werden.

Alternative:
Der Erschienene zu 1. ist berechtigt, noch für weitere vier Wochen nach dem oben genannten Termin Gegenstände in folgendem Kellerraum einzulagern: .....
Wegen dieser Räumungsverpflichtung unterwirft sich Herr ..... den Käufern gegenüber der

sofortigen Zwangsvollstreckung.

Der Notar wird angewiesen, nach Ablauf der Räumungsfrist auf einseitigen Antrag der Käufer ohne weiteren Nachweis insoweit vollstreckbare Ausfertigung zu erteilen. Besitz und Nutzungen gehen ab vollständiger Kaufpreiszahlung, Lasten und Abgaben, die mit dem Vertragsgrundbesitz verbundene private und öffentlichrechtliche Haftung, die Verkehrssicherungspflicht und Verantwortlichkeit gehen ab Kaufpreisfälligkeit, die Gefahr schuldlosen Untergangs oder Verschlechterung geht sofort auf den Käufer über.

2. Dafür gebühren dem Käufer aber ab sofort – unter der Voraussetzung vollständiger Kaufpreiszahlung – auch etwaige Versicherungsleistungen aus Brand-, Sturm- und Wasserschadensversicherungen. Der Verkäufer hat diese Versicherungen bis zum Besitzübergang aufrechtzuerhalten, der Käufer trägt die Prämien ab diesem Zeitpunkt.
3. Der Notar hat auf die Bestimmungen der §§ 95 ff. Versicherungsvertragsgesetz (VVG) hingewiesen.
4. Der Verkäufer ist verpflichtet, dem Käufer alle Schlüssel und Hauspapiere auszuhändigen.
5. Die Pflicht zur Zahlung der Grundsteuer übernimmt der Käufer ab dem nächsten Fälligkeitstermin.
6. Der Verkäufer versichert, dass ihm zugegangene Rechnungen für Erschließungskosten und Anliegerbeiträge im weitesten Sinne bezahlt und nicht gestundet sind. Hierfür ist nichts auszugleichen. Alle ab heute anfallenden Erschließungs- und Anliegerkosten im weitesten Sinne – auch für etwaige naturschutzrechtliche Ausgleichsmaßnahmen -, und zwar auch für solche Anlagen, die bereits ganz oder teilweise erstellt, aber noch nicht abgerechnet sind, hat der Käufer zu tragen, dem auch Rückzahlungen zustehen. Entsprechende Abtretung wird erklärt und angenommen.

VII. Rechte bei Mängeln

1. Der Verkäufer schuldet ungehinderten und lastenfreien Besitz- und Eigentumsübergang. Ausgenommen sind hiervon die in dieser Urkunde übernommenen Rechte.
2. Im Übrigen verpflichtet sich der Verkäufer zur unverzüglichen Freistellung des Vertragsbesitzes von allen nicht übernommenen Belastungen. Sowohl Verkäufer als auch Käufer stimmen der Lastenfreistellung mit Antrag auf grundbuchamtlichen Vollzug zu.
3. Die Vertragsbeteiligten sind einig über folgende Beschaffenheit des Gebäudes: .... (ggf. Besonderheiten) .....

Eine Haftung insbesondere für Freiheit von Sachmängeln aller Art, Grundstücksgröße und Grundbuchbeschrieb, Flächenmaß, Bodenbeschaffenheit und die Verwertbarkeit für die Zwecke des Käufers wird ausgeschlossen, außer bei Vorsatz.
Herr ....., der Erschienene zu 1., haftet allerdings dafür, dass das Anwesen in dem Zustand, wie er bei Besichtigung festgestellt wurde, übergeben wird. Die gewöhnliche Abnutzung im Rahmen des Wohnzwecks ist unschädlich. Herr ..... hat jedoch Beschädigungen während seiner Nutzungszeit oder anlässlich der Räumung des Anwesens unverzüglich auf eigene Kosten zu beseitigen.

4. Der Vertragsbesitz geht über in dem Zustand, in dem er sich heute befindet und der dem Käufer auch bekannt ist. Der Käufer hat das Vertragsobjekt eingehend besichtigt.
5. Der Verkäufer versichert, dass ihm sogenannte »schädliche Bodenverunreinigungen« nicht bekannt sind. Der Notar weist den Verkäufer darauf hin, dass er hierüber aufklären muss.
6. Der Verkäufer versichert auch, dass ihm bauliche Mängel nicht bekannt sind, die der Käufer nicht erkannt hat und deren Bekanntgabe der Käufer billigerweise erwarten dürfte, dass keine unerfüllten baubehördlichen Auflagen bestehen und eine aus dem Grundbuch nicht ersichtliche Wohnungsbindung nicht besteht.
7. Der Grundbesitz ist vermietet oder verpachtet.
8. Folgende in Abteilung II des Grundbuches eingetragenen Rechte werden übernommen: .....

VIII. Finanzierung

Der Verkäufer erklärt sich bereit, bei der Bestellung von Grundpfandrechten zugunsten deutscher Finanzierungsinstitute mitzuwirken. Die persönliche Haftung und Kosten übernimmt er jedoch nicht.

In der Grundschuldbestellungsurkunde müssen folgende bereits jetzt getroffene Bedingungen wiedergegeben werden:

»1. Das Grundpfandrecht dient bis zur vollständigen Kaufpreiszahlung nur als Sicherheit für tatsächlich mit Tilgungswirkung auf die Kaufpreisschuld des Käufers geleistete Zahlungen.
2. Alle weiteren Zweckbestimmungserklärungen, Sicherungs- und Verwertungsvereinbarungen innerhalb oder außerhalb dieser Urkunde gelten erst, nachdem der Kaufpreis mit dieser Tilgungsbestimmung an den Verkäufer gezahlt ist.
3. Der Käufer erteilt unwiderrufliche Anweisung zur Zahlung entsprechend den Bestimmungen des Kaufvertrages.«
Alle übrigen Rechte und Pflichten aus dem Darlehensverhältnis bleiben beim Käufer, der auch allein zur Abrufung der auszuzahlenden Beträge befugt ist. Diesem werden ab Zahlung des Kaufpreises bestehende Rückgewähransprüche und Eigentümerrechte bezüglich dieser Grundpfandrechte abgetreten, deren Umschreibung im Grundbuch bewilligt wird. Mit Eigentumsumschreibung übernimmt der Käufer diese Grundpfandrechte in dinglicher Haftung.
Die Einschränkung der Sicherungsabrede ist dem Darlehensgeber nach Beurkundung des jeweiligen Grundpfandrechtes durch den beurkundenden Notar anzuzeigen.
Hierzu erteilt der Verkäufer jedem Käufer für sich unter Befreiung von den Beschränkungen des § 181 BGB

Vollmacht,

unter Genehmigung alles für ihn bereits Gehandelten, Grundpfandrechte mit beliebigen Nebenleistungen und vollstreckbar gemäß § 800 ZPO am Vertragsgegenstand zu bestellen. Der Bevollmächtigte ist berechtigt, Untervollmacht zu erteilen. Die Vollmacht darf nur vor dem amtierenden Notar, seinem amtlich bestelltem Vertreter oder Amtsnachfolger ausgeübt werden.

IX. Gesetzliche Vorkaufsrechte

Der Notar soll bei den zuständigen Behörden im Hinblick auf die gesetzlichen Vorkaufsrechte den Bescheid einholen, dass diesen ein Vorkaufsrecht nicht zusteht oder sie dies nicht ausüben. Auf Anfordern darf der Notar eine Kopie des Vertrages übersenden.
Die Ausübung des Vorkaufsrechtes führt nicht zu einem Schadensersatzanspruch des Käufers. Diesem steht aber dann der Kaufpreis zu, soweit er ihn bereits geleistet hat. Entsprechende Abtretung wird erklärt und angenommen.

X. Amtliche Hinweise

Die Vertragsteile erkennen an, vom Notar eingehend hingewiesen worden zu sein,

1. dass der Eigentumswechsel die Eintragung des Käufers im Grundbuch erfordert. Dies setzt u.a. voraus:
   (a) Erteilung von Genehmigungen,
   (b) Vorkaufsrechtsbescheinigung,
   (c) Zahlung von Kosten und Steuern,
   (d) Zahlung der Grunderwerbsteuer,
   (e) Lastenfreistellung,
2. auf die Notwendigkeit der richtigen und vollständigen Beurkundung aller Vertragsabreden, da ansonsten dieser Vertrag unwirksam ist,
3. auf die Haftung aller Vertragsteile für Kosten und Steuern sowie des Grundbesitzes für Lasten und Abgaben,
4. auf den Vertrauenscharakter von Vorleistungen ohne ausreichende Sicherheit,
5. auf das Weiterbestehen von Miet- oder Pachtverhältnissen,
6. dass es ratsam sein kann, sich steuerlich beraten zu lassen,
7. dass die Nutzung des Vertragsbesitzes Beschränkungen unterliegen kann, die aus dem Grundbuch nicht ersichtlich sind (z.B. Abstandsflächenvereinbarungen – wobei angeraten wird, sich deswegen zu informieren),
8. auf die Pflicht zum Hinweis auf versteckte Mängel und öffentliche Beschränkungen,
9. auf die Zahlungsabwicklung über das Und-Konto und die Bedeutung der gemeinsamen Verfügungsbefugnis; der Notar hat andere Sicherungsmöglichkeiten aufgezeigt, insbesondere die Abwicklung über ein Notaranderkonto. Die Beteiligten wünschen aber ausdrücklich diese Art der Zahlung.

XI. Abwicklungsvollmacht; Genehmigungen

Die Vertragsteile ermächtigen den Notar, alle zur Wirksamkeit und zum Vollzug dieses Vertrages erforderlichen Erklärungen einzuholen, alle hierfür erforderlichen Anträge (einschl. Rechtsmittel) zu stellen sowie diese ggf. abzuändern, zurückzunehmen oder teilvollziehen zu lassen, ggf. auch Nachtragserklärungen und Bewilligungen abzugeben und auf diese Weise den Vollzug beim Grundbuchamt zu betreiben.
Genehmigungen und Zustimmungen, die bedingungsfrei eingehen, gelten mit dem Eingang beim Notar als allen Beteiligten zugegangen und rechtswirksam.
Positive Ausübungsbescheide für ein gesetzliches Vorkaufsrecht sind jedoch unmittelbar den Beteiligten zuzustellen.
Die obige Vollmacht ist dem Notar sowie jedem Angestellten der Notarstelle einzeln und befreit von den Beschränkungen des § 181 BGB erteilt.

XII. Rücktrittsrecht

Die Käufer behalten sich das Recht vor, vom schuldrechtlichen Teil dieses Kaufvertrages durch eingeschriebenen Brief (Einwurf-Einschreiben) einseitig zurückzutreten, wenn Herr ....., der Erschienene zu 1., das Vertragsobjekt nicht bis spätestens zwei Wochen nach dem in Ziffer VI.1. genannten Termin geräumt hat.
Durch den Rücktritt ist das Recht, Schadensersatz zu verlangen, nicht ausgeschlossen.

Alternative:
Soweit nur der Kellerraum, in dem nach Ziffer VI.1. noch Gegenstände gelagert werden dürfen, nicht geräumt ist, löst dies kein Rücktrittsrecht aus. Vielmehr geht in diesem Fall das Eigentum an den in diesem Kellerraum eingelagerten Gegenständen zwei Wochen nach Ablauf der in Ziffer VI.1. genannten Räumungsfrist für den Kellerraum auf die Käufer über. Die Käufer können dann den Kellerraum räumen lassen. Herr ....., der Erschienene zu 1., ist für die Kosten einer Räumung durch die Käufer erstattungspflichtig.[1173]

XIII. Kosten, Steuern, Abschriften

Die Kosten dieser Urkunde, etwaiger Genehmigungen und des grundbuchamtlichen Vollzugs, die anfallende Grunderwerbsteuer und die Katasterfortführungsgebühr trägt der Käufer.
Die Kosten der Lastenfreistellung tragen die Verkäufer je zur Hälfte.
Von dieser Urkunde erhalten:
Abschriften:
jeder Vertragsteil
das Finanzamt – Grunderwerbsteuerstelle –
der Gutachterausschuss
der Finanzierungsgläubiger des Käufers
beglaubigte Abschriften:
das Grundbuchamt.
Die Vertragsteile erhalten nach Vollzug eine Vollzugsmitteilung, auf Ansuchen eine Ausfertigung.
Anlage 1 zur Urkunde des Notars ..... in ..... vom ....., URNr. ...../.....

1173 Es könnte hierfür ein Einbehalt vom Kaufpreis vorgesehen sein, wenn die Lastenfreistellung auch ohne diesen Einbehalt gesichert ist.

Auflassung

Die Vertragsteile sind über den vereinbarten Eigentumsübergang im oben angegebenen Erwerbsverhältnis **einig.** Der Verkäufer bewilligt und der Käufer **beantragt** die Eintragung der Rechtsänderung in das Grundbuch.
Die Vertragsteile sind ferner darüber einig, dass mit der Eintragung im Grundbuch auch das Eigentum an den mitverkauften beweglichen Gegenständen übergeht.

IV. Übernahme der Immobilie durch einen Ehegatten

684 In vielen Fällen zeichnet sich schon nach einer Trennung ab, welcher Ehegatte das Familienwohnheim übernehmen wird. Dann kann dies schon in einer Urkunde zur Übernahme der Immobilie geregelt werden.

1. Beurkundungsumfang

685 Wenn die Übernahme des Hauses keine isolierte Einigung der Ehegatten über diesen Punkt darstellt, sondern Bestandteil eines Gesamtpaketes ist, dann muss nach § 311b Abs. 1 BGB die Regelung, über die man sich geeinigt hat, in all ihren Punkten mit beurkundet werden. Unabhängig von der Streitfrage etwa i.R.d. § 1410 BGB wird dies bei einer Grundstücksübertragung aufgrund der eindeutigen Anforderungen des § 311b BGB nicht bestritten. Wenn also neben der Grundstücksübertragung unterhaltsrechtliche Regelungen und Auswirkungen auf die Zugewinngemeinschaft verabredet sind, müssen diese mit beurkundet werden. Dies gilt erst recht, nachdem nunmehr auch der vor Rechtskraft der Ehescheidung abgeschlossene Verzicht auf nachehelichen Unterhalt nach § 1585c BGB der notariellen Beurkundung unterliegt. Damit dürfte jegliche Möglichkeit entfallen sein, solche Abreden aus der Gesamtvereinbarung herauszunehmen.

▶ Hinweis:

Sobald eine Grundstückübertragung vorgesehen ist, müssen alle in diesem Zusammenhang getroffenen Abreden mit beurkundet werden.

2. Was gehört zur Immobilie?

686 Wenn das Familienheim übertragen werden soll, ist zunächst genau festzustellen, **was zur Scheidungsimmobilie gehört**. Hierzu wurden bereits im Kapitel über die Grundbuchrecherche Hinweise gegeben.[1174] Alle Wegegrundstücke, Stellplatzrechte etc. müssen aufgefunden und mit übertragen werden. Geklärt werden muss, welches **Mobiliar** mit übergeht. Hier gibt es Abgrenzungsprobleme, was etwa wesentlicher Bestandteil ist oder was als Haushaltsgegenstand anzusehen ist.

1174 Vgl. Rdn. 578 ff.

Auch schuldrechtliche **Rechtsverhältnisse** rund um das Haus sollten aufgearbeitet werden. Wichtig ist auch die Frage, ob Verträge abgeschlossen sind, deren Vollzug noch aussteht (z.B. Zukauf von Grundstücken). 687

▶ Hinweis:

Es muss sorgfältig geprüft werden, was zur Scheidungsimmobilie gehört und welche Vertragsverhältnisse einer Regelung bedürfen.

▶ Checkliste (notwendige Informationen für die Übernahme einer Immobilie): 688

- ☐ Was gehört zur Scheidungsimmobilie?
  - ☐ Grundstück
    - ☐ Lagebezeichnung
    - ☐ Flurnummer
    - ☐ Grundbuchstelle
  - ☐ Zuwegungen
  - ☐ Gesonderte Garagen oder Stellplatzgrundstücke
  - ☐ Bei WEG: gesonderte Stellplätze, Gartennutzungsrechte etc.
  - ☐ Gibt es Scheinbestandteile in drittem Eigentum?
  - ☐ Werden bewegliche Gegenstände mitübertragen?
  - ☐ Sind noch bewegliche Gegenstände/Haushaltsgegenstände zu räumen?
- ☐ Belastungen
  - ☐ Rechte in Abt. II, die übernommen werden müssen
  - ☐ Rechte in Abt. II, die gelöscht werden sollen
  - ☐ Rechte in Abteilung III
    - ☐ Ablösbare Rechte ?
    - ☐ Übernahme und Alleinhaftung
    - ☐ Übernahme, nur interne Freistellung und Umschreibungssperre ?
    - ☐ Vorabsprache mit den Banken
    - ☐ Kleindarlehen ohne Eintragung ?
  - ☐ Eigentumsverhältnisse
    - ☐ Eigentümer
    - ☐ Berechtigungsverhältnis
    - ☐ Besondere Verträge oder Rechtsverhältnisse
    - ☐ Insbesondere Ansprüche Dritter aus Rückübertragungsrechten
    - ☐ Nacherbenvermerke oder sonstige Besonderheiten
  - ☐ Verträge rund um die Immobilie
    - ☐ Versicherungen
    - ☐ Lieferverträge
    - ☐ Noch nicht vollzogene Grundstückserwerbe oder -abtretungen
    - ☐ Flüssiggasverträge
    - ☐ Medien und Kommunikation
  - ☐ Ansprüche Dritter
    - ☐ Ansprüche Dritter rund um die Immobilie
    - ☐ Schwiegerelternzuwendungen oder -mitarbeit
    - ☐ Privatdarlehen

- ☐ Auswirkungen der Übernahme auf weitere eherechtliche Ansprüche
  - ☐ Zugewinnregelung
  - ☐ Unterhalt
  - ☐ Ehewohnung
  - ☐ Kinder – Sorge und Aufenthalt
  - ☐ Ggf. Abgeltungsklausel auch für sonstige Ansprüche

3. Schuldübernahme

689 Wichtigster Regelungsgegenstand ist die Behandlung der **Verbindlichkeiten** für den Hausbau, die noch bestehen und regelmäßig am Grundbesitz abgesichert sind. Hier sollten die Beteiligten oder ihre Berater bereits im Vorfeld das Gespräch mit der **Bank** suchen, ob die Übernahme der Verbindlichkeiten allein durch den Ehegatten, welcher das Eigentum übernehmen will, möglich ist. Dies wird von der Höhe der Restverbindlichkeiten und den Einkommensverhältnissen des übernehmenden Ehegatten abhängen.

690 I.d.R. haben die Ehegatten als Kreditnehmer kein Kündigungsrecht nach § 489 BGB, sondern müssen die Schuldübernahme mit der Bank verhandeln. Eine genaue Prüfung der unterzeichneten Darlehen, Zweckerklärungen etc. kann sich in diesen Fällen lohnen und den Verhandlungsspielraum gegenüber der Bank erweitern, denn die Rechtsprechung ist inzwischen in sehr vielen Fällen strenger geworden.[1175]

691 Sofern eine Freistellung des ausscheidenden Eigentümers nicht erwirkt werden kann, verbleibt nur die Vereinbarung einer **Erfüllungsübernahme** im Innenverhältnis der Ehegatten. In diesem Fall wird eine Freistellung ggf. erst nach einiger Zeit erreicht werden können, wenn die Verbindlichkeiten so weit zurückgeführt wurden, dass ihre Tilgung nunmehr von einem Ehegatten dargestellt werden kann. Bis zur Genehmigung der Schuldübernahme durch den Gläubiger wird der Vollzug der Grundstücksübertragung regelmäßig ausgesetzt.

4. Ausgleichszahlung

692 Neben der Übernahme der Verbindlichkeiten ist i.d.R. noch eine **Ausgleichszahlung** an den weichenden Ehegatten zu zahlen, die den überschießenden Wert des Hausanwesens ausgleicht. Die Übertragungsurkunde muss die Höhe und Fälligkeit dieser Ausgleichszahlung festlegen und ggf. eine Finanzierungsvollmacht enthalten, wenn der übernehmende Ehegatte die Ausgleichszahlung mit einem Darlehen finanziert, für das er an beiden Miteigentumsanteilen ein Grundpfandrecht eintragen muss.

693 Bei finanziell beengten Verhältnissen werden auch Stundungen der Zahlung oder langfristige Zahlungsziele in Betracht zu ziehen sein.

694 Bei vermieteten Immobilien sind gelegentlich umsatzsteuerliche Probleme zu beachten, denn es kann sich bei der vermieteten Immobilie umsatzsteuerlich um ein Ver-

---

1175 Vgl. zum Thema *Krafft*, ZFE 2007, 215 f.

mietungsunternehmen handeln. Ggf. sind in diesem Zusammenhang Vorsteuerabzüge angefallen, deren Verlust nach § 15a UmstG es zu vermeiden gilt. Handelt es sich nur um eine vermietete Immobilie hilft ggf. die Geschäftsveräußerung im Ganzen weiter.[1176]

5. Sicherungen

Der übertragende Ehegatte muss bei der Abwicklung dagegen gesichert werden, dass er sein Grundstück vor der Freistellung von den Verbindlichkeiten und vor dem Empfang der Ausgleichszahlung verliert. Daher wird der Notar regelmäßig angewiesen, den **Grundbuchvollzug erst** durchzuführen, **wenn** ihm die **Schuldübernahme** nachgewiesen und die Ausgleichszahlung bestätigt ist. 695

Ist die Schuldübernahme genehmigt und steht nur die Ausgleichszahlung noch aus, kann ggf. eine vorzeitige Eigentumsumschreibung gegen Eintragung einer **Restzahlungshypothek** in Erwägung gezogen werden. 696

Sofern aufgrund beengter wirtschaftlicher Verhältnisse die **Ausgleichszahlung reduziert** worden ist – zumeist im Gedanken, das Anwesen den Kindern zu erhalten –, kann eine **Veräußerungsklausel** dergestalt aufgenommen werden, dass bei einer Veräußerung binnen bestimmter Frist nach Scheidung der Differenzbetrag aus Veräußerungserlös abzgl. Verbindlichkeiten bei Scheidung und abzgl. des verdoppelten Hinauszahlungsbetrages geteilt werden muss. 697

6. Unterhaltsrechtliche und güterstandsrechtliche Auswirkungen

Handelt es sich bei dem Haus um den wesentlichen Vermögensgegenstand, den die Ehegatten in ihrem Eheleben geschaffen haben, so lässt sich ggf. mit der Festlegung der Ausgleichszahlung zugleich eine **Regelung** über den **Zugewinnausgleich** treffen. Wenn es gelingt, diesen endgültig festzulegen, kann in der Urkunde die Vereinbarung von **Gütertrennung** sinnvoll sein, um die Problematik des **§ 1378 Abs. 2 i.V.m. § 1384 BGB** insbes. hinsichtlich des Hinauszahlungsbetrages auszuschalten. Ohne Wechsel des Güterstandes lässt sich die Bestimmung des § 1378 Abs. 2 BGB nicht vertraglich abbedingen, sodass gegen ein Verausgaben des Hinauszahlungsbetrages bis zum Stichtag der Rechtshängigkeit eines Scheidungsantrages (§ 1384 BGB n.F.) kein sicherer Schutz besteht. Allerdings hat die Reform des Zugewinnausgleichsrechts eine neue Beweislastregel gebracht. Nach § 1375 Abs. 2 Satz 2 BGB muss bei einer Vermögensminderung zwischen Trennung und Stichtag des § 1384 BGB diese Vermögensminderung plausibel erklärt werden, ansonsten ist sie nach § 1375 Abs. 2 BGB dem Endvermögen zuzurechnen, gilt also quasi als illoyal. 698

Auch im Bereich des Unterhaltsrechts ist die Übertragung des hälftigen Miteigentumsanteils an der Scheidungsimmobilie von Bedeutung. Hier hatten obergerichtli- 699

1176 BFH, DStR 2007, 1906.

che Rechtsprechung[1177] und die Literatur[1178] dafür plädiert, den Wohnvorteil des übernehmenden Ehegatten und den Zinsvorteil des übertragenden Ehegatten aus dem Hinauszahlungsbetrag gegeneinander aufzuheben, um die Unterhaltsberechnung zu vereinfachen. Es sollte dann für beide Ehegatten ein eheprägender Zinsvorteil angenommen werden, der für den im Objekt verbleibenden Ehegatten fiktiv angesetzt würde. Dem hat der **BGH** sich nicht angeschlossen. Er hat den fiktiven Ansatz nicht für zulässig gehalten und rechnet den **Wohnvorteil** des erwerbenden Ehegatten einerseits und den **Zinsvorteil** des übertragenden Ehegatten andererseits **getrennt** aus und lässt beide ein je **eigenes Schicksal** entwickeln.[1179]

700 In den Fällen des Hinzuerwerbs von Miteigentumsanteilen ist beim Erwerber der Wohnvorteil voll anzusetzen. Zins und Tilgung in der bisherigen Höhe mindern Bedarf oder Leistungsfähigkeit. Bei einem Kredit für den Hinzuerwerb dürfen aber nur die Zinsen abgezogen werden, nicht die Tilgung.[1180]

701 Jedenfalls im Rahmen einer Unterhaltsvereinbarung können die Ehegatten – sinnvoll im Zusammenhang mit dem Erwerb der Haushälfte – festlegen, dass sie bei der Unterhaltsberechnung sowohl den Wohnwert des Nutzenden wie auch den Zinsvorteil des Veräußernden außer Betracht lassen wollen (»**Surrogatsgleichstellungsvereinbarung**«).[1181] Eine solche Vereinbarung kann lauten:

702 ▶ Formulierungsvorschlag (Surrogatsgleichstellungsvereinbarung):

Wir vereinbaren, dass sowohl der Wohnwert, welchen der Ehemann sich aus der Nutzung des Hauses in ..... zurechnen lassen muss – auch wenn er negativ sein sollte – wie auch der Zinsvorteil, welchen sich die Ehefrau aus dem Empfang des Erlöses aus dem Verkauf ihrer Haushälfte zurechnen lassen muss, bei der Berechnung des Bedarfs sowie bei der Berechnung unseres anrechnungspflichtigen Einkommens im Rahmen der Leistungsfähigkeit oder Bedürftigkeit außer Betracht bleiben sollen. Der Ehemann kann über das Haus und die Ehefrau über den Erlös beliebig verfügen, ohne dass dies unterhaltsrechtliche Auswirkungen haben soll.

703 Sofern mit der **Gegenleistung** für die Übernahme einer Haushälfte nicht nur diese Haushälfte **bezahlt**, sondern **auch** der **Zugewinn abgegolten** wird – höherer Erlös –

1177 OLG Hamm, NJW-RR 2003, 510; OLG Saarbrücken, NJW-RR 2005, 444; OLG Koblenz, FF 2005, 193 ff.

1178 Wendl/Dose/*Gerhardt*, Unterhaltsrecht, § 1, Rn. 569; *Graba*, FamRZ 2003, 414 ff.

1179 BGH, FamRZ 2005, 1159 f.; BGH, FamRZ 2005, 1817, 1820 f.

1180 BGH, FamRZ 2005, 1159 f.; BGH, FamRZ 2005, 1817, 1820 f.; krit. zu dieser Rspr. *Graba*, FamRZ 2006, 821, 827; anders auch OLG Hamm, NJW-RR 2003, 510 und OLG Saarbrücken, NJW-RR 2005, 444, die den Wohnwert und die Zinsen aus dem Verkauf des halben Anteils gegeneinander aufheben wollen; vgl. auch OLG Koblenz, FF 2005, 193 ff.; gute Zusammenstellung bei *Gerhardt*, FamRZ 2003, 414 ff. Im Rahmen einer Scheidungsvereinbarung könnte jedenfalls die vereinfachte Lösung des OLG Saarbrücken vertraglich festgelegt werden, vgl. *Finke*, FF 2005, 198 und *Reinecke*, ZFE 2004, 361, 370.

1181 Vgl. etwa *Finke*, FF 2007, 185, 190.

oder der Zugewinn verrechnet wird – niedrigerer Erlös –, ist die Gegenleistung aufzuteilen bzw. die Verrechnung anzugeben, wenn in dieser Vereinbarung nicht auch der Unterhalt einer abschließenden Regelung zugeführt wird.

Hatten die Ehegatten die Immobilie umsatzsteuerpflichtig vermietet, so wird in der Übernahme durch einen Ehegatten i.d.R. eine Geschäftsveräußerung im Ganzen nach § 1 Abs. 1a UStG liegen, jedenfalls wenn das Grundstück alleiniger Vermietungsgegenstand war, sodass eine Vorsteuerkorrektur nicht anfällt.[1182] 704

7. Formulierungsvorschlag

▶ Formulierungsvorschlag (Übertragung Familienwohnheim auf einen Ehegatten): 705

...

I. Vorbemerkung

1) Grundbesitz/Familienwohnheim

Die Ehegatten sind Miteigentümer je zur Hälfte des Anwesens ....., eingetragen im Grundbuch des Amtsgerichts ..... für ..... Blatt .....
Dieser Grundbesitz ist belastet wie folgt: .....
Die Verbindlichkeiten zur Hausfinanzierung, für welche die Ehegatten als Gesamtschuldner haften, belaufen sich zum Stichtag ..... auf ..... €.

2) Trennung/Räumung

Die Ehegatten leben seit dem ..... getrennt. Sie sind sich einig, dass das Haus gem. Ziffer 1), welches die Ehewohnung darstellt, nach der Trennung der Ehegatten von der Ehefrau und den gemeinsamen Kindern bewohnt wird. Der Ehemann ist bereits aus dem Anwesen ausgezogen.

Alternative 1:
Der Ehemann verpflichtet sich zur Räumung des Anwesens bis spätestens zum .....

Alternative 2:
Wegen dieser Räumungsverpflichtung unterwirft sich der Ehemann der Ehefrau gegenüber der sofortigen Zwangsvollstreckung. Er weist den Notar an, der Ehefrau ohne weitere Nachweise auf einseitigen Antrag insoweit eine vollstreckbare Ausfertigung dieser Urkunde zu erteilen.

3)

Mit dieser Urkunde wird der Miteigentumsanteil zu 1/2 des Ehemannes

– nachstehend kurz: Veräußerer –

auf die Ehefrau übertragen.

1182 BFH, DStR 2007, 1906.

II. Übernahme

1)

Den vorgenannten Grundbesitz erhält und übernimmt mit allen damit verbundenen Rechten, Bestandteilen und dem Zubehör die Ehefrau

– künftig Erwerberin genannt –

zum Alleineigentum.

2) Auflassung

Wir sind uns darüber

einig,

dass das Eigentum am überlassenen Vertragsobjekt vom Veräußerer auf die Erwerberin zum Alleineigentum übergeht.
Der Veräußerer bewilligt und die Erwerberin

beantragt

die Eintragung der Auflassung im Grundbuch.
Um Vollzugsmitteilung an den amtierenden Notar wird gebeten.
Auf die Bestellung und Eintragung einer Auflassungsvormerkung verzichten wir nach Belehrung durch den Notar.[1183]
Die Vertragsteile

weisen

den Notar unter Verzicht auf ihr eigenes Antragsrecht unwiderruflich an, den Antrag auf Eintragung der Eigentumsumschreibung beim Grundbuchamt erst dann zu stellen, wenn der Veräußerer dem Notar schriftlich bestätigt hat, dass
a) ihm die befreiende Schuldübernahme gem. nachfolgender Ziffer durch die Gläubiger nachgewiesen wurde, und
b) die in dieser Urkunde vereinbarte Gegenleistung in der Hauptsache – ohne etwaige Zinsen – bezahlt ist

oder dies – zu a) und b) – dem Notar von der Erwerberin entsprechend nachgewiesen wurde.
Die Bestätigung wird der Veräußerer dem Notar zu gegebener Zeit unaufgefordert übersenden.
Vor Nachweis der Zahlung und Schuldentlassung werden von dieser Urkunde nur Ausfertigungen und beglaubigte Abschriften ohne die Auflassung erteilt.

1183 Dies ist mit den Beteiligten zu besprechen. Insbesondere bei langfristiger Abwicklung oder bei der Gefahr von Zwischenpfändungen kann die Eintragung einer Auflassungsvormerkung ratsam sein.

3) Schuldübernahme

Die Erwerberin übernimmt das am Vertragsgrundbesitz in Abteilung III des Grundbuches eingetragene Grundpfandrecht über ..... € in dinglicher Haftung.
Entstandene Eigentümerrechte und/oder Rückgewähransprüche werden hiermit entschädigungslos auf die Erwerberin mit deren Zustimmung übertragen, die Eigentumsumschreibung vorausgesetzt.
Die Umschreibung im Grundbuch wird bewilligt, mit dieser Urkunde jedoch ausdrücklich nicht beantragt, auch nicht vom Notar gemäß § 15 GBO.

Die persönliche Haftung hat die Erwerberin bereits in der Grundpfandrechtsbestellungsurkunde übernommen.
Ferner übernimmt die Erwerberin die dem übernommenen Grundpfandrecht zugrunde liegende Schuldverpflichtung beider Vertragsteile gegenüber dem Gläubiger als künftiger alleiniger Schuldner mit schuldbefreiender Wirkung. Die befreiende Schuldübernahme erfolgt jeweils mit Wirkung vom heutigen Tag an mit dem zu diesem Zeitpunkt gegebenen genauen Stand der Schuldverpflichtungen.
Auf das Erfordernis der Änderung der Zweckbestimmungserklärung wurde hingewiesen.
Nach Hinweis des Notars auf das Erfordernis der Genehmigung der befreienden Schuldübernahme durch den Gläubiger

beauftragen und ermächtigen

die Vertragsteile den Notar und dessen amtlich bestellten Vertreter, dem Gläubiger die befreiende Schuldübernahme durch Übersendung einer Abschrift dieser Urkunde anzuzeigen. Der Notar soll auch die gem. § 415 BGB erforderliche Genehmigung einholen und entgegennehmen.
Sollte die befreiende Schuldübernahme durch den Gläubiger nicht genehmigt werden, gelten vorstehende Vereinbarungen insoweit als Erfüllungsübernahme i.S.d. § 329 BGB, sodass die Erwerberin dem Veräußerer gegenüber verpflichtet ist, die Verbindlichkeiten jeweils fristgerecht zu erfüllen, insbesondere die Zins- und Tilgungsbeträge an den Gläubiger zu zahlen, und den Veräußerer im Fall einer Inanspruchnahme durch den Gläubiger unverzüglich freizustellen. Gleiches gilt bis zur Genehmigung sowie bis zum vertragsgemäßen Vollzug der Eigentumsumschreibung.
Etwaige Kosten, Spesen oder Provisionen anlässlich der Genehmigung der Schuldübernahme hat die Erwerberin zu tragen.

4) Zahlung

Als weitere Gegenleistung für die Übernahme des Grundbesitzes verpflichtet sich die Erwerberin ferner, an den Veräußerer den Betrag von

..... €

– in Worten ..... Euro –
zu zahlen. Dieser Betrag ist binnen vier Wochen von heute an zur Zahlung fällig.
Wegen der voreingegangenen Verpflichtung zur Zahlung dieses Geldbetrags unterwerfe ich, die Ehefrau, mich der

sofortigen Zwangsvollstreckung

aus dieser Urkunde in mein Vermögen.
Der Veräußerer ist berechtigt, sich jederzeit auf einseitigen Antrag auf schuldnerische Kosten eine vollstreckbare Ausfertigung dieser Urkunde erteilen zu lassen, ohne dass es hierzu des Nachweises der Fälligkeit oder sonstiger die Vollstreckbarkeit begründender Tatsachen bedarf.

Alternative[1184]***:***
Veräußert die Erwerberin den heute erworbenen Grundbesitz innerhalb von zehn Jahren von heute an, hat sie als weitere Leistung Folgendes zu erbringen: Von dem erzielten bzw. bei einer Veräußerung unter dem Verkehrswert dem erzielbaren Erlös[1185] *werden zunächst die Kosten und Steuern sowie nachgewiesene eigene werterhöhende Aufwendungen, sodann die heute übernommen Verbindlichkeiten und das doppelte der Zahlungssumme nach dieser Ziffer 4. abgezogen. Der verbleibende Erlös ist zu 50 % an den Veräußerer zu zahlen binnen vier Wochen nach Eingang bei der heutigen Erwerberin.*
Nach dem Tode des Veräußerers ist ein solcher Übererlös an die beiden Kinder..... zu gleichen Teilen zu entrichten. Diese Zahlungspflicht kann von den heutigen Vertragsteilen ohne Mitwirkung der Kinder abgeändert werden.
Dingliche Sicherstellung wird nach Belehrung nicht gewünscht.
Können sich die Beteiligten über den Verkehrswert zum Zeitpunkt einer etwaigen Veräußerung nicht einigen, soll dieser von einem vom Präsidenten der örtlich zuständigen IHK benannten Gutachter festgelegt werden.

5) Besitz, Nutzen, Lasten und Gefahr

Besitz, Nutzungen, Lasten und Abgaben aller Art sowie die mit dem Vertragsgrundbesitz verbundene Haftung und die Verkehrssicherungspflichten gehen ebenso wie die Gefahr einer zufälligen Verschlechterung oder eines zufälligen Untergangs ab sofort auf die Erwerberin über.

.....

6) Rechte bei Mängeln

.....

7) Finanzierungsvollmacht

.....

III. Weitere ehevertragliche Vereinbarungen

1) Güterstand

Wir wollen zunächst den Güterstand der Zugewinngemeinschaft beibehalten. Dabei soll der Zugewinn auf der Basis der Vermögenslage berechnet werden, wie sie nach Vollzug dieser Urkunde besteht.

1184 Nachabfindungsklausel für den Fall, dass die Ausgleichzahlung mit der Schuldübernahme deutlich hinter dem hälftigen Verkehrswert zurückbleibt.

1185 Dies soll einem »verbilligten Verwandtenverkauf« vorbeugen, erzeugt aber Streitpotential bei unsicheren Märkten. Daher nachfolgend die Gutachterklausel.

Alternative:
Da das Familienwohnhaus unseren wesentlichen Zugewinn während der Ehe darstellt, ist der Zugewinn mit der Übertragung des Eigentums, der Schuldübernahme und der Zahlung ausgeglichen. Weitere Ansprüche auf Zugewinnausgleich bestehen daher nicht mehr. Auf den Ausgleich etwa darüber hinaus noch bestehender Ansprüche auf Zugewinn wird gegenseitig verzichtet. Diesen Verzicht nehmen wir an.
Für die fernere Dauer unserer Ehe vereinbaren wir als Güterstand die

Gütertrennung

nach Maßgabe des Bürgerlichen Gesetzbuches.

2) Unterhalt

.....

Bei der Unterhaltsberechnung soll das Familienwohnheim und diese Übertragung in folgender Weise einbezogen werden:
Die Erwerberin hat während der Trennungszeit einen angemessenen Wohnvorteil von ..... €, nach der rechtskräftigen Scheidung ist dieser Wohnvorteil in Höhe der Marktmiete von ..... € anzusetzen.
Die Zins- und Tilgungsleistungen sind bei der Bedarfsbemessung in der bisherigen Höhe mit einzubeziehen. Beim Trennungsunterhalt sind sie auch für Bedürftigkeit und Leistungsfähigkeit mit einzubeziehen. Nach Rechtskraft der Scheidung soll hierfür jedoch nur noch die Zinsbelastung einbezogen werden.[1186]
Demnach ergibt sich folgende Verpflichtung zur Zahlung von Trennungsunterhalt:
.....

Alternative:
Da wir eine abschließende Vermögensverteilung und güterrechtliche Regelung hier vereinbart haben, sollen schon beim Trennungsunterhalt nur die Zinsleistungen, nicht aber die Tilgungsleistungen vom Wohnwert abgezogen werden[1187] .
..... (weitere Vereinbarungen)

V. Scheidungsimmobilie in GbR

Bei der Darstellung der Immobilie in der Scheidungsvereinbarung[1188] ist bereits die 706
Konstellation der Ehegattenaußengesellschaft bürgerlichen Rechts geschildert worden. An dieser Stelle sollen nun noch die Möglichkeiten der Übertragung des GbR-Anteils anlässlich einer Scheidung vorgestellt werden.

1186 Hierzu *C. Münch*, Ehebezogene Rechtsgeschäfte, Teil 6 Rn. 2107 f.
1187 BGH, NJW 2008, 1946.
1188 Rdn. 209 ff.

707 ▶ Formulierungsvorschlag (Übertragung eines GbR-Anteils am Familienwohnheim auf einen Ehegatten):

.....

I. Vorbemerkung

1) Grundbesitz/Familienwohnheim

Die Ehegatten ..... sind Gesellschafter der Gesellschaft bürgerlichen Rechts mit dem Sitz in ..... . Eine gesonderte Bezeichnung führt die Gesellschaft bürgerlichen Rechts nicht. Weitere Gesellschaften bürgerlichen Rechts bestehen zwischen den Ehegatten ..... nicht.
Der Ehemann ist zu 50/100 an der Gesellschaft bürgerlichen Rechts beteiligt, die Ehefrau ebenfalls zu 50/100.
Im Eigentum der Gesellschaft bürgerlichen Rechts steht das Anwesen ....., eingetragen im Grundbuch des Amtsgerichts ..... für ..... Blatt .....
Dieser Grundbesitz ist belastet wie folgt: .....
Die Verbindlichkeiten der Gesellschaft bürgerlichen Rechts zur Hausfinanzierung belaufen sich zum Stichtag .... auf ..... €.
Weitere wesentliche Vermögenswerte hat die Gesellschaft bürgerlichen Rechts nicht.

2) Trennung/Räumung

Die Ehegatten leben seit dem ..... getrennt. Sie sind sich einig, dass das Haus gem. Ziffer 1), welches die Ehewohnung darstellt, nach der Trennung der Ehegatten von der Ehefrau und den gemeinsamen Kindern bewohnt wird. Der Ehemann ist bereits aus dem Anwesen ausgezogen.

3) Mit dieser Urkunde wird der Gesellschaftsanteil an der oben beschriebenen Gesellschaft bürgerlichen Rechts des Ehemanns

– nachstehend kurz: Veräußerer –

vollständig auf die Ehefrau übertragen, sodass der Ehemann aus der Gesellschaft ausscheidet.

II. Veräußerung

1)

Herr ..... veräußert hiermit seinen in vorstehender Ziffer I. genannten Gesellschaftsanteil vollständig an Frau .....

– nachstehend kurz: Erwerberin –

zur alleinigen Berechtigung.

2)

Als Gegenleistung übernimmt die Erwerberin die Verbindlichkeiten der Gesellschaft als künftige alleinige Schuldnerin mit schuldbefreiender Wirkung. Die befreiende Schuldübernahme erfolgt jeweils mit Wirkung vom heutigen Tag an mit dem zu diesem Zeitpunkt gegebenen genauen Stand der Schuldverpflichtungen.
Auf das Erfordernis der Änderung der Zweckbestimmungserklärung wurde hingewiesen.
Nach Hinweis des Notars auf das Erfordernis der Genehmigung der befreienden Schuldübernahme durch den Gläubiger

beauftragen und ermächtigen

die Vertragsteile den Notar und dessen amtlich bestellten Vertreter, dem Gläubiger die befreiende Schuldübernahme durch Übersendung einer Abschrift dieser Urkunde anzuzeigen. Der Notar soll auch die gem. § 415 BGB erforderliche Genehmigung einholen und entgegennehmen.
Die befreiende Schuldübernahme ist nach Angabe der Vertragsteile vom Gläubiger bereits unter der Voraussetzung genehmigt, dass die Erwerberin den Gesellschaftsanteil des Veräußerers übertragen erhält.[1189]
Etwaige Kosten, Spesen oder Provisionen anlässlich der Genehmigung der Schuldübernahme hat die Erwerberin zu tragen.

3) Zahlung

Als weitere Gegenleistung für die Übernahme des Gesellschaftsanteils verpflichtet sich die Erwerberin ferner, an den Veräußerer den Betrag von

..... €
– in Worten ..... Euro –

zu zahlen. Dieser Betrag ist binnen vier Wochen von heute an zur Zahlung fällig.
Wegen der voreingegangenen Verpflichtung zur Zahlung dieses Geldbetrags unterwerfe ich, die Ehefrau, mich der

sofortigen Zwangsvollstreckung

aus dieser Urkunde in mein Vermögen.
Der Veräußerer ist berechtigt, sich jederzeit auf einseitigen Antrag auf schuldnerische Kosten eine vollstreckbare Ausfertigung dieser Urkunde erteilen zu lassen, ohne dass es hierzu des Nachweises der Fälligkeit oder sonstiger die Vollstreckbarkeit begründender Tatsachen bedarf.

4) Besitz, Nutzen, Lasten und Gefahr

Besitz, Nutzungen, Lasten und Gefahren gehen ab sofort auf die Erwerberin über. Am Gewinn und Verlust der Gesellschaft ist die Erwerberin ab sofort allein beteiligt.

5) Haftung

Der Veräußerer sichert der Erwerberin zu, dass die in Ziffer I. der Urkunde gemachten Angaben zutreffend sind, die Gesellschaftsanteile bestehen und nicht anderweitig veräußert oder verpfändet und auch nicht gepfändet oder sonst mit Rechten Dritter belastet wurden.
Hinsichtlich des zum Gesellschaftsvermögen gehörenden Grundbesitzes wird eine weitere Haftung für Sachmängel, Grundstücksgröße und Bodenbeschaffenheit nicht übernommen.
Der gesellschaftseigene Grundbesitz ist nicht vermietet.

1189 Da mit dieser Urkunde die Gesellschaftsanteile bereits übertragen werden und eine bloße Sperrung der Grundbuchberichtigung nicht die gleiche Sicherungswirkung bietet wie die Nichtvorlage der Auflassung, welche den Eigentumsübergang verhindert, geht die Urkunde davon aus, dass die Genehmigung – wie in der Bankpraxis durchaus üblich – unter der Bedingung des Eigentumsübergangs bereits ausgehandelt und erteilt ist.

III. Aufschiebende oder auflösende Bedingung

Dieser Vertrag wird unter keiner aufschiebenden oder auflösenden Bedingung geschlossen. Der Notar hat über die Möglichkeit der Vereinbarung von Bedingungen und deren Auswirkung belehrt.

IV. Dingliche Übertragung, Grundbuchberichtigung

Der Veräußerer tritt hiermit den veräußerten Gesellschaftsanteil mit dinglicher Wirkung vom heutigen Tage an an die Erwerberin ab.
Die Erwerberin nimmt die Übertragung ausdrücklich an.
Die Vertragsteile bewilligen und beantragen die Berichtigung des Grundbuches durch die Eintragung der Erwerberin als alleiniger Eigentümerin des gesellschaftseigenen Grundbesitzes gemäß dieser Niederschrift.

Alternative:
Die Abtretung ist aufschiebend bedingt durch die Haftentlassung nach Ziffer II.2. und die Zahlung nach Ziffer II.3. Die Berichtigungsbewilligung wird nach Eintritt der Bedingungen erklärt werden.
Vollzugsnachricht an den Notar wird erbeten.

V. Sonstiges

.....

Die Vertragsteile verzichten gegenseitig auf die Ausübung von Zurückbehaltungs- und Aufrechnungsansprüchen.

VI. Aufteilung in Eigentumswohnungen

708 Wurden bisher einvernehmliche Lösungen für die Scheidungsimmobilie aufgezeigt, die von einem Verkauf oder der Übernahme durch einen Ehegatten ausgehen, sind nun Gestaltungen zu besprechen, welche die Scheidungsimmobilie dauerhaft im Eigentum der Ehegatten belassen, aber zu einer rechtlichen und wirtschaftlichen Trennung führen. Eine solche Lösung kommt immer dann vor, wenn ein Verkauf nur mit großem Verlust zu realisieren wäre und kein Ehegatte zu voller Übernahme der Immobilie mit Ausgleichszahlung in der Lage ist.

1. Voraussetzungen

709 Eine Aufteilung der Scheidungsimmobilie in Eigentumswohnungen ist möglich, wenn die Immobilie in **mehrere** im Wert einander entsprechende oder durch Schuldenverteilung bzw. Ausgleichszahlung ausgleichbare **Wohn- und/oder Geschäftseinheiten** aufgeteilt werden kann.

710 Beim Wohnungseigentum wird mit jedem Miteigentumsanteil das Sondereigentum an bestimmten Räumlichkeiten (mit Wohnräumen bei Wohnungseigentum und mit sonstigen Räumen bei Teileigentum) verbunden. Das Wohnungs-/Teileigentum[1190] ist **echtes**

1190 Nachfolgend soll nur noch kurz von Wohnungseigentum die Rede sein.

Alleineigentum an einem Grundstück i.S.d. BGB.[1191] Das bedeutet, dass jedes Wohnungseigentum selbstständig belastbar und – soweit nicht eingeschränkt – veräußerbar ist.

Grundvoraussetzung für die Bildung von Wohnungseigentum ist, dass die Räumlichkeiten[1192] einer Einheit **in sich abgeschlossen** sind, § 3 Abs. 2 WEG, was durch eine entsprechende Bescheinigung der zuständigen Baubehörde nachzuweisen ist, § 7 Abs. 4 WEG.[1193] 711

Sofern die Ehegatten die Scheidungsimmobilie weiterhin auch jeweils selbst bewohnen wollen, muss man sich prüfen, ob die räumliche Nähe trotz Trennung und auch bei späterem Hinzutreten eines neuen Partners auf Dauer verträglich ist. 712

2. Regelung der Verbindlichkeiten

Sofern Ehegatten bisher die Scheidungsimmobilie gemeinsam finanziert haben, wird eine Trennung des bisher einheitlichen Hauses in Eigentumswohnungen nur dann Sinn machen, wenn die bisherige Gesamtschuld in einzelne Darlehen aufgespaltet und diese jeweils separat an den getrennten Wohnungseigentumsrechten besichert werden können. Dies ist vorher mit der finanzierenden Bank zu klären. Da zwei oder mehr Wohnungseigentumsrechte für die Bank schwieriger zu verwerten sind als ein ganzes Haus, wird ein Einverständnis der Bank nur erfolgen, wenn der Schuldenstand durch die neue Bewertung der Sicherheiten noch abgedeckt wird. 713

3. Weitere Regelungen im Zusammenhang

Im Rahmen der Teilungserklärung, die bei Alleineigentum eines Ehegatten nach § 8 WEG, bei Miteigentum der Ehegatten nach § 3 WEG errichtet wird, können Einzelheiten der Nutzung oder Kostentragung mit geregelt werden. Diese Regelung sollte so intensiv sein, dass sie keinen Anlass zu weiteren Auseinandersetzungen in der Zukunft bietet. 714

Häufig wird neben der Aufteilung in Wohnungseigentum noch gewünscht, dass ein jeder Eigentümer ein Vorkaufsrecht bei einem Verkauf der anderen Wohnungseigentumseinheit(en) hat. Zuweilen wird auch eine erbvertragliche Regelung getroffen, um sicherzustellen, dass die Eigentumswohnungen beim Tod eines Ehegatten an die gemeinsamen Kinder fallen. 715

Die Teilungserklärung kann eingebettet sein in eine Gesamteinigung, in welcher die übrigen Fragen einer Trennungs- oder Scheidungsvereinbarung mit geregelt werden. 716

1191 *Schöner/Stöber*, Grundbuchrecht, Rn. 2809.

1192 Kein Wohnungseigentum also an Gärten, Höfen, Zufahrten etc. Außenflächen können nur im Rahmen eines Sondernutzungsrechtes mit dem Wohnungseigentum verbunden werden.

1193 Seit der Reform des WEG können die Landesregierungen durch Rechtsverordnung bestimmen, dass auch öffentlich bestellte oder anerkannte Bausachverständige die Bescheinigung erstellen können, § 7 Abs. 4 WEG.

4. Formulierungsvorschlag

717 Nachfolgend wird ein Formulierungsvorschlag für die Aufteilung in Eigentumswohnungen vorgestellt, der davon ausgeht, dass beide Ehegatten Miteigentümer des Familienwohnheims sind und nunmehr eine Aufteilung desselben in zwei Wohneinheiten vornehmen.

718 ▶ Formulierungsvorschlag (Begründung von Wohnungseigentum unter Ehegatten am Familienwohnheim):

URNr. .....

Begründung von Wohnungseigentum

nach § 3 WEG

Heute, den .....
– ..... –
erschienen vor mir,

Dr. .....

Notar in .....
1. Herr .....
geboren am .....
wohnhaft in .....
nach Angabe im gesetzlichen Güterstand lebend.
2. Frau ....., geb. .....
geboren am .....
wohnhaft in .....
nach Angabe im gesetzlichen Güterstand lebend.
Die Erschienenen wiesen sich durch ihren amtlichen Lichtbildausweis aus.
Nach Unterrichtung über den Grundbuchinhalt beurkunde ich auf Ansuchen und nach Erklärung der Erschienenen bei deren gleichzeitiger Anwesenheit Folgendes:

I. Grundbesitz, Vorbemerkung

1)

Im Grundbuch des Amtsgerichts .....
für ..... Band ..... Blatt .....
sind an dem dort vorgetragenen und in der Gemarkung .... gelegenen Grundbesitz
Fl.Nr. .... als Eigentümer in Bruchteilsgemeinschaft eingetragen:
Herr .....

– als Miteigentümer zu ein Halb –

und

Frau .....

– als Miteigentümerin zu ein Halb –.

2)

Die Ehegatten ..... leben seit dem ..... im gemeinsamen Haus getrennt. Die Ehefrau bewohnt mit den Kindern die abgeschlossene Wohnung im Erdgeschoss, der Ehemann bewohnt die Wohnung mit Studio im Ober- und Dachgeschoss. Die Ehegatten sind sich einig, dass sie das Hausanwesen auf Dauer in dieser Form nutzen möchten und teilen daher das Hausanwesen in Eigentumswohnungen auf, die sie entsprechend ihrer tatsächlichen Nutzung zu Eigentum übernehmen.
Die Ehegatten ..... haften für die derzeit noch bestehenden Hausverbindlichkeiten in Höhe von . ..... € als Gesamtschuldner. Diese Verbindlichkeiten werden durch zwei Grundschulden abgesichert, und zwar für die XY-Bank an lfd. Nr. 1 und für die XZ-Bank an lfd. Nr. 2. Die Verbindlichkeiten werden unter den Ehegatten unter Aufhebung der Gesamtschuld aufgeteilt. Die Grundpfandrechte werden dementsprechend verteilt.

II. Vertragliche Einräumung von Sondereigentum

1)

Die Miteigentümer beschränken ihr Miteigentum am genannten Grundbesitz gemäß § 3 WEG in der Weise, dass jedem Miteigentümer das

Sondereigentum

an bestimmten Räumen in dem auf dem Grundbesitz sich befindlichen Gebäude eingeräumt wird.

Die einzelnen Wohnungseigentumsrechte (Miteigentumsanteil, verbunden mit Sondereigentum) ergeben sich aus der Anlage 1 zu dieser Urkunde.
Die gebildeten Sondereigentumsrechte werden mit dem Miteigentumsanteil der Miteigentümer verbunden, wie dies in der Anlage 1 zu dieser Urkunde näher bezeichnet ist.
Welche Wohnungseigentumsrechte die Miteigentümer gemäß § 3 WEG zum Alleineigentum erhalten und übernehmen, ist gleichfalls in der Anlage 1 zu dieser Urkunde vereinbart. Auf die Anlage 1 wird verwiesen. Sie wird vorgelesen und ist Inhalt und Gegenstand dieser Urkunde.

2)

Lage und Größe der im Sondereigentum stehenden Räume, Garagen und Gebäudeteile ergeben sich aus dem Aufteilungsplan, von dem ein Exemplar dieser Urkunde in der Anlage 2 beigeschlossen ist.
Die einzelnen Sondereigentumseinheiten sind in sich abgeschlossen.
Die Abgeschlossenheitsbescheinigung der zuständigen Baubehörde nach § 7 WEG liegt vor und ist ebenfalls in der Anlage beigefügt.
Die Unterlagen wurden den Eigentümern vorgelegt und mit ihnen erörtert. Diese erklären, vom Inhalt Kenntnis zu haben. Bescheinigung und Aufteilungsplan sind dieser Urkunde als wesentlicher Bestandteil in der Anlage 2 beigefügt.

3)

Gegenstand des Sondereigentums sind die in Ziffer II./1. mit Anlage 1 bezeichneten Räume einschließlich etwaiger Balkone oder Terrassen in den Obergeschossen sowie die zu diesen Räumen gehörenden Bestandteile des Gebäudes, die verändert, beseitigt oder eingefügt werden können, ohne dass dadurch das gemeinschaftliche Eigentum oder ein auf Sondereigentum beruhendes Recht eines anderen Wohnungseigentümers über das nach § 14 WEG zulässige Maß hinaus beeinträchtigt oder die äußere Gestaltung des Gebäudes verändert wird.

In Ergänzung zu § 5 WEG gehört zum Sondereigentum:
a) der Fußbodenbelag und der Wand- und Deckenputz der im Sondereigentum stehenden Räume, auch auf Balkonen und Terrassen,
b) die nichttragenden Zwischenwände,
c) der Wandputz und die Wandverkleidung sämtlicher zum Sondereigentum gehörender Räume, auch soweit die putztragenden Wände nicht zum Sondereigentum gehören,
d) die Innentüren der im Sondereigentum stehenden Räume, ausgenommen Wohnungsabschlusstüren,
e) die Wasserleitungen vom Anschluss an die gemeinsame Steigleitung,
f) die Versorgungsleitungen für Strom und Gas von der Abzweigung ab Zähler,
g) die Entwässerungsleitungen bis zur Anschlussstelle an die gemeinsame Fallleitung,
h) die Vor- und Rücklaufleitungen der Heizanlage von der Anschlussstelle an die gemeinsame Steig- bzw. Fallleitung,
i) Heizkörper innerhalb der im Sondereigentum stehenden Räume.

4)

Gegenstand des gemeinschaftlichen Eigentums sind die Räume und Gebäudeteile, die nicht nach Abs. 3 zum Sondereigentum erklärt sind, sowie der Grund und Boden. Zum gemeinschaftlichen Eigentum gehört auch das jeweils vorhandene Verwaltungsvermögen, insbesondere die Instandhaltungsrücklagen.

III. Gemeinschaftsordnung, Verwaltung, Sondernutzungsrechte

Als Inhalt des Sondereigentums wird in Ergänzung des WEG und in teilweiser Änderung Folgendes bestimmt:

1)

Das Verhältnis der Wohnungseigentümer untereinander bestimmt sich nach den Vorschriften der §§ 10 bis 29 WEG, soweit im Folgenden nichts anderes bestimmt ist.

2)

Die Wohnungseigentümer sind zur laufenden ordnungsgemäßen Pflege, Instandhaltung und Instandsetzung ihres Sondereigentums und der ihnen zur Sondernutzung zugewiesenen Gebäudeteile auf eigene Kosten verpflichtet.
In gleicher Weise gilt dies für die nicht tragenden Innenwände, die Innenseiten der Fenster, die Fußbodenbeläge, den Wand- und Deckenputz innerhalb des Sondereigentums, die Estriche und Beläge sowie die Innenseiten der Balkone und die Wohnungseingangstüre, die Außenfenster, die Fenster und Türen einschließlich der Glasscheiben, die Rollläden, Markisen und Jalousetten.

3)

a) Die gemeinschaftlichen Kosten haben die Wohnungseigentümer im Verhältnis ihrer Miteigentumsanteile zu tragen, soweit sie nicht durch Messeinrichtungen oder sonst einwandfrei getrennt werden können. In diesem Fall trägt jeder Wohnungseigentümer die Kosten seines Verbrauches.

b) Die Wohnungseigentümer sind zur Ansammlung einer Instandhaltungsrücklage für das gemeinschaftliche Eigentum verpflichtet.[1194]
Die Instandhaltungsrücklage ist zur Vornahme aller Instandsetzungsarbeiten bestimmt, die das gemeinschaftliche Eigentum betreffen.
Über den Zeitpunkt und die Art der Verwendung der Rücklage für größere Instandsetzungsarbeiten beschließen die Wohnungseigentümer mit Stimmenmehrheit.
Für die Instandhaltungsrücklage ist derzeit ab dem nächsten Monat für jede Wohnung ein Betrag von ..... € monatlich auf das Hauskonto mit der Nr. ..... bei der .....-Bank zu entrichten. Über eine Änderung beschließt die Eigentümerversammlung mit einfacher Mehrheit.

c) Die auf jeden Wohnungseigentümer entfallenden anteiligen Kosten werden nach Maßgabe des jährlich aufzustellenden Wirtschaftsplanes berechnet und sind als »Wohngeld« in monatlichen Raten zu bezahlen. Das Wohngeld ist spätestens bis zum 3. Werktag eines jeden Monats im Voraus kostenfrei auf das genannte Konto der Eigentümergemeinschaft zu bezahlen.
Wohngeldrückstände sind mit 5 % jährlich über dem Basiszinssatz nach § 247 BGB zu verzinsen und neben dem Wohngeld an die Gemeinschaft zu bezahlen.
Das Wohngeld setzt sich zurzeit aus folgenden Einzelbeträgen zusammen:
aa) den Betriebskosten,
bb) den Versicherungen,
cc) der Instandhaltungsrücklage,
dd) den Kosten der Heizung und Warmwasserversorgung.

Die Kosten gemäß vorstehender Buchstaben aa) bis cc) sind auf die Wohnungseigentümer entsprechend dem Verhältnis der Miteigentumsanteile der einzelnen Wohnungseigentumsrechte zueinander zu verteilen, soweit sie nicht mittels Messeinrichtungen zurechenbar sind.
Für die Kosten gemäß Buchstabe dd) gilt Folgendes: Die Kosten der Heizung und Warmwasserversorgung, wozu auch die Stromkosten für alle der Wärme- und Warmwasserversorgung dienenden elektrischen Einrichtungen, eine angemessene Vergütung für die Heizungsbedienung und die Kosten für den Wartungsdienst an den Heizungsanlagen und Wärmemessgeräten gehören, werden zu

1194 Dies ist bei einem Zweifamilienwohnhaus nicht zwingend erforderlich. Wenn aber die Aufteilung in einer Scheidungssituation erfolgt und ohnehin finanzielle Forderungen gegenseitig geltend gemacht werden, dann ist eine nähere Festsetzung der Rücklagen durchaus ratsam.

- 30 % nach dem Verhältnis der Wohnflächen aller Wohnungseigentumsrechte zueinander berechnet. Terrassen, Balkone und Loggien werden, soweit sie bei Berechnung der Wohnfläche berücksichtigt sind, hierbei ausgeschlossen.
- Für die Verteilung der restlichen Kosten (70 %) ist das Ergebnis der Messgeräte bestimmend, mit welchen der Verbrauch im Einzelnen zu ermitteln ist.

Für die Kosten einer zentralen Warmwasserversorgung gilt das Gleiche.
Der Verwalter ist berechtigt, die Ermittlung der Kostenanteile einer Fachfirma für Wärmemessgeräte zu übertragen.
Sofern ein Verwalter bestellt wird, sind die hierdurch entstehenden Kosten mit einem Festbetrag je Wohnung von den Eigentümern zu zahlen.

d) Wirtschaftsplan und Jahresabrechnung erstellen die Eigentümer gemeinsam, solange kein Verwalter bestellt ist.

4)

Ein Verwalter soll vorerst nicht bestellt werden. Den Beteiligten ist bekannt, dass die Bestellung eines Verwalters jederzeit verlangt werden kann. Soweit die Wohnungseigentümer Beschlüsse in der Mitgliederversammlung fassen, werden sie diese schriftlich niederlegen.

5)

Die Wohnungseigentümer haben pro Wohnung eine Stimme.[1195]

6) Veräußerungszustimmung

Die schriftliche Zustimmung des anderen Wohnungseigentümers ist zur Veräußerung eines Wohnungseigentums erforderlich, ausgenommen im Fall der Veräußerung im Wege der Zwangsversteigerung auf Antrag eines Grundpfandrechtsgläubigers oder bei Veräußerung an gemeinschaftliche Abkömmlinge von Herrn und Frau ..... . Die Zustimmung kann nur aus wichtigem Grund verweigert werden.[1196]
Gleiches gilt für eine Vermietung oder Verpachtung des Wohnungseigentums.

7) Sondernutzungsrechte

Es wird folgende Gebrauchsregelung nach § 15 WEG getroffen:
Der jeweilige Eigentümer des Wohnungseigentumsrechtes Nr. 1 ist berechtigt, den im Aufteilungsplan mit »SNR 1« bezeichneten Stellplatz unter Ausschluss des anderen Wohnungseigentümers zu nutzen.

1195 Bei zwei Eigentümern ist diese Verteilung bewährt. Ein Stimmrecht nach Miteigentumsanteilen würde auch bei einem nur geringfügigen Unterschied einem Eigentümer stets die einfache Mehrheit der Stimmen geben.

1196 Zustimmungserfordernisse werden in den letzten Jahren deutlich weniger vereinbart. Dies zeigt sich schon am neuen § 12 Abs. 4 WEG, der zwingend eine Aufhebungsmöglichkeit von Veräußerungsbeschränkungen mit Stimmenmehrheit vorsieht; hierzu *Hügel/Scheel*, Rechtshandbuch Wohnungseigentum, Teil 15, Rn. 1 ff. Die Interessenlage der Aufteilung in einer Scheidungssituation lässt aber das Zustimmungserfordernis geraten erscheinen.

Der jeweilige Eigentümer des Wohnungseigentumsrechtes Nr. 2 ist berechtigt, den im Aufteilungsplan mit »SNR 2« bezeichneten Stellplatz unter Ausschluss des anderen Wohnungseigentümers zu nutzen.

Der jeweilige Eigentümer des Wohnungseigentumsrechtes Nr. 1 ist berechtigt, den im Aufteilungsplan mit »SNR 1« bezeichneten Gartenbereich unter Ausschluss des anderen Wohnungseigentümers zu nutzen.

IV. Einigung, Grundbuchanträge

Die Miteigentümer sind sich über die Einräumung der Sondereigentumsrechte nach Abschnitt II dieser Urkunde sowie über die damit verbundenen Eigentumsübergänge und den Eintritt der Rechtsänderung einig und

bewilligen und beantragen,

die vertragliche Begründung von Wohnungseigentum gemäß § 3 WEG und die Gemeinschaftsordnung sowie die Sondernutzungsrechte und die Veräußerungsbeschränkung als Inhalt des Sondereigentums in die neu anzulegenden Wohnungsgrundbücher einzutragen.

Vollzugsmitteilung wird **beantragt**.

V. Vorkaufsrecht

Jeder Wohnungseigentümer räumt hiermit zulasten seines Wohnungseigentumsrechts dem jeweiligen Eigentümer des anderen Wohnungseigentumsrechts das

dingliche Vorkaufsrecht

für alle Verkaufsfälle ein. Es wird

bewilligt und beantragt,

das dingliche Vorkaufsrecht im Grundbuch an den Wohnungseigentumsrechten jeweils zugunsten des jeweiligen Eigentümers des anderen Wohnungseigentumsrechtes einzutragen.
Jedes Vorkaufsrecht erhält im Grundbuch erste Rangstelle im Vorrang vor der jeweils verbleibenden Belastung in Abteilung III. Dem entsprechenden Rangrücktritt wird zugestimmt.

VI. Belastungen in Abteilung III

Frau ..... als Eigentümerin des Wohnungseigentumsrechtes Nr. 1 übernimmt das in Abteilung III unter lfd. Nr. 1 eingetragene Grundpfandrecht für die XY-Bank in Höhe von ..... € zuzüglich Zinsen von .... % seit ..... zu ferneren dinglichen Haftung.
Sie beantragt ferner den Vollzug der Pfandfreigabe des Grundpfandrechts Abt. III lfd. Nr. 2 an ihrem Wohnungseigentumsrecht.
Herr ..... als Eigentümer des Wohnungseigentumsrechtes Nr. 2 übernimmt das in Abteilung III unter lfd. Nr. 2 eingetragene Grundpfandrecht für die XZ-Bank in Höhe von ..... € zuzüglich Zinsen von .... % seit ..... zu ferneren dinglichen Haftung.
Er beantragt ferner den Vollzug der Pfandfreigabe des Grundpfandrechts Abt. III lfd. Nr. 1 an seinem Wohnungseigentumsrecht.

Die persönliche Haftung für das jeweilige Grundpfandrecht hat der jeweilige künftige Alleineigentümer bereits in der Bestellungsurkunde übernommen. Der jeweils andere Ehegatte ist von den beteiligten Banken bereits freigestellt und aus der Gesamtschuld entlassen.
Frau ..... übernimmt die dem Grundpfandrecht in Abt. III lfd. Nr. 1 zugrunde liegende Schuldverpflichtung in Höhe von ..... € mit Wirkung vom heutigen Tage an als künftige alleinige Schuldnerin.
Herr ..... übernimmt die dem Grundpfandrecht in Abt. III lfd. Nr. 2 zugrunde liegende Schuldverpflichtung in Höhe von ..... € mit Wirkung vom heutigen Tage an als künftiger alleiniger Schuldner.
Die jeweiligen Darlehensbestimmungen sind den Betroffenen bekannt.

VII. Vollzugsauftrag und -vollmacht

Der Notar und dessen amtlich bestellter Vertreter werden

beauftragt und ermächtigt,

den grundbuchamtlichen Vollzug dieser Urkunde zu betreiben und insoweit alle erforderlichen Genehmigungen, Bestätigungen und Negativatteste einzuholen und entgegenzunehmen, alle zum grundbuchamtlichen Vollzug erforderlichen oder zweckdienlichen Erklärungen abzugeben und entgegenzunehmen sowie Anträge zu stellen, einzuschränken, zurückzunehmen und erneut zu stellen.

Mit dem Eingang erforderlicher Genehmigungen oder Erklärungen in den Amtsräumen des Notariats sollen diese allen Beteiligten gegenüber als mitgeteilt gelten und rechtswirksam sein.
Die erforderlichen Empfangs- und Mitteilungsvollmachten werden hiermit dem Notar, dessen amtlich bestelltem Vertreter und jedem jeweiligen Angestellten der Notarstelle, insbesondere ...... (Namen).....und zwar jedem Einzelnen erteilt.

Ferner ist der vorgenannte Bevollmächtigte ermächtigt, alle zum grundbuchamtlichen Vollzug dieser Urkunde erforderlichen Erklärungen abzugeben und entgegenzunehmen, insbesondere auch Einigungen aller Art zu erklären, sowie Anträge zu stellen, einzuschränken, zurückzunehmen und erneut zu stellen.
Von den Beschränkungen des § 181 BGB ist der jeweilige Bevollmächtigte befreit.

VIII. Schlussbestimmungen

Die Kosten dieser Urkunde und ihres grundbuchamtlichen Vollzuges tragen die Vertragsteile je zur Hälfte.
Von dieser Urkunde erhalten:

Beglaubigte Abschriften
das Grundbuchamt zum Vollzug

Einfache Abschriften
die Beteiligten sofort je eine
das Finanzamt – Grunderwerbsteuerstelle –
das Finanzamt – Erbschaftsteuerstelle –
Die Vertragsteile erhalten nach Vollzug noch je eine Vollzugsmitteilung und auf Anforderung eine Ausfertigung.
Auf die Anlagen wird verwiesen, sie sind wesentlicher Bestandteil dieser Urkunde. Sie wurden mitverlesen, die Pläne wurden zur Durchsicht vorgelegt.
Auf Mitausfertigung der Pläne wird verzichtet.
Der Inhalt der einzelnen Anlagen ist auch Inhalt dieser Urkunde.

Vorgelesen vom Notar samt Anlage,
von den Beteiligten genehmigt
und eigenhändig unterschrieben

A n l a g e 1 zur Urkunde des Notars ..... in ..... vom .....

URNr. .....

1. Teil
Einzelne Wohnungseigentumsrechte

1. Miteigentumsanteil zu ein Halb verbunden mit dem Sondereigentum an den im Aufteilungsplan mit Nr. 1 bezeichneten, im Erdgeschoss gelegenen und als Wohnung dienenden Räumen samt Kellerräumen Nr. 1 und Garage Nr. 1

– Nr. 1 des Aufteilungsplanes –

2. Miteigentumsanteil zu ein Halb verbunden mit dem Sondereigentum an den im Aufteilungsplan mit Nr. 2 bezeichneten, im Ober- und Dachgeschoss gelegenen und als Wohnung dienenden Räumen samt Kellerräumen Nr.2 und Garage Nr. 2

– Nr. 2 des Aufteilungsplanes –

2. Teil
Zuordnung der einzelnen Wohnungseigentumsrechte

Von den gemäß § 3 WEG gebildeten Sondereigentumsrechten, die mit dem entsprechenden Miteigentumsanteil des jeweils betroffenen Miteigentümers verbunden wurden, erhalten und übernehmen die folgenden Miteigentümer die folgenden im Aufteilungsplan und in der Anlage näher bezeichneten Wohnungseigentumsrechte zum Eigentum:

1. Frau .....
das Wohnungseigentumsrecht Nr. 1;
2. Herr .....
das Wohnungseigentumsrecht Nr. 2;
Anlage 1 geschlossen:

....., den .....

VII. Dauergemeinschaftslösung

1. Anwendungsbereich

719 Wenn die Voraussetzung einer Aufteilung in selbstständige Wohnungseigentumseinheiten nicht vorliegen oder wenn der damit verbundene Aufwand zu hoch erscheint, etwa auch unter dem Gesichtspunkt, dass das Anwesen später an ein gemeinsames Kind übertragen werden soll, kann auch daran gedacht werden, die dauerhafte getrennte Nutzung des Hausanwesens durch beide Ehegatten unter Beibehaltung der Miteigentümerstellung festzuschreiben.

720 Die Miteigentumsanteile sind in solchen Fällen wirtschaftlich nicht getrennt belastbar. Sofern noch gemeinschaftliche Verbindlichkeiten auf dem Grundstück abgesichert sind, wird die Bank mit einer Trennung und Freigabe eines Miteigentumsanteils nicht einverstanden sein. Daher wird i.d.R. die Gesamtschuld weitergeführt werden müssen. Die Vertragsteile können ihr Innenverhältnis entsprechend regeln.

2. Ausschluss der Aufhebung der Gemeinschaft

721 Damit diese Art der Gemeinschaftslösung dauerhaft ist, wird der Anspruch auf Aufhebung der Gemeinschaft nach § 749 BGB ausgeschlossen, sodass nicht ein Ehegatte dem anderen bei einer Meinungsänderung mit Teilungsversteigerung drohen kann. Dies ist auch auf Dauer möglich, erfasst allerdings nicht eine Aufhebung der Gemeinschaft aus wichtigem Grund, denn diese ist nach § 749 Abs. 2 BGB zwingend. Es sollte daher für eine Vereinbarung im Zusammenhang mit der Scheidung von beiden Vertragsteilen festgelegt werden, dass die Vereinbarung gerade in diesem Zusammenhang steht, sodass Trennung und Scheidung keine wichtigen Gründe für eine Aufhebung darstellen.

3. Nutzungsvereinbarung

722 Neben dem Ausschluss der Aufhebung der Gemeinschaft sollte bei einer dauerhaften Lösung auch eine Nutzungsvereinbarung stehen. Sofern beide Ehegatten im Haus wohnen bleiben, wird hierdurch die Nutzung abgegrenzt. Dies kann durch Grundbucheintragung verdinglicht werden.

723 In gleicher Weise kann man vorgehen, wenn nur ein Ehegatte im Haus wohnt, der andere Ehegatte aber eine oder mehrere Wohnungen im Haus vermieten will.

4. Tragung von Kosten und Lasten

724 Im Zusammenhang mit einer solchen Lösung sollte auch die Tragung von Kosten und Lasten des Anwesens sowie die Tilgung etwa noch bestehender Verbindlichkeiten geregelt werden. Hierbei kann die Nutzung der Wohnung zugleich auch in einen unterhaltsrechtlichen Zusammenhang gestellt werden.

5. Formulierungsvorschlag

▶ Formulierungsvorschlag (Nutzung der Ehewohnung bei Miteigentum – Dauergemeinschaftslösung): 725

1)

Die Ehegatten sind Miteigentümer je zur Hälfte des Anwesens ....., eingetragen im Grundbuch des Amtsgerichts ..... für ..... Blatt .....
Dieser Grundbesitz ist belastet wie folgt: .....
Die Verbindlichkeiten zur Hausfinanzierung, für welche die Ehegatten als Gesamtschuldner haften, belaufen sich zum Stichtag ..... auf ..... €.

2)

Die Ehegatten sind sich darüber einig, dass das Familienwohnheim weiterhin von beiden Ehegatten bewohnt wird, obwohl diese getrennt leben. Es benutzen jeweils allein und ausschließlich:

a) der Ehemann die Wohnung im 1. OG und den in der beiliegenden Anlage 1 grün eingezeichneten Gartenteil;
b) die Ehefrau die Wohnung im Erdgeschoss mit Terrasse und den blau eingezeichneten Gartenteil.

Auf den Lageplan in Anlage 1 wird verwiesen. Er wird zur Durchsicht vorgelegt und unterzeichnet.
In dem Bereich des ihnen zur ausschließlichen Nutzung zugewiesenen Teiles des Grundstücks steht den jeweiligen Miteigentümern auch das Recht der Gestaltung des Grundstücks allein zu.
Jeder Miteigentümer bewilligt und

beantragt,

die vorstehende Benutzungsregelung in das Grundbuch zulasten seines Anteils an dem in Ziffer 1) genannten Grundstück zugunsten des jeweiligen Eigentümers des anderen Miteigentumsanteils einzutragen an nächstoffener Rangstelle im Gleichrang mit dem nachfolgend bewilligten Teilungsausschluss.

3)

Die Ehegatten sind als Nutzungsberechtigte zu je gleichen Teilen zur Tragung der Betriebskosten verpflichtet, soweit diese nicht durch Messeinrichtungen getrennt festgestellt werden. Gemessene Kosten und Schönheitsreparaturen trägt jeder Ehegatte für seinen Nutzungsbereich, ebenso die Gartenpflege.

Die Ehegatten tragen zu je gleichen Teilen alle öffentlichen Lasten und Abgaben ebenso wie die Versicherungen. Ihnen obliegen die Reinigung und die Verkehrssicherungspflicht. Hierzu ist der Ehemann in allen geraden Wochen des Jahres verpflichtet und die Ehefrau in allen ungeraden Wochen.
Die Kosten der Instandhaltung und Instandsetzung des Anwesens treffen beide Miteigentümer je zur Hälfte.

4)

Die eingetragenen Grundpfandrechte bleiben bestehen.
Die Schuldverpflichtung, für die beide Ehegatten gesamtschuldnerisch haften, übernimmt der Ehemann im Innenverhältnis zur ferneren alleinigen Verzinsung und Tilgung im bisherigen Umfang. Der Ehemann ist daher gegenüber der Ehefrau verpflichtet, die Verbindlichkeiten jeweils fristgerecht zu erfüllen, insbesondere die Zins- und Tilgungsbeträge an den Gläubiger zu zahlen, und den Veräußerer im Fall einer Inanspruchnahme durch den Gläubiger unverzüglich freizustellen.
Die Zins- und Tilgungsleistungen, bzw. nach Rechtshängigkeit eines Scheidungsantrages[1197] nur noch die Zinsleistungen des Ehemannes, kann dieser für die Unterhaltsberechnung vorab vom unterhaltsrechtlich relevanten Einkommen abziehen.[1198]

Hinsichtlich der Tilgungsleistungen nach rechtshängigem Scheidungsantrag besteht ein Anspruch auf Gesamtschuldnerausgleich in Höhe der hälftigen Tilgung, da diese Tilgungsleistung beiden Ehegatten als Miteigentümer zugute kommt.

Alternative:
Die Ehegatten sind sich einig, dass dieser Ausgleichsanspruch ohne Verzinsung gestundet wird, sodass er insgesamt zum ..... fällig und auszugleichen ist.[1199] *Soweit dazu eine Neuvalutierung der eingetragenen Grundschuld erforderlich ist, wird der Ehemann hierbei mitwirken, wenn die Zweckerklärung auf diesen Anspruch und seine Erfüllung begrenzt ist.*

1197 Grund für die Berücksichtigung der Zins- und Tilgungsleistungen ist, dass dem Eigentümer eine Verwertung noch nicht zugemutet werden kann und dass der andere Ehepartner über den Zugewinn an der weiteren Wertsteigerung bzw. Tilgung profitiert (BGH, FamRZ 2007, 879). Gerade das letzte Argument, das der BGH mehrfach verwendet, führt zu der weiteren Überlegung, dass ein Abzug der Tilgungsleistung nur bis zur Rechtshängigkeit eines Scheidungsantrages zulässig sein sollte, denn dies ist der Zeitpunkt, ab dem für den Zugewinn das Endvermögen festgestellt wird, sodass Tilgungen nach diesem Zeitpunkt bei der Zugewinnberechnung nicht mehr berücksichtigt werden: *Gerhardt*, FuR 2007, 339 ff.; nunmehr auch BGH, NJW 2008, 1946 ff.

1198 So der Vorschlag von *Müller*, Vertragsgestaltung, Kap. 3, Rn. 425 für die Trennungsvereinbarung.

1199 Da die Tilgung beiden Ehegatten zugutekommt, wird der Ausgleichsanspruch bei Miteigentum berücksichtigt werden müssen (vgl. *Krause*, Familienheime, 1/45). Im Rahmen einer solchen Dauergemeinschaftslösung sollte darüber Einigkeit erzielt werden. Eine Stundung wird dann sinnvoll sein, wenn ein Ehegatte zunächst etwa wegen Kindererziehung keiner Berufstätigkeit nachgehen kann und daher erst später in der Lage sein wird, den Ausgleich zu leisten.

Wenn die Voraussetzungen für einen Unterhaltsanspruch nicht mehr vorliegen, sind die Ehegatten verpflichtet, ab diesem Zeitpunkt Verzinsung und Tilgung der Restschuld gemeinsam, im Innenverhältnis zu gleichen Anteilen, zu tragen.[1200]

5)

Nutzungsentschädigungen werden nicht geschuldet und Wohnvorteile werden nicht in Ansatz gebracht, da die Ehegatten davon ausgehen, dass die jeweils genutzten Wohnungen gleichwertig sind.

6)

Um die Nutzung und die Beibehaltung der Eigentumsverhältnisse auf Dauer zu sichern, vereinbaren wir Folgendes:
Das Recht jeden Miteigentümers, die Aufhebung der Gemeinschaft zu verlangen, wird für immer ausgeschlossen.
Wir vereinbaren dies gerade angesichts der vorliegenden Trennungssituation, sodass die Trennung keinen wichtigen Grund i.S.d. § 749 Abs. 2 Satz 1 BGB darstellt.[1201]
Jeder Miteigentümer bewilligt und

beantragt,

in das Grundbuch zulasten seines Anteils an dem in Ziffer 1) genannten Grundstück zugunsten des jeweiligen Eigentümers des anderen Miteigentumsanteils den Ausschluss des Rechts, die Aufhebung der Gemeinschaft zu verlangen, gem. Abschnitt 6) einzutragen. Die Eintragung erfolgt an nächstoffener Rangstelle,[1202] im Übrigen im Gleichrang mit der Nutzungsregelung nach Ziffer 2).

Alternative:
Die Eintragung von Nutzungsregelung und Teilungsausschluss erfolgen mit untereinander gleichem Rang und im Rang vor den in Abteilung III eingetragenen Rechten. Dem Rangrücktritt der eingetragenen Gläubiger, deren Erklärungen bereits vorliegen, wird zugestimmt.

1200 Wenn die Regelung ebenso wie die Eigentumsverhältnisse dauerhaft sein soll, dann muss der Fall mit bedacht werden, dass es zu einer Verrechnung mit dem Unterhalt nicht mehr kommt, wenn kein Unterhalt mehr zu leisten ist. .

1201 Dazu, dass die Trennung auch bei vorsorgender Vereinbarung nicht zu einem Wegfall der Geschäftsgrundlage führt, wenn der Teilungsausschluss gerade für diesen Fall vereinbart wurde: BGH, DStR 2004, 50 (hier für die nichteheliche Lebensgemeinschaft). Zum Vorliegen eines wichtigen Grundes bei gemeinsamer Nutzung mit ständiger Konfrontation: OLG Bamberg, MDR 2004, 24.

1202 Vorzugswürdig wäre eine vorrangige Eintragung, die aber zumeist nicht erreicht wird.

VIII. Alleineigentum und Wohnrecht

726 Schließlich soll noch eine Regelung vorgestellt werden, die den Fall erfasst, dass zwar ein Ehegatte Alleineigentümer der Immobilie ist, der andere Ehegatte aber ein auf Dauer gesichertes dingliches Wohnrecht innehaben soll.

727 Diese Lösung ist zuweilen begleitet durch eine erbrechtlich bindende Anordnung, dass die Immobilie im Todesfall den Kindern zufallen soll und ein Veräußerungsverbot. Wird eine solche Regelung getroffen, kann der Ehegatte, der die dem anderen gehörende Immobilie aufgrund des Wohnrechtes nutzt, auch Investitionen vornehmen in der Gewissheit, dass diese den Kindern zugutekommen.

728 ▶ Formulierungsvorschlag (Ehemann Alleineigentümer – Ehefrau auf Dauer Nutzungsberechtigte mit Wohnrecht):

Über die fernere Nutzung der ehelichen Wohnung in ....., ...straße FlurNr. ..... Gemarkung ..... haben wir uns folgendermaßen geeinigt:

1)

Das Hausanwesen steht im Eigentum des Ehemannes. Dies bleibt unverändert. Die beiden Wohnungen im Erdgeschoss und ersten Stock des Hausanwesens werden jedoch auf Lebenszeit der Ehefrau künftig allein von der Ehefrau und den Kindern genutzt.

2)

Zur Sicherung dieses Nutzungsrechts bestellt der Ehemann zugunsten der Ehefrau ein lebenslängliches Wohnungsrecht wie folgt:
a) Die Ehefrau

– nachfolgend kurz: »die Berechtigte« –

erhält hiermit das lebenslange und unentgeltliche

Wohnungsrecht gem. § 1093 BGB

in dem genannten Hausanwesen, bestehend in dem Recht, die beiden Wohnungen im Erdgeschoss und ersten Stock des Anwesens unter Ausschluss des Eigentümers als Wohnung zu benutzen.
Die Berechtigte darf die zum gemeinsamen Gebrauch der Hausbewohner bestimmten Räume, Anlagen und Einrichtungen mitbenutzen, insbesondere Garage, Hof und Garten.
Sie darf sich im gesamten Hausanwesen unter Ausschluss der persönlichen Räume des Eigentümers oder vermieteter Räumlichkeiten frei bewegen.

b) Die dem Wohnungsrecht unterliegenden Räume sind vom Eigentümer in gut bewohnbarem und beheizbarem Zustand zu erhalten und notwendige Reparaturen sind auf eigene Kosten durchzuführen.

c) Die Kosten der Beheizung, Beleuchtung, für Strom- und Wasserbezug sowie die auf die Berechtigte entfallenden Kanal- und Müllabfuhrgebühren hat – ebenso wie die Schönheitsreparaturen innerhalb der zum Wohnungsrecht gehörenden Räume – die Berechtigte zu tragen.
An sonstigen Haus- und Grundstückskosten, wie beispielsweise Grundsteuer, Beiträge zur Brandversicherung, Erschließungs- und Anliegerkosten ist die Berechtigte ebenfalls beteiligt, und zwar gemäß den Grundsätzen, nach denen solche Kosten auf einen Mieter umgelegt werden dürfen.

Alternative:
An sonstigen Haus- und Grundstückskosten ist die Berechtigte nicht beteiligt.

d) Die Berechtigte ist nicht befugt, die Ausübung des Wohnungsrechts ganz oder teilweise, entgeltlich oder unentgeltlich Dritten zu überlassen. In Abweichung zu § 1093 Abs. 2 BGB ist die Berechtigte auch nicht befugt, einen Lebenspartner oder auch nach Wiederheirat einen neuen Ehegatten in die Wohnung aufzunehmen.[1203]

e) Für das vorstehende Wohnungs- und Mitbenutzungsrecht gemäß Ziffern 2a) und 2b)[1204] bestellt der Eigentümer zugunsten der Berechtigten am vorgenannten Grundstück eine

beschränkt persönliche Dienstbarkeit

und bewilligt und beantragt deren Eintragung in das Grundbuch im Rang nach den derzeit eingetragenen Grundpfandrechten gemäß Ziffer 3).

3)

Die eingetragenen Grundpfandrechte bleiben bestehen. Sie sichern noch geringe Restverbindlichkeiten.
Diese Schuldverpflichtungen, für die beide Ehegatten gesamtschuldnerisch haften, übernimmt der Ehemann gegenüber dem Gläubiger als künftiger alleiniger Schuldner mit schuldbefreiender Wirkung. Die befreiende Schuldübernahme erfolgt jeweils mit Wirkung vom heutigen Tag an mit dem zu diesem Zeitpunkt gegebenen genauen Stand der Schuldverpflichtungen.
Auf das Erfordernis der Änderung der Zweckbestimmungserklärung wurde hingewiesen.
Nach Hinweis des Notars auf das Erfordernis der Genehmigung der befreienden Schuldübernahme durch den Gläubiger

1203 Eine von § 1093 Abs. 2 BGB abweichende Regelung ist zulässig, BayObLG, DNotZ 1981, 124, 127; *Schöner/Stöber*, Grundbuchrecht, Rn. 1262.

1204 Der dingliche Inhalt wird hier auf diese beiden Absätze beschränkt. Auch die übrige Kostentragung soll dinglicher Inhalt sein können, allerdings ist diese Auffassung umstritten (vgl. *Schöner/Stöber*, Grundbuchrecht, Rn. 1253 m.w.N., wo diese Ansicht abgelehnt wird). Um die Verwendung des Wohnungsrechts zu sichern, wurde daher auf eine Einbeziehung in den dinglichen Inhalt verzichtet.

beauftragen und ermächtigen

die Vertragsteile den Notar und dessen amtlich bestellten Vertreter, dem Gläubiger die befreiende Schuldübernahme durch Übersendung einer Abschrift dieser Urkunde anzuzeigen. Der Notar soll auch die gemäß § 415 BGB erforderliche Genehmigung einholen und entgegennehmen.
Sollte die befreiende Schuldübernahme durch den Gläubiger nicht genehmigt werden, gelten vorstehende Vereinbarungen insoweit als Erfüllungsübernahme i.S.d. § 329 BGB, sodass der Ehemann der Ehefrau gegenüber verpflichtet ist, die Verbindlichkeiten jeweils fristgerecht zu erfüllen, insbesondere die Zins- und Tilgungsbeträge an den Gläubiger zu zahlen, und die Ehefrau im Fall einer Inanspruchnahme durch den Gläubiger unverzüglich freizustellen. Gleiches gilt bis zur Genehmigung sowie bis zum vertragsgemäßen Vollzug der Eigentumsumschreibung.
Etwaige Kosten, Spesen oder Provisionen anlässlich der Genehmigung der Schuldübernahme hat die Ehefrau zu tragen.
Mit Rücksicht auf den Rang des vorbestellten Wohnungsrechts verpflichtet sich der Ehemann, die eingetragenen Grundpfandrechte löschen zu lassen, sobald die noch bestehenden Restverbindlichkeiten getilgt sind.

4)

Eine Nutzungsentschädigung wird nicht geschuldet, insbesondere mit Rücksicht darauf, dass die gemeinsamen Kinder das Anwesen mitnutzen.
Den Wohnvorteil hat sich die Ehefrau jedoch unterhaltsrechtlich anrechnen zu lassen. Die Zins- und Tilgungsleistungen, bzw. nach Rechtshängigkeit eines Scheidungsantrages die Zinsleistungen des Ehemanns, kann dieser für die Unterhaltsberechnung vorab vom unterhaltsrechtlich relevanten Einkommen abziehen.[1205]

5)

Über dieses Hausanwesen hat der Ehemann erbvertraglich bindend nach Teil E dieser Urkunde zugunsten der gemeinsamen Kinder verfügt. Er hat sich ferner einem Veräußerungsverbot unterworfen ..... .[1206]

IX. Einbringung in einen Familienpool

729 Können sich in einer **Scheidungssituation** die **Ehegatten** über die Verteilung des Familienvermögens **nicht einigen** oder denken die Ehegatten aufgrund ihres Lebensalters ohnehin über eine **vorweggenommene Erbfolge** nach, kann es gelegentlich einer Einigung zum Durchbruch verhelfen, wenn auch die Kinder in den Kreis derjenigen einbezogen werden, an welche die Scheidungsimmobilien übertragen werden. Denn wenn die Ehegatten sich auch untereinander nicht einig sind, auf wen eine Immobilie übertragen werden soll, sind sie doch in vielen Fällen einig darüber, dass die Immobilien für die Kinder erhalten werden sollen. Neben der Übertragung der Immobilie an die Kinder, welche im nächsten Abschnitt besprochen wird, kommt

1205 So der Vorschlag von *Müller*, Vertragsgestaltung, Kap. 3, Rn. 425 für die Trennungsvereinbarung.

1206 Hierzu mit Formulierungsvorschlag, Rdn. 1407.

auch die Gründung einer **Familienpersonengesellschaft** in Betracht,[1207] wenn die Eltern **mehrere Immobilien** haben oder noch **sonstige Vermögenswerte** in den Familienpool[1208] einlegen wollen.

1. Familienpool als Lösung

Solche Gesellschaften können das Vermögen der Familie **bündeln** und den **schritt- 730
weisen Übergang** auf die nächste Generation vorbereiten. Sie können durch vielfältige Regelungen sicherstellen, dass **kein Gesellschafter** über den Grundbesitz **allein verfügen** kann. Die **Nachfolge** vollzieht sich dann für den gesamten Grundbesitz einheitlich **durch die Übertragung von Anteilen** an der Familiengesellschaft. Der Gesellschaftsvertrag kann dabei so gestaltet werden, dass die **Hereinnahme fremder Personen** in den Familienpool **ausgeschlossen** ist. Die Erbfolge kann zielgenau gesteuert und nach Eintritt flexibel gehandhabt werden.[1209] Ebenso lässt sich weitgehend Vorsorge dagegen treffen, dass die Kinder später durch Kündigung oder Austritt das Familienvermögen zerschlagen. Scheidungswillige Ehegatten können so ihr bisheriges Miteigentum umgestalten, beide Gesellschafter in dem Familienpool bleiben und eine Veräußerung durch den anderen Ehepartner verhindern.

2. Rechtsform des Familienpools

Als Rechtsform für einen Familienpool kommt zum einen die GbR in Betracht, zum 731
anderen eine KG.[1210]

a) Gesellschaft bürgerlichen Rechts

Die GbR hat den entscheidenden **Nachteil**, dass die Gesellschafter **persönlich und 732
gesamtschuldnerisch haften**. Der BGH hat das Konzept einer GbR mit auf das Gesellschaftsvermögen begrenzter Haftung verworfen.[1211] Eine Haftungsbeschränkung ist allenfalls noch durch Individualabrede zu erreichen.

1207 Zu einer Kapitalgesellschaft wird eher in Ausnahmefällen zu raten sein, schon wegen der im Immobilienbereich bestehenden Grunderwerbsteuerproblematik. Allerdings führen die im Bereich der Körperschaften abgesenkten Steuersätze gelegentlich zu vertieftem Nachdenken, insb. wenn hauptsächlich Beteiligungen in den Familienpool eingelegt werden. Eine Kurzübersicht über einen Belastungsvergleich geben *Scherer/Feick*, in: Bonefeld/Daragan/Wachter, Handbuch des Fachanwalts, 1. Aufl., 1208 ff.

1208 Zum Familienpool *Limmer*, ZFE 2004, 40 ff., 198 ff.; *Söffing/Thoma*, ErbStB 2003, 399 ff.; *Oppermann*, RNotZ 2005, 453; *Mutter*, ZEV 2007, 512 ff.; *Langenfeld*, ZEV 2010, 17; *Graf/Bisle*, DStR 2010, 2409; *Ivens*, ZErb 2012, 65 ff., 93 ff; *Munzig;* in: C. Münch, Gestaltungspraxis, § 12 C, Rn. 56 ff. mit Hinweisen zur Rechtsformwahl.

1209 *Geck*, KÖSDI 2008, 16017.

1210 Ein guter Überblick über die zivil- und steuerrechtlichen Unterschiede findet sich bei *v. Oertzen/Hermann*, ZEV 2003, 400 f. und bei *von Sothen*, in: Scherer, Münchener Anwaltshandbuch Erbrecht, 2010, § 36 Rn. 24 ff.

1211 BGH, NJW 1999, 3483 f.; dagegen *Beuthien*, WM 2012, 1 ff.

733 Problematisch ist die GbR insb. bei der **Beteiligung von minderjährigen Kindern.** Zum einen wird hier bei Einschaltung des Familiengerichts aufgrund der bestehenden persönlichen Haftung nur schwer eine **familiengerichtliche Genehmigung** zu erlangen sein. Zum anderen kann ein minderjähriger Gesellschafter mit Erreichen der **Volljährigkeit** die Gesellschaft nach § 723 Abs. 1 Satz 3 Nr. 2 BGB **kündigen.** Dies ist für den Familienpool unerwünscht, da hierdurch der dauerhafte Zusammenhalt des Familienvermögens gefährdet ist.[1212]

734 Zudem ist bei der GbR die **Vertretung** durch die Eltern nur schwer nachweisbar, weil hier neben der gesellschaftsvertraglichen Regelung i.d.R. insb. für den Grundstücksverkehr lückenlose Vollmachten benötigt werden, soweit nicht der Gesellschaftsvertrag mindestens beglaubigt ist und in jedem Fall vorgelegt wird.[1213] Auch wenn der BGH inzwischen in der geschilderten[1214] Rechtsprechung den übertriebenen Anforderungen vor allem des OLG München[1215] eine Absage erteilt hat und es genügen lässt, wenn die GbR und die Gesellschafter genannt sind, und die Handelnden erklären, dass sie die alleinigen Gesellschafter sind, ohne dass es weiterer Nachweise über Existenz, Identität und Vertretungsverhältnisse bedürfe,[1216] so führt dies doch dazu, dass bei der Wahl der Rechtsform die mangelnde Registerpublizität als erheblicher Nachteil für die Gesellschaft bürgerlichen Rechts gesehen wird.[1217] Die Erleichterungen für den Grundbuchverkehr haben nämlich keine Auswirkungen auf den allgemeinen Rechtsverkehr.[1218]

b) Kommanditgesellschaft

735 Als Alternative kommt daher in vielen Fällen die Errichtung einer Familien-KG[1219] in Betracht. Diese ist nach der Neufassung des § 105 HGB auch als reine Vermögensverwaltungsgesellschaft zulässig.

736 Bei dieser Gesellschaft kann die Haftung der Kinder auf die im Handelsregister einzutragende **Hafteinlage beschränkt** werden, die im Zusammenhang mit der Gründung bereits geleistet wird, sodass keine persönliche Haftung der Kinder besteht.

737 Hierdurch wird auch die Aufnahme **minderjähriger Kinder** in den Familienpool vereinfacht. Zudem wird im Bereich der KG aufgrund der bereits bestehenden Haftungsbegrenzung die Vorschrift des § 723 Abs. 1 Satz 3 Nr. 2 BGB jedenfalls für die Kommanditisten nicht analog angewendet. Für persönlich haftende Gesellschafter

1212 Zur Haftungsbegrenzung des Minderjährigen und der Kündigungsmöglichkeit: *Reimann*, DNotZ 1999, 179 ff.; *Glöckner*, ZEV 2001, 47 ff.

1213 Anschaulich OLG Hamm, NotBZ 2008, 34.

1214 Rdn. 209; aktuell zur Gesamtentwicklung *Hertel*, in: Festschrift Brambring, 2012, S. 171 ff.

1215 OLG München, DNotZ 2010, 299 f. = NZG 2010, 341.

1216 BGH, MittBayNot 2011, 393 = NJW 2011, 1958.

1217 *Munzig*, in: C. Münch, Gestaltungspraxis, § 12 C.III.1., Rn. 94.

1218 *Ivens*, ZErb 2012, 65.

1219 Hierzu Wachter/*Sommer*, Fachanwaltshandbuch, Teil 2, 1. Kap. § 3 Rn. 571 ff.

von Handelsgesellschaften wird zwar die analoge Anwendung befürwortet,[1220] für Kommanditisten aber nur insoweit, als deren Hafteinlage nicht voll erbracht ist und ihnen deshalb ein persönliches Haftungsrisiko droht.[1221]

Bei der KG können die **Eltern Komplementäre** sein. Wenn sie in einer Scheidungssituation eine Einzelvertretungsbefugnis nicht wollen, kann angeordnet werden, dass nur zwei Komplementäre gemeinsam die Gesellschaft vertreten dürfen. Die Vertretungsberechtigung für den Familienpool ergibt sich damit aus dem Handelsregister und ist einfach nachzuvollziehen. 738

Einkommensteuerlich ist bei der KG der begrenzte Verlustabzug nach **§ 15a EStG** zu beachten. 739

Die KG wird handelsrechtlich als verpflichtet angesehen, einer **Buchführungs- und Bilanzierungspflicht** nachzukommen. Allerdings bleibt ein Verstoß weitgehend sanktionslos.[1222] Publizitätspflichten nach § 264a HGB bestehen nicht, da eine natürliche Person Vollhafter ist. Steuerlich bestehen hingegen Einkünfte aus Vermietung und Verpachtung, sodass nach Steuerrecht nicht bilanziert werden muss. 740

c) GmbH & Co. KG

Als weitere **Alternative** kommt die vermögensverwaltende KG auch als **nicht gewerblich geprägte**[1223] **GmbH & Co. KG** in Betracht. Hier ließe sich die KG über die Geschäftsführung in der Komplementär-GmbH auch von den Eltern weiterhin führen, selbst wenn nur noch die Kinder am Vermögen der KG als Kommanditisten beteiligt sind. Um hier eine gewerbliche Prägung zu vermeiden, muss ein Mitgesellschafter als natürliche Person zur Geschäftsführung befugt sein (§ 15 Abs. 3 Nr. 2 EStG). 741

3. Notwendige Gestaltungselemente

Der nachfolgende Formulierungsvorschlag kann nur eine von mehreren Möglichkeiten ausarbeiten. Aufgrund der soeben vorgestellten Abwägung der Vor- und Nachteile der verschiedenen Gesellschaftsformen wird die Familien-KG zur Darstellung 742

1220 *Habersack*, FamRZ 1999, 1, 6; *Lohse/Triebel*, ZEV 2000, 337, 342; *Christmann*, ZEV 2000, 45 ff.; *Glöckner*, ZEV 2000, 47, 48; MünchKomm-BGB/*Ulmer/Schäfer*, § 723 Rn. 41.

1221 *Christmann*, ZEV 2000, 45, 47; MünchKomm-BGB/*Ulmer/Schäfer*, § 723 Rn. 41.

1222 Vgl. *v. Oertzen/Herrmann*, ZEV 2003, 400, 401; *Ivens*, ZErb 2012, 65, 66.

1223 Die gewerblich geprägte KG mit einer GmbH als Komplementärin soll in diesem Zusammenhang nur angesprochen sein. Sie wurde insb. bis 31.12.2008 genutzt, um in den Genuss der steuerlichen Vergünstigungen des § 13a ErbStG der alten Fassung (Neuregelung mit Erbschaftsteuerreformgesetz vom 24.12.2008, BGBl. 2008 I, S. 3018 f.) zu kommen. Sie kann dann vorzuziehen sein, wenn die Eltern auch für sich eine Haftungsbegrenzung wollen. Die Schaffung von Betriebsvermögen auf diese Weise führt aber auch zu erheblichen einkommensteuerlichen Unterschieden.

ausgewählt, in der beide Ehegatten als Komplementäre fungieren und die Kinder als Kommanditisten.

Hierbei ist auf Folgendes hinzuweisen:

a) Einbringung

743 Im Zusammenhang mit der Gründung der KG werden der betroffene **Grundbesitz** und ggf. noch weitere Wirtschaftsgüter in die KG **eingebracht** und an diese aufgelassen. Die Kinder werden als Kommanditisten durch Einbuchung beteiligt, d.h. die Einlage der Eltern wird z.T. auf den Kapitalkonten der Kinder gutgeschrieben, wodurch die Kinder zum einen die ihnen gesellschaftsvertraglich obliegende Einlage erbracht und zum anderen die im Handelsregister einzutragenden Hafteinlagen geleistet haben. Das FG Nürnberg hat ausdrücklich ausgesprochen, dass die Einbringung von Grundbesitz in eine Gesamthandsgesellschaft anlässlich der Vermögensauseinandersetzung nach Scheidung grunderwerbsteuerfrei ist.[1224]

b) Minderjährige

744 Soweit Eltern in diesem Zusammenhang minderjährige Kinder an der KG beteiligen wollen, muss bedacht werden, dass die Eltern von der Vertretung des Kindes ausgeschlossen sind, sofern das Geschäft nicht lediglich rechtlich vorteilhaft ist, sodass eine **Ergänzungspflegschaft** vorzusehen ist, §§ 1909 Abs. 1, 1629 Abs. 2 Satz 1, 1795 Abs. 2, 181 BGB.

745 Es wird kaum zu begründen sein, dass die Beteiligung an einer KG nur rechtlich vorteilhaft ist, denn bei der Übertragung einer solchen rechtlichen Stellung wird ein Bündel an Rechten und Pflichten mit übertragen. Daher haben sowohl der BGH wie auch der BFH es abgelehnt, hierin einen nur rechtlichen Vorteil zu sehen.[1225] Der BFH hat das Fehlen der Ergänzungspflegschaft nur dann salviert, wenn es durch eine entsprechende Auskunft des Vormundschaftsgerichts bedingt war.[1226]

1224 FG Nürnberg, DStR 2011, 696.

1225 BGH, NJW 1977, 1339; BFH, NJW-RR 2006, 78; OLG Frankfurt, NZG 2008, 749; Ivo, ZEV 2005, 193, 194; Palandt/*Heinrichs*, § 107 Rn. 4; DNotI-Gutachten 65248; a.A. OLG Bremen, NZG 2008, 750 = FamRZ 2009, 621: lediglich rechtlich vorteilhaft.

1226 KÖSDI 2009, 16587.

Sofern mehrere minderjährige Kinder an der Gründung der KG beteiligt sind, ist für jedes Kind ein **gesonderter Ergänzungspfleger** zu bestellen,[1227] da auch die Ergänzungspfleger nach § 181, 2. Alt. BGB an einem Insichgeschäft gehindert sind.[1228] 746

Ferner bedarf die Übertragung an minderjährige Kinder der **familiengerichtlichen Genehmigung** nach § 1822 Nr. 3 i.V.m. § 1643 Abs. 1 BGB. Die Beteiligung des Minderjährigen bei der Gründung fällt unter die 2. Alt., die Anteilsübertragung wird bei der Übernahme eines Unternehmerrisikos überwiegend als entgeltlich angesehen oder es wird auch bei der bloßen Anteilsübertragung von einem Fall der 2. Alt. ausgegangen, weil in der Zustimmung der Gesellschafter letztlich eine gesellschaftsvertragliche Abrede zu sehen ist.[1229] 747

Auch wenn die KG kein Erwerbsgeschäft im engeren Sinne, sondern lediglich Vermögensverwaltung betreibt, wird dies von der Rechtsprechung dennoch teilweise unter die Bestimmung des § 1822 Nr. 3 i.V.m. § 1643 Abs. 1 BGB subsumiert, so etwa bei Verwaltung, Vermietung und Verwertung gewerblich nutzbarer Immobilien von erheblichem Wert.[1230] Dies spricht dafür, eine solche Genehmigung im Zweifelsfall auch bei voll erbrachten KG-Anteilen einzuholen.[1231] 748

Die Genehmigung ist aber wegen der Haftungsbeschränkung zu erlangen, wenn die Einlage geschenkt ist oder aus einer Schenkung geleistet werden kann und Nachschusspflichten nicht vorgesehen sind.[1232] 749

1227 BGH, DNotZ 1956, 559 (Erbengemeinschaft), *Rust*, DStR 2005, 1942, 1943; *Reimann*, DNotZ 1999, 179, 183; *Lohse/Triebs*, ZEV 2000, 337, 338; MünchKomm-BGB/*Schwab*, § 1909 Rn. 40; *Widmann/Mayer*, Umwandlungsrecht, Anhang 5 C, Rn. 850.

1228 Nach h.Rspr. und Lehre gilt dies auch bei Grundlagenbeschlüssen der Gesellschaft, vgl. *Ivo*, ZNotP 2007, 210, 211 m.w.N.

1229 Palandt/Diederichsen, § 1822 Rn. 5 f., 9; MünchKomm-BGB/Wagenitz, § 1822 Rn. 22; Gernhuber/Coester-Waltjen, Lehrbuch des Familienrechts, § 60 VI, 6, Rn. 107; Reimann, DNotZ 1999, 179, 190 f.; BayOblG, DNotZ 1998, 495 f.; Ivo, ZEV 2005, 193, 195; a.A. Damrau, ZEV 2000, 209 ff.

1230 BayOblG, DNotZ 1998, 495 f.; nach anderer Auffassung ist eine Genehmigung bei reiner Vermögensverwaltung nicht erforderlich, so z.B. *Schaal*, in: C. Münch, Gestaltungspraxis, § 16, Rn. 185; OLG München, FamRZ 2009, 623 (Verwaltung des eigengenutzten Wohnhauses); OLG Bremen FamRZ 2009, 621 (nicht gewerbliche Verwaltung von Unternehmensbeteiligungen); differenzierend Palandt/*Diederichsen*, § 1822 BGB, Rn. 9, der weder auf das Pflichtenbündel noch auf die Volleinzahlung abstellen will, sondern eine konkrete Analyse der sich nach dem Gesellschaftsvertrag ergebenden Pflichten für erforderlich hält.

1231 *Reimann*, DNotZ 1999, 179, 185.

1232 OLG Bremen, DStR 1999, 1668.

750 Auch wenn diese Ansichten der h.M. z.T. bestritten werden, wird der Vertragsgestalter den sicheren Weg gehen und die Genehmigung einholen, zumal das Steuerrecht häufig noch strengere Anforderungen stellt und die Genehmigung fordert.[1233]

c) Nießbrauch

751 Die Eltern müssen bei Einbringung des Vermögens in den Familienpool überlegen, ob sie damit zugleich Einnahmen auf die Kinder verteilen wollen oder ob die Einnahmen weiterhin den Eltern zustehen sollen.

752 Sollen die Einnahmen weiterhin bei den Eltern verbleiben, können sich diese einen umfassenden **Vorbehaltsnießbrauch am Grundstück** bei Einbringung in die Gesellschaft bestellen. In diesem Fall erlangt die Familienpool-KG ertragsteuerlich noch keine Bedeutung.[1234]

753 Alternativ kann ein **Nießbrauch an übertragenen Anteilen** der Familienpool-KG bestellt werden. Hier ist im Einzelfall v.a. auch die steuerliche Folge der jeweiligen Konstruktion zu bedenken.

754 Wenn die Einnahmen nur teilweise auf die Kinder übertragen werden sollen, und zwar zu einem geringeren Teil als es der Beteiligungsquote der Kinder entspricht, kommt die Bestellung eines **Quotennießbrauchs** in Betracht. Es kann aber auch überlegt werden, die **Gewinnverteilung** in der KG im Rahmen des steuerlich Möglichen[1235] abweichend von der Beteiligungsquote festzusetzen.

d) Rückübertragung/Hinauskündigung

755 Sehr häufig ist im Rahmen der vorweggenommenen Erbfolge eine **Absicherung** dergestalt gewünscht, dass bei Vorliegen **besonderer Umstände** die Eltern die übertragenen Anteile zurückfordern können. Diese Rückübertragungsrechte sind mit der steuerlichen Beratung abzustimmen, damit sie der steuerlichen Anerkennung der Übertragung nicht im Wege stehen. Als solche Ereignisse, die zur einem Rückübertragungsrecht führen, werden regelmäßig berücksichtigt das Vorversterben des Kindes, Insolvenz oder Zwangsversteigerung in das Vermögen des Kindes, eine Veräußerung der Anteile durch das Kind oder auch die Scheidung des Kindes.

756 Eine solche Regelung kann einmal auf der **schuldrechtlichen Ebene** erfolgen, die nach einer früheren Entscheidung des BGH[1236] gleichrangig und unabhängig neben

1233 *Widmann/Mayer*, Umwandlungsrecht, Anhang 5 C, Rn. 853; Geck, KÖSDI 2008, 16019; BFH, BStBl. 1973 II, S. 287.

1234 Wachter/*Sommer*, Fachanwaltshandbuch, 2. Teil, 1. Kap. § 3 Rn. 572; generell zur ertragsteuerlichen Auswirkung des Nießbrauchs: BMF, BStBl. 1998 I, S. 914.

1235 Vgl. zum sog. »reziproken Familienpool« mit disquotaler Gewinnverteilung *Mutter*, ZEV 2007, 512.

1236 BGH vom 02.07.1990 – II ZS 243/89, NJW 1990, 2616; hierzu *C. Münch*, DStR 2002, 1025 ff.

der gesellschaftsrechtlichen Ebene steht. Der BGH hat in einem »Einbuchungsfall« die Aufnahme in die Gesellschaft als Vollzug des Schenkungsversprechens angesehen. Die Rückforderung könne daher jedenfalls dann auch unentgeltlich vereinbart werden, wenn die Zuwendung und Aufnahme in die Gesellschaft ebenfalls unentgeltlich war. In der Rechtslehre wurden allerdings Einschränkungen quasi als **Ausstrahlung der gesellschaftsrechtlichen Ebene** diskutiert,[1237] so etwa die Zulassung der Rückforderung nur bei konkret bestimmten Rückforderungsgründen während einer befristeten Zeit und unter Beachtung des Willkürverbotes.[1238] Der BGH hat sich dem immer mehr angenähert.[1239] Wer bei der Vertragsgestaltung den sicheren Weg gehen will, sollte daher die wesentlich strengeren Kriterien der Rechtsprechung zur Hinauskündigung aus der Gesellschaft auch für die schuldrechtliche Rückforderung beachten. Empfehlenswert ist in der Regel eine Kombination von schuldrechtlichen Rückübertragungsrechten und mindestens Zustimmungserfordernis zur Anteilsübertragung oder weitergehend Ausschlussrechte auf gesellschaftsrechtlicher Ebene.[1240]

Im Grundsatz erkennt der BGH gesellschaftsrechtliche Regelungen nicht an, nach 757
denen ein Gesellschafter ohne Vorlage eines sachlichen Grundes aus einer Personengesellschaft oder GmbH ausgeschlossen werden kann[1241] (»**Hinauskündigungsverbot**«). Ein solcher Gesellschafter könne ansonsten nicht frei von seinen Mitgliedschaftsrechten Gebrauch machen und müsse sich den Vorstellungen der anderen Mitglieder beugen (»**Damoklesschwert**«). Zudem hat der BGH entschieden, alleine die Schenkung eines Anteils mache den betroffenen Gesellschafter noch nicht zu einem solchen zweiter Klasse.[1242]

Der BGH hat inzwischen für verschieden Fälle anerkannt, dass ein **sachlicher Grund** 758
für eine Hinauskündigung bestehen kann, etwa wenn

- in eine Freiberuflerpraxis ein neuer Mitinhaber aufgenommen wird, der in der ersten Zeit noch »**zur Probe**« Mitglied ist[1243] oder
- die Gesellschafterstellung mit der Position als Arbeitnehmer verknüpft ist (»**Mitarbeitermodell**«)[1244] oder

1237 Vgl. schon *Hueck,* DB 1966, 1043 ff.; *Wiedemann,* DB 1990, 1649 ff.; *K. Schmidt,* BB 1990, 1992 f.; zur Hinauskündigung: *Baumbach /Hopt,* Handelsgesetzbuch, § 140 Rn. 31 ff.; MünchKomm-BGB/*Ulmer/Schäfer,* § 737 Rn. 21 ff.: Harmonisierung beider Rechtsbereiche durch Ausübungskontrolle des Schenkungswiderrufs.

1238 *D. Mayer,* ZGR 1995, 93, 104 f.

1239 Ganz besonders deutlich wird dies im Urteil des BGH, NJW-RR 2007, 1256 bei einer Aufnahme zur Probe, wo der BGH die Hinauskündigungsklausel »oder eine vergleichbare schuldrechtliche Regelung« gleichbehandelt und darauf hinweist, dass eine Hinauskündigungsmöglichkeit zeitlich nicht unbegrenzt bestehen kann.

1240 Geck, KÖSDI 2008, 16023.

1241 BGH, DStR 2007, 914 f.; BGH, DStR 2004, 826; BGH, NJW-RR 2007, 1256.

1242 BGH, NJW 1989, 2685.

1243 BGH, DStR 2004, 826 und BGH, NJW-RR 2007, 1256.

1244 BGH, DStR 2005, 1910.

- eine Verknüpfung mit der Anstellung als Geschäftsführer besteht (»**Managermodell**«)[1245] oder
- die Gesellschafterstellung von einem bestehenden **Kooperationsvertrag** abhängt[1246] oder
- ein Erblasser im Rahmen seiner **Testierfreiheit** einen Anteil von vorneherein so vererben kann, dass ein Mitglied der Gesellschaft den Anteilsinhaber nach bestimmter Zeit aus der Gesellschaft hinauskündigen kann.[1247]

759 Mit diesen Urteilen hat sich der BGH von seiner ursprünglichen Einschätzung, dass schuldrechtlicher Vertrag und Gesellschaftsverhältnis völlig getrennt voneinander zu betrachten sind, wegbewegt hin zu einer Betrachtung, wonach auch die schuldrechtlich vereinbarten Rückforderungsrechte, die zu einem Entzug des Gesellschaftsanteils führen, nicht voraussetzungslos ausgeübt werden können.[1248] Diese Argumentation ist auf die Fälle einer Zuwendung unter Lebenden ebenso zu übertragen.

760 Ein sachlicher Grund wird ferner auch vorliegen, wenn eine Rückforderung für den **Scheidungsfall** vereinbart wird. Denn nach neuerer Rechtsprechung des BGH[1249] fällt zwar der übertragene Anteil in das Anfangsvermögen. Da aber Wertsteigerungen des Anteils in den Zugewinn fallen, will der BGH allein schon bei Absinken des Wertes von Vorbehaltsrechten einen Zugewinn annehmen. Dem kann durch eine entsprechende Rückforderungsklausel vorgebeugt werden.[1250]

e) Steuerliche Prüfung

761 Die Einbringung in eine Familienpool-Gesellschaft mit Übertragung entsprechender Gesellschaftsanteile an Kinder bedarf stets einer besonders sorgfältigen Überprüfung aus steuerlicher Sicht. Dies gilt für schenkungsteuerliche Fragen ebenso wir für einkommensteuerliche Beurteilungen. Hier sollte der Vertragsgestalter nicht ohne Einbindung des Steuerberaters tätig werden, denn oft sind komplexe Themen zu diskutieren, etwa

- ob die Vermögensgegenstände steuerneutral in den Familienpool überführt werden können; hierbei ist zu beachten, dass die Einbringung von Grundstücken des Privatvermögens in das betriebliche Vermögen einer Personengesellschaft gegen Gewährung von Gesellschafterrechten steuerlich als Tauschvorgang betrachtet wird, sodass sie etwa ein privates Veräußerungsgeschäft nach § 23 EStG auslösen kann, wenn sie innerhalb der 10-Jahres-Frist vorgenommen wird. Vermeiden lässt

1245 BGH, DStR 2005, 1913.

1246 BGH, DStR 2005, 798.

1247 BGH, DStR 2007, 914, 915.

1248 So ganz deutlich BGH, NJW-RR 2007, 1256; Wälzholz, NZG 2007, 416, 417 bezeichnet dies als Aufgabe des Trennungsgrundsatzes.

1249 BGH, DNotZ 2007, 849 ff. hierzu C. Münch, DNotZ 2007, 795 f.

1250 Zur Hinauskündigung bei Übertragung auf ein Schwiegerkind vgl. OLG Karlsruhe, FamRZ 2007, 823; hierzu C. Münch, ZErb 2007, 410.

sich dies nach dem neuesten Schreiben des BMF, das sich auch mit der einschränkenden Rechtsprechung des BFH[1251] befasst, nur dadurch, dass der Einbringende überhaupt keine Gesellschafterrechte erhält, sondern die Übertragung des Wirtschaftsgutes ausschließlich auf einem gesamthänderisch gebundenen Kapitalrücklagenkonto[1252] erfolgt.[1253] Andererseits kann eine solche Einbringung gegen Gesellschafterrechte nach Ablauf der 10-Jahresfrist ggf. auch ohne Nachteile zu neuem AfA-Volumen führen.[1254]

- wie sich die Einbringung von Familienvermögen in eine rein vermögensverwaltende Personengesellschaft (nicht gewerblich) auswirkt. Hier soll trotz des tauschähnlichen Vorgangs keine Veräußerung vorliegen, auch bei unentgeltlicher Aufnahme weiterer Gesellschafter. Die Bruchteilsbetrachtung soll sich hier aufgrund des § 39 Abs. 2 Nr. 2 AO durchsetzen.[1255] Da sich die Bruchteilsbetrachtung nur soweit durchsetzt, wie der einbringende Gesellschafter beteiligt ist, können sich andere Konsequenzen ergeben, wenn mehrere Gesellschafter Einbringungen vornehmen. Soweit Entgeltlichkeit auf diese Weise nicht besteht, lässt sich allerdings auch keine Wertaufstockung erreichen. Die so bestehende Transparenz der vermögensverwaltenden Gesellschaft bewirkt zugleich, dass Vertragsverhältnisse zwischen einem Gesellschafter und der Gesellschaft steuerlich zumindest im Rahmen der Beteiligungsquote ins Leere laufen können. Dies hat der BFH für Mietverhältnisse ausgesprochen und eine zur Vermeidung dieser Problematik vorgenommene überquotale Zuweisung nicht anerkannt.[1256] Bei der Rechtsformwahl sind somit die gegebenen steuerlichen Zielsetzungen zu beachten und je nachdem die vermögensverwaltende oder die gewerbliche KG anzusteuern.
- wie sich die Fiktion des § 10 Abs. 1 Satz 4 ErbStG für die Schenkungsteuer auswirkt, dass bei vermögensverwaltenden Gesellschaften die anteiligen Wirtschaftsgüter als geschenkt gelten[1257] und Schulden und Lasten wie eine Gegenleistung behandelt werden. Damit will § 10 Abs. 1 Satz 4 ErbStG die Grundsätze der gemischten Schenkung zur Anwendung bringen und einen nach Auffassung des Gesetzgebers »überhöhten« Schuldenabzug verhindern.[1258]
- welche Mehrheiten für den übertragenden Gesellschafter aufgrund anderweitiger steuerlicher Gegebenheiten sichergestellt sein müssen.

1251 BFH, DStR 2008, 761.

1252 Zu den Konten bei den Personengesellschaften: *Wälzholz*, DStR 2011, 1815 ff.; 1861 ff.

1253 BMF v. 11.07.2011 – IV C 6 – S2178/09/10001, BStBl. 2011 I, 713; dieses ersetzt das Schreiben des BMF v. 26.11.2004, BStBl. 2004 I, 1190.

1254 *Geck*, KÖSDI 2008, 16016.

1255 BMF-Schreiben v. 05.10.2000, BStBl. 2000 I, S. 1383, Rn. 8; *Kirchdörfer/Lorz*, DB 2004, Beilage 3, S. 9; *Spiegelberger*, Vermögensnachfolge, 2. Aufl. 2010, § 13 Rn. 33; *Geck*, KÖSDI 2010, 16842, 16845.

1256 BFH, DStR 2005, 288; hierzu eingehend *Geck*, KÖSDI 2010, 16845, 16846.

1257 Hierzu krit. Troll/Gebel/Jülicher-*Gebel*, § 10 Rn. 59.

1258 *Meincke*, Erbschaftsteuer- und Schenkungsteuergesetz, § 10 Rn.21a mit Kritik hinsichtlich der Beibehaltung der Regelung im Hinblick auf das 2009 in Kraft getretene neue Bewertungsrecht.

- ob es sich um Grundstücke eines Betriebsvermögens handelt, deren Einbringung in die KG zu einer steuerpflichtigen Entnahme führen könnte.[1259]
- ob bei einer gewerblich geprägten GmbH & Co. KG die Mitunternehmerstellung des Kindes gewährleistet ist; hier hat der BFH ein einschränkendes Urteil für den Fall einer Nießbrauchsbestellung mit Stimmrechtsvollmacht erlassen.[1260]
- ob die Betriebsvermögenszugehörigkeit durch Einbringung in eine gewerblich geprägte GmbH & Co. KG erhalten bleiben soll. Dann ist besondere Vorsicht bezüglich des Gründungsvorganges angebracht. Da die Gesellschaft nach § 161 Abs. 2, 123 Abs. 1 HGB erst mit Registereintragung entsteht (konstitutive Wirkung).[1261] Daher führt schon ein vorheriger Erwerb nur des wirtschaftlichen Eigentums zu einer Aufdeckung stiller Reserven.[1262]
- ob die Vorbehaltsrechte insbes. i.R.d. Rückübertragungsrechte oder eines Nießbrauchs so umfänglich sind, dass die steuerliche Anerkennung gefährdet ist.
- in welcher Reihenfolge die einzelnen Schritte zu geschehen haben.
- dass bei späterer Auseinandersetzung der Kinder möglicherweise Grunderwerbsteuer anfällt.

4. Formulierungsvorschlag

762 Wie die vorhergehenden Anmerkungen gezeigt haben, gibt es vielfältige Möglichkeiten, einen Familienpool zu gestalten. Es kann nur eine Variante dargestellt werden. Hierzu wurde die KG unter Beteiligung minderjähriger Kinder ausgewählt. Es ist in jedem Einzelfall zivilrechtlich und v.a. steuerrechtlich sicherzustellen, ob solche Vorschläge auf den vorliegenden Sachverhalt passen.

763 Der nachfolgende Formulierungsvorschlag geht davon aus, dass die scheidungswilligen Ehegatten ihr gemeinsam aufgebautes Immobilienvermögen in der Familie halten und trotz ihrer Trennung in der Verwaltung weitgehend zusammenwirken wollen. Die Immobilien sollen beiden Ehegatten je zur Hälfte gehören und ohne Einsatz von Anfangsvermögen erworben worden sein, sodass weitere Komplikation des Zugewinnausgleichs oder von Ansprüchen aus Ehegatteninnengesellschaft während der Ehe nicht bestehen. Ansonsten müssten entsprechende familienrechtliche Absprachen ergänzt werden.

1259 Vgl. BMF v. 08.12.2011 – IV C 6 – S 2241/10/10002, BStBl. 2011, 1279.
1260 BFH, FamRZ 2009, 696 = DStR 2009, 321.
1261 BFH, ZEV 2009, 356 m. Anm. *Wachter* für das Schenkungsteuerrecht.
1262 FG Münster, DStRE 2008, 435.

▶ Formulierungsvorschlag (Errichtung einer Kommanditgesellschaft als Familienpool mit Übertragung des Grundbesitzes nach Trennung der Eltern): 764

URNr. .....

Gründung einer Kommanditgesellschaft mit Einbringung von Grundbesitz

Heute, den .....
– ..... –
erschienen vor mir,

Dr. .....

Notar in .....

1. Herr .....
geboren am .....
wohnhaft in .....
nach Angabe im gesetzlichen Güterstand lebend.

2. Dessen Ehefrau,
Frau ....., geb. .....
geboren am .....
wohnhaft in .....
nach Angabe im gesetzlichen Güterstand lebend.

3. Herr .....
geboren am .....
wohnhaft in .....
nach Angabe im gesetzlichen Güterstand lebend.
hier handelnd nicht im eigenen Namen, sondern als vom Amtsgericht ..... gerichtlich bestellter (Az: .....) Ergänzungspfleger für die minderjährige Tochter der Erschienenen zu 1) und 2) ....., geboren am ....., wohnhaft bei der Erschienenen zu 2., vorbehaltlich der familiengerichtlichen Genehmigung. Der Nachweis über die Pflegerbestellung lag in Urschrift vor und ist dieser Urkunde in beglaubigter Abschrift beigefügt.

4. Frau .....
geboren am .....
wohnhaft in .....
nach Angabe im gesetzlichen Güterstand lebend,
hier handelnd nicht im eigenen Namen, sondern als vom Amtsgericht ..... gerichtlich bestellte (Az: .....) Ergänzungspflegerin für den minderjährigen Sohn der Erschienenen zu 1) und 2) ....., geboren am ....., wohnhaft bei der Erschienenen zu 2., vorbehaltlich der familiengerichtlichen Genehmigung. Der Nachweis über die Pflegerbestellung lag in Urschrift vor und ist dieser Urkunde in beglaubigter Abschrift beigefügt.
Die Erschienenen wiesen sich durch ihren amtlichen Lichtbildausweis aus.
Nach Unterrichtung über den Grundbuchinhalt beurkunde ich auf Ansuchen und nach Erklärung der Erschienenen bei deren gleichzeitiger Anwesenheit Folgendes:

I. Vorbemerkung

Herr ..... und Frau ..... sind Miteigentümer je zur Hälfte des in der Anlage 1 zu dieser Urkunde bezeichneten Grundbesitzes.
Herr ..... und Frau ..... gründen zusammen mit ihren Kindern ..... eine Kommanditgesellschaft, in welcher sie selbst persönlich haftende Gesellschafter sind und die Kinder Kommanditisten.
Herr ..... und Frau ..... bringen den in Anlage 1 genannten Grundbesitz in die KG gem. Ziff. II. § 3 und III. und IV. dieser Urkunde ein.
Die Beteiligten schließen zu diesem Zweck folgenden

II. Gesellschaftsvertrag

§ 1 Errichtung, Firma, Sitz, Zweck

(1) Die Firma der Kommanditgesellschaft lautet:
»..... KG«.
Sitz der Firma ist .....
Die Geschäftsräume befinden sich in .....
(2) Zweck und Unternehmensgegenstand der Gesellschaft sind der Erwerb, die Verwaltung und Verwertung von Vermögen im eigenen Namen und auf eigene Rechnung.
Die Gesellschaft ist befugt, gleiche oder ähnliche Unternehmen zu errichten oder zu erwerben, sich an derartigen Unternehmen zu beteiligen sowie Zweigniederlassungen zu errichten.

§ 2 Geschäftsjahr

Das Geschäftsjahr der Kommanditgesellschaft ist das Kalenderjahr.
Die Kommanditgesellschaft entsteht mit Eintragung im Handelsregister.[1263]

§ 3 Gesellschafter, Kapitalanteile, Einlagen, Haftsummen

(1) Persönlich haftende Gesellschafter sind
a) Herr .....
mit einem Kapitalanteil i.H.v. ..... €
b) Frau .....
mit einem Kapitalanteil i.H.v. ..... €

(2) Kommanditisten sind
a) ..... (Vertretene zu 3.)
mit einem Kapitalanteil i.H.v. ..... €
b) ..... (Vertretener zu 4.)
mit einem Kapitalanteil i.H.v. ..... €

(3) Herr und Frau ..... erbringen ihren Kapitalanteil dadurch, dass sie den Grundbesitz nach Anlage 1 in die KG zum Alleineigentum der Gesellschaft einbringen gem. Ziff. III. dieser Urkunde. Die Einbringung erfolgt zu Buchwerten gemäß der von Herrn Steuerberater ..... zum Einbringungsstichtag zu erstellenden Bilanz.

1263 Als vermögensverwaltende Gesellschaft ohne eigenen Geschäftsbetrieb entsteht die KG mit ihrer Eintragung, §§ 161 Abs. 2, 105 Abs. 2 HGB.

(4) Die Kommanditisten erbringen ihren Kapitalanteil dadurch, dass ihnen im Wege der vorweggenommenen Erbfolge gem. Ziff. IV. dieser Urkunde je 20 % des eingebrachten Grundbesitzes – jedem von ihnen von jedem Elternteil je 10 % – zugewendet wird und auf ihr Konto umgebucht wird.

(5) Für vorstehend 3) und 4) gilt:
I.H.d. festen Kapitalanteils wird der eingebrachte Grundbesitz dem Kapitalkonto des Gesellschafters gutgeschrieben, der übersteigende Wert wird dem Rücklagenkonto gutgebracht.[1264]

(6) Die Kapitalanteile sind fest; sie können nur durch Änderung des Gesellschaftsvertrages geändert werden.

(7) Der Kapitalanteil der Kommanditisten ist als ihre Haftsumme in das Handelsregister einzutragen.

§ 4 Gesellschafterkonten

(1) Kapitalkonto I
Für jeden Gesellschafter wird ein Kapitalkonto I geführt. Auf diesem festen Kapitalkonto wird der Kapitalanteil eines jeden Gesellschafters gebucht. Für den Kommanditisten entspricht dies der in das Handelsregister einzutragenden Haftsumme.

(2) Kapitalkonto II
Für jeden Gesellschafter wird ferner ein Kapitalkonto II (weitere Einlagen in das Eigenkapital) geführt. Auf diesem Konto werden weitere gesellschaftsvertraglich vereinbarte Pflichteinlagen, Kapitalrücklagen und Gewinnrücklagen gebucht.[1265]

(3) Verlustvortragskonto
Für jeden Gesellschafter wird darüber hinaus ein Verlustvortragskonto geführt, auf dem die Verluste der Gesellschafter gebucht werden und Gewinnanteile bis zum Ausgleich des vorgetragenen Verlustes. Kommanditisten sind nicht verpflichtet, Verluste auf den Verlustvortragskonten in anderer Weise als durch künftige Gewinnanteile auszugleichen.[1266]

(4) Verrechnungskonto
Auf dem Verrechnungskonto eines jeden Gesellschafters werden die entnahmefähigen Gewinnanteile gutgeschrieben sowie die Entnahmen, etwaige Zinsen und der sonstige Zahlungsverkehr mit der Gesellschaft gebucht. Das Verrechnungskonto ist handelsrechtlich Fremdkapital. Eine Verzinsung ist jedoch nicht vorgesehen.

Alternative:
Das Verrechnungskonto ist mit 2 % über dem Basiszinssatz nach § 247 BGB, höchstens jedoch mit 6 % zu verzinsen.

1264 Dies genau steuerlich prüfen lassen!

1265 Bei Einlage in eine gewerbliche Gesellschaft kann zur steuerlichen Anerkennung als Eigenkapitalkonto (BMF v. 11.07.2011 – IV C 6 – S2178/09/10001, BStBl. 2011 I, 713) eine Verlustverrechnung zumindest bei Ausscheiden, Liquidation etc. erforderlich sein.

1266 So der Vorschlag von *Limmer*, ZFE 2004, 200, 202.

§ 5 Geschäftsführung, Vertretung

(1) Die persönlich haftenden Gesellschafter sind zur Geschäftsführung und Vertretung der Gesellschaft gemeinsam berechtigt und verpflichtet.[1267]

(2) Sie sind von den Beschränkungen des § 181 BGB befreit.

(3) Macht ein Kommanditist von seinem Widerspruchsrecht nach § 164 HGB Gebrauch, entscheiden auf Antrag eines Komplementärs die Gesellschafter durch Beschluss über die Vornahme der Handlung.[1268]

§ 6 Gesellschafterbeschlüsse

(1) Die von den Gesellschaftern in den Angelegenheiten der Gesellschaft zu treffenden Bestimmungen erfolgen durch Beschlussfassung. Die Gesellschafterbeschlüsse werden in Gesellschafterversammlungen am Sitz der Gesellschaft gefasst, sofern nicht alle Gesellschafter mit einer Beschlussfassung in anderer Form oder an anderem Ort einverstanden sind. Beschlüsse können also auch schriftlich, per Telefax oder per Mail gefasst werden, wenn keiner der Gesellschafter widerspricht.[1269]

(2) Die Gesellschafterversammlung wird von den persönlich haftenden Gesellschaftern einberufen und geleitet. Sie sind zur Einberufung verpflichtet, wenn es im Interesse der Gesellschaft erforderlich erscheint oder ein Gesellschafter es unter Angabe von Zweck und Gründen verlangt.

1267 Aufgrund der Trennungssituation ist hier vorgesehen, dass beide Ehegatten als Komplementäre gemeinsam vertretungsberechtigt sind. Bei einer Vermögensverwaltungsgesellschaft kann dies auch praktiziert werden, ggf. kann zusätzlich für laufende Geschäfte eine Vollmacht eingeräumt werden. Wegen der gemeinschaftlichen Vertretungsbefugnis wurde auf einen Katalog zustimmungsbedürftiger Rechtsgeschäfte verzichtet. Die Vertretungsbefugnis umfasst bei der KG auch die Veräußerung von Grundbesitz, ohne dass dies nochmals einer vormundschaftsgerichtlichen Genehmigung nach § 1821 BGB bedarf (RGZ 125, 380, 381; BGH, NJW 1971, 372 zur stillen Gesellschaft; Palandt/*Diederichsen*, BGB, § 1821 Rn. 7; Ivo, ZNotP 2007, 210, 213).

1268 Ein Vorabgewinn bzw. eine Tätigkeitsvergütung eines persönlich haftenden Gesellschafters ist wegen des Nießbrauchsvorbehaltes nicht vorgesehen.

1269 Für Gesellschaften mit größerem und umfangreichen Vermögenswerten ist ggf. die Zuständigkeit der Gesellschafterversammlung von Maßnahmen der laufenden Geschäftsführung abzugrenzen, über die dann die persönlich haftenden Gesellschafter allein entscheiden könnten, vgl. *Munzig*, in: C. Münch, Gestaltungspraxis, § 22, Rn.41.

(3) Soweit in diesem Gesellschaftsvertrag nicht ausdrücklich etwas anderes bestimmt ist, bedürfen **alle** Gesellschafterbeschlüsse der Mehrheit von 51 % der Stimmen aller stimmberechtigten Gesellschafter; dies gilt auch für Beschlüsse, durch die dieser Gesellschaftsvertrag geändert oder ergänzt wird.[1270]

(4) Je 50 € eines Kapitalanteils gewähren eine Stimme.

(5) Ein Gesellschafter kann sich in der Gesellschafterversammlung nur durch einen Verwandten in gerader Linie, einen Ehegatten oder Mitgesellschafter sowie ggf. einen Ergänzungsbetreuer aufgrund schriftlich erteilter Vollmacht bzw. Vorlage der Bestallung vertreten lassen.

§ 7 Buchführung, Jahresabschluss

(1) Die Gesellschaft hat nach den Grundsätzen des Handelsrechtes unter Beachtung der steuerrechtlichen Gewinnermittlungsvorschriften Bücher zu führen und jährliche Abschlüsse aufzustellen.
Hierzu sind die persönlich haftenden Gesellschafter verpflichtet.
Der Jahresabschluss ist nach den handelsrechtlichen Grundsätzen ordnungsgemäßer Buchführung so aufzustellen, dass er bei der steuerrechtlichen Gewinnermittlung zugrunde gelegt werden kann.

(2) Der Abschluss für ein abgelaufenes Geschäftsjahr ist innerhalb der ersten sechs Monate des folgenden Geschäftsjahres aufzustellen und allen Gesellschaftern vorzulegen.
Der Abschluss ist von allen Gesellschaftern zu genehmigen (Abschlussfeststellung).
Die Gesellschafter können Einwendungen gegen die Richtigkeit des Abschlusses nur innerhalb einer Ausschlussfrist von sechs Monaten nach Empfang der Abschrift des Abschlusses durch eingeschriebenen Brief gegenüber den persönlich haftenden Gesellschaftern erheben; nach Ablauf der Frist gilt der Jahresabschluss als von ihnen genehmigt.

(3) Die persönlich haftenden Gesellschafter können sich der Mithilfe eines Angehörigen der steuerberatenden Berufe auf Kosten der Gesellschaft bedienen.

§ 8 Ergebnisverteilung

(1) Am Gewinn und Verlust der Gesellschaft nehmen die Gesellschafter im Verhältnis ihrer Kapitalanteile teil.[1271]

1270 Eine Mehrheitsentscheidung ist in der KG nach §§ 161, 119 Abs. 2 HGB zulässig. Die entsprechende Klausel des Gesellschaftsvertrages muss ausreichend bestimmt sein. Selbst bei Zulassung im Gesellschaftsvertrag bestehen allgemeine Grenzen für Mehrheitsbeschlüsse. So können Eingriffe in den Kernbereich der Mitgliedschaft nur mit Zustimmung des betroffenen Gesellschafters beschlossen werden (BGH, NJW 1985, 972 ff.; BGH, NJW 1995, 194 f.). Auch eine Ungleichbehandlung gegenüber anderen Gesellschaftern oder der Entzug bereits erworbener Rechte können nur mit Zustimmung des betroffenen Gesellschafters beschlossen werden; hierzu *Baumbach/Hopt,* Handelsgesetzbuch, § 119 Rn. 35 ff. Mehrheitserfordernisse können steuerlich wichtig sein, wenn etwa die Familienpool-Gesellschaft in eine Betriebsaufspaltung eingebunden ist oder eine solche gerade vermieden werden soll.

1271 Hier sind abweichende Regelungen denkbar.

(2) Die Gewinnanteile sind den Verrechnungskonten der Gesellschafter zuzuschreiben, soweit nachstehend nicht anders bestimmt.

(3) Solange ein Verlustvortrag besteht, ist er zunächst durch spätere Gewinne auszugleichen.

(4) Die Gesellschafter können vor oder bei Feststellung des Jahresabschlusses mit der Mehrheit ihrer Stimmen beschließen, dass ein Teil des Gewinns, höchstens jedoch 30 % in das Kapitalkonto II eingestellt wird.

§ 9 Entnahmen

(1) Etwaige Tätigkeitsvergütungen können bei Fälligkeit entnommen werden.

(2) Die Gesellschafter können die Auszahlung von Guthaben auf ihren Verrechnungskonten jederzeit verlangen.[1272]

(3) Ferner darf jeder Gesellschafter zulasten seines Verrechnungskontos mindestens die Beträge entnehmen, die er zur Zahlung seiner persönlichen Steuern und öffentlichen Abgaben benötigt, soweit diese Steuern und Abgaben auf seine Beteiligung an der Gesellschaft und sämtliche Einkünfte daraus anteilsmäßig entfallen.

(4) Entnahmen einzelner Gesellschafter über die vorstehenden Absätze hinaus bedürfen eines Gesellschafterbeschlusses mit der Mehrheit der Stimmen aller stimmberechtigten Gesellschafter.

§ 10 Verfügung über Gesellschaftsanteile

(1) Jeder Gesellschafter hat das Recht, seinen Gesellschaftsanteil im Ganzen ohne Zustimmung der Gesellschaft oder der anderen Gesellschafter auf eine Person zu übertragen, die gemeinschaftlicher Abkömmling von Herrn .... und Frau ..... ist[1273] oder auf einen Mitgesellschafter zu übertragen. In diesem Zusammenhang kann ein persönlich haftender Gesellschafter auch die Stellung des persönlich haftenden Gesellschafters übertragen.

Alternative:
..... seinen Gesellschaftsanteil ganz oder geteilt ohne Zustimmung .....[1274] .

1272 Hier wurden gesellschaftsvertraglich auch mit Rücksicht auf die Nießbrauchsbestellung keine Entnahmebeschränkungen vereinbart. Solche sind durchaus möglich, dürfen aber die Mitunternehmerstellung des Kommanditisten nicht gefährden, vgl. Beck'sches Formularbuch/*Blaum*, VIII. D.1.; Formularbuch Recht und Steuern/*Weigell*, Formular A.8.00, § 12; besonders wenn einschränkendere Regeln bestehen, ist Abs. 3 notwendig.

1273 Diese Formulierung trägt der bestehenden Trennungssituation Rechnung. Es ist z.B. nicht gewünscht, dass die in Trennung lebenden Eltern Anteile an einseitige Abkömmlinge übertragen, die etwa noch geboren werden. Mit dieser Formulierung sind auch alle Abkömmlinge der in die Gesellschaft einbezogenen Kinder erfasst. Hier ist nur die Übertragung des ganzen Gesellschaftsanteils zustimmungsfrei gestellt, damit eine ungewollte Splittung der Anteile verhindert werden kann.

1274 Dann entfällt im nächsten Absatz die Teilung des Gesellschaftsanteils.

(2) Eine Übertragung des Gesellschaftsanteils an andere Personen als die vorgenannten oder die Teilung eines Gesellschaftsanteils bedürfen eines vorherigen Gesellschafterbeschlusses mit der Mehrheit der Stimmen aller stimmberechtigten Gesellschafter, wobei der übertragungswillige Gesellschafter mitzustimmen berechtigt ist.

Alternative:
..... bedürfen eines vorherigen einstimmigen Gesellschafterbeschlusses.

Dasselbe gilt für die Verpflichtung zu einer Übertragung, eine Sicherungsabtretung, die Einräumung eines Nießbrauchs, einer stillen Beteiligung oder einer Unterbeteiligung.
Die Gesellschafter haben sich binnen eines Monats nach schriftlicher Anzeige durch den übertragungswilligen Gesellschafter zu entscheiden; anderenfalls gilt die Einwilligung als versagt.

(3) Die vorgenannte Einschränkung gilt nicht für Verfügungen der persönlich haftenden Gesellschafter Herr ..... und Frau ..... Diese sind auch berechtigt, ihren Gesellschaftsanteil geteilt auf den Personenkreis nach Abs. 1 zu übertragen, ohne hierfür einen vorherigen Gesellschafterbeschluss zu benötigen.

(4) Zustimmungsfrei ist ferner ein etwaiger Wiedereintritt in die Gesellschaft im Fall des Rückerwerbes gem. Ziffer IV. 3) dieser Urkunde und die Übertragung auf einen nach § 11 nachfolgeberechtigten Vermächtnisnehmer.

§ 11 Tod eines Gesellschafters

(1) Durch den Tod eines Gesellschafters wird die Gesellschaft nicht aufgelöst.
Beim Tod eines Gesellschafters können Nachfolger in den Gesellschaftsanteil des Verstorbenen nur jeweils gemeinschaftliche Abkömmlinge von Herrn ..... und Frau ..... sein.
Sofern andere Personen als Erben oder Vermächtnisnehmer kraft Gesetzes oder durch letztwillige Verfügung berufen sind, scheiden diese mit Wirkung vom Zeitpunkt des Todes des betreffenden Gesellschafters aus der Gesellschaft aus. Die Gesellschaft wird dann von den verbleibenden Gesellschaftern fortgesetzt.
Sind nur Einzelne von mehreren Erben nachfolgeberechtigt, geht der Gesellschaftsanteil auf diese in der Weise über, dass sich die Beteiligung im Verhältnis ihrer Erbquoten zueinander aufteilt.[1275] Dies gilt auch für Forderungen und Verpflichtungen auf dem Verrechnungskonto.[1276]

1275 Nach der Rspr. hat das Gesellschaftsrecht Vorrang vor dem Erbrecht, sodass der Anteil nicht in Erbengemeinschaft gehalten wird, sondern eine unmittelbare Vollnachfolge in den Gesellschaftsanteil stattfindet (BGH, NJW 1977, 1339 ff.; BGHZ 98, 48 f.).

1276 Es ist str., ob dies auch für lediglich schuldrechtliche Forderungen gilt, die auf dem Verrechnungs- oder Darlehenskonto gebucht sind und ob wenigstens der Gesellschaftsvertrag solches vorsehen kann. (vgl. Beck'sches Formularbuch/*Blaum/Scholz*, VIII. D. 1, Anm. 42; VIII D. 2, Anm. 74).

Wird die Gesellschaft von den verbliebenen Gesellschaftern allein fortgesetzt,[1277] so erhalten die Erben des verstorbenen Gesellschafters eine Abfindung gemäß nachfolgendem § 13.

Alternative:
Sofern mehrere Personen Nachfolger eines Gesellschafters geworden sind, die bisher noch nicht an der Gesellschaft beteiligt sind, können diese ihre Rechte – soweit gesetzlich zulässig – nur durch einen gemeinsamen Bevollmächtigten ausüben. Bis zur Ernennung eines solchen ruht das Stimmrecht.

(2) Aus den Nachfolgern des persönlich haftenden Gesellschafters wird Komplementär, wen der persönlich haftende Gesellschafter durch eine Verfügung von Todes wegen dazu bestimmt. Die übrigen nachfolgeberechtigten Personen werden Kommanditisten. § 139 HGB bleibt unberührt.

(3) Hat ein verstorbener Gesellschafter Testamentsvollstreckung angeordnet, die auch die Beteiligung an der Gesellschaft umfasst, ist der Testamentsvollstrecker befugt, im Rahmen seines Amtes sämtliche Gesellschafterrechte aus der Beteiligung auszuüben. Sofern der oder die Erben bereits Gesellschafter sind, ist die treuhänderische Übertragung der ererbten Beteiligung auf den Testamentsvollstrecker zulässig.

§ 12 Dauer der Gesellschaft, Kündigung, Ausscheiden

(1) Die Gesellschaft beginnt mit Eintragung im Handelsregister.

(2) Sie ist auf unbestimmte Zeit eingegangen.

(3) Eine Kündigung der Gesellschaft ist nur mit einer Frist von 15 Monaten zum Ende eines Kalenderjahres zulässig, erstmals jedoch nach dem Tode von Herrn ..... und Frau ..... . Das Recht zur Kündigung aus wichtigem Grunde bleibt unberührt.[1278]

(4) Die Kündigung bedarf der Schriftform und ist gegenüber der Gesellschaft zu Händen eines Komplementärs zu erklären.

1277 Eine Abfindung aus dem Gesellschaftsvermögen ist nur versprochen, wenn keine nachfolgeberechtigte Person vorhanden ist. Wenn einzelne Erben nachfolgeberechtigt sind und andere nicht, ist keine Abfindung aus dem Gesellschaftsvermögen vorgesehen. Erbrechtlich kann sich hingegen eine Ausgleichungspflicht ergeben, die dann mit Mitteln außerhalb der Gesellschaft zu erfüllen wäre (MünchKomm-HGB/*K. Schmidt*, § 139 Rn. 19 f.; MünchKomm-BGB/*Ulmer/Schäfer*, § 727 Rn. 45 m.w.N.; BGH, NJW 1983, 2376).

1278 Das Recht zur ordentlichen Kündigung ist hier für alle Gesellschafter bis zum Tod des längstlebenden Elternteils hinausgeschoben. Dies ist zum einen mit der Trennungssituation begründet, da nicht gewollt ist, dass ein Ehegatte den Familienpool kündigt. Zum anderen soll zu Lebzeiten der Eltern die Familiengesellschaft bestehen bleiben. Zwar sind Kündigungsbeschränkungen nicht unbegrenzt zulässig, sondern werden von der Rspr. in vielfältiger Weise eingeschränkt (BGHZ 116, 359 = NJW 1992, 892). Ein Hinausschieben der ordentlichen Kündigung in einer Familiengesellschaft wird jedoch für zulässig gehalten (Limmer, ZFE 2004, 198, 205), zumal in dieser Konstellation alle Gesellschafter gleichbehandelt werden und die Kündigungsbeschränkung auch für die Eltern als Komplementäre gilt.

(5) Durch die Kündigung wird die Gesellschaft nicht aufgelöst. Der kündigende Gesellschafter scheidet aus der Gesellschaft aus. Dies gilt jedoch dann nicht, wenn die übrigen Gesellschafter binnen drei Monaten nach Zugang der Kündigung mit der Mehrheit der Stimmen der verbleibenden stimmberechtigten Gesellschafter die Auflösung der Gesellschaft beschließen. Dann wird die Gesellschaft mit Ende der Kündigungsfrist aufgelöst und tritt in Liquidation. Der kündigende Gesellschafter nimmt dann am Liquidationsergebnis teil. Binnen gleicher Frist von drei Monaten kann auch ein anderer Gesellschafter eine Anschlusskündigung auf denselben Zeitpunkt aussprechen.

(6) Ist nur noch ein Gesellschafter vorhanden, übernimmt dieser das Gesellschaftsvermögen mit allen Aktiven und Passiven ohne Liquidation. Die Auflösung nach Absatz 5 kann dieser innerhalb der genannten Frist durch einseitige Erklärung herbeiführen.

§ 13 Ausschließung

(1) Ein Gesellschafter kann in folgenden Fällen aus der Gesellschaft ausgeschlossen werden:

a) bei Eröffnung eines Insolvenzverfahrens über das Vermögen des Gesellschafters oder der Ablehnung der Eröffnung mangels Masse;
b) bei Zwangsvollstreckungsmaßnahmen in den Gesellschaftsanteil oder ein sonstiges Gesellschaftsrecht, wenn die Maßnahme nicht innerhalb von zwei Monaten nach ihrem Beginn wieder aufgehoben wurde;
c) wenn in der Person des Gesellschafters ein wichtiger Grund vorliegt, der nach §§ 133, 140 HGB seinen Ausschluss rechtfertigt;
d) wenn ein Gesellschafter eine Ehe eingeht oder eine Lebenspartnerschaft[1279] begründet, ohne dass er mit seinem Ehegatten oder Lebenspartner entweder[1280]
   - Gütertrennung vereinbart oder
   - bei Zugewinngemeinschaft vereinbart, dass die Beteiligung an dieser Gesellschaft einschließlich etwaiger Gesellschafterdarlehen und etwaigen Sonderbetriebsvermögens oder sonst der Gesellschaft zur Nutzung überlassenes Vermögen und einschließlich aller Wertsteigerungen bei der Berechnung des Zugewinns keine Berücksichtigung findet oder
   - bei Gütergemeinschaft die Beteiligung einschließlich des Sonderbetriebsvermögens und der Wertsteigerung zum Vorbehaltsgut erklärt und
   - bei Beibehaltung der Zugewinngemeinschaft die Verfügungsbeschränkung des § 1365 BGB ausschließt.

1279 An dieser Stelle sei die Lebenspartnerschaft berücksichtigt. Ansonsten würde es den vorgesehenen Rahmen sprengen, auch noch Lebenspartnerschaftsverträge abzuhandeln. Vgl. hierzu etwa *Braun*, JZ 2002, 31 ff.; *Grziwotz*, DNotZ 2001, 280 ff.; *N. Mayer*, ZEV 2001, 169 ff.; *G. Müller*, DNotZ 2001, 581 ff.; *Schwab*, FamRZ 2001, 385 ff.; Vertragsmuster: *Langenfeld*, ZEV 2002, 10.

1280 Eingehend zur Zulässigkeit von Güterstandsklauseln in Gesellschaftsverträgen mit einem Plädoyer für eine einschränkende Anwendung im Hinblick auf die ehevertragliche Inhaltskontrolle: *Brambring*, DNotZ 2008, 724 f.

Alternative:
und
- *einen gegenständlich beschränkten Pflichtteilsverzicht für die Beteiligung an dieser Gesellschaft abgeschlossen hat.*[1281]

(2) Die Ausschließung findet durch Beschluss der Gesellschafterversammlung mit einer Mehrheit von zwei Dritteln der Stimmen aller stimmberechtigten Gesellschafter statt; hierbei ist der betroffene Gesellschafter nicht stimmberechtigt. Mit diesem Beschluss ruht das Stimmrecht des betroffenen Gesellschafters, soweit gesetzlich zulässig.

(3) Eine Ausschließung kann im Fall des Absatzes 1 Buchst. d) erst dann beschlossen werden, wenn der Gesellschafter nach schriftlicher Aufforderung der Gesellschaft nicht binnen längstens drei Monaten nach Empfang der Aufforderung der Gesellschaft nachgewiesen hat, dass die Ausschließungsgründe nicht oder nicht mehr bestehen. Eine Ausschließung kann jedoch sofort beschlossen werden, wenn der Gesellschafter nach Erbringung seines Nachweises die Güterstandsregelung in einer Weise abändert, die nach obiger Regelung zum Ausschluss berechtigt.

(4) Die Gesellschaft ist auch berechtigt, Sanktionen unterhalb der Ausschließung zu verhängen oder hier genannte Fristen zu verlängern.

§ 14 Abfindung

(1) Scheidet ein Gesellschafter aus der Gesellschaft aus, wird die Gesellschaft von den verbleibenden Gesellschaftern fortgesetzt. Verbleibt nur noch ein Gesellschafter, geht das Vermögen der Gesellschaft ohne Liquidation mit allen Aktiva und Passiva und dem Recht, die Firma fortzuführen, auf diesen über.

(2) Der ausscheidende Gesellschafter erhält eine Abfindung,[1282] die sich wie folgt bemisst:

Die Abfindung entspricht dem Buchwert der Beteiligung im Zeitpunkt des Ausscheidens, sie beträgt jedoch mindestens die Hälfte des Verkehrswertes des abgefundenen Anteils.
Ergibt die Auseinandersetzungsbilanz ein negatives Kapitalkonto des Ausscheidenden, ist er verpflichtet, dieses innerhalb einer Frist von einem Jahr nach dem Ausscheidungsstichtag auszugleichen.

1281 Dazu, dass hiergegen im Hinblick auf § 2302 BGB keine Bedenken bestehen: *Gassen*, RNotZ 2004, 423, 435.

1282 Für die Festsetzung der Abfindung gibt es verschiedene Möglichkeiten, daher werden einige Formulierungsalternativen dargestellt. Während betriebswirtschaftlich der Unternehmenswert i.d.R. durch eine Ertragswertmethode festgestellt wird, mag es bei einer Familienpoolgesellschaft angemessen sein, eher auf den Bestandswert abzustellen und auch diesen nur anteilig abzufinden, um das Fortbestehen der Gesellschaft zu sichern. Möglich ist auch eine nach Ausscheidensgründen differenzierte Abfindungsregelung, solange sie nicht einseitig zu einer Gläubigerbenachteiligung oder einer Ungleichbehandlung der Gesellschafter führt.

Alternative 1:
Die Abfindung setzt sich zusammen aus
a) dem Buchwert der Beteiligung gemäß der Jahresbilanz für das letzte in oder vor dem Zeitpunkt des Ausscheidens abgeschlossene Geschäftsjahr und
b) dem Dreifachen des auf den ausscheidenden Gesellschafter entfallenden jährlichen Durchschnittsgewinnanteils der letzten fünf Geschäftsjahre, gemessen nach der Beteiligungshöhe am Tag des Ausscheidens.[1283]

Alternative 2:
Die Abfindung entspricht 60 % des Verkehrswertes des Anteils, wobei die Bewertung nach dem Fachgutachten des IDW (S1) in seiner jeweils gültigen Fassung[1284] *erfolgen soll. Hierbei soll das Ertragswertverfahren zur Anwendung kommen. Ergänzend sind die Grundsätze des HFA des IDW zur Unternehmensbewertung im Familien und Erbrecht ebenfalls in ihrer jeweils gültigen Fassung*[1285] *anzuwenden.*

(3) Guthaben auf dem Verrechnungskonto bleiben bei der Berechnung des Abfindungsguthabens außer Ansatz. Ein Guthaben darauf ist dem Gesellschafter unverzüglich nach seinem Ausscheiden auszuzahlen. Ein Schuldsaldo ist von ihm unverzüglich auszugleichen.

(4) An schwebenden Geschäften nimmt der ausscheidende Gesellschafter nicht teil.

(5) Das Abfindungsguthaben ist in fünf gleichen unmittelbar aufeinanderfolgenden Jahresraten auszuzahlen.
Die erste Rate ist ein Jahr nach dem Ausscheidungsstichtag zur Zahlung fällig. Ab dem Ausscheidungsstichtag ist das restliche Abfindungsguthaben mit jährlich 3 % über dem Basiszinssatz nach § 247 BGB, höchstens jedoch mit 6 % zu verzinsen.
Sollte die vorgesehene Auszahlung in fünf Raten für den Fortbestand der Gesellschaft eine schwere Beeinträchtigung darstellen, so ermäßigt sich der Betrag der Abfindungsrate so, dass die Auszahlung tragbar wird und die Anzahl der Raten erhöht sich entsprechend. Es dürfen auf diese Weise jedoch nicht mehr als zehn Jahresraten gebildet werden.[1286]
Die Gesellschaft kann die Abfindung jederzeit vorzeitig zahlen.

(6) Können sich die Gesellschafter nicht über die Höhe des Abfindungsguthabens einigen, soll dieses von dem für die Gesellschaft tätigen Steuerberater als Schiedsgutachter festgesetzt werden.

1283 Formulierung nach Beckśches Formularbuch/*Blaum/Scholz*, VIII.D.1.

1284 IDW S 1, Grundsätze zur Durchführung von Unternehmensbewertungen, Stand 02.04.2008, in: IDW Prüfungsstandards IDW Stellungnahmen zur Rechnungslegung, Band 2 (Loseblatt).

1285 Derzeit Stellungnahme HFA 2/1995, WPg 1995, 522, 523.

1286 Formulierung nach Beck'sches Formularbuch/*Blaum/Scholz*, VIII.D.2.

(7) Bei der Bemessung der Abfindung war insbesondere maßgeblich, dass es sich um eine Familiengesellschaft handelt, die das Familienvermögen auf Dauer erhalten soll und daher durch das Ausscheiden eines Gesellschafters nicht in Liquiditätsprobleme kommen darf. Sollte die Abfindungsregelung gleichwohl unwirksam sein oder richterlicher Anpassung unterliegen, so soll an ihre Stelle nicht eine Abfindung zum Verkehrswert treten, sondern eine gerade noch zulässige Abfindung unter Berücksichtigung dieses Regelungszweckes.

§ 15 Schlussbestimmungen

Sollten Bestimmungen dieses Vertrages oder eine künftig in ihn aufgenommene Bestimmung ganz oder teilweise nicht rechtswirksam oder nicht durchführbar sein oder ihre Rechtswirksamkeit oder Durchführbarkeit später verlieren, soll hierdurch die Gültigkeit der übrigen Bestimmungen dieses Vertrages nicht berührt werden. Das Gleiche gilt, soweit sich herausstellen sollte, dass der Vertrag eine Regelungslücke enthält.

Anstelle der unwirksamen oder undurchführbaren Bestimmungen oder zur Ausfüllung der Lücke soll eine angemessene Regelung treten, die, soweit rechtlich möglich, dem am nächsten kommt, was die Gesellschafter gewollt haben oder nach Sinn und Zweck dieses Vertrages unter Berücksichtigung der in vorstehendem Absatz gegebenen Auslegungsregelung gewollt hätten, sofern sie bei Abschluss dieses Vertrages oder späterer Aufnahme der Bestimmung diesen Punkt bedacht hätten.

III. Einbringung des Grundbesitzes

Der Gesellschafter und die Gesellschaft vereinbaren in Erfüllung der eingegangenen Einbringungsverpflichtung gemäß Vorbemerkung und § 3 des Gesellschaftsvertrages der Kommanditgesellschaft Folgendes:

1) Sachstand

Nach Unterrichtung über den Grundbuchinhalt stelle ich, der Notar, fest:
Im Grundbuch des AG ..... ist der in der **Anlage 1** verzeichnete Grundbesitz eingetragen. Die Anlage 1 ist Bestandteil und Inhalt und Gegenstand dieser Urkunde. Sie wurde den Erschienenen vom beurkundenden Notar vorgelesen.

2) Einbringung

Die Gesellschafter Herr ..... und Frau .....

– nachfolgend kurz: »Veräußerer« –

bringen hiermit ihren vorstehend genannten Grundbesitz mit allen Rechten und Pflichten, Bestandteilen und Zubehör in die neu gegründete Gesellschaft

– nachfolgend kurz: »Erwerberin« –

zu deren Alleineigentum ein.

3) Rechtsgrund, Vereinbarungen

Die Einbringung erfolgt in Erfüllung der Einlageverpflichtung und im Wege der vorweggenommenen Erbfolge so, wie in Ziff. IV. dieser Urkunde näher beschrieben.
Die Behandlung des den Wert der Einlageverpflichtung übersteigenden Wertes des Grundbesitzes ist in § 3 Abs. 5 des Gesellschaftsvertrages der Kommanditgesellschaft geregelt.

4) Besitzübergang, Gewährleistung

Besitz, Nutzungen, Lasten und Abgaben aller Art sowie die mit dem Vertragsgrundbesitz verbundene Haftung und die Verkehrssicherungspflichten gehen ebenso wie die Gefahr einer zufälligen Verschlechterung oder eines zufälligen Untergangs ab ..... auf die Erwerberin über. Gleiches gilt für Grundsteuer und Erschließungskosten und Anliegerbeiträge, die ab diesem Datum in Rechnung gestellt werden.
Eine weiter gehende Haftung, insbesondere für die Freiheit von Sachmängeln aller Art, die Grundstücksgröße und den Grundbuchbeschrieb, Flächenmaß, Bodenbeschaffenheit, Verwertbarkeit für die Zwecke der Erwerberin sowie baulichen Zustand, ist ausgeschlossen, außer bei Vorsatz. Der Vertragsbesitz geht über in dem Zustand, in dem er sich heute befindet und der der Erwerberin bekannt ist.

5) Auflassung, Vormerkung

Die Beteiligten sind sich darüber

einig

dass das Eigentum am eingebrachten Vertragsobjekt vom Veräußerer auf die Erwerberin zum Alleineigentum übergeht.
Der Veräußerer bewilligt und die Erwerberin

beantragt

die Eintragung der Auflassung im Grundbuch.
Um Vollzugsmitteilung an den amtierenden Notar wird gebeten.
Auf die Bestellung und Eintragung einer Auflassungsvormerkung wird nach Belehrung durch den Notar verzichtet.

6) Grundpfandrechtsübernahme

Die Erwerberin übernimmt das am Vertragsgrundbesitz in Abteilung III des Grundbuches eingetragene Grundpfandrecht über ..... € in dinglicher Haftung.
Entstandene Eigentümerrechte und/oder Rückgewähransprüche werden hiermit entschädigungslos auf die Erwerberin mit deren Zustimmung übertragen, die Eigentumsumschreibung vorausgesetzt.

Die Umschreibung im Grundbuch wird bewilligt, mit dieser Urkunde jedoch ausdrücklich nicht beantragt, auch nicht vom Notar gem. § 15 GBO.
An der in der Grundschuld erklärten persönlichen Haftung und der Schuldverpflichtung soll sich derzeit nichts ändern.[1287]

1287 Wenn nur noch restliche Verbindlichkeiten abzutragen sind, die aus den eingenommenen Mieten ohne weiteres darstellbar sind, dann ist es ggf. ratsam, die von den Ehegatten übernommene persönliche Haftung einstweilen fortbestehen zu lassen. Soll die eingetragene Grundschuld auch für weitere Kreditzwecke wieder verwendet werden oder bestehen längerfristige Verbindlichkeiten, sollte die KG als Übernehmerin der Verbindlichkeiten auch die persönliche Haftung mit übernehmen. Bei Bestehen eines Nießbrauchs ist die Schuldentilgung auch dort mit zu bedenken. Ferner ist ggf. steuerlich zu erörtern, ob die Schuldübernahme als Gegenleistung zu werten ist.

Alternative:
Die KG übernimmt für die Zahlung eines sofort fälligen Geldbetrages in Höhe des Grundschuldbetrages von ..... € einschließlich ..... % Zinsen seit dem ..... die persönliche Haftung (§ 780 BGB) und unterwirft sich deswegen der Zwangsvollstreckung in das gesamte Vermögen der Kommanditgesellschaft. Vollstreckbare Ausfertigung kann ohne weiteren Nachweis erteilt werden.
Ferner übernimmt die Erwerberin die dem übernommenen Grundpfandrecht zugrunde liegende Schuldverpflichtung der Veräußerer gegenüber dem Gläubiger als künftige alleinige Schuldnerin mit schuldbefreiender Wirkung.[1288] *Die befreiende Schuldübernahme erfolgt jeweils mit Wirkung vom heutigen Tage an mit dem zu diesem Zeitpunkt gegebenen genauen Stand der Schuldverpflichtungen.*
Auf das Erfordernis der Änderung der Zweckbestimmungserklärung wurde hingewiesen.
Nach Hinweis des Notars auf das Erfordernis der Genehmigung der befreienden Schuldübernahme durch den Gläubiger

beauftragen und ermächtigen

die Vertragsteile den Notar und dessen amtlich bestellten Vertreter, dem Gläubiger die befreiende Schuldübernahme durch Übersendung einer Abschrift dieser Urkunde anzuzeigen und die gem. § 415 BGB erforderliche Genehmigung einzuholen und entgegenzunehmen.
Sollte die befreiende Schuldübernahme durch den Gläubiger nicht genehmigt werden, gelten vorstehende Vereinbarungen insoweit als Erfüllungsübernahme i.S.d. § 329 BGB, sodass die Erwerberin den Veräußerern gegenüber verpflichtet ist, die Verbindlichkeiten jeweils fristgerecht zu erfüllen, insbesondere die Zins- und Tilgungsbeträge an den Gläubiger zu zahlen, und die Veräußerer im Fall einer Inanspruchnahme durch den Gläubiger unverzüglich freizustellen. Gleiches gilt bis zur Genehmigung sowie bis zum vertragsgemäßen Vollzug der Eigentumsumschreibung.
Etwaige Kosten, Spesen oder Provisionen anlässlich der Genehmigung der Schuldübernahme hat die Erwerberin zu tragen.

1288 Eine echte Schuldbefreiung findet freilich wegen der persönlichen Haftung als Komplementär nicht statt.

IV. Pflichtteilsanrechnung, Rückerwerbsrechte

1) Rechtsverhältnisse der Einbringenden

Mit der Einbringung des Grundbesitzes in die KG sind sich die Ehegatten ..... darüber einig, das hinsichtlich dieses Grundbesitzes keinerlei gegenseitige Ansprüche mehr bestehen, ausgenommen solche, die sich auf diese Einbringung und die bestehende KG gründen.
Die KG und ihr Vermögen sollen im Zugewinnausgleich daher nicht mehr berücksichtigt werden, und zwar weder im Endvermögen noch im Anfangsvermögen. Dies gilt auch für etwaiges Anfangsvermögen eines Ehegatten, das in dieses Vermögen verwendet wurde.
Auch alle sonstigen Ansprüche bezüglich des vertragsgegenständlichen Grundbesitzes sollen ausgeschlossen sein, insbesondere etwaige Ansprüche aus Ehegatteninnengesellschaft.
Die Tilgung der Verbindlichkeiten ist aus den Einnahmen der KG gesichert.

2) Pflichtteilsanrechnung

Die Kinder ..... haben sich die ihnen gemachte Zuwendung als vorweggenommene Erbfolge auf ihren Pflichtteil nach dem Veräußerer anrechnen zu lassen.
Die Anrechnung hat mit dem heutigen Verkehrswert zu erfolgen.[1289]

3) Rückerwerbsrechte[1290]

(1) Jedem heutigen Veräußerer (und nur diesem, nicht etwaigen Rechtsnachfolgern[1291]) steht gegenüber jedem heutigen Erwerber das Recht zu, den von ihm heute zugewendeten Gesellschaftsanteil bei Vorliegen folgender Voraussetzungen zurückzuerwerben:

1289 Die Pflichtteilsanrechnung führt auch dazu, dass die minderjährigen Kinder einen Nachteil haben. Die Genehmigungsfähigkeit einer Pflichtteilsanrechnung ist im Hinblick auf die geringere Fungibilität des Familienpoolanteils im Vergleich zum Geldanspruch des Pflichtteilsrechts umstritten. Das OLG München hat jedoch die Genehmigungsfähigkeit für Grundstücksübertragungen nach intensiver Diskussion bejaht, OLG München, ZEV 2007, 493 f.; siehe hierzu *Herrler/Schmied-Kovarik*, in: Dauner-Lieb/Grziwotz/Hohmann-Dennhardt, Pflichtteilsrecht, 2010, § 2315 Rn. 35.

1290 Dazu, dass solche Widerrufsrechte für bestimmte Fälle die Mitunternehmerschaft nicht ausschließen: *Schmidt/Wacker*, Einkommensteuergesetz, § 15 Rn. 757; der Katalog der benötigten Rückerwerbsgründe ist mit dem steuerlichen Berater abzustimmen. Bei einer allzu großen Dichte an Rückerwerbsgründen empfiehlt sich ggf. eine verbindliche Anfrage beim FA.

1291 Überlegt werden könnte, ob das Rückforderungsrecht nach dem Tod eines Ehegatten hinsichtlich dessen Gesellschaftsanteil auf den anderen Ehegatten übergehen soll. Angesichts der Trennungssituation wird dies aber eher nicht gewünscht sein.

- wenn der Tatbestand des § 530 BGB vorliegt oder
- wenn über das Vermögen des Erwerbers das Insolvenzverfahren eröffnet wird oder dessen Eröffnung mangels Masse abgelehnt wird oder wenn Zwangsvollstreckungsmaßnahmen in den Gesellschaftsanteil erfolgen[1292] oder
- wenn ein Erwerber vor dem Veräußerer verstirbt oder
- wenn ein Ausschließungsrecht nach § 13 Absatz 1 d) und 3 des Gesellschaftsvertrages bestünde.

..... (ggf. weitere Gründe) .....

(2) Dieses Rückerwerbsrecht ist innerhalb von sechs Monaten nach Eintritt der Voraussetzung durch schriftliche Erklärung gegenüber dem Inhaber des Gesellschaftsanteils bzw. dessen Erben auszuüben. Entscheidend für die Einhaltung der Frist ist die Absendung durch den Erklärenden. Der Rückerwerb ist etwaigen übrigen Gesellschaftern anzuzeigen.

(3) Mit Ausübung des Rückerwerbsrechts fällt der Kommanditanteil einschließlich des Guthabens auf dem Darlehenskonto an den Veräußerer zurück.
Der Rückerwerbsberechtigte muss alle Gesellschafterbeschlüsse gegen sich gelten lassen und erhält den Gesellschaftsanteil zurück, so wie er bei Ausübung des Rückgabeverlangens beschaffen ist.

Gewinne, die der vom Rückgabeverlangen betroffene Erwerber entnommen hat, verbleiben bei diesem, es sei denn,
- die Entnahme erfolgte nach Eintritt eines Ereignisses oder Erhalt einer Aufforderung jeweils gem. (1), welche den Grund für den Rückerwerb bilden, oder
- die Entnahme hat zu einem Schuldsaldo auf dem Darlehenskonto geführt. Dieser ist auszugleichen.

Aus eigenen Mitteln des Kommanditisten geleistete Einlagen in die Gesellschaft oder sonstige Aufwendungen im Zusammenhang mit dem Kommanditanteil, welche der Gesellschaft zugutegekommen sind, hat der Veräußerer dem Erwerber zu ersetzen. Im Übrigen hat der Rückerwerbsberechtigte keine Gegenleistung zu erbringen.

(4) Die Kosten der Rückübertragung und durch die Rückübertragung etwa anfallende Steuern hat der Rückerwerbsberechtigte zu tragen.
Eine dingliche Sicherung oder eine andere Sicherung – etwa durch Verpfändung – wird nicht gewünscht.

1292 Angesichts dessen, dass bei Gesellschaftsanteilen nicht wie bei Grundstücken ein insolvenzsichere Vormerkung verwendet werden kann, um den Rückerwerbsanspruch zu sichern, wird häufig auch anstelle des Rückerwerbsrechts eine auflösende Bedingung vorgeschlagen, die von der Geltendmachung unabhängig ist, vgl. etwa *Reul*, DNotZ 2008, 824 f. Eine solche Vereinbarung führt dann zu einem automatischen Rückfall. Die Übereignung wird auflösend bedingt so formuliert: »Die Übertragung des Gesellschaftsanteils ist auflösend bedingt durch den Eintritt folgender Ereignisse vereinbart: ......« .

4) Nießbrauch

Jeder Veräußerer behält sich einen Nießbrauch mit einer Quote von 50 % an seinem Vertragsgrundbesitz[1293] vor.
Alle Vertragsteile

bewilligen und beantragen

die Eintragung des Nießbrauchs für den jeweiligen Veräußerer in das Grundbuch an nächstoffener Rangstelle mit dem Vermerk, dass zur Löschung der Nachweis des Todes des jeweiligen Nießbrauchers genügen soll. Jeder Nießbraucher stimmt dieser Löschungserleichterung ausdrücklich zu.

Jeder Nießbraucher ist berechtigt, anteilig sämtliche Nutzungen aus dem Vertragsgrundbesitz zu ziehen, aber auch verpflichtet, die auf dem Vertragsgrundbesitz ruhenden privaten und öffentlichen einschließlich der außerordentlichen öffentlichen Lasten anteilig zu tragen. Er ist auch verpflichtet, die nach der gesetzlichen Lastenverteilung den Eigentümer treffenden privaten Lasten anteilig zu tragen, insbesondere außergewöhnliche Ausbesserungen und Erneuerungen oder sonstige Erhaltungsaufwendungen.

Die eingetragene Grundschuld sichert Verbindlichkeiten, welche die Nießbraucher eingegangen sind. Diese bleiben daher zur Verzinsung und Tilgung während der Dauer des Nießbrauchs verpflichtet.

Im Übrigen gelten für den Nießbrauch die gesetzlichen Bestimmungen. Das Recht, die Ausübung des Nießbrauchs einem Dritten zu überlassen, wird ausgeschlossen.

Schuldrechtlich gilt: Unabhängig von der Entstehung des Nießbrauchs als dingliches Recht mit seiner Eintragung im Grundbuch sollen sich die Beziehungen zwischen Nießbraucher und Eigentümer ab sofort entsprechend den vereinbarten Bestimmungen gestalten.

Alternative:
Ohne Nießbrauch entfällt Ziffer 4.

1293 In der Einführung zu Abschnitt IX wurden die verschiedenen Möglichkeiten dargestellt, sich den Nießbrauch entweder am Grundbesitz oder an den Gesellschaftsanteilen vorzubehalten. Ob dies erfolgen soll, muss nicht zuletzt in der steuerlichen Beratung geklärt werden. Ggf. ist ein Quotennießbrauch zu empfehlen, um den Kindern über den nicht vom Nießbrauch erfassten Anteil eine sichere Mitunternehmerstellung zu verschaffen. Die Nießbrauchsbestellung erfolgt hier für jeden Elternteil getrennt, sodass mit dem Tode eines Elternteiles dessen Nießbrauch erlischt und die Einnahmen der KG zugutekommen. Alternativ könnte dann für den überlebenden Elternteil der Nießbrauch fortdauern.

V. Vollmachten

(1) Der Inhalt dieser Urkunde bedarf der familien- bzw. betreuungsgerichtlichen Genehmigung. Diese Genehmigung wird hiermit beantragt. Das Familien- bzw. Betreuungsgericht wird gebeten, die Genehmigung und – nach Vorliegen der Voraussetzungen – das Rechtskraftzeugnis unmittelbar dem Notar zu übersenden.
Zur Entgegennahme der familien- bzw. betreuungsgerichtlichen Genehmigung und des Rechtskraftzeugnisses, der Mitteilung an den anderen Vertragsteil und zur Empfangnahme dieser Mitteilung werden sowohl der Notar und dessen amtlich bestellter Vertreter als auch die jeweiligen Angestellten des Notars, insbesondere ...., und zwar jeder für sich allein und unter Befreiung von den Beschränkungen des § 181 BGB bevollmächtigt.
Der Notar wird angewiesen, die Mitteilung an den anderen unmittelbar beteiligten Vertragsteil erst vorzunehmen, wenn ihm das Rechtskraftzeugnis vorliegt und somit erst ab diesem Zeitpunkt von der Doppelvollmacht Gebrauch zu machen.
Der Notar hat die Beteiligten darauf hingewiesen, dass sich an das Rechtskraftzeugnis kein guter Glaube anknüpft. Insbesondere in Fällen eines »vergessenen Beteiligten« kann es also sein, dass das Rechtsgeschäft trotz Vorliegen des Rechtskraftzeugnisses und Vollzug nicht wirksam geworden ist.

(2) Die Vertragsteile beauftragen den Notar umfassend, alle zur Rechtswirksamkeit und zum Vollzug dieser Urkunde notwendigen Erklärungen von Beteiligten und Behörden einzuholen, die hierfür notwendigen Anträge einschließlich etwaiger Rechtsmittel zu stellen. Genehmigungen und Zustimmungen gelten, soweit sie auflagen- und bedingungsfrei erteilt werden, als mit ihrem Eingang beim Notar allen Beteiligten zugegangen, auf Einlegung von Rechtsmitteln wird für diesen Fall verzichtet. Der Notar, sein amtlich bestellter Vertreter und die vorgenannten Angestellten werden jeder für sich und befreit von den Beschränkungen des § 181 BGB bevollmächtigt, Anträge zu stellen, abzuändern oder zurückzunehmen sowie Nachtragserklärungen abzugeben.

VI. Schlussbestimmungen

1) Salvatorische Klausel

Sollten einzelne Bestimmungen dieser Urkunde ganz oder teilweise unwirksam sein oder werden oder sollte sich in dem Vertrag eine Lücke befinden, soll hierdurch die Gültigkeit der übrigen Bestimmungen nicht berührt werden.
Anstelle der unwirksamen Bestimmung oder zur Ausfüllung der Lücke soll eine angemessene Regelung treten, die, soweit rechtlich möglich, dem am nächsten kommt, was die Gesellschafter gewollt haben würden, wenn sie den Punkt bedacht hätten.

2) Belehrungen

Die Beteiligten wurden über das Wesen einer Kommanditgesellschaft und über die rechtliche Tragweite der von ihnen abgegebenen Erklärungen eingehend vom Notar belehrt.
Insbesondere wurde darauf hingewiesen, dass
- bei Beginn der Geschäfte für die Kommanditgesellschaft vor der Eintragung im Handelsregister die Gefahr der unbeschränkten persönlichen Haftung für den Kommanditisten gem. § 176 Abs. 1 HGB besteht,
- der Eigentumsübergang die Eintragung im Grundbuch voraussetzt,
- hierzu die Einholung einer steuerlichen Unbedenklichkeitsbescheinigung im Hinblick auf die Grunderwerbsteuer Voraussetzung ist.

Die Beteiligten wurden ferner über die vorweggenommene Erbfolge, das Pflichtteilsrecht und die Schenkungsteuer belehrt.
Der Notar hat dringend empfohlen, steuerliche Beratung einzuholen, da die in der Urkunde vorgesehenen Übertragungen auch ertragsteuerliche Auswirkungen haben können.

3) Kosten, Steuern und Abschriften

.....

Anlage 1 – Grundbesitz

.....

X. Übertragung der Immobilie auf Kinder

1. Anwendungsbereich

765 Während im vorhergehenden Abschnitt die Begründung eines Familienpools dargestellt worden ist, mit dem die Immobilien dauerhaft in der Familie gehalten werden können, kommt es bei Verhandlungen über Scheidungsvereinbarungen auch immer wieder vor, dass Ehegatten sich über die wechselseitige Übernahme von Grundbesitz nicht einigen können und der Kompromiss dann in der Übertragung auf die Kinder besteht. Eine solche Einzelübertragung einer Immobilie soll nachfolgend vorgestellt werden.

2. Beteiligung Minderjähriger

766 Für die Beteiligung Minderjähriger kann zunächst auf die Ausführungen zum Familienpool verwiesen werden.[1294] Bei der Übertragung von Immobilien wird man nur selten ohne Ergänzungspfleger und familiengerichtliche Genehmigung auskommen. Dazu muss der Erwerb **unentgeltlich** sein und **lediglich rechtlich vorteilhaft.**

767 Schon der Erwerb einer **vermieteten Immobilie** ist **nicht lediglich** rechtlich **vorteilhaft**, auch wenn der Veräußerer sich einen vollumfänglichen Nießbrauch vorbe-

1294 Vorstehend Rdn. 744 ff.

hält.[1295] Der Erwerb von Wohnungseigentum wird ebenfalls generell als rechtlich nachteilig eingestuft.[1296]

768 Bei der Bewertung einer Erklärung als lediglich rechtlich vorteilhaft soll die Auflassung für sich zu betrachten sein, sodass diese auch dann lediglich rechtlich vorteilhaft sein kann, wenn das zugrunde liegende schuldrechtliche Geschäft rechtliche Nachteile aufweist.[1297]

769 Schon die **gemischte Schenkung** ist als entgeltlich i.S.d. § 1821 Nr. 5 BGB anzusehen, sodass es einer familiengerichtlichen Genehmigung bedarf. Die Schenkung unter Auflage wird ebenfalls als genehmigungsbedürftig erachtet, es sei denn, der Minderjährige haftet nur mit dem zugewendeten Gegenstand.[1298] Letzteres ist v.a. bei der Formulierung einer Rückübertragungsklausel zu beachten, die sich auf eine bereicherungsrechtliche Rückabwicklung beschränken sollte.

3. Erwerbsverhältnis bei mehreren Erwerbern

770 Ist eine Übertragung auf mehrere Kinder geplant, ist zu überlegen, in welchem Anteilsverhältnis die Immobilie auf die Kinder übertragen werden soll. Bei mehreren Immobilien mag es vorteilhaft sein, diese auf die Kinder zu verteilen, denn dies erspart eine spätere Auseinandersetzung. Wenn die Kinder Miteigentümer werden, ist ggf. ein Ausschluss der Aufhebung der Gemeinschaft nach §§ 1010 BGB zu vereinbaren. Es kann auch überlegt werden, die Kinder als Gesellschafter bürgerlichen Rechts Eigentümer werden zu lassen. Hier können bindende Regelungen beschlossen werden und die Verfügung über den Gesellschaftsanteil kann ausgeschlossen oder erschwert werden.

4. Rückübertragungsrechte

771 Bei einer Übertragung von Grundstücken auf Kinder außerhalb der Scheidungssituation sind Rückübertragungsklauseln heute sehr gebräuchlich. Für bestimmte Fälle kann die Übertragung rückgängig gemacht werden. Als solche Gründe kommen in erster Linie in Betracht: vorzeitiger Tod des Kindes, Verkauf oder Belastung durch das Kind, Insolvenz oder Zwangsmaßnahmen gegen das Kind oder auch eine Scheidung des Kindes jedenfalls dann, wenn das übertragene Gut nicht aus dem Zugewinn ausgeschlossen worden ist.

772 In der Scheidungssituation kann die Besonderheit hinzukommen, dass die Übertragung auf die Kinder zwischen den Ehegatten bindend verabredet ist, sodass ein Rückfall an einen Ehegatten nicht gewünscht wird. Ggf. kann hier das Rückübertra-

1295 BGH, NJW 2005, 1439, BGH, NJW 2003, 1129; a.A. Everts, ZEV 2005, 211; zur Möglichkeit einer Übertragung aufschiebend bedingt auf die Volljährigkeit und den Grundbucheintrag: KG, FamRZ 2011, 736 f.

1296 OLG München, MittBayNot 2008, 389; BGH, ZEV 2011, 40.

1297 BGH, NJW 2005, 415; hierzu *Zorn*, FamRZ 2011, 776 ff.

1298 OLG Köln, FamRZ 1998, 1326 f.

gungsrecht davon abhängig gemacht werden, dass es von beiden Ehegatten ausgeübt wird.

5. Nutzungsvorbehalte

Sollen die Einnahmen den Eltern vorbehalten bleiben, kommt die Bestellung eines Nießbrauchs in Betracht. Wohnt ein Elternteil im Objekt, wird die Bestellung eines Wohnungsrechtes angezeigt sein. 773

6. Formulierungsvorschlag

Eine solche Überlassung auf Kinder in der Scheidungssituation kann folgendermaßen formuliert sein: 774

▶ Formulierungsvorschlag (Übertragung einer Immobilie auf ein volljähriges Kind in der Scheidungssituation): 775

URNr. .....

Überlassung

Heute, den .....
– ..... –
erschienen vor mir,

Dr. .....

Notar in .....:

1. Herr .....
geboren am .....
wohnhaft in .....
nach Angabe im gesetzlichen Güterstand lebend,

2. dessen Ehefrau
Frau ....., geb. .....
geboren am .....
wohnhaft in .....
nach Angabe im gesetzlichen Güterstand lebend,

3. deren Sohn
Herr .....
geboren am .....
wohnhaft in .....
nach Angabe nicht verheiratet.
Die Erschienenen wiesen sich durch ihre amtlichen Lichtbildausweise aus.
Nach Unterrichtung über den Grundbuchinhalt beurkunde ich auf Ansuchen und nach Erklärung der Erschienenen bei deren gleichzeitiger Anwesenheit Folgendes:

Überlassungsvertrag:

I. Vorbemerkungen

Im Grundbuch des Amtsgerichts ..... für .....
Blatt .....
sind als Eigentümer je zur Hälfte an dem dort vorgetragenen in der Gemarkung ..... gelegenen Grundbesitz eingetragen:
Herr ..... und Frau .....
Der Grundbesitz ist im Grundbuch belastet wie folgt:
Abteilung II und III lastenfrei.

II. Überlassung

Herr ..... und Frau .....

– nachfolgend kurz: »der Veräußerer« –

überlassen hiermit das in Abschnitt I dieser Urkunde näher bezeichnete Vertragsobjekt mit allen damit verbundenen Rechten, Bestandteilen und dem Zubehör an ihren Sohn .....

– nachfolgend kurz: »der Erwerber« –

zum Alleineigentum.
Außer etwaigem gesetzlichen Zubehör sind keine beweglichen Gegenstände mitüberlassen.

III. Auflassung und Vormerkung

Die Vertragsteile sind über den vereinbarten Eigentumsübergang einig.
Der Veräußerer bewilligt und der Erwerber beantragt die Eintragung der Auflassung im Grundbuch.
Um Vollzugsmitteilung an den amtierenden Notar und die Vertragsteile wird gebeten.
Auf die Eintragung einer Vormerkung wurde von den Beteiligten nach Belehrung über deren Bedeutung ausdrücklich verzichtet.

IV. Rechtsgrund, erbrechtliche Bestimmungen

1)

Die vorstehende Überlassung erfolgt im Wege der vorweggenommenen Erbfolge.
Die Gegenleistungen des Erwerbers ergeben sich aus den nachfolgenden Bestimmungen der Ziffer V.
Weitere Gegenleistungen als die in dieser Urkunde aufgeführten sind nicht zu erbringen.

2)

Soweit der Wert des übergebenen Vertragsobjektes den Wert der Gegenleistungen übersteigt, hat sich der Erwerber diesen Wert auf etwaige künftige Pflichtteilsansprüche am Nachlass jedes Elternteiles[1299] mit dem hälftigen Wert des Grundbesitzes anrechnen zu lassen.
Die Anrechnung hat mit dem heutigen Verkehrswert zu erfolgen.

3)

Eine etwa bestehende Ausgleichungspflicht gemäß §§ 2050 ff. BGB wird erlassen bzw. eine solche wird ausdrücklich nicht angeordnet.[1300]

4)

Die Ehegatten sind sich darüber einig, dass mit der Übertragung auf den Sohn nach dieser Urkunde hinsichtlich des vertragsgegenständlichen Grundbesitzes keinerlei gegenseitige Ansprüche mehr bestehen, ausgenommen solche, die aus dieser Urkunde resultieren.
Der vertragsgegenständliche Grundbesitz soll im Zugewinnausgleich daher nicht mehr berücksichtigt werden, und zwar weder im Endvermögen noch im Anfangsvermögen. Dies gilt auch für etwaiges Anfangsvermögen eines Ehegatten, das in dieses Vermögen verwendet wurde. Dies gilt ungeachtet dessen, dass das nachfolgende Wohnrecht nur für den Ehemann bestellt wird. Der Wohnvorteil wird zum Ausgleich beim Unterhalt Berücksichtigung finden.[1301]
Auch alle sonstigen Ansprüche bezüglich des vertragsgegenständlichen Grundbesitzes sollen ausgeschlossen sein, insbesondere etwaige Ansprüche aus Ehegatteninnengesellschaft.

V. Gegenleistung

Für die Zuwendungen in dieser Urkunde hat der Erwerber folgende Gegenleistung zu erbringen:
Herr.... behält sich vor bzw. der Erwerber räumt Herrn .... hiermit ab Besitzübergang ohne weiteres Entgelt auf Lebenszeit das Wohnungsrecht am vertragsgegenständlichen Grundstück wie folgt ein:

1299 Bei einer Vereinbarung im Scheidungszusammenhang ist es empfehlenswert, die Anrechnung genau auszuweisen. Da hier beide Ehegatten Miteigentümer sind, soll jeweils die Hälfte des Wertes nach jedem Elternteil angerechnet werden.

1300 Je nach Sachverhaltsgestaltung.

1301 Regelung je nach Sachverhalt. Ggf. kann auch eine umfassende güterrechtliche Regelung mit beurkundet werden. Die vorgeschlagene Regelung macht nur Sinn, wenn auch weiterhin Unterhaltsansprüche bestehen.

1)

Dieses besteht aus dem Recht der ausschließlichen und alleinigen Benutzung der Wohnung im Erdgeschoss und ersten Obergeschoss des Anwesens sowie des Kellerraumes links von der Treppe und der von der Straße aus gesehen linken Garage und dem Recht auf Mitbenützung der zum gemeinsamen Gebrauch der Bewohner bestimmten Anlagen, Einrichtungen und Räume, insbesondere Hofraum und Garten. Der Berechtigte hat freies Umgangs- und Aufenthaltsrecht im gesamten Betriebsbereich mit Ausnahme der persönlichen Räume des Erwerbers oder von vermieteten Räumlichkeiten.

2)

Die dem Wohnungsrecht unterliegenden Räume des Berechtigten sind in gut bewohnbarem und gut beheizbarem Zustand vom Erwerber zu erhalten.

3)

Werden die dem Wohnungsrecht unterliegenden Räume zerstört oder unbrauchbar, hat sie der Erwerber so wiederherzustellen, wie es nach den Umständen der Billigkeit entspricht.
Bis zur Wiederherstellung hat er dem Berechtigten eine angemessene anderweitige Wohnung bzw. Unterkunft zur Verfügung zu stellen.

4)

Die Kosten für Beheizung, elektrische Energie, Wasser, Abwasser, Müllabfuhr etc. trägt der Berechtigte, ebenso anfallende Schönheitsreparaturen wie Maler- und Tapezierarbeiten.
Sonstige Instandsetzungs- und Instandhaltungskosten trägt der Erwerber.

5)

Der Berechtigte ist nicht befugt, die Ausübung des Wohnungsrechtes ganz oder teilweise, entgeltlich oder unentgeltlich Dritten zu überlassen.

6)

Die Leistungsverpflichtungen nach dieser Ziffer V. ruhen für den Berechtigten in der Zeit, in der er sich nicht im Vertragsanwesen aufhält (insbesondere bei Aufenthalt des Berechtigten in einem Krankenhaus oder in einem Alten- und/oder Pflegeheim).

7)

Der Erwerber bestellt zugunsten des Veräußerers, Herrn ....., als Alleinberechtigten zur Sicherung aller Ansprüche aus dem Wohnungs- und Mitbenützungsrecht gemäß vorstehender Ziffer 1 und 2 am genannten Grundstück eine

beschränkte persönliche Dienstbarkeit

und

bewilligt und beantragt

die Eintragung in das Grundbuch an erster Rangstelle.

8)

Weitere Gegenleistungen sind nicht zu erbringen.

VI. Veräußerungs- und Belastungsverbot, Rückerwerb

1)

Der Erwerber verpflichtet sich gegenüber dem Veräußerer, den Vertragsgrundbesitz oder Teile hiervon ohne seine Zustimmung weder zu veräußern noch zu belasten. Auf die Bestimmung des § 137 BGB wurde hingewiesen.
Für den Fall der Zuwiderhandlung gegen das vereinbarte Veräußerungs- und Belastungsverbot
sind die Ehegatten ..... als Berechtigte

– nachfolgend kurz: »Rückerwerbsberechtigter« genannt –

berechtigt, den heutigen Vertragsgrundbesitz mit allen Rechten und Pflichten, Bestandteilen und dem gesetzlichen Zubehör zurückzuerwerben, sodass jeder von ihnen die Leistung an beide Ehegatten gemeinschaftlich verlangen kann (§ 432 BGB).

2)

Das gleiche Recht steht dem Rückerwerbsberechtigten zu, wenn
a) der Erwerber zu Lebzeiten beider Eltern verstirbt
o d e r
b) über das Vermögen des Erwerbers ein Insolvenzverfahren eröffnet wird oder Zwangsversteigerungs- oder Zwangsvollstreckungsmaßnahmen gegen das Vermögen des Erwerbers durchgeführt werden
o d e r
c) der Erwerber heiratet und nicht binnen sechs Monaten nach Aufforderung nachweist, dass er entweder Gütertrennung vereinbart hat oder den gesetzlichen Güterstand so modifiziert hat, dass der heutige Vertragsgegenstand und seine Wertsteigerungen vom Zugewinn und den Verfügungsbeschränkungen nach § 1365 BGB ausgeschlossen sind
o d e r
d) der Erwerber oder sein Ehegatte Scheidungsantrag stellt.

3)

Dieses Rückerwerbsrecht ist höchstpersönlich, nicht vererblich und nicht übertragbar.
Das Rückerwerbsrecht kann nur von jedem Ehegatten zur Leistung an beide Ehegatten ausgeübt werden. Nach dem Tod eines Ehegatten erlischt das Rückerwerbsrecht.[1302]
Es ist innerhalb von sechs Monaten nach Kenntnis vom Eintritt der Voraussetzung durch schriftliche Erklärung gegenüber dem Eigentümer bzw. dessen Erben auszuüben. Entscheidend für die Einhaltung der Frist ist die Absendung durch den Erklärenden.
Für den Rückerwerb gelten folgende Bestimmungen:

1302 Regelungen hier wegen der Scheidungssituation auf diese Weise. Möglicherweise kann auch gewollt sein, dass ein überlebender Ehegatte sein Rückerwerbsrecht behalten soll oder ihm dieses für den gesamten Grundbesitz weiterhin zustehen soll.

4)

Der Grundbesitz ist frei von Rechten Dritter zu übertragen.
Ausnahmen hiervon bilden etwaige Rechte, die in der vorliegenden Urkunde übernommen werden, und etwaige Rechte, die mit Zustimmung des Rückerwerbsberechtigten im Grundbuch eingetragen werden.
Hinsichtlich eingetragener Grundpfandrechte hat der Rückerwerbsberechtigte auch die zugrundeliegenden Verbindlichkeiten in persönlicher Haftung mit schuldbefreiender Wirkung zu übernehmen, soweit die Darlehensvaluten für Investitionen auf dem Vertragsgrundbesitz verwendet worden sind; ein Erstattungsbetrag gemäß nachfolgender Ziffer 5) ist insoweit nicht zu zahlen.

5)

Der Rückerwerbsberechtigte hat dem heutigen Erwerber die von diesem auf den Vertragsgrundbesitz gemachten Verwendungen zum Zeitwert im Zeitpunkt der Rückübertragung zu ersetzen.
Im Übrigen hat der Rückerwerbsberechtigte keine Gegenleistung zu erbringen.

6)

Die Kosten der Rückübertragung und durch die Rückübertragung etwa anfallende Verkehrssteuern hat der Rückerwerbsberechtigte zu tragen.

7)

Zur Sicherung aller Ansprüche der Rückerwerbsberechtigten auf Übertragung des Eigentums aus dem vorvereinbarten Rückerwerbsrecht

bewilligen und beantragen

die Vertragsteile die Eintragung einer (Rückauflassungs-) Vormerkung gemäß § 883 BGB zugunsten der Rückerwerbsberechtigten im angegebenen Berechtigungsverhältnis am Vertragsgrundbesitz in das Grundbuch an nächstoffener Rangstelle im Rang nach der beschränkt persönlichen Dienstbarkeit.

VII. Übergang von Besitz, Nutzungen, Lasten und Gefahr

1)

Der Besitz geht ab dem nächsten Monatsersten auf den Erwerber über.
Mit gleicher Wirkung gehen auch Nutzen, Lasten, öffentliche Abgaben und Steuern sowie die Gefahr des zufälligen Untergangs oder einer zufälligen Verschlechterung des Vertragsbesitzes auf den Erwerber über.

2)

Soweit vom Veräußerer oder seinen Rechtsvorgängern für den übergebenen Besitz Erschließungsbeiträge sowie Anliegerleistungen im weitesten Sinn geleistet wurden, kommen diese ohne Erstattungspflicht dem Erwerber zugute. Künftig in Rechnung gestellte derartige Kosten, auch soweit sie bereits jetzt ausgeführte Arbeiten betreffen, trägt ausschließlich der Erwerber. Der Veräußerer versichert, dass offene, bereits festgesetzte derartige Kosten nicht bestehen.

VIII. Gewährleistung

Der Veräußerer schuldet ungehinderten Besitz- und Eigentumsübergang frei von irgendwelchen Rechten und Ansprüchen Dritter.
Eine weiter gehende Haftung, insbes. für die Freiheit von Sachmängeln aller Art, die Grundstücksgröße und den Grundbuchbeschrieb, Flächenmaß, Bodenbeschaffenheit, Verwertbarkeit für die Zwecke des Erwerbers sowie baulichen Zustand ist ausgeschlossen. Der Vertragsbesitz geht über in dem Zustand, in dem er sich heute befindet und der dem Erwerber bekannt ist.

IX. Amtliche Hinweise des Notars

Die Vertragsteile wurden vom Notar eingehend hingewiesen
- auf die Bestimmungen des Erbschaftsteuer- und Grunderwerbsteuergesetzes,
- auf den Zeitpunkt des Eigentumsübergangs,
- auf die Notwendigkeit, dass alle Abreden richtig und vollständig beurkundet werden müssen, da sonst diese Urkunde nichtig sein kann,
- auf die Haftung aller Vertragsteile für Kosten und Steuern sowie die Haftung des jeweiligen Eigentümers für Erschließungsbeiträge, Anliegerleistungen und rückständige öffentliche Lasten und Abgaben,
- auf die Bestimmungen des Baugesetzbuches und des Grundstücksverkehrsgesetzes, soweit einschlägig,
- auf die Bestimmungen über den Pflichtteilsergänzungsanspruch,
- dass es ratsam sein kann, sich steuerlich beraten zu lassen.

X. Teilnichtigkeit

Sollte eine Bestimmung in dieser Urkunde aus irgendeinem Grunde nicht wirksam sein oder unwirksam werden, bleiben die übrigen Bestimmungen wirksam. Die Vertragsteile sind dann verpflichtet, die unwirksame Bestimmung durch eine andere zu ersetzen, die dem angestrebten Zweck der nichtigen Vereinbarung am nächsten kommt.

XI. Abwicklungsvollmacht

Die Vertragsteile beauftragen den Notar, alle zur Rechtswirksamkeit und zum Vollzug dieses Vertrages notwendigen Erklärungen von Beteiligten oder Behörden einzuholen, die hierfür notwendigen Anträge (einschl. etwaiger Rechtsmittel) zu stellen.
Genehmigungen und Zustimmungen gelten, soweit sie auflagen- und bedingungsfrei erteilt werden, als mit dem Eingang beim Notar allen Beteiligten zugegangen, auf Einlegung von Rechtsmitteln wird für diesen Fall verzichtet.
Der Notar und jeder Angestellte der Notarstelle werden unter Befreiung von § 181 BGB jeweils einzeln ermächtigt, Anträge zu stellen, abzuändern oder zurückzunehmen.

XII. Kosten, Steuern, Abschriften

Die Kosten dieser Urkunde und ihres Vollzugs im Grundbuch, die Kosten etwaiger Genehmigungen und der Katasterfortschreibung sowie etwa anfallende Erwerbsteuern trägt der Erwerber.
Von dieser Urkunde erhalten:
beglaubigte bzw. einfache Abschriften:
das Grundbuchamt,
jeder Vertragsteil sofort je eine,
das Finanzamt – Grunderwerbsteuerstelle –
das Finanzamt – Schenkungsteuerstelle –
Die Vertragsteile erhalten nach Vollzug noch je eine Ausfertigung.

D. Teilungsversteigerung

Die Teilungsversteigerung ist häufig **letzte Stufe** einer **eskalierenden Auseinandersetzung** um das Familienwohnheim.[1303] Von ihr wird von den Parteien, die noch mit dem Familienwohnheim innerlich verbunden sind, aber auch von den Anwälten[1304] zwar oft nur zögerlich Gebrauch gemacht; dennoch werden Teilungsversteigerungen als Begleiterscheinungen von Ehescheidungen immer häufiger.[1305] 776

Mit der Teilungsversteigerung kann das Familienwohnheim nach §§ 753 BGB i.V.m. § 180 ZVG **zwangsweise auseinandergesetzt** werden. Wenn außergerichtliche Einigungen nicht zu erzielen sind, ist die Teilungsversteigerung das letzte Mittel, die Auflösung des gemeinschaftlichen Vermögens zeitnah zu erreichen. 777

Das Verfahren ist in großem Umfang von **taktischen Erwägungen** bestimmt. Jeder Beteiligte muss sich daher klar werden, was er mit dem Verfahren erreichen will. So kann ein Beteiligter das Anwesen selbst günstig ersteigern wollen. Ein anderes Ziel kann sein, dass der Erlös möglichst hoch ausfallen soll. Manchmal besteht auch das Bestreben in der Hauptsache darin, dem anderen Ehegatten den Erwerb unmöglich zu machen. 778

Daher sollen nachfolgend das Verfahren, die Hinderungsgründe und die weiteren Auswirkungen der Teilungsversteigerung besprochen werden. 779

I. Das Verfahren der Teilungsversteigerung

Bei Bruchteilseigentum kann nach **§§ 749, 753 BGB jeder Eigentümer die Auseinandersetzung verlangen**, die dann mangels Einvernehmen durch Teilungsversteigerung bewirkt wird.[1306] 780

1. Grundzüge des Verfahrens der Teilungsversteigerung

Zur Einleitung des Verfahrens ist ein **Antrag** eines eingetragenen Eigentümers erforderlich, für den keine besondere Form vorgeschrieben ist, der also **schriftlich** oder zu **Protokoll der Geschäftsstelle** eingereicht werden kann, § 15 ZVG. 781

Zuständiges Gericht ist das **Amtsgericht** als Vollstreckungsgericht des Bezirks, in dem das Grundstück belegen ist, § 1 Abs. 1 ZVG. Funktionell zuständig ist der Rechtspfleger, § 3 Nr. 1 Buchst. i) RPflG. 782

1303 *Grziwotz*, FamRZ 2002, 1669, 1675.

1304 So *Kogel*, Teilungsversteigerung, Rn. 525.

1305 *Storz/Kiderlen*, Praxis der Teilungsversteigerung, B 1.4.2.

1306 Hier soll nur auf die durch einen Ehegatten veranlasste Teilungsversteigerung eingegangen werden. Sonderkonstellationen wie die Pfändung des Auseinandersetzungsanspruches durch Gläubiger oder die Beteiligung von Erbengemeinschaften würden diesen Rahmen sprengen.

783 Der Antrag hat nach § 16 ZVG **folgende Angaben** zu enthalten:

- die Bezeichnung des Grundstücks in grundbuchmäßiger Form (empfehlenswert ist das Beifügen eines Grundbuchauszugs, rechtlich genügt beim gleichen AG auch die Bezugnahme, § 17 Abs. 2 Satz 1 ZVG),
- die Eigentümer mit ladungsfähigen Anschriften,[1307]
- den Nachweis der Eigentümerstellung des Antragstellers (§ 181 Abs. 2 ZVG – oder Nachweis der Erbenstellung durch Urkunden, § 17 Abs. 3 ZVG),
- das Berechtigungsverhältnis,
- den Antrag auf Teilungsversteigerung.

784 Da die Auseinandersetzung durch Teilungsversteigerung jederzeit verlangt werden kann, ist ein **Vollstreckungstitel nach § 181 Abs. 1 ZVG nicht erforderlich.** Dies ist nur dann anders, wenn die Aufhebung der Gemeinschaft durch Vereinbarung ausgeschlossen und dieser Ausschluss im Grundbuch eingetragen ist und der Antragsteller sich auf einen wichtigen Grund nach § 749 Abs. 2 BGB beruft. Hier muss ein rechtskräftiger Duldungstitel vorgelegt werden,[1308] denn die Unzulässigkeit der Versteigerung ist vom Gericht in diesem Fall von Amts wegen zu beachten.[1309]

785 Ein **Vormund oder Betreuer** kann einen Antrag nur mit Genehmigung des Betreuungs- bzw. Familiengerichts stellen, § 181 Abs. 2 ZVG.

786 **Urkunden** können nach § 792 ZPO als Gläubiger in der Zwangsvollstreckung beschafft werden.

787 Jeder Ehegatte kann einen **eigenen Antrag** auf Teilungsversteigerung stellen oder dem Verfahren des anderen Ehegatten **beitreten.** Die einzelnen Versteigerungsverfahren sind dann selbstständig und voneinander unabhängig.[1310]

788 **Versteigert wird** in einem solchen Verfahren **das ganze Grundstück**, unabhängig von der Größe des Miteigentumsanteils. Der BGH hat dazu nun entschieden, dass ein **Einzelausgebot** der Miteigentumsanteile bei der Teilungsversteigerung – anders als nach § 63 Abs. 1 Satz 1 ZVG bei der Forderungszwangsversteigerung – nicht zulässig ist. Die Teilungsversteigerung sei auf eine endgültige und vollständige Aufhebung der Gemeinschaft gerichtet und nicht nur auf das Ausscheiden einzelner Miteigentümer unter Fortbestand der Gemeinschaft in anderer personeller Zusammensetzung.[1311]

2. Beteiligte

789 Bei der Teilungsversteigerung spricht man von Antragsteller und Antragsgegner.

1307 *Hamme*, Teilungsversteigerung, Rn. 82; Kogel, Teilungsversteigerung, Rn. 62.

1308 *Mock*, ZAP Fach 14, S. 557, 569; Schröder/Bergschneider/*Hintzen*, Familienvermögensrecht, Rn. 10.60; *Storz/Kiderlen*, Praxis der Teilungsversteigerung, B 4.2.

1309 *Böttcher*, ZVG, § 180 Rn. 18.

1310 *Böttcher*, ZVG, § 180 Rn. 64; *Kogel*, Teilungsversteigerung, Rn. 68; *Stöber*, ZVG, § 180 Rn. 8.1.; *Storz/Kiderlen*, Praxis der Teilungsversteigerung, A 4.5.

1311 BGH, FamRZ 2009, 1317 f. = DNotZ 2010, 54.

Im Verfahren gelten nach § 9 ZVG als **Beteiligte**: 790

- der Antragsteller,
- die anderen Miteigentümer als Antragsgegner,
- diejenigen, für die bei Eintragung des Versteigerungsvermerks ein Recht im Grundbuch eingetragen oder gesichert ist,
- diejenigen, welche ein die Versteigerung hinderndes Recht bei Gericht anmelden und glaubhaft machen.

Jeder Ehegatte kann einen eigenen Antrag stellen. Es kann auch ein Ehegatte seinen **Beitritt zum Verfahren** des anderen Ehegatten erklären. 791

Nur durch den Beitritt zum Verfahren gewinnt der Antragsgegner **Einflussmöglichkeiten** auf das Verfahren. Anderenfalls besteht für den Antragsteller insbes. die einseitige Möglichkeit, die Einstellung des Verfahrens herbeizuführen und so den Zuschlag zu verhindern, damit z.B. der Ehegatte nicht ersteigert oder ein von ihm selbst abgegebenes zu hohes Gebot nicht zum Zuschlag führt. Diese einseitige Möglichkeit besteht sogar noch nach Schluss der Versteigerung und führt zur Versagung des Zuschlags, § 33 ZVG. Dies wird durch den Beitritt des anderen Ehegatten verhindert. Ein solcher Beitritt wird v.a. dann erwogen werden müssen, wenn sich alle Hoffnungen auf eine Einstellung des Verfahrens zerschlagen haben. 792

Der Antrag auf Zulassung des Beitritts hat dieselben Voraussetzungen wie der Antrag selbst und wird wirksam mit Zustellung des Beschlusses an den Antragsgegner. Die Zulassung des Beitritts gewährt dem Beitretenden dieselben Rechte wie dem ursprünglichen Antragsteller, § 27 Abs. 2 ZVG. Es handelt sich um voneinander unabhängige Einzelverfahren für dasselbe Vollstreckungsobjekt.[1312] 793

Der Beitritt ist allerdings **fristgebunden** und muss nach §§ 43 Abs. 2, 44 Abs. 2 ZVG vier Wochen vor dem Termin den anderen Miteigentümern zugestellt sein. 794

▶ Hinweis:

Die Frist für den Beitritt zum Verfahren der Teilungsversteigerung ist unbedingt zu beachten! Bei Fristversäumnis droht der Verlust von Einwirkungsmitteln i.R.d. Teilungsversteigerung und damit finanzieller Schaden.

3. Weiterer Verfahrensablauf

a) Rechtliches Gehör

Ob dem Antragsgegner nach Art. 103 GG **rechtliches Gehör** gewährt werden muss, ist streitig.[1313] Die ablehnende Ansicht[1314] beruft sich darauf, dass es sich um eine Maßnahme der Zwangsvollstreckung handelt, für die das rechtliche Gehör nicht 795

1312 Schröder/Bergschneider/*Hintzen*, Familienvermögensrecht, Rn. 10.68.

1313 Bejahend *Eickmann*, Rpfl. 1982, 449, 457; *Böttcher*, ZVG, § 180 Rn. 23.

1314 Schröder/Bergschneider/*Hintzen*, Familienvermögensrecht, Rn. 10.63; *Stöber*, Zwangsversteigerungsgesetz, § 180 Tz. 5.8.

gelte und dass es sich um eine bloße Förmelei handele, da Rechtsschutz durch die Möglichkeit von Einstellungsanträgen gegeben sei.[1315]

b) Beschlagnahme

796 Mit Zustellung des Anordnungsbeschlusses an den Antragsgegner tritt die **Beschlagnahme des Grundstücks** ein. Geht das Ersuchen um Eintragung des Zwangsversteigerungsvermerks im Grundbuch früher ein, ist dieser Zeitpunkt maßgeblich, §§ 22, 27 ZVG. Diese erste Beschlagnahme ist für das weitere Verfahren maßgeblich.

797 Die Beschlagnahme führt zu einem relativen Veräußerungsverbot nach § 23 ZVG und ist der entscheidende Zeitpunkt für wiederkehrende Leistungen. Nach § 13 Abs. 1 ZVG gelten solche vor diesem Zeitpunkt als rückständige Leistungen, diejenigen nach dem Termin als laufende Leistungen.

798 Die Beschlagnahme umfasst nicht den Hypothekenhaftungsverband.[1316] Die Beschlagnahmewirkung ist insgesamt eingeschränkt gegenüber der sonstigen Zwangsvollstreckung.[1317] Eine **Beschlagnahme** besteht nur insoweit als sie für die Durchführung des Verfahrens erforderlich ist.[1318] Die Teilungsversteigerung führt insb. **nicht** zu einem **Verfügungsverbot** des Schuldners entsprechend § 23 Abs. 1 Satz 1 ZVG. Nach Ansicht des BGH gilt dies auch für den Fall, dass die Teilungsversteigerung durch einen Gläubiger betrieben wird, der den Anspruch des Schuldners auf Aufhebung der Bruchteilsgemeinschaft, Teilung und Auszahlung des Erlöses gepfändet hat. Ein Schutzbedürfnis bestehe insoweit nicht, als die Erlösverteilung außerhalb des Verfahrens der Teilungsversteigerung stattfinde. Der **Schuldner kann** also auch während des Verfahrens der Teilungsversteigerung **wirksam über seinen Miteigentumsanteil verfügen**.[1319]

c) Einstellungen

799 Die Einstellungsmöglichkeiten werden gesondert behandelt.[1320]

d) Verkehrswertfestsetzung

800 Das Gericht wird den **Verkehrswert** des Versteigerungsobjektes i.d.R. mithilfe eines Sachverständigen **festsetzen**, § 74a Abs. 5 Satz 1 ZVG. An der **Besichtigung** des

---

1315 *Kogel*, Teilungsversteigerung, Rn. 69.
1316 Schröder/Bergschneider/*Hintzen*, Familienvermögensrecht, Rn. 10.87.
1317 *Stöber*, Zwangsversteigerungsgesetz, § 180 Tz. 6.6.
1318 BGH, NJW 1952, 263.
1319 BGH, NJW-RR 2010, 1098 = DNotZ 2011, 120.
1320 S. nachfolgender Abschnitt II, Rdn. 861 ff.

Grundstücks durch den **Sachverständigen**, die nicht erzwungen werden kann,[1321] dürfen Antragsteller und Antragsgegner teilnehmen. Eine solche **Teilnahme** ist unbedingt zu empfehlen, denn nur so kann Einfluss auf die Einschätzung des Sachverständigen gewonnen oder ein einseitiger Einfluss des anderen Teils verhindert werden.[1322]

▶ Hinweis:

Findet i.R.d. Teilungsversteigerung ein Sachverständigentermin statt, sollte jede Partei bzw. die beratenden Rechtsanwälte diesen Termin wahrnehmen, denn nur so kann man eine objektive Information des Sachverständigen sicherstellen.

Wenn dem Sachverständigen das Betreten verwehrt wird, wird dieser regelmäßig 801
durch Sicherheitsabschläge bei einer Bewertung rein anhand der schriftlichen Unterlagen zu einem niedrigeren Wert kommen. Dies soll nicht anfechtbar sein, wenn vorher der Zutritt verwehrt wurde.[1323]

Der gerichtliche Beschluss über die Festsetzung des Verkehrswertes ist mit der **sofor-** 802
tigen Beschwerde anfechtbar, nicht jedoch später der Zuschlag oder dessen Versagung unter Berufung auf eine solche fehlerhafte Festsetzung,[1324] § 74a Abs. 5, Sätze 3, 4 ZVG.

Bei der Verkehrswertfestsetzung sollte auch im Teilungsversteigerungsverfahren[1325] die neue Rechtsprechung des BGH[1326] nicht unbeachtet bleiben, wonach nicht nur bei Unternehmen, sondern auch bei allen anderen Vermögensgegenständen wie eben Immobilien eine **latente Ertragsteuer** bei der Bemessung des Wertes zu berücksichtigen ist. Dies kann sogar dazu führen, dass zwei Miteigentumsanteile zur Hälfte einen jeweils unterschiedlichen Wert haben, wenn für einen Ehegatten – etwa weil er noch im Objekt wohnt – die Veräußerung nicht der Veräußerungsgewinnbesteuerung unterliegt, für den anderen hingegen schon, weil er schon länger ausgezogen ist und daher an der Privilegierung eigengenutzten Wohnraums keinen Anteil mehr hat.

1321 *Stöber*, Zwangsversteigerungsgesetz, § 74a, Tz. 10.5.; *Kogel*, Teilungsversteigerung, Rn. 175; OLG Koblenz, NJW 1968, 897. Noch immer umstritten, weil nicht durch obergerichtliches Urteil geklärt ist die Frage, ob Bietinteressenten der Zutritt gewährt werden muss. Einzelne befürwortende Urteile (AG Aachen, FamRZ 1999, 848; AG Wetzlar, FamRZ 2002, 1500 f.) werden in der Lehre zumeist abgelehnt: *Stöber*, Zwangsversteigerungsgesetz, § 42 Rn. 3 mit der Anmerkung, das Gericht könne aus der Weigerung negative Folgerungen ziehen; *Krause*, Familienheim, 8/102; für ein Besichtigungsrecht: *Hamme*, Teilungsversteigerung, Rn. 107.

1322 *Kogel*, Teilungsversteigerung, Rn. 183.

1323 *Kogel*, Teilungsversteigerung, Rn. 179.

1324 Schröder/Bergschneider/*Hintzen*, Familienvermögensrecht, Rn. 10.122.

1325 *Kogel*, Teilungsversteigerung, Rn. 161.

1326 BGH, NJW 2011, 2572 = FamRZ 2011, 1367.

e) Terminbestimmung

803 Nach der Beschlagnahme und der Verkehrswertfestsetzung erfolgt die Terminbestimmung nach Maßgabe der §§ 36 ff. ZVG.

804 Inhalt der Terminbestimmung ist nach § 37 ZVG

- die Bezeichnung des Grundbesitzes,
- Zeit und Ort des Versteigerungstermins,
- der Hinweis auf die Auseinandersetzungsversteigerung,
- die Aufforderung zur Anmeldung von Rechten, die bei Eintragung des Versteigerungsvermerks nicht aus dem Grundbuch ersichtlich waren,
- die Aufforderung an die Inhaber entgegenstehender Rechte, Aufhebung oder Einstellung zu erwirken.

Gemäß § 43 Abs. 1 ZVG muss der Versteigerungstermin sechs Wochen vor dem Termin bekannt gemacht sein, es sei denn, das Verfahren war einstweilig eingestellt, dann genügen zwei Wochen.

Nach § 41 Abs. 2 ZVG ist im Laufe der vierten Woche vor Termin den Beteiligten mitzuteilen, auf wessen Antrag und Beitritt bzw. wegen welcher Ansprüche die Versteigerung erfolgt.

f) Geringstes Gebot

aa) Begriff

805 Das geringste Gebot ist für die Teilungsversteigerung nach § 182 ZVG festzustellen und bildet einen der **zentralen Begriffe** des Versteigerungsrechtes. Seine Höhe entscheidet häufig darüber, ob ein Verfahren zur Teilungsversteigerung überhaupt sinnvoll ist oder nicht.

806 Ein **Recht auf Befriedigung aus dem Grundstück** gewähren die in § 10 Abs. 1 ZVG genannten Ansprüche mit der dort genannten Rangklasse. Dabei werden neben den Kosten des Zwangsversteigerungsverfahrens die öffentlichen Grundstückslasten[1327] und danach die dinglichen Rechte am Grundstück berücksichtigt.

807 Nach **§ 44 Abs. 1 ZVG** wird bei der Versteigerung nur ein solches Gebot zugelassen, durch welches die dem Anspruch des Gläubigers vorgehenden Rechte sowie die aus dem Versteigerungserlös zu entnehmenden Kosten des Verfahrens gedeckt werden.

808 Da es bei der Teilungsversteigerung **keine eigentliche Gläubigerstellung** der betreibenden Eigentümer gibt, definiert **§ 182 Abs. 1 ZVG** für diese Fälle das **geringste Gebot** so, dass es **umfasst:**

1327 Bei Wohnungseigentum noch vorrangig bestimmte Ansprüche der anderen Wohnungseigentümer, §§ 16 Abs. 2, 28 Abs. 2 und 5 ZVG.

(1) als **bestehen bleibender Teil (§ 52 ZVG)**
- die den Anteil des Antragstellers belastenden Rechte am Grundstück,
- die den Anteil des Antragstellers mitbelastenden Rechte am Grundstück,
- diejenigen Rechte, die einem dieser Rechte vorgehen oder gleichstehen;

(2) als **bar zu zahlender Teil (§ 49 Abs. 1 ZVG)** (sog. geringstes Bargebot[1328])
- die Verfahrenskosten und öffentlichen Lasten sowie WEG-Lasten (§ 10 Abs. 1 ZVG, Rangklassen 1 bis 3),
- die Kosten und Zinsen aus den bestehen bleibenden Rechten (wiederkehrende Leistungen nach § 10 Abs. 1 ZVG, Rangklasse 4),
- den Ausgleichsbetrag unter den Miteigentümern. Hier ordnet § 182 Abs. 2 ZVG an, dass für die Fälle, in denen bei einem Anteil ein größerer Betrag zu berücksichtigen ist als beim anderen, sich das geringste Gebot erhöht, und zwar um den zur Ausgleichung unter den Miteigentümern erforderlichen Betrag.[1329]

bb) Abgrenzung laufende und rückständige Leistungen

Wichtig ist in diesem Zusammenhang für die Höhe des geringsten Gebotes die **Abgrenzung zwischen laufenden und rückständigen Zinsen** nach §§ 13, 47 ZVG. Für die Abgrenzung ist die allererste Beschlagnahme entscheidend (§§ 13 Abs. 4 Satz 1, 19, 20 ZVG). 809

Als laufende wiederkehrende Leistungen sind hierbei anzusehen: 810

- der letztmals vor der Beschlagnahme fällige Betrag und
- die später fällig werdenden Beträge bis zwei Wochen nach dem Versteigerungstermin.

Die dinglichen Rechte sind zumeist mit einer jährlich nachträglichen Zinsfälligkeit ausgestattet.[1330] 811

In die 4. Rangklasse des § 10 ZVG können ferner die rückständigen Beträge aus den letzten beiden Jahren, gerechnet vom Beginn der laufenden Leistungen an auf Antrag aufgenommen werden. 812

1328 Nach § 49 Abs. 1 ZVG setzt sich das Bargebot aus dem geringsten Bargebot und dem das geringste Gebot übersteigenden Teil des Meistgebotes zusammen.

1329 Ausführlich *Stöber*, Zwangsversteigerungsgesetz, § 182 Tz. 4; war der Betrag nicht im geringsten Gebot enthalten, so kann die unterschiedliche Belastung noch nachträglich bei der Erlösverteilung ausgeglichen werden, *Wever*, Vermögensauseinandersetzung, Rn. 188; BGH, NJW 1983, 2449.

1330 Davon wird im nachstehenden Beispiel ausgegangen. Dies ist aber ggf. zu überprüfen.

▶ Beispiel:[1331]

Eingetragene Grundschuld in Abt. III über 100.000 € mit 10 % Zinsen, fällig jeweils am Kalenderjahresende nachträglich. Versteigerungstermin sei der 15.06.2012. Beschlagnahme erfolgt in Variante 1 am 30.12.2011, in Variante 2 am 07.01.2012.
Variante 1:
Letzter Fälligkeitstermin vor Wirksamwerden der Beschlagnahme: 31.12.2010 für den Zeitraum 01.01.2010 bis 31.12.2010. Laufende Zinsen also vom 01.01.2010 bis 30.06.2012: ca. 25.000 €.
Rückständige Zinsen für die Jahre 2009 und 2008 ca. 20.000 €.
In das geringste Gebot aufzunehmen: 145.000 €
Variante 2:
Letzter Fälligkeitstermin vor Wirksamwerden der Beschlagnahme: 31.12.2011 für den Zeitraum 01.01.2011 bis 31.12.2011. Laufende Zinsen also vom 01.01.2011 bis 30.06.2012 ca. 15.000 €.
Rückständige Zinsen für die Jahre 2010 und 2009 ca. 20.000 €
In das geringste Gebot aufzunehmen: 135.000 €.

813 Es zeigt sich also, dass die Antragstellung kurz vor Jahresende das geringste Gebot in die Höhe treibt. Je nach dem Interesse des Ehegatten kann dem entsprechend die Antragstellung gesteuert werden.

▶ Hinweis:

Durch Antragstellung kurz vor dem Jahresende kann das geringste Gebot erhöht werden.

cc) Anmeldung dinglicher Rechte

814 Hierbei ist zu beachten, dass Gläubiger dinglicher Rechte i.d.R. den vollen Betrag einschließlich rückständiger Leistungen in der Versteigerung zunächst zur Rangklasse 4 anmelden, und zwar ohne Rücksicht auf den Stand der Valutierung. Erst im Verteilungstermin müssen dann die konkreten Forderungen angemeldet werden. Ein solches Vorgehen treibt das geringste Gebot in die Höhe. Zuweilen erreicht oder übersteigt dieses dann unter Berücksichtigung der Zinsen den Verkehrswert der Immobilie. Hier können die Ehegatten eine Verwertung am ehesten erreichen, indem sie eine Löschung der Bankrechte herbeiführen.[1332]

815 Je höher also die Eigentümer ihren Grundbesitz belasten, desto mehr schränken sie ihren Anspruch auf Teilungsversteigerung ein.[1333]

1331 Nach *Mock*, ZAP Fach 14, S. 557, 566 f.
1332 *Mock*, ZAP Fach 14, S. 557, 568.
1333 *Storz/Kiderlen*, Praxis der Teilungsversteigerung, A 1.2.

dd) Unterschiedliche Belastung von Miteigentumsanteilen

Kompliziert wird die Berechnung des geringsten Gebotes, wenn in der Miteigentümergemeinschaft die Anteile der einzelnen Miteigentümer unterschiedlich belastet sind. 816

Die **Festsetzung des geringsten Gebotes** richtet sich hier **nach der Belastung des Anteils desjenigen Ehegatten, der das Verfahren betreibt**, § 182 ZVG. Hierbei ist es gleich, ob es sich um den Erstantragsteller oder den später Beitretenden handelt.[1334] 817

Blicken wir zunächst auf die **bestehen bleibenden Rechte**, ist zu unterscheiden zwischen Rechten an einzelnen Anteilen und Gesamtrechten. Wichtig ist insofern, dass bei Gesamtrechten auch die Rechte, die am Anteil des anderen Berechtigten des Gesamtrechtes bestehen und dem Gesamtrecht vorgehen, bestehen bleiben. Bei Ehegatten, die gemeinsam ein Grundstück in Bruchteilsgemeinschaft haben, heißt dies, dass alle Belastungen einzelner Anteile, die einem Gesamtrecht vorgehen, bestehen bleiben. Um den Effekt zu erklären, ist jedoch ein Beispiel mit drei Miteigentümern besser geeignet:[1335] 818

Belastungen	A – 1/3 Anteil	B – 1/3 Anteil	C – 1/3 Anteil
Gesamtrecht III/1	20.000 €	20.000 €	20.000 €
Einzelrecht III/2	30.000 €	---------	-------
Gesamtrecht III/3	40.000 €	40.000 €	-------
Einzelrecht III/4	-------	-------	50.000 €
Einzelrecht III/5	-------	60.000 €	-------

Variante 1: *A betreibt das Verfahren allein:*
Bestehen bleibende Rechte des geringsten Gebotes: III/1, III/2 und III/3 mit in der Summe *90.000 €*
Variante 2: *B betreibt das Verfahren allein:*
Bestehen bleibende Rechte des geringsten Gebotes: III/1, III/2[1], III/3 und III/5 mit in der Summe *150.000 €*
Variante 3: *C betreibt das Verfahren allein:*
Bestehen bleibende Rechte des geringsten Gebotes: III/1 und III/4 mit in der Summe *70.000 €.*

Anmerkung:

1) Bleibt bestehen, weil es dem Gesamtrecht III/3 vorgeht, auch wenn es nur am Anteil des anderen Miteigentümers besteht.

Sind die Miteigentumsanteile unterschiedlich belastet, so ordnet § 182 Abs. 2 ZVG ferner die **Festsetzung eines Ausgleichsbetrages** unter den Miteigentümern an. Die- 819

1334 *Kogel*, Teilungsversteigerung, Rn. 237.
1335 Beispiel nach Schröder/Bergschneider/*Hintzen*, Familienvermögensrecht, 10.169.

ser soll ausgleichen, dass ein Miteigentümer von einer Belastung des Grundpfandrechtes und der damit einhergehenden Zinsen und Rückstände sozusagen einseitig frei wird.

820 Der Ausgleichsbetrag muss auch **in das geringste Gebot aufgenommen** werden, damit er später auch zu einer Verteilung an den ausgleichsberechtigten Miteigentümer zu Verfügung steht. Allein eine geänderte Erlösverteilung würde nicht genügen, denn sie sichert nicht, dass auch tatsächlich ein ausreichender Erlös zur Verteilung da ist. Auch wenn dieser Ausgleichsbetrag dem ausgleichsberechtigten Ehegatten zusteht, darf dennoch das Versteigerungsgericht diesen Betrag nicht ohne Zustimmung beider Ehegatten an den ausgleichsberechtigten auszahlen, sondern die Gemeinschaft am Grundstück setzt sich zunächst am Surrogat fort.[1336]

▶ Beispiel:[1337]

Ein Grundstück gehört den Eheleuten M und F. Der Anteil des M ist mit 150.000 € Grundschuld belastet. Verkehrswert des gesamten Grundstücks ist 300.000 €. Kosten sind mit 5.000 € und Zinsen mit 15.000 € anzusetzen. Die Teilungsversteigerung wird von M betrieben.
Das geringste Gebot setzt sich zusammen

a)	aus dem bestehen bleibenden Recht von	150.000 €
b)	aus dem Mindestbargebot von	
	(1) Kosten	5.000 €
	(2) Zinsen	15.000 €
	(3) Ausgleichsbetrag	165.000 €
	Summe Mindestbargebot:	185.000 €.

Damit ist das geringste Gebot mit 335.000 € höher als der Verkehrswert, sodass eine Versteigerung des Anwesens aussichtslos ist.

821 Wenn **mehrere Antragsteller** das Verfahren betreiben, so hätte es ein Antragsteller in der Hand, durch eine **Belastung seines Miteigentumsanteils** das geringste Gebot nahezu willkürlich in die Höhe zu treiben und damit die **Versteigerung faktisch zu verhindern**. Für diese Fälle ist in der Rechtslehre streitig, wie zu verfahren ist. Ohne dass hierauf in diesem Rahmen im Einzelnen eingegangen werden kann, hat sich die sog. »**Niedrigstgebot-Lösung**« durchgesetzt, wonach sich das geringste Gebot nach demjenigen Anteil richtet, der am geringsten belastet ist.[1338] Nur diese Theorie kann den Rechtsmissbrauch im Einzelfall verhindern. Sie ist andererseits mit dem Wort-

1336 Zur nunmehr durchaus umstrittenen Erlösverteilung vgl. Rdn. 841 ff.

1337 Beispiel nach Schröder/Bergschneider/*Hintzen*, Familienvermögensrecht, 10.171 ff.

1338 *Stöber*, Zwangsversteigerungsgesetz, § 182 Tz. 3.6b; Schröder/Bergschneider/*Hintzen*, Familienvermögensrecht, 10.179 ff.; *Böttcher*, ZVG, § 182 Rn. 15, 17; *Kogel*, Teilungsversteigerung, Rn. 273; a.A. *Streuer*, RPfl. 2001, 119 f.

laut des § 182 ZVG nur schwer zu vereinbaren. Es ist mit dem Versteigerungsgericht zu klären, welcher Ansicht sich das Gericht anschließt und wie das geringste Gebot festgesetzt wird.

▶ Hinweis:

Mit dem Versteigerungsgericht ist dessen Vorgehensweise bei ungleicher Belastung von Miteigentumsanteilen zu klären, wenn das Verfahren von mehreren Miteigentümern betrieben wird.

Sind die **Anteile der Miteigentümer unterschiedlich groß** und unterschiedlich belastet, muss der Ausgleichsbetrag aus einer relativen Vergleichsrechnung ermittelt werden. Hier kann für diese Sonderfälle auf Spezialliteratur verwiesen werden.[1339] 822

Erörtert wird auch, eine **Teilveräußerung des eigenen Anteils** an einen vertrauenswürdigen Dritten vorzunehmen, sodass sich das geringste Gebot dann nach diesem abgetretenen Anteil richtet, wenn der Restanteil erst später belastet wird.[1340] 823

Die Festsetzung des geringsten Gebotes nach der Belastung des jeweils betreibenden Ehegatten hat noch weitere Konsequenzen, nämlich in dem Fall, dass **ein Ehegatte sein Verfahren einstellt**, sodass sich das geringste Gebot ändert, weil es sich nicht mehr nach seinem Anteil berechnet, sondern nach demjenigen des anderen Ehegatten, der das Verfahren allein weiter betreibt. Geschieht die Einstellung **noch während der Bietzeit**, wird das geringste Gebot neu festgestellt und eine neue volle Bietzeit läuft an. Geschieht aber die Einstellung **nach Ablauf der Bietzeit**, muss der Zuschlag nach §§ 33 ZVG versagt werden. Es darf auch keine neue Bietzeit begonnen werden, denn das geringste Gebot kann nachträglich nach Ablauf der Bietzeit nicht mehr geändert werden.[1341] 824

▶ Hinweis:

Durch die Einstellung des Verfahrens seitens desjenigen Ehegatten, nach dessen Hälftebelastung sich das geringste Gebot gerichtet hat, kann somit das Verfahren zunächst zu Fall gebracht und ein Ersteigern verhindert werden.

g) Versteigerungstermin

Beim Versteigerungstermin ruft der **Rechtspfleger** die Sache auf (§ 66 ZVG) und 825
gibt den Grundbesitz, den Grundbuchinhalt, die antragstellenden Miteigentümer, den Zeitpunkt der Beschlagnahme, den festgesetzten Verkehrswert sowie die erfolgten Anmeldungen **bekannt**. Danach stellt der Rechtspfleger das geringste Gebot und die Versteigerungsbedingungen fest.

1339 Sog. Freund'sche Formel, *Stöber*, Zwangsversteigerungsgesetz, § 182 Rn. 4.8.; vgl. Rechenbeispiele bei Schröder/Bergschneider/*Hintzen*, Familienvermögensrecht, 10.181 ff.

1340 *Kogel*, Teilungsversteigerung, Rn. 312.

1341 *Kogel*, Teilungsversteigerung, Rn. 412; *Storz/Kiderlen*, Praxis der Teilungsversteigerung, B 5.7.2.2.

826 Dann weist das Gericht auf die bevorstehende Ausschließung weiterer Anmeldungen hin und auf die Rechtsfolgen nach § 37 Nr. 4 ZVG, um schließlich zur Abgabe von Geboten aufzufordern.

827 Nach dieser Aufforderung beginnt die sog. **Bietzeit**, die mindestens 30 Minuten betragen muss (§ 73 Abs. 1 Satz 1 ZVG). Sie wird aber in jedem Fall so lange fortgesetzt bis nach Aufforderung des Gerichts keine weiteren Gebote mehr abgegeben werden. Das letzte Gebot[1342] ist dreimal aufzurufen (§ 73 Abs. 2 Satz 2 ZVG). Danach muss noch ein letztes Mal zu weiteren Geboten aufgerufen werden (§ 73 Abs. 1 Satz 2 ZVG).[1343] Sodann wird der Schluss der Versteigerung unter Angabe der Uhrzeit verkündet.

828 Wird bis zum Schluss der Versteigerung kein zulässiges Gebot i.S.d. § 44 Abs.1 ZVG abgegeben, ist das Verfahren – und zwar für alle Betreibenden – einstweilen einzustellen. Jeder, der das Verfahren weiter betreiben möchte, muss dann einen Fortsetzungsantrag stellen. Erfolgen auch in einem zweiten Termin keine Gebote, so wird das Verfahren endgültig eingestellt, §§ 180 Abs. 1, 77 Abs. 2 ZVG.

h) Zuschlag

829 Vor der Erteilung des Zuschlags prüft das Gericht das gesamte Verfahren nochmals.

830 Der Zuschlag **muss versagt werden**, wenn das Meistgebot einschließlich des Kapitalwertes der bestehen bleibenden Rechte **die Hälfte** des Verkehrswertes wie er nach § 74a Abs. 5 ZVG festgestellt wurde, **nicht** erreicht, § 85a ZVG. Dies gilt aber nur für den ersten Versteigerungstermin. In einem neuen Termin darf der Zuschlag dann weder wegen der 5/10 Grenze noch nach § 74a Abs. 1 ZVG versagt werden, § 85a Abs. 2 Satz 2 ZVG.

831 **Auf Antrag** ist der Zuschlag im ersten Termin zu versagen, wenn

- **7/10** des so bemessenen Verkehrswertes **nicht** erreicht sind,
- der Antragsteller mit seinem Anspruch zwischen 5/10 und 7/10 des Verkehrswertes liegt und
- bei einem Gebot von 70 % eine vollständige oder zumindest höhere Zuteilung erhalten würde.[1344]

832 Der Antrag muss im Versteigerungstermin gestellt werden, erfordert also Anwesenheit. Er kann bis zur Zuschlagserteilung zurückgenommen werden.

1342 Zu Abgabe von Geboten in offener oder – spätestens vor Zuschlag offen gelegter – verdeckter Stellvertretung und zur Klärung des Berechtigungsverhältnisses bei mehreren Bietenden: Schröder/Bergschneider/*Hintzen*, Familienvermögensrecht, 10.208 ff.

1343 Zur Vorsicht bei Abgabe von Geboten in letzter Sekunde rät *Kogel*, Teilungsversteigerung, Rn. 386, da es sich jeweils um Sollvorschriften handele.

1344 Schröder/Bergschneider/*Hintzen*, Familienvermögensrecht, 10.243; *Hamme*, Teilungsvereinsteigerung, Rn. 131.

Bei der Teilungsversteigerung können sich Miteigentümer in der Regel nicht auf die Vorschrift des § 74a ZVG berufen, da dieses Recht nur bestimmten Gläubigern zusteht. In den Genuss dieser Vorschrift kommt ein Ehegatte als Miteigentümer nur, wenn er eine titulierte Forderung gegen den anderen Ehegatten hat und sich damit am Miteigentumsanteil des anderen Ehegatten eine Sicherungshypothek eintragen lässt.[1345]

▶ Hinweis:

Die sog. 7/10 Grenze ist antragsgebunden.

Der Zuschlag kann sofort im Versteigerungstermin erteilt werden oder aber auch auf Antrag eines Beteiligten oder von Amts wegen in einem gesonderten Verkündungstermin, § 87 ZVG. 833

Mit dem **Zuschlag** wird der **Ersteher kraft Gesetzes Eigentümer**, § 90 ZVG. Die bisherige **Gemeinschaft** setzt sich **am Erlös** als Surrogat fort. Die Rechte und Pflichten insbes. hinsichtlich der bestehen bleibenden Rechte gehen nach § 56 ZVG auf den Ersteher über. 834

Der **Zuschlagsbeschluss** ist nach § 93 Abs. 1 Satz 1 ZVG ein **Vollstreckungstitel** auf Räumung und Herausgabe, da mit der Teilungsversteigerung das gesamte Grundstück und nicht nur ein Miteigentumsanteil versteigert worden ist. Der Zuschlagsbeschluss ist zu diesem Zweck mit der Klausel zu versehen und dem früheren Eigentümer zuzustellen.[1346] 835

Nach § 83 Nr. 1 ZVG ist der Zuschlag zu versagen, wenn sich das geringste Gebot (rückwirkend) ändert. Einen solchen Fall hat der BGH für das Wegfallen eines der Rechte, aus denen eine Zwangsversteigerung betrieben wurde, durch **Ablösung** entschieden. Er hielt es nicht für rechtsmissbräuchlich, dass nur das Recht mit dem besten Rang abgelöst worden war.[1347]

4. Behandlung von Belastungen

Bei der Teilungsversteigerung bleiben häufig **dingliche Belastungen** in voller Höhe bestehen, die nur **teilweise oder gar nicht mehr valutiert** sind. Diese Grundschulden sind insofern Teil des Versteigerungserlöses, als der Ersteher durch ihre Übernahme von einer baren Leistung befreit wird.[1348] Der Miteigentümer macht mit einer Teilungsversteigerung eine aus dem Miteigentum fließende Befugnis geltend. Er steht somit allen seinen Anteil belastenden oder mit belastenden Rechten nach, sodass diese regelmäßig bestehen bleiben.[1349] 836

1345 *Kogel*, Teilungsversteigerung, 396.

1346 Schröder/Bergschneider/*Hintzen*, Familienvermögensrecht, 10.263.

1347 BGH, NJW-RR 2010, 1314.

1348 *Wever*, Vermögensauseinandersetzung, Rn. 203.

1349 BGH, FamRZ 2010, 449, 450; zu den Pflichten der Bank bei der Ablösung solcher Grundschulden: BGH, NJW 2011, 1500 m. Anm. *Volmer*.

837 Da die Leistungen zur Tilgung des durch die Sicherungsgrundschuld gesicherten Darlehens regelmäßig nach dem Vertragswerk mit der Bank auf dieses Darlehen erfolgten und nicht auf die Grundschuld selbst, ist **regelmäßig keine Eigentümergrundschuld** entstanden, **sondern** es besteht nur ein **schuldrechtlicher Rückgewähranspruch**. Die **Grundschuld** selbst **bleibt** in Höhe ihres Nennbetrages jedoch **unabhängig von ihrer Valutierung** auch nach dem Zuschlag **bestehen** und steht der Bank bis zur Löschung zu.

837a Wenn ein Ehegatte das Familienheim in der Teilungsversteigerung ersteigert, so muss **hinsichtlich des nicht valutierten Teils** der Grundschuld ein **Ausgleich** herbeigeführt werden.

Wie dieser Ausgleich funktioniert, darüber gingen die Meinungen bisher auseinander. Der **BGH** hat nunmehr in einem neueren Urteil den von ihm als »**schulmäßig**«[1350] bezeichneten **Weg** aufgezeigt, der eine Abwicklung in drei Schritten vorsieht:[1351]

- **Zuerst** ist der gegen die Bank aus dem Sicherungsvertrag resultierende **schuldrechtliche Rückgewähranspruch** geltend zu machen. Dieser Anspruch steht beiden Ehegatten gemeinschaftlich zu. Er soll nach dem Zuschlag nur noch so realisiert werden können, dass der nicht valutierte Grundschuldteil an beide ehemalige Eigentümer abgetreten wird, während Löschung oder Verzicht ausgeschlossen sind, da sie nicht mehr beiden Ehegatten zugute kommen, sondern nur noch dem Ersteher.[1352] Jeder Ehegatte kann vom anderen die Mitwirkung an der Realisierung dieser Übertragung aus § 747 Satz 2 BGB verlangen. In diesem ersten Schritt entstünde sodann eine **Bruchteilsgemeinschaft der Ehegatten an den ihnen gemeinsam übertragenen nicht valutierten Grundschuldteilen**. Dieser Anspruch ist bei Buchgrundschulden erst erfüllt durch Eintragung im Grundbuch.
- Im **zweiten Schritt** kann jeder Ehegatte verlangen, dass diese Gemeinschaft durch **Teilung in Natur**, nämlich durch Begründung von gleichrangigen Teilgrundschulden für jeden Ehegatten, auseinandergesetzt wird (§§ 1152, 1192 BGB). Was die **Höhe** dieser Teilgrundschulden anbelangt, so ist es **vom internen Ausgleichsverhältnis abhängig**, ob diese gleich hoch sind.[1353] Hat ein Ehegatte überschießende Darlehensrückzahlungen geleistet, kann ihm ein Ausgleichsanspruch zustehen, sodass das Darlehen insoweit nach § 426 Abs. 2 Satz 1 BGB auf ihn übergeht und er in entsprechender Anwendung des § 401 BGB in dieser Höhe die Übertragung der Grundschuld auf sich verlangen kann.[1354] Dann kommt es zu einer ungleichen Teilung der Grundschulden.

1350 BGH, FamRZ 2011, 93 = DNotZ 2011, 348, Tz. 18; vgl. auch BGH, FamRZ 1993, 676, 681; BGH, NJW 2003, 2673; OLG Frankfurt, FamRZ 2007, 1667, 1668.

1351 Hierzu *Hoffmann*, FamRZ 2011, 181 f.

1352 BGH, FamRZ 1993, 676, 681.

1353 *Hoffmann*, FamRZ 2011, 181, 182.

1354 BGH, FamRZ 1993, 676 f.

- **Aus dieser Teilgrundschuld** kann derjenige Ehegatte, der durch den Zuschlag sein Eigentum verloren hat, im dritten und letzten Schritt die Duldung der **Zwangsvollstreckung** in das Grundstück verlangen (§§ 1191 Abs. 1, 1147 BGB).

Der Ehegatte, der in der Teilungsversteigerung das Eigentum erworben hat, kann eine solche Vollstreckung **durch Zahlung abwenden,** er ist **dazu aber nicht verpflichtet.** Der BGH formuliert dies so, dass das Gesetz kein Recht auf Aufhebung der Gemeinschaft dergestalt kennt, dass der Ersteher den Anspruch auf Rückgewähr durch Geldzahlung ablösen muss.[1355]

Mithin hat der **Ersteher** ein **Wahlrecht** zwischen Zahlung oder Duldung.[1356]

Aus diesem Grund **lehnt der BGH** alle Versuche der Vorinstanz **ab**, dem weichenden Ehegatten unter Berufung auf § 242 BGB einen **Zahlungsanspruch gegen den anderen in Höhe der Hälfte der nicht valutierten Grundschuld** zu geben. Dies würde zu einer geänderten Risikoverteilung führen.[1357] Damit steht ein solcher Zahlungsanspruch aber auch nicht zur Aufrechnung mit anderweitigen Forderungen in einem Scheidungsverfahren zwischen Ehegatten zur Verfügung. Es kann ferner **nicht ein Zahlungsanspruch** behauptet werden, **der dann bei der Erlösverteilung zu berücksichtigen wäre.**[1358]

838 Das LG Stuttgart bejaht in einem solchen Fall dennoch das Vorliegen einer Eigentümergrundschuld und sieht einen Anspruch des einen Miteigentümers gegen den anderen auf Löschung zur Ermöglichung der Teilungsversteigerung bereits von Anfang an, damit eine Teilungsversteigerung überhaupt erst möglich wird, die sonst an einem zu hohen geringsten Gebot scheitern müsste.[1359]

839 Auch wenn der BGH einen direkten **Zahlungsanspruch** abgelehnt hat,[1360] können die **Ehegatten einvernehmlich** ein solches Ergebnis herstellen, indem sie einen solchen Ausgleichsanspruch begründen und bei der Erlösverteilung berücksichtigen gegen Abtretung der Rückgewähransprüche und Löschung des dem Berechtigten zustehenden Grundschuldteiles.

840 Hingewiesen sei noch auf die Bestimmung des **§ 53 Abs. 2 ZVG**, nach welcher sich derjenige Ehegatte, der das Objekt nicht ersteigert, von der persönlichen Haftung für eingetragene Grundschulden befreien kann, wenn dieser Ehegatte die gegen ihn bestehende Forderung spätestens im Verteilungstermin vor der Abgabe von Geboten unter Angabe ihres Betrages und ihres Grundes angemeldet hat.

1355 BGH, FamRZ 2011, 93, Tz. 14.
1356 *Hoffmann*, FamRZ 2011, 181, 182.
1357 *Kogel*, FamRB 2011, 189.
1358 *Wever*, Vermögensauseinandersetzung, Rn. 207.
1359 LG Stuttgart, FamRZ 2007, 1034; hierzu *Kogel*, Teilungsversteigerung, 196.
1360 BGH, FamRZ 2011, 93.

5. Erlösverteilung

841 Für die Erlösverteilung muss ein **gesonderter Termin** angesetzt werden. Die Terminbestimmung ist den Verfahrensbeteiligten mindestens zwei Wochen vorher zuzustellen, § 105 Abs. 4 ZVG. Der Termin ist nichtöffentlich, teilnehmen können nur die Verfahrensbeteiligten.

842 Diese werden vom Gericht mit der Terminbestimmung aufgefordert, ihre Ansprüche anzumelden. Ohne Anmeldung werden **von Amts wegen** nach **§ 114 ZVG** diejenigen Ansprüche berücksichtigt, die sich im Zeitpunkt der Eintragung des Zwangsversteigerungsvermerks **aus dem Grundbuch ergeben und laufende, wiederkehrende Leistungen** dieser Rechte. Alle anderen Rechte müssen somit zur Erlösverteilung angemeldet werden.

843 Wenn danach ein **Übererlös** verbleibt, setzt sich die **Bruchteilsgemeinschaft** an der Scheidungsimmobilie an diesem Erlös fort. Das Versteigerungsgericht verteilt also nicht etwa den Erlös nach Bruchteilen, sondern die Eigentümer werden, wenn sie sich nicht einig sind, über die Verteilung des Erlöses nach seiner **Hinterlegung** weiter streiten.[1361] Selbst der Ausgleichsbetrag wegen unterschiedlich belasteter Miteigentumsanteile kann nicht dem betroffenen Berechtigten zugeteilt werden.[1362]

844 Die **Rechtsprechung** des BGH zur Verteilung eines Übererlöses in der Teilungsversteigerung hat sich **verschiedentlich geändert** und ist **derzeit schwer einzuschätzen.**[1363] Es ist zu hoffen, dass im Rahmen einer Rechtsbeschwerde gegen die nachfolgend geschilderte Entscheidung des OLG Koblenz[1364] eine Festigung der Rechtsprechung erfolgt.

Regelmäßig geht es darum, dass ein Ehegatte der (hälftigen) Verteilung des Übererlöses nicht zustimmt, weil er ein **Zurückbehaltungs- oder Aufrechnungsrecht aus** anderen familienrechtlichen Forderungen – etwa auf **Zugewinn** – geltend macht. Der Versteigerungsübererlös ist häufig der einzige in der Ehe noch vorhandene Vermögenswert, sodass derjenige Ehegatte, der sich anderer familienrechtlicher Ansprüche berühmt, auf den hinterlegten Teil des anderen Ehegatten zugreifen möchte. Einige Beispiele für die Rechtsprechung des BGH:

– Zunächst war der BGH (**1974**) der Ansicht, ein **Zurückbehaltungsrecht** unter Berufung auf Gegenansprüche sei deshalb **ausgeschlossen**, weil der Eigentümer nach § 749 BGB jederzeit die Aufhebung der Gemeinschaft verlangen könne.[1365]

1361 *Mock*, ZAP Fach 14, S. 557 f.; *Wever*, Vermögensauseinandersetzung, Rn. 181.

1362 Schröder/Bergschneider/*Hintzen*, Familienvermögensrecht, 10.186.

1363 *Kogel*, FPR 2012, 75, 79.

1364 OLG Koblenz, Beschl. v. 17.04.2012 – 11 UF 205/12 -, BeckRS 2012, 10663; Rechtsbeschwerde unter XII ZB 333/12.

1365 BGH, NJW 1975, 687 und BGH, NJW-RR 1990, 133.

- Sodann urteilte der BGH (**1984**), dass **nach einer Teilungsversteigerung** des Grundstücks und Hinterlegung des Erlöses die **Forderung gegen die Hinterlegungsstelle** – jedenfalls dann, wenn daraus keine Verbindlichkeiten mehr zu berichtigen sind – jedem Teilhaber anteilig gemäß seiner Beteiligungsquote am Grundstück zustehe.[1366] Der BGH beruft sich dabei auf § 420 BGB, wonach eine teilbare Forderung den Gläubigern im Zweifel zu gleichen Anteilen zusteht. Die Forderung sei daher **bereits in Natur geteilt.**
- In der nächsten einschlägigen Entscheidung (**1989**) zieht der BGH[1367] erneut § 749 Abs. 1 BGB heran und betont, das Recht auf jederzeitige Auseinandersetzung dürfe nicht durch die Geltendmachung von Gegenrechten, die nicht in der Gemeinschaft wurzeln, beeinträchtigt werden. Sodann legt er aber das »**Wurzeln in der Gemeinschaft**« so weit aus, dass er den erforderlichen Zusammenhang noch für gegeben ansieht, »wenn es sich um vermögensrechtliche Ansprüche handelt, die beider aus der von den Parteien durch die Ehe begründeten und durch ihr Scheitern beendeten Lebensgemeinschaft herrühren.« Damit kann ein **fälliger Anspruch auf Zugewinn** zu einem **Zurückbehaltungsrecht** führen, sodass der berechtigte Ehegatte die Zustimmung zur Auszahlung des Erlösanteils an den anderen Ehegatten verweigern kann.

10 Jahre später fasst der BGH (**1999**)[1368] diese Entscheidungen zusammen und urteilt:

- Gegenüber einem **Anspruch auf Auskehrung des Versteigerungserlöses** ist ein **Zurückbehaltungsrecht** wegen eines – noch nicht titulierten – Anspruchs auf **Zugewinnausgleich** gegeben. Konnexität liegt vor.
- Bedenken aus § 749 Abs. 1 BGB bestehen deshalb nicht, weil die **Gemeinschaft aufgehoben** ist. Die **Forderung** steht bereits anteilsmäßig beiden Beteiligten zu und ist damit **in Natur** geteilt (BGH 1984).

Es verlagert sich dann die Auseinandersetzung um den Zugewinn im Wesentlichen in den Streit um die Auszahlung des Übererlöses, da häufig die Immobilie einzig werthaltiger Vermögensgegenstand ist.

Im Jahre **2008** »ergänzte« der BGH[1369] seine Rechtsprechung. Er hatte einen Fall zu beurteilen, bei dem der Steigerlös durch den Ehegatten als Ersteher nicht bezahlt wurde, weil der Ehegatte (neben anderen Forderungen) mit einer übersteigenden Zugewinnausgleichsforderung aufrechnen wollte. Im Verteilungstermin wurde sodann die Forderung gegen den Ersteher auf Zahlung des Bargebotes nach § 118 Abs. 1 ZVG »unverteilt« auf die beiden Miteigentümer übertragen. Ferner hat das Gericht eine vollstreckbare Ausfertigung des Zuschlagsbeschlusses erteilt und nach § 128 ZVG eine Sicherungshypothek zur Sicherung der unverteilt übertragenen For-

1366 BGH, NJW 1984, 2526.
1367 BGH, NJW-RR 1990, 133.
1368 BGH, NJW 2000, 948 = FamRZ 2000, 355.
1369 BGH, NJW 2008, 1807.

derung eingetragen. Nach nunmehriger Auffassung des **BGH fehlt** es für Zurückbehaltung oder Aufrechnung im Hinblick auf die behauptete Zugewinnausgleichsforderung an der **Gegenseitigkeit**. Grund ist, dass die Forderung auf Zahlung des Bargebotes beiden Ehegatten als Miteigentümern unverteilt – also gemeinsam als Mitberechtigte nach § 432 BGB – zusteht, die Zugewinnausgleichsforderung jedoch dem einen Ehegatten allein. Dies führt im Ergebnis dazu, dass der Ehegatte, der durch den Zuschlag das Eigentum verloren hat, mit vollstreckbarem Zuschlagsbeschluss oder auf der Grundlage der Sicherungshypothek die Wiederversteigerung des Grundstücks nach § 133 ZVG betreiben kann. Der BGH ließ offen, ob er an seiner Ansicht von 1999 festhalten wolle, dass die Forderung auf Erlös in Natur geteilt sei. Dies sei jedenfalls allenfalls da möglich, wo der Erlös tatsächlich hinterlegt, seine Realisierung also gewiss sei. **Stehe die Zahlung des Steigerlöses** aber **noch aus**, so **bestehe eine gemeinschaftliche Berechtigung an der Forderung fort**, diese sei nicht bereits in Natur geteilt. Damit aber sei die **Gegenseitigkeit** für eine Aufrechnung oder ein **Zurückbehaltungsrecht nicht gegeben.**

845 Wäre diese Rechtsprechung auch auf die **Fälle der Zahlung des Versteigerungserlöses und Hinterlegung des Übererlöses** anwendbar, so könnte es **nicht mehr zu einem Zurückbehaltungsrecht** kommen, weil der Zugewinnausgleich einem Ehegatten zusteht, die Erlösforderung aber beiden, sodass keine Gegenseitigkeit besteht. Dafür, dass die Rechtsprechung auch in diesen Fällen so zu verstehen ist, spricht die Formulierung in der Entscheidung[1370], dass die Aufhebung der Gemeinschaft generell als zweiaktiger Tatbestand zu begreifen sei, nämlich zum einen die Zwangsversteigerung bis zum Zuschlag und zum anderen die Erlösverteilung, die ihrerseits eine Einigung der Teilhaber voraussetze. Auch insoweit bleibt immer ein Realisierungsrisiko, auf das der BGH abgestellt hatte.[1371]

846 ▶ Hinweis:

Der BGH[1372] lehnt in seiner Rechtsprechung eine Aufrechnung von anderen Forderungen des Erstehers gegen seinen Ehegatten gegen die Zahlungsforderung gegen den Ersteher ausdrücklich mangels Gegenseitigkeit ab, da die Zahlungsforderung gegen den Ersteher der Gemeinschaft zustehe. Ein **Miteigentümer** als Ersteigerer kann deshalb nicht etwa den gedanklich auf ihn entfallenden Erlösanteil von seiner Zahlung vorab in Abzug bringen, sondern muss den **vollen Betrag des Gebotes zahlen.** Hier trifft man sehr häufig auf abweichende und fehlerhafte Vorstellungen der beteiligten Eigentümer.[1373]

1370 BGH, NJW 2008, 1807, Tz. 33.

1371 So auch *Kogel*, Teilungsversteigerung, Rn. 430; *Kogel*, FPR 2012, 75, 79; *Büte*, in: Klein, Familienvermögensrecht, Kap. 4D, Rn. 142.

1372 BGH, NJW 2008, 1807; krit. zu dieser Rspr. *Cuypers*, MDR 2008, 1012 ff.

1373 So zu Recht *Kogel*, Teilungsversteigerung, Rn. 434.

Eine weitere Facette beleuchtet ein Beschluss des **OLG Koblenz.**[1374] Das Gericht sieht sich auf der Basis des BGH (2008), wenn es davon ausgeht, dass die Forderung zwar unverteilt ist, aber jedem Gemeinschafter gegen den anderen gestützt auf § 749 Abs. 1 BGB einen Anspruch auf Einwilligung in die seiner Beteiligungsquote entsprechende Abwicklung zugesteht, wenn eine Einigung über die Erlösverteilung nicht zu erzielen war. Damit ist der Erlös nicht schon in Natur geteilt, es besteht aber ein **Anspruch auf Zustimmung zur Auskehrung entsprechend der Beteiligung** jedenfalls dann, wenn keine Gemeinschaftsverbindlichkeiten zu tilgen und keine Teilhaberforderungen auszugleichen sind. Einem Zurückbehaltungsrecht gegenüber dieser Einwilligung wegen Zugewinnansprüchen erteilt das OLG Koblenz eine Absage, da Gegenseitigkeit nach BGH (2008) gerade nicht gegeben sei. 847

Eine **längere Hinterlegung** wird zudem zumeist zu einem **Zinsverlust** führen, da die seit 2010 erlassenen Hinterlegungsgesetze der Länder nur sehr geringe oder gar keine Zinsen vorsehen. Die Parteien sollten daher überlegen, zumindest die nicht im Streit befindlichen Teilbeträge auszuzahlen[1375] oder auf einem gemeinsamen Und-Konto oder anderweitig treuhänderisch zu hinterlegen.[1376]

Sind die Miteigentumsanteile unterschiedlich hoch oder unterschiedlich belastet, so hat dies auch Auswirkung auf die Erlösverteilung. Die Erlösverteilung legt der **BGH**[1377] **(2009)** ausführlich dar. Demnach setzt sich der Gesamterlös aus dem berichtigten Bargebot und den nach den Versteigerungsbedingungen bestehen bleibenden Rechten (§§ 52, 91 ZVG) zusammen. Letztere stehen aber den Gläubigern zu und sind daher nicht in die Erlösverteilung unter den Miteigentümern einzubeziehen. Auf die Miteigentumsanteile ist der Erlös sodann nach dem Verhältnis der Werte zu verteilen. Ihm wird zuvor für die Berechnung dieser Verteilung der Betrag derjenigen Rechte, welche nach § 91 ZVG nicht erlöschen, hinzugerechnet. Auf den Erlös, der auf einen Anteil entfällt, wird sodann der Betrag derjenigen Rechte, die an diesem Anteil bestehen bleiben, angerechnet.[1378] 847a

Der konkrete Fall ist lesenswert, denn am Gesamtgrundbesitz war eine Sicherungshypothek zur Sicherung des Zugewinnanspruchs für den später ersteigernden Ehemann eingetragen, die nach § 53 Abs. 1 ZVG mit dem Zuschlag an ihn erlosch. Außerdem hatte der Ehemann ohne Ausgleichsanspruch einen Teil einer anderen Hypothek getilgt, sodass insofern eine (verdeckte) Eigentümergrundschuld an seinem Anteil entstanden und die Hypothek am anderen Anteil erloschen war. Das Urteil bildet 847b

---

1374 OLG Koblenz, Beschl. v. 17.04.2012 – 11 UF 205/12 -, BeckRS 2012, 10663, JurionRS 2012, 15183; Rechtsbeschwerde unter XII ZB 333/12.

1375 *Kogel*, Teilungsversteigerung, Rn. 443 ff.

1376 *Kogel*, FamRB 2012, 189,193.

1377 BGH, FamRZ 2010, 354 f.; hierzu *Hintzen*, FamRZ 2010, 449, der sich vom BGH missverständlich zitiert fühlt, und *Kogel*, FamRB 2010, 101.

1378 In diesem Sinne auch BGH, Urt. v. 05.11.2010 – V ZR 32/10 -, BeckRS 2010, 28959, JurionRS 2010, 27684.

also ein Lehrstück für Teilungsversteigerungen. Kogel[1379] merkt zu Recht an, dass das Ergebnis ganz anders ausgefallen wäre, wenn der Ehemann der Versteigerung beigetreten wäre.

6. Taktische Überlegungen im Verfahren der Teilungsversteigerung

a) Alternative Vollstreckungsarten

848 Die **Teilungsversteigerung** ist häufig nicht die einzig mögliche Versteigerungsart. Wenn ein Ehegatte bereits eine titulierte Forderung gegen den anderen hat, kommt auch eine **Forderungsversteigerung** in Betracht, wenn sich der Ehegatte aufgrund des Titels etwa eine Zwangshypothek eintragen lässt.

849 Zu beachten ist, dass bei der **Teilungsversteigerung das komplette Grundstück** Gegenstand der Versteigerung ist, während bei einer Forderungsversteigerung, ggf. noch aus einer dinglichen Sicherheit am Miteigentumsanteil des Schuldners heraus, nur der Miteigentumsanteil des anderen Ehegatten zwangsversteigert wird.[1380] Auch sonst weisen die Verfahren erhebliche Unterschiede auf. So ist etwa das Ausnahmekündigungsrecht der §§ 57a ff. ZVG nur bei der Teilungsversteigerung nach § 183 ZVG ausgeschlossen. Das geringste Gebot kann bei der Teilungsversteigerung erheblich höher sein.[1381]

850 Kompliziert ist das Verhältnis beider Verfahren, wenn aus beiden Verfahrensarten die Vollstreckung betrieben wird. Hier wird von einem Nebeneinander beider Verfahren auszugehen sein.[1382]

851 Ist die Teilungsversteigerung nach dem Gesagten wegen hoher Belastungen oder Ausgleichszahlungen wenig Erfolg versprechend, kann durch Nichtzahlung der Zins- und Tilgungsraten letztlich eine **normale Versteigerung** durch den eingetragenen Gläubiger »**provoziert**« werden.

b) Zwangsverwaltung parallel

852 Da Miet- oder Pachtforderungen von der Beschlagnahme beim Teilungsversteigerungsverfahren nach § 21 Abs. 2 ZVG nicht erfasst werden, muss ein Miteigentümer, der auch darauf Zugriff nehmen will, ggf. parallel die Zwangsverwaltung beantragen (§§ 148, 21 Abs. 2 ZVG), für die er allerdings einen Vollstreckungstitel benötigt. Solches kann auch ratsam sein, wenn der Abschluss eines neuen oder die Kündigung eines bestehenden Mietvertrages erforderlich sind oder Reparaturen durchgeführt

---

1379 *Kogel*, FamRB 2010, 101.

1380 Hierzu *Mock*, ZAP Fach 14, S. 557, 559.

1381 *Storz/Kiderlen*, Praxis der Teilungsversteigerung, A 3.4.3.

1382 *Hamme*, Teilungsversteigerung, Rn. 8; zur Konkurrenz von Teilungs- und Forderungsversteigerung *Stöber*, Zwangsversteigerungsgesetz, § 180 Tz. 14.1. ff. und *Storz/Kiderlen*, Praxis der Teilungsversteigerung, A 3.1. mit differenzierter Beurteilung verschiedener Sachverhaltskonstellationen.

werden müssen. Im Teilungsversteigerungsverfahren kann ggf. ein Antrag nach § 25 ZVG gestellt werden.[1383]

c) Verhalten im Versteigerungsverfahren

Der **Beitritt zum Versteigerungsverfahren** ist die wichtigste Verteidigungsmaßnahme gegen den ungeliebten Versteigerungsantrag. Nur durch den Verfahrensbeitritt erhält man Möglichkeiten zur Einflussnahme auf das Verfahren. Die Höhe des geringsten Gebotes kann sich dadurch ändern. Man kann ferner verhindern, dass der Antragsteller jederzeit durch die Rücknahme des Verfahrens die Versteigerung verhindern und daher vorher risikolos die Gebote in die Höhe treiben kann. Der Beitretende sollte darlegen, dass er mit dem Beitritt dem Verfahren noch nicht zustimmt.[1384] 853

▶ Hinweis:

Ein Beitritt zum Versteigerungsverfahren ist in fast allen Fällen empfehlenswert.

Je nach Interesse am Ausgang des Versteigerungsverfahrens ist eine **Kooperation** mit dem zur Bewertung entsandten **Sachverständigen** zu empfehlen oder aber eine **Verweigerungshaltung**, die i.d.R. zu einer niedrigeren Bewertung führt, weil der Gutachter insbes. das Hausinnere nicht beurteilen kann. 854

Der **Zeitpunkt der Antragstellung** entscheidet über den Umfang der Zinsforderung. Diese wird durch eine Antragstellung kurz vor dem **Jahreswechsel** erhöht. 855

Bei einer **Belastung des eigenen Anteils** kann die Versteigerung erschwert werden, weil dadurch und durch die entstehenden Ausgleichsbeträge das **geringste Gebot in die Höhe getrieben** und eine Versteigerung oft aussichtslos gemacht wird. Andererseits ist abzuwägen, ob sich das geringste Gebot nach dem eigenen Anteil richtet. Dann kann nämlich durch Einstellungsbewilligung nach der Bieterstunde, aber vor dem Zuschlag, das Verfahren zu Fall gebracht werden. 856

Empfohlen wird gelegentlich auch die Anmeldung eines Nutzungsrechtes,[1385] etwa wenn durch Einbeziehung des Wohnens in die Unterhaltsberechnung ein solches möglicherweise begründbar wäre. Allein durch eine solche Anmeldung kann der Kreis der Bieter reduziert werden. 857

Zu Recht wird darauf hingewiesen,[1386] dass nach dem mit der Reform des Zugewinnausgleichsrecht neu eingeführten § 1568a Abs. 5 BGB die Nutzung durch einen Ehegatten allein nicht mehr als unspezifisches Nutzungsrecht, sondern als echtes mietvertragliches Recht ausgestaltet ist, wobei die Rechtsprechung bei Miteigentum die Einräumung eines mietvertraglichen Rechtes nicht an den strengen Voraussetzungen 857a

1383 Zu alledem *Storz/Kiderlen*, Praxis der Teilungsversteigerung, A 2.5.1.
1384 *Kogel*, Teilungsversteigerung, Rn. 133.
1385 *Kogel*, Teilungsversteigerung, Rn. 319 f.
1386 *Kogel*, Teilungsversteigerung, Rn. 327 f.

des § 1568a Abs.2 BGB, sondern nur nach § 1568a Abs. 1 BGB bemisst.[1387] Daher kann in solcher Situation umso eher eine Anmeldung erfolgen, die Eigennutzer von einem Gebot abhalten wird.

Befürchtet man auf der Gegenseite einen solchen **Mietvertrag**, geht die Empfehlung dahin, zunächst einen Antrag auf Befristung des Mietverhältnisses bis zur Teilungsversteigerung zu stellen oder aber einen Anteil aus dem eigenen Miteigentumsanteil an einen Dritten zu geben, um die Begrünung eines Mietverhältnisses zu erschweren.[1388]

d) Verhalten im Verteilungstermin

858 Im Verteilungsverfahren müssen rechtzeitig **Zurückbehaltungsrechte** wegen etwaiger anderer ehebezogenen Ansprüche geltend gemacht werden.

859 Umstritten ist, ob nach einer **Pfändung und Überweisung** des **Auseinandersetzungsanspruchs** nebst Anspruch auf Aufteilung und Auszahlung des Erlöses aufgrund titulierter Forderung gegen einen Ehegatten dieser Ehegatte noch die Teilungsversteigerung selbst betreiben kann.[1389] Eine Erlösauskehr ohne den Pfändungspfandgläubiger ist jedenfalls nicht möglich.[1390]

860 Zu beachten ist, dass jüngst die **Vorschriften** über die im Versteigerungstermin zu stellenden **Sicherheit geändert** wurden.[1391] Danach ist Sicherheitsleistung durch **Barzahlung ausgeschlossen**, § 69 Abs. 1 ZVG. Auch Einzahlung in der Gerichtskasse während des Termins genügt nicht, denn eine vorherige Überweisung als Sicherheit muss vor dem Versteigerungstermin auf ein Justizsammelkonto erfolgen, § 69 Abs. 4 ZVG. Zugelassene Sicherungsmittel sind bestätige LZB-Schecks oder im Inland zahlbare Bankverrechnungsschecks, deren Ausstellungsdatum frühestens am dritten Werktag vor dem Versteigerungstermin liegen darf, § 69 Abs. 2 ZVG. Zugelassene Sicherungsmittel sind ferner unbefristete, unbedingte und selbstschuldnerische Bürgschaften, § 69 Abs. 3 ZVG. Der Bieter muss sich darauf einstellen, sonst wird sein Gebot zurückgewiesen.[1392]

II. Verhinderung der Teilungsversteigerung

861 In der Teilungsversteigerung als Höhepunkt ehelicher Auseinandersetzung um das Familienwohnheim wird auf vielfältige Weise versucht, dem Wunsch eines Ehegatten

1387 Vgl. hierzu Rdn. 510.

1388 *Kogel*, Teilungsversteigerung, Rn. 337.

1389 So OLG Jena, RPfleger 2001, 445; OLG Hamm, RPfleger 1958, 269; a.A. OLG Hamburg, MDR 1958, 45.

1390 OLG Jena, RPfleger 2001, 445.

1391 BGBl. 2006 I, S. 3416.

1392 *Kogel*, FamRB 2008, 221 f.; *Kogel*, Teilungsversteigerung, Rn. 213 f.

auf Versteigerung und Erlösteilung entgegenzutreten und das Haus zu halten. Die wichtigsten Hinderungsgründe müssen daher kurz dargestellt sein:

1. Vertragliche Vereinbarung

Hatten die Ehegatten als Eigentümer die Teilung vertraglich ausgeschlossen und diesen **Ausschluss der Auseinandersetzung nach § 1010 BGB** in das Grundbuch eintragen lassen, stellt dies gegenüber dem Antrag auf Teilungsversteigerung ein **von Amts wegen zu beachtendes Hindernis** nach § 28 ZVG dar.[1393] 862

Eine Teilungsversteigerung kann in solchen Fällen nur **aus wichtigem Grunde** nach § 749 Abs. 2 BGB erfolgen. Der Antragsteller muss daher zunächst den Antragsgegner auf Duldung der Teilungsversteigerung verklagen und vor dem **Prozessgericht** den wichtigen Grund **nachweisen.** Er hat sodann den Duldungstitel dem Versteigerungsgericht vorzulegen.[1394] 863

Persönliche Verfeindung oder Zerstörung des Vertrauensverhältnisses stellen dann noch keinen wichtigen Grund dar, wenn das Grundstück trotzdem noch ordnungsgemäß verwaltet und genutzt werden kann, etwa durch Einschaltung eines Dritten.[1395] 864

2. Gerichtliches Verbot

Zunehmend geht die Literatur davon aus, dass nach der Neuregelung der Wohnungszuweisung ein gerichtliches **Verbot der Teilungsversteigerung keine Rechtsgrundlage** mehr hat, da durch die Möglichkeit der Begründung eines Mietrechtes sowohl bei der vorläufigen Wohnungszuweisung als auch über die Scheidung hinaus nach § 1568a Abs. 5 BGB den Interessen des nutzenden Ehegatten ausreichend Rechnung getragen werden kann. Haußleiter/Schulz haben sich dieser Auffassung inzwischen angeschlossen.[1396] Dem wird zuzustimmen sein. Die bloße Wohnungszuweisung beinhaltet ein solches Verbot noch nicht.[1397] 865

(unbesetzt) 866

Überlegenswert wäre allenfalls ein solches befristetes Verbot bis zur Klärung der Wohnungszuweisung, wenn ein solches Verfahren anhängig ist, damit rechtzeitig Schutz durch Begründung eines Mietverhältnisses gewährt werden kann, weil sich 867

1393 *Mock*, ZAP Fach 14, S. 560, 561; Schröder/Bergschneider/*Hintzen*, Familienvermögensrecht, 10.47.

1394 *Stöber*, Zwangsversteigerungsgesetz, § 180 Tz.. 9.10.

1395 BGH, DNotZ 1986, 143, 144.

1396 Palandt/*Brudermüller*, § 1361b, Rn.17; *Götz/Brudermüller*, Rn. 319; *Haußleiter/Schulz*, Kap 4, Rn. 54 (a.A. noch 4. Aufl., Kap.4, Rn. 113a); MünchKomm-BGB/*Monecke*, § 1361b, Rn. 16; *Büte*, in: Klein, Handbuch Familienvermögensrecht, Kap. 4, Rn. 158; a.A. *Krause*, Familienheim, § 8, Rn. 8.

1397 *Stöber*, Zwangsversteigerung, § 180 Tz. 3.13 und 9.14; *Krause*, Familienheim, 8/8.

eine vorherige Teilungsversteigerung als rechtsmissbräuchlich darstellen könnte.[1398] Ansonsten müsste die Teilungsversteigerung mit den allgemein dafür vorgesehenen Instrumenten verhindert werden.

3. Einstweilige Einstellung aus den Gründen des § 180 ZVG

868 Für die Teilungsversteigerung des gemeinschaftlichen Familienheims gelten im Wesentlichen die allgemeinen Vorschriften, ohne dass im Versteigerungsverfahren Ansprüche aus der ehelichen Gemeinschaft eine Rolle spielen. Daher besteht wie bei jeder Teilungsversteigerung die Gefahr, dass der wirtschaftlich stärkere Teil den anderen über die Teilungsversteigerung zu wirtschaftlich ungünstigen Bedingungen aus dem Grundstück drängt.[1399]

869 Die allgemeinen Möglichkeiten zur **Verfahrenseinstellung über § 180 ZVG bieten hier nur wenig Schutz**, selbst die Kinderschutzklausel des § 180 Abs. 3 ZVG greift aufgrund ihrer Fristgebundenheit häufig nicht.[1400] Außerdem sollen die allgemeinen Interessen der Kinder auf Aufrechterhaltung ihrer sozialen Umgebung oder Beibehaltung eines Kinderzimmers für den Anwendungsbereich nicht genügen.[1401] Allerdings kann mit einem Antrag auf einstweilige Einstellung das Verfahren ganz erheblich verzögert werden.[1402]

a) Einstweilige Einstellung nach § 180 Abs. 2 ZVG

870 Nach **§ 180 Abs. 2** Satz 1 **ZVG** kann eine einstweilige Einstellung des Versteigerungsverfahrens auf Antrag eines Miteigentümers erfolgen, wenn dies bei **Abwägung der widerstreitenden Interessen der mehreren Miteigentümer angemessen erscheint.**

871 Diese Möglichkeit steht nur einem Miteigentümer zu Gebote, **gegen den die Teilungsversteigerung betrieben wird.** Betreibt der Miteigentümer das Verfahren selbst, stehen ihm die Möglichkeiten der §§ 30, 180 Abs. 1 ZVG zur Verfügung.[1403] Allerdings sind die jeweiligen Verfahren nach einem Beitritt voneinander unabhängig, sodass jemand zugleich die Rolle des Antragstellers und des Antragsgegners haben kann. In letzterer Funktion kann er Einstellung nach § 180 Abs. 2 ZVG beantragen, die allerdings nur Erfolg haben wird, wenn er auch seinen eigenen Antrag einstweilen einstellt.[1404]

1398 Hierzu Staudinger/*Langhein*, BGB, § 749 Rn. 70.
1399 *Brudermüller*, FamRZ 1996, 1516, 1517.
1400 *Brudermüller*, FamRZ 1996, 1516, 1518; *Wever*, Vermögensauseinandersetzung, Rn. 241.
1401 *Grziwotz*, FamRZ 2002, 1669, 1677 m.w.N.
1402 *Kogel*, FamRB 2003, 403, 406.
1403 BGH, NJW 1981, 2065.
1404 *Stöber*, Zwangsversteigerungsgesetz, § 180 Tz. 12.6.

Die Aussetzung soll verhindern, dass ein wirtschaftlich Stärkerer unter Ausnutzung vorübergehender Umstände die Versteigerung **zur Unzeit** durchsetzt, um den wirtschaftlich Schwächeren zu ungünstigen Bedingungen aus dem Grundstück zu drängen.[1405] 872

Daher können **nur Gründe, welche vorübergehend sind**, die Einstellung nach dieser Vorschrift rechtfertigen. So kann etwa eine dauerhafte gesundheitliche Beeinträchtigung nicht zur Einstellung nach § 180 Abs. 2 ZVG führen.[1406] Im Gegensatz zu § 30a ZVG wird nicht verlangt, dass durch die Einstellung die Versteigerung insgesamt vermieden werden kann (Sanierungsfähigkeit).[1407] 873

Das Antragsrecht nach § 180 Abs. 2 ZVG kann daher nicht als das für den Regelfall geeignete Mittel angesehen werden, um bei unzureichenden Geboten eine Wiederholung des Versteigerungstermins zu erzwingen.[1408] 874

Für eine Einstellung kann sprechen:[1409] 875

- Werterhöhung durch Reparatur oder Renovierung steht unmittelbar bevor;[1410]
- Versteigerungsgegner hat noch keinen Ersatzwohnraum, ein solcher steht aber in Aussicht;
- Versteigerungsgegner erwartet in Kürze finanzielle Mittel, um das Haus selbst zu ersteigern;
- wenn eine Klage des Versteigerungsgegners gegen den betreibenden Ehegatten auf Herausgabe des geschenkten Grundstücksteils anhängig ist und voraussichtlich zum Erfolg führt;
- wenn Vergleichsverhandlungen schweben, insbes. der Betreiber des Verfahrens nichts gegen die Einstellung hat;
- wenn der Versteigerungsgegner von dem Verfahren ohne vorherige Ankündigung überrascht worden ist.

Gegen eine Einstellung kann sprechen: 876

- wenn die Lasten aus dem Grundstück nicht mehr getragen werden können;
- wenn der Betreiber des Verfahrens zu seiner Existenzsicherung dringend Geldmittel benötigt;
- wenn die geltend gemachten Interessen Antragsteller und Antragsgegner in gleichem Maße treffen, also nicht widerstreitend sind.

1405 BGH, NJW 1981, 2065; BGH, NJW 2004, 3635.
1406 BGH, NJW 2004, 3635.
1407 *Mock*, ZAP Fach 14, S. 557, 578.
1408 BGH, NJW 1981, 2065.
1409 *Stöber*, Zwangsversteigerungsgesetz, § 180, Tz.. 12.3.; *Wever*, Vermögensauseinandersetzung, Rn. 231.
1410 BGH, NJW 1981, 2065 f.

877 **Nicht für eine Einstellung ausreichend** ist:

- Tod eines Beteiligten;
- jahrelange Auseinandersetzungen der Beteiligten;
- Anhängigkeit anderer ehebezogener Streitigkeiten.

878 Die einstweilige Einstellung muss binnen einer **Notfrist von zwei Wochen** beantragt werden (§ 30b ZVG). Diese Frist beginnt mit der Zustellung der Belehrung nach § 30b Abs. 1 ZVG. Auf die Frist ist zu achten, sie wird oft versäumt.[1411]

▶ Hinweis:

Die einstweilige Einstellung muss binnen einer Notfrist von zwei Wochen seit Empfang der Belehrung beantragt werden.

879 Die einstweilige Einstellung nach § 180 Abs. 2 ZVG kann **höchstens ein zweites Mal** ausgesprochen werden, also längstens für insgesamt zwölf Monate.

b) Einstweilige Einstellung nach § 180 Abs. 3 ZVG

880 Eine **Sondervorschrift** für die Teilungsversteigerung unter (früheren) **Ehegatten** enthält § 180 Abs. 3 ZVG. Danach ist in solchen Fällen das Versteigerungsverfahren einstweilen einzustellen, wenn dies **zur Abwendung einer ernsthaften Gefährdung des Wohls eines gemeinschaftlichen Kindes** erforderlich ist. Auch diese Norm wird nur zurückhaltend angewandt. Es kann nämlich durchaus auch im Interesse des Kindeswohls die Verbesserung der finanziellen Situation durch die Versteigerung dem Festhalten an einer »längst untergegangenen Welt«[1412] vorzuziehen sein.

881 Mit dieser Begründung könnte auch – im Gegensatz zu Abs. 2 – eine **mehrfache Einstellung** des Verfahrens erreicht werden. **Insgesamt** beträgt die Höchstdauer einer Einstellung nach § 180 Abs. 2 und 3 ZVG **fünf Jahre**, § 180 Abs. 4 ZVG. Bei einer Änderung der Verhältnisse kann ein Änderungsantrag gestellt werden, § 180 Abs. 3 Satz 4 ZVG.

882 Eine ernsthafte Gefährdung des Wohls eines gemeinschaftlichen Kindes erfordert, dass das **Kind** durch die Zwangsversteigerung in seinen Lebensverhältnissen **erheblich benachteiligt** wird und **damit in seiner Entwicklung erheblich beeinträchtigt** zu werden droht.[1413]

883 Solche Gründe können in folgenden Fällen **bejaht** werden:[1414]

- anderweitige Unterbringung einer kinderreichen Familie mit zumutbarem Aufwand nicht möglich;
- Haus ist nach den Bedürfnissen eines behinderten Kindes gebaut;

1411 *Brudermüller*, FamRZ 1996, 1516, 1517.
1412 So *Haußleiter/Schulz*, Vermögensauseinandersetzung, Kap. 5 Rn. 48.
1413 LG Berlin, Rpfleger 1992, 170.
1414 *Stöber*, Zwangsversteigerungsgesetz, § 180 Tz. 13.4. m.w.N.

- akute Gefährdung der schulischen Entwicklung;
- bei einem anhängigen Streit um die elterliche Sorge soll ein mehrfacher Wohnsitzwechsel vermieden werden.

Nicht ausreichend sind hingegen:[1415] 884

- Verlust des bisherigen Lebensumfelds des Kindes wie Spielkameraden, Schule, Nachbarschaft;
- Ortswechsel;
- Verlust des bisherigen Lebensstandards.

Die **Notfrist des § 30b ZVG** gilt auch für diesen Einstellungsgrund ab Zustellung der Belehrung nach § 30b Abs. 1 ZVG und läuft nicht etwa neu an nach Ablehnung oder Auslaufen einer Einstellung nach § 180 Abs. 2 ZVG. Aus diesem Grunde scheitert die Einstellung nach dieser Vorschrift zumeist schon am Fristablauf.[1416] 885

▶ Hinweis:

Einstellungsanträge nach § 180 Abs. 3 ZVG unterliegen der Notfrist von zwei Wochen! Daher sind sie gleichzeitig mit und ggf. parallel zu Anträgen nach Abs. 2 stellen.

4. Einstweilige Einstellung durch den Antragsteller nach § 30 ZVG

Der **Antragsteller** kann selbst jederzeit nach § 30 ZVG die einstweilige Einstellung bewilligen. Diese Möglichkeit der Einstellung besteht 886

- ohne Begründungspflicht,
- ohne Form- und Fristerfordernisse,
- ohne Mitsprache von Dritten.[1417]

Die Einstellung bezieht sich aber **nur auf das vom Antragsteller betriebene Verfahren**, nicht aber auf die Verfahren etwa beigetretener Dritter. Deren Verfahren läuft also unabhängig von der Einstellung durch den Antragsteller weiter. 887

Wird das Verfahren eingestellt, beginnt eine **6-Monats-Frist**. Stellt der Antragsteller innerhalb dieser Frist keinen **Fortsetzungsantrag**, wird das Verfahren endgültig aufgehoben, § 31 Abs. 1 Satz 2 ZVG. Der Einstellungsantrag kann max. einmal wiederholt werden. Wird ein zweiter Wiederholungsantrag gestellt, betrachtet das ZVG dies als Rücknahme, § 30 Abs. 1 Satz 3 ZVG. 888

1415 *Stöber*, Zwangsversteigerungsgesetz, § 180 Tz. 13.4. m.w.N.; eine weitere Auslegung vertreten hingegen LG Offenburg, FamRZ 1994, 1274 und *Grziwotz*, FamRZ 2002, 1669, 1677, die auch schon bei Verlust des bisherigen Lebensstandards und -umfelds für das Kind eine einstweilige Einstellung befürworten.

1416 *Brudermüller*, FamRZ 1996, 1516, 1518 zur geringen praktischen Relevanz.

1417 *Mock*, ZAP Fach 14, S. 557, 576.

5. Vollstreckungsschutz nach § 765a ZPO

889 § 765a ZPO erlaubt die ganze oder teilweise Aufhebung eines Zwangsvollstreckungsverfahrens oder auch die einstweilige Einstellung, wenn die **Vollstreckung** unter Würdigung des Schutzbedürfnisses des Antragstellers wegen ganz besonderer Umstände eine **Härte für den Antragsgegner** bedeutet, die **mit den guten Sitten nicht mehr zu vereinbaren** ist.

890 Ob die Schutzvorschrift des § 765a ZPO auf die Teilungsversteigerung **Anwendung** findet, war lange Zeit **umstritten**, weil die Teilungsversteigerung in das ZVG eingebettet ist und § 180 ZVG nicht auf § 765a ZPO verweist. Ablehnende[1418] und befürwortende Ansichten[1419] hielten sich die Waage.

891 Der **BGH**, der die Streitfrage zunächst offen ließ,[1420] hat sich schließlich für die Anwendung des § 765a ZPO auch i.R.d. Teilungsversteigerung ausgesprochen, sodass die Praxis die Bestimmung anwendet.

892 ▶ Hinweis:

Der BGH[1421] hat die Anwendung des § 765a ZPO im Verfahren der Teilungsversteigerung bejaht.

893 Wegen der deutlichen **Nähe zum Zwangsvollstreckungsverfahren** und dem über **Art. 14 GG** gebotenen Schuldnerschutz wird man dem BGH in der **Anwendung des § 765a ZPO** folgen können, vor allem weil die in § 180 ZVG selbst zur Verfügung gestellten Einstellungsmöglichkeiten wegen der knapp bemessenen Notfrist weitgehend versagen und somit Entwicklungen nach Ablauf dieser Fristen sonst nicht mehr aufgefangen werden könnten.

894 Allerdings wird auch bei Anwendbarkeit des § 765a ZPO dieser keinen breiten Anwendungsbereich finden,[1422] denn die Vorschrift ist **als Ausnahmevorschrift eng auszulegen**[1423] und so wird die hohe Hürde der sittenwidrigen Härte nur selten überwunden.[1424] Für einen weiteren Anwendungsbereich wird allerdings mit Blick auf die besonderen Interessen der Kinder plädiert, die häufig erst i.R.d. Trennungsprozesses und damit nach Ablauf der Notfrist des § 180 Abs. 3 ZVG auftreten.[1425] Die Praxis sieht ansonsten die Vorschrift weitgehend als bedeutungslos für die Teilungsversteige-

---

1418 OLG Koblenz, NJW 1960, 828; OLG Hamm, RPfleger 1960, 253 und RPfleger 1964, 341; OLG München, NJW 1961, 787.

1419 OLG Braunschweig, NJW 1961, 129; OLG Schleswig, JurBüro 1964, 612; OLG Bremen, RPfleger 1979, 72; OLG Köln, NJW-RR 1992, 126; OLG Karlsruhe, RPfleger 1994, 223; KG, NJW-RR 1999, 434; *Brudermüller*, FamRZ 1996, 1516, 1519; *Mock*, ZAP Fach 14, S. 557, 578.

1420 BGH, NJW 2004, 3635, 3636.

1421 BGH, FamRZ 2007, 1010.

1422 *Brudermüller*, FamRZ 1996, 1517, 1519.

1423 BGH, NJW 2004, 3635, 3636.

1424 Vgl. etwa LG Frankfurt an der Oder, FamRZ 2008, 293.

1425 *Grziwotz*, FamRZ 2002, 1669, 1677.

rung an.[1426] Der BGH hat allerdings bei der Räumungsvollstreckung im Fall einer Suizidgefahr einen Anwendungsbereich für die Vorschrift gesehen[1427] und in einer weiteren Entscheidung konkrete Vorgaben für diese Situation gegeben,[1428] wenn das Betreuungsgericht eine Abhilfe nicht schafft, weil die Gefahr erst mit Zuschlage bzw. Zwangsräumung eintrete und das Versteigerungsverfahren eingestellt wird, weil die **Suizidgefahr** sich sonst verwirklicht. Diese unter dem Aspekt des effektiven Rechtsschutzes verfassungswidrige Blockadesituation ist dann dadurch aufzulösen, dass das Versteigerungsgericht zunächst nur das Betreuungsgericht informiert und die Zustellung an die Beteiligten ankündigt, sodass das Vormundschaftsgericht bei nunmehr bekannt gestiegenem Gefährdungsgrad Maßnahmen ergreifen kann. Das Versteigerungsgericht muss sich vom Zugang seiner Ankündigung beim Betreuungsgericht vergewissern und die Zustellung an die Beteiligten ebenfalls dorthin mitteilen. Dann liegen weitere Maßnahmen in der primären Zuständigkeit des Betreuungsgerichts.

Der Antrag nach § 765a ZPO ist **nicht an Formen und Fristen gebunden** und kann daher noch im Versteigerungstermin gestellt werden.[1429]

6. Berufung auf § 1353 Abs. 1 Satz 2 BGB

Nachdem die verfahrensrechtlichen Vorschriften der Teilungsversteigerung wenig Schutz für den Antragsgegner bieten, wird bei der Teilungsversteigerung unter Ehegatten verstärkt auf **materiellrechtliche Vorschriften** abgestellt. 895

Wenn es bei der Teilungsversteigerung um das Familienheim geht, wird aus § 1353 Abs. 1 Satz 2 BGB eine allgemeine Pflicht hergeleitet, bei der Durchsetzung vermögensrechtlicher Ansprüche auf die Belange des anderen Ehegatten Rücksicht zu nehmen.[1430] 896

Während des Zusammenlebens der Ehegatten wird diese Bestimmung einer Teilungsversteigerung regelmäßig entgegenstehen.[1431] 897

Nach der Trennung ist dann eine Interessenabwägung geboten, bei der jedoch die Belange des aufhebungswilligen Ehegatten an Gewicht gewinnen.[1432] Die Vorschrift kann jedoch eine Aufhebung der Gemeinschaft zur Unzeit verhindern. 898

Gerade wenn das Familienheim in vielen Fällen der einzige wesentliche Vermögensgegenstand ist und beide Ehegatten als Eigentümer darüber hinaus wenig Zugewinn erwirtschaftet haben, ist der ausgezogene Ehegatte für seinen neuen Start auf die finanziellen Mittel angewiesen, die er nur durch die Veräußerung des Familienheims gewinnen kann. 899

1426 *Brudermüller*, FamRZ 1996, 1517, 1519; *Mock*, ZAP Fach 14, S. 557, 578.
1427 BGH, NJW 2006, 508; hierzu *Schuschke*, NJW 2006, 874 ff.
1428 BGH, NJW-RR 2010, 1659 ff.
1429 *Haußleiter/Schulz*, Vermögensauseinandersetzung, Kap. 5, Rn. 49.
1430 BGH, FamRZ 1962, 295, 296; *Brudermüller*, FamRZ 1996, 1517, 1521.
1431 *Wever*, Vermögensauseinandersetzung, Rn. 223.
1432 *Wever*, Vermögensauseinandersetzung, Rn. 224.

900 Bei der gebotenen **Abwägung** kann Folgendes berücksichtigt werden:[1433]

- Stellung des Versteigerungsantrags in ehefeindlicher Absicht,
- Notwendigkeit für den Antragsteller, für sich eine neue angemessene Wohnung zu finden,
- besondere Fürsorgepflichten gegenüber einem physisch oder psychisch kranken Ehepartner,
- Fürsorgepflichten für gemeinsame Kinder,
- Dauer des Zusammenlebens im Familienwohnheim,
- Angebot angemessener Ersatzwohnung,
- Dauer des Getrenntlebens.

901 Ob die Teilungsversteigerung auch **nach Rechtskraft der Scheidung** noch über § 1353 Abs. 1 Satz 2 BGB verhindert werden kann, ist umstritten.[1434]

7. Rechtsmissbrauch, § 242 BGB

902 In besonderen Fällen kann die Teilungsversteigerung schließlich unter dem Gesichtspunkt des **Rechtsmissbrauchs** nach Treu und Glauben, § 242 BG gehindert sein. Allerdings sind die Voraussetzungen streng; allein eine beharrliche und gröbliche Verletzung von Pflichten aus der Gemeinschaft genügt noch nicht.[1435] Ein solcher **Verstoß gegen Treu und Glauben** erfordert, dass der Antragsteller dem Miteigentümer bewusst Nachteile zufügt, ohne dass er dadurch einen rechtlichen oder wirtschaftlichen Vorteil erlangt, sodass die Teilungsversteigerung für den **Antragsgegner schlechthin unzumutbar** ist.[1436] Auch hierbei handelt es sich um eng begrenzte Ausnahmefälle.

903 Bejaht wurde dies in der Rechtsprechung für den Fall, dass die **querschnittsgelähmte frühere Ehefrau** im Haus lebt.[1437]

904 Eine seltene Ausnahme könnte auch bejaht werden, wenn der die Teilungsversteigerung betreibende Ehegatte seinen Miteigentumsanteil im Weg der dinglichen Rückgewähr einer ehebezogenen Zuwendung sogleich an den Antragsgegner übertragen müsste.[1438]

905 Einwendungen nach § 242 BGB wird auch der andere Ehegatte erheben können, wenn **vertraglich bereits** eine **Übertragung auf die Kinder** oder ein Verkauf **verabre-**

1433 Nach *Brudermüller*, FamRZ 1996, 1517, 1521.

1434 Ablehnend *Wever*, Vermögensauseinandersetzung, Rn. 225; Staudinger/*Langhein*, BGB, § 749 Rn. 70; befürwortend *Brudermüller*, FamRZ 1996, 1517, 1521 wegen der auch nachehelich gebotenen Solidarität.

1435 BGHZ 63, 348, 352; BGHZ 58, 146 f.

1436 *Stöber*, Zwangsversteigerungsgesetz, § 180 Tz. 9.5.; BGH, FamRZ 1977, 458 f.

1437 OLG Frankfurt, FamRZ 1998, 641 f.

1438 OLG Celle, FamRZ 2000, 668; *Haußleiter/Schulz*, Vermögensauseinandersetzung, Kap. 5 Rn. 59; *Krause*, Familienheim, 8/25.

det worden ist.[1439] In solchen Fällen sollte freilich besser auch sogleich vertraglich die Aufhebung der Gemeinschaft ausgeschlossen werden, anstatt sich auf diese Rechtsprechung und den § 242 BGB zu verlassen.

Das OLG München hat die Berufung auf § 242 BGB in einem Fall abgelehnt, in dem der Ehemann zwei Jahre nach Rechtskraft der Scheidung die Teilungsversteigerung betrieben hatte und die 7- und 10-jährigen Kinder mit der Mutter im Haus wohnten.[1440] Lediglich allgemeine Billigkeitserwägungen führten noch nicht dazu, dass die Teilungsversteigerung schlechthin unzumutbar sei.[1441] 906

Eine Mutwilligkeit i.S.d. § 114 ZPO bejaht der BGH, wenn aufgrund der Höhe des geringsten Gebotes die beabsichtigte Teilungsversteigerung aller Voraussicht nach fehlschlägt, sodass das Verfahren nach § 77 Abs. 2 ZVG wegen Ergebnislosigkeit aufgehoben werden muss.[1442]

8. Gesamtvermögensgeschäft, § 1365 BGB

Stellt der Miteigentumsanteil an einem Grundstück das **ganze Vermögen** eines im gesetzlichen Güterstand verheirateten Ehegatten dar, bedarf sein **Antrag** auf Anordnung der Teilungsversteigerung nach neuerer Rechtsprechung des BGH der **Zustimmung des anderen Ehegatten nach § 1365 BGB**.[1443] Damit folgt der BGH einer gefestigten Meinung der OLG.[1444] 907

Einigkeit besteht zunächst darin, dass **§ 1365 BGB nicht unmittelbar anwendbar** ist, weil der Antrag auf Teilungsversteigerung weder eine Verfügung über das Grundstück noch eine rechtsgeschäftliche Verpflichtung darstellt.[1445] 908

Der **BGH** hält jedoch eine **Analogie für zulässig und für geboten**. Er begründet zunächst ausführlich, dass eine **Regelungslücke** vorliegt, der Gesetzgeber also nicht durch den fehlenden Verweis in §§ 180 ff. ZVG die Anwendbarkeit des § 1365 BGB ausschließen wollte. Eine dem § 181 Abs. 2 Satz 2 BGB (betreuungs- bzw. familiengerichtliche Genehmigung für Teilungsversteigerungsantrag durch Vormund oder Betreuer) entsprechende Regelung fehle für die Gesamtvermögensgeschäfte. Auch aus den späteren Ergänzungen des § 180 ZVG lasse sich kein gegenteiliger Schluss ziehen. 909

Der **Antrag auf Anordnung der Teilungsversteigerung** ist auch im Licht des Schutzzweckes des § 1365 BGB **mit der Veräußerung eines Grundstücks vergleichbar**. Die Vorschrift will die wirtschaftliche Grundlage der Familie vor einseitigen Maßnahmen 910

1439 BGH, FamRZ 1984, 563.
1440 OLG München, FamRZ 1989, 980.
1441 Krit. *Grziwotz*, FamRZ 2002, 1669, 1678.
1442 BGH, NJW-RR 2011, 788.
1443 BGH, FamRZ 2007, 1634: a.A. *Gottwald*, FamRZ 2006, 1975 ff.
1444 Ausführliche Nachweise bei BGH, FamRZ 2007, 1634, 1635 Tz. 15.
1445 BGH, FamRZ 2007, 1634 m.w.N.

eines Ehegatten schützen und den Zugewinnausgleichsanspruch sichern.[1446] Der BGH lässt das Argument, aus § 749 Abs. 1 BGB folge der Ausschluss des § 1365 BGB, nicht gelten.

911 Der BGH bewertet § 1365 Abs. 1 BGB so, dass die Vorschrift nicht nur der Erteilung des Zuschlags entgegensteht, sondern **bereits der Anordnung** und Durchführung **der Teilungsversteigerung.**[1447] Dies begründet der BGH einmal damit, dass es sich um ein Verfahrenshindernis handele. Er verweist aber auch auf den Gesichtspunkt der Prozessökonomie, der es verbiete, zunächst ein zeitraubendes Teilungsversteigerungsverfahren durchzuführen, um hinterher festzustellen, dass es an der Voraussetzung des § 1365 BGB fehlt.

912 ▶ Hinweis:

Der BGH hat entschieden, dass § 1365 BGB schon für den Antrag auf Teilungsversteigerung gilt.

913 Die Verfügungsbeschränkung des § 1365 BGB mit ihren Voraussetzungen und Auswirkungen wurde bereits vorgestellt.[1448] Wiederholt sei nur, wie lange die Verfügungsbeschränkung im **Zusammenhang mit einer Scheidung** gilt:[1449] Verfügungen nach rechtskräftiger Scheidung bedürfen keiner Zustimmung,[1450] es sei denn, der Zugewinn ist als abgetrennte Folgesache noch rechtshängig.[1451] Dies gilt nicht, wenn der Zugewinn erstmals nach Scheidung rechtshängig[1452] oder sonst selbstständig geltend gemacht wird.[1453] Rechtsgeschäfte vor diesem Zeitpunkt bleiben auch nach rechtskräftiger Scheidung zustimmungsbedürftig,[1454] es sei denn, Zugewinnansprüche können wegen Eintritts der Verjährung nicht mehr durchgesetzt werden.[1455]

914 Beachtlich ist ferner, dass die **Zustimmungspflicht gemäß § 1365 BGB dann nicht mehr erforderlich** ist, **wenn** eine **Zwangsvollstreckung durch einen Gläubiger** betrieben wird.[1456] Ein Ehegatte könnte also versucht sein, anstelle einer Teilungsversteigerung, die an § 1365 BGB scheitern würde, eine Situation herbeizuführen, in

1446 BGH, FamRZ 2007, 1634, 1636.

1447 BGH, FamRZ 2007, 1634, 1637 Tz. 24; *Brudermüller*, FamRZ 1996, 1516, 1519; *Stöber*, Zwangsversteigerungsgesetz, § 180 Tz. 3.13.d) m.w.N.; a.A. *Zimmer/Pieper*, NJW 2007, 3104 f.

1448 Rdn. 76 ff.

1449 Unverständlich in diesem Zusammenhang *Krause*, Familienheim 8/49 für § 1365 BGB im Zusammenhang mit dem Erwerb von Grundbesitz.

1450 OLG Hamm, FamRZ 1987, 591.

1451 OLG Köln, FamRZ 2001, 176; OLG Celle, DNotI-Report, 2004, 16 = FamRZ 2004, 625.

1452 OLG Hamm, NJW-Spezial 2006, 491.

1453 OLG München, Rpfleger 2006, 556.

1454 BGH, FamRZ 1978, 396.

1455 OLG Celle, NJW-RR 2001, 866.

1456 BGH, FamRZ 2007, 1634, 1637 Tz. 22.

der ein Gläubiger die Vollstreckung betreibt, etwa wenn Darlehensraten nicht gezahlt wurden und das Darlehen daher fällig gestellt wurde.[1457]

Das Gericht wird bei der Teilungsversteigerung nicht von Amts wegen prüfen, ob die Voraussetzungen des § 1365 BGB vorliegen. Dennoch kann der Antrag auf Teilungsversteigerung zurückgewiesen werden, wenn dem Gericht entweder die Voraussetzungen offenkundig sind oder die Beteiligten die Voraussetzungen unstreitig stellen.[1458] Hierbei ist aus Anwaltssicht zu warnen, dass ein gegen § 1365 BGB verstoßender Antrag auf Teilungsversteigerung dem Gegner ggf. nach § 1385 Abs. 2 Nr. 2 BGB die Möglichkeit gibt, auf vorzeitigen Zugewinn zu klagen. 915

Insoweit ist jedem Anwalt, der eine Teilungsversteigerung betreut, zu raten, die Voraussetzungen des § 1365 BGB zu prüfen und ggf. hierzu beim Antrag auf Teilungsversteigerung Ausführungen zu machen.[1459] 916

Die Zustimmung des anderen Ehegatten ist formlos gültig. Eine nach § 1365 Abs. 2 BGB durch das FamG ersetzte Zustimmung muss rechtskräftig sein oder die Anordnung der sofortigen Wirksamkeit enthalten.[1460] 917

▶ Hinweis:

Beim Antrag auf Teilungsversteigerung sollte § 1365 BGB bei Ehegatten in Zugewinngemeinschaft stets geprüft werden. Es ist empfehlenswert, hierzu schon beim Antrag vorzutragen.

9. Verfahren zur Geltendmachung der Hinderungsgründe

Neben den Einstellungsanträgen i.R.d. § 180 ZVG oder des § 30 ZVG sind die sonstigen der Teilungsversteigerung entgegenstehenden Gründe nach § 1353 BGB, § 242 BGB oder auch § 1365 BGB als **materielle Einwendungen** gegenüber dem Aufhebungsanspruch zu sehen, die mit der **Drittwiderspruchsklage nach § 771 ZPO** bzw. als familienrechtliche Streitigkeit mit einem **Drittwiderspruchsantrag** geltend zu machen sind. 918

Eine Familiensache lag früher nur bei der fehlenden Zustimmung nach § 1365 BGB vor, nach der Reform des FamFG dürfte es sich jedoch auch bei den anderen Hinderungsgründen um sonstige Familiensachen i.S.d. § 266 FamFG handeln. 919

In **Ausnahmefällen** kann die fehlende Einwilligung nach § 1365 BGB auch über die **Erinnerung nach § 766 ZPO** geltend gemacht werden,[1461] wenn nämlich in der Nichtbeachtung ein Verfahrensfehler liegt. Ein solcher Verfahrensfehler liegt aber nur dann vor, wenn das Gericht die fehlende Einwilligung kannte oder kennen 920

1457 Vgl. *Haußleiter/Schulz*, Vermögensauseinandersetzung, Kap. 5 Rn. 40.

1458 *Kogel*, Teilungsversteigerung, Rn. 53.

1459 *Kogel*, Teilungsversteigerung, Rn. 87.

1460 Stöber, Zwangsversteigerungsgesetz, § 180 Tz. 3.13. e); Beispiel für einen zustimmungsersetzenden Beschluss: OLG Köln, OLG-Report 2007, 477 = FamRZ 2007, 1343.

1461 Anders OLG Stuttgart, FamRB 2008, 77: nur die Erinnerung.

musste[1462] oder auch, wenn die Notwendigkeit und das Fehlen einer Einwilligung nach § 1365 BGB zwischen Antragsteller und Antragsgegner unstreitig geworden ist.[1463] Wird dann auf die Erinnerung hin, das Fehlen der notwendigen Einwilligung bestritten, bleibt nur der Weg über § 771 ZPO.[1464]

III. Weitere Folgen des Antrags auf Teilungsversteigerung

921 Die Teilungsversteigerung führt aber häufig nicht nur zur Teilung des Grundbesitzes oder zur Versteigerung, sondern hat weitere zivilrechtliche und steuerliche Nebenfolgen, die zumeist nicht erwünscht sind.

1. Auslösung von Rückübertragungsrechten

922 Ist etwa der Grundbesitz von den Eltern eines Eigentümer-Ehegatten übertragen worden, bestehen sehr häufig Ansprüche auf Rückübertragung des Grundbesitzes für den Fall, dass in diesen die Zwangsversteigerung betrieben wird. I.d.R. werden solche Rückübertragungsansprüche durch Vormerkung dinglich gesichert. Der Antrag auf Teilungsversteigerung löst in einem solchen Fall das Rückübertragungsrecht der Eltern/Schwiegereltern aus, sodass das Grundstück völlig verloren gehen kann und es nur beim Ersatz von Verwendungen verbleibt.

2. Vorzeitiger Zugewinnausgleich

923 Handelt es sich – wie dargestellt – um ein Gesamtvermögensgeschäft ohne Zustimmung, ist der andere Ehegatte möglicherweise berechtigt, einen vorzeitigen Zugewinn zu verlangen, § 1385 Abs. 2 Nr. 2 BGB.

3. Veräußerungsgewinnbesteuerung

924 Schließlich darf nicht übersehen werden, dass die Veräußerungsgewinnbesteuerung auch dann eingreift, wenn es sich nicht um einen allseits freiwillig geschlossenen Vertrag handelt, sondern um eine Teilungsversteigerung. Die Abgabe des Meistgebotes gilt hier als Veräußerung des Eigentümers an den Meistbietenden.,[1465] sodass zu prüfen ist, ob dies eine Steuerpflicht auslöst, wenn die Ehegatten das Objekt noch keine zehn Jahre haben oder einer von ihnen bereits vor dem Jahr der Versteigerung ausgezogen ist oder das Haus (teilweise) vermietet war.[1466]

1462 *Wever*, Vermögensauseinandersetzung, Rn. 219; *Storz/Kiderlen*, Praxis der Teilungsversteigerung, B 1.4.2.

1463 BGH, FamRZ 2007, 1634.

1464 *Zimmer/Pieper*, NJW 2007, 3104, 3105 ff.

1465 BFH, BStBl. 1989 II, S. 652; BFH, BStBl. 1994 II, S. 687; *Arens*, FPR 2003, 426, 428; *Herrmann/Heuer/Raupach*, EStG, § 23 EStG Rn. 76.

1466 Zur Veräußerungsgewinnbesteuerung nachfolgend Rdn. 938 ff.

4. Darlehenskündigung

Der Antrag auf Teilungsversteigerung als Vollstreckungsmaßnahme führt häufig dazu, dass die Bank dies zum Anlass nimmt, bestehende Kreditverträge zu kündigen, auch wenn Tilgung und Verzinsung bisher ohne Rückstand erbracht worden sind. Neben der Fälligstellung des Darlehens hat dies ggf. auch eine hohe Vorfälligkeitsentschädigung zur Folge. 925

IV. Anträge und Gegenanträge

Zur praktischen Umsetzung der Darstellung seien nachfolgend noch kurz einige Anträge und Gegenanträge im Verfahren der Teilungsversteigerung vorgestellt.[1467] Für das Vollstreckungsverfahren selbst ist nach wie vor das Vollstreckungsgericht beim Amtsgericht nach §§ 180 Abs. 1, 35 ZVG zuständig.[1468] Sofern materielle Einwendungen aus der Ehe heraus erhoben werden, etwa unter Berufung auf § 1365 BGB oder § 1353 BGB handelt es sich um **Familiensachen**, sodass ein entsprechender Antrag an das Familiengericht zu richten ist,[1469] jedenfalls dann wenn ein zeitlicher Zusammenhang zur Scheidung noch besteht.[1470] 926

1. Antrag auf Teilungsversteigerung

Der Antrag auf Teilungsversteigerung kann folgendermaßen lauten:[1471] 927

▶ Formulierungsvorschlag (Antrag auf Teilungsversteigerung): 928

Rechtsanwalt .....

.....

An das Amtsgericht .....
Vollstreckungsgericht
.....

....., den .....

1467 Eine zusätzliche Musterformulierung zum Drittwiderspruchsantrag findet sich etwa bei *Kogel*, Teilungsversteigerung, Rn. 88; eine Formulierung für die Klage auf Aufhebung der Gemeinschaft an einem Eigentümergrundpfandrecht stellt *Giers*, in: Vorwerk, Prozessformularbuch, Kap. 126.4. vor.

1468 *Haußleiter/Schulz*, Familienvermögensrecht, Kap.5, Rn. 38.

1469 *Büte*, in: Klein, Handbuch Familienvermögensrecht, Kap. 4, Rn. 147; *Schuschke*, in: Vorwerk, Prozessformularbuch, Kap. 64, Rn. 30.

1470 *Haußleiter/Schulz*, Familienvermögensrecht, Kap. 5, Rn. 63.

1471 Formulierungsvorschläge finden sich bei *Kogel*, Teilungsversteigerung; Schröder/Bergschneider/*Hintzen*, Familienvermögensrecht, Rn. 10.62 f.; *Büte*, in: Klein, Handbuch Familienvermögensrecht, Kap. 4.

Antrag auf Teilungsversteigerung

In der Zwangsvollstreckungssache
..... / ..... (Langrubrum[1472])

beantrage ich namens und in Vollmacht des Antragstellers die Anordnung der Zwangsversteigerung zum Zwecke der Aufhebung der Gemeinschaft des nachfolgenden Grundbesitzes:

Amtsgericht ..... Grundbuch von .... Blatt .....
Bestandsverzeichnis lfd. Nr. .....
FlurNr. .... (Bezeichnung) zu .... m².
Im Grundbuch sind als Miteigentümer je zur Hälfte eingetragen:
1) Herr ....., ... (Antragsteller)
2) Frau ....., ... (Antragsgegner).

Herr ..... und Frau ..... sind rechtskräftig geschieden. Ein Verfahren über den Zugewinnausgleich ist nicht anhängig. Eine außergerichtliche Einigung über die Auseinandersetzung des oben bezeichneten Grundbesitzes ist nicht zustande gekommen.[1473]
Eine Realteilung kommt nicht in Betracht.

Alternative:
Herr ..... hat die Scheidung der Ehe mit Frau ..... am ..... beim Amtsgericht ..... beantragt (AZ: .....). Vorsorglich wird darauf hingewiesen, dass Herr ..... mit dem Antrag auf Teilungsversteigerung nicht über sein gesamtes Vermögen verfügt, da er außerdem Eigentümer eines unbelasteten Mehrfamilienhauses in ....., ...straße ..... ist (Grundbuch von ..... Blatt .....).

Auf das beim dortigen Amtsgericht geführte Grundbuch nehme ich Bezug. Ein Grundbuchauszug ist zusätzlich beigefügt (§ 17 Abs. 2 ZVG).
Einen etwaigen Kostenvorschuss fordern Sie bitte bei uns an.
.....

(Rechtsanwalt)

Anlage: Vollmacht, Grundbuchauszug

1472 Gegen alle Miteigentümer unter Angabe ihrer Anschrift: *Stöber*, Zwangsversteigerungsgesetz, § 180 Tz. 4.2.

1473 Zwar wurde bei § 1365 BGB dargelegt, dass das Vollstreckungsgericht diese Vorschrift nicht von Amts wegen überprüft. Es kann sich aber dennoch empfehlen, bereits im Versteigerungsantrag deutlich zu machen, dass die Voraussetzungen des § 1365 BGB nicht mehr vorliegen. Dies ist hier deutlich, weil die Verfügungsbeschränkung nach rk. Scheidung nicht mehr anwendbar ist, es sei denn ein im Verbund geltend gemachter Zugewinn ist noch anhängig. In der Alternative wurde vorsorglich (hierzu *Kogel*, Teilungsversteigerung, Rn. 87) dargelegt, dass mit der Teilungsversteigerung nicht das Gesamtvermögen betroffen ist.

2. Antrag auf einstweilige Einstellung der Teilungsversteigerung nach § 180 Abs. 2 ZVG

Will der Antragsgegner eine einstweilige Einstellung der Teilungsversteigerung nach § 180 Abs. 2 ZVG erreichen, ist zu den oben bezeichneten Einstellungsgründen vorzutragen. Da diese von der jeweiligen Situation abhängen, kann der nachfolgende Formulierungsvorschlag nur eine Konstellation von vielen möglichen abbilden. 929

▶ Formulierungsvorschlag (Antrag auf einstweilige Einstellung der Teilungsversteigerung nach § 180 Abs. 2 ZVG): 930

Rechtsanwalt .....
.....

An das Amtsgericht .....
– Vollstreckungsgericht –
.....

....., den .....

Az: .....

Antrag auf einstweilige Einstellung der Teilungsversteigerung nach § 180 Abs. 2 ZVG

In der Zwangsvollstreckungssache
..... / ..... (Langrubrum)

beantrage ich namens und in Vollmacht der Antragsgegnerin, das am ..... angeordnete Zwangsversteigerungsverfahren zum Zwecke der Aufhebung der Gemeinschaft **für die Dauer von sechs Monaten einstweilen einzustellen**.

Zur

Begründung

trage ich vor:
1. Der Antragsteller und die Antragsgegnerin haben die Ehe am ..... geschlossen und leben seit dem ..... getrennt. Der Antragsteller ist zu diesem Zeitpunkt aus dem Anwesen ausgezogen, dessen Zwangsversteigerung er nun erstrebt. Aus der Ehe sind die beiden minderjährigen Kinder ..... (..... Jahre) und ..... (..... Jahre) hervorgegangen.
2. Die Antragsgegnerin lebt mit den Kindern weiterhin in der Ehewohnung im Erdgeschoss des genannten Hauses.
3. Das Scheidungsverfahren ist seit dem ..... beim Amtsgericht – Familiengericht – rechtshängig (AZ: .....).
4. Die Antragsgegnerin, die von dem ohne Vorankündigung eingeleiteten Zwangsversteigerungsverfahren zur Aufhebung der Gemeinschaft überrascht wurde, hat sich zum einen um Ersatzwohnraum bemüht, bisher jedoch ohne Erfolg.

Beweis: Mietgesuch in der örtlichen Tageszeitung vom .....
Zeugnis des Immobilienmaklers .....

Die Wohnung soll in der Nähe des bisherigen Anwesens liegen, damit die Kinder ihren Kindergarten/ihre Schule und ihren Freundeskreis behalten können. Sie muss ausreichend groß sein und dennoch der finanziellen Situation angemessen.
Die Antragsgegnerin kann aufgrund des Alters der Kinder nur in Teilzeit berufstätig sein und der Antragsteller zahlt lediglich einen monatlichen Ehegattenunterhalt von ..... Das Unterhaltsverfahren sollte aber in den nächsten Monaten abgeschlossen sein.
Es ist daher damit zu rechnen, dass auf gesicherter finanzieller Grundlage in den nächsten sechs Monaten Ersatzwohnraum beschafft werden kann.
5. Die Lasten des gemeinsamen Anwesens (Zins- und Tilgung) werden momentan durch die Mieteinnahmen der im ersten Obergeschoss vermieteten Wohnung abgedeckt. Außerdem verfügt der Antragsteller über ausreichende laufende Einkünfte, sodass er nicht auf die sofortige Verwertung des Anwesens angewiesen ist.
Die Abwägung der beiderseitigen Interessen lässt daher eine einstweilige Einstellung als angemessen erscheinen.

.....

(Rechtsanwalt)

3. Antrag auf einstweilige Einstellung der Zwangsversteigerung nach § 180 Abs. 3 ZVG

931 Will der Antragsgegner eine einstweilige Einstellung der Teilungsversteigerung nach § 180 Abs. 3 ZVG erreichen, sollte er intensiv zur ernsthaften Gefährdung des Kindeswohls vortragen. Die nachfolgende Formulierung wird von *Giers*[1474] vorgeschlagen und beschreibt mustergültig eine Situation, die eine einstweilige Einstellung nach § 180 Abs. 3 ZVG gerechtfertigt erscheinen lässt.

932 ▶ Formulierungsvorschlag (Antrag auf einstweilige Einstellung der Teilungsversteigerung nach § 180 Abs. 3 ZVG):

Rechtsanwalt .....
.....

An das Amtsgericht .....
– Vollstreckungsgericht –
.....

....., den .....

AZ: .....

Antrag auf einstweilige Einstellung der Teilungsversteigerung nach § 180 Abs. 3 ZVG

1474 *Giers*, in: Vorwerk (Hrsg.) Das Prozessformularbuch, Kap. 126.3.

In der Zwangsvollstreckungssache
..... / ..... (Langrubrum)
beantrage ich namens und in Vollmacht der Antragsgegnerin, das am ..... angeordnete Zwangsversteigerungsverfahren zum Zwecke der Aufhebung der Gemeinschaft **bis zum ..... einstweilen einzustellen.**

Zur

Begründung

trage ich vor:
1. Der Antragsteller und die Antragsgegnerin haben die Ehe am ..... geschlossen und leben seit dem ..... getrennt. Der Antragsteller ist zu diesem Zeitpunkt aus dem Anwesen ausgezogen, dessen Zwangsversteigerung er nun erstrebt.
2. Das Scheidungsverfahren ist beim Amtsgericht ..... seit dem ..... rechtshängig (AZ: .....)
3. Aus der Ehe ist das minderjährige Kind ...... (geboren am .....) hervorgegangen.
4. Die Antragsgegnerin lebt mit dem gemeinsamen Kind weiterhin in der Ehewohnung in dem zur Versteigerung anstehenden Objekt. Der Antragsteller lebt seit dem ..... mit seiner neuen Lebensgefährtin in einer Eigentumswohnung, die der Lebensgefährtin allein gehört.
5. Die vom Antragsteller betriebene Zwangsversteigerung des im gemeinsamen Miteigentum von Antragsteller und Antragsgegnerin stehenden Hauses ist einstweilen einzustellen, weil dies zur Abwendung einer ernsthaften Gefährdung des Wohles des Kindes ..... erforderlich ist. Das Kind leidet in einer über das übliche Maß hinausgehenden Weise unter der Trennung. Es ist sehr auf den Vater als Bezugsperson fixiert und hat den Wegzug des Vaters zu seiner Lebensgefährtin als persönliche Zurücksetzung empfunden. Dies hat zu psychosomatisch bedingten Erkrankungen in Form von Ess- und Schlafstörungen geführt.

Beweis: ärztliches Attest des Kinderarztes Dr. ..... vom.....
Sachverständigengutachten

Seit der Trennung der Ehegatten befindet sich das gemeinsame Kind in ständiger kinderärztlicher und psycho-therapeutischer Behandlung.

Beweis: Attest des Kinderarztes Dr. ..... vom
Attest des Psychotherapeuten ..... vom .....

Das gemeinsame Kind der Beteiligten besucht zur Zeit die ..... Klasse der ..... Schule. Die schulischen Leistungen sind seit der Trennung der Eltern stark zurückgegangen.

Beweis: Schulzeugnis des Jahres ..... (vor Trennung)
Schulzeugnis des nächsten Jahres
jeweils in beglaubigter Abschrift
Zeugnis der Klassenlehrerin Frau .....

6. Das ohnehin kontaktarme Kind hat bis auf die Beziehung zu einem einzigen Freund, der in unmittelbarer Nachbarschaft des zur Zwangsversteigerung anstehenden Hauses lebt, alle Kontakte zur Gleichaltrigen abgebrochen.

Würde die Teilungsversteigerung durchgeführt, müsste die Antragsgegnerin gemeinsam mit dem Kind das Haus räumen; der Antragsteller hat dies mit Schreiben seines Bevollmächtigten vom ..... bereits ausdrücklich angedroht. Die Antragsgegnerin hat sich seit Anordnung des Versteigerungsverfahrens vergeblich um einen Ersatzwohnraum in der Nähe des bisher von ihr gemeinsam mit dem Kind bewohnten Hauses bemüht.

Beweis: Zeugnis des Immobilienmaklers .....

Die Antragsgegnerin wird voraussichtlich. auch in Zukunft in der Nähe keinen geeigneten Wohnraum finden.

Beweis: Zeugnis des Immobilienmaklers .....

Müsste die Antragsgegnerin mit dem gemeinsamen Kind nach erfolgter Teilungsversteigerung umziehen, wäre damit der Verlust der bisherigen vertrauten Umgebung, ein Schulwechsel und damit auch der Verlust des letzten verbliebenen Freundes für das Kind verbunden. Dies würde nach Einschätzung der behandelnden Ärzte und der Klassenlehrerin zu einer erheblichen Verschärfung der gesundheitlichen Probleme des Kindes und einer Gefährdung der Erreichung des Schulzieles führen.

Beweis: Zeugnis des Kinderarztes Dr. .....
Zeugnis des Psychotherapeuten .....
Zeugnis der Klassenlehrerin.

Das Zwangsversteigerungsverfahren zur Aufhebung der Gemeinschaft ist daher nach § 180 Abs. 3 ZVG einstweilen einzustellen.
.....
(Rechtsanwalt)

4. Beitritt zur Teilungsversteigerung

933 Wie dargelegt, ist es häufig ratsam, rechtzeitig dem Verfahren der Teilungsversteigerung beizutreten.

Ein solcher Antrag kann folgendermaßen formuliert sein:

934 ▶ Formulierungsvorschlag (Antrag auf Zulassung des Beitritts zur Teilungsversteigerung):

Rechtsanwalt .....
.....

An das Amtsgericht .....
– Vollstreckungsgericht –
.....

....., den .....

Az.: .....

Antrag auf Zulassung des Beitritts zu Teilungsversteigerung

In der Zwangsvollstreckungssache
..... / ..... (Langrubrum)

beantrage ich namens und in Vollmacht der Antragsgegnerin die Zulassung des Beitritts zur Teilungsversteigerung.

Die Teilungsversteigerung wurde durch Beschluss des Gerichtes vom ..... angeordnet. Die Antragsgegnerin ist zusammen mit dem Antragsteller zur Hälfte Miteigentümerin des betroffenen Grundbesitzes.
Auf das beim dortigen Amtsgericht geführte Grundbuch nehme ich Bezug und beantrage vorsorglich die Beiziehung der Grundakten. Ein Grundbuchauszug ist zusätzlich beigefügt (§ 17 Abs. 2 ZVG).

Alternativ[1475]***:***
Ausdrücklich mache ich darauf aufmerksam, dass ich zum Az.: ..... des Amtsgerichts ..... einen Drittwiderspruchsantrag eingereicht habe, die einen Verstoß gegen § 1365 BGB rügt. Der vorstehende Antrag auf Zulassung des Beitritts stellt keine Zustimmung zum Versteigerungsantrag des Antragstellers dar. Der Drittwiderspruchsantrag wird vielmehr weiterhin verfolgt. Sollte sie Erfolg haben, wird in Aussicht gestellt, den vorstehenden Antrag auf Zulassung des Beitritts zur Teilungsversteigerung zurückzunehmen.

.....

(Rechtsanwalt)

5. Bietervollmacht

Wer den Termin zur Versteigerung nicht selbst wahrnehmen möchte, kann seinem Rechtsanwalt eine Bietervollmacht erteilen. 935

▶ Formulierungsvorschlag (Bietervollmacht für vertretenden Rechtsanwalt): 936

URNr. ...../2008

vom 2008

Bietervollmacht

Frau .....,

– nachfolgend kurz: »der Vollmachtgeber« –

erteilt hiermit

Herrn Rechtsanwalt .....

– nachfolgend kurz: »der Bevollmächtigte« –

V o l l m a c h t ,

1475 Die nachfolgende Formulierung schlägt *Kogel*, Teilungsversteigerung, Rn. 145 vor, wenn ein Drittwiderspruchsantrag anhängig ist, um deutlich zu machen, dass der Beitrittsantrag versteigerungstechnisch bedingt ist, aber keine Genehmigung der Teilungsversteigerung etwa i.S.d. § 1365 BGB darstellt.

sie in allen Verfahren betreffend das Zwangsversteigerungsverfahren zum Zwecke der Aufhebung der Gemeinschaft beim Amtsgericht – Versteigerungsgericht – ..... (Az.: .....) des nachbezeichneten Grundbesitzes gerichtlich und außergerichtlich umfassend zu vertreten.

Grundbesitz:
Grundbuch von ....., Amtsgericht .....
Blatt .....
Beschrieb .....

Der Bevollmächtigte ist insbesondere berechtigt,
- für den Vollmachtgeber zu bieten, den Zuschlag für diesen zu beantragen, die Rechte aus dem Meistgebot an einen anderen abzutreten oder für ihn zu übernehmen und Vereinbarungen über das Bestehenbleiben von Rechten zu treffen,
- gemeinschaftliche Erklärungen auch für andere Erwerber abzugeben, insbesondere das Erwerbsverhältnis bei mehreren Erwerbern zu bestimmen,
- die Erwerbsverhandlungen im Namen des Vollmachtgebers zu führen,
- beliebige Gebote *(Alternative bis zu einer Obergrenze von ..... €)* abzugeben, Bürgschaftserklärungen abzugeben und zum Geldempfang zum Zweck der Sicherheitsleistung,
- den Kaufpreis für den Vollmachtgeber zu zahlen,

sowie überhaupt sämtliche Erklärungen abzugeben, die im Rahmen dieses Verfahrens etwa erforderlich werden könnten.

Von den Beschränkungen des § 181 BGB ist der Bevollmächtigte ausdrücklich befreit.
Er ist berechtigt, Untervollmacht zu erteilen.
Die Vollmacht soll durch den Tod des Vollmachtgebers nicht erlöschen.
Die Vollmacht ist jederzeit widerruflich.
Der beglaubigende Notar hat über Wesen und Wirkung der Vollmacht belehrt.

....., den. .....
.....
(.....)

Notarielle Beglaubigung

E. Steuerliche Fragen rund um die Scheidungsimmobilie

Wenn die Ehegatten ihr Vermögen i.R.d. Trennung bzw. Scheidung auseinandersetzen, werden zugleich **vielfältige steuerliche Probleme** ausgelöst. 937

I. Grundlagen – Entgeltlichkeit der Vermögensauseinandersetzung

Die Vermögensaufteilung kann auf verschiedene Art geschehen. Es können Austauschverträge wie unter fremden Dritten geschlossen werden. Möglich ist aber auch die Erfüllung von Zugewinnausgleichsansprüchen durch Leistung an Erfüllungs statt. Die überwiegende Rechtsprechung, insbes. des BFH, und die Steuerverwaltung gehen in diesen Fällen von einer Veräußerung bzw. Aufgabe **ohne eine gesonderte Privilegierung der Scheidungssituation**[1476] aus und ziehen die entsprechenden steuerlichen Konsequenzen. 938

Probleme bereitet insbes. die **Auseinandersetzung unter Beteiligung von Betriebsvermögen.** Hier kommt die Rechtsprechung auch bei einer Realteilung zur Entgeltlichkeit und damit zu steuerlichen Auswirkungen.[1477] 939

So hat der **BFH** die **Steuerneutralität** einer solchen Realteilung **verneint**[1478] und ausgeführt, dass die Grundsätze der steuerneutralen Realteilung bei Erbengemeinschaften sich nicht auf die Vermögensverteilung bei Beendigung der Zugewinngemeinschaft übertragen lassen, da das Vermögen von Ehemann und Ehefrau hier nach § 1363 Abs. 2 Satz 1 BGB gerade kein gemeinschaftliches Vermögen werde. Auch könne die Realteilung von Miteigentum steuerlich nicht anders behandelt werden als wenn die Ehegatten zum Ausgleich des Zugewinns Alleineigentum übertragen. Schließlich müsse sonst der Übernehmer des Betriebsvermögens die stillen Reserven allein versteuern. **Besonderheiten der Ehe als Erwerbs- und Verbrauchsgemeinschaft**[1479] bewirken nach dem BFH **kein anderes Ergebnis.** 940

Damit liegt der entscheidende **4. Senat** des BFH auf einer Linie mit einer bereits älteren Entscheidung des **9. Senats**[1480] aus dem Jahr **1992** und einem grundlegenden[1481] Urteil aus dem Jahr **1977,**[1482] das der BFH erst vor kurzem wieder in Bezug 941

1476 *Tiedtke*, DB 2003, 1471, 1472.

1477 Detailliertere Darstellung bei *C. Münch*, Ehebezogene Rechtsgeschäfte, Rn. 3618 ff.

1478 BFH, BStBl. 2002 II, S. 519 ff. Dass darin eine fundamentale Rechtsprechungsänderung liegt (so *Götz*, FR 2003, 127, 130) wird zu Recht bezweifelt (*Tiedtke*, DB 2003, 1471, 1472). Der BFH hat somit anders entschieden als die Vorinstanz FG Baden-Württemberg, EFG 2001, 566.

1479 Der BFH nimmt hier insbes. Bezug auf BVerfG, BStBl. 1982 II, S. 717.

1480 BFH, BStBl. 1993 II, S. 434 f.

1481 So auch *Tiedtke*, DB 2003, 1471, 1472 f.

1482 BFH, BStBl. 1977 II, S. 389 f.

genommen[1483] und damit in seiner Geltung bestätigt hat. Derzeit kann also die Rechtsprechung des BFH insoweit als gefestigt betrachtet werden.

942 Die soeben geschilderte Auffassung des BFH hat **Konsequenzen auch für die Realteilung von privatem Vermögen.** Grundproblem der Realteilung wie auch der sogleich zu behandelnden »Spekulationsfälle« ist somit die Frage, ob die Ehegatten bei einer **Vermögensauseinandersetzung i.R.d. Zugewinnausgleichs entgeltlich oder unentgeltlich** erwerben.

943 Die soeben aufgezeigte **Rechtsprechung des BFH** hat Entgeltlichkeit für sämtliche nachfolgenden Vertragstypen bejaht:

- bei Verträgen, die nur zwischen Ehegatten auf Erwerb und Veräußerung von Vermögensgütern gerichtet waren,[1484]
- bei Verträgen, die den Austausch von Vermögensgütern vorsahen und diesen in den Gesamtzusammenhang des Zugewinnausgleichs stellten,[1485]
- bei Verträgen, in denen die Übertragung ausschließlich und allein zur Abgeltung des Zugewinns stattfand.[1486]

944 Die **Verwaltungsauffassung** ist für Fälle des § 23 EStG bestätigt worden und geht davon aus, dass die ausdrücklich als Leistung an Erfüllungs statt bezeichneten Fälle, dass ein Ehegatte eine Immobilie an den anderen überträgt, um damit dessen Zugewinnausgleichsanspruch zu erfüllen, entgeltliche Veräußerungen i.S.d. § 23 EStG darstellen.[1487]

▶ Hinweis:

Rechtsprechung und Steuerverwaltung sehen den Erwerb von Grundstücken und Betriebsvermögen im Zusammenhang mit der Scheidung einkommensteuerlich als entgeltlich an, unabhängig davon, ob er sich im Rahmen einer Gesamtauseinandersetzung vollzieht oder durch Leistung an Erfüllungs statt.

945 Die Rechtspraxis wie auch die weiteren Erläuterungen müssen daher von dieser Auffassung ausgehen. Gleichwohl sollte die Berechtigung dieser Auffassung zumindest für die Fälle der Leistung an Erfüllungs statt in Zweifel gezogen werden.

946 Bei der **Vermögensauseinandersetzung anlässlich der Scheidung** im Realteilungsfall ist die Gestaltung weit vom Zugewinnausgleich entfernt. Denn diesen Ausgleich verwirklicht das BGB nach § 1378 Abs. 1 BGB durch einen Einmalausgleich in Geld, der sich aus dem Saldo des Zugewinns beider Ehegatten errechnet. Dies zwingt nicht zu einer Auseinandersetzung hinsichtlich des gemeinsamen Vermögens oder zu einer Übertragung von Vermögenswerten. Dem BFH ist auch zuzugestehen, dass beim

1483 BFH, BStBl. 2003 II, S. 282 ff.

1484 BFH/NV 1999, 173 beurteilt den ihm vorliegenden Vertrag jedenfalls so.

1485 BFH, BStBl. 2002 II, S. 519 ff.

1486 BFH, BStBl. 1977 II, S. 389 f.; vgl. *Götz*, FamRB 2004, 89 f.

1487 OFD Frankfurt, FR 2001, 322 und gleichlautend OFD München, DB 2001, 1533. Vgl. auch FG Köln, DStRE 2004, 216: entgeltliche Anschaffung i.S.d. EigzulG.

gesetzlichen Güterstand eben gerade kein Sondervermögen vorhanden ist, das real geteilt werden könnte.

Bei der **Leistung an Erfüllungs statt** könnte man aber durchaus anderer Auffassung sein[1488] und eine Entgeltlichkeit verneinen. Hier wurde der Einmalausgleich errechnet und statt diesen in Geld zu zahlen, überträgt der zahlungspflichtige Ehegatte ein Grundstück. Zum einen ist **nach der zivilrechtlichen Literatur**[1489] und **Rechtsprechung**[1490] die Leistung an Erfüllungs statt **gerade kein entgeltlicher Austauschvertrag**, bei dem die ursprüngliche Forderung erlassen und stattdessen die Leistung an Erfüllungs statt vereinbart wird, sondern ein Hilfsgeschäft zur Erfüllung der ursprünglichen Schuld; zivilrechtlich sprechen daher die besseren Argumente gegen eine Entgeltlichkeit. 947

Dennoch hat der **BFH steuerlich** nun die Frage für einen Fall, in dem die Vertragsteile Pflichtteilsansprüche durch eine Beteiligung an einer Personengesellschaft abgegolten hatten, eindeutig entschieden, dass zwar der originäre Pflichtteilsanspruch unentgeltlich erworben ist, die Abrede der Abgeltung des reinen Geldanspruches durch die Beteiligung an der Gesellschaft aber steuerrechtlich als **entgeltlich** zu werten ist, und zwar **völlig unabhängig von ihrer zivilrechtlichen Einordnung als Leistung an Erfüllungs statt.**[1491] Auch wenn das Urteil des BFH völlig zu Recht auf Kritik stößt,[1492] wird es als für die Praxis maßgeblich zu betrachten sein,[1493] sodass die Frage auch für den Bereich des Zugewinnausgleichs nicht anders entschieden werden kann. Die Rechtsprechung des BFH geht daher sowohl für die reine Auseinandersetzung[1494] wie auch für die Abgeltung von Zugewinnausgleichsansprüchen von einem 948

1488 So etwa *Tiedtke*, DB 2003, 1471 ff.; *Schmidt/Glanegger*, EStG, § 6 Rn. 157 (Leistung an Erfüllungs statt auf den Pflichtteil führt nicht zu Anschaffungskosten) – ob dessen Berufung auf BFH/NV 2001, 1113 freilich zutrifft, sei dahingestellt, denn dieser Beschluss befasst sich mit der Gegenleistung für einen Pflichtteilsverzicht; aus dem Beschluss geht deutlich hervor, wie umstritten die Frage auch für den Pflichtteilsverzicht innerhalb der Senate des BFH ist. Für Entgeltlichkeit hingegen: *Korn/Carlé*, EStG, § 23 Rn. 27; *Schmidt/Wacker*, EStG, § 16 Rn. 599, der bei Leistung an Erfüllungs statt mit Wirtschaftsgütern des Betriebsvermögens nicht eine Entnahme mit anschließender unentgeltlicher Zuwendung annehmen will, sondern eine entgeltliche Veräußerung des Wirtschaftsguts unmittelbar aus dem Betrieb heraus – mit der dann angenehmen Folge der Möglichkeit einer § 6b-Rücklage.

1489 Bamberger/Roth/*Dennhardt*, BGB, § 364 Rn. 1; Palandt/*Grüneberg*, BGB, § 364 Rn. 2; Staudinger/*Olzen*, BGB, § 364 Rn. 7 ff. m.w.N. entgegen früherer Rechtsprechung (BGHZ 46, 338, 342), der selbst von einem besonderen Schuldänderungsvertrag spricht.

1490 BGHZ 89, 126, 133.

1491 BFH, DStRE 2005, 449; zu erbschaft- und grunderwerbsteuerlichen Folgen: *Gottwald*, ZErb 2005, 317 ff.; zur ertragsteuerlichen Umsetzung: OFD Münster, DB 2006, 1293.

1492 *Wälzholz*, MittBayNot 2005, 465 f.

1493 Vgl. OFD Münster, ZEV 2006, 311.

1494 BFH, BStBl. 2002 II, S. 519 ff.

entgeltlichen Geschäft aus, dessen einkommensteuerliche Folgen sowohl i.R.d. § 23 EStG bei Privatvermögen wie auch bei Betriebsvermögen bedacht sein müssen.

949 Damit haben die OFD-Erlasse[1495] zur Anwendung des § 23 EStG in der Ehescheidung sozusagen den »höchstrichterlichen Segen« erhalten.

950 Entschieden ist mittlerweile auch, dass die **Nutzungsüberlassung eines bebauten Grundstücks** an den geschiedenen Ehegatten zur Erfüllung des Zugewinnausgleichsanspruchs entgeltlich ist und zur Erzielung von Mieteinnahmen führt. Der BFH grenzt diese Leistung an Erfüllungs statt ab von der Wohnungsüberlassung zu Unterhaltszwecken, wo die Überlassung selbst geschuldet ist und daher nicht entgeltlich geschieht und nicht zu Mieteinnahmen führt.[1496]

▶ Hinweis:

Es ist bei der Formulierung in der Urkunde genau zu beachten, aus welchem Rechtsgrund die Überlassung einer Wohnung bei Scheidung erfolgt, denn die steuerlichen Folgen sind unterschiedlich je nachdem, ob sie als Zugewinnausgleich oder als Sachleistung beim Unterhalt überlassen wird. Hierbei kann Entgeltlichkeit zur Erhaltung von AfA sogar gewünscht sein.

II. Veräußerungsgewinnbesteuerung

1. Die Entwicklung der Veräußerungsgewinnbesteuerung

951 Nach mehreren Gesetzesänderungen[1497] ist der Anwendungsbereich des § 23 EStG, der private Veräußerungsgeschäfte unter bestimmten Voraussetzungen der ESt unterwirft, immer weiter ausgedehnt worden. Dementsprechend spricht das Gesetz nun nicht mehr von Spekulationsgeschäften, sondern von privaten Veräußerungsgeschäften.

952 Die bedeutsamste und für die hier zu besprechenden Gestaltungen im Zusammenhang mit der Scheidung wichtigste Änderung war die Erhöhung der **Spekulationsfrist** (nunmehr Veräußerungsfrist) bei Grundstücken und grundstücksgleichen Rechten auf eine **10-Jahres-Frist**. Über die verfassungsrechtliche Zulässigkeit der rückwirkenden Einführung dieser 10-Jahres-Frist wurde gestritten. Zunächst hatte der BFH[1498] die verfassungsrechtliche Zulässigkeit der Rückwirkung für zweifelhaft gehalten und die Regelung dem BVerfG nach Art. 100 GG zur Prüfung vorgelegt, weil bei Grundstücksveräußerungen nach dem 31.12.1998, bei denen die alte 2-jährige Spekulationsfrist schon abgelaufen war, übergangslos nach § 23 EStG besteuert

---

1495 OFD Frankfurt, FR 2001, 322 und gleichlautend OFD München, DB 2001, 1533.

1496 BFH/NV 2006, 1280 gegen FG München, DStR 2005, 15.

1497 Steuerentlastungsgesetz 1999/2000/2002 (BGBl. 1999 I, S. 402 ff.) und Steuerbereinigungsgesetz 1999 (BGBl. 1999 I, S. 2601 ff.).

1498 BFH, BStBl. 2001 II, S. 405 f.

werde.[1499] Das BVerfG[1500] hat sich dieser Ansicht z.T. angeschlossen und die Regelung insoweit für verfassungswidrig erklärt, als auch für Veräußerungen zwischen dem 31.12.1998 und der Verkündung des Steuerentlastungsgesetzes 1999/2000/2002 am 31.3.1999 die zehnjährige Veräußerungsgewinnbesteuerung rückwirkend eingeführt wurde, weil hier eine konkret verfestigte Vermögensposition nachträglich entwertet wurde.

Aber auch der Anwendungsbereich des § 23 EStG hat zahlreiche Erweiterungen erfahren etwa im Zusammenhang mit der Errichtung von Gebäuden oder der Einlage von Grundstücken in ein Betriebsvermögen.[1501] 953

Für die Höhe eines etwaigen Gewinns aus der Veräußerung ist die für Anschaffungen nach dem 31.07.1995 geltende Regelung[1502] ganz entscheidend, dass die Anschaffungskosten sich vermindern um die Absetzungen für Abnutzungen, die erhöhten Absetzungen und die Sonderabschreibungen, die für das Objekt abgezogen worden sind. Mit anderen Worten wird bei einer Veräußerung innerhalb der Veräußerungsfrist der **Gewinn um die Abschreibungen erhöht**. 954

Damit ist aber die **Diskussion um diese Vorschrift** noch nicht beendet. Denn bei jedem neuen Steuerreformgesetz steht diese Vorschrift erneut auf der Agenda. Versuche, die Veräußerungsfrist komplett zu streichen[1503] und damit jede Veräußerung der Besteuerung zu unterwerfen, sind bisher gescheitert. Die Unternehmensteuerreform 2008[1504] hat nun zwar die Abgeltungssteuer eingeführt und hierbei die Veräußerungsfrist für Kapitalvermögen gestrichen. Die in unserem Zusammenhang bedeutende 10-Jahres-Frist für die Veräußerung von Grundstücken ist aber nicht geändert worden. 955

Nach den diversen Änderungen und Verschärfungen dauerte es einige Zeit, bis bewusst wurde, dass diese Vorschrift nunmehr von **besonderer Bedeutung** für die **Vermögensauseinandersetzung i.R.d. Scheidung** ist. Hierzu waren die gleichlautenden Verfügungen der OFD Frankfurt und OFD München[1505] Auslöser. Erst seit einigen Jahren beschäftigt sich die Familienrechtsliteratur verstärkt mit diesem Pro- 956

1499 BFH, DB 2004, 360 = DStRE 2004, 199 hierzu *Beker*, DStR 2004, 621.

1500 BVerfG, NJW 2010, 3629 f.

1501 Bei der Einbringung des Grundstücks in eine Personengesellschaft oder Bruchteilsgemeinschaft ohne Betriebsvermögen soll hingegen keine Veräußerung vorliegen, soweit der Einbringende selbst beteiligt ist, BMF, BStBl. 2000 I, S. 1383 ff., Rn. 8; BFH, DStR 2008, 1131; hierzu krit. bzgl. der Personengesellschaft *Korn/Carlé*, EStG, § 23 Rn. 29.2.

1502 § 23 Abs. 3 Satz 4 EStG (Berücksichtigung von Abschreibungen) ist auf Veräußerungsgeschäfte anzuwenden, bei denen der Steuerpflichtige das Wirtschaftsgut nach dem 31.07.1995 anschafft und veräußert oder nach dem 31.12.1998 fertigstellt und veräußert, § 52 Abs. 39 EStG.

1503 Zuletzt Entwurf eines Steuervergünstigungsabbaugesetzes, BR-Drucks. 866/02.

1504 BGBl. 2007 I, S. 1912.

1505 OFD Frankfurt, FR 2001, 322 und gleichlautend OFD München, DB 2001, 1533.

blem.[1506] In der Praxis begegnen dem Notar immer wieder sonst ausgezeichnet vorbereitete Scheidungsvereinbarungen, die diesen Punkt noch nicht angesprochen haben.

▶ Gestaltungsempfehlung:

Gestalten Sie keine Scheidungsvereinbarung mit Übertragung oder Abfindung für Grundbesitz, ohne den steuerlichen Berater unter Hinweis auf die Problematik des § 23 EStG hinzuzuziehen! Da – wie oft im Steuerrecht – des einen Leid des anderen Freud ist, wenn der veräußernde Ehegatte steuerpflichtig wird, der erwerbende hingegen für ihn positive Schlussfolgerungen aus dem entgeltlichen Erwerb ziehen kann, empfiehlt sich ggf. sogar die Hinzuziehung je eines steuerlichen Beraters für jeden Vertragsteil.[1507] Dies gilt umso mehr als nun noch die Frage einer latenten Ertragsteuer bei der Bewertung der Immobilie im Zugewinn hinzutritt.[1508]

957 Erscheinen die einkommensteuerlichen Folgerungen inzwischen jedenfalls unter Zugrundelegung der Verwaltungsauffassung geklärt, besteht für die **familienrechtlichen Folgen** noch erheblicher Diskussionsbedarf. Nach dem obiter dictum des BGH zur Berücksichtigung latenter Ertragsteuern auch außerhalb des Betriebsvermögens[1509] ist die Berücksichtigung der potentiellen Veräußerungsgewinnbesteuerung bei der Bewertung im Rahmen des Zugewinns vorgeschrieben. Dies wird gesondert erörtert.[1510]

2. Allgemeine Voraussetzungen für eine Steuerpflicht privater Veräußerungsgewinne nach § 23 EStG

959 Die hier nur in einer Übersicht mögliche Darstellung der Voraussetzungen und Wirkungen des § 23 EStG beschränkt sich auf Veräußerungsgeschäfte bei Grundstücken nach § 23 Abs. 1 Nr. 1 EStG.

960 § 23 EStG findet nach seinem Abs. 2 nur **subsidiär** Anwendung, wenn der Vorgang nach keiner anderen Vorschrift steuerbar ist. Damit ist § 23 EStG insbes. auch dann nicht anwendbar, wenn die Veräußerungsfälle im Rahmen eines **gewerblichen Grundstückshandels** stattfinden. Da § 23 EStG nur die Veräußerung von Privatvermögen erfasst, unterfällt die Entnahme oder Veräußerung von Betriebsvermögen daher nicht als Veräußerung dem § 23 EStG, sondern den §§ 4 ff. EStG; sie kann

1506 *Kath-Zurhorst*, FF 2001, 193 f.; *Karasek*, FamRZ 2002, 590 f.; *Schröder*, FamRZ 2002, 1010; *Tiedtke/Wälzholz*, RNotZ 2001, 380 ff.; *Wälzholz*, FamRB 2002, 382 f.; *Kogel*, FamRZ 2003, 808; *Arens*, FPR 2003, 426 ff.; *Görke*, FPR 2006, 491, 493; *von Oertzen*, FPR 2012, 103 f.; *Stein*, DStR 2012, 1734; *Kogel*, Zugewinnausgleich, Rn. 734 ff.; *Haußleiter/Schulz*, Vermögensauseinandersetzung, Kap. 6, Rn. 33 f.; *Büte*, Zugewinnausgleich, Rn. 259 f.; *Engels*, Steuerrecht, Rn. 1291 ff.

1507 Vgl. zur Interessenkollision OLG Düsseldorf, NWB Fach 1, 260.

1508 Hierzu Rdn. 1078a ff.

1509 BGH, NJW 2011, 2572 = FamRZ 2011, 1365.

1510 Rdn. 1078a ff.

aber eine Anschaffung i.S.d. § 23 EStG des dann privaten Wirtschaftsguts darstellen. Umgekehrt wird die Einlage in ein Betriebsvermögen als Veräußerung fingiert, § 23 Abs. 1 Satz 5 EStG.

Anschaffung ist der Erwerb eines Grundstücks gegen Entgelt,[1511] wobei der Erwerb auf den Übergang des wirtschaftlichen Eigentums gerichtet sein muss, sodass die bloße Bestellung von Nutzungsrechten ausscheidet.[1512] Der unentgeltliche Erwerb[1513] ist keine Anschaffung.[1514] Der Vorbehalt von Leistungen – etwa im Rahmen einer vorweggenommenen Erbfolge – ist nicht als Entgelt zu sehen.[1515] Nach § 23 Abs. 1 Satz 4 EStG gilt die Anschaffung einer unmittelbaren oder mittelbaren **Beteiligung an einer Personengesellschaft** als Anschaffung oder Veräußerung der anteiligen Wirtschaftsgüter. Damit sollen auch Mischfälle tatbestandsmäßig sein, also ein Erwerb eines Grundstücks durch die Gesellschaft und Veräußerung des Gesellschaftsanteils innerhalb der Veräußerungsfrist gerechnet vom Erwerb durch die Gesellschaft.[1516] Nicht zu einem Veräußerungsgeschäft soll die Kündigung einer stillen Gesellschaft und deren Auflösung führen.[1517] Nach der Rechtsprechung des BFH ist auch der entgeltliche Erwerb eines Miterbanteils als Anschaffung i.S.d. § 23 EStG anzusehen.[1518] 961

Nach § 23 Abs. 1 Nr. 1 Satz 2 EStG sind **Gebäude und Außenanlagen** einzubeziehen, wenn sie innerhalb der Veräußerungsfrist errichtet, ausgebaut oder erweitert werden. Damit stellt das Gesetz klar, dass auch in diesem Fall noch Identität zwischen dem angeschafften Wirtschaftsgut »Grundstück« und dem veräußerten Wirtschaftsgut »Grundstück mit Gebäude« besteht. Der Veräußerungsgewinn für das Gebäude ist also einzubeziehen, allerdings liegt kein selbständiger Veräußerungstatbestand vor, sondern der Veräußerungsgewinn für das Gebäude teilt das Schicksal des Veräußerungsgewinns für den Grund und Boden. Die Herstellung des Gebäudes 962

1511 Definitorisch herrscht hier z.T. Verwirrung. Herrmann/Heuer/Raupach/*Musil*, EStG, § 23 Rn. 230 meinen, dass inzwischen auch der unentgeltliche Erwerb als Anschaffung anzusehen ist, da nach § 23 Abs. 1 Satz 3 EStG die Anschaffung des Rechtsvorgängers zugerechnet werde. Da aber das Gesetz in diesem Zusammenhang von »unentgeltlichem Erwerb« und gerade nicht von Anschaffung spricht, sollte man es bei der Definition der Anschaffung als entgeltlichem Erwerb belassen, so auch Korn/*Carlé*, EStG, § 23 Rn. 27; Kirchhof/*Kube*, EStG, § 23 Rn. 11. Im Ergebnis ist dasselbe gemeint.

1512 Hermann/Heuer/Raupach/*Musil*, EStG, § 23 Rn. 52.

1513 Besonderheiten gelten insoweit beim Erwerb i.R.d. vorweggenommenen Erbfolge. Hier führt nicht jede Gegenleistung schon zur Entgeltlichkeit, sondern nur die Schuldübernahme und die Abfindungszahlung; vgl. zu den Einzelheiten BMF, BStBl. 2004 I, S. 922 ff.

1514 FG Köln, DStRE 2004, 216 für die Gewährung von Eigenheimzulage.

1515 *Reich*, ZNotP 2000, 375, 377.

1516 Kirchhof/*Kube*, EStG, § 23 Rn. 9.

1517 FG Hamburg, DStRE 2004, 1071; ebenso BFH, DStR 2006, 2206.

1518 BFH, DStR 2004, 1077.

etwa löst keine eigene Frist mehr aus.[1519] Es erfolgt keine Trennung des bebauten Grundstücks in zwei Wirtschaftsgüter.[1520]

▶ Beispiel:[1521]

Der Steuerpflichtige St. erwarb am 05.01.2002 ein Grundstück für 100.000 € und errichtete hierauf 2007 ein Hausanwesen für 300.000 €, das er vermietete. Am 15.02.2012 veräußerte er Grundstück mit Gebäude für 500.000 €. Aufgrund der gesetzlichen Neuregelung, dass Gebäude nur in den Veräußerungserlös einzubeziehen sind, der Fristlauf sich aber nach der Anschaffung und Veräußerung des Grund und Bodens richtet, ist die Veräußerung steuerfrei, da die Veräußerungsfrist bereits abgelaufen ist.

963 Für einen **teilentgeltlichen Erwerb** gilt die **Trennungstheorie**, d.h. der Vorgang wird in einen entgeltlichen und einen unentgeltlichen Teil aufgespalten und getrennt betrachtet.[1522]

964 **Veräußerung** ist die entgeltliche Übertragung eines Grundstücks. Sie liegt nicht nur beim Verkauf vor, sondern auch bei allen Rechtsgeschäften, die tauschähnlichen Charakter haben. Allerdings hat der BFH entschieden, dass die **Rückabwicklung** eines Anschaffungsgeschäftes wegen irreparabler Vertragstörung **kein steuerpflichtiges Veräußerungsgeschäft** darstellt.[1523] Hieraus lässt sich ggf. Argumentationshilfe gewinnen, wenn es aufgrund einer Scheidung zur Rückabwicklung einer Schenkung kommt.

965 Noch **keine Veräußerung** stellen dar:[1524]

– ein **bindendes Angebot**. Zweifelhaft ist, ob dies auch für ein bindendes Angebot des Verkäufers gilt. Grund dafür ist, dass *Schmidt/Weber-Grellet*[1525] kommentiert, dass beim bindenden Verkaufsangebot eine Anschaffung oder Veräußerung vorliegt. Allerdings verweist diese Fundstelle dann auf diverse BFH-Urteile, bei denen es gerade nicht um ein bloßes Angebot geht, sondern stets noch weitere Begleitgeschäfte zur wirtschaftlichen Vorwegnahme getätigt wurden. Demgegenüber sagt der BFH[1526] ganz klar: »Ist aber ..... bei Abgabe des Verkaufsangebots die Gefahr noch nicht übergegangen und hat der Verkäufer dem Käufer noch kein wirtschaftliches Eigentum verschafft, so müssen beide Vertragserklärungen innerhalb der Frist abgegeben werden.« Nach BFH stellt also auch das bindende Verkaufsangebot allein noch keine Veräußerung dar. Anders kann das dann sein,

---

1519 BMF v. 05.10.200, BStBl. 2000 I, S. 1383, Rn. 9 ff. mit Ergänzung v. 07.02.2007, BStBl. 207 I, S. 262.

1520 Korn/*Carlé*, EStG, § 23 Rn. 1.

1521 Nach BMF, BStBl. 2000 I, S. 1383, Rn. 9.

1522 BMF, BStBl. 2000 I, S. 1383, Rn. 30 f.; *Korn*, NWB Fach 3, 11609, 11610.

1523 BFH, DStR 2006, 1836.

1524 Korn/*Carlé*, EStG, § 23 Rn. 28 f.

1525 Schmidt/*Weber-Grellet*, EStG, § 23 Rn. 37.

1526 BFH, BStBl. 2002 II, S. 10, 11.

wenn die Rechte und Risiken im Rahmen einer rechtlich geschützten Position bereits übergangen sind.[1527] Allerdings ist der Anbietende davor zu schützen, dass das Angebot innerhalb der Spekulationsfrist angenommen wird, sodass die Praxis solche Angebote so gestaltet, dass sie erst nach Fristablauf angenommen werden können;
- ein Vorkaufsrecht;
- ein **Vertrag**, zu dem noch eine **Genehmigung** zur Wirksamkeit **aussteht.**[1528] Im vom BFH entschiedenen Fall fehlte die Genehmigung des Käufers;
- ein **Vertrag**, der mit einem befristeten **Rücktrittsrecht** für den Käufer versehen ist. Der BFH hat entschieden,[1529] dass in einem solchen Fall die Vertragserklärungen nicht verbindlich innerhalb der Spekulationsfrist abgegeben worden sind. Ob dies allgemein für aufschiebende Bedingungen gilt, hat der BFH offengelassen.

▶ Gestaltungsempfehlung:

Das Urteil des BFH zum Rücktrittsrecht lässt sich gezielt zur Gestaltung von Verträgen einsetzen, die nicht innerhalb der Spekulationsfrist eingegangen sein sollen.

Allerdings gilt dies nur dann, wenn nicht durch weitere Begleitgeschäfte wie Nut- 966
zungsüberlassung, Kaufpreisvorauszahlung, Darlehensgewährung mit Kaufpreisverrechnung etc. wirtschaftlich eine Veräußerung bereits vorweggenommen wird. Auch die Auflassungsvormerkung, verbunden mit einer Auflassungsvollmacht, wird in diesem Zusammenhang genannt.[1530] Da die **Rechtslage nicht völlig gesichert** ist, sollte man einem Veräußerer, der auf den Ablauf der Veräußerungsfrist warten kann, zuraten, dies zu tun.

▶ Gestaltungsempfehlung:

Sofern ein Angebot abgegeben werden soll, das die Veräußerungsfrist nicht auslösen soll, ist darauf zu achten, dass es sich um ein bloßes Angebot handelt, ohne dass Zusatzabreden bestehen. Die Eintragung einer Vormerkung allein dürfte unschädlich sein, schon bei der Beurkundung einer Auflassungsvollmacht ist aber Vorsicht geboten.

Eine Gestaltung, die allein aus steuerlichen Gründen die Veräußerung so gestaltet, 967
dass sie erst nach Ablauf der Spekulationsfrist eintritt, ist nicht rechtsmissbräuchlich, sondern stellt eine zulässige Steuervermeidung dar.[1531]

Zusammenfassend ist ein Veräußerungsgeschäft erforderlich, bei dem zwischen 968
Anschaffung und Veräußerung nicht mehr als zehn Jahre liegen. Eine **Spekulationsabsicht** ist nicht maßgeblich.

1527 BFH, DStR 2006, 2163.
1528 BFH, BStBl. 2002 II, S. 10.
1529 BFH, BB 2006, 814 = BStBl. 2006 II, S. 513.
1530 *Reich*, ZNotP 2000, 375, 382 m.w.N.
1531 So FG Köln, EFG 2006, 449 zu call oder put options.

969 Für die Berechnung der **10-Jahres-Frist** entscheidet allein der schuldrechtliche Vertrag, also bei Grundstücken der notarielle Erwerbsvertrag. Besitzübergang oder Geldfluss spielen hier ebenso wenig eine Rolle wie die Grundbucheintragung.[1532] Eine noch erforderliche Genehmigung wirkt nicht auf den Zeitpunkt des Vertragsschlusses zurück.[1533] Allerdings ist dann, wenn das wirtschaftliche Eigentum bereits vor diesem Abschluss des schuldrechtlichen Vertrages übergegangen ist, dieser vorherige Übergang entscheidend.[1534]

970 Ausgenommen von der Besteuerung ist Grundbesitz, der entweder

- zwischen Anschaffung/Herstellung und Veräußerung ausschließlich **zu eigenen Wohnzwecken** genutzt wurde oder
- im Jahr der Veräußerung und in den beiden vorangegangenen Jahren zu eigenen Wohnzwecken genutzt wurde.

971 Zur Ermittlung des **Veräußerungsgewinns** ist die Differenz aus Veräußerungspreis und Anschaffungskosten bzw. Herstellungskosten (i.S.d. § 255 HGB) ggf. abzgl. Werbungskosten[1535] zu bilden. Die Anschaffungs- oder Herstellungskosten mindern sich bei Anschaffung nach dem 31.07.1995 und Herstellungsfällen nach dem 31.12.1998 um die abgezogenen Absetzungen für Abnutzung. Diese werden also dem Gewinn zugeschlagen. Bei teilentgeltlichem Erwerb sind nur die entsprechenden Anteile an den Anschaffungskosten dem Veräußerungserlös gegenüberzustellen.

3. Fallgestaltungen i.R.d. Scheidung

972 Eine **Veräußerungsgewinnbesteuerung** kommt in vielen Fallgestaltungen i.R.d. Scheidung zum Tragen. Die Zusammenstellung relevanter Fälle soll zunächst von den **OFD-Verfügungen** ausgehen.[1536]

973 ▶ **Beispiel 1 (Übertragung eines Grundstücks an Erfüllungs statt – Zugewinn):**

Ehemann M, der mit seiner Ehefrau F im gesetzlichen Güterstand lebte, erwarb 2006 ein Grundstück für 100.000 € zum alleinigen Eigentum und vermietete es. Im Jahr 2012 wird die Ehe von M und F geschieden. F hat einen

---

1532 *Büte*, FuR 2003, 390; *Obermeier*, NWB Fach 3, S. 11449; Hermann/Heuer/Raupach/*Musil*, EStG, § 23 Rn. 92; a.A. Korn/*Carlé*, EStG, § 23 Rn. 27: Übergang von Besitz, Nutzen und Lasten sollte entscheidend sein.

1533 BFH, BStBl. 2002 II, S. 10 – bei der Veräußerung hatte für den Käufer ein vollmachtloser Vertreter gehandelt; Kirchhof/*Kube*, EStG, § 23 Rn. 17.

1534 *Reich*, ZNotP 2000, 375, 377; *Engels*, Steuerrecht, Rn. 1304.

1535 BFH, BStBl. 1997 II, S. 603 will nur die bei Veräußerung angefallenen Werbungskosten und die Schuldzinsen zum Abzug zulassen, nicht aber die bei der Anschaffung angefallenen; hierzu krit. Korn/*Carlé*, EStG, § 23 Rn. 77. Zum Schuldzinsenabzug auch ohne zwischenzeitliche Einkunftserzielung FG München, EFG 2003, 1612.

1536 OFD Frankfurt, FR 2001, 322 und gleichlautend OFD München, DB 2001, 1533.

Zugewinnausgleichsanspruch i.H.v. 250.000 €. Zur Abgeltung dieses Anspruchs überträgt ihr M dieses Grundstück, das bei Übertragung ebenfalls 250.000 € wert war.[1537]

Die OFD-Verfügungen stufen diese Übertragung von Grundstücken an Erfüllungs statt zur Abgeltung des Zugewinns **als Veräußerungsgeschäft** des M **i.S.d. § 23 EStG** ein. Entsprechend hat F ein Anschaffungsgeschäft getätigt. Ein Veräußerungserlös für M ist i.H.d. Zugewinnausgleichsanspruchs gegeben, der mit der Grundstücksübertragung abgegolten sein sollte. 974

Die OFD Frankfurt wertet den Fall daher so, dass M i.H.v. 150.000 € einen steuerpflichtigen Veräußerungsgewinn erzielt hat. 975

▶ **Beispiel 2 (Übertragung eines Grundstücks an Erfüllungs statt – Zugewinn und Unterhalt):** 976

Ehemann M, der mit seiner Ehefrau F im gesetzlichen Güterstand lebte, erwarb 2006 ein Grundstück für 100.000 € zum alleinigen Eigentum und vermietete es. Im Jahr 2012 wird die Ehe von M und F geschieden. F hat einen Zugewinnausgleichsanspruch i.H.v. 250.000 €. Zur Abgeltung dieses Anspruchs überträgt ihr M dieses Grundstück, das bei Übertragung bereits 300.000 € wert war. Die überschießenden 50.000 € sollen mit Unterhaltsansprüchen der F verrechnet werden.

Nach den OFD-Verfügungen erfüllt M damit zwei unterschiedliche Forderungen der F, sodass sein Veräußerungserlös sich auf 300.000 € beläuft, er mithin einen Gewinn von 200.000 € zu versteuern hat. Gleichzeitig kann M allerdings nur im Jahr der Verrechnung mit dem Unterhalt einmalig den Höchstbetrag als Sonderausgabe nach § 10 Abs. 1 Nr. 1 EStG abziehen. 977

▶ **Beispiel 3 (Übertragung eines Grundstücks an Erfüllungs statt – teilentgeltlich):** 978

Ehemann M, der mit seiner Ehefrau F im gesetzlichen Güterstand lebte, erwarb 1994 ein Grundstück für 100.000 € zum alleinigen Eigentum und vermietete es. Im Jahr 2000 wird die Ehe von M und F geschieden. F hat einen Zugewinnausgleichsanspruch i.H.v. 250.000 €. Zur Abgeltung dieses Anspruchs überträgt ihr M dieses Grundstück, das bei Übertragung bereits 300.000 € wert war, ohne dass der höhere Betrag mit anderen Ansprüchen der F verrechnet wurde.

Die Übertragung des Grundstücks geschieht in diesem Fall teilentgeltlich. Von dem Wert, den M veräußert, sind 5/6 (250.000 € von 300.000 €) entgeltlich veräußert, insoweit entspricht die Wertung dem Beispiel 1. Das restliche 1/6 jedoch ist unentgeltlich veräußert. Demnach errechnet sich die Veräußerungsgewinnbesteuerung nach den OFD-Verfügungen so, dass nur der entgeltliche Teil betrachtet wird. Daher 979

1537 Die Berücksichtigung von Abschreibungen sei zunächst ausgeblendet.

belaufen sich die Anschaffungskosten auf 5/6 von 100.000 € = 83.333 €. Der Veräußerungserlös wird mit 250.000 € angesetzt, sodass ein Gewinn von 166.667 € verbleibt.

980 Um die Auswirkungen dieser Teilentgeltlichkeitsbewertung zu zeigen, sei noch der folgende Fall gebildet:

▶ Beispiel 4 (Übertragung eines Grundstücks an Erfüllungs statt – zum Erwerbspreis, aber teilentgeltlich):

Ehemann M, der mit seiner Ehefrau F im gesetzlichen Güterstand lebte, erwarb 2006 ein Grundstück für 100.000 € zum alleinigen Eigentum und vermietete es. Im Jahr 2012 wird die Ehe von M und F geschieden. F hat einen Zugewinnausgleichsanspruch i.H.v. exakt ebenfalls 100.000,00 €. Zur Abgeltung dieses Anspruchs überträgt ihr M dieses Grundstück, das bei Übertragung aber schon 150.000,00 € wert war, ohne dass der höhere Betrag mit anderen Ansprüchen der F verrechnet wurde.

981 Auch in diesem Fall wird von Teilentgeltlichkeit auszugehen sein. F hat wie im Beispiel 3 einen Teil entgeltlich erworben, und zwar 2/3 (100.000 € von 150.000 €). Das restliche 1/3 hat F unentgeltlich erworben. Obwohl somit M nicht mehr erlöst, als er seinerzeit für den Erwerb des Grundstücks bezahlt hat, kommt es zu einem Veräußerungsgewinn. Als Anschaffungskosten i.R.d. § 23 EStG sind dann nämlich nur 2/3 = 66.667 € anzusetzen, sodass ein Veräußerungsgewinn von 33.333 € verbleibt, den M zu versteuern hat.

▶ Hinweis:

Auch wenn Erwerbspreis und Veräußerungserlös gleich sind, kann es i.R.d. § 23 EStG zu einem Veräußerungsgewinn kommen, wenn der Veräußerungserlös nur ein Teilentgelt darstellt. Steuerliche Klärung ist also auch in den Fällen notwendig, in denen nach Meinung der Vertragsteile kein Gewinn anfällt! Um die Frage der Teilentgeltlichkeit klären zu können, ist bei einer Verrechnung gegen den Zugewinnausgleichsanspruch zunächst die Höhe des Ausgleichsanspruchs zu bestimmen.

982 Gleiches kann auch gezeigt werden unter Beachtung der zwischenzeitlich von M vorgenommenen Abschreibungen:

▶ Beispiel 5 (Übertragung eines Grundstücks an Erfüllungs statt – zum Erwerbspreis, aber nach Vornahme von Abschreibungen):

Ehemann M, der mit seiner Ehefrau F im gesetzlichen Güterstand lebte, erwarb 2000 ein Grundstück mit Gebäude für 100.000 € zum alleinigen Eigentum und vermietete es. Im Jahr 2003 wird die Ehe von M und F geschieden. F hat einen Zugewinnausgleichsanspruch i.H.v. exakt ebenfalls 100.000 €. Zur Abgeltung dieses Anspruchs überträgt ihr M dieses Grundstück, das bei Übertragung auch genau 100.000 € wert war. Allerdings hatte M Absetzungen für Abnutzungen[1538] nach § 7 EStG i.H.v. 20.000 € abgezogen.

983 Nach § 23 Abs. 3 Satz 4 EStG sind bei der Berechnung der Anschaffungskosten die Erwerbskosten um die Absetzungen für Abnutzungen (AfA) zu vermindern, da die Anschaffung hier nach dem Anwendungsstichtag dieser Regelung erfolgt ist. Somit betragen die Anschaffungskosten i.S.d. § 23 EStG lediglich 80.000 €. Die Übertragung erfolgte im Beispielsfall 5 vollentgeltlich mit einem Veräußerungserlös von 100.000 €. Es verbleibt somit ein Veräußerungsgewinn von 20.000 €.

▶ Hinweis:

Auch wenn Erwerbspreis und Veräußerungserlös gleich sind, kann es i.R.d. § 23 EStG zu einem Veräußerungsgewinn kommen, wenn Absetzungen für Abnutzungen abgezogen worden sind!

984 Die soeben geschilderte Wertung der Übernahme des Grundstücks i.R.d. Scheidung hat Bedeutung auch für den Fall des anschließenden Weiterverkaufs durch den übernehmenden Ehegatten:

▶ Beispiel 6 (Fortsetzung von Beispiel 3 – Weiterübertragung durch F):[1539]

F verkauft das im Jahr 2000 von M teilentgeltlich erworbene Grundstück – es sei ein solches mit Gebäude –, das seinerzeit 300.000 € wert gewesen war, im Jahr 2003 (Alternative: 2005) für 360.000 € weiter.
Zuvor hatte F Absetzungen für Abnutzungen i.H.v. 10.000 € in Bezug auf den 5/6 entgeltlich erworbenen Anteil und von 1.667 € in Bezug auf den 1/6 unentgeltlich erworbenen Anteil geltend gemacht.

985 Für die Betrachtung des Weiterverkaufs sind der entgeltlich und der unentgeltlich erworbene Anteil jeweils getrennt zu bewerten.

986 Für den entgeltlich erworbenen Anteil von 5/6 hatte F 250.000 € aufgewendet. Diese Anschaffungskosten hat sie um die 10.000 € Absetzungen für Abnutzungen zu mindern, sodass die Anschaffungskosten sich auf 240.000 € belaufen. Dem stehen 5/6 des Gesamterlöses von 360.000 € gegenüber, also 300.000 €. Auf den entgeltlich i.R.d. Scheidung erworbenen Anteil entfällt somit ein Veräußerungsgewinn i.H.v. 60.000 €.

987 Für den unentgeltlich erworbenen Anteil von 1/6 sind die Anschaffungskosten des ursprünglichen Erwerbers M i.H.v. 1/6 von 100.000 € = 16.667 € fortzuführen. Da die Anschaffung vor dem 31.07.1995 erfolgte, sind die Absetzungen für Abnutzung für diesen Teil nicht abzuziehen. Da der Erwerb unentgeltlich war, ist F nach § 23

1538 Sofern in diesem und den folgenden Beispielen mit (AfA) gerechnet wird, dient dies modellhaft der Anschauung. Es erfolgt aber aus Vereinfachungsgründen keine getrennte Berechnung ohne Grund und Boden und auch keine zeitanteilige Erfassung der AfA.

1539 Dieser Fall ist in den OFD-Verfügungen nur angedeutet. Er ist ausgeführt bei *Tiedtke/Wälzholz*, RNotZ 2001, 380, 381.

Abs. 1 Satz 3 EStG die Anschaffung des M im Jahr 1994 zuzurechnen. Bei einer Veräußerung in 2003, also noch innerhalb der 10-jährigen Spekulationsfrist, entfällt somit auf den unentgeltlichen Teil ein Veräußerungsgewinn von 60.000 € (= 1/6 von 360.000 €) abzgl. 16.667 € = 43.333 €. Würde F – so die Alternativgestaltung – erst in 2005 veräußern, so wäre für den unentgeltlich erworbenen Anteil die Spekulationsfrist abgelaufen. Es fiele insoweit kein steuerpflichtiger Veräußerungsgewinn an.

988 ▶ **Beispiel 7 (Übernahme und späterer Verkauf):**

Ehemann M und Ehefrau F, die im gesetzlichen Güterstand lebten, erwarben 1991 ein Grundstück mit Gebäude für 100.000 € zum Miteigentum je zur Hälfte und vermieteten es. Im Jahr 2012 wird die Ehe von M und F geschieden. Das Haus soll verkauft werden. Man fand jedoch nicht sogleich einen Käufer. Die Bank aber drängte und F wollte ihr Leben zusammen mit ihrem neuen Partner anderenorts neu beginnen. Daher übernahm M in 2012 zunächst die Haushälfte der F zu einem Preis von 125.000 €, was dem Verkehrswert des hälftigen Anwesens entsprach. Im Jahr 2013 verkauft M das Anwesen dann für 280.000 € weiter.[1540]

989 Hätten M und F im Zuge der Scheidung im Jahr 2012 das Anwesen für 280.000 € verkauft, so wäre ein zu versteuernder Gewinn nach § 23 EStG nicht angefallen, denn die Veräußerungsfrist war zu diesem Zeitpunkt schon abgelaufen.

990 Da nun aber M die Hälfte der F erworben hat, sind die beiden Haushälften getrennt zu betrachten. Für den Erwerb des M von der F wird keine Steuer nach § 23 erhoben, da die Veräußerungsfrist schon abgelaufen war. Diese Hälfte hat M aber nun vollentgeltlich erworben, sodass für diese Hälfte eine neue Veräußerungsfrist in 2012 zu laufen begann. Die Anschaffungskosten für die Hälfte des Anwesens beliefen sich auf 125.000 €, der hierauf entfallende Veräußerungserlös auf 140.000 €, sodass ein Veräußerungsgewinn von 15.000 € zu versteuern ist.

991 Für die Hälfte, die M von Anfang an gehört hatte, ist kein Veräußerungsgewinn zu versteuern, da diesbezüglich die Veräußerungsfrist abgelaufen war.

▶ **Gestaltungsempfehlung:**

Wenn Ehegatten beabsichtigen, ein Haus zu verkaufen, sollten sie nicht erst eine Übernahme durch einen Ehegatten zwischenschalten, da dies eine neue Veräußerungsfrist in Gang setzt.

992 Für die **Höhe des Veräußerungsgewinns** kann es ganz entscheidend sein, wie die Gegenleistung für den Erwerb des Objekts in der Ehescheidung bemessen wird. Dazu der folgende Beispielsfall:

1540 Die Frage der Absetzungen für Abnutzungen soll in diesem Beispielsfall außer Betracht bleiben.

Beispiel 8 (Übernahme zum »Ehegattenpreis«):[1541]

Ehemann M und Ehefrau F, die im gesetzlichen Güterstand lebten, erwarben im Jahr 1991 ein Grundstück für 200.000 € zum Miteigentum je zur Hälfte und vermieteten es. Im Jahr 2012 wurde die Ehe von M und F geschieden.
M übernahm von F ihren 1/2 Miteigentumsanteil am Grundstück »zur Auseinandersetzung über diesen Vermögensgegenstand wegen der bevorstehenden Scheidung« zu einem Preis von 50.000 €. Der Verkehrswert des Anteils lag bei 150.000 €.[1542]
Im Rahmen einer späteren Scheidungsvereinbarung mit vollständiger Vermögensauseinandersetzung übernahm M u.a. Schulden der F i.H.v. 95.000 €, ferner verzichteten die Ehegatten gegenseitig auf Zugewinn und trafen weitere Vereinbarungen zu Unterhalt und Versorgungsausgleich.
Im Jahr 2013 verkauft schließlich M das gesamte Grundstück für 320.000 €.

Für die Beurteilung des Falls gilt Folgendes: Der Erwerb des M von F ist nicht nach 993 § 23 EStG steuerpflichtig, weil die Veräußerungsfrist bereits abgelaufen war. Gleiches gilt für die Weiterveräußerung des Anteils, den M seit 1991 innegehabt hatte, im Jahr 2013.

Steuerpflichtig ist jedoch der Weiterverkauf des M bzgl. des im Jahr 2012 von F erst 994 erworbenen Anteils. Für die Höhe der Steuer ist von entscheidender Bedeutung, wie hoch die Anschaffungskosten des M anzusetzen sind. Im Zusammenhang mit der Übertragung waren lediglich 50.000 € vereinbart.

Das **FA** hatte demzufolge einem Veräußerungserlös von 160.000 € für die erworbene 995 Haushälfte die Anschaffungskosten von 50.000 € gegenübergestellt und wollte einen Gewinn von 110.000,00 € versteuert haben. Das **FG** als Vorinstanz hatte zu helfen versucht, indem es zugunsten des Steuerpflichtigen auf die Grundsätze des Fremdvergleichs bei nahen Angehörigen abstellte und anstelle des vereinbarten Kaufpreises den tatsächlichen Wert ansetzte.[1543] Danach hätte M bei Anschaffungskosten von 150.000 € und einem Erlös von 160.000 € nur einen Gewinn von 10.000 € zu versteuern.

Dem widersprach jedoch der **BFH**. Man könne nicht unter Rückgriff auf diese 996 Grundsätze – deren Anwendung i.Ü. bei getrenntlebenden Ehegatten zweifelhaft sei – den tatsächlich verwirklichten Sachverhalt durch einen fingierten ersetzen. Der BFH verwies zurück[1544], damit festgestellt werden könne, ob – wie von den Parteien

1541 Vereinfachter und abgewandelter Sachverhalt von BFH, BStBl. 2001 II, S. 756; vgl. auch *Wälzholz*, FamRB 2002, 382, 383.

1542 Die Frage der Absetzungen für Abnutzungen soll in diesem Beispielsfall außer Betracht bleiben.

1543 FG Münster, EFG 1998, 1132.

1544 Eine weitere Nichtzulassungsbeschwerde gegen das darauf folgende Urteil des FG Münster v. 20.02.2004 – 11 K 4689/01 – hat der BGH abgelehnt, BGH, BeckRS 2004, 25006962.

vorgetragen – die Schuldübernahme mit dem Erwerb des Hälfteanteils in Zusammenhang steht. Wenn nicht, so sei vom tatsächlichen Kaufpreis auszugehen. Dann aber müsse geprüft werden, ob der Erwerb als teilentgeltlich anzusehen sei. Dies bedeutet für die Lösung des Beispielfalls 8:

997 War die Schuldübernahme Gegenleistung, dann betragen die Anschaffungskosten 145.000 €. Es verbleibt ein Veräußerungsgewinn von 15.000 €. War die Schuldübernahme keine Gegenleistung, liegt beim Erwerb des M von der F zu 1/3 ein vollentgeltlicher Erwerb vor und zu 2/3 ein unentgeltlicher Erwerb. Bei der Weiterveräußerung im Jahr 2013 unterliegt somit auch wiederum nur der 1/3 entgeltlich erworbene Teil des Hälftemiteigentumsanteils der Veräußerungsgewinnbesteuerung,[1545] da für den unentgeltlich erworbenen Teil[1546] die Veräußerungsfrist unter Hinzurechnung der Zeit des Voreigentümers bereits abgelaufen war. Die Anschaffungskosten für diesen 1/3 Anteil betrugen 50.000 €. Der hierauf entfallende Veräußerungserlös beläuft sich auf ein Drittel von 160.000 € = 53.333 €. Somit verbleibt ein zu versteuernder Veräußerungsgewinn von 3.333 €.

▶ **Hinweis:**

Wichtig im Lichte des § 23 EStG ist die Zuordnung der einzelnen Leistungen im Vertrag über die Auseinandersetzung des ehelichen Vermögens, denn von dieser Zuordnung hängt es ab, ob ein Erwerb voll- oder teilentgeltlich ist und wie hoch ein etwaiger Veräußerungsgewinn ausfällt.

998 Die Zuordnung kann von den Vertragsteilen nicht willkürlich gewählt werden, sondern muss sich an den gerechneten Ansprüchen orientieren. Ansonsten besteht die Gefahr, dass sie von der Finanzverwaltung unter Berufung auf § 42 AO nicht anerkannt wird. Es besteht aber ein Entscheidungsspielraum der Parteien dort, wo in einer Scheidungssituation Gegenleistungen auf mehrere Ansprüche sinnvoll bezogen sein können, den steuergünstigsten Bezug herzustellen. Außerdem besteht neuerdings ein gewisser Entscheidungsspielraum bei der Aufteilung entgeltlich/unentgeltlich bei Veräußerung mehrerer Wirtschaftsgüter.[1547]

999 Die Realteilung wurde bei Vorhandensein von Mischnachlass bereits diskutiert unter Hinweis darauf, dass der BFH eine steuerneutrale Realteilung nach den Grundsätzen der Erbauseinandersetzung im gesetzlichen Güterstand nicht billigt. Fraglich ist nun, wie sich dies auf die Realteilung von Privatvermögen im Lichte des § 23 EStG auswirkt.

1545 BFH, BStBl. 1988 II, S. 250; auf dieses Urteil nimmt BFH, BStBl. 2001 II, S. 756 Bezug.

1546 Beim Blick auf die Gesamtsteuerbelastung ist zu prüfen, ob hier Schenkungsteuer anfallen kann.

1547 BMF, BStBl. 2007 I, S. 269.

▶ Beispiel 9 (Realteilung von Grundbesitz):[1548] 1000

Ehemann M und Ehefrau F, die im gesetzlichen Güterstand lebten, erwarben 2008 und 2010 jeweils eine Eigentumswohnung zum Miteigentum je zur Hälfte und vermieteten beide Wohnungen. Die Wohnungen kosteten bei Anschaffung jeweils 300.000 €. Im Jahr 2012 wird die Ehe von M und F geschieden. In diesem Zusammenhang schließen M und F einen notariellen Vertrag, in dem sie sich einig werden, dass jeder von ihnen eine Eigentumswohnung zum Alleineigentum übernimmt. Zu diesem Zeitpunkt waren die Wohnungen jeweils 400.0000 € wert.

In der Literatur wurde dieser Fall teils als Tausch von Miteigentumsanteilen eingestuft, der auf beiden Seiten zum Entstehen eines Veräußerungsgewinns führt,[1549] teils wurde die Hoffnung geäußert, dass aufgrund der Verweisung des Anwendungsschreibens zu § 23 EStG[1550] auf Tz. 23 des Schreibens zur Erbauseinandersetzung[1551] auch Tz. 24[1552] mit in Betracht gezogen werden könne, sodass auch die Auseinandersetzung von Bruchteilen als unentgeltlich eingestuft werden könnte.[1553] Diese Hoffnung dürfte durch das **Urteil des BFH zur Realteilung des Mischnachlasses**[1554] enttäuscht worden sein. Wenn die Grundsätze der erfolgsneutralen Realteilung auf den Mischnachlass keine Anwendung finden, dann steht zu befürchten, dass der BFH auch bei der Realteilung von Privatvermögen im vorgenannten Fall zu einer Entgeltlichkeit kommen wird. Dann hätte sowohl M als auch F jeweils einen Veräußerungsgewinn von 50.000 € zu versteuern, denn jeder von ihnen hat eine Miteigentumshälfte eingetauscht, deren Anschaffungskosten von 150.000 € ein Veräußerungserlös von 200.000 € gegenübersteht. 1001

Das Beispiel zeigt, dass der »Güterstand der Miteigentümergemeinschaft«[1555] durchaus nicht immer der beste ist. Hätte sogleich jeder Ehegatte eine Wohnung zum Alleineigentum erworben, wäre ein Veräußerungsgewinn vermieden worden. 1002

Zu den Auswirkungen der Hinzurechnung der Absetzungen für Abnutzungen sei noch das folgende Beispiel allgemeiner Art angeführt.[1556] 1003

1548 Nach *Reich*, ZNotP 2000, 375, 377 und *Tiedtke/Wälzholz*, RNotZ 2001, 380, 385.
1549 *Obermaier*, NWB Fach 3, S. 11449 (2001/8); *Reich*, ZNotP 2000, 375, 377.
1550 BMF v. 05.10.2000, BStBl. 2000 I, S. 1383 ff. Tz. 8.
1551 BMF, BStBl. 1993 I, S. 62 ff.
1552 N.F. BMF, BStBl. 2006, S. 253 ff., dort. Tz. 22 ff.; hierzu OFD Karlsruhe, Haufe-Index 1830866.
1553 *Tiedtke/Wälzholz*, RNotZ 2001, 380, 385.
1554 BFH, BStBl. 2002 II, S. 519 ff.
1555 *Grziwotz*, FamRZ 2002, 1669.
1556 Nach Korn/*Carlé*, EStG, § 23 Rn. 81.2.

▶ Beispiel 10 (Abschreibungsfall):

Im Oktober 1995 erwirbt M ein Gebäude im Beitrittsgebiet für 1 Mio. €, dessen Grundstückswert 200.000 € beträgt. Nach Abzug von Sonder-AfA i.H.v. 400.000 € wird das Gebäude im Dezember 1999 für 800.000 € verkauft.
Als Anschaffungskosten kommen in Betracht:

Kaufpreis:	1 Mio. €
abzgl. Sonder-AfA	400.000 €
abzgl. AfA	68.000 €
Summe:	**532.000 €**

Demnach verbleibt ein Gewinn nach § 23 EStG i.H.v. 268.000 €.

4. Ausnahme bei Eigennutzung

1004 All die vorgeschilderten Probleme entfallen, wenn der betroffene Grundbesitz nach § 23 Abs. 1 Nr. 1 EStG **zu eigenen Wohnzwecken** genutzt wurde, denn dann unterfällt er nicht der Besteuerung nach § 23 EStG.

Ausgenommen von der Besteuerung ist demnach Grundbesitz, der entweder

- zwischen Anschaffung/Herstellung und Veräußerung ausschließlich **zu eigenen Wohnzwecken** genutzt wurde oder
- im Jahr der Veräußerung und in den beiden vorangegangenen Jahren zu eigenen Wohnzwecken genutzt wurde.

1005 Nach der Finanzverwaltung dient ein Gebäude der Nutzung zu eigenen **Wohnzwecken**, wenn das Wirtschaftsgut dazu bestimmt und geeignet ist, Menschen auf Dauer Aufenthalt und Unterkunft zu ermöglichen. Dazu zählen nach Verwaltungsauffassung **nicht** häusliche **Arbeitszimmer**, selbst wenn sie vom Steuerabzug ausgenommen sind.[1557] D.h. der anteilig auf das häusliche Arbeitszimmer entfallende Teil des Veräußerungsgewinns ist nach § 23 EStG zu versteuern.[1558] Ist das Arbeitszimmer Betriebs- oder Sonderbetriebsvermögen, entfällt eine Besteuerung nach § 23 EStG, die steuerlichen Konsequenzen richten sich dann nach §§ 4 ff. EStG. Allerdings sollte diese Auffassung angegriffen werden, nachdem der BFH nunmehr für den Bereich des § 13 Abs.1 Nr. 4a ErbStG das im Wohnbereich gelegene Arbeitszimmer der eigenen Wohnnutzung zugerechnet hat.[1559]

1557 BMF, BStBl. 2000 I, S. 1383 ff., Rn. 21; FG Münster, DStRE 2004, 23; krit. hierzu für die Fälle, in denen das Arbeitszimmer nach § 8 EStDV kein eigenes Wirtschaftsgut darstellt: Korn/*Carlé*, EStG, § 23 Rn. 40.

1558 FG Münster, DStRE 2004, 23.

1559 BFH, DStR 2009, 575.

Dient ein Gebäude **teilweise** eigenen Wohnzwecken, fällt dieser entsprechende Anteil nicht unter die Besteuerung nach § 23 EStG.[1560] Der Grund und Boden ist hierbei nach dem Verhältnis der eigengenutzten Wohnfläche zur Gesamtwohnfläche zu verteilen.[1561] 1006

Eine eigene Nutzung liegt auch vor, wenn der Eigentümer das Objekt **gemeinsam mit** Familienangehörigen oder gar **Dritten** nutzt, sofern diese unentgeltlich nutzen. Dem Eigentümer müssen aber jeweils Räume verbleiben, die den Wohnungsbegriff erfüllen.[1562] 1007

Bei **unentgeltlicher Überlassung** zu Wohnzwecken **an ein Kind**, für das ein Anspruch auf Kindergeld oder der Freibetrag nach § 32 Abs. 6 EStG besteht, soll auch noch eine Nutzung zu eigenen Wohnzwecken vorliegen.[1563] 1008

Bei unentgeltlicher Überlassung **an andere Angehörige** liegt hingegen keine Nutzung zu eigenen Wohnzwecken mehr vor, selbst wenn diese unterhaltsberechtigt sind.[1564] Das bedeutet insbes., dass bei einer **unentgeltlichen Überlassung** zur Nutzung als Wohnung **an den anderen Ehegatten keine Eigennutzung** mehr vorliegt. 1009

▶ Hinweis:

Zieht der Eigentümer-Ehegatte bei der Trennung der Eheleute aus und verbleibt der Nichteigentümer-Ehegatte in der Wohnung, liegt keine Nutzung zu eigenen Wohnzwecken mehr vor. Dies kann zum Verlust des entsprechenden Steuerprivilegs bei einer späteren Veräußerung führen.

Die Finanzverwaltung nimmt nicht dazu Stellung, wie der – häufige – Fall zu betrachten ist, dass der Eigentümer-Ehegatte auszieht und der verbleibende Ehegatte und ein Kind, für das Kindergeld beansprucht werden kann, in dem Gebäude verbleiben. In der Literatur wird auch in diesem Fall die gänzliche Freistellung von der Steuer vertreten.[1565] 1010

Sind **beide Ehegatten Eigentümer** und einer von ihnen zieht aus, ist die Frage der **Nutzung zu eigenen Wohnzwecken** für jeden der Miteigentümer **getrennt zu beurteilen**. Für den ausziehenden Ehegatten ergeben sich also ggf. Steuernachteile nach § 23 EStG. 1011

1560 BMF, BStBl. 2000 I, S. 1383 ff., Rn. 16.
1561 BMF, BStBl. 2000 I, S. 1383 ff., Rn. 18.
1562 BMF, BStBl. 2000 I, S. 1383 ff., Rn. 22.
1563 BMF, BStBl. 2000 I, S. 1383 ff., Rn. 23.
1564 BMF, BStBl. 2000 I, S. 1383 ff., Rn. 22 f.
1565 *Wälzholz*, FamRB 2002, 382, 384; zweifelnd *Engels*, FF 2004, 285, 286 und *Engels*, Steuerrecht, Rn. 1300.

▶ Hinweis:

Beim Trennungs- oder Scheidungsmandat ist es notwendig, die Folgen des § 23 EStG am Anfang der Beratung zu erörtern. Ggf. ist es aus der Sicht der Steueroptimierung zu raten, eine Trennung im gemeinsamen Anwesen durchzuführen. Mit dem Wegzug jedenfalls werden steuerlich Fakten geschaffen.

1012 Hinsichtlich des zeitlichen Umfangs der Nutzung zu eigenen Wohnzwecken sieht das Gesetz zwei Alternativen vor:

- **Ausschließliche Nutzung** zu eigenen Wohnzwecken **zwischen Anschaffung/Herstellung und Veräußerung.** Nach den Ausführungsbestimmungen der Finanzverwaltung ist für den Zeitpunkt der Anschaffung bzw. Veräußerung jeweils der **Übergang des wirtschaftlichen Eigentums entscheidend.**[1566] Dies meint bei einer Grundstücksveräußerung regelmäßig den Übergang von Besitz, Nutzen und Lasten. Ausschließliche Nutzung bedeutet ununterbrochene Nutzung. **Leerstände sind unschädlich** vor Nutzungsbeginn, wenn sie mit der Aufnahme der Eigennutzung in Zusammenhang stehen (z.B. für Umbauzwecke), und zwischen Nutzungsende und Veräußerung, wenn der Steuerpflichtige die **Veräußerungsabsicht** nachweist. Nach dieser Alternative ist die Veräußerung auch dann steuerfrei, wenn die Eigennutzung nur für einen ganz kurzen Zeitraum erfolgte.[1567]
- **Nutzung zu eigenen Wohnzwecken im Jahr der Veräußerung und in den beiden vorangegangenen Kalenderjahren.** Hierzu fordert die Finanzverwaltung[1568] die Eigennutzung in einem **zusammenhängenden Zeitraum**[1569] innerhalb der letzten drei Kalenderjahre. Der Zeitraum muss aber nicht die vollen drei Kalenderjahre umfassen. Im Extremfall genügt somit zur Erfüllung dieser Voraussetzungen ein Nutzungszeitraum von etwas über 12 Monaten, wenn sich dieser **über drei Kalenderjahre** erstreckt.[1570] Ein **Leerstand** soll nach der Finanzverwaltung unschädlich sein, wenn die **Veräußerung noch im Jahr der Nutzungsbeendigung** erfolgt. Da bei einem scheidungsbedingten Auszug dieser i.d.R. nicht im Hinblick auf eine Veräußerung erfolgt (so die Leerstandsformel der Finanzverwaltung in der ersten Alternative), wird man bei einem Auszug vor Veräußerung auf diese Alternative zurückzugreifen haben. Dabei sei nochmals ins Gedächtnis gerufen, dass die Finanzverwaltung unter Veräußerung den Übergang des wirtschaftlichen Eigen-

---

1566 BMF, BStBl. 2000 I, S. 1383 ff. Rn. 25. Diese ausdrückliche Bestimmung, die das BMF-Schreiben für den Zeitraum der Eigennutzung trifft, steht im Gegensatz zur herrschenden Auffassung für die Berechnung der Veräußerungsfrist.

1567 *Gottwald*, MittBayNot 2001, 8, 13.

1568 BMF, BStBl. 2000 I, S. 1383 ff. Rn. 25.

1569 Das Erfordernis des zusammenhängenden Zeitraums ergibt sich m.E. nicht aus dem Gesetzestext, da sich das Wort »ausschließlich«, aus dem die Finanzverwaltung »ununterbrochen« liest, eindeutig nur auf die erste Alternative bezieht. Daher zu Recht krit. *Gottwald*, MittBayNot 2001, 8, 13; Korn/*Carlé*, EStG, § 23 Rn. 33, der auch eine Fremdvermietung als unschädlich ansieht, wenn sich diese nicht über den Zeitraum eines Kalenderjahres erstreckt.

1570 *Arens*, FPR 2003, 426, 427; *Karasek*, FamRZ 2002, 590, 591.

tums verstehen will. Das bedeutet, dass **im Jahr des Auszugs bei Veräußerung auch das wirtschaftliche Eigentum übergegangen** sein muss. Dies wird in den einschlägigen Hinweisen selten beachtet.

▶ Hinweis:

I.R.d. § 23 EStG ist die Trennungsfalle zu beachten. Nach dem Auszug eines Eigentümerehegatten liegt eine Eigennutzung i.d.R. nur vor, wenn noch im Jahr des Auszugs eine Veräußerung unter Übergang von Besitz, Nutzen und Lasten erfolgt.

Hingewiesen sei noch auf eine in diesem Zusammenhang selten kommentierte 1013
»Wohltat« der Finanzverwaltung. Diese ist der Auffassung, dass i.R.d. § 23 EStG bei unentgeltlichem Erwerb die Nutzung zu eigenen Wohnzwecken des Rechtsvorgängers dem Rechtsnachfolger zugerechnet wird. Dies soll auch für die unentgeltliche Einzelrechtsnachfolge gelten![1571] Überträgt also ein Veräußerer, der die Voraussetzung der Eigennutzung erfüllt, eine Immobilie und verkauft sie der Erwerber im Jahr seines Erwerbs, kann die Veräußerung steuerfrei erfolgen.

▶ Beispiel 11 (Eigennutzung): 1014

M und F erwarben mit Übergang von Besitz, Nutzen und Lasten zum 01.05.2010 ein Einfamilienhaus. Nach Renovierung zogen sie am 01.09.2010 ein. An Weihnachten 2011 erfolgte nach einem Zerwürfnis die Trennung. M zog sofort aus, F zog im Januar 2012 zu ihrer Mutter. Sie hatte bis dahin ohne weitere Absprache das Haus bewohnt. Kinder hatten M und F nicht. Da ein Käufer nicht sofort zu finden war, vermieteten M und F das Haus zunächst befristet. Im Oktober 2012 veräußerten sie schließlich das Anwesen. Besitz, Nutzen und Lasten gingen im Dezember 2012 auf den Käufer über.

Alternative:

Das Anwesen wurde nicht vermietet, sondern stand bis zur Veräußerung leer.

Wenn M und F das Anwesen vor der Veräußerung **vermieten, steht** diese Vermie- 1015
tung einer **Steuerbefreiung** aufgrund Eigennutzung **immer entgegen**, da die Finanzverwaltung lediglich einen Leerstand vor Veräußerung akzeptiert.[1572]

In der Alternative fehlt es an einer ausschließlichen Eigennutzung bis zur Veräuße- 1016
rung für beide Ehegatten. Der Auszug erfolgte trennungsbedingt, der Leerstand ist daher nicht durch die beabsichtigte Veräußerung verursacht. Für M liegen auch die Voraussetzungen der zweiten Alternative nicht vor, denn M nutzt das Anwesen im Jahr der Veräußerung nicht mehr zu eigenen Wohnzwecken. Die Veräußerung seines Anteils unterliegt daher der Veräußerungsgewinnbesteuerung. F hingegen hat das Anwesen noch zu eigenen Wohnzwecken im Jahr der Veräußerung genutzt und auch

1571 BMF, BStBl. 2000 I, S. 1383 ff. Rn. 26.

1572 *Gottwald*, MittBayNot 2001, 8, 13, der darauf hinweist, dass die Vermietung damit ein probates Mittel ist, verrechenbare Veräußerungsverluste zu generieren; BMF, BStBl. 2000 I, S. 1383 ff. Rn. 25.

in den beiden vorangegangenen Jahren 2010 und 2011 ununterbrochen genutzt. Daher ist die Veräußerung ihres Anteils wegen der Eigennutzung nicht nach § 23 EStG zu versteuern.

5. Vermeidungsstrategien

1017 Die dargestellten steuerlichen Probleme einer Vermögensauseinandersetzung in der Ehescheidung lassen die Berater auf Vermeidungsstrategien sinnen. Allerdings sind nur wenige Vorschläge Erfolg versprechend.

1018 Die **Übertragung der Immobilie an Erfüllungs statt** sollte **vermieden** werden. Notfalls kann man den Zugewinn in Geld ausgleichen und die Immobilie **beleihen**. Es könnte dann **später** nach Ablauf der Veräußerungsfristen ein **Verkauf** an den früheren Ehegatten erfolgen. Allerdings ist in diesem Zusammenhang dann auf die Grunderwerbsteuerthematik hinzuweisen.[1573]

1019 Soll im Zusammenhang mit dem Zugewinnausgleich die Veräußerung eines Miteigentumsanteils oder eines Grundstücks an den anderen Ehegatten erfolgen, ergeht verschiedentlich der Ratschlag, man solle die **Übertragung** nicht im Zuge einer Scheidungsvereinbarung durchführen, sondern **früher** bei bestehender Ehe. Mit dieser Übertragung solle dann die **Anrechnung** auf die Zugewinnforderung **nach § 1380 BGB** angeordnet werden. Wegen der Unentgeltlichkeit dieser Zuwendung sei dann kein Fall des § 23 EStG gegeben.[1574] Der Erfolg solchen Vorgehens wird indes zu Recht bezweifelt,[1575] da in dem Augenblick, wo es später zum Zugewinnausgleich kommt und die Anrechnung greift, das Rechtsgeschäft umgestaltet und zu einer antizipierten Leistung an Erfüllungs statt wird.[1576] Ganz deutlich wird dieser Wandel durch § 29 Abs. 1 Nr. 3 ErbStG, der anordnet, dass eine bei der unentgeltlichen

1573 Vgl. etwa FG Hessen, BeckRS 2012, 95904: Verkauf eines Miteigentumsanteils zwei Jahre nach Scheidung wegen des Todes eines im Hause wohnenden Elternteils ist kein Verkauf zur Vermögensauseinandersetzung im Rahmen der Ehescheidung und löst daher Grunderwerbsteuer aus; anders BGH, BStBl. 2011 II, S. 980: Vereinbaren Ehegatten bei Scheidung, vorerst Miteigentümer zu bleiben, weil das Haus noch vom gemeinsamen Kind und einem Ehegatten bewohnt wird, vereinbaren aber ein Ankaufsrecht, aufgrund dessen die Haushälfte später erworben wird, so greift die Grunderwerbsteuerbefreiung nach § 3 Nr. 5 GrEStG.

1574 So v.a. *Hermanns*, DStR 2002, 1065, 1067 und *Götz*, FamRB 2004, 89, 91.

1575 V.a. von *Hollender/Schlütter*, DStR 2002, 1932 f.; aber auch von *Arens*, FPR 2003, 426, 429.

1576 *Hollender/Schlütter*, DStR 2002, 1932, 1933 m.w.N. Im Detail zu den umstrittenen Folgen der Anrechnung nachfolgend Rdn. 1044

Zuwendung erhobene Schenkungsteuer bei der späteren Anrechnung zurückzuerstatten ist.[1577]

Die **Übertragung vor der Scheidung** kann jedoch aus einem anderen Grund ggf. vorteilhaft sein. Erhält der eigentlich unterhaltsberechtigte Ehegatte durch die Übertragung eine Einnahmequelle, kann damit seine **Unterhaltsbedürftigkeit wegfallen**, ohne dass er auf Unterhalt verzichten oder die Veräußerung als Abfindung für den Unterhalt konstruiert sein muss. Im Gegensatz zu Beispiel 2 könnte man dann weiterhin insoweit von einer Unentgeltlichkeit der Zuwendung ausgehen, weil ein Unterhaltsanspruch erst gar nicht entsteht.[1578] Allerdings handelt es sich auch hier um eine Grenzgestaltung. Zu fragen sein wird insbes., ob die Ehegatten die unentgeltliche Übertragung des Anwesens im Vorfeld wirklich als solche wollen. Unentgeltlich ist schließlich die Überlassung einer Immobilie ohne Eigentumsänderung als Sachleistung im Unterhaltsrecht.[1579] 1020

Zur **Vermeidung der Teilentgeltlichkeit** kann es ratsam sein, etwa eine teilweise eigengenutzte Immobilie so zu veräußern, dass der eigengenutzte Anteil vollentgeltlich veräußert und der andere Teil unentgeltlich übertragen wird. Zwar erkennt die Finanzverwaltung bei der Zuordnung von Schuldzinsen die bloße Aufteilung eines Kaufpreises in der Kaufurkunde entgegen ihrer früheren Auffassung auch in Erwerbsfällen nunmehr als ausreichend an,[1580] für die Aufteilung bei teils selbst genutzten, teils vermieteten Gebäuden i.R.d. § 23 EStG schreibt die Finanzverwaltung aber eine Aufteilung nach Flächen vor.[1581] Daher ist von einer bloßen Aufteilung in der Urkunde abzuraten. Es sollten durch die Bildung von Eigentumswohnungen getrennte Veräußerungsobjekte geschaffen werden.[1582] 1021

Ein weiterer Vorschlag geht dahin, die **Zugewinnausgleichsforderung** bis zum Ablauf der Veräußerungsfrist nach § 1382 BGB zu **stunden**.[1583] 1022

1577 Die vorherige Vereinbarung der Gütertrennung mit Ausgleich des Zugewinns kann zwar nach § 5 ErbStG sinnvoll sein, dürfte aber nichts an dem Umstand ändern, dass einkommensteuerlich eine entgeltliche Übertragung zur Erfüllung des Zugewinns vorliegt. Denn hierfür kann es keinen Unterschied machen, ob die Zugewinnausgleichsforderung durch die Scheidung oder einen ehevertraglichen Güterstandswechsel entsteht. Anders die Sachverhaltsgestaltung bei *Wälzholz*, FamRB 2003, 282, 283, der von einer Gütertrennung mit anschließender Schenkung ausgeht; eine eher seltene und auch dem FA nur schwer zu »verkaufende« Lösung, wenn sie im zeitlichen Zusammenhang einer Scheidung stattfindet.

1578 So *Reich*, ZNotP 2000, 375, 379.

1579 BFH, BFH/NV 2006, 1280.

1580 BMF, BStBl. 2003 I, S. 287.

1581 BMF, BStBl. 2000 I, S. 1383 ff. Rn. 32.

1582 *Reich*, ZNotP 2000, 375, 416, 417; hierzu nun auch BMF, BStBl. 2007 I, S. 269 (Schreiben betr. ertragsteuerliche Behandlung der vorweggenommenen Erbfolge; Aufteilung eines Veräußerungs- und Anschaffungsvorgangs in einen entgeltlichen und einen unentgeltlichen Teil).

1583 *Karasek*, FamRZ 2002, 590, 592; *Arens*, FPR 2003, 426, 428.

1023 Sinn machte ein solcher Vorschlag wohl nur, wenn parallel auch die **Übertragung des Eigentums** entsprechend **aufgeschoben** wird. Allerdings erscheint es bedenklich, sofern beides im Zusammenhang eine ausdrückliche Regelung erfährt, denn darin könnte dann eine aufschiebend bedingte Übertragung gesehen werden. Bei gleichzeitiger Nutzungsüberlassung könnte somit der Tatbestand des § 23 EStG bereits verwirklicht sein.[1584] Eine hilfreiche Maßnahme stellt das Hinausschieben der Übertragung jedenfalls dann dar, wenn der Ablauf der Veräußerungsfrist kurz bevorsteht und es bis dahin gar keiner weiteren Regelung bedarf.[1585]

1024 Der Vorschlag, eine Zuweisung nach **§ 1383 BGB** könne die Probleme lösen,[1586] scheint zum einen deshalb wenig Erfolg versprechend, weil die Voraussetzungen eher selten darzulegen sein werden, zum anderen aber deshalb, weil nach Rechtsprechung und Kommentarliteratur zu § 23 EStG sogar die Abgabe eines Meistgebots in der Zwangsversteigerung als Anschaffung i.S.d. § 23 EStG angesehen wird.[1587]

1025 Am ehesten versprechen daher **Gestaltungen** Erfolg, **welche die kritische Veräußerungsfrist überbrücken**. Hierzu werden die **Bestellung dinglicher Rechte**, wie etwa eines Nießbrauchs oder eines Erbbaurechts, vorgeschlagen.[1588] Möglich wäre aber auch ein bindendes **Angebot**, das erst nach Ablauf der Veräußerungsfrist angenommen werden kann. Schädlich dürften hingegen die Kombination von beidem und alle sonstigen Vorwegnahmen der wirtschaftlichen Eigentümerstellung sein, wie etwa die gleichzeitige Vermietung mit Anrechnung der Miete auf den Kaufpreis. Sofern eine Grenzgestaltung vorliegt, ist eine verbindliche Anfrage[1589] beim FA ratsam, die allerdings nunmehr nach § 89 Abs. 2 AO gebührenpflichtig ist.[1590]

1026 Hält man sich die steuerlichen Folgen der Auseinandersetzung unter Ehegatten für das Familienheim vor Augen, kommt man nicht umhin, an den **Gesetzgeber zu appellieren**, diesen Fall von der Besteuerung auszunehmen und insoweit ein Ehegattenprivileg zu schaffen ähnlich dem § 13 Abs. 1 Nr. 4a ErbStG und dem § 3 Nr. 5 GrEStG,[1591] denn diese Auseinandersetzung ist nicht steuerwürdig.[1592] Ihre Besteuerung führt ferner dazu, dass bei der Zugewinnberechnung eine latente Steuer mit einbezogen werden muss[1593], sodass diese Berechnung sehr verkompliziert wird. Zudem können die Eheleute vielfach ein Familienwohnheim nicht halten, wenn

1584 Korn/*Carlé*, EStG, § 23 Rn. 29.

1585 *Hermanns*, DStR 2002, 1065.

1586 *Schröder*, FamRZ 2002, 1010; skeptisch *Feuersänger*, FamRZ 2003, 645 ff.

1587 BFH, BStBl. 1989 II, S. 652; *Arens*, FPR 2003, 426, 428.

1588 *Wälzholz*, FamRB 2002, 382, 384 m.w.N.

1589 Zu den Voraussetzungen BMF v. 29.12.2003, BStBl. 2003 I, S. 742; § 89 Abs. 2 AO.

1590 Eingefügt durch das Jahressteuergesetz 2007; hierzu BMF v. 08.12.2006, BStBl. 2007 I, S. 66.

1591 So auch *Karasek*, FamRZ 2002, 590, 592.

1592 Krit. Formularbuch/*Brambring*, V.21, Anm. 3c).

1593 Rdn. 1078a ff.

auch noch steuerliche Belastungen zu der meist ohnehin von Verbindlichkeiten geprägten Situation hinzukommen.

III. Schenkung

1. Scheidung und Schenkung

Sofern Ehegatten im Zuge der Trennung und Ehescheidung **Leistungen** im Hinblick auf die gesetzlich bestehenden Ansprüche auf **Zugewinn, Unterhalt oder Versorgungsausgleich** erbringen, fehlt es an einer objektiven Bereicherung durch eine freigiebige Zuwendung, denn auf diese Leistungen besteht ein gesetzlicher Anspruch. Eine **unentgeltliche Zuwendung** liegt also insoweit **nicht** vor. 1027

Zudem werden im Scheidungsfall eigentlich nur Leistungen auf die gesetzlich bestehenden Ansprüche erbracht. **Man schenkt sich hier in der Regel nichts.** 1028

Dennoch bestehen Abgrenzungsprobleme, die an dieser Stelle gewürdigt werden sollen, da häufig im Rahmen einer Scheidungsvereinbarung Kompromisse geschlossen werden und Leistungen als Abfindung für andere Ansprüche versprochen werden. 1029

Auch wenn Ehegatten im Rahmen von Trennungs- oder Scheidungsvereinbarungen **von den gesetzlichen Ausgleichsmodellen abweichen**, liegt **nicht ohne weiteres eine freigiebige Zuwendung** vor.[1594] Denn grds. muss unterstellt werden, dass im Rahmen einer Trennung oder Scheidung natürliche Interessengegensätze der Ehegatten bestehen, die auch in den abgeschlossenen Vereinbarungen ihren Ausdruck finden, wenn abschließende Regelungen zwischen den sich trennenden Ehegatten getroffen werden. Zudem ist für die Frage der objektiven Bereicherung eine **Gesamtschau** aller getroffenen Vereinbarungen durchzuführen.[1595] 1030

2. Das Schenkungssteuerprivileg der eigengenutzten Immobilie

Soweit die Ehegatten ein Anwesen ausschließlich selbst bewohnen, fällt die Übertragung eines solchen Anwesens oder eines Miteigentumsanteils hieran unter Lebenden als privilegiert nicht unter die Schenkungsteuer, § 13 Nr. 4a ErbStG.[1596] 1031

Nachdem die Zivilrechtsprechung unbenannte Zuwendungen unter Ehegatten als unentgeltlich eingeordnet hatte[1597] und der BFH dem gefolgt war,[1598] fügte der Gesetzgeber die sachliche Befreiungsvorschrift des **§ 13 Abs. 1 Nr. 4a ErbStG** ein und stellte damit die Zuwendung des Familienwohnheims unter Lebenden steuerfrei.[1599] Da es sich um eine **sachliche Steuerbefreiung** handelt, wird diese Zuwendung auf 1032

1594 *Viskorf*, NWB Fach 10, 1243, 1250.
1595 *Viskorf*, NWB Fach 10, 1243, 1250.
1596 Hierzu detailliert *Hardt*, ZEV 2004, 408 ff.
1597 BGH, NJW 1992, 564 = BGHZ 116, 167 ff.
1598 BFH, BStBl. 1994 II, S. 366.
1599 Zur Gesetzesgeschichte: *Tiedtke/Wälzholz*, ZEV 2000, 19.

den persönlichen **Freibetrag** der Ehegatten **nicht angerechnet** und demzufolge auch nicht mit anderen Schenkungen nach § 14 ErbStG zusammengerechnet.

1033 Somit bietet sich die Möglichkeit, mit der (teilweisen) Zuwendung des Familienwohnheims Vermögen steuerfrei auf den anderen Ehegatten zu verlagern, wenn die Voraussetzungen des § 13 Abs. 1 Nr. 4a ErbStG vorliegen.[1600]

1034 Danach muss es sich um den Mittelpunkt des familiären Lebens handeln. Das Anwesen darf nur zur eigenen Wohnzwecken genutzt sein. Hierzu gibt es inzwischen eine erste Entscheidung des FG Münster für eine **Ferienwohnung**, die unstreitig nur eigengenutzt war und der familiären Nutzung ganzjährig mit Hausmeisterservice zur Verfügung stand.[1601] Das FG Münster hat die Anwendung des § 13 Abs. 1 Nr. 4a ErbStG abgelehnt, da der Begriff des Familienwohnheims bei Schaffung dieser Vorschrift an die bei Einführung bestehende Erlasslage anknüpfen wollte. Damit stützt das FG Münster die Auffassung der Finanzverwaltung, die ausdrücklich fordert, dass sich in der Wohnung der Mittelpunkt des familiären Lebens befindet und die Befreiung daher ablehnt, wenn die Wohnung nur als Ferien- oder Wochenendwohnung genutzt wird.[1602] Die Revision zum BFH ist eingelegt,[1603] sodass es alsbald eine höchstrichterliche Entscheidung geben wird.

Unschädlich soll eine untergeordnete Nutzung zu anderen Zwecken – etwa als Arbeitszimmer oder zur beruflichen Mitbenutzung – sein. Nachdem der BFH wie das FG Nürnberg[1604] als Vorinstanz entschieden hat[1605] , dass bei einer teilweisen Nutzung zu eigenen Wohnzwecken wenigstens der entsprechende Teil begünstigt ist, hat die Finanzverwaltung sich diese Ansicht zu eigen gemacht und in den aktuellen Erbschaftsteuerrichtlinien niedergelegt.[1606] Zugleich hat der BFH betont, dass Arbeitszimmer im Wohnbereich und Flächen, die von nahen Angehörigen ohne gesonderten Hausstand bewohnt werden, auch zur Eigennutzung zählen. Wichtig für die Scheidungsimmobilie ist, dass der BFH es für die Anwendbarkeit des § 13 Abs. 1 Nr. 4a ErbStG hat ausreichen lassen, wenn das Haus bei Getrenntleben der Ehegatten vom Empfänger der Zuwendung ggf. gemeinsam mit den Kindern bewohnt wird.[1607]

1600 Es wird sogar der Rat gegeben, extra zu diesem Zweck ein Familienwohnheim zu erwerben, wenn sich die Schenkung trotz der Erwerbsnebenkosten rechnet: *Sasse,* BB 1995, 1613, 1614, der i.Ü. die Privilegierung gerade des Familienwohnheims nicht für gerechtfertigt hält.

1601 FG Münster, ZEV 2012, 222 m. abl. Anm. *Schuhmann.*

1602 ErbStR (2011), RE 13.3. Abs. 2 Sätze 4 und 5.

1603 Az: BFH II R 35/11.

1604 FG Nürnberg, EFG 2007, 207: das FG Nürnberg wollte allerdings auch bei teilweiser Eigennutzung das Objekt voll steuerfrei stellen.

1605 BFH, FamRZ 2009, 879 = NJW 2009, 1373.

1606 ErbStR (2011) 13.3 Abs. 2 Satz 9 ff.

1607 So schon FG Berlin, DStRE 2004, 217 f.

Es existiert für diese Steuerfreistellung weder ein Objektverbrauch noch ein Nachsteuertatbestand, sodass eine anschließende Weiterübertragung unschädlich ist[1608] in den Grenzen des § 42 AO. Die Steuerbefreiung ist wertmäßig unbegrenzt und wird ohne Angemessenheitsprüfung gewährt,[1609] sodass sich hier ganz erhebliche Werte schenkungsteuerfrei übertragen lassen. 1035

Mit der **Erbschaftsteuerreform**[1610] wird diese Privilegierung **ab 01.01.2009 auch beim Erwerb selbst genutzter Familienheime von Todes wegen** gewährt, und zwar nach § 13 Nr. 4 b ErbStG für den überlebenden Ehepartner/Lebenspartner unter der Voraussetzung, dass der Erblasser im Objekt bis zum Tode eine Wohnung eigengenutzt hatte und diese Wohnung auch beim Erwerber unverzüglich zur Selbstnutzung bestimmt ist. Die Privilegierung entfällt dann nicht, wenn die Selbstnutzung beim Erblasser oder Erwerber aus zwingenden Gründen ausscheidet. Nach § 13 Nr. 4 c ErbStG gilt die Privilegierung in gleicher Weise, wenn Kinder als Erben oder Vermächtnisnehmer eine solche erwerben, soweit die Wohnfläche 200 m² nicht überschreitet. 1036

3. Steuerfreiheit des Zugewinnausgleichs

Für die Leistung auf **Zugewinnausgleichsansprüche** enthält **§ 5 Abs. 2 ErbStG** eine ausdrückliche Freistellung der Zugewinnausgleichsleistung von der Schenkungsteuer. 1037

Diese Vorschrift hat eigentlich **nur klarstellende Bedeutung**, da der Zugewinn, der im Scheidungsfall zu zahlen ist, eben keine freigiebige Zuwendung i.S.d. §§ 3, 7 ErbStG darstellt.[1611] 1038

Sie soll hier etwas näher dargestellt werden, da die Anwendbarkeit dieser Vorschrift durchaus dort Bedeutung hat, wo nicht der Zugewinn nach Scheidung gezahlt wird, sondern wo Leistungen im Rahmen einer vorweggenommenen Trennungsvereinbarung oder Scheidungsvereinbarung erbracht werden. 1039

Wichtig ist die Auslegung dieser Bestimmung durch die Erbschaftsteuerrichtlinien.[1612] Danach ist beim Verzicht auf Zugewinn gegen **Abfindung** diese ebenfalls steuerfrei.[1613] 1040

§ 5 Abs. 2 ErbStG stellt die **reale Zugewinnausgleichsforderung** von der Besteuerung frei. Während § 5 Abs. 1 ErbStG eine fiktive Zugewinnausgleichsforderung freistellt 1041

1608 *Geck,* ZEV 1996, 107, 109.

1609 So ausdrücklich ErbStR (2011) R 13.3 Abs. 5.

1610 BGBl. 2008 I, S. 3018 ff.

1611 BFH, BStBl. 1993 II, S. 510 f.; Götz, INF 2001, 417, 421; *Meincke*, Erbschafts- und Schenkungsteuergesetz, § 5 Rn. 38; *Viskorf*, NWB Fach 10, 1243, 1252.

1612 ErbStR (2011) R.5.2.

1613 Vgl. auch BFH, BB 2004, 64, 66 = DStRE 2003, 1132 f.: Zahlungen, die zur Abwendung von Zugewinnausgleichsansprüchen geleistet werden, können steuerrechtlich nicht anders behandelt werden als die Zugewinnausgleichszahlung selbst.

und daher zahlreiche abweichende Berechnungsmethoden anordnet, knüpft § 5 Abs. 2 ErbStG an die wirklich bestehende Zugewinnausgleichsforderung an.

1042 Dies bedeutet insbes., dass alle **abweichenden ehevertraglichen Regelungen**, welche im Laufe der Ehe getroffen wurden, die den Zugewinn reduzieren, auch **steuerlich Beachtung finden** müssen.[1614] Es kann also steuerfrei im Rahmen einer Scheidung nur derjenige Zugewinn ausgeglichen werden, der auch nach den zivilrechtlichen Verträgen tatsächlich besteht.

1043 Es nutzt daher nichts, Leistungen als Zugewinn zu bezeichnen, wenn tatsächlich ein Anspruch auf Zugewinn in dieser Höhe nicht besteht.[1615] Leistungen können nur dann als steuerfreier Zugewinnausgleich anerkannt werden, wenn der Zugewinnausgleich auch tatsächlich fällig ist.

1044 Die bloße Zuwendung etwa der Immobilie oder des Miteigentumsanteils daran an den anderen Ehegatten unter der Bestimmung, dass der Zuwendungsempfänger sich diese Zuwendung auf einen künftigen Zugewinnausgleichsanspruch nach **§ 1380 BGB anrechnen** lassen muss[1616] – wie dies als Ausweichgestaltung im Hinblick auf die Problematik des § 23 EStG auch bei der Scheidung vorgeschlagen wurde[1617] – ist schenkungsteuerlich als unbenannte Zuwendung zu betrachten, die nach mittlerweile gefestigter Rechtsprechung des **BFH** als **unentgeltlich** anzusehen ist,[1618] sodass die unbenannte Zuwendung zu Schenkungsteuer führt, sofern sie sich nicht i.R.d. Freibeträge hält.[1619]

Kommt es später zum Zugewinnausgleich, auf den die Zuwendung angerechnet wird, so sind die Folgen nicht unumstritten. Nach der wohl (noch) herrschenden Auffassung mutiert diese Zuwendung von einer unentgeltlichen zu einer entgeltlichen, nämlich einer antizipierten Leistung an Erfüllungs statt auf die Zugewinnforderung.[1620] Nach anderer Auffassung hingegen bleibt es bei der Unentgeltlichkeit der Zuwendung.[1621] Die Diskussion wird aktuell geführt mit dem Blick auf die erheblichen einkommensteuerlichen Folgen, welche eine solche Umqualifikation der unent-

1614 *Jülicher*, ZEV 2006, 338, 340.

1615 Ganz anders ist dies i.R.d. § 5 Abs. 1 ErbStG; hier werden abweichende ehevertragliche Vereinbarungen nicht berücksichtigt, sodass trotz zivilrechtlich reduzierten Zugewinns steuerlich der volle Zugewinn steuerfrei sein kann, vgl. *C. Münch*, Ehebezogene Rechtsgeschäfte, Rn. 444 ff.

1616 Detailliert *Schwab,* in: FS Hahne, 175, 184 f.

1617 Rdn. 1019.

1618 Seit BFH, DStR 1994, 615 = BB 1994, 1342.

1619 Oder etwa nach § 13 Abs. 1 Nr. 4a ErbStG eine Steuerbefreiung für das Familienwohnheim eingreift.

1620 MünchKomm-BGB/*Koch*, 4. Aufl. § 1380 Rn. 5 – die 5. Aufl. enthält diesen Diskussionspunkt nicht mehr; *Hollender/Schlütter*, DStR 2002, 1932, 1933.

1621 *Hermanns*, DStR 2002, 1065, 1067; wohl auch *Herrmann/Grobshäuser*, FPR 2005, 146, 147.

geltlichen in eine entgeltliche Leistung hätte. Es käme (rückwirkend) zu möglicherweise erheblichen Veräußerungsgewinnen.[1622]

Die Schenkungsteuer zieht daraus die Konsequenz, dass gem. **§ 29 Abs. 1 Nr. 3 ErbStG** im Fall der Anrechnung die Schenkungsteuer **mit Wirkung für die Vergangenheit** wegfällt, ganz unabhängig davon, ob man nun eine Umqualifikation annehmen möchte oder nicht.[1623] Das Erlöschen der Schenkungsteuer nach dieser Vorschrift setzt den Nachweis voraus, dass die Anrechnung der Zuwendung zur Wirkung gekommen ist.[1624] Die Begründung für diese gesetzliche Anordnung findet sich in der Bezugnahme des § 29 ErbStG auf § 5 Abs. 2 ErbStG. Durch die Anrechnung entsteht eine geringere steuerfreie Ausgleichsforderung nach § 5 Abs. 2 ErbStG. Die frühere Zuwendung soll sich aber nicht als Nachteil für den Zuwendenden erweisen.[1625] Praxisrelevant wird dieses Vorgehen derzeit bei Einzahlungen von Ehegatten auf Oder-Konten, da die Rechtsprechung des BFH hier eine Schenkung annehmen möchte, jedenfalls dann, wenn der nicht einzahlende Ehegatte tatsächlich und rechtlich frei über die Hälfte des eingezahlten Vermögens verfügen darf.[1626]

▶ Gestaltungsempfehlung:

Eine unbenannte Zuwendung unter Ehegatten mit der Anordnung späterer Anrechnung auf den Zugewinnanspruch stellt keinen schenkungsteuerbefreiten Zugewinnausgleich i.S.d. § 5 Abs. 2 ErbStG dar.
Durch Vereinbarung einer späteren Gütertrennung, mit der die Anrechnung dann tatsächlich erfolgt, lassen sich die schenkungsteuerlichen Nachteile wieder beseitigen.

Wenn die Ehegatten im Rahmen einer Trennungsvereinbarung Zugewinn hinsicht- 1045
lich der Vergangenheit ausgleichen, ohne den Güterstand zu beenden und den Stand nach Ausgleichung als neues Anfangsvermögen definieren, handelt es sich um einen sog. **fliegenden Zugewinnausgleich**.

Der **BFH** hat nunmehr entschieden,[1627] dass auch ein solcher fliegender Zugewinn- 1046
ausgleich **objektiv unentgeltlich** ist, denn auf diesen Ausgleich habe weder ein Rechtsanspruch bestanden, noch sei er synallagmatisch, konditional oder kausal mit einer Gegenleistung verknüpft.[1628] Der BFH betont, dass im Gegensatz zum 2-stufigen Ausgleich bei Gütertrennung (erste Stufe: Ehevertrag mit Gütertrennung – zweite Stufe: Erfüllung des aus der ersten Stufe resultierenden gesetzlichen Anspruchs

1622 *Stein*, DStR 2012, 1734 unter Berufung auf BFH, DStR 2012, 1172, wobei das Urteil allerdings diese Frage gerade dahingestellt sein lässt, weil es wegen einer zeitlich erst später eingreifenden Gesetzesfassung auf diese Frage gar nicht ankam.

1623 Vgl. etwa *Milatz/Herbst*, DStR 2011, 706, 707; *von Oertzen*, FPR 2012, 103, 106.

1624 FG Nürnberg, INF 2005, 247.

1625 *Jülicher*, in: Troll/Gebel/Jülicher, Erbschafts- und Schenkungsteuergesetz, § 29 Rn. 87.

1626 BFH, DStR 2012, 796.

1627 ZEV 2006, 41 m. Anm. *C. Münch*.

1628 A.A. FG Nürnberg, DStRE 2005, 1154; dieses Urteil aber nunmehr revisionsrechtlich aufgehoben, BFH, DStR 2007, 1516.

auf Zugewinnausgleich) der fliegende Zugewinnausgleich überhaupt erst ehevertraglich und somit auf einer Stufe begründet wurde. Mangels Güterstandsbeendigung sei eben gerade kein gesetzlicher Anspruch entstanden und die Befreiung von einer erst künftigen Zugewinnausgleichsforderung sei nur eine Erwerbschance, die nach § 7 Abs. 3 ErbStG nicht zu berücksichtigen ist.

1047 Damit ist für die Rechtspraxis entschieden, dass der sog. »fliegende Zugewinnausgleich« zu **Schenkungsteuerfolgen** führt.[1629]

1048 Wenn die Ehegatten hingegen zunächst den Güterstand ändern und Gütertrennung vereinbaren, haben sie damit die **gesetzlichen Zugewinnausgleichsansprüche** nach § 1378 Abs. 3 Satz 1 BGB **zwingend ausgelöst.** Nach § 1408 BGB ist dies jederzeit möglich. Damit haben die Ehegatten die Voraussetzungen des § 5 Abs. 2 ErbStG geschaffen, sodass die Erfüllung der Zugewinnausgleichsforderung **schenkungsteuerfrei** möglich ist. Dies ist somit eine anerkannte und sichere Möglichkeit, die Entstehung von Schenkungsteuer zu vermeiden.[1630]

▶ Gestaltungsempfehlung:

Wenn im Rahmen einer Trennungs- oder Scheidungsvereinbarung Zugewinn ausgeglichen werden soll, ist darauf zu achten, dass dies im Rahmen eines Güterstandswechsels geschieht, um schenkungsteuerliche Folgen zu vermeiden.

1049 Hierzu wird derzeit die sog. **Güterstandsschaukel** – d.h. die anschließende Rückkehr in den gesetzlichen Güterstand[1631] – intensiv diskutiert, die aber im Rahmen einer Scheidungssituation keine Anwendung finden wird.

4. Vorsicht bei vorsorgenden Vereinbarungen

1050 Zuweilen wünschen Ehegatten in einer Trennungssituation **nicht, die eingetretene Trennung offenzulegen**, sei es aus steuerlichen Gründen (Ehegattensplitting),[1632] sei es aus persönlichen Gründen oder Empfindlichkeiten oder einfach aufgrund des jedenfalls auf einer Seite vorhandenen Wunsches, die Trennung möge keine endgültige sein. Wenn gleichwohl in einer solchen Situation eine Trennungsvereinbarung geschlossen werden soll, dann erhält diese zuweilen den neutralen Titel Ehevertrag, ohne dass auf die Trennungssituation oder gar die Scheidung ein Bezug genommen werden soll.

Hier ist den **schenkungsteuerlichen Aspekten besondere Sorgfalt** zu widmen.

1629 Krit. *C. Münch*, ZEV 2006, 41; *Kirnberger/Werz*, ErbStB 2003, 86 ff.; *Winkler*, FPR 2006, 217, 220.

1630 Vorgeschlagen v.a. von *Brambring*, ZEV 1996, 248, 252 f.

1631 Hierzu *C. Münch*, Ehebezogene Rechtsgeschäfte, Rn. 500 ff., 902 ff.

1632 Dem FA gegenüber ist eine korrekte Angabe erforderlich. Hier soll nicht einer fehlerhaften Erklärung das Wort geredet werden, sondern nur auf tatsächliche Phänomene hingewiesen werden.

Nachdem es sich widersprechende Finanzgerichtsrechtsprechung gab, hat der **BFH** inzwischen geurteilt, dass der **Verzicht auf eine erst künftig entstehende Zugewinnausgleichsforderung** keinen in Geld bewertbaren Vermögensvorteil darstellt, sondern allenfalls eine bloße Erwerbschance verkörpert, die nicht in Geld veranschlagt werden kann und daher nach § 7 Abs. 3 ErbStG nicht als Gegenleistung anzusehen ist. Ein **Ausgleich** für diesen Verzicht soll daher der **Schenkungsteuer** unterworfen sein.[1633] M.E. widerspricht diese Rechtsprechung der zivilrechtlichen Kompensationspflicht, die der BGH im Rahmen seiner Rechtsprechung zur Inhaltskontrolle von Eheverträgen inzwischen begründet hat. Dies wurde an anderen Stellen bereits ausführlich dargestellt[1634] und hat Gefolgschaft gefunden.[1635] 1051

Diese Argumentation hat der **BFH** inzwischen **auch** auf einen **Unterhaltsverzicht** mit Gegenleistung im Gefolge des FG Nürnberg[1636] ausgedehnt.[1637] 1052

Der Abschluss eines Unterhaltsverzichtes oder Zugewinnverzichtes gegen Abfindung ohne Bezugnahme auf Trennung oder Scheidung ist also schenkungsteuerlich nicht ratsam. 1053

▶ Hinweis:

Vorsicht bei einem Unterhaltsverzicht oder Zugewinnausgleichsverzicht gegen Abfindung in einer Trennungs- oder Scheidungsvereinbarung, die nicht als solche bezeichnet ist. Die Leistung der Abfindung kann der Schenkungsteuer unterfallen.

IV. Die Scheidungsimmobilie im Betriebsvermögen

Für die Scheidungsimmobilie, die sich in einem Betriebsvermögen befindet, wurden bereits die einkommensteuerlichen Restriktionen bei einer Realteilung kurz aufgezeigt.[1638] Wird der gesamte Gewerbebetrieb im Rahmen einer Scheidungsvereinbarung auf den anderen Ehegatten zur Abgeltung des Zugewinnanspruchs übertragen, so ist dies ein entgeltlicher Vorgang.[1639] 1054

Für alle Regelungen im Rahmen einer Trennungs- oder Scheidungsvereinbarung zu dieser Immobilie gilt, dass sie keinesfalls ohne Hinzuziehung des steuerlichen Beraters getroffen werden dürfen, denn hier stehen die Entnahme dieser Immobilie und damit ggf. erhebliche steuerliche Folgen im Raum. 1055

1633 BFH, ZEV 2007, 500 m. Anm. *C. Münch.*

1634 *C. Münch*, DStR 2008, 26 ff.; *C. Münch*, FPR 2012, 302.

1635 *Geck*, DNotZ 2008, 347, 355; *von Oertzen*, FamRZ 2010, 1785, 1786.

1636 FG Nürnberg v. 28.05.2003 – IV 422/2001, DStRE 2003, 1463.

1637 BFH, DStR 2008, 348.

1638 Rdn. 959 ff.

1639 FG Berlin-Brandenburg, EFG 2009, 745.

V. Scheidungsimmobilie und Grunderwerbsteuer

1056 Der Grundstückserwerb zwischen Ehegatten ist nach § 3 Nr. 4 GrEStG **von der Grunderwerbsteuer befreit**. Nach dieser Vorschrift ist bis zur Rechtskraft der Scheidung zu verfahren. Getrenntleben oder Rechtshängigkeit eines Scheidungsverfahrens haben hierauf keinen Einfluss.[1640]

1057 **Ab rechtskräftiger Scheidung** kann eine Befreiung nur noch nach § 3 Nr. 5 GrEStG für einen Erwerb vom früheren Ehegatten i.R.d. Vermögensauseinandersetzung nach der Scheidung erfolgen.

1058 Ferner sind die Ehegatten grunderwerbsteuerlich **dadurch begünstigt**, dass sie für andere Steuerbefreiungen, die eigentlich nur dem Ehepartner zukommen, diesem gleichgestellt wurden. Dies gilt für § 3 Nr. 3 Satz 3 (Erwerb vom Miterben), § 3 Nr. 6 Satz 3 (Erwerb von Verwandten in gerader Linie) und § 3 Nr. 7 Satz 2 (fortgesetzte Gütergemeinschaft) GrEStG.

▶ Hinweis:

Durch die Gleichstellung des Ehegatten mit Abkömmlingen ist auch der Verkauf an ein Schwiegerkind von der Grunderwerbsteuer befreit.

1059 Zu beachten ist, dass die Befreiungsvorschrift des § 3 Nr. 4 GrEStG nicht auf alle Rechtsvorgänge anwendbar ist. So soll insbes. die **Anteilsvereinigung nach § 1 Abs. 3 Nr. 1 und 2 GrEStG bei einer Kapitalgesellschaft nicht nach § 3 Nr. 4 GrEStG begünstigt** sein können,[1641] ebenso scheidet eine Steuerbefreiung nach § 3 Nr. 6 GrEStG aus.[1642]

▶ Hinweis:

Halten Ehegatten gemeinsam eine Grundstücks-GmbH, ist auf die Anteilsvereinigung an dieser GmbH nach § 1 Abs. 3 Nr. 1 oder 2 GrEStG die Privilegierung des § 3 Nr. 4 GrEStG nicht anwendbar!
Allerdings hat der BFH[1643] nunmehr in Abänderung seiner bisherigen Rechtsprechung entschieden, dass bei einer Anteilsvereinigung, die auf einer Schenkung beruht, eine Befreiung nach § 3 Nr. 2 Satz 1 GrEStG gewährt wird, weil hier der allgemeine Grundsatz Platz greift, dass ein Vorgang nicht doppelt mit Grunderwerbsteuer und Schenkungsteuer belastet sein soll.

1640 *Boruttau*, Grunderwerbsteuergesetz, § 3 Rn. 367, 369; *Hofmann*, Grunderwerbsteuergesetz, § 3 Rn. 37.

1641 BFH, BStBl. 1988 II, S. 785; BayStmFin, MittBayNot 2005, 525, s.a. LFSt Bayern v. 19.10.2007, Haufe-Index 1906883; *Boruttau*, Grunderwerbsteuergesetz, § 3 Rn. 359; *Hofmann*, Grunderwerbsteuergesetz, § 1 Rn. 186; auch nicht nach § 5 Abs. 1 GrEStG, vgl. BFH, DStR 2008, 1091 und *Mies/Gaiser*, DStR 2008, 1319 ff.

1642 BFH, DStR 2012, 1444.

1643 BFH, DStR 2012, 1444; hierzu schon FG Nürnberg, DStR 2012, 503.

Bei der Anteilsvereinigung einer Personengesellschaft nach § 1 Abs. 3 Nr. 3 und Nr. 4 GrEStG wird vertreten, dass die Steuerbefreiung des § 3 Nr. 4 GrEStG eingreift.[1644] Da dies nicht unbestritten ist, erscheint die vorherige Klärung ratsam. 1060

§ 3 Nr. 5 GrEStG begrenzt die Steuerbefreiung für frühere Ehegatten bei Erwerben nach der rechtskräftigen Scheidung auf die Fälle der **Vermögensauseinandersetzung nach der Scheidung**. Hierbei gibt es **keine starre zeitliche Grenze**, sondern einen eher weit gespannten Rahmen; ein längerer Zeitraum zwischen Scheidung und Vermögensübertragung kann aber Indiz dafür sein, dass keine scheidungsbedingte Veräußerung mehr vorliegt.[1645] Entscheidend ist vielmehr der **sachliche Zusammenhang mit der Scheidung**. Da es eine echte Vermögensauseinandersetzung nur bei der Gütergemeinschaft oder Eigentums- und Vermögensgemeinschaft der DDR gibt, ist der Begriff weiter zu verstehen. Er umfasst auch die Übertragung von Grundstücken zum Ausgleich des Zugewinns oder zur Abfindung von Unterhalts- und Versorgungsausgleichsansprüchen.[1646] Besteht dieser sachliche Zusammenhang, dann muss richtiger Ansicht nach die Steuerbefreiung auch für Grundstücke gelten, die nicht im Miteigentum, sondern im Alleineigentum eines Ehegatten stehen.[1647] 1061

Einen solchen sachlichen Zusammenhang hat das FG Hessen verneint, wenn ein Ehepartner zwei Jahre nach der Scheidung ein Grundstück überträgt, in dem bis zu diesem Zeitpunkt noch die Mutter des übertragenden Ehegatten gewohnt hatte, die schließlich verstorben war. Hier sei nicht mehr die Scheidung Auslöser der Übertragung, sondern der Tod der Mutter.[1648] Anders wertete hingegen der BFH den Fall, dass Ehegatten mit Rücksicht auf die Kinder bei Scheidung zunächst Miteigentümer je zur Hälfte des Wohnhauses bleiben, der eine dem anderen jedoch ein Ankaufsrecht einräumte, von dem dieser nach der Selbständigkeit der Kinder Gebrauch machte. Hier sei Steuerfreiheit nach § 3 Nr. 5 GrEStG gegeben.[1649]

VI. Steuerliche Berücksichtigung von Aufwendungen für Scheidungsvereinbarungen mit Übertragungen der Scheidungsimmobilie

Im Zusammenhang mit der Ehescheidung hat der BGH in st. Rspr. und noch zu dem vor 1977 geltenden Eherecht entschieden, dass die **Gerichts- und Anwaltskosten für die Scheidung selbst zwangsläufig** sind, da die Scheidung nur durch gericht- 1062

1644 BayStmFin, MittBayNot 2005, 525; *Boruttau*, Grunderwerbsteuergesetz, § 3 Rn. 359.

1645 FG Münster, EFG 2000, 233.

1646 *Boruttau*, Grunderwerbsteuergesetz, § 3 Rn. 387, 390, 392; *Hofmann*, Grunderwerbsteuergesetz, § 3 Rn. 38.

1647 *Boruttau*, Grunderwerbsteuergesetz, § 3 Rn. 385.

1648 FG Hessen, BeckRS 2012, 95904.

1649 BFH, MittBayNot 2011, 431 = FamRZ 2011, 1295 (LS); ebenso FG Köln als Vorinstanz, BStBl. 2011 II, 980.

liches Urteil erreichbar ist und dieses Urteil eine rechtsgestaltende Wirkung hat[1650] (rechtlicher Grund). Die Zwangsläufigkeit will der BFH bei Scheidungen immer bejahen, ohne Rücksicht auf die Gründe für eine Scheidung. Bei zerrütteter Ehe könne sich kein Ehegatte dem Scheidungsverfahren entziehen[1651] (tatsächlicher Grund). Die Finanzverwaltung folgt dieser Auffassung des BFH.[1652]

▶ Hinweis:

Nach ständiger Rechtsprechung des BFH und Verwaltungsmeinung können die Gerichts- und Anwaltskosten des Scheidungsverfahrens als außergewöhnliche Belastung nach § 33 EStG geltend gemacht werden.

1063 Nach Einführung des Scheidungsverbundverfahrens gem. § 623 ZPO im Jahr 1977 hatte der **BFH zunächst** entschieden, dass Zwangsläufigkeit auch für solche Scheidungsfolgesachen vorliegt, die zusammen mit der Scheidungssache zu verhandeln und zu entscheiden sind und deshalb mit der Scheidung in einem unlösbaren Zusammenhang stehen.[1653]

1064 Die **Finanzverwaltung** war dem gefolgt und hatte die Zwangsläufigkeit für die Kosten des »Scheidungsprozesses einschließlich der Scheidungsfolgeregelungen« bejaht.[1654] V.a. aufgrund der weiten Fassung der EStH war man davon ausgegangen, dass damit alle Kosten innerhalb und außerhalb des Scheidungsverbundes als außergewöhnliche Belastung geltend gemacht werden können, solange sie nur unmittelbar und unvermeidlich mit der Ehescheidung entstehen.[1655] Damit wurden diejenigen Kosten ausgenommen, die durch nachträgliche Auseinandersetzungen nach Abschluss des Scheidungsverfahrens noch entstehen.[1656] Somit dürften auch Kosten für Ansprüche der sog. »Zweiten Spur« im Familienrecht ausgeklammert gewesen sein.

1065 Dann hatte der **BFH** mit **zwei Urteilen**[1657] aus dem Jahre 2005 seine Auffassung zum Nachteil der Steuerpflichtigen präzisiert. Einleitend stellte der BFH fest, dass er sich bisher nicht grundlegend mit der Abziehbarkeit von Folgekosten eines Eheschei-

---

1650 BFH, BStBl. 1958 III, S. 329; BFH, BStBl. 1958 III, S. 419; BFH, BStBl. 1982 II, S. 116; BFH, BStBl. 1992 II, S. 795; BFH BStBl. 1996 II, S. 596.

1651 BFH BStBl. 1982 II, S. 116.

1652 EStH 33.1. bis 33.4. (2007 und 2011) »Prozesskosten – Scheidung«.

1653 BFH, BStBl. 1996 II, S. 596.

1654 H 186-189 EStH bis EStH 2003.

1655 *Wälzholz*, FamRB 2005, 89, 92; Schröder/Bergschneider-*Engels*, Familienvermögensrecht, Rn. 9.320 kritisiert, es werde hierbei nicht sauber zwischen Verbund- und sonstigen Folgesachen differenziert; *Grobshäuser/Herrmann*, Gestaltungsmöglichkeiten, 154.

1656 BFH, BFH/NV 2003, 937.

1657 BFH, DStR 2005, 1767 = FamRZ 2005, 1903 = EStB 2005, 405 und BFH, DStRE 2005, 1453 = FamRZ 2005, 1903 = FamRB 2005, 406.

dungsprozesses auseinandergesetzt habe.[1658] Er habe aber jedenfalls diejenigen Kosten von **Scheidungsfolgen**, die **nicht** nach § 623 Abs. 1 ZPO (jetzt § 137 FamFG) zusammen mit der Scheidungssache **im Scheidungsverbund** zu verhandeln und entscheiden sind, von der Abziehbarkeit **ausgenommen**.

Der BFH sah aber noch strenger und entgegen der bisherigen Verwaltungsauffassung als **zwangsläufig** sogar **nur** noch solche Folgesachen an, die in den sog. **Zwangsverbund** fallen. Dies ist derzeit nur noch der Versorgungsausgleich nach § 137 FamFG. Damit wollte der BFH auch alle **auf Antrag** einer Partei **im Scheidungsverbund** entschiedenen Folgesachen **nicht mehr als außergewöhnliche Belastung** anerkennen, auch dann nicht, wenn der andere Ehegatte den Antrag auf Entscheidung im Verbund gestellt hatte. 1066

Daraufhin änderte die Finanzverwaltung ebenfalls ihre Hinweise ab und folgte der Ansicht des BFH.[1659] So haben die Hinweise noch immer Bestand. 1067

Mit Urteil vom 12.05.2011[1660] änderte der BFH seine Rechtsprechung zur Einstufung von **Prozesskosten als außergewöhnliche Belastungen** grundsätzlich. Danach können Zivilprozesskosten Kläger wie Beklagten aus rechtlichen Gründen zwangsläufig erwachsen. Der BFH hält nicht mehr an seiner Auffassung fest, dass der Steuerpflichtige ein Prozessrisiko freiwillig übernehme. Unausweichlich sind sie nur, wenn die beabsichtigte Rechtsverfolgung oder Rechtsverteidigung hinreichende Aussicht auf Erfolg bietet und nicht mutwillig erscheint. Abziehbar sind die Kosten danach, soweit sie notwendig sind und einen angemessenen Betrag nicht übersteigen. Damit können nach der neuen Rechtsprechung des BFH die Kosten von Scheidungs- und Scheidungsfolgesachen sowie sonstigen familienrechtlichen Streitigkeiten unabhängig von der Zugehörigkeit zum Zwangsverbund als außergewöhnliche Belastung geltend gemacht werden. Gefordert wird, dies auch auf außergerichtliche Streitbeilegungen jeder Art zu erstrecken.[1661] 1068

Die Finanzverwaltung hat auf das Urteil mit einem Nichtanwendungserlass reagiert[1662] und wendet das Urteil über den entschiedenen Fall hinaus nicht an. Die Finanzverwaltung spekuliert wegen der Breitenwirkung des Urteils auf eine gesetzliche Neuregelung, die auch prompt ansteht. So hat der Bundesrat in seiner Stellungnahme zum Jahressteuergesetz 2013[1663] einen neuen Abs. 3a zu § 33 EStG gefordert, 1068a

1658 Dies obwohl etwa BFH, BStBl. 2002 II, S. 382 die bisherige Auffassung des BFH so zusammenfasst: »Auch die Kosten bestimmter Scheidungsfolgesachen, die nach § 623 der Zivilprozessordnung (ZPO) zusammen mit der Scheidungssache zu verhandeln und zu entscheiden sind und deshalb mit der Scheidung in einem unlösbaren prozessualen Zusammenhang stehen, erkennt der BFH in st. Rspr. als außergewöhnliche Belastung an.«

1659 EStH 33.1. bis 33.4. (2006) »Scheidung«.

1660 BFH, FamRZ 2011, 1295 (LS) = FamRB 2011, 280 = DStR 2011, 1308.

1661 *Laws*, FamRB 2011, 382, 386; *ders.*, FamRZ 2012, 76, 81.

1662 BMF, BStBl. 2011 I, 1286.

1663 BR-Drucks 302/12.

der die alte Rechtslage gesetzlich wiederherstellt. Die Bundesregierung teilt die Auffassung in der Sache, will aber erst dem BFH Gelegenheit geben, in mehreren anderen anhängigen Verfahren die Rechtsfrage erneut zu beurteilen.[1664]

Im Ergebnis besteht daher wenig Hoffnung, dass sich die Rechtslage wirklich ändert. Es bleibt daher bei dem

▶ Hinweis:

Scheidungsfolgen, die nicht im sog. Zwangsverbund entschieden werden, kann der Steuerpflichtige nicht als außergewöhnliche Belastung geltend machen.

Bis zur Verabschiedung des Jahressteuergesetzes 2013 wird man freilich entsprechende Bescheide durch Rechtsmittel offenhalten.

1069 Was die Kosten für die **außergerichtliche Regelung von Scheidungsfolgen** anbelangt, wurden diese von den FG vor der strengen Rechtsprechung des BFH in 2005 anerkannt, wenn ein Ehegatte seine Zustimmung zur Scheidung nur unter der Voraussetzung einer entsprechenden Vereinbarung erteilt hatte.

1070 So erkannte etwa das **FG Rheinland-Pfalz**[1665] Notarkosten und Rechtsanwaltsgebühren für den Abschluss einer Scheidungsvereinbarung an, weil zum einen nach § 630 Abs. 1 Nr. 3 ZPO für den Antrag auf Ehescheidung ein Einvernehmen zu Unterhalt, Ehewohnung und Haushaltsgegenstände nachgewiesen werden müsse und zum anderen der Ehepartner nur nach Regelung des Zugewinns mit einer Scheidung nach § 630 ZPO einverstanden gewesen war. Das **FG Hamburg** erkannte zumindest die Notarkosten an.[1666] Das **FG Köln**[1667] schließlich sah in dem Urteil, dessen Revision nun zu den neueren BFH-Entscheidungen geführt hat, ebenso die Kosten außergerichtlicher Vereinbarungen als abziehbar an.[1668]

1071 Mit dem **FGG-Reformgesetz**[1669] wurde nunmehr **§ 630 ZPO abgeschafft**, sodass das Argument des notwendigen Einverständnisses wegfällt.

1072 Die **Finanzverwaltung** erkannte die Kosten vorheriger außergerichtlicher Vereinbarungen an, wenn über deren Inhalt ansonsten gerichtlich hätte entschieden werden müssen, jedoch die Anerkennung nachträglicher Vereinbarungen nach Scheidung abgelehnt.[1670]

1073 Die **Literatur** schloss sich dieser Auffassung an.[1671]

1664 *Nacke*, DB 2012, 2117, 2121.
1665 FG Rheinland-Pfalz, EFG 1988, 420 – Urt. v. 14.04.1988 – 3 K 6/87.
1666 FG Hamburg, Gerichtsbescheid v. 19.01.1996 – V 213/94, Haufe-Index 980741.
1667 FG Köln, DStRE 2003, 924.
1668 A.A. FG Köln, 14. Senat, DStRE 2005, 157.
1669 BGBl. 2008 I, S. 2585 f.
1670 OFD Frankfurt, 23.10.1997 – S 2284 A-24-St II 21, Haufe-Index 51033.
1671 Vgl. *Grobshäuser/Herrmann*, Gestaltungsmöglichkeiten, 153; *Wälzholz*, FamRB 2005, 89, 92.

Auch die Kosten der **Mediation** galten bis 2005 als außergewöhnliche Belastung, wenn die Ergebnisse in notarielle Verträge einflossen und es tatsächlich zur Scheidung kam.[1672] 1074

Die dann **strenge Auffassung des BFH** aus dem Jahre 2005 bezog sich ebenso auf die **außergerichtlichen Vereinbarungen** über Scheidungsfolgesachen. Der BFH hatte ausdrücklich klargestellt, dass auch diejenigen Kosten, die für außergerichtliche Vereinbarungen entstehen, keine außergewöhnlichen Belastungen darstellen. Alle Regelungsbereiche, welche den Ehegatten zur eigenverantwortlichen Gestaltung übertragen worden sind, könnten **nicht mehr als zwangsläufig** angesehen werden.[1673] 1075

Mit der geschilderten Rechtsprechungswende des BFH würden auch außergerichtliche Kosten eher anzuerkennen sein. Aber auch hier werden der Nichtanwendungserlass und die gesetzliche Regelung voraussichtlich die vorherige Rechtslage wieder herstellen.

▶ Hinweis:

Kosten für außergerichtliche Vereinbarungen erkennt die Finanzverwaltung nicht mehr als außergewöhnliche Belastung an, auch wenn sie der Erledigung von Streitigkeiten dienen, über die sonst i.R.d. Verbundverfahrens das Gericht entscheiden müsste.

Allerdings ist unabhängig von der Rechtsprechungswende des BFH zu fragen, ob nicht zumindest bei **Anordnung einer außergerichtlichen Streitbeilegung** nach dem neuen **§ 135 FamFG**[1674] nunmehr eine Zwangsläufigkeit zu bejahen ist, wenn diese außergerichtliche Einigung in einer Regelung der Scheidungsfolgen mündet. 1076

Wenn nunmehr die Möglichkeit der Geltendmachung von Aufwendungen als außergewöhnliche Belastung derart eingeschränkt wird, muss man verstärkt überlegen, ob diese Kosten **anderweitig steuerlich absetzbar** sind. Der BFH selbst hat eine Möglichkeit angedeutet, die ohnehin i.R.d. § 33 EStG vorrangig zu prüfen gewesen wäre. 1077

Vereinbarungen über die Übertragung von Grundbesitz entweder zum Ausgleich des Zugewinns oder zur Abgeltung von Unterhaltsansprüchen legen eine **Leistung an Erfüllungs statt** für die eigentlich in Geld zu erfüllenden Ansprüche fest.[1675] Der BFH erblickt in solchen Leistungen völlig unabhängig von ihrer zivilrechtlichen Einstufung steuerrechtlich ein **entgeltliches Geschäft.**[1676] Somit können bei der Übertragung von Immobilien i.R.d. Zugewinnausgleichs oder als Abgeltung des Unterhalts, 1078

1672 FinMin Niedersachen, DB 2000, 2143; OFD Kiel v. 03.04.2001, BB 2001, 1724 = RNotZ 2001, 535 ff.

1673 BFH, DStRE 2005, 1453 = FamRZ 2005, 1903 = FamRB 2005, 406.

1674 Eingeführt mit dem FGG-Reformgesetz (BGBl. 2008 I, S. 2585 f.), hat keine Vorgängerregelung, ist aber an das Vorbild des § 278 Abs. 5 ZPO angelehnt.

1675 Detailliert *C. Münch*, FamRB 2006, 92 ff.; *Wälzholz*, MittBayNot 2005, 465.

1676 BFH, BStBl. 2005 II, S. 554.

wenn diese der Erzielung von Einnahmen dienen, die entsprechenden Kosten ggf. als Anschaffungskosten[1677] steuerlich berücksichtigungsfähig sein.

VII. Latente Ertragsteuern

1. Nunmehr alle Vermögensgüter betroffen

1078a Bei den Steuerfragen rund um die Scheidung war das Thema der »latenten Ertragsteuern« **bisher nur für Unternehmen** virulent, die der BGH nach Veräußerungsgesichtspunkten bewertete und daher schon lange forderte, dass bei der Unternehmensbewertung **latente Ertragsteuern** einer fiktiven Veräußerung in Abzug gebracht werden,[1678] und zwar unabhängig davon, ob eine Veräußerung beabsichtigt ist, da es sich um unvermeidbare Veräußerungskosten handele.

Nun hat der **BGH** in einem **obiter dictum** einer Entscheidung zur Bewertung einer Steuerberaterpraxis[1679] – ohne dass dies vom Sachverhalt gefordert gewesen wäre – ausgesprochen, es sei **aus Gründen der Gleichbehandlung** geboten, »eine solche **latente Steuerlast** nicht nur bei Unternehmen, sondern **auch bei der Bewertung anderer Vermögensgegenstände** wie etwa Grundstücken dann zu berücksichtigen, wenn deren Veräußerung bezogen auf die Verhältnisse am Stichtag und ungeachtet einer bestehenden Veräußerungsabsicht eine Steuerpflicht auslösen würde.«

Damit hat sich eine »**grundlegende Veränderung**«[1680], ein »Meilenstein und Wendepunkt«[1681], eine »Last mit der latenten Steuerlast«[1682] ergeben. Künftig wird die latente Ertragsteuer bei der Bewertung von Vermögensgegenständen im Zugewinnausgleich stets mitbedacht werden müssen. Dies betrifft ganz besonders die Scheidungsimmobilien.

Wie genau freilich die Maßgabe des BGH umgesetzt werden wird, darüber herrscht noch Unklarheit.

2. Berechnung der latenten Ertragsteuer

1078b Wichtig sind die zwei Grundpositionen, die der BGH aufgestellt hat:

> **Neue Rechtsprechung:**
> Der BGH stellt folgende Grundsätze auf, wie latente Ertragsteuern künftig berücksichtigt werden müssen:
> 1. **Fiktive Veräußerung zum Stichtag** der Zugewinnberechnung (unabhängig von Veräußerungsabsicht)

1677 Vgl. BFH, BFH/NV 1991, 383 f.

1678 BGH, DB 1999, 477, 480 (Abzug nach dem halben Steuersatz); BGH, FamRZ 1991, 43, 48; zur Problematik *Tiedtke*, FamRZ 1990, 1188 ff.

1679 BGH, DStR 2011, 1683 = NJW 2011, 2572 = FamRZ 2011, 1367, Tz. 50.

1680 *Klein*, FPR 2012, 324 ff.

1681 *Kogel*, NJW 2011, 3337.

1682 *Büte*, FuR 2012, 413 f.

2. **Steuerhöhe nach den Verhältnissen am Stichtag** mit der tatsächlichen Belastung, nicht mit pauschalen Sätzen, nicht mehr mit dem halben Steuersatz.

Es ist also für jeden Vermögensgegenstand zu überlegen, ob bei einer Veräußerung zum Stichtag der Zugewinnberechnung eine Steuer anfallen würde. Sodann ist der persönliche Steuersatz anzulegen und diese Steuer bei der Bewertung durch Abzug zu berücksichtigen.

Diese Steuer kann auch bei **Ehegatten**, die Miteigentümer je zur Hälfte eines Vermögensgutes sind, **unterschiedlich hoch** ausfallen, weil die Ehegatten unterschiedliche Steuerklassen haben, weil sie getrennt veranlagt werden, ein unterschiedliches Gesamteinkommen haben, unterschiedliche Verlustvorträge und Verrechnungsmöglichkeiten besitzen. Es ist also für jeden Ehegatten getrennt seine latente Ertragsteuer zu berechnen.[1683]

3. Doppelte Bedeutung der Veräußerungsgewinnbesteuerung

So wird die soeben im Detail dargestellte Frage, ob eine **Scheidungsvereinbarung** 1078c
dazu führt, dass eine Immobilie der Veräußerungsgewinnbesteuerung unterliegt, nunmehr in zweierlei Hinsicht bedeutsam. Zum einen wird man versuchen, den **Anfall einer solchen Steuer nach Möglichkeit zu vermeiden**. Zum anderen muss aber die Immobilie **bei der Bewertung so behandelt werden, als wäre die Veräußerungsgewinnbesteuerung angefallen.** Dies kann nach den Darstellungen zur Steuerverhaftung der Immobilien auch für die jeweiligen Miteigentumshälften unterschiedlich sein, wenn etwa ein Ehegatte keine Eigennutzung geltend machen kann, der andere hingegen schon.

Künftig wird also die Steuerberechnung für die Berechnung des Zugewinnausgleichs benötigt werden.

▶ Hinweis:

Vor Abschluss einer Scheidungsvereinbarung **muss der beratende Anwalt einen steuerlich versierten Berater hinzuziehen**, um den Zugewinnausgleich korrekt berechnen zu können. Da beide Ehegatten in dieser Situation unterschiedliche Interessen haben, muss ggf. **für jeden Ehegatten ein eigener steuerlicher Berater** in die Berechnung eingebunden sein.

Eine weitere Differenzierung ist dem kurzen obiter dictum des BGH nicht zu entnehmen.

Folgende Problemkreise werden nun zu bearbeiten und zu lösen sein. Zum Teil liegen bereits Vorschläge aus der Literatur vor. Man darf gespannt sein, wie die Rechtsprechung weiter entscheidet.

1683 Die Entscheidung des BGH stößt nicht auf ungeteilte Zustimmung. Sie wird als inkonsequent bezeichnet, solange nicht zugelassen wird, dass auch die bis zum Stichtag angefallenen Steuern ausgeglichen werden (*Piltz*, NJW 2011, 1111 ff.).

4. Zweifelsfragen bei Bewertungen unter Berücksichtigung der latenten Ertragsteuer

a) Latente Ertragsteuer auch zum Stichtag des Anfangsvermögens

1078d Der betroffene Vermögenswert muss zu zwei Stichtagen bewertet werden, zum **Stichtag für das Anfangsvermögen** (§ 1374 Abs. 1 BGB) und zum Stichtag für das Endvermögen (§§ 1375 Abs.1, 1384 BGB). Man wird dann wohl für beide Stichtage einen Abzug der latenten Ertragsteuer vornehmen müssen, denn ein Abzug nur beim Endvermögen würde zu einer erheblichen Reduzierung des Zugewinns führen. Das bedeutet, dass **steuerliche Regeln** angewendet werden müssen, die zum Teil **mehrere Jahrzehnte alt** sind.[1684] Das wird in äußerst komplizierte Recherchen der damaligen Rechtslage und komplexe Berechnungen münden. **Veränderte Gesetzeslagen** zwischen den Stichtagen beeinflussen den Wert der Vermögensgegenstände nach Art eines Zufallsgenerators. War z.B. bei Heirat eine vermietete Immobilie im Anfangsvermögen vorhanden, für welche die damals zweijährige Spekulationsfrist schon abgelaufen war, so wird zu diesem Stichtag keine latente Ertragsteuer berechnet. Unterfällt die Immobilie hingegen beim Endvermögensstichtag der nun 10-jährigen Veräußerungsgewinnbesteuerung, wird der Zugewinn ganz erheblich absinken, obwohl der Verkehrswert der Immobilie ggf. sogar gestiegen ist.

b) Unterstellte fiktive Veräußerung aller Immobilien – Gewerblicher Grundstückshandel

1078e Wenn der BGH für den Scheidungsfall zur Bewertung eine Veräußerung sämtlicher Immobilien fingiert, dann würde dies nicht nur die Veräußerungsgewinnbesteuerung auslösen, sondern unter Umständen zu einem gewerblichen Grundstückshandel führen.

Der gewerbliche Grundstückshandel ist ein **richterlich geschaffenes Rechtsinstitut** ohne gesetzliche Definition. Aufgrund der Wandlung und Ausbildung der Rechtsprechung bis in die jüngste Zeit ist es nur schwer möglich, eine allgemeine Definition des gewerblichen Grundstückshandels zu geben.[1685] In diesem Themenzusammenhang sollen nur einige Grundaussagen genannt sein.

1078f Die Schwierigkeit liegt in der Abgrenzung des gewerblichen Grundstückshandels von der privaten Vermögensverwaltung.[1686] Bei dieser Abgrenzung ist auf das Gesamtbild

---

1684 *Kuckenburg*, FuR 2012, 71, 72.

1685 *Carlé*, KÖSDI 2003, 13653.

1686 Die Rechtsprechung – grundlegend BFH, BStBl. 1988 I, S. 244 ff. – stellt der Nutzung von Grundbesitz durch Fruchtziehung aus zu erhaltender Substanz die Ausnutzung substanzieller Vermögenswerte durch Umschichtung gegenüber. Ausführlich zum gewerblichen Grundstückshandel: *Schmidt-Liebig*, Gewerbliche und private Grundstücksgeschäfte, 4. Aufl., 2002. Das BMF hat der Abgrenzungsproblematik nunmehr ein ganzes BMF-Schreiben gewidmet, das die bisherige Rechtsprechung zusammenfasst, DStR 2004, 632 ff.; hierzu *Söffing*, DStR 2004, 793 ff.; *Lüdicke/Naujok*, DB 2004, 1796; *Hornig*, DStR 2004, 1719.

der Verhältnisse und auf die Verkehrsanschauung abzustellen.[1687] Die Rechtsprechung und ihr folgend die Finanzverwaltung finden diese Abgrenzung vorwiegend über die Zahl der verkauften Objekte. Der Grundsatz der sog. **»Drei-Objekt-Grenze«** lautet, dass bei einer Veräußerung von mehr als drei Objekten innerhalb von **fünf Jahren** (**»Veräußerungszeitraum«**) ein gewerblicher Grundstückshandel besteht, wenn der Erwerb der Objekte in bedingter Veräußerungsabsicht geschah. Diese Absicht wird widerleglich vermutet, wenn zwischen Erwerb/Errichtung und Veräußerung ein **»Haltezeitraum«**[1688] von weniger als ebenfalls **fünf Jahren** liegt.

Der **Große Senat des BFH** hat in seinem Beschl. v. **10.12.2001** klargestellt, dass die Drei-Objekt-Grenze für alle Arten von Objekten gilt, also nicht nur für Ein- und Zweifamilienhäuser, sondern auch für Eigentumswohnungen, Bauparzellen, Mehrfamilienhäuser und Gewerbebauten. Ferner ist diese Grenze sowohl bei den reinen Fällen des Durchhandelns wie auch in den Bebauungsfällen anzuwenden.[1689] Zugleich hat er aber der Drei-Objekt-Grenze den **Charakter einer Freigrenze genommen,**[1690] indem er mehrere Fallgruppen nannte, in denen trotz Unterschreitung der Drei-Objekt-Grenze ein gewerblicher Grundstückshandel anzunehmen sei. Dies solle etwa gelten bei Verkauf schon vor oder während der Bebauung sowie bei Bebauung nach Wunsch des Erwerbers. Der zehnte Senat des BFH[1691] hat aus dieser Sichtweise noch mehr Fallgestaltungen entwickelt, bei denen auch weniger als drei Verkäufe zur Gewerblichkeit führen, etwa die kurzfristige Finanzierung oder die Übernahme von Gewährleistungen.[1692] Beim Verkauf mehrerer Objekte in einem Vertrag soll regelmäßig keine Nachhaltigkeit vorliegen, außer der Vertragsabschluss erfordert eine Vielzahl von Einzeltätigkeiten, die auf Nachhaltigkeit schließen lassen oder der Eigentümer hat zuvor auch versucht, die Objekte an mehrere Erwerber zu verkaufen.[1693] Die Drei-Objekt-Grenze hat damit nur mehr indiziellen Charakter.[1694] Letztlich entscheidet eine **Gesamtwürdigung.**[1695]

1687 BFH, BStBl. 1995 II, S. 617 f.

1688 Die Begriffe Veräußerungs- und Haltezeitraum stammen wohl von *Altfelder*, FR 2000, 349, 359 ff.

1689 BFH, BStBl. 2002 II, S. 292 = DStR 2002, 489 = MittBayNot 2002, 217. Dieser Beschluss wurde vielfach kommentiert, etwa von *Bloehs*, BB 2002, 1068 ff.; *Kempermann*, DStR 2002, 785 ff.; *Tiedtke/Wälzholz*, DB 2002, 652 f.; *Vogelsang*, DB 2003, 844 f.

1690 Detailliert hierzu: *Tiedtke/Wälzholz*, MittBayNot 2004, 5 ff.; nun BMF, DStR 2004, 632, 636 , Tz. 28.

1691 BFH, BStBl. 2003 II, S. 510 f.

1692 Zur berechtigten Kritik an diesem Kriterium, das die zivilrechtlichen Vorgaben beim Verkauf neu erstellter Bauwerke außer Acht lässt: *Tiedtke/Wälzholz*, MittBayNot 2004, 5, 7.

1693 BFH, DStR 2005, 21.

1694 BFH, BStBl. 2007 II, 375.

1695 BFH/NV 2007, 1657.

1078g Wenn also für die **Ehegatten anlässlich der Ehescheidung** die Veräußerung der Objekte an **Dritte fingiert** wird, so ist auch das Vorliegen eines gewerblichen Grundstückshandels zu untersuchen. Hierbei ist besondere Vorsicht geboten, weil das Überschreiten der Drei-Objekt-Grenze auch Grundstücksverkäufe, die bisher nicht gewerblich waren, mit in die Gewerblichkeit hineinzieht. Die 10-Jahres-Grenze des § 23 EStG gilt nicht, das Unternehmen wird zur Gewerbesteuer veranlagt.

1078h Anderes sollte hingegen bei Objekten gelten, welche die **Ehegatten anlässlich der Scheidung untereinander veräußern bzw. über die sie sich auseinandersetzen.** Aus mehreren Gründen sollte hier ein gewerblicher Grundstückshandel verneint werden können. Zum einen ist für den gewerblichen Grundstückshandel eine Teilnahme am **allgemeinen wirtschaftlichen Verkehr** erforderlich. Der Veräußerer muss sich mit seiner Veräußerungsabsicht an den allgemeinen Markt wenden. Zwar ist hierzu nicht erforderlich, dass die Tätigkeit allgemein erkennbar ist, vielmehr genügt Erkennbarkeit »für die beteiligten Kreise«.[1696] Bei einer Auseinandersetzung oder einer Übertragung nur unter den Ehegatten in einer **Scheidungsfolgevereinbarung** sind diese Voraussetzungen aber m.E. **nicht gegeben**, sodass schon aus diesem Grund ein gewerblicher Grundstückshandel zu verneinen ist.[1697] Außerdem fallen nach der Rechtsprechung Objekte als Zählobjekte für die Drei-Objekt-Grenze aus, die unentgeltlich, teilentgeltlich oder zwar entgeltlich, aber genau zu den Herstellungs- oder Anschaffungskosten ohne Gewinnerzielungsabsicht veräußert werden.[1698] Bei einer Scheidungsvereinbarung mit Auseinandersetzung oder Übertragung zur Abgeltung des Zugewinns wird dies regelmäßig vorliegen oder lässt sich zumindest gestalten. Nach der Rechtsprechung sollen ferner **selbst genutzte Familienwohnheime keine Zählobjekte** sein.[1699]

Ob der BFH wirklich so weit gehen wollte, bei größerem Grundbesitz einen sofortigen gewerblichen Grundstückshandel zu fingieren, bleibt abzuwarten.

c) Ehegattenveräußerungen

1078i Wie die vorstehenden Ausführungen gezeigt haben, wird eine Steuer häufig auch durch Veräußerungen unter Ehegatten ausgelöst. Im Gegensatz zum fingierten Erwerb durch einen Dritten stellen sich hier weitergehende Fragen. So hat etwa der **erwerbende Ehegatte** möglicherweise seinerseits einen **steuerlichen Vorteil** etwa durch erhöhte Abschreibung. Ist ein solcher Steuervorteil, der ja quasi die Kehrseite der Medaille darstellt, ebenfalls im Zugewinn zu berücksichtigen? Ein solcher Vorteil

1696 BFH, BStBl. 2002 II, S. 811 f.

1697 Der BFH, BStBl. 2002 II, S. 811 f. hat das Kriterium bei einer Veräußerung an mehrere Kinder und einen Außenstehenden bejaht. Vgl. nunmehr auch BMF, DStR 2004, 632, 634 , Tz. 11.

1698 BFH, BStBl. 2002 II, S. 811 ff.; Vogelsang, DB 2003, 844, 848.

1699 FG Niedersachsen, EFG 2002, 1598 und Revisionsentscheidung BFH, DStRE 2004, 1274: »auf Dauer angelegte Eigennutzung«; ebenso BMF, DStR 2004, 632, 634 , Tz. 10.

zieht sich unter Umständen über mehrere Jahre hin, kann möglicherweise auch durch Wahlrechte des Steuerpflichtigen beeinflusst werden. Ist er dann zum Stichtag abzuzinsen? Je nachdem, auf welcher Seite der anwaltliche Berater tätig wird, kann er hierzu unterschiedlich vortragen. Das Gebiet ist von der Rechtsprechung noch nicht beackert, sodass manches Argument erfolgversprechend ist. Jedenfalls sollte man einen niedrigeren Zugewinn aufgrund latenter Veräußerungsgewinne nicht unwidersprochen hinnehmen.

d) Nebengüterrecht

Wenn die latente Ertragsteuer im Zugewinnausgleich berechnet werden muss, so 1078j
kann für das Nebengüterrecht kaum etwas Anderes gelten. Es müsste dann also auch bei der Bewertung des Gesellschaftsvermögens der **Ehegatteninnengesellschaft** die latente Ertragsteuerbelastung berücksichtigt werden.

e) Steuerverhaftung auf Zeit

Bleibt ein Unternehmen in der Regel bis zu seiner Einstellung steuerverhaftet, so ist 1078k
das bei anderen Vermögensgütern nicht der Fall. So kann eine Immobilie nur kurze Zeit nach der Scheidung aus der Veräußerungsgewinnbesteuerung wegen **Erreichens der 10-Jahresfrist** nach § 23 EStG herausfallen. Der Eigentümer hätte dann durch den Abzug der vollen latenten Ertragsteuer einen nicht gerechtfertigten Vorteil erlangt. Aus diesem Grunde wird für diese Fälle bereits eine abschmelzende Bewertung vorgeschlagen, wonach mit jedem abgelaufenen Jahr der Veräußerungsfrist 10% der latenten Ertragsteuer entfallen.[1700]

Generell steigt die **Bedeutung der Auswahl des Stichtages**. Je nachdem, ob die Veräußerungsfrist zu dieser Zeit schon abgelaufen ist, kann eine latente Ertragsteuer abgezogen werden oder nicht. Die Stellung des Scheidungsantrags muss also sorgfältig auch im Hinblick auf die Stichtage der Scheidung abgewogen werden.

1700 *Piltz*, NJW 2012, 1111, 1115.

F. Vorsorgende ehevertragliche Regelungen rund um die Immobilie

Der Blick soll sich nur auf vorsorgende ehevertragliche Regelungen rund um die Immobilie richten. Solche Regelungen sind in den letzten Jahren immer gebräuchlicher geworden. Dieser Abschnitt kann daher zum einen dazu dienen, **vorsorgende Verträge zu gestalten**, um den Problemen der Auseinandersetzung einer Immobilie im Scheidungsfall aus dem Wege zu gehen. 1079

Der Griff zu diesem Kapitel ist aber auch notwendig, wenn **im Scheidungsfall** eine **solche vorsorgende ehevertragliche Vereinbarung aus früherer Zeit existiert**, denn dann muss im nun anstehenden Scheidungsfall auf dieser Regelung aufgebaut werden. 1080

Jeder Anwalt, dem eine solche ehevertragliche Vereinbarung vorgelegt wird, muss zunächst die **Wirksamkeit der Vereinbarung** prüfen. Daher stehen am Anfang die **formellen Voraussetzungen** eines wirksamen Ehevertrages, aber auch die neue Rechtsprechung zur **Inhaltskontrolle von Eheverträgen**, damit ein Instrumentarium zur Prüfung an die Hand gegeben wird. 1081

I. Form ehevertraglicher Regelungen

1. Ehevertrag

Der Ehevertrag im engen Sinn ist nach § 1408 Abs. 1 BGB ein Vertrag, in welchem die Ehegatten ihre güterrechtlichen Verhältnisse regeln.[1701] 1082

Die Praxis verwendet jedoch einen funktional erweiterten Ehevertragsbegriff[1702] i.S.e. vorsorgenden ehebezogenen familienrechtlichen Vereinbarung von Verlobten und Ehegatten zur Regelung der allgemeinen Ehewirkungen, des ehelichen Güterrechts und etwaiger Scheidungsfolgen und unterscheidet davon die Scheidungsvereinbarung als übereinstimmende Regelung einer konkreten Scheidung und ihrer Folgen.[1703] 1083

Auch diese Definition ist jedoch noch zu eng.[1704] So erlangt die sog. »**zweite Spur**« oder auch das »Nebengüterrecht« immer größere Bedeutung, d.h. neben die rein **ehegüterrechtlichen Beziehungen** treten **schuldrechtliche und sachenrechtliche Rechtsbeziehungen**, die i.R.d. Ehe und insbes. bei ihrer Auflösung im Wege der Ehescheidung neben den güterrechtlichen Fragen behandelt werden müssen.[1705] 1084

1701 Soergel/*Gaul*, BGB, § 1408 Rn. 2; Staudinger/*Thiele*, BGB, § 1408 Rn. 3.

1702 *Brambring*, Ehevertrag, Rn. 3, 8; *Grziwotz*, MDR 1998, 1075, 1076; *Langenfeld*, Eheverträge, Rn. 3; Müller, Vertragsgestaltung, Kap. 3, Rn. 4.

1703 Ausführlich zu den Anforderungen an den modernen Ehevertrag mit vier Thesen *Siegler*, MittBayNot 2012, 95 ff.

1704 *Bergschneider*, Verträge in Familiensachen, Rn. 6 ff.

1705 Vgl. etwa die ausführliche Darstellung von *Wever*, Vermögensauseinandersetzung der Ehegatten außerhalb des Güterrechts und Herr in *C. Münch*, Gestaltungspraxis, § 6.

Gerade im Licht der Rechtsprechung zur Inhaltskontrolle von Eheverträgen, aber auch aufgrund der Neuregelung des § 1570 BGB nehmen weitere Regelungen zur ehelichen Rollenverteilung wieder eine stärkere Bedeutung ein.[1706]

1085 Ferner sind auch i.R.d. nichtehelichen Lebenspartnerschaft ehevertragliche Regelungen durchaus gebräuchlich, welche die Partner für den Fall einer Eheschließung treffen, ohne dass diese sich bereits als Verlobte bezeichnen würden.[1707]

1086 Von den Eheverträgen definitorisch die anlässlich einer konkreten Scheidung getroffenen Scheidungsvereinbarungen zu trennen, bleibt aber nach wie vor sinnvoll.[1708]

1087 In diesem Sinne kann man den **Ehevertrag** kurz als **vorsorgende ehebezogene Vereinbarung** bezeichnen. Unter diesen Begriff passen dann auch die »**Krisen-Eheverträge**«, welche die familienrechtlichen Beziehungen der Krisensituation anpassen und Vorsorge für den Scheidungsfall treffen.[1709]

2. Umfang der Formbedürftigkeit

1088 Für den **Ehevertrag im engen Sinn** (Regelung güterrechtlicher Verhältnisse) sowie die Regelung des Versorgungsausgleichs nach § 7 Abs. 3 VersAusglG[1710] schreibt das Gesetz in § 1410 BGB vor:

- notarielle Beurkundung und
- gleichzeitige Anwesenheit beider Teile.

1089 Der **Formzwang** gilt auch bei Rechtsgeschäften mit äquivalenter Bindung; hiervon betroffen sind insbes. Verpflichtungen gegenüber Dritten zum Abschluss eines Ehevertrages, etwa bei Gesellschaftsverträgen, die zur Vereinbarung von Gütertrennung verpflichten.[1711] Die notarielle Beurkundung wird der Regelfall sein, sie kann aber durch einen gerichtlichen Vergleich nach § 127a BGB mit beiderseitiger anwaltlicher Vertretung ersetzt werden.[1712] Ein Anwaltsvergleich genügt hierfür nicht. Ob ein

1706 Zu den vielfältigen Regelungsmöglichkeiten: Formularbuch-Familienrecht/*Kössinger* D.

1707 Vgl. etwa die Vertragsgestaltungen bei *Grziwotz*, Partnerschaftsvertrag, S. 99 ff.; *Bergschneider*, Verträge in Familiensachen, Rn. 21.

1708 *Langenfeld*, Eheverträge, 5. Aufl., Rn. 9; a.A. *Bergschneider*, Verträge in Familiensachen, Rn. 6 ff.7.

1709 Krisen- und Scheidungsverträge sind aus Sicht der Anwaltschaft durchaus häufiger als rein vorsorgende Verträge vor oder zu Beginn der Ehe, *Bergschneider*, Verträge in Familiensachen, Rn. 10; *Müller*, Vertragsgestaltung, Kap. 3, Rn. 33 f.

1710 § 7 Abs. 3 VersAusglG verweist auf § 1410 BGB nur für Vereinbarungen im Rahmen von Eheverträgen. Für andere Vereinbarungen ist in § 7 Abs. 1 VersAusglG »nur« die notarielle Beurkundung vorgesehen.

1711 *Grziwotz*, FamRB 2006, 23, 25; *Wachter*, GmbH-StB 2006, 234, 238; MünchKomm-BGB/*Kanzleiter*, § 1410, Rn. 3; *Brambring*, DNotZ 2008, 724, 734; a.A. Scherer, BB 2010, 323, 326 m.w.N.

1712 *Göppinger*/*Börger*, Vereinbarungen, 1. Teil Rn. 5, 121 ff, 224 ff.

schriftlicher Vergleich auf Vorschlag des Gerichts nach § 278 Abs. 6 ZPO den Voraussetzungen des § 7 VersAusglG genügt, ist umstritten.[1713]

Gleichzeitige Anwesenheit verbietet den sukzessiven Abschluss durch Angebot und Annahme, verlangt aber nicht persönliche Anwesenheit, sodass **Bevollmächtigung** und **Genehmigung** zulässig sind. Problematisch ist die Verbindung mit einem Erbverzicht in einer Urkunde, der mit Angebot und Annahme abgegeben werden soll, da möglicherweise die Voraussetzungen des § 1410 BGB auch bei dem verbundenen Erb- und Pflichtteilsverzicht eingehalten sein müssen.[1714] 1090

Der BGH hat geklärt, dass eine **Vollmacht**, die nicht unwiderruflich ist, formlos erteilt werden kann.[1715] Eine Befreiung von den Beschränkungen des § 181 BGB und damit eine Bevollmächtigung des anderen Ehepartners soll gleichfalls zulässig sein.[1716] 1091

Allerdings wird dies nunmehr im Hinblick auf die Entscheidungen des BVerfG und des BGH zur Inhaltskontrolle von Eheverträgen[1717] kritischer betrachtet werden. Da das BVerfG eine **Inhaltskontrolle** gerade auf die ungleiche Verhandlungsposition und die Dominanz eines Ehepartners stützt, muss man davon ausgehen, dass bei Verträgen mit formloser Vollmacht oder gar mit Vollmacht für den anderen Vertragsteil unter Befreiung von den Beschränkungen des § 181 BGB eine solche Situation später besonders leicht vorgetragen werden kann und sich daher die **Maßstäbe für die Inhaltskontrolle** verschieben. 1092

Nach **§ 1585c BGB** ist seit 01.01.2008 auch für Unterhaltsvereinbarungen, die vor Rechtskraft der Scheidung abgeschlossen werden, die notarielle Beurkundung vorgeschrieben. Dies kann ersetzt werden durch einen gerichtlichen Vergleich. Nach der Neufassung des § 1585c BGB war überwiegende Ansicht, dass dies nur in einem Verfahren in Ehesachen vor dem Prozessgericht protokolliert werden könne, nicht also in einem bloßen Trennungsunterhaltsverfahren.[1718] Inzwischen erkennen aber auch erste Gerichtsentscheidungen Vergleiche nach § 1585c BGB an, die in einem Tren- 1093

1713 Nicht als ausreichend sehen ihn an OLG Brandenburg, FamRZ 2008, 1192; a.A. OLG Frankfurt, BeckRS 2012, 16081; OLG München, FamRZ 2011, 812: wenn der Vergleich auf Vorschlag des Gerichtes zustande kommt und damit das Gericht seine Beratungsfunktion erfüllt, dann genügt dies der Form des § 7 VersAusglG.

1714 Hierzu eingehend Gutachten des DNotI v. 22.09.2006 (§ 1408 BGB – 70731).

1715 BGH, DNotZ 1999, 46 = DNotI-Report 1998, 120. Dazu, dass dies wenig sachgerecht ist, s. *Wegmann*, Eheverträge, Rn. 74.

1716 Bamberger/Roth/*J. Mayer*, BGB, § 1410 Rn. 3; *Bergschneider*, Verträge in Familiensachen, Rn. 121; MünchKomm-BGB/*Kanzleiter*, § 1410 Rn. 4, der aber darauf hinweist, dass in diesem Fall häufig bereits eine Bindung des Vollmachtgebers vorliegen wird, die zur Beurkundungsbedürftigkeit der Vollmacht führt.

1717 Rdn. 1117 ff.

1718 *Bergschneider*, FamRZ 2008, 17, 18; *Büte*, FuR 2008, 178.

nungsunterhaltsverfahren geschlossen wurden.[1719] Aufgrund mangelnden Schutzes nach Rechtskraft der Scheidung wird schon vorgeschlagen, bei erstmaliger Vereinbarung für Abänderungen nach Scheidung auch die notarielle Form zu vereinbaren.[1720]

1094 **§ 1378 Abs. 3 Satz 2 BGB** fordert für eine Vereinbarung über den Ausgleich des Zugewinns, gemeint ist hier die **Vereinbarung über die konkrete Zugewinnausgleichsforderung,**[1721] gleichfalls die notarielle Beurkundung. Die Abgrenzung zwischen § 1378 Abs. 3 BGB und § 1410 BGB ist äußerst umstritten. Jedenfalls gilt es – auch bei anwaltlichen Vereinbarungen zur Vorabverteilung des Zugewinns – sich vor der Nichtigkeit aufgrund Formmangels zu hüten.

1095 Weitere Formvorschriften können sich ergeben, wenn **Erwerb oder Veräußerung von Grundbesitz** Gegenstand des Vertrages sind. Dann ist gem. **§ 311b Abs. 1 BGB** die notarielle Beurkundung erforderlich.

1096 Gleiches gilt nach **§ 794 Abs. 1 Nr. 5 ZPO** für den Fall einer **Vollstreckungsunterwerfung**, die nicht mehr nur für Geldforderungen, sondern für alle Ansprüche zulässig ist, die einer vergleichsweisen Regelung zugänglich sind, nicht auf Abgabe einer Willenserklärung gerichtet sind und nicht den Bestand eines Mietverhältnisses über Wohnraum betreffen. Damit kann etwa wegen der Räumung der Ehewohnung oder der Herausgabe von Haushaltsgegenständen eine Vollstreckungsunterwerfung erklärt werden.[1722]

1097 Was den **Umfang der Formbedürftigkeit** anbelangt, wird zwar vertreten, dass der Schutzzweck des **§ 1410 BGB** nur die Beurkundungsbedürftigkeit der güterrechtlichen Vereinbarung umfasst, nicht jedoch weitere Vereinbarungen des Vertrages.[1723] Ebenso gewichtige Stimmen jedoch lassen sich für die Gegenansicht zitieren,[1724] der inzwischen auch der BGH beigetreten ist,[1725] sodass schon aus der Sicht des § 1410 BGB nur eine umfassende Beurkundung empfohlen werden kann. Für eine Beurkundungsbedürftigkeit des Gesamtvertrages spricht auch der Zusammenhang der verschiedenen Regelungsgebiete, wie er etwa im Doppelverwertungsverbot zum Ausdruck kommt.[1726] Mit der Neuregelung des § 1585c BGB hat diese Streitfrage an Bedeutung verloren.

1719 OLG Oldenburg, NJOZ 2012, 726 = BeckRS 2011, 23999; OLG Oldenburg, BeckRS 2012, 13480; Palandt/*Brudermüller*, § 1585c, Rn. 5 aus praktischen Erwägungen.

1720 *Bergschneider*, DNotZ 2008, 95, 104.

1721 Zur umstrittenen Abgrenzung zwischen § 1410 BGB und § 1378 Abs. 3 BGB vgl. BGH, MittBayNot 1997, 231 ff. = NJW 197, 2239 ff. und *Büte*, Zugewinnausgleich, Rn. 243.

1722 DNotI-Gutachten, DNotI-Report 2008, 33.

1723 *Kanzleiter*, NJW 1997, 217 ff.; MünchKomm-BGB/*Kanzleiter*, § 1410 Rn. 3.

1724 *Langenfeld*, DNotZ 1983, 139, 160; Palandt/*Brudermüller*, BGB, § 1410 Rn. 3; Schwab/*Borth*, Scheidungsrecht, IV Rn. 1435 f.

1725 BGH, FamRZ 2002, 1179, 1180.

1726 *Grziwotz*, FamRB 2006, 23, 26.

Sofern i.R.d. Ehevertrages Grundstücksübertragungen stattfinden, führt schon **§ 311b Abs. 1 BGB** regelmäßig zur Beurkundungsbedürftigkeit des Gesamtvertrages. Ohne in diesem Zusammenhang auf die Einzelheiten der Rechtsprechung eingehen zu können, wann bei vertraglichen Vereinbarungen mit Bezug zueinander die Beurkundungsbedürftigkeit der einen Vereinbarung auch die andere erfasst,[1727] lässt sich jedoch festhalten, dass die Abgrenzung häufig so schwierig ist, dass es bei Eingreifen des § 311b Abs. 1 BGB dringend ratsam ist, den Gesamtvertrag zu beurkunden. 1098

Bei einer Scheidungsvereinbarung spricht § 6 Abs. 1 Satz 2 Nr. 1 VersAusglG – Einbeziehung der Regelung ehelicher Vermögensverhältnisse in die Vereinbarung zum Versorgungsausgleich – für die Beurkundungsbedürftigkeit des gesamten Vertrages.[1728] 1099

Auch die **Aufhebung** eines Ehevertrages, durch den der Güterstand geändert worden war, bedarf der Form des § 1410 BGB.[1729] Sogar die Änderung einer in eine notarielle Urkunde aufgenommenen, zum Beurkundungszeitpunkt aber nicht formbedürftigen Unterhaltsvereinbarung soll formbedürftig sein.[1730] Das OLG Bremen hat weitere Grundsätze herausgearbeitet in einer Fallgestaltung, in welcher ein notarieller Ehevertrag geschlossen worden war, der auch – damals nicht beurkundungsbedürftige – Absprachen zum Unterhaltsrecht enthielt und einen Tag später schriftlich zu Ungunsten der Unterhaltsberechtigten geändert wurde. Nach OLG Bremen[1731] ist der Ehevertrag durch seinen untrennbaren Zusammengang insgesamt formbedürftig. Daher ist auch die Abänderung formbedürftig, selbst wenn sie den an sich formfreien Teil betrifft. Bei Nichtbeachtung ist nicht nur die Abänderung nichtig, sondern nach § 139 BGB der gesamte Ehevertrag. 1100

Nicht formgerecht getroffene Kompensationsabreden können folglich auch, da sie nicht zu vertraglichen Ansprüchen führen, die Sittenwidrigkeit einer Regelung nicht ausschließen.[1732] 1101

▶ Hinweis:

Insgesamt gilt daher die Empfehlung, umfassend zu beurkunden und keine Trennung von Grundstücksgeschäft und schriftlichen Regelungen zu Unterhalt und Schuldenregelung vorzunehmen,[1733] denn der Schaden bei einer Nichtigkeit der Gesamtvereinbarung steht in keinem Verhältnis zur Kostenersparnis.

1727 Hierzu im Detail *Seeger*, MittBayNot 2003, 11 ff.

1728 Hierauf weist hin *Langenfeld*, Eheverträge, Rn. 35 und Rn. 938 für die Fassung des § 1587o BGB hin.

1729 OLG Frankfurt am Main, NJWE-FER 2001, 228; dieser Entscheidung folgend AG Seligenstadt, FPR 2002, 451.

1730 OLG Frankfurt am Main, DNotZ 2004, 939 ff.

1731 OLG Bremen, MittBayNot 2010, 480 m. Anm. Bergschneider = FamRZ 2011, 304.

1732 Gegen OLG Zweibrücken, FamRB 2006, 363.

1733 Wie hier *Bergschneider*, FamRZ 2001, 1337, 1338; *Wegmann*, Eheverträge, Rn. 79.

3. Allgemeine vertragliche Regelungsinstrumente

a) Salvatorische Klausel

1102 In Eheverträgen finden sich – wie in anderen Verträgen auch – sehr oft sog. »**salvatorische Klauseln**«, die bei Unwirksamkeit einer oder mehrerer Vertragsklauseln – sei es aus formalen, sei es aus anderen Gründen – den Vertrag i.Ü. aufrecht erhalten und die Parteien zu einer Vertragsanpassung durch eine neue, gerade noch zulässige Klausel verpflichten.

1103 Vor jeder Verwendung einer solchen Klausel muss der Vertragsgestalter jedoch genau prüfen, ob die Klausel den Interessen der Ehegatten entspricht.[1734] Sollen nämlich verschiedene ehevertragliche Vereinbarungen, die als Kompensation gedacht sind, miteinander stehen und fallen und sehen die Vertragsparteien gerade den Gesamtvertrag als Kompromiss an, der ein Nachgeben in einem Punkt mit einem Gewinn in einem anderen Punkt verbindet, entspricht die salvatorische Klausel **nicht dem Willen der Vertragsparteien**. Denn diese wollen eben nicht, dass bei Nichtigkeit eines essenziellen Punktes, der auch nicht durch eine sich inhaltlich annähernde Ersatzklausel abgeholfen werden kann, die übrigen Punkte unverändert wirksam bleiben.

1104-1105 *(unbesetzt)*

1106 Zudem hat der **BGH** seine **Rechtsprechung** zu salvatorischen Klauseln **geändert**. Hatte er zuvor schon eingeräumt, die Aufrechterhaltung des Gesamtvertrages sei u.U. nicht mehr vom Parteiwillen gedeckt, wenn Bestimmungen von grundlegender Bedeutung nichtig seien,[1735] hat er nun unter Aufgabe seiner früheren Ansicht[1736] entschieden, dass die standardmäßig verwendete salvatorische Klausel nicht von der nach § 139 BGB vorzunehmenden Prüfung entbindet, ob die Parteien das teilnichtige Geschäft als Ganzes verworfen hätten oder aber den Rest hätten gelten lassen. Bedeutsam ist die **salvatorische Klausel** damit nur noch für die von § 139 BGB abweichende Zuweisung der **Darlegungs- und Beweislast**; diese trifft denjenigen, der entgegen der salvatorischen Klausel den Vertrag als Ganzes für unwirksam hält.[1737] Eine salvatorische Klausel kann umso eher helfen, je individueller sie ist. So kann etwa dargelegt werden, warum das Wirksambleiben eines bestimmten Vertragsteiles elementar wichtig ist (z.B. Modifizierung der Zugewinngemeinschaft auch bei Unwirksamkeit der Unterhaltsregelung).

1107 Die Anordnung der im Zweifel vorliegenden Gesamtnichtigkeit nach § 139 BGB wurde zudem schon bisher stets dann eingeschränkt, wenn eine Vertragsklausel deshalb nichtig war, weil sie gegen ein Gesetz verstieß, das dem **Schutz einer Vertrags-**

1734 *Bergschneider*, Verträge in Familiensachen, Rn. 186.
1735 BGH, NJW 1996, 773, 774.
1736 BGH, NJW 1994, 1651.
1737 BGH, DNotI-Report 2003, 37.

partei diente. Der Zweck der Verbotsnorm bedingt hier die Aufrechterhaltung des Vertrags im Übrigen.[1738]

Außerdem wird man künftig gerade im ehevertraglichen Bereich davon ausgehen müssen, dass sogar die **salvatorische Klausel** einer **Inhaltskontrolle** unterliegen kann,[1739] sodass man keineswegs auf eine Art geltungserhaltende Reduktion auf den Rest des Vertragsinhalts schließen kann. Dies gebietet es, ggf. gesonderte Regelungen für den Fall der Unwirksamkeit einzelner Klauseln zu finden. 1108

▶ Gestaltungsempfehlung:

Die Abhängigkeit einzelner Vertragsklauseln voneinander ist sehr genau zu prüfen und entsprechende vertragliche Festlegungen sollten getroffen werden.
Die salvatorische Klausel führt nur zu einer Beweislastumkehr, rettet den Vertrag aber nicht unabhängig vom Parteiwillen!

▶ Formulierungsvorschlag (Salvatorische Klausel): 1109

Sollten einzelne Bestimmungen dieses Vertrages unwirksam sein oder werden oder sollte sich im Vertrag eine Regelungslücke zeigen, wird die Wirksamkeit der übrigen Bestimmungen hierdurch nicht berührt. Gleiches gilt bei nicht beurkundeten Nebenabreden.
Die Beteiligten sind dann verpflichtet, eine ersetzende Bestimmung zu vereinbaren, die dem wirtschaftlichen Sinn der unwirksamen Bestimmung im Gesamtzusammenhang der getroffenen Regelung in rechtlich zulässiger Weise am nächsten kommt, oder eine neue Bestimmung zu treffen, welche die Regelungslücke des Vertrages so schließt, als hätten sie diesen Punkt von vornherein bedacht.
Der Notar hat die Beteiligten über die Auswirkungen der Klausel eingehend belehrt und darauf hingewiesen, dass die Klausel nur zu einer Beweislastveränderung führt. Er hat die Vertragsteile befragt, ob Vertragsbestimmungen für sie so miteinander verbunden sind, dass die Unwirksamkeit der einen auch die der anderen zur Folge haben soll.
Hierauf erklären die Vertragsteile:
Sollte die Modifikation des Zugewinnausgleichs in § ..... dieses Vertrages unwirksam sein oder werden, wird entgegen vorstehender Vereinbarung, die jedoch im Übrigen gültig bleibt, auch die Verpflichtung zur Übertragung der Eigentumswohnung gem. § ..... dieses Vertrages unwirksam.
Alternative:
Wir wünschen keine von der salvatorischen Klausel abweichende Festlegung für bestimmte Vertragsklauseln.

b) Abgeltungsklausel

Schließlich sei noch die Bedeutung einer sog. **Abgeltungsklausel** betont, die häufig in Scheidungsvereinbarungen Verwendung findet und weiter gehende Ansprüche ausschließt, um so dem Vertrag eine abschließende Wirkung zu verleihen. Die Verwendung 1110

1738 Vgl. etwa BGH, NJW 1977, 1058 f.; Palandt/*Ellenberger*, BGB, § 139 Rn. 18.
1739 So ausdrücklich *Schubert*, FamRZ 2001, 733, 737.

einer solchen Klausel erfordert eine sorgfältige Tatbestandsaufklärung und eine Abwägung aller möglichen Anspruchsgrundlagen, insbes. auch derjenigen schuld- und sachenrechtlichen Ansprüche, die neben den familienrechtlichen Ansprüchen bestehen können.

1111 Die Wirkung der Klausel belegt ein Urteil des **OLG Koblenz**.[1740] Das OLG versagte in einem solchen Fall einer Anfechtung wegen arglistiger Täuschung den Erfolg, weil die getäuschte Partei vermutet hatte, dass der andere Ehepartner erhebliche Vermögenswerte verschwiegen hatte (hier: Guthaben auf Konten in Luxemburg aus nicht versteuerten Betriebseinnahmen), den Vertrag aber gleichwohl mit Abgeltungsklausel schloss.

1112 Hat also ein Ehegatte keine Übersicht über die Vermögensverhältnisse des anderen Ehegatten, sollte er entweder die Unterzeichnung der Abgeltungsklausel verweigern oder der Vertrag sollte eine Versicherung des »verdächtigten« Ehegatten über bestimmte Vermögenswerte enthalten. Diese Versicherung kann mit der Sanktion versehen sein, dass der Vertrag seine Wirksamkeit verliert, wenn sie nicht korrekt ist. Ggf. kann dem betroffenen Ehegatten dann aber die Möglichkeit gegeben werden, dies dadurch abzuwenden, dass er die verschwiegenen Vermögenswerte an den anderen Ehegatten herausgibt.[1741]

1113 Eine solche Klausel könnte lauten:

1114 ▶ Formulierungsvorschlag (Versicherung – kein verschwiegenes Vermögen):

Der Ehemann versichert hiermit, dass er nicht über Bargeld, Sparguthaben, sonstige Guthaben auf Bankkonten und Depots aller Art, Aktien, festverzinsliche Wertpapiere aller Art, Ansparsummen aus Bausparverträgen und Versicherungen sowie Edelmetalle und Depots mit einem Wert von insgesamt mehr als 100.000,00 € verfügt. Sollten diese Angaben nicht der Wahrheit entsprechen, wird dieser Vertrag seinem gesamten Inhalt nach unwirksam, es sei denn, der Ehemann gibt binnen vier Wochen, nachdem beiden Ehegatten die Unwahrheit bekannt wird, alle den oben genannten Betrag übersteigenden Vermögenswerte an die Ehefrau heraus.

1115 Im Gegensatz dazu versagte das OLG Hamm[1742] bei einer Abgeltungsklausel, die sich auf »alle Ansprüche aus der Ehe« bezog, die Anerkennung der Abgeltungsklausel für im notariellen Vertrag nicht erörterte gesellschafts- und gemeinschaftsrechtliche Ansprüche, auch wenn die Parteien eine umfassende Gesamtauseinandersetzung gewollt haben. Zwar überzeugt das Urteil nicht, aber es zeigt, wie wichtig die korrekte Formulierung der Abgeltungsklausel ist. In ähnlicher Weise ist das Urteil des BGH zur Ehegatteninnengesellschaft zu verstehen,[1743] das trotz einer vertraglichen Vereinbarung der Ehegatten über den Vermögensausgleich i.R.d. Zugewinns Ansprüche aus Ehegatteninnengesellschaft sah. Die Abgeltungsklausel darf daher nicht die

1740 OLGR, KSZ 2001, 39.

1741 Eine Teilung alleine genügt als Sanktion nicht, denn dann wäre die Situation nur so, als hätte man die Angaben korrekt gemacht, sodass das Verschweigen kein Risiko bietet.

1742 FamRZ 1997, 1210.

1743 BGH, FamRZ 2006, 607.

Formulierung »Ansprüche aus der Ehe« oder »eheliche Ansprüche« gebrauchen, sondern muss feststellen, dass keinerlei Ansprüche mehr bestehen.

▶ Gestaltungsempfehlung:

Vor der Verwendung einer Abgeltungsklausel sollten alle rechtlich relevanten Beziehungen der Vertragsteile aufgeklärt werden! Die Klausel sollte nicht auf familienrechtliche Ansprüche eingeengt werden, wenn auch alle anderen Ansprüche, insbes. solche aus der »zweiten Spur«, abgegolten sein sollen!

Mit der Änderung der Rechtsprechung des BGH in Bezug auf die **Schwiegerelternzuwendungen**[1744] entstehen nunmehr selbständige Ansprüche der Schwiegereltern gegen das Schwiegerkind. In der Regel sollen auch diese bei Abschluss einer Abgeltungsklausel nicht mehr geltend gemacht werden können, sodass hier zusätzlich eine gegenseitige Freistellung von solchen Ansprüchen vereinbart wird. Eine Regelung mit Außenwirkung würde die – eher seltene – Mitwirkung der Schwiegereltern bei der Beurkundung erfordern.

▶ Formulierungsvorschlag (Abgeltungsklausel): 1116

Wir sind uns darüber einig, dass mit Abschluss und Durchführung dieses Vertrages keinerlei Ansprüche der Vertragsbeteiligten gegeneinander mehr bestehen, unabhängig davon, aus welchem Rechtsgrund sie hergeleitet werden mögen. Dabei ist es unerheblich, ob sie bei Abschluss dieses Vertrages bekannt sind oder nicht. Insbesondere bestehen keine weiteren Ansprüche aus Gesamtschuldnerausgleich. Soweit Ansprüche der Eltern eines Ehegatten gegen den anderen Ehegatten bestehen, stellen wir uns von solchen Ansprüchen wechselseitig frei.

Alternative:

..... gegeneinander mehr bestehen, den Versorgungsausgleich jedoch ausgenommen, welcher im Scheidungsverfahren durchgeführt werden soll.

II. Vertragsfreiheit und Inhaltskontrolle

Die **gerichtliche Inhaltskontrolle** von Eheverträgen beschäftigt die Vertragsgestaltung sehr. Nach zwei Grundsatzurteilen des BVerfG aus dem Jahr 2001 und einer Grundlagenentscheidung des BGH aus dem Jahr 2004 gibt es inzwischen eine Vielzahl von Urteilen, die sich mit der Inhaltskontrolle befassen. 1117

Jeder abzuschließende Ehevertrag, aber auch jeder abgeschlossene ältere Ehevertrag ist individuell daraufhin **zu überprüfen**, ob er den Kriterien der Rechtsprechung standhält. Obwohl der BGH von Vertrauensschutz spricht, wendet er die Rechtsprechung auch auf diejenigen Eheverträge an, die vor dem Rechtsprechungswandel abgeschlossen wurden. 1118

Aber auch beim **Abschluss einer Scheidungsvereinbarung** sind die Grundsätze der Inhaltskontrolle zu beachten, wenn auch in modifizierter Form. 1119

1744 Hierzu eingehend Rdn. 393 ff.

1. Inhaltskontrolle von Eheverträgen

a) BVerfG – Inhaltskontrolle grundrechtsrelevanter Eheverträge

1120 Das BVerfG hat die in den letzten Jahrzehnten entwickelte These von der Schutzgebotsfunktion der Grundrechte[1745] auch auf das Vertragsrecht angewandt und ist der Auffassung, dass die Grundrechte den Staat verpflichten, sich schützend vor Grundrechtseingriffe im Wege vertraglicher Regelung zu stellen. Nach zwei Entscheidungen zum Handelsvertreterrecht[1746] und zu ruinösen Familienbürgschaften[1747] hat das **BVerfG** durch **zwei Urteile** der **Vertragsfreiheit** auch **im Bereich der Eheverträge Grenzen** aufgezeigt,[1748] sich damit einer bis dahin gesicherten Rechtsprechung des BGH[1749] entgegengestellt und Argumenten der Literatur[1750] zum Durchbruch verholfen.[1751] In einem weiteren Judikat hat das BVerfG entschieden, dass die **Familienarbeit der Erwerbsarbeit gleichzustellen** sei und somit ein Anspruch auf gleiche Teilhabe bestehe.[1752] Diese Ansicht hat das BVerfG in seinem Urteil zur Verfassungswidrigkeit der Rechtsprechung des BGH betreffend die Dreiteilung bei sich wandelnden ehelichen Lebensverhältnissen[1753] bekräftigt, aber auch Nuancen aufgezeigt. So hat es den Anspruch auf gleiche Teilhabe insbesondere im Unterhaltsrecht gesehen und ausgesprochen, dass vertragliche Modifikationen des Grundsatzes gleicher Teilhabe nicht ausgeschlossen sind.[1754]

1121 Die Urteile des BVerfG betreffen alle Eheverträge, auch die notariell beurkundeten. Das BVerfG führt allgemein aus, dass bei einer besonders **einseitigen** Aufbürdung von vertraglichen **Lasten** und einer erheblich **ungleichen Verhandlungsposition** der

---

1745 BVerfGE 39, 1 ff. (Reform § 218 StGB), *Canaris*, AcP 184 (1984), 201 ff.; hierzu *C. Münch*, FS Hahn, 89 ff.

1746 BVerfGE 81, 242 ff. = NJW 1990, 1469 f.

1747 BVerfGE 89, 214 ff. = NJW 1994, 36 f.; vgl. jüngst BGH, DB 2005, 771 – trotz Mitarbeit als leitende Angestellte.

1748 BVerfG, ZNotP 2001, 161 = FamRZ 2001, 343 = MittBayNot 2001, 207 = DNotZ 2001, 222 und BVerfG, ZNotP 2001, 241 = FamRZ 2001, 985 = MittBayNot 2001, 485 = DNotZ 2001, 708.

1749 Etwa BGH, FamRZ 1996, 1536; BGH, FamRZ 1997, 156 ff. = DNotZ 1997, 410 = MittBayNot 1997, 40; BGH, FamRZ 1997, 800; BGH, MittBayNot 1996, 441; zu dieser Rspr. *Gerber*, DNotZ-Sonderheft 1998, 290.

1750 *Schwenzer*, AcP 196 (1996), 88 ff., die allerdings generell von einer strukturellen Unterlegenheit der Frau ausgeht – hiergegen *Grziwotz*, FamRZ 1997, 586, 589; *Büttner*, FamRZ 1998, 1 ff.; *Frank*, AcP 200 (2000), 401, 408 ff.

1751 Die Entscheidungen werden vielfältig kommentiert. Hier nur einige Stimmen: *Bergschneider*, FamRZ 2001, 1337 ff.; *Dauner-Lieb*, AcP 201 (2001), 295 ff.; *Grziwotz*, MDR 2001, 393 ff.; *Grziwotz*, FF 2001, 41 ff.; *Langenfeld*, DNotZ 2001, 272 ff.; *Rauscher*, DNotZ 2002, 751 ff.; *Schervier*, MittBayNot 2001, 213 ff. und 486 ff.; *Schubert*, FamRZ 2001, 733 ff.; *Schwab*, DNotZ-Sonderheft 2001, 9 ff.

1752 BVerfG, FamRZ 2002, 527.

1753 BVerfG, NJW 2011, 836, Rn. 46, 73.

1754 Zur Bedeutung dieses Urteils für die Vertragspraxis *C. Münch*, FamRB 2011, 90 f.

Vertragspartner der Vertrag einer Inhaltskontrolle bedarf.[1755] Damit setzt das BVerfG der Ehevertragsfreiheit Grenzen und führt eine Inhaltskontrolle ein, ohne die Zivilgerichte auf eine Methodik festzulegen. Beide Voraussetzungen – ungleiche Verhandlungsposition und einseitige Aufbürdung vertraglicher Lasten – müssen also nach Ansicht des BVerfG **kumulativ** vorliegen.[1756] Offen bleibt im Urteil des BVerfG, ob von einer objektiv krassen Benachteiligung eines Ehegatten auf das Vorliegen einer ungleichen Verhandlungsposition geschlossen werden kann.[1757] Der BGH hat sich nun jedoch ausdrücklich dagegen ausgesprochen, dass aus einem groben Missverhältnis von Leistung und Gegenleistung im Verhältnis der Ehegatten zueinander auf die verwerfliche Gesinnung geschlossen werden kann.[1758]

In den beiden vom BVerfG entschiedenen Fällen war jeweils die **Schwangerschaft der Ehefrau** im Zusammenhang mit dem Abschluss eines Ehevertrages vor Eheschließung Grund für die ungleiche Verhandlungsposition. Das BVerfG hat jedoch klargestellt, dass die Schwangerschaft nur ein **Indiz** für die mögliche vertragliche Disparität ist, dass aber andere maßgebliche Faktoren wie die Vermögenslage der Schwangeren, ihre berufliche Qualifikation und Perspektive und die von den Ehepartnern ins Auge gefasste Aufteilung von Erwerbs- und Familienarbeit in der Ehe eine Unterlegenheit wieder ausgleichen können. 1122

Schließlich hat das BVerfG geurteilt, dass aufgrund der **Gleichstellung von Erwerbs- und Familienarbeit** die Leistungen unabhängig von ihrer ökonomischen Bewertung als gleichwertig anzusehen sind.[1759] Dies bedinge einen **Anspruch auf gleiche Teilhabe** am gemeinsam Erwirtschafteten, und zwar dergestalt, dass dieser Anspruch auch nach Trennung und Scheidung Wirkung entfalte auf die Beziehung der Ehegatten **hinsichtlich Unterhalt, Versorgung und Aufteilung des gemeinsamen Vermögens**.[1760] Über die Bedeutung dieser Ausführungen für die Inhaltskontrolle im Bereich des Güterrechts herrscht noch keine Einigkeit.[1761] 1123

1755 BVerfG, MittBayNot 2001, 207, 210ff.

1756 *Bergschneider*, FamRZ 2001, 1337, 1339; *Langenfeld*, DNotZ 2001, 272, 276; *Schwab*, DNotZ-Sonderheft 2001, 9, 15; *Schwab*, FamRZ 2001, 349; a.A. offensichtlich *Schubert*, FamRZ 2001, 733, 735 (»oder«). Auf das Erfordernis der Ungleichgewichtslage gänzlich verzichten möchte *Dauner-Lieb*, ZFE 2003, 300, 303.

1757 So etwa *Schwab*, DNotZ Sonderheft 2001, 9, 15 gegen *Langenfeld*, DNotZ 2001, 272, 279; ebenso *Bergschneider*, FamRZ 2001, 1337, 1339.

1758 BGH, FamRB 2009, 66 = FamRZ 2009, 198f. m. Anm. *Bergschneider*.

1759 Dazu, dass in einem solchen Fall Quantität und Qualität der Haushaltsführung keine Rolle spielen, s. *Graba*, FPR 2002, 48, 51.

1760 BVerfG, FamRZ 2002, 527, 529 (unter I 1 b, c).

1761 Kritische Würdigung der Rechtsprechung zur Inhaltskontrolle bei *C. Münch*, Ehebezogene Rechtsgeschäfte, Rn. 590

b) BGH: Schutz des Kernbereichs und Ausgleich ehebedingter Nachteile[1762]

aa) Grundsatzurteil

1124 In einem **Grundsatzurteil des BGH vom 11.02.2004,**[1763] das gegen die Entscheidung des OLG München erging,[1764] geht der BGH mit den Vorgaben des BVerfG wesentlich behutsamer und **ausgewogener** um als die Vorinstanz. Allerdings macht der BGH auch deutlich, dass es ein **Zurück zur vollen Vertragsfreiheit nicht mehr** gibt und daher auch keine allgemeine und für alle Fälle abschließende Antwort auf die Frage, unter welchen Voraussetzungen ein Ehevertrag unwirksam ist oder die Berufung auf eine vertragliche Regelung unzulässig ist.

1125 Wer also gehofft hat, dass sich mit dem Urteil des BGH ein »Ehevertragsmodell« als das haltbare und statthafte herauskristallisiert, der wird enttäuscht sein. Aber: wichtige Maßstäbe waren gesetzt und sind mittlerweile in einer ganzen Reihe von Folgeentscheidungen ausdifferenziert.

▶ Hinweis:

Das BGH-Urteil v. 11.02.2004 setzt wichtige Maßstäbe. Eine allgemeingültige Aussage zur Wirksamkeit von Eheverträgen enthält es jedoch nicht.

1126 Der BGH betont, es gelte **grds.** die **Ehevertragsfreiheit**, die ihre **Grenze** erst dort findet, wo die Vereinbarung den **Schutzzweck der gesetzlichen Regelung** unterläuft.[1765] Die Belastung wird durch eine **Kernbereichslehre** abgestuft, sie wiegt also umso schwerer, je mehr sie in den Kernbereich eingreift. Auf der ersten Stufe des Kernbereichs steht der Unterhalt wegen Kindesbetreuung, dann auf der zweiten Stufe der Unterhalt wegen Alters oder Krankheit sowie der Versorgungsausgleich. Danach rangieren der Unterhalt wegen Erwerbslosigkeit, wegen Alters- oder Krankenvorsorge sowie der Aufstockungs- und Ausbildungsunterhalt. An letzter Stelle steht sodann der Zugewinnausgleich. Der Vertrag ist im Rahmen einer Inhaltskontrolle zunächst einer **Wirksamkeitskontrolle** nach § 138 BGB[1766] und sodann einer **Ausübungskontrolle** nach § 242 BGB zu unterziehen.

1762 Eine Zusammenstellung und Auswertung der BGH-Rechtsprechung findet sich etwa bei *Bergschneider*, Richterliche Inhaltskontrolle von Eheverträgen und Scheidungsvereinbarungen.

1763 FamRZ 2004, 601 = NJW 2004, 930 f. = ZNotP 2004, 157 f. m. Anm. *C. Münch*, ZNotP 2004, 122 f.: hierzu *Wachter*, ZFE 2004, 132 ff.; *Koch*, NotBZ 2004, 147 f.; *Rakete-Dombek*, NJW 2004, 1273 ff.; *Borth*, FamRZ 2004, 609 ff.

1764 OLG München, FamRZ 2003, 35 – nach diesem Urteil wären sehr viele Eheverträge unwirksam gewesen, weil das OLG München anstelle einer Inhaltskontrolle als Missbrauchskontrolle einen strengen Halbteilungsgrundsatz aufstellte. Der hiergegen bereits früher erhobenen Kritik folgt Staudinger/*Thiele*, BGB, Vorbem. zu §§ 1408 ff. Rn. 16 und Staudinger/*Rehme*, BGB, § 1408 Rn. 70.

1765 Krit. zu dieser grundsätzlichen Freiheit *Dethloff*, Familienrecht, § 5, Rn. 27.

1766 Zur Gefahr, dass über diese Generalklausel ein »ehevertraglicher ordre public« durchgesetzt werden soll: Würzburger Notarhandbuch/*J. Mayer*, Teil 3, Kap. 1 Rn. 6.

bb) Ehebedingte Nachteile als Maßstab der Ausübungskontrolle

Die Entscheidungen v. 06.10.2004,[1767] die zum Versorgungsausgleich ergangen sind, verschieben den Schwerpunkt der Inhaltskontrolle auf die Ausübungskontrolle und enthalten hierzu wichtige Leitlinien. Die bedeutsamste Aussage liegt darin, dass es i.R.d. **Vertragsanpassung** bei ehevertraglichem Verzicht auf Versorgungsausgleich regelmäßig **sachgerecht** sei, den Versorgungsausgleich nicht in vollem Umfang durchzuführen, sondern **nur die ehebedingten Versorgungsnachteile des Ehegatten auszugleichen**. 1127

Damit bleibt die vertragliche Regelung des Verzichts auf den Versorgungsausgleich trotz der abweichenden Lebensgestaltung **bedeutsam**. Denn der BGH liest aus dieser Regelung zu Recht den Willen der Vertragsteile, nicht an der Versorgung des höherwertig versorgten Ehegatten teilhaben zu wollen, sondern sich auch im Scheidungsfall mit der eigenen Versorgung zu begnügen. Wenn nun die eigene Versorgung wegen der Berufsaufgabe i.R.d. Kindererziehung nicht mehr sichergestellt werden kann, dann will der BGH die Vertragsanpassung so vornehmen, dass dem **benachteiligten Ehegatten** eine **Versorgung** in der Höhe zugesprochen wird, **wie er sie selbst** bei Weiterführung seiner beruflichen Tätigkeit – also durchaus unter Einschluss üblicher Karriereschritte – **hätte erzielen können**. Obergrenze bleibt aber die gesetzliche Höhe des Versorgungsausgleichsanspruchs. 1128

Mit dieser Aussage betritt der **BGH** Neuland. Er rückt die **Ehebedingtheit des Nachteiles ins Zentrum seiner Überlegungen**, auch wenn diese nicht gesetzliche Voraussetzung der Durchführung des Versorgungsausgleichs ist. An dieser Linie hat der BGH seither festgehalten. 1129

▶ Hinweis:

Der BGH stellt mit seinen Entscheidungen v. 06.10.2004 erstmals die ehebedingten Nachteile in das Zentrum seiner Überlegungen. Deren Ausgleich verhindert die Sittenwidrigkeit. Dies führt die Vertragsgestaltung zu der Überlegung, bei Eheverträgen jedenfalls immer solche Regelungen vorzusehen, welche die ehebedingten Nachteile ausgleichen und diese ggf. noch um eine allgemeine Auffangsklausel zu ergänzen.

cc) Nacheheliche Verantwortung nicht schlechthin abbedungen

Im Fall einer **Heirat in fortgeschrittenem Alter mit ausgeschlossenem Kinderwunsch und grundgelegter Altersversorgung** hat der BGH[1768] bei einem Verzicht auf Zugewinn, Versorgungsausgleich und Unterhalt gegen Zahlung einer Unterhaltsabfindung und der Entrichtung von Beiträgen zur gesetzlichen Altersversorgung entschieden, dass auch auf Kindesbetreuungsunterhalt sowie auf Unterhalt wegen Alters und Krankheit verzichtet werden könne, wenn keine Kinder erwartet würden. Wich- 1130

1767 BGH, FamRZ 2005, 26 und BGH, FamRZ 2005, 185 je m. Anm. *Bergschneider*.
1768 BGH, FamRZ 2005, 691 = DNotZ 2005, 703 = ZFE 2005, 169.

tig ist dem BGH, dass der Ehemann aufgrund der vereinbarten Unterhaltsabfindung seine **nacheheliche Verantwortung nicht schlechthin abbedungen** hat.[1769] Außerdem verneint der BGH das Vorliegen einer Zwangslage.

> ▶ Hinweis:
>
> In bestimmten Ehekonstellationen kann auch auf Kindesbetreuungsunterhalt verzichtet werden. Ein Ehepartner sollte jedoch seine nacheheliche Verantwortung nicht schlechthin abbedingen.

dd) Keine zwingende Halbteilung – Höchstgrenze bei § 1570 BGB

1131 In zwei weiteren Entscheidungen hat der BGH[1770] die **Argumente der Literatur aufgenommen** und seine Rechtsprechung gefestigt. Zugleich hat er einige über den konkreten Fall hinausreichende Anmerkungen und Stellungnahmen abgegeben. Damit ist die Vertragsgestaltung zurück auf festerem Boden.[1771] Der BGH nimmt Stellung zur Frage der **Teilnichtigkeit** und zum **Wegfall (jetzt Störung) der Geschäftsgrundlage**. Er lehnt eine zwingende **Halbteilung** ab und stellt erneut den **Ausgleich ehebedingter Nachteile** in den Mittelpunkt der Überlegungen. Der BGH lässt auch im Bereich des **Kindesbetreuungsunterhalts** eine **Unterhaltshöchstgrenze** zu[1772] und beanstandet die Vorverlegung der Erwerbsobliegenheit nicht.

1132 Den kompletten Ausschluss des Kindesbetreuungsunterhalts nach § 1570 BGB hält der BGH dann nicht für sittenwidrig, wenn entweder aufgrund des Alters der eheschließenden Vertragsparteien keine Kinder mehr erwartet werden[1773] oder wenn die Ehegatten keine Kinder wollen.[1774] Damit ist ausgesprochen, dass in der »double income no kids«-Ehe ein **vollständiger Verzicht auf die gesetzlichen Scheidungsfolgenregelungen** weiterhin **möglich** sein kann, ohne dass diese Regelung sittenwidrig ist. Freilich werden, wenn später doch Kinder geboren werden und ein Vertragsteil seinen Beruf aufgibt, Anpassungen im Wege der Ausübungskontrolle zu erfolgen haben.

1133 Ein **Ausschluss des Unterhalts wegen Alters oder Krankheit** ist nach Ansicht des BGH schon dann nicht sittenwidrig, wenn bei Vertragsabschluss noch gar nicht absehbar ist, wann und unter welchen wirtschaftlichen Gegebenheiten ein Ehegatte

---

1769 *Dauner-Lieb*, FPR 2005, 141 prägte dafür die Bezeichnung: »abdingbare Teilhabe – unabdingbare Verantwortung«.

1770 BGH, FamRZ 2005, 1444 = NJW 2005, 2386 und BGH, FamRZ 2005, 1449 = NJW 2005, 2391.

1771 So *C. Mü*nch, DNotZ 2005, 819 ff.

1772 Bisher offen; vgl. *Grziwotz*, FamRB 2004, 199, 205; für eine Unterhaltshöchstgrenze auch bei § 1570 BGB: *Dorsel*, RNotZ 2004, 496, 500; *Langenfeld*, ZEV 2004, 311, 314; *Rauscher*, DNotZ 2004, 524, 537; OLG Düsseldorf, FamRZ 2005, 216; gegen eine solche Beschränkbarkeit etwa *Gageik*, RNotZ 2004, 295, 301.

1773 BGH, FamRB 2005, 126.

1774 BGH, FamRZ 2005, 1449.

wegen Alters oder Krankheit unterhaltsbedürftig werden könnte. Dies gilt besonders dann, wenn solcher Unterhalt im Anschluss an eine Kindesbetreuung nicht in Betracht kommt.[1775]

ee) Bleiberechtsehe

Mit Beschl. v. 17.05.2006[1776] hat der BGH entschieden, dass für eine Teilnichtigkeit kein Platz ist, wenn bereits die Gesamtwürdigung des Ehevertrages die Sittenwidrigkeit ergibt, weil eine Partei ausnahmslos benachteiligt ist und die Einzelregelungen durch keine berechtigten Belange der anderen Partei gerechtfertigt sind. Der BGH arbeitet ferner heraus, dass bei einer sog. Bleiberechtsehe eine Disparität der Verhandlungsposition vorliegt.[1777] 1134

Mit der Entscheidung v. 22.11.2006[1778] hat der BGH höchstrichterlich erneut einen **Bleiberechtsfall** entschieden. Er hat dabei betont, dass die bisher von ihm entwickelten Grundsätze »**nicht** bedeuteten, dass sich ein Ehegatte über einen ehevertraglichen Verzicht **von jeder Verantwortung für seinen aus dem Ausland eingereisten Ehegatten** in Fällen **freizeichnen kann**, in denen dieser seine bisherige Heimat endgültig verlassen hat, in Deutschland (jedenfalls auch) im Hinblick auf die Eheschließung ansässig geworden ist und schon bei Vertragsschluss die Möglichkeit nicht fern lag, dass er sich – etwa aufgrund mangelnder Sprachkenntnisse, aufgrund seiner Ausbildung oder auch infolge einer Krankheit – im Fall des Scheiterns der Ehe nicht selbst werde unterhalten können.« Die Ehefrau sah der BGH in einer **schwächeren Verhandlungsposition**, da sie ohne die Eheschließung weder eine unbefristete **Aufenthalts-** noch eine **Arbeitserlaubnis** erhalten hätte. 1135

Kritisiert wurde das Urteil, da sämtliche Nachteile des verzichtenden Ehepartners **nicht ehebedingt** waren. Die **Argumentation** des BGH mit der »**konkreten Bedarfssituation**«, die erst durch die Eheschließung entstehe, sei indes **wenig überzeugend.**[1779] Gerade im zu entscheidenden Fall wäre die Situation der Ehefrau aufgrund der Krankheit auch im Ausland keine bessere gewesen, sodass sich für sie durch die Ehe nur Vorteile ergeben haben. Auch die Übersiedlung nach Deutschland lässt sich schwer als ehebedingter Nachteil begreifen, da sie wohl überwiegend auf Wunsch der Ehefrau geschah. 1136

Die **Praxis** wird sich somit darauf einzustellen haben, in Bleibrechtsfällen **keine völligen Verzichte** zu regeln, sondern ggf. nur Ansprüche zu verkürzen, jedoch ein Anspruchsniveau aufrecht zu erhalten, das – bei entsprechender Leistungsfähigkeit des Schuldners – ein Leben in Deutschland ohne Inanspruchnahme sozialer Hilfen ermöglicht. 1137

1775 BGH, FamRB 2005, 126.

1776 BGH, FamRZ 2006, 1097 m. Anm. *Bergschneider* = FF 2006, 200.

1777 Detailliert zur Bleiberechtsehe und krit. zu den Urteilen des BGH: *Kanzleiter*, notar 2008, 354 ff.

1778 BGH, DNotI-Report 2007, 47 = FamRZ 2007, 450 m. Anm. *Bergschneider*.

1779 Krit. auch *Bergschneider*, FamRZ 2007, 453 und *Grziwotz*, DNotZ 2007, 304 f.

ff) Sittenwidrigkeit einer niedrigen Höchstgrenze ohne Indexierung

1138 Mit Urt. v. 07.05.2006[1780] hat der BGH eine **Unterhaltsvereinbarung für den Betreuungsunterhalt** für **sittenwidrig** gehalten. Da offensichtlich nur über diese Frage gestritten wurde, hat er zum Schicksal der in gleicher Urkunde vereinbarten **Gütertrennung und des Pflichtteilsverzichts** leider **nichts ausgesagt.**[1781] Im konkreten Fall hält der BGH eine abgestufte Unterhaltshöchstgrenze von 770 € bei Scheidung in den ersten acht Jahren für sittenwidrig, weil dieser wegen der **fehlenden Indexierung** nicht einmal das Existenzminimum abdeckt und bei einem vorehelichen Verdienst der Ehefrau von etwa 4.300 € auch **nicht annähernd die ehebedingten Nachteile ausgleicht**. Damit wurde der Prüfungsmaßstab strenger, soweit diese Beurteilung nicht auf Besonderheiten des Einzelfalles beruht, die sich allenfalls zwischen den Zeilen ahnen lassen.

> ▶ Hinweis:
>
> Der Terminus der »ehebedingten Nachteile«, der als zentraler Begriff in den letzten Urteilen des BGH verwendet wurde, lässt bei einem Ehepartner, der selbst sehr viel verdient, eine niedrig bemessene Unterhaltshöchstgrenze nicht zu.

gg) Totalverzicht Mittelloser nicht sittenwidrig

1139 Mit dem Urt. v. 25.10.2006[1782] hat der BGH einen Fall entschieden, in dem **beide Ehegatten mittellos** waren und in dieser Situation einen **Totalverzicht für die Scheidungsfolgen** erklärten. Der BGH sieht hier eine einseitige Lastenverteilung im Sinn seiner Rechtsprechung zur Inhaltskontrolle nicht als gegeben an. Die Wechselseitigkeit sei hier echt und nicht nur formal vereinbart. Sodann prüft der BGH nach seiner »alten Sittenwidrigkeitsrechtsprechung« die Belastung eines Sozialhilfeträgers und verneint diese bei beiderseitiger Mittellosigkeit, da hier nicht erst der Unterhaltsverzicht zur Belastung des Sozialhilfeträgers geführt habe.

Klar bringt der BGH zum Ausdruck, dass Lebensrisiken des Partners, die in einer bereits vor der Ehe zutage getretenen Krankheit oder in einer Ausbildung begründet sind, die offenkundig keine Erwerbsgrundlage verspricht, von vornherein aus der gemeinsamen Verantwortung der Ehegatten füreinander herausgenommen werden können.

hh) Nachehelicher Unterhalt von späteren Einkommensentwicklungen abgekoppelt

1140 In einer weiteren Entscheidung[1783] hebt der BGH hervor, ein Ehevertrag könne **wirksam** den **nachehelichen Unterhalt von der späteren Einkommensentwicklung**

1780 LS in FamRZ 2006, 1437 m. Anm. *Bergschneider*; BGH, ZNotP 2006, 428 ff.

1781 *Borth*, FamRB 2006, 325.

1782 BGH, FamRZ 2007, 197 f. m. Anm. *Bergschneider* = DNotZ 2007, 128 m. Anm. *Grziwotz*.

1783 BGH, NJW 2007, 2848.

der Parteien **abkoppeln**. Eine außergewöhnliche Einkommenssteigerung des Unterhaltspflichtigen führt dann nicht zu einer erheblichen Abweichung der Lebensverhältnisse, die eine Vertragsanpassung rechtfertigt. Verwirklicht der Berechtigte eine geplante Teilzeitbeschäftigung aus familiären Gründen nicht, kann eine Vertragsanpassung allenfalls dazu führen, dass die Ehefrau so gestellt wird, als habe sie diese Tätigkeit ausgeübt. Erwerbsnachteile wegen vorehelicher Kinder sind dabei zugunsten des Pflichtigen zu berücksichtigen.

▶ Hinweis:

Voreheliche Qualifikations- oder Gesundheitsdefizite können aus der gemeinsamen Verantwortung der Ehegatten herausgenommen werden.

ii) Zugewinnverzicht auch wirksam, wenn keine Anrechte für den Versorgungsausgleich

In einem **Unternehmerfall**, bei dem keiner der Ehegatten nennenswerte Anrechte für den Versorgungsausgleich erworben hatte, war **Gütertrennung** vereinbart worden. Zu Unterhalt und Versorgungsausgleich waren keine Regelungen getroffen worden. Das Vermögen des Unternehmer-Ehemannes, das dieser zu seiner **Altersvorsorge** bestimmt hatte, war **damit vom Zugewinnausgleich ausgenommen**. Der BGH[1784] lässt dies unbeanstandet und betont, es gebe **keine Pflicht zur Bildung von Anrechten, die in den Versorgungsausgleich fallen**. Sei **von vorneherein klar** gewesen, dass eine Altersvorsorge auf diese Weise nicht aufgebaut würde, so könne kein Ehegatte erwarten, dass diese Lücke durch den Zugewinn ausgeglichen werde.[1785] 1141

jj) Erweiterte Erwerbsobliegenheit bei Kindesbetreuungsunterhalt

Der BGH[1786] hat die **Begrenzung des Kindesbetreuungsunterhalts auf das sechste Lebensjahr des jüngsten Kindes gebilligt**, obwohl dies nach der alten Fassung des § 1570 BGB einer Vorverlegung der Erwerbsobliegenheit gleichkam. Er hat dies damit begründet, dass aufgrund räumlicher Nähe von Arbeitsplatz und Wohnung sowie der Betreuungsmöglichkeiten in der Familie eine Erwerbstätigkeit möglich gewesen ist. 1142

kk) Erkrankung kann ehevertraglichen Ausschluss von Krankheitsunterhalt i.R.d. Ausübungskontrolle als rechtsmissbräuchlich erscheinen lassen

Der BGH hat es für grds. möglich angesehen, dass **eine spätere Erkrankung** einen zunächst wirksam vereinbarten **Ausschluss** des Krankheitsunterhalts **später** als **rechtsmissbräuchlich** erscheinen lassen kann. Allerdings würden auch in einem solchen Fall nur die ehebedingten Nachteile ausgeglichen.[1787] 1143

1784 BGH, NJW 2008, 1076f.

1785 Zum »eingesperrten« Versorgungsausgleich *C. Münch*, FamRB 2008, 350f.

1786 BGH, NJW 2007, 2851.

1787 BGH, NJW 2008, 1080.

ll) Gesamtnichtigkeit bei Ausschluss des Versorgungsausgleichs gegenüber hochschwangerer Verlobter

1144 Zu einer folgenschweren Gesamtnichtigkeit eines Ehevertrages kam der BGH[1788] in einem Fall, bei dem die güterrechtlichen und unterhaltsrechtlichen Verzichte nicht beanstandet wurden. Dass im Ehevertrag jedoch die Mutterrolle der Verlobten und die Aufgabe ihrer Berufstätigkeit hervorgehoben und gleichzeitig der Versorgungsausgleich ausgeschlossen wurde, war dem BGH zu viel, zumal die Verlobte aufgrund des Verfahrensablaufs keine Chance hatte, sich mit dem Ehevertrag vor Beurkundung auseinanderzusetzen. Angesichts der schlimmen Folgen der Gesamtnichtigkeit etwa im güterrechtlichen Bereich darf man allerdings schon fragen, ob bei einem Vertrag, der sich immerhin um eine ausdifferenzierte Unterhaltsregelung bemüht hat, nicht auch eine Ausübungskontrolle im Bereich des Versorgungsausgleichs ausreichend gewesen wäre.

mm) Inhaltskontrolle zugunsten des Unterhaltspflichtigen

1145 Der BGH hat festgestellt, dass eine Inhaltskontrolle von Eheverträgen auch zugunsten des Unterhaltspflichtigen stattfindet, wenn dieser Leistungen über den gesetzlichen Unterhalt hinaus vertraglich zusagt.[1789] Zwar ist laut BGH die Halbteilung nicht Maßstab der Inhaltskontrolle,[1790] aber das Existenzminimum müsse dem Unterhaltspflichtigen nach Verfassungsrecht verbleiben. Im konkreten Fall war vor allem die Wirkung der Vereinbarung zulasten des Sozialhilfeträgers ausschlaggebend.

nn) Reform des Unterhaltsrechts als Grenze der Ausübungskontrolle

1145a Während aufgrund der Reform des Unterhaltsrechts, der erweiterten Dispositionsmöglichkeiten beim Versorgungsausgleich und der Formbedürftigkeit von Unterhaltsvereinbarungen bereits eine Überprüfung der Kernbereichsrechtsprechung des BGH gefordert wird,[1791] verändert der BGH seine Rechtsprechung nur um wenige »Striche«. So stellt er[1792] im Rahmen der Ausübungskontrolle einer Unterhaltsregelung fest, dass die Rechtsfolge, die der Richter anzuordnen habe, wenn der Ehevertrag der Ausübungskontrolle nicht standhalte, im Lichte der Reform des Unterhaltsrechtes zu bestimmen sei und insb. die gesetzlichen Kriterien des § 1570 BGB die Obergrenze für den Unterhaltsanspruch bilden.[1793] Der BGH rückt die ehebedingten Nachteile stärker in den Mittelpunkt und will die Rechtsfolgen der Ausübungskontrolle danach bemessen, inwieweit ehebedingte Nachteile erlitten wurden. Dabei zählt der BGH Nachteile aus der Zeit des Zusammenlebens vor der Ehe ausdrücklich nicht mit.

1788 BGH, FamRZ 2008, 2011 f. = NJW 2008, 3426.
1789 BGH, NJW 2009, 842.
1790 So schon C. Münch, MittBayNot 2003, 107, 109.
1791 *Bergschneider*, FS Hahne, 113 ff.; *ders.*, FamRZ 2011, 1380 f.
1792 BGH, FamRZ 2011, 1377 m. Anm. *Bergschneider.*
1793 Dazu schon OLG Jena, NJW-RR 2010, 649 f.

c) Obergerichte

Das Urteil des BVerfG löste eine Lawine von Urteilen der Obergerichte aus, die sich nun der Inhaltskontrolle von Eheverträgen widmeten. Wie aufgrund der verfassungsrechtlichen Vorgaben nicht anders zu erwarten, bot sich hier das Bild eines vielstimmigen Chores. Dessen Wiedergabe würde den hier vorgegebenen Rahmen sprengen. Im Einzelfall kann es aber angeraten sein, zur Prüfung des Ehevertrages die Rechtsprechung des örtlichen OLG genau zu verfolgen.[1794] 1146

2. Konzept des BGH

a) Dispositionsfreiheit

Seinem Urt. v. 11.02.2004[1795] stellt der BGH den folgenden Satz voran, an dem sich die Interpretation der Entscheidung und der Folgeentscheidungen auszurichten haben wird. 1147

»Die gesetzlichen Regelungen über nachehelichen Unterhalt, Zugewinn und Versorgungsausgleich unterliegen grundsätzlich der vertraglichen Disposition der Ehegatten; einen unverzichtbaren Mindestgehalt an Scheidungsfolgen zugunsten des berechtigten Ehegatten kennt das geltende Recht nicht.«

▶ Hinweis:

Die Ehevertragsfreiheit hat weiterhin Bestand, wenn auch mit bestimmten Schranken, die sich insbes. auf den Kernbereich der Scheidungsfolgenregelungen beziehen.

Das **BGB verzichtet** in §§ 1353, 1356 BGB nunmehr bewusst auf ein **gesetzliches Leitbild der Ehe.**[1796] **Gleiches** gilt für das **Grundgesetz.**[1797] Damit können die Ehegatten in eigener Verantwortung über die Gestaltung ihrer ehelichen Lebensgemeinschaft und damit insbes. über die Rollenverteilung hinsichtlich Erwerbsarbeit, Familienarbeit und Kindererziehung entscheiden,[1798] ohne einem gesetzlichen Leitbild folgen zu müssen. 1148

Das Scheidungsfolgenrecht hingegen bezieht sich nach wie vor auf einen bestimmten Ehetyp, vorwiegend die **Hausfrauenehe.** Es bedarf daher nach Ansicht des BGH[1799] zwingend der Vertragsfreiheit, damit die Ehegatten diese Scheidungsfolgen ihrem 1149

1794 Eine eingehende Übersicht findet sich bei *C. Münch*, Ehebezogene Rechtsgeschäfte, Rn. 630 ff.

1795 BGH, NJW 2004, 930 f.

1796 Palandt/*Brudermüller*, BGB, § 1356 Rn. 1; krit. zum Leitbildcharakter des Scheidungsfolgenrechts *Grziwotz/Hagengruber*, DNotZ 2006, 32, 38.

1797 Ausführlich hierzu *C. Münch*, KritV 2005, 208, 217 f.; zustimmend *Sethe*, in: Höland/Sethe, Eheverträge, 40.

1798 *Hahne*, DNotZ 2004, 84, 88.

1799 BGH, NJW 2004, 930 f.

gelebten Ehetyp[1800] anpassen können. Die im BGB ausdrücklich gegebenen Möglichkeiten zur ehevertraglichen Abänderung der gesetzlichen Scheidungsfolgen in § 1585c BGB für das Unterhaltsrecht, in § 1408 Abs. 1 BGB für das Güterrecht und in §§ 1408 Abs. 2 BGB/§ 7 VersAusglG für den Versorgungsausgleich zeigen, dass das Scheidungsfolgenrecht gerade kein zwingendes, der Parteidisposition entzogenes Recht darstellt.[1801] Damit bedarf nicht die Vertragsfreiheit, sondern ihre Begrenzung einer Legitimation.[1802]

b) Keine zwingende Halbteilung

1150 Der Grundsatz, dass Ehegatten auch nach der Scheidung Anspruch auf gleiche Teilhabe am gemeinsam Erwirtschafteten haben,[1803] schließt schon nach BGH v. 11.02.2004[1804] entgegen der Vorinstanz die Möglichkeit der Ehegatten nicht aus, ehevertraglich durch einvernehmliche und angemessene Regelung etwas anderes zu vereinbaren.[1805] Die dort vom BVerfG ausgesprochene Halbteilung beziehe sich ohnehin **nur** auf die **Unterhaltsbeiträge**, welche die Ehegatten aus Erwerbseinkommen bzw. Familienarbeit erbringen. Pointiert spricht sich *Schwab*[1806] auch gegen das BVerfG gegen den Begriff der Teilhabe im Unterhaltsrecht aus und sieht darin eine unzulässige potenzielle Verlängerung des Güterausgleichs in die Zeit nach der Scheidung hinein. Auch das BVerfG selbst hat in seinem Urteil vom 25.01.2011 ausgesprochen, dass Modifikationen des Grundsatzes von der gleichen Teilhabe am gemeinsam Erwirtschafteten nicht ausgeschlossen sind.[1807]

1151 Noch deutlicher führt der BGH in einem späteren Urteil[1808] aus, dass **Erwerbstätigkeit und Familienarbeit** grds. nur dann als **gleichwertig** behandelt werden, »**wenn die Ehegatten nichts anderes vereinbart haben**«.[1809] Damit erkennt der BGH an, dass sich die Rechtsprechung des BVerfG nur auf die gesetzliche Rechtslage bezieht, die Parteien aber vertraglich davon abweichen können.

1152 Zusätzlich erkennt der BGH die **Autonomie der Ehegatten** bei der Gestaltung ihrer Ehe an und zwar in zweierlei Hinsicht. Zum einen können die Ehegatten die **eheliche Rollenverteilung** abweichend vom Gesetz gestalten;[1810] daraus folgt dann zwingend die Abänderungsbefugnis für die gesetzlich angeordneten Scheidungsfolgen.

1800 Grundlegend zu den Ehetypen: *Langenfeld*, Sonderheft DNotZ 1985, 167, 170 f.; *Langenfeld*, FamRZ 1987, 9 ff.
1801 BGH, NJW 2004, 930 f.
1802 Staudinger/*Rehme*, BGB, § 1408 Rn. 73.
1803 BVerfG, FamRZ 2002, 527 ff.
1804 BGH, NJW 2004, 930 f.
1805 *C. Münch*, MittBayNot 2003, 107, 109; *C. Münch*, FamRZ 2005, 570, 573.
1806 *Schwab*, FF Sonderheft 02/2004, 164, 171.
1807 BVerfG, NJW 2011, 836, Rn. 46.
1808 BGH, FamRZ 2005, 1444.
1809 BGH, FamRZ 2005, 1444.
1810 Ausführlich: *C. Münch*, KritV 2005, 208 ff.

Zum anderen hat der BGH aber auch auf die Frage, warum denn auch diejenigen Ehegatten abweichende Regelungen treffen können, die eine Rollenverteilung gewählt haben, von der auch das Gesetz bei der Bestimmung der Scheidungsfolgen ausgeht,[1811] eine deutliche Antwort gegeben:

> *»Die Ehegatten können, **auch wenn die Ehe dem gesetzlichen Leitbild entspricht**, den wirtschaftlichen Wert von Erwerbseinkünften und Familienarbeit **unterschiedlich gewichten**.«*

Damit können auch in der sog. **Einverdienerehe** bei Diskrepanzfällen Mittelwege beschritten werden, die fern von einer völligen Entsolidarisierung sind, aber nicht den nach dem Gesetz eheangemessenen Unterhalt erreichen. Für die Privatautonomie ist damit ein Stück Terrain zurückgewonnen. Die Ehegatten erhalten eine »Definitionskompetenz« hinsichtlich ihres Eheverständnisses.[1812] 1153

c) Kernbereichslehre

Die Dispositionsfreiheit ist der Grundsatz. Sie gilt aber nicht schrankenlos. Vielmehr wird die **Vertragsfreiheit begrenzt durch den Schutzzweck der gesetzlichen Regelung.**[1813] Die Verletzung dieses Schutzzwecks prüft der BGH sodann dreigliedrig: 1154

- **evident einseitige Lastenverteilung,**
- **nicht** durch individuelle Gestaltung ehelicher Lebensverhältnisse **gerechtfertigt,**
- für den belasteten Ehegatten **unzumutbar.**

Im Anschluss an *Dauner-Lieb*[1814] entwickelt der BGH eine familienrechtliche **Kernbereichslehre** mit einer **Stufenfolge der Scheidungsfolgenansprüche.** Je unmittelbarer die vertragliche Abweichung in den Kernbereich des Scheidungsfolgenrechts eingreift, desto schwerer wiegt die Belastung. Eine ähnliche Einschätzung gibt es bereits im Gesellschaftsrecht.[1815] Der BGH bildet die nachfolgenden Stufen einer **Rangfolge der Disponibilität** der Scheidungsfolgen (Ranking der Scheidungsfolgen).[1816] 1155

aa) Kindesbetreuungsunterhalt nach § 1570 BGB

Auf erster Stufe steht der Betreuungsunterhalt nach **§ 1570 BGB.** Er ist schon durch das betroffene Kindesinteresse **nicht frei disponibel.** Allerdings ist er auch nicht zwingend und jeder Disposition entzogen. Der BGH nennt als Beispiel ein von den Ehegatten abweichend vereinbartes Betreuungsmodell. Damit manifestieren sich 1156

1811 *Dauner-Lieb*, JZ 2004, 1027; daher auch gegen diese Rspr. *Dauner-Lieb*, FPR 2005, 141, 143.
1812 Grziwotz, FamRB 2005, 251.
1813 BGH, NJW 2004, 930 f.
1814 *Dauner-Lieb*, AcP 201 (2001), 295 ff., 319 f.
1815 *K. Schmidt*, Gesellschaftsrecht, § 16 III.
1816 *Wagenitz*, in: Höland/Sethe, Eheverträge, 13.

bereits seit längerer Zeit gegebene Hinweise zur Vorsicht bei Abbedingen des Betreuungsunterhalts.[1817]

1157 Fraglich wird sein, wie sich die Neufassung des § 1570 BGB seit 01.01.2008 auf die Einstufung in die Kernbereichslehre auswirkt, kennt doch die Vorschrift nunmehr verschiedene Abstufungen. Neben dem Grundtatbestand 3-jähriger Unterhaltspflicht gibt es die kindbezogene Billigkeit und schließlich nach § 1570 Abs. 2 BGB die ehegattenbezogene Billigkeit. Ob letztere in ähnlich strenger Weise dem Kernbereich zugehört, ist zumindest fraglich. Da für diesen Annexanspruch nicht mehr in erster Linie das Kindeswohl entscheidet, sollte er disponibler sein.[1818]

1158 **Der dreijährige Basisunterhalt** hingegen **sollte nach Möglichkeit ohne Abänderung bleiben**. Angesichts der kurzen Zeit, die sich zumeist ohnehin noch mit dem nicht verzichtbaren **Trennungsunterhalt überschneidet**, sollte man versuchen, die Mandanten davon zu überzeugen, dass Änderungswünsche für diesen Basisunterhalt zurückgestellt werden, zumal die Unterhaltshöhe auch in Diskrepanzfällen durch den Übergang zur **konkreten Unterhaltsberechnung** eine gewisse **Begrenzung** erfährt.[1819] Wenn dies nicht genügt, kommt allenfalls eine auskömmliche und großzügige Höchstgrenze in Betracht. Eine **zeitliche Verkürzung** oder gar einen **vollständigen Verzicht** auf diesen Basisunterhalt sollte der Vertragsgestalter – jedenfalls ohne Kompensation – **nicht** in Erwägung ziehen. Denn auch nach der Intention des Gesetzgebers bildet dieser Zeitraum ohne Erwerbsobliegenheit und ohne Erwartung einer Fremdbetreuung, aber für eine befristete Zeit, die Basis und damit den Kern und das Minimum des nachehelichen Unterhaltsrechts. Jeglicher Eingriff in diesen Rechtsbereich, der zulasten des Kindes geht, ist mit Gefahren für die Rechtswirksamkeit des gesamten Ehevertrages verbunden. Die Literatur vertritt, dass im Bereich des dreijährigen Basisunterhalts auch die vom BGH früher zugelassene Vereinbarung eines abweichenden Betreuungsmodells nicht mehr zulässig sei, sondern nur noch eine Herabsetzung, wenn dadurch sowohl das Kindesinteresse wie auch die parallele indisponible Untergrenze der §§ 1615l Abs. 3 Satz 1, 1614 BGB für den nicht verheirateten Elternteil (dessen Lebensstellung) nicht unterschritten wird.[1820]

▶ Gestaltungshinweis:

Vorsicht bei Abänderungen im Bereich des dreijährigen Basisunterhaltes. Die bisherige Literatur zum Unterhaltsrechtsänderungsgesetz sieht diesen als nicht disponibel an!

1159 Was die anschließende **Verlängerung aus kindbezogenen Gründen** anbelangt, bleibt festzustellen, dass der **Gesetzgeber den Kindesbetreuungsunterhalt nach § 1570 BGB selbst sehr stark relativiert** und nur den Basisunterhalt als feste Bastion nicht

---

1817 *Bergschneider*, FamRZ 2003, 39.

1818 *Grziwotz*, FamRB 2009, 19, 20; *Hahne*, in: NotRV (Hrsg.), Scheidung, Trennung – Scheidungs- und Trennungsvereinbarungen, 2008, 8, 9/10.

1819 Hierzu *C. Münch*, Ehebezogene Rechtsgeschäfte, Rn. 2207 ff.

1820 *Löhnig/Preisner*, NJW 2012, 1479.

geschliffen hat. Diese Relativierung wird durch die fest bestimmte und kurze Frist des Basisunterhaltes sehr deutlich. Gleichwohl sind bei § 1570 Abs. 1 Satz 2 BGB noch Kindesinteressen betroffen, sodass auch hier noch von einer Schutzwirkung auch zugunsten der Kinder ausgegangen werden muss. Abzuwarten bleibt, wie der BGH dies bei einer Neujustierung seiner Kernbereichsleiter wertet. Bis dahin sollten auch hier nur mit **Vorsicht** abweichende Vereinbarungen beurkundet werden. Die Literatur legt z.T. die gleichen strengen Maßstäbe an wie beim Basisunterhalt.[1821]

Es können jedoch **vertragliche** Vorkehrungen getroffen werden, um das Eingreifen dieses Unterhaltsanspruchs schon von der **Tatbestandsseite** her **auszuschließen**. Es kann z.B. für eine Fremdbetreuung des Kindes Sorge getragen und deren Finanzierung geregelt werden. Dies ist jedoch nur hilfreich, wenn nicht später aus Gründen des Kindeswohls eine Eigenbetreuung erforderlich wird, weil etwa das Kind besondere schulische Schwierigkeiten hat oder die Trennung nicht verkraftet. Bei der Frage der **Höhenbegrenzung** dieses Unterhalts nach § 1570 Abs. 1 Satz 2 BGB gelten die bisher im Rahmen der Inhaltskontrolle angestellten Überlegungen zu Höchstgrenzen beim Kindesbetreuungsunterhalt wohl auch weiterhin,[1822] d.h. es sollten alle ehebedingten Nachteile ausgeglichen und ein Mindestversorgungsniveau unabhängig davon mit Blick auf das Kindeswohl sichergestellt sein. 1160

Der **ehebezogene Betreuungsunterhalt** nach **§ 1570 Abs. 2 BGB** dient nicht mehr dem Schutz des Kindes, er sollte daher eine Stufe tiefer im Kernbereich angesiedelt werden und durch die Ehegatten freier gestaltbar sein. Insbesondere sollte es den Ehegatten möglich sein, die **Billigkeit nach dieser Vorschrift anhand ihres Lebensplanes zu definieren**. Hierbei müssen etwaige ehebedingte Nachteile berücksichtigt werden. 1161

Hierzu kann etwa die Vereinbarung einer Übergangsfrist gehören, deren Länge von der Dauer der Ehe oder dem Lebensalter des Ehegatten abhängig ist. Dies kann – entsprechend dem Gedanken des § 1578b BGB – mit einer langsam abschmelzenden Unterhaltshöhe kombiniert sein.[1823] 1162

bb) Krankheitsunterhalt, Unterhalt wegen Alters, Versorgungsausgleich

Gemeinsam auf der zweiten Stufe der Disponibilitätsrangfolge werden der Krankheitsunterhalt, der Unterhalt wegen Alters und der Versorgungsausgleich eingestuft. Diese Tatbestände gehören **noch mit zum Kernbereich**. Ein Verzicht ist jedoch eher möglich als beim Betreuungsunterhalt. Insbes. kann ein solcher angemessen sein, wenn die Ehe erst im Alter oder nach einer bereits ausgebrochenen Krankheit geschlossen wird.[1824] 1163

1821 *Löhnig/Preisner*, NJW 2012, 1479, 1481.

1822 Vgl. *C. Münch*, Ehebezogene Rechtsgeschäfte, Rn. 822 ff.

1823 Strenger etwa *Berringer/Menzel*, MittBayNot 2008, 165, 168, die nicht innerhalb des § 1570 BGB differenzieren.

1824 BGH, NJW 2004, 930.

cc) Sonstige Unterhaltstatbestände

1164 Der **Unterhalt wegen Erwerbslosigkeit** ist weniger schutzwürdig, weil nach einer nachhaltigen Sicherung des Erwerbseinkommens das Risiko ohnehin auf den Unterhaltsberechtigten übergeht.

1165 **Krankenvorsorge- und Altersvorsorgeunterhalt** hatte der BGH[1825] zunächst auf der folgenden Stufe eingeordnet. Später hat er dann präzisiert[1826] und diesen Unterhalt auf die gleiche Stufe gestellt wie den jeweiligen Elementarunterhalt.

1166 **Aufstockungsunterhalt** (§ 1573 Abs. 2 BGB) und **Ausbildungsunterhalt** (§ 1575 BGB) schließen sich an. Diese Unterhaltsansprüche sind am wenigsten schützenswert, weil das Gesetz hier schon bisher Begrenzungsmöglichkeiten nach Zeit und Höhe vorsah, die jetzt nach § 1578b BGB für alle Unterhaltstatbestände möglich sind. Der Aufstockungsunterhalt ist ohnehin der am meisten kritisierte Unterhaltstatbestand.[1827]

dd) Zugewinnausgleich

1167 Der **Zugewinnausgleich** nimmt **die letzte Stufe** ein und ist somit am ehesten verzichtbar, da er nicht an eine konkrete Bedarfslage anknüpft. Die Vermögensgemeinschaft ist zudem nicht notwendiger Bestandteil der ehelichen Gemeinschaft. Somit wird die Wahl des Güterstandes insbes. nicht durch den Halbteilungsgrundsatz eingeschränkt. Sofern durch Ausschluss des Zugewinnausgleichs der geschiedene Ehegatte später nicht über eigenes Vermögen verfügt und deshalb eine Versorgungslücke auftritt, ist dies in erster Linie unterhaltsrechtlich zu kompensieren. Dies hat der BGH nunmehr auch für den Fall ausgesprochen, dass keine eigenständige im Versorgungsausgleich teilbare Altersversorgung vorliegt.[1828]

1167a Auch wenn der Zugewinnausgleich an letzter Stelle steht, so stoßen doch auch Vereinbarungen zum Güterstand an ihre Grenzen, etwa dann wenn nach langer Ehe im gesetzlichen Güterstand ein Ehegatte auf seinen kompletten (bereits »erdienten«) Zugewinn verzichten soll und damit eine ihm zustehende Rechtsposition vollständig aufgibt.[1829] Ist dies nicht durch nachvollziehbare Gründe gerechtfertigt, sondern im Gegenteil sogar noch von der Drohung mit Trennung diktiert, so kann es durchaus sein, dass eine solche Regelung in der Ausübungskontrolle korrigiert werden muss oder gar an der Wirksamkeitskontrolle scheitert. Eine verstärkte Inhaltskontrolle wird ferner dort gefordert, wo die Versorgungsanrechte nicht über den Versorgungsausgleich geregelt werden können, weil sie sich aufgrund ihrer Struktur alle im Zuge-

1825 BGH, NJW 2004, 930.

1826 BGH, FamRZ 2005, 1449.

1827 *Holzhauer*, JZ 1977, 729, 735 ff.; *Langenfeld*, 4. Aufl., Rn. 268 »Nerzklausel«.

1828 BGH, NJW 2008, 1076 f.

1829 *Schwab*, DNotZ Sonderheft 2001, 9, 17.

winn befinden.[1830] Der BGH hat in diesem Falle die Gütertrennung jedenfalls dann gebilligt,[1831] wenn diese Art der Vorsorge und ihr Ausschluss von vorneherein so bekannt oder geplant waren. Der Verfasser hat in diesen Fällen des »eingesperrten Versorgungsausgleichs« dafür plädiert,[1832] im Falle der Beanstandung im Rahmen der Inhaltskontrolle einen ggf. richterlich angeordneten Ausgleich des Zugewinns in Höhe der ehebedingten Nachteile durchzuführen, nicht aber die gesamte Gütertrennung als unwirksam anzusehen.

In letzter Zeit werden die Stimmen stärker, die auf den Unterschied in der Sichtweise von Gütertrennungsvereinbarungen hinweisen. Während das BVerfG den Teilhabegedanken immer neu stärkt, geht der BGH von einer nahezu vollständigen Disponibilität für güterstandsrechtliche Vereinbarungen aus. Dem vorsichtigen Vertragsgestalter wird daher geraten, eine künftige Höherbewertung des Teilhabegedankens durch den BGH im Blick zu haben und die vermeintlich vollständige Vertragsfreiheit nicht zur Gänze auszuloten.[1833] Es kann vor allem in Fällen, bei denen ein verzichtender Ehegatte ehebedingte Nachteile erleidet, die bis zu einer verminderten Altersversorgung führen, der andere Ehegatte hingegen wohlhabend ist und seine Altersversorgung im Vermögensbereich sichert, die Vereinbarung einer Kompensation dieser ehelichen Nachteile erwogen werden. Hier bietet es sich an, die übliche Sparrate des Verzichtenden und seine Beiträge zu einer Altersversorgung – als wäre die Berufstätigkeit fortgesetzt worden – als Kompensation zu leisten. Dies würde dann auch Ansichten genügen, welche den Zugewinn im Umfang der erlittenen ehebedingten Nachteile nicht für verzichtbar halten.[1834]

Besonders für die Unternehmerehe, in welcher die Rolle des Versorgungsausgleichs **1167b**
funktional vom Zugewinnausgleich übernommen würde, wird diskutiert, die Sicherstellung des Unternehmens auf dieses und seine Wertsteigerung zu begrenzen.[1835] Der Kompensationsgedanke kann das gleiche Ziel erreichen, jedoch ohne die Abgrenzungsprobleme zwischen privatem und betrieblichem Vermögen. Soweit darüber hinaus Teilhabe wegen der Mitwirkung am Erfolg des ausgeschlossenen Unternehmens gefordert wird,[1836] erscheint dies zu pauschal, um zu nachweisbaren Ansprüchen zu gelangen, jedenfalls aber nicht unabdingbar, wie die Formulierung des BVerfG[1837] zeigt. Wenn wirklich ein zu zählender Beitrag zum Unternehmenser-

1830 *C. Münch*, Ehebezogene Rechtsgeschäfte, Rn. 802; *Borth*, FamRB 2005, 177, 180; Palandt/*Brudermüller*, § 1408, Rn. 9.

1831 BGH, NJW 2008, 1076.

1832 *C. Münch*, FamRB 2008, 350 f.

1833 *Bergschneider*, FamRZ 2010, 1857, 1858.

1834 *Meder*, FPR 2012, 113 ff.

1835 *Dauner-Lieb*, FF 2011, 382 ff.

1836 *Dauner-Lieb*, FF 2011, 382, 386.

1837 BVerfG, NJW 2011, 836, Rn. 46.

folg geleistet wird, so sind zumeist auch Zuwendungen zu Zeiten guter Ehe erreichbar, die dies kompensieren.[1838]

Bei allen Kompensationsversprechen sind die **schenkungsteuerlichen Folgen** zu bedenken.[1839]

▶ Hinweis:

Trotz der derzeitigen Rechtsprechung des BGH kann es sich empfehlen, bei erheblicher Vermögensdifferenz Kompensationen für die güterrechtlichen Verzichte zu vereinbaren, um Solidarität in diesem Punkt zu zeigen und künftigen Rechtsprechungsänderungen vorzubeugen. Dies gilt ganz besonders im Hinblick auf eine ausreichende Altersvorsorge.

d) Ehebedingte Nachteile

1168 Ausgehend von diesen Vorgaben gilt es nun zu ergründen, wo die Grenze der privatautonomen Regelungsmöglichkeit verläuft. Für den Kindesbetreuungsunterhalt hat der BGH ausgesprochen, dass eine Regelung nicht schon bei Erreichen des Existenzminimums akzeptabel ist (und schon gar nicht unterhalb dieses Wertes).[1840] Eine Grenze nach unten ist vielmehr nach der Rechtsprechung des BGH dann erreicht, wenn die Unterhaltshöhe nicht annähernd geeignet ist, die ehebedingten Nachteile auszugleichen.[1841]

1169 Damit setzt sich eine schon mit den Urt. v. 06.10.2004 begonnene Tendenz der Rechtsprechung fort, die den **Ausgleich ehebedingter Nachteile** in den **Mittelpunkt** stellt. Dies ist schon bei der literarischen Entwicklung der Kernbereichslehre vorgeschlagen worden.[1842] Nach dem neuen Unterhaltsrecht ist in § 1578b Abs. 1 BGB nunmehr positivrechtlich vorgesehen, dass bei Herabsetzung und zeitlicher Begrenzung des Unterhalts insbes. zu berücksichtigen ist

»[...] inwieweit durch die Ehe Nachteile im Hinblick auf die Möglichkeit eingetreten sind, für den eigenen Unterhalt zu sorgen. Solche Nachteile können sich vor allem aus der Dauer der Pflege oder Erziehung eines gemeinschaftlichen Kindes, aus der Gestaltung von Haushaltsführung und Erwerbstätigkeit während der Ehe sowie aus der Dauer der Ehe ergeben.«

1838 Weitergehend *Dauner-Lieb*, AcP 2010, 580 ff., die im Ausgleich ehebedingter Nachteile eine teleologische Grenze der in § 1408 BGB verankerten Ehevertragsfreiheit sieht. »Eheverträge aus Verzweiflung« sollen mit dem Instrument der Sittenwidrigkeit begegnet werden, »Eheverträgen aus Überoptimismus« hingegen mit der Ausübungskontrolle; *Dethloff*, Familienrecht, § 5, Rn. 29 hält den Zugewinn in arbeitsteiligen Ehen nicht für weitgehend verzichtbar.

1839 Vgl. Rdn. 1050 ff.

1840 BGH, ZNotP 2006, 428 f.

1841 BGH, FamRZ 2005, 1444.

1842 *Dauner-Lieb*, Brennpunkte, 1, 12.

Damit hat die Ehebedingtheit der Bedürftigkeit auch einen positivrechtlichen Ausdruck gefunden. Für sie ist schon bisher eine gesteigerte Bedeutung gefordert worden.[1843] Sie galt zudem als tauglicher Ansatzpunkt für die Reichweite ehevertraglicher Gestaltungsfreiheit.[1844] 1170

Der BGH[1845] wendet inzwischen das Kriterium der ehebedingten Nachteile nicht nur bei der Ausübungskontrolle, sondern bereits bei der Prüfung der Sittenwidrigkeit an. Damit dürfte bestätigt sein, dass **Eheverträge**, welche alle **ehebedingten Nachteile ausgleichen**, jedenfalls **nicht sittenwidrig** sind.[1846] Ausnahmen mögen allenfalls da gerechtfertig sein, wo das voreheliche Einkommen des kindesbetreuenden Ehepartners so niedrig ist, dass den betreuten Kindern bei einer Unterhaltszahlung auf diesem Niveau evident Nachteile drohen. Hat der Ehepartner ein sehr hohes voreheliches Einkommen, greift eine Unterhaltshöchstgrenze, die deutlich darunter liegt, zu niedrig. Allerdings wird hierbei zu berücksichtigen sein, dass bei gemeinsamer Entscheidung beider Ehegatten zur Aufgabe der Berufstätigkeit der Ehefrau dieser unterhaltsrechtlich bei nur einem Einkommen ggf. nicht ihr voreheliches Einkommen als Unterhalt zustehen kann. In den Diskrepanzfällen jedoch sollte sich der Unterhalt der Ehefrau von dem vorehelichen Einkommen des verzichtenden Teiles nicht allzu weit weg begeben und die Indexierung oder sonstige Anpassung sollte nicht übersehen werden. 1171

e) Imparität

Das Vorliegen von Imparität wird vom BGH auf der Grundlage der verfassungsrechtlichen Bedeutung der Vertragsfreiheit.[1847] **überprüft**. Der BGH[1848] spricht sogar ausdrücklich von einer »Zwangslage« – hieraus kann man schließen, dass die allgemeinen Voraussetzungen des § 138 BGB zu untersuchen sind, ohne eine ehevertragsspezifische Änderung[1849] – und prüft den Sachverhalt auf eine gravierende Störung der Vertragsparität als Voraussetzung einer Wirksamkeitskontrolle. Der BGH prüft 1172

1843 *Brudermüller*, FamRZ 1998, 649 ff. m.w.N.

1844 *Dauner-Lieb*, Brennpunkte, 13.

1845 BGH, FamRZ 2005, 1444; BGH, ZNotP 2006, 448.

1846 So *C. Münch*, ZNotP 2004, 122, 130.

1847 *Hohmann-Dennhardt*, FF 2004, 233, 235 fordert den BGH auf, dies noch deutlicher auszusprechen.

1848 BGH, FamRZ 2005, 1444 und 1449.

1849 So auch Würzburger Notarhandbuch/*J. Mayer*, Teil 3, Kap. 1 Rn. 33.

daher bei der Wirksamkeitskontrolle die subjektive Unterlegenheit.[1850] Auch ein Globalverzicht kann bei Verhandlungsgleichgewicht rechtswirksam sein.[1851]

1173 Den Abschluss des Ehevertrages **kurze Zeit vor der Hochzeit**[1852] oder gar am Tag der Hochzeit[1853] diskutiert der BGH nicht weiter, geht also davon aus, dass dies allein keine subjektive Unterlegenheit begründet. Allerdings nimmt der BGH bei Abschluss des Vertrages am Hochzeitstag die Argumentation des OLG auf, dass die Ehefrau den Entwurf einige Tage vor der Hochzeit erhalten und auch überflogen hat. Daher ist sie nicht in einer Zwangslage gewesen. Auf die gelegentlich vorgetragene Argumentation der Zwangslage aufgrund getätigter Hochzeitsvorbereitungen[1854] geht der BGH hingegen nicht ein.

1174 Die Bedeutung der **Schwangerschaft** der Ehefrau bei Abschluss des Ehevertrages fasst der BGH nunmehr so zusammen, dass die Schwangerschaft der Ehefrau für sich allein zwar noch nicht die Sittenwidrigkeit zu begründen vermag, aber eine **ungleiche Verhandlungsposition** und damit eine Disparität bei Vertragsabschluss indiziert.

1175 Man sollte bei der Frage der Imparität aufgrund Schwangerschaft berücksichtigen, dass es nicht die Schwangerschaft allein ist, die das ungleiche Verhandlungsgewicht herbeiführt, sondern der damit verbundene Wunsch, das Kind als eheliches auf die Welt zu bringen oder eine Lebensgemeinschaft mit dem Vater des Kindes zu begründen.[1855] Bei Abschluss eines Ehevertrages nach Heirat fällt diese »Zwangslage« daher wohl weg.

Hinweis:

Die Imparität der Vertragsteile bei Vertragsschluss ist Voraussetzung einer Nichtigkeit oder Anpassung des Ehevertrages.

f) Verfahren der Inhaltskontrolle

1176 Der BGH unterscheidet nun unter dem Oberbegriff der Inhaltskontrolle von Eheverträgen[1856] zwischen der **Wirksamkeitskontrolle** zur Überprüfung, ob der Ehevertrag nach den Umständen bei seinem Zustandekommen sittenwidrig i.S.d.

1850 Vgl. auch AG Rheine, FamRZ 2005, 451: soziale Unterlegenheit durch Suchterkrankung; OLG Celle, FamRZ 2004, 1202 mit strengen Anforderungen an die Verwerflichkeit; OLG Braunschweig, FamRZ 2005, 2071 »unter Ausnutzung der schwächeren Lage«; OLG Hamm, FamRZ 2006, 268; nach *Löhning*, JA 2005, 344 f. muss die Imparität vom bevorteilten Ehegatten erkannt und ausgenutzt sein; relativierend *Wagenitz*, in: Höland/Sethe, Eheverträge, 1, 5.

1851 OLG Hamm, FamRZ 2012, 232 f.

1852 BGH, FamRZ 2005, 1444 – zwei Tage vor der Hochzeit.

1853 BGH, FamRZ 2005, 1449.

1854 *Gageik*, FPR 2005, 122, 124 unter Hinweis auf OLG Koblenz, NJW-RR 2004, 1445.

1855 So nunmehr ausdrücklich und m.E. zutreffend OLG Braunschweig, FamRZ 2005, 2071 m. zust. Anm. *Bergschneider* und OLG Schleswig, NJW-RR 2007, 1012.

1856 Hahne, DNotZ 2004, 84, 94.

§ 138 BGB ist, und der **Ausübungskontrolle** nach § 242 BGB, welche prüft, ob sich der Ehepartner insbes. aufgrund veränderter Umstände auf den Ehevertrag berufen darf.

I.R.d. Wirksamkeitskontrolle prüft der BGH zunächst **jeden einzelnen Verzicht** bzw. Teilverzicht daraufhin, ob er sittenwidrig ist. Hierbei geht der BGH entsprechend seiner Kernbereichslehre von den am wenigsten disponiblen zu den eher verzichtbaren Ansprüchen über. 1177

Anschließend – in neueren Urteilen allerdings auch vorab mit der Wertung, schon in der Gesamtschau habe sich die Sittenwidrigkeit gezeigt – unternimmt der BGH eine abschließende **Gesamtschau** aller bereits einzeln überprüften Klauseln, um festzustellen, ob sich die Sittenwidrigkeit etwa aus dem Zusammenwirken der ehevertraglichen Regelungen ergibt.[1857] In diesem Rahmen ist eine Gesamtabwägung vorzunehmen, die insbes. folgende Kriterien berücksichtigen sollte: 1178

- **Gründe** des Vertragsabschlusses;
- **Umstände des Zustandekommens des Ehevertrages**; unter diesem Punkt bleibt der Ablauf einer ordnungsgemäßen notariellen Beurkundung mit ausführlicher Belehrung und Hinweis auf die Folgen des Vertrages weiterhin zu berücksichtigen.[1858] Sie wird in vielen Fällen die verwerfliche Ausnutzung der Ungleichgewichtslage beseitigen und so die Sittenwidrigkeit ausschließen;[1859]
- beabsichtigte **Gestaltung des Ehelebens** – ehetypengerechter Vertrag;
- Auswirkungen auf Ehegatten und Kinder.

Angesichts der dargestellten Abwägungsgesichtspunkte und des Obersatzes von der grds. Vertragsfreiheit sowie der harschen Rechtsfolge der Nichtigkeit wird das Urteil der **Sittenwidrigkeit auf Extremfälle beschränkt** bleiben müssen.[1860] 1179

Eine Sittenwidrigkeit kommt nach der Rechtsprechung des BGH regelmäßig nur in Betracht, wenn folgende Voraussetzungen vorliegen: 1180

- Abbedingen von Regelungen aus dem **Kernbereich** ganz oder zum erheblichen Teil;
- **keine** ausreichende **Kompensation**;
- keine Rechtfertigung durch die Besonderheiten des **Ehetyps**;
- keine **sonst gewichtigen Belange** des begünstigten Ehegatten.

1857 BGH, FamRZ 2005, 691 = FamRB 2005, 126 und BGH, FamRZ 2005, 1444.

1858 Vgl. *C. Münch*, DNotZ 2004, 901 ff.

1859 Dieser Auffassung hat sich angeschlossen Staudinger/*Thiele*, BGB, Vorbem. zu §§ 1408 ff. Rn. 15; vgl. auch OLG Brandenburg, BeckRS 2010, 21096.

1860 So OLG Hamm, FamRZ 2006, 268.

1181 Für die Wirkung einer salvatorischen Klausel und die Frage der Teilnichtigkeit eines Ehevertrages lässt sich nunmehr wohl wie folgt unterscheiden:

Ist bei **Prüfung der Einzelklauseln** eine Klausel nichtig, kann dies nach § 139 BGB zur Gesamtnichtigkeit führen. Sind die Einzelklauseln für sich gesehen wirksam, kann sich aus der abschließenden **Gesamtschau** ergeben, dass der Vertrag in seiner Gesamtheit durch das Zusammenwirken der einzelnen Klauseln sittenwidrig ist. Eine **salvatorische Klausel** kann dann im ersten Fall bei der Nichtigkeit einer **Einzelklausel** die Nichtigkeit auf diese einzelne Klausel begrenzen, **nicht hingegen** im zweiten Fall, wo die Nichtigkeit gerade aus der **Gesamtschau** resultiert.[1861]

1182 Nach der Wirksamkeitskontrolle schließt sich die **Ausübungskontrolle** an, die der BGH auf § 242 BGB stützt. Allerdings ist das genaue dogmatische Fundament der Ausübungskontrolle noch immer nicht vollends geklärt. Der BGH will geprüft wissen, ob sich im **Zeitpunkt des Scheiterns** der Ehe der Ausschluss der Scheidungsfolgen als eine evident einseitige Lastenverteilung darstellt, sodass es dem begünstigten Teil **verwehrt** ist, sich auf den – wirksam vereinbarten – **Verzicht zu berufen**. An die Stelle des Verzichtes tritt aber nicht automatisch die gesetzliche Rechtslage, sondern der Richter bestimmt die gültige Rechtsfolge. Diese wird i.d.R. nur so weit reichen, dass die ehebedingten Nachteile ausgeglichen werden.[1862] Der BGH will daneben auch die Grundsätze der Störung der Geschäftsgrundlage nach § 313 BGB anwenden,[1863] ohne dass die Abgrenzung ganz klar wäre. In Fällen vertraglicher Risikoübernahme kann hierauf jedoch nicht zurückgegriffen werden. Gleichwohl findet eine **Ausübungskontrolle** statt.[1864]

1183 Der BGH macht deutlich, dass ein Wegfall bzw. eine Störung der Geschäftsgrundlage **nicht schon** dann in Betracht kommt, wenn ein Vertragspartner ein **erheblich höheres Einkommen** als der andere hat, da Eheverträge üblicherweise gerade deswegen geschlossen werden.[1865]

1184 Die Gerichte unterwerfen auch Scheidungsvereinbarungen[1866] und Unterhaltsvereinbarungen nach Scheidung[1867] der Inhaltskontrolle. Hierbei berücksichtigt die Recht-

1861 BGH, FamRZ 2006, 1097; vgl. *Brambring*, FPR 2005, 130, 132.

1862 BGH, FamRZ 2005, 185; BGH, FamRZ 2005, 1449; KG, FamRZ 2011, 1587 m. Anm. *Bergschneider*; *Löhning*, JA 2005, 344, 346.

1863 BGH, FamRZ 2005, 185; vgl. auch Hahne, in: Schwab/*Hahne*, Familienrecht, 181, 200: aus § 242 BGB nun ausgegliederter Bereich des Wegfalls der Geschäftsgrundlage; ebenso Palandt/*Grüneberg*, BGB, § 313 Rn. 10, 50 ff.; für ungeklärt hält die Frage *Sarres*, FF 2006, 242, 244.

1864 So etwa der Sachverhalt des Urteils BGH, FamRZ 2005, 1444, wo der Notar ausdrücklich angeregt hat, den Unterhaltsverzicht für den Fall, dass aus der Ehe Kinder hervorgehen, unter die auflösende Bedingung zu stellen.

1865 BGH, FamRZ 2005, 1444.

1866 OLG Celle, DNotI-Report 2004, 81; OLG Celle, FamRZ 2004, 1969; OLG München, FamRB 2005, 3.

1867 OLG München, FamRB 2005, 3.

sprechung auch **Umstände**, die erst weit **nach der Scheidung** eingetreten sind. Gleiches wird dann auch für Prozessvergleiche zu gelten haben.[1868]

Die Ausübungskontrolle hat – im Gegensatz zur Nichtigkeit – zusätzlich auch eine **zeitliche Komponente**. Das bedeutet, dass die Berufung auf Scheidungsfolgeregelungen ggf. auch nur für einen bestimmten Zeitraum ausgeschlossen sein kann, so etwa bei einem kompletten Unterhaltsverzicht für die Zeit der Kindesbetreuung.[1869] 1185

Auch wenn zwischen dem Paukenschlag des BVerfG aus dem Jahre 2001[1870] und heute nur etwas mehr als ein Jahrzehnt liegt, so kommt doch der aufmerksame literarische Betrachter[1871] zum Ergebnis, die Rechtsprechung zur Inhaltskontrolle sei überholt, da sich die »juristische Großwetterlage« durch die Reform des Unterhaltsrechts und die Erweiterung der Dispositionsmöglichkeiten beim Versorgungsausgleich verändert habe. Der stete Wandel[1872] wird also den Vertragsgestalter weiter begleiten, sodass es gilt, mit Aufmerksamkeit der Rechtsprechung zu folgen.

3. Auswirkungen auf das Beurkundungsverfahren

Im Hinblick auf die Parität der Ehegatten kann die notarielle Beurkundung Schutzwirkung entfalten. Die Umstände der notariellen Beurkundung sind insoweit i.R.d. Gesamtabwägung zu berücksichtigen.[1873] Das erfordert zugleich, dass die notarielle Beurkundung von Eheverträgen einen gewissen Verfahrensstandard[1874] einhält, damit die Herstellung der Parität zwischen den Ehegatten gelingt. 1186

a) Vertragsvorlauf

Ratsam ist es, **beide Vertragsteile** rechtzeitig in die Vertragsgestaltung einzubinden und mit ihnen eine **Vorbesprechung** über den beabsichtigten Inhalt des Ehevertrages und seine Konsequenzen zu führen. Aus dieser Vorbesprechung sollte ein **Vertragsentwurf** resultieren, den die Vertragsteile **rechtzeitig** vor Beurkundung erhalten.[1875] Dies gilt im gleichen Umfang für eine anstehende Scheidungsvereinbarung. Sind die Ehegatten zusätzlich anwaltlich vertreten, soll der Entwurf zugleich Gelegenheit 1187

1868 *Grziwotz*, FamRB 2005, 4.

1869 MünchKomm-BGB/*Maurer*, § 1585c Rn. 44.

1870 BVerfG, ZNotP 2001, 161 = FamRZ 2001, 343 = MittBayNot 2001, 207 = DNotZ 2001, 222 und BVerfG, ZNotP 2001, 241 = FamRZ 2001, 985 = MittBayNot 2001, 485 = DNotZ 2001, 708.

1871 *Bergschneider* in FS Hahne, 113 ff.

1872 Vgl. *Siegler*, MittBayNot 2012, 95 ff.

1873 Hierzu näher *C. Münch*, DNotZ 2004, 901 ff.

1874 Vorschläge für den gerichtlichen Verfahrensstandard gipfeln darin, nur noch gemischtgeschlechtlich besetzte Senate entscheiden zu lassen, *Bergmann*, FF 2007, 16, 20.

1875 *Bergschneider*, FamRZ 2004, 1757, 1764 weist auf den Maßstab des § 17 Abs. 2a Nr. 2 BeurkG hin und plädiert für eine vergleichbare Frist; vgl. auch *Bredthauer*, NJW 2004, 3072 f.

geben, die Anwälte in die Prüfung des Vertrages einzubinden, sofern sie nicht ohnehin bereits Vorgaben für die Scheidungsvereinbarung gemacht haben.

Die Rechtsprechung erkennt ausdrücklich an, dass eine Vorbesprechung und spätere Beurkundungsverhandlung, bei der jeder Vertragsteil die Möglichkeit der Mitwirkung und Gestaltung des Vertrages gehabt und genutzt hat (»nicht ausschließlich passiv über sich ergehen lassen«), eine vorhandene Imparität sogar in Fällen der Schwangerschaft beseitigen kann.[1876]

1188 Die **eigene anwaltliche Beratung** allein im Interesse des verzichtenden Mandanten kann ganz erheblich zur Herstellung der Parität beitragen,[1877] wenngleich sie allein nicht vor der Inhaltskontrolle bewahrt, wie das erste Urteil des BVerfG zur Inhaltskontrolle von Eheverträgen zeigt.[1878] Dort hat gerade die verzichtende Ehefrau den schriftlichen Unterhaltsverzicht anwaltlich ausarbeiten lassen. Solche Beratung ist also nicht zwingend, aber in bestimmten Fällen durchaus sinnvoll, gerade wenn entsprechende Ergänzungen zugunsten des verzichtenden Teiles im Ergebnis erreicht werden. Sie liegt insoweit sogar im Interesse des vermeintlich stärkeren Vertragsteiles.[1879] Als Beispiel hierzu mag ein Urteil des **OLG Hamm** dienen,[1880] in dem das Gericht ausgeführt hat, der zunächst eingeschaltete Notar habe ausdrücklich dahin beraten, die Ehefrau möge zur Wahrung ihrer Interessen selber einen Anwalt konsultieren. Dann sei es nach Treu und Glauben ausgeschlossen, sich auf unzureichende Beurteilungsgrundlagen zu berufen, wenn man aus Ersparnisgründen solche Beratung nicht eingeholt und das Risiko einer nicht optimalen Trennungs- und Scheidungsfolgenvereinbarung bewusst in Kauf genommen habe.

▶ Hinweis:

Gelegentlich ist es Vertragsteilen, die den Notar zur Festlegung eines einvernehmlichen Ehevertrages aufsuchen, zu empfehlen, dass der verzichtende Vertragsteil sich – auch im Interesse des anderen Vertragsteiles, der einen wirksamen Vertrag erstrebt – eigens anwaltlich beraten lässt; dies insbes. dann, wenn auf der Seite des begünstigten Ehegatten eigene Anwälte, Firmenjuristen etc. bereits tätig geworden sind.

1189 Da verschiedentlich eine Zwangslage im Abschluss eines Ehevertrages unmittelbar vor der Hochzeit erblickt wurde, insbes. wenn der eine Vertragspartner diesen Vertrag dem anderen unvermittelt unterbreitete, sollte **zwischen dem Vertragsabschluss**

1876 OLG Brandenburg, BeckRS 2010, 21096.

1877 So ausdrücklich OLG Koblenz, FamRZ 2004, 205; OLG Hamm, OLGR 2006, 731 f.; *Wachter*, ZFE 2004, 132, 137; *Kilger*, FF 2005, 292.

1878 BVerfG, DNotZ 2001, 222 = FamRZ 2001, 343; andererseits hält das OLG Stuttgart, FamRZ 2007, 291 m. Anm. *Bergschneider* einen Globalverzicht zulässig unter Hinweis darauf, dass der Bevorteilte nicht den Ehevertrag veranlasst hat, sondern die Benachteiligte.

1879 *Haußleiter/Schiebel*, NJW Spezial 2004/1, 7.

1880 OLG Hamm, OLGR 2006, 731.

und dem **Hochzeitstermin** noch **ausreichend Zeit** liegen. Wenn dies nicht mehr möglich ist, weil die Parteien zu spät zur Beratung kommen, kann auf das gesteigerte Risiko hingewiesen werden. Allerdings vertrete ich die Ansicht, dass – nach entsprechenden Hinweisen auf die Bedeutung der vertraglichen Abreden – ein Ehegatte, der einen solchen Vertrag nicht unterzeichnen will, auch in der Lage sein sollte, dies selbst angesichts getroffener Hochzeitsvorbereitungen zu vertreten, jedenfalls dann, wenn längerfristige Verhandlungen über den Abschluss des Ehevertrages vorangegangen sind und nur der Abschluss selbst zeitlich nahe dem Hochzeitstermin stattfindet. Anders mag dies dann sein, wenn ein Partner erst unmittelbar vor der Hochzeit mit einem bereits vorbereiteten Ehevertrag konfrontiert wird.[1881] Der BGH[1882] geht freilich hierauf nicht gesondert ein, obwohl in einem Fall der Vertrag nur einen Tag vor der Hochzeit geschlossen wurde. Daraus wird man schließen müssen, dass allein der Vertragsschluss unmittelbar vor der Hochzeit noch keine Zwangslage begründet.

b) Übersetzung

Sofern einer der Beteiligten Ausländer ist, sollte unbedingt ein **Dolmetscher** herange- 1190
zogen werden, und zwar zur **Vorbesprechung**, zur Übersetzung des Vertragsentwurfes und auch zur **Beurkundung**. Das Urteil des OLG Köln, das einen Ehevertrag trotz erheblicher sprachlicher Schwierigkeiten für wirksam erklärt,[1883] wird kein Allheilmittel sein, wenn es um die Frage unterlegener Verhandlungsposition geht. Dass ein Ehevertrag mit Ausländern bei Einhaltung und sorgfältiger Beachtung aller Übersetzungen hält, auch wenn der ausländische Partner, wie dies im Scheidungsfall sehr oft geschieht, vorträgt, er habe der Beurkundung sprachlich nicht folgen können, zeigt ein Urteil des OLG Koblenz.[1884] Man sollte sich daher angewöhnen, stets eine **schriftliche Übersetzung** anfertigen zu lassen, auch wenn § 16 Abs. 2 BeurkG dies nicht zwingend vorschreibt. Der Einwand, dass der ausländisch sprechende Ehegatte Verständnisprobleme hatte, kann häufig sonst nicht widerlegt werden. Die Übersetzung sollte von einem öffentlich vereidigten Übersetzer durchgeführt werden, damit gewährleistet ist, dass die Fachsprache ausreichend berücksichtigt worden ist.[1885]

c) Persönliche Anwesenheit

Damit eine unterlegene Verhandlungsposition schon von der formalen Seite her 1191
nicht gegeben ist, sollte man von der nach der Rechtsprechung des BGH[1886] mögli-

---

1881 So auch *Rauscher*, DNotZ 2004, 524, 541; vgl. *Büttner*, FF 2001, 65, 66.

1882 BGH, FamRZ 2005, 1449.

1883 OLG Köln, MittBayNot 2002, 293.

1884 OLG Koblenz, NJW 2003, 2920 = FamRZ 2004, 200 m. Anm. *Bergschneider*.

1885 Hierzu *Wachter*, ZNotP 2003, 408, 418; für dieses strengere Prozedere nun auch *Langenfeld*, Eheverträge, Rn. 30; *Sanders*, FuR 2005, 104, 109 sieht Fehler des Übersetzers dem Notar nach § 278 BGB zurechenbar, eine Ansicht, welche die Anforderungen an die Arbeit des Notars deutlich überspannt.

1886 BGH, DNotZ 1999, 46; MünchKomm-BGB/*Kanzleiter*, § 1410 Rn. 4; krit. *Wegmann*, Eheverträge, Rn. 74.

chen Gestaltung eines Vertragsabschlusses aufgrund formloser Vollmacht durch den anderen Vertragsteil keinen Gebrauch mehr machen, sondern **auf der persönlichen Anwesenheit beider Vertragsteile bestehen.**

d) Dokumentation

1192 Die notarielle Urkunde sollte dieses Verfahren auch dokumentieren. Empfehlenswert ist es also, den Entwurfsversand und die Besprechungen ebenso in der Urkunde festzuhalten wie die anwaltliche Vertretung.

1193 Den Schriftverkehr mit den Mandanten und die verschiedenen Entwurfsfassungen sollte man bei den Nebenakten komplett aufbewahren und nach § 5 Abs. 4 DONot mit einem Vermerk über eine längere Aufbewahrungsfrist versehen.

1194 Dokumentieren sollten die Notare auch die zur Urkunde gegebenen Erläuterungen und Belehrungen durch ausführliche Belehrungsvermerke.

1195 Gleiches gilt für die im Vorfeld beteiligten anwaltschaftlichen Vertreter. Eine Dokumentation der Hinweise zur Inhaltskontrolle von Eheverträgen wird hier immer sinnvoll sein.

▶ Gestaltungshinweis:

Ganz wichtig ist es, die Rechtsprechung des BGH zur Inhaltskontrolle auch im Beurkundungsverfahren umzusetzen und insoweit den Ehegatten Schutz durch Verfahren zu gewähren.

4. Auswirkungen auf die allgemeinen Urkundsinhalte

1196 Nach dem Verfahren soll der Blick zunächst auf die allgemeinen Urkundsbestandteile gerichtet sein, bevor auf die Scheidungsvereinbarung und die Scheidungsimmobilie in der Inhaltskontrolle eingegangen wird.

a) Präambel

1197 Der 15. Deutsche Familiengerichtstag[1887] gibt folgende Empfehlung:

> *»Die Vertragsgrundlagen in Bezug auf die Gestaltung der ehelichen Lebensverhältnisse (jeweilige berufliche Tätigkeit des Ehegatten, Betreuung eines gemeinschaftlichen Kindes, Führung einer kinderlosen Ehe) sind im Ehevertrag so konkret wie möglich festzuhalten.«*

1198 Nach Auffassung des BGH im Urt. v. 11.02.2004[1888] ist in die **Gesamtschau** sowohl die beabsichtigte wie auch die verwirklichte Gestaltung des ehelichen Lebens einzubeziehen. Danach hat der Richter später i.R.d. Wirksamkeitskontrolle auf die individuellen Verhältnisse bei Vertragsschluss abzustellen, insbes. also auf die Einkom-

---

1887 FuR 2004, 18 ff.
1888 BGH, NJW 2004, 930 ff.

mens- und Vermögensverhältnisse, den **geplanten oder bereits verwirklichten Zuschnitt der Ehe** sowie auf die Auswirkungen für Ehegatten und Kinder. Subjektiv sind die von den Ehegatten mit dem Vertrag verfolgten Zwecke und sonstigen Beweggründe bedeutsam. Wenn der Richter dies in seiner späteren Wirksamkeitskontrolle berücksichtigen muss, dann wird auch der Anwalt und der Notar für seine Beurteilung des Vertrages diese Gesichtspunkte zu erfragen haben. Nur dann ist er in der Lage, einen der Ehekonstellation entsprechenden Vertrag vorzuschlagen. In der Literatur häufen sich die Stimmen,[1889] diese Ausgangssituation der Vertragsteile auch in einer **Präambel**[1890] zur Urkunde festzuhalten. Dies dokumentiert, dass die Ehegatten übereinstimmend von den entsprechenden Angaben ausgingen und erleichtert später dem Richter die Ermittlung der zum Zeitpunkt des Vertragsschlusses vorliegenden Gegebenheiten.

In dieser Präambel könnte auch die künftige **eheliche Rollenverteilung** angesprochen sein, die wohl wieder mehr Bedeutung erlangt, jedenfalls insoweit, als einseitige Abweichungen von dieser Rollenverteilung nunmehr dazu führen können, dass auch der andere Teil die entsprechende (nach-) eheliche Solidarität nicht mehr schuldet.[1891] Dies könnte eine Anpassung bei einer einseitigen Abweichung ganz ausschließen.[1892] Auch in einem jüngeren Urteil[1893] **interpretiert der BGH den Ehevertrag** und sucht aus ihm eine eheliche Rollenverteilung zu entnehmen, die er darin findet, dass im Ehevertrag immer nur von Kindesbetreuung durch die Mutter und einem darauf beruhenden Unterhaltsanspruch die Rede ist. Die Unterbrechung der Erwerbsarbeit der Mutter habe daher der gemeinsamen Lebensplanung entsprochen. Somit wird die Ehebedingtheit dieser Unterbrechung begründet. Dies wird m.E. dem zugrunde liegenden Ehevertrag nicht gerecht, der sogar Unterhalt vorsieht, wenn die Ehefrau durch die Erziehung der Kinder nicht an der Ausübung einer beruflichen Tätigkeit gehindert ist. Für den **Vertragsgestalter in Diskrepanzfällen** ergibt sich daraus der Ratschlag, ausdrücklich festzuhalten, dass eine **Betreuung der Kinder durch Dritte personell und finanziell ohne weiteres darstellbar** ist, sodass die Ehefrau ihrem vorehelichen Beruf jederzeit weiterhin nachgehen kann. 1199

Die **Bedeutung der Parteiintentionen** lässt sich an einem Urteil des BGH[1894] ermessen. Beide Ehegatten waren berufstätig und wollten keine Kinder, sondern vielmehr 1200

1889 *Bergschneider*, FamRZ 2004, 1757, 1764; *Dauner-Lieb*, FF 2004, 65, 69; Formularbuch/*Brambring*, V.6., Anm.4; *Brambring*, Rn. 13; *Langenfeld*, Rn. 88; *Gageik*, RNotZ 2004, 295, 312; *Grziwotz*, FamRB 2004, 199, 203; differenzierend *J. Mayer*, FPR 2004, 363, 369 f.: erweiterte Sachverhaltsangaben ja, Motive nein im Hinblick auf spätere Beweislast; *Borth*, FamRZ 2004, 611 weist auf die Beweislastprobleme hin, wenn der Ehevertrag keine Angaben zur Motivation enthält.

1890 Hierzu *Langenfeld*, Vertragsgestaltung, Rn. 243 ff.

1891 BGH, NJW 2004, 930 ff.; vgl. auch *Rauscher*, DNotZ 2004, 524, 545; *Dauner-Lieb*, FF 2004, 65, 68 hält dies für den wirklich aufregenden Teil des Urteils.

1892 *Langenfeld*, Eheverträge, 5. Aufl., Rn. 90; *Löhning*, JA 2005, 344, 346.

1893 BGH, ZNotP 2006, 428 ff.

1894 BGH, FamRZ 2005, 1449.

berufstätig bleiben und Karriere machen. Der BGH hat aus diesem Grund den kompletten Ausschluss des Kindesbetreuungsunterhalts zugelassen, ohne zu einer Sittenwidrigkeit zu gelangen. Erst bei der Ausübungskontrolle wurde dem Umstand, dass später doch Kinder geboren wurden, Bedeutung beigemessen.

1201 Freilich darf auch die **Gefahr einer erweiterten Präambel** nicht übersehen werden: Bei einer Änderung der Verhältnisse werden Vertragsteile und Gerichte Ansprüche aus einer Störung der Geschäftsgrundlage[1895] oder eine Ausübungskontrolle auf diese Abreden stützen. Außerdem ist die Euphorie zu Beginn der Ehe oft so groß, dass die Vertragsparteien zu unrealistischen Lebensentwürfen neigen. Der Rat, diese zu korrigieren, ergeht durchaus zu Recht,[1896] damit nicht am Ende die Euphorie[1897] zum Maßstab der Ausübungskontrolle wird.[1898]

▶ Hinweis:

Die Präambel mit der Darlegung der Vorstellungen der Ehegatten über eheliche Rollenverteilung sowie wichtige Eckdaten der wirtschaftlichen Situation der Ehe wird im Ehevertrag der Regelfall werden.

1202 Die dort vorgesehenen Daten und Angaben wollen die Vertragsteile zumindest in vorsorgenden Eheverträgen zumeist nicht in die Urkunde aufnehmen lassen. Es wird daher einige Überzeugungskraft benötigen, darzulegen, dass dies dennoch sinnvoll ist.

1203 Die nachfolgende Formulierung einer derartigen Präambel ist sehr ausführlich. Sie muss keinesfalls immer in dieser Art verwendet werden.

1204 ▶ Formulierungsvorschlag (Präambel I):

Wir sind in beiderseits erster Ehe verheiratet. Unsere Ehe haben wird am ..... vor dem Standesbeamten in ..... geschlossen.
Wir haben bisher weder einen Ehe- noch einen Erbvertrag geschlossen und leben somit im gesetzlichen Güterstand.
Keiner von uns hat Kinder. Ein aktueller Kinderwunsch besteht nicht. Wir möchten vielmehr derzeit eine gleichberechtigte Partnerschaftsehe führen.
Ich, die Ehefrau, habe Germanistik und Pädagogik studiert und bin als Beamtin (Oberregierungsrätin) im Bayerischen Staatsministerium für Unterricht und Kultur tätig. Mein monatliches Nettoeinkommen beträgt derzeit ..... €.
Ich, der Ehemann, bin Schreinermeister und betreibe eine Möbelschreinerei in der Rechtsform eines Einzelunternehmens. Im Durchschnitt der letzten drei Jahre lag mein monatlicher Nettogewinn nach Abzug von Krankenversicherung und Altersversorgung, die im Wesentlichen durch Kapitallebensversicherungen abgesichert wird, bei monatlich ..... €.

1895 Vgl. hierzu schon in der Vergangenheit etwa OLG München, FamRZ 1995, 95 und KG, FamRZ 2001, 1002 jeweils zum Versorgungsausgleichsverzicht.

1896 *Schubert*, FamRZ 2001, 733, 738.

1897 Neuerdings zur Kategorie der »Eheverträge aus Überoptimismus« *Dauner-Lieb*, AcP 2010, 580 ff.

1898 Hiervor warnt *Bergschneider*, FamRZ 2004, 1757, 1764.

Für den Fall, dass wir später Kinder haben sollten, sind wir uns darüber einig, dass ich, die Ehefrau, für einige Jahre die Kindererziehung übernehme. Mit Erreichen des Kindergartenalters soll die Betreuung von Kindern jedoch durch Tagesmütter sichergestellt werden, soweit sie nicht durch Verwandte geleistet wird.
Wir leben beide in guten finanziellen Verhältnissen, nicht zuletzt deswegen, weil jeder von uns im Wege der vorweggenommenen Erbfolge bereits Vermögenswerte von seinen Eltern erhalten hat.
Wir möchten daher für unsere Ehe Folgendes vereinbaren: .... .

Grziwotz[1899] schlägt für die Partnerschaftsehe folgende Formulierung in einer Präambel vor: 1205

▶ Formulierungsvorschlag (Präambel II):

Im Übrigen wollen wir eine partnerschaftliche Ehe führen; dies betrifft auch die Verantwortungsübernahme für den Partner. Wir erklären nach Hinweis durch die Notarin ausdrücklich, dass wir unsere Ehe im Fall ihres Scheiterns nicht als Unterhaltsehe betrachten und kein Partner für den anderen unterhaltsrechtlich auch Risiken abdecken soll, die nichts mit unserer Lebensgemeinschaft zu tun haben. Dies betrifft insbesondere die Erkrankung oder Arbeitslosigkeit eines Partners .... .

b) Teilunwirksamkeit

Bei der geschilderten **Prüfungsmethodik** des BGH kann eine **Teilnichtigkeit nur** 1206
vorkommen, wenn zwar eine **Einzelklausel** nichtig ist, der Rest des Vertrages aber Bestand haben kann. Hier hat die salvatorische Klausel ihren Platz und kann, wenn sie ernst gemeint und nicht als bloße Floskel verwendet ist, die Nichtigkeit auf die beanstandete Klausel beschränken. Wenn jedoch in der **Gesamtabwägung** die Summe aller Klauseln das Verdikt der Sittenwidrigkeit des Gesamtvertrages bedingt, dann ist der Vertrag damit in allen seinen Teilen sittenwidrig.[1900] Hier **hilft** also eine **salvatorische Klausel nicht.**[1901]

Während einerseits die Wohltat der Kompensation eine an sich nicht zulässige Klau- 1207
sel haltbar macht, würde andererseits eine eigentlich unbedenkliche Klausel wie die Vereinbarung der Gütertrennung durch zusätzliche Einschränkungen und Belastungen sozusagen infiziert, wenn die Gesamtschau zur Sittenwidrigkeit führt.

Noch zu klären ist, ob Klauseln als »**Auffanglinien**« verwendet werden können, die 1208
etwa aussagen, dass im Fall der Sittenwidrigkeit des Vertrages bei Verwendung der ursprünglich gewollten Klausel eine andere Klausel Platz greifen soll. Dies wird dort keine Beachtung finden können, wo in einer Art **Reduktionskaskade** zunächst die schlimmste Rechtsfolge benannt wird und dann jeweils weniger einschneidende, sodass der Richter sich hier die Linie aussuchen müsste, die gerade noch hält.

1899 *Grziwotz*, MDR 2005, 73, 78.

1900 Zur Summenwirkung bei der Sittenwidrigkeitsprüfung: Staudinger/*Sack/Fischinger*, BGB, § 138 Rn. 70 ff.

1901 Vgl. *Brambring*, FPR 2005, 130, 132; *Brambring*, NJW 2007, 865, 869; BGH, ZNotP 2006, 428 ff.

1209 Im Einzelfall kann es aber schon angemessen sein, eine alternative Rechtsfolge zu benennen, wenn ein Gericht sonst von der Sittenwidrigkeit ausgehen müsste. Hier sollten auch die Schwierigkeiten der Vertragsgestaltung bei unsicheren Grenzlinien in die Wertung einbezogen werden.[1902]

1210 Nach diesen Ausführungen ist die **salvatorische Klausel** weiterhin empfehlenswert, und zwar aus mehreren Gründen:

- Zum Ersten kann sie einen Anwendungsbereich finden, wenn nur eine Einzelklausel als nichtig angesehen wurde, der Rest des Vertrages aber wirksam bleiben kann.
- Zum Zweiten sollen die Eheverträge eine lange »Haltbarkeitsdauer« haben und niemand weiß, wie sich die Rechtsprechung in späteren Jahren entwickelt.
- Schließlich kann die zuvor diskutierte salvatorische Klausel Bedeutung auch bei der **Ausübungskontrolle** haben, in deren Rahmen lediglich eine einzelne Regelung beanstandet wird. Sie zeigt nämlich, dass die Vertragsparteien trotz Beanstandung einer Klausel und Änderung einer Rechtsfolge am übrigen Vertragsinhalt unverändert festhalten wollen. Sie bezieht sich dann allerdings nicht auf eine Teilnichtigkeit, sondern auf die Teilanwendbarkeit. Hier kann sie für einen Richter i.R.d. Ausübungskontrolle durchaus ein wertvoller Hinweis sein.[1903]

▶ Hinweis:

Salvatorische Klauseln sollten in den Ehevertrag aufgenommen werden.[1904]

c) Allgemeine Auffangklausel zur Vermeidung ehebedingter Nachteile

1211 Auch wenn sich der BGH ausdrücklich dagegen gewandt hat, bei zu weitgehenden Klauseln eine geltungserhaltende Reduktion durchzuführen,[1905] kann doch überlegt werden, bei einem Ehevertrag, der sich in seinen Detailregelungen darum bemüht, etwaige ehebedingte Nachteile auszugleichen, eine **allgemeine Verpflichtung** anzufügen, **nachweislich entstandene ehebedingte Nachteile** auch über die urkundlich bereits aufgenommenen Kompensationen hinaus noch **auszugleichen.** Dies lässt sich damit rechtfertigen, dass bei Vertragsschluss häufig noch gar nicht absehbar ist, welche ehebedingten Nachteile später auftreten können. Insoweit bringt eine solche Klausel nicht den Wunsch nach geltungserhaltender Reduktion zum Ausdruck, sondern verstärkt die Intention der Ehegatten, eine vertragliche Gestaltung zu finden, die alle ehebedingten Nachteile ausschließt bzw. kompensiert. Möglicherweise könnte man in diesem Zusammenhang auch schiedsvertragliche Regelungen[1906] vorsehen, wenn sich die Ehegatten über die ehelichen Nachteile später nicht einigen können.

1902 *Hauß*, FPR 2005, 135, 140.

1903 So auch *Bergschneider*, FamRZ 2004, 1757, 1764.

1904 Formulierungsvorschlag s. Rdn. 1109.

1905 BGH, FamRZ 2005, 1444.

1906 Vgl. *C. Münch*, Ehebezogene Rechtsgeschäfte, Rn. 567 ff.

Eine solche Klausel wird man dort verwenden, wo die weitere Entwicklung in der Ehe wenig absehbar ist oder wo aufgrund der Diskrepanz der Vermögenslage weitere Ansprüche leicht befriedigt werden können. Falls die Beteiligten genau festgelegte Ansprüche ohne die Möglichkeit einer späteren Nachforderung bei Eintritt (weiterer) ehebedingter Nachteile begründen wollen, hat die Klausel keinen Platz.[1907] 1212

▶ Hinweis:

Es kann im Vertrag eine allgemeine Klausel Aufnahme finden, wonach ein Ehegatte sich verpflichtet, alle ehebedingten Nachteile auszugleichen.

▶ Formulierungsvorschlag (Nachteilsausgleich): 1213

Wir wollen durch diesen Ehevertrag alle ehebedingten Nachteile ausgleichen, welche der Ehefrau durch die Berufsaufgabe im Zusammenhang mit der Kindererziehung entstehen. Sollte dies nicht gelungen sein und eine oder mehrere Bestimmungen dieses Vertrages aus diesem Grund unwirksam oder unanwendbar sein, verpflichten wir uns für diesen Fall, die entsprechende Bestimmung so abzuändern, dass in dem betroffenen Bereich alle nachweislich ehebedingten Nachteile ausgeglichen werden.

Alternative:

Hierbei sind aber auch die Einkommensverhältnisse des Ehemanns zu berücksichtigen und der Umstand, dass bei Kindesbetreuung durch einen Elternteil insgesamt weniger Einkommen zu Verfügung steht.[1908]

d) Belehrung

Angesichts der geänderten Rechtsprechung zur Inhaltskontrolle von Eheverträgen müssen die bisher schon aufgrund der Rechtsprechung des BVerfG verwendeten **intensiveren Belehrungsvermerke** beibehalten werden.[1909] 1214

Schon vor dieser Rechtsprechung waren in der anwaltlichen und notariellen Praxis Belehrungen im Rahmen einer **Unterhaltsmodifikation** aufgenommen worden, dass Verzichte sittenwidrig sein oder gegen Treu und Glauben verstoßen können. Diese Belehrung zielte auf die Rechtsprechung des BGH zur Sittenwidrigkeit von Unterhaltsverzichten zulasten der Sozialhilfe[1910] und auf die Rechtsprechung ab, dass der Begünstigte sich auf den Verzicht nicht oder nicht in voller Höhe berufen darf, wenn 1215

1907 Gegen eine solche allgemeine Klausel wegen ihrer Unbestimmtheit: *Waldner*, BGHR 2005, 1193.

1908 Kann bei beengteren Einkommensverhältnissen zusätzlich verwendet werden, nicht jedoch in der Diskrepanzehe.

1909 *Koch*, NotBZ 2004, 147, 148.

1910 BGH, FamRZ 1983, 137; BGH, FamRZ 1992, 1403; BGH, FamRZ 2007, 197 f.; BGH, FamRZ 2009, 198 f; OLG Köln, FamRZ 2003, 767; OLG Düsseldorf, FamRZ 2004, 461; SG Schwerin, FamRZ 2011, 149 mit dem Hinweis, dass zu Zeitpunkten, zu denen der Unterhaltsanspruch bereits auf den Träger der Sozialhilfe übergangen war, über diesen Unterhaltsanspruch nicht mehr ehevertraglich habe disponiert werden können; vgl. *Reetz*, NotBZ 2009, 37 ff. zum Erfordernis der Vorhersehbarkeit der Sozialhilfebedürftigkeit.

sich der Verzicht ansonsten zulasten der Kinder auswirken würde.[1911] Diese Belehrung sollte beibehalten werden, der Verweis auf eine Mindestunterhaltshöhe nach dem Sozialhilfesatz wird aber heute nicht mehr helfen.

1216 Wichtig geworden ist eine Belehrung, die zur **Inhaltskontrolle** von Eheverträgen Stellung nimmt. Diese Belehrung sollte unter Verwendung der in den einschlägigen Urteilen gebrauchten Termini verdeutlichen, dass ein Vertrag von Anfang an unwirksam sein kann oder auch bei Änderung der Verhältnisse später Teile eines Vertrages oder der Gesamtvertrag einer Ausübungskontrolle nicht standhalten könnten. Diese Belehrung kann mit der salvatorischen Klausel verbunden werden.

▶ Hinweis:

Belehrung und Dokumentation sind für Notar und Anwalt i.R.d. Beratung oder Beurkundung von Eheverträgen unverzichtbar.

1217 Die gegebenen Formulierungsvorschläge für Belehrungen sollten nun aber keineswegs formelhaft verwendet werden.[1912] Sie gewinnen an Authentizität und Glaubwürdigkeit, wenn sie individuell auf den Fall eingehen und das konkrete Rechtsgespräch wiedergeben.

1218 ▶ Formulierungsvorschlag (Belehrung zur Inhaltskontrolle):[1913]

Der Notar hat auf die Rechtsprechung des Bundesverfassungsgerichts und des Bundesgerichtshofs zur Inhaltskontrolle von Eheverträgen hingewiesen und erläutert, dass ehevertragliche Regelungen bei einer besonders einseitigen Aufbürdung von vertraglichen Lasten und einer erheblich ungleichen Verhandlungsposition unwirksam oder unanwendbar sein können.

Die Vertragsteile erklären, dass sie nach einer Vorbesprechung und dem Erhalt eines Vertragsentwurfs die rechtlichen Regelungen dieses Vertrages umfassend erörtert haben und dieser Vertrag ihrem gemeinsamen Wunsch nach Gestaltung ihrer ehelichen Verhältnisse entspricht. Sie sind insbesondere überzeugt, dass mit den Regelungen dieses Vertrages alle etwa eintretenden ehebedingten Nachteile ausgeglichen sind.

Der Notar hat darauf hingewiesen, dass bei einer Änderung der Ehekonstellation – hierzu gehören insbesondere die Geburt gemeinsamer Kinder oder gewichtige Änderungen der Erwerbsbiografie – die Regelungen auch nachträglich einer Ausübungskontrolle unterliegen können. Er hat geraten, in diesem Fall die vertraglichen Regelungen der veränderten Situation anzupassen.

Da wir diesen Vertrag gemeinsam so wollen, soll er nach Möglichkeit auch dann im Übrigen bestehen bleiben und zur Anwendung gelangen, wenn lediglich einzelne Regelungen unwirksam sind oder der Ausübungskontrolle unterliegen. Wir verpflichten uns in diesem Fall, die beanstandete Klausel in rechtlich zulässiger Weise durch eine solche zu ersetzen, die dem Sinn der beanstandeten Klausel am nächsten

1911 BGH, FamRZ 1992, 1403; BGH, FamRZ 1997, 873.

1912 So zu Recht *Rauscher*, DNotZ 2004, 524, 541.

1913 Noch einschneidender formuliert *J. Mayer*, in: Würzburger Notarhandbuch, Teil 3, Kap. 1 Rn. 51: »Ob die in dieser Urkunde getroffenen Vereinbarungen Bestand haben werden, kann daher heute nicht abschließend beurteilt werden.«

kommt. Für uns stehen und fallen nicht mehrere Regelungen dieses Vertrages so miteinander, dass bei Unwirksamkeit oder Unanwendbarkeit der einen auch die andere entsprechend nicht anwendbar sein soll.

5. Scheidungsvereinbarung

Noch nicht abgeschlossen ist die Meinungsbildung, ob die Grundsätze der **Inhaltskontrolle**, die der BGH nunmehr entwickelt hat, auch auf die Scheidungsvereinbarung Anwendung finden. Das **OLG Celle** hat ebenso wie das **OLG München** die Grundsätze des BGH für die Inhaltskontrolle ohne weitere Erörterung auch auf die **Scheidungsvereinbarung** übertragen[1914] bzw. auch für Vereinbarungen nach der Scheidung angewendet.[1915] Dem wurde in der Literatur widersprochen,[1916] aber auch zugestimmt.[1917] 1219

Zu Recht wird dabei der Unterschied betont, dass im Gegensatz zum vorsorgenden Ehevertrag, der eine Prognose über die zukünftige Entwicklung leisten muss, bei der Scheidungsvereinbarung eine **Bilanz der Ehezeit** gezogen werden kann, sodass diese von einer gesicherten Datenbasis, aber auch von einer rückblickenden Beurteilung der gelebten Ehe ausgehen kann. Man kann deshalb sicher nicht unbesehen alle Aussagen der Inhaltskontrolle von Eheverträgen auf Scheidungsvereinbarungen übertragen. 1220

Allerdings muss eine realistische Erwartung der weiteren Judikate davon ausgehen, dass auch Scheidungsvereinbarungen der Inhaltskontrolle unterworfen werden. Der Verzicht auf Kindesbetreuungsunterhalt, der im vorsorgenden Ehevertrag dem Verdikt der Sittenwidrigkeit unterfallen wäre, ist auch in der Scheidungsvereinbarung nicht wirksam. 1221

Unterschiedlich wird zu beurteilen sein, ob eine Situation der **Unterlegenheit** auch bei einer Scheidungsvereinbarung vorliegt. Nachdem die Scheidung nur noch von der Zerrüttung der Ehe abhängt und diese nach Zeitablauf vermutet oder auch ohne Vermutung von den Gerichten anerkannt wird, ist eigentlich kein Ehepartner auf den Abschluss der Scheidungsvereinbarung dergestalt angewiesen, dass er unfrei wäre, diese Vereinbarung abzulehnen und das gesetzliche Scheidungsverfahren mit den gesetzlichen Scheidungsfolgen durchzuführen. Am ehesten ist in dieser Situation zu befürchten, dass etwa das Sorgerecht zum Gegenstand einer Kompensationsabrede gemacht wird und daher Unfreiheit beim Abschluss herrscht.[1918] Kann ansonsten eine Unterlegenheit nicht festgestellt werden, wird der Anwendungsbereich der Inhaltskontrolle bei der Scheidungsvereinbarung geringer sein. 1222

1914 OLG Celle, DNotI-Report 2004, 81; OLG Celle, FamRZ 2004, 1969; OLG München, FamRB 2005, 3 m. Anm. *Grziwotz.*

1915 OLG München, FamRZ 2005, 215.

1916 *Wachter*, ZNotP 2004, 264 ff.

1917 *Brandt*, MittBayNot 2004, 278, 281; *Gageik*, FPR 2005, 122, 129.

1918 *Rauscher*, DNotZ 2004, 524, 535 bezeichnet dies als Sittenwidrigkeit im Außenverhältnis.

1223 Zum anderen ist bei der Scheidungsvereinbarung die wirtschaftliche Situation der Parteien i.d.R. absehbar.[1919] Daher kommt es hier häufiger zu **Kompensationsabreden** als beim vorsorgenden Ehevertrag.

Fragen der **Ausübungskontrolle bei Scheidungsvereinbarungen** sind bisher noch nicht bis zum BGH gelangt. Das OLG Jena[1920] hat für eine Ausübungskontrolle keinen Anwendungsbereich mehr gesehen, wenn Vertragsschluss und Scheitern der Ehe zusammenfallen. Dass dem in dieser Allgemeinheit nicht beigepflichtet werden kann, hat bereits *Bergschneider* unter Hinweis auf Änderungen späterer Sachverhalte begründet.[1921] Zusätzlich ist zu bedenken, dass auch nach der Verwerfung der BGH-Rechtsprechung[1922] zu den wandelbaren ehelichen Lebensverhältnissen durch das BVerfG[1923] später hinzutretende Kinder und Ehegatten noch immer im Rahmen der Leistungsfähigkeit – nicht mehr auf der Bedarfsebene – zu berücksichtigen sind. Angesichts dessen wird die Auffassung des OLG Jena nicht das letzte Wort sein.

6. Die Scheidungsimmobilie in der Inhaltskontrolle

a) Güterstand am ehesten dispositiv

1224 Die Scheidungsimmobilie ist insofern oft Gegenstand ehevertraglicher Vereinbarungen als sie von einer Regelung des Güterstandes erfasst wird. In vielen Ehen sind die Anstrengungen über viele Jahre hin auf den Erwerb und die Entschuldung des Familienwohnheims gerichtet, sodass dieses letztlich den gesamten ehelichen Zugewinn repräsentiert.

1225 Nach Auffassung des BGH erweist sich der Zugewinnausgleich einer **ehevertraglichen Disposition am weitesten zugänglich**. Danach ist die eheliche Lebensgemeinschaft – »auch als gleichberechtigte Partnerschaft von Mann und Frau – nicht notwendig auch eine Vermögensgemeinschaft«.[1924] Der Zugewinn stellt nicht auf den Bedarf ab. Hierzu ist der Unterhalt da. Diese Einschätzung mag nicht zuletzt darin begründet liegen, dass die Regelung der Zugewinngemeinschaft von Anfang an vielfach als verfehlt angesehen wurde. Einigen besonders schwerwiegenden Mängeln hat inzwischen das Gesetz zur Änderung des Zugewinnausgleichs- und Vormundschaftsrechts[1925] abgeholfen.

1919 Daraus folgert *Bergschneider*, Verträge in Familiensachen, Rn. 145 eine Beurteilung der Scheidungsvereinbarungen nach strengerem Maßstab.

1920 OLG Jena, FamRZ 2007, 2081 = FamRB 2008, 66.

1921 *Bergschneider*, FamRZ 2007, 2082 mit dem Beispiel, dass ein Kind einen Unfall erleidet und nun wesentlich länger betreuungsbedürftig bleibt als ursprünglich angenommen.

1922 BGH, FamRZ 2006, 683, 685 f.; BGH, NJW 2008, 1663.

1923 BVerfG, NJW 2011, 836.

1924 BGH, NJW 2004, 930 f.; OLG Frankfurt, FamRB 2005, 318.

1925 BGBl. 2009 I, 1696 f.

Damit hat der BGH in dem für die anwaltliche und notarielle Beratung besonders wichtigen güterrechtlichen Bereich eine **weitgehende Vertragsfreiheit** zuerkannt. Das OLG München hat sogar den Güterstand der Gütertrennung für einen Gewerbetreibenden als vielfach interessengerecht bezeichnet.[1926] Dies gilt gerade auch in Zeiten schlechter Unternehmenszahlen, denn hier ist der Nichtunternehmerehegatte bei einem Wertverfall des Unternehmens vor Zugewinnausgleichszahlungen geschützt.[1927] 1226

Dem steht weder der **Teilhabegedanke** entgegen,[1928] noch die von der Rechtsprechung gerade für die Gütertrennung entwickelten Rechtsfiguren des **familienrechtlichen Kooperationsvertrages** oder der **Ehegatteninnengesellschaft**.[1929] Gerade Letzteres ist ein für Anwälte und Notare wichtiger Hinweis, regeln diese doch mittlerweile häufig zugleich mit der Vereinbarung von Gütertrennung oder der Modifikation der Zugewinngemeinschaft, dass solche Ansprüche ausgeschlossen sein sollen, sofern sie nicht ausdrücklich vorbehalten sind. Die Wirksamkeit solcher Abreden wird z.T. kritisch hinterfragt;[1930] ihre Zulässigkeit ist aber dann gegeben, wenn man die Ansprüche als vertragliche Ansprüche und nicht als Ansprüche aus fiktiven Verträgen qualifiziert, da sie dann auch vertraglich ausschließbar sind.[1931] 1227

Diese Wertung des BGH stößt in der **Literatur** nicht auf ungeteilte Zustimmung. Gerade an diesem Punkt setzt vielmehr Kritik an, dass wegen der Abweichung zum BVerfG und der dort postulierten gleichen Teilhabe ggf. eine weitere verfassungsrechtliche Prüfung zu erfolgen habe.[1932] 1228

Sicher ist daran richtig, die Praxis insofern zu warnen, als es eine absolute Vertragsfreiheit nicht mehr geben wird.[1933] Auch **Vereinbarungen zum Güterstand** können daher an **Grenzen** stoßen. Hier ist insbes. an diejenigen Fälle zu denken, in denen ein Ehegatte nach langjähriger Ehe mit Zugewinn in einem Ehevertrag auf den gesamten bisher angefallenen Zugewinn verzichten soll und damit eine ihm zustehende Rechtsposition völlig aufgibt und möglicherweise in diesem Zusammenhang noch seinen Anteil an der Scheidungsimmobilie überträgt.[1934] Ist dies nicht durch nachvollziehbare Gründe gerechtfertigt wie etwa Zuwendungen, die den bisherigen Zugewinn ausgleichen sollen, sondern gar noch mit der Ankündigung begleitet, ansonsten die Ehe auflösen zu wollen, kann durchaus auch die Regelung des Güterstandes im Einzelfall einmal der Wirksamkeits- 1229

1926 OLG München (16. Senat), FamRZ 2003, 376 m. Anm. *Bergschneider*.

1927 *Grziwotz*, FamRB 2004, 199f., 239.

1928 *Hahne*, DNotZ 2004, 84, 92f.

1929 *Hahne*, DNotZ 2004, 84, 92f.

1930 Krit. hierzu: MüHdbFamR/*Kogel*, § 21 Rn. 67; *Grziwotz*, ZIP 2006, 9, 10.

1931 *Schwab*, FS Holzhauser, 410, 427.

1932 So *Rakete-Dombek*, NJW 2004, 1273, 1277; krit. auch *Dauner-Lieb*, FF 2004, 65, 67 und *Grziwotz*, FamRB 2004, 199, 239, 241 sowie *Bergmann*, FF 2007, 16, 18; vgl. ferner die unter Rdn. 1167 f. aufgeführten Ansichten.

1933 *Bergschneider*, FamRZ 2004, 1757, 1763: »kein Freibrief«.

1934 *Schwab*, DNotZ-Sonderheft 2001, 9, 17.

kontrolle nicht standhalten. Denkbar und praxisrelevant sind auch Fälle, in denen ein Ehegatte aus dem »Schuldbewusstsein« heraus, die Ursache für die Scheidung gesetzt zu haben, auf alle seine Rechte zu verzichten bereit ist.

1230 Generell aber wird die **Vertragspraxis** von der Vorstellung des **BGH** ausgehen können. Ob hiergegen verfassungsrechtlich der Teilhabegedanke ins Feld geführt werden kann, muss als offen bezeichnet werden.[1935] Es ist jedoch darauf hinzuweisen, dass das BVerfG in den beiden Fällen den Verfassungsbeschwerden deshalb stattgegeben hat, weil die Gerichte sich mit dem Hinweis auf die Eheschließungsfreiheit gar nicht erst auf eine Inhaltskontrolle eingelassen hatten. Das **BVerfG** hat aber **nicht** der Zivilgerichtsbarkeit die **Inhaltskontrolle** und ihr Ergebnis **im Detail vorgeschrieben.** Es ist durchaus zweifelhaft, ob es dies angesichts des wohl abgewogenen Urteils des BGH v. 11.02.2004[1936] und seiner Nachfolgeentscheidungen künftig tun wird.

1231 Es sei noch betont, dass die ganze Diskussion im Güterstandsbereich immer mit der Gütertrennung geführt wird. In der notariellen Praxis hingegen stehen längst die vielfältigen Möglichkeiten **zur Modifizierung des gesetzlichen Güterstandes** im Vordergrund.[1937] Diese sind zum einen schonender beim Ausschluss der Scheidungsfolgen und können sich ganz auf die Regelung der unpassenden Scheidungsfolgen konzentrieren (z.B. lediglich durch Ausschluss der Wertsteigerungen des Anfangsvermögens, auch wenn die künftigen Ehegatten von ihren jeweiligen Eltern auf den Abschluss von Gütertrennung vorbereitet wurden). Zum anderen nutzt die modifizierte Zugewinngemeinschaft die Steuervorteile bei der Schenkung- und Erbschaftsteuer nach § 5 ErbStG aus, die bei der Gütertrennung vergeben werden.

▶ Hinweis:

Im Güterrecht ist die Vertragsfreiheit noch am größten. Allerdings müssen auch hier Grenzen der Rechtsprechung beachtet werden. Regelungen zur Scheidungsimmobilie können dann an der Inhaltskontrolle scheitern, wenn mit ihnen eine Totalaufgabe der in langen Ehejahren gewachsenen Ansprüche auf Zugewinnausgleich einhergeht.

b) Sonderfälle bei Störung der Geschäftsgrundlage

1232 Die Ansprüche bei Störung der Geschäftsgrundlage wurden bereits ausführlich behandelt.[1938] Solche Ansprüche bestehen in Bezug auf das Familienwohnheim z.B. bei erheblichen Investitionen aus dem Anfangsvermögen in eine Immobilie, die nur dem anderen Ehegatten gehört, wenn solche Investitionen i.R.d. Zugewinnausgleichsanspruchs nicht ausgeglichen werden (etwa wegen hoher Verbindlichkeiten),

1935 Die Einschätzung von Staudinger/*Rehme*, BGB, § 1408 Rn. 71, dass diese Kritik sich inzwischen erledigt hat, mag noch verfrüht sein, vgl. etwa *Dauner-Lieb*, AcP 2010, 580 ff.

1936 BGH, NJW 2004, 930 f.

1937 Einen solchen Fall behandelt das Urteil des OLG Hamm, FamRZ 2006, 1034 f.

1938 Rdn. 311 ff.

der Nichteigentümer-Ehegatte aber auf den Ersatz dieser Investitionen angewiesen ist.[1939]

Ein Ausgleich in diesem Rahmen erfolgt grds. in **Geld.** Nur ganz **ausnahmsweise,** bei einem besonders geschützten Interesse des Zuwendenden, kann es zu einer dinglichen **Rückgewähr** kommen, die i.d.R. wieder Zug-um-Zug **gegen** Zahlung eines angemessenen **Ausgleichsbetrages** zu erfolgen hat.[1940] Eine Rückgewähr der Immobilie selbst wird ggf. in Betracht kommen, wenn die Immobilie für die gewerbliche Tätigkeit des Zuwendenden benötigt wird oder mit treuhänderischem Einschlag zugewendet worden war.[1941] Denkbar sind ferner Fälle, in denen ein Ehegatte etwa wegen einer körperlichen Behinderung auf ein behindertengerechtes Haus zum Leben angewiesen ist.[1942] 1233

In einem weiteren Fall hat das OLG München bei Gütertrennung einen Ausgleichsanspruch bei Investitionen in das Familienwohnheim bejaht und ausgeführt, die Höhe des Betrages richte sich nach dem Wert der zukünftig wegfallenden Mitbenutzung des Familienheims, begrenzt durch den Wert des beim Eigentümer noch vorhandenen Vermögens.[1943] 1234

c) »Hausrettungsfälle«

Wie bereits dargelegt, ist das Haus häufig der einzige vorhandene wirtschaftlich wertvolle Vermögensgegenstand. Ein Ehegatte versucht dann oft, dieses **Haus unter allen Umständen zu halten** und übernimmt sich finanziell, wenn er zugleich neben der Tilgung der oft hohen Restverbindlichkeiten auch noch gegenüber dem anderen Ehegatten auf weiter gehende Ansprüche verzichtet, weil dieser ihm seinen Miteigentumsanteil am Haus überlässt. 1235

Dabei wird das **Kindesinteresse** verstärkt in den Blick zu nehmen sein, wenn es im Gefolge einer solchen Vereinbarung am nötigen Lebensunterhalt fehlt. *Grziwotz* sieht daher solche »Hausrettungsfälle« als problematisch an, wenn an die Stelle einer Unterhaltszahlung die Übertragung des Miteigentumsanteils tritt.[1944] 1236

d) Überdimensionierter Wohnvorteil

Wenn in einer Scheidungsvereinbarung die Immobilie insoweit Berücksichtigung findet, als ihr ein **erheblicher Wohnvorteil** zugeschrieben wird, kann dies v.a. in Mangelfällen zu korrigieren sein. So hat das OLG Stuttgart entschieden, dass **in einem Mangelfall** der objektive Wohnwert ggf. **bis auf** die im Selbstbehalt enthaltenen **Wohnkosten i.H.v. 360,00 € zu kürzen** ist, weil der Gedanke des Selbstbehalts bedeute, dass jedem 1237

1939 OLG München, FamRZ 1999, 1663; dort auch zur Rechtskraft als Voraussetzung der Rückgewähr; a.A. *Wever*, FamRZ 2000, 993, 999: Scheitern der Ehe.

1940 BGH, ZNotP 2002, 361 f.

1941 *Wever*, FamRZ 2000, 993, 999.

1942 *Wever*, Vermögensauseinandersetzung, Rn. 500.

1943 OLG München, FamRZ 2004, 1874 f. m. Anm. Wever, der sich krit. zur Berechenbarkeit des Ausgleichsbetrages äußert.

1944 *Grziwotz*, FamRB 2004, 199, 239, 240.

Unterhaltspflichtigen neben seiner Unterkunft Barmittel i.H.v. 640,00 € bei einem Selbstbehalt von 1.000,00 € zur Verfügung stehen müssen.[1945]

e) Treuhandähnliche Stellung

1238 Häufig steht das Eigentum an einem Familienwohnheim einem Ehegatten zu, der andere Ehegatten hat es aber **finanziert und** ist **nur aus Haftungsgründen nicht Eigentümer.** Hier kann, wenn eine echte Zuwendung nicht vorliegt, von einem treuhandähnlichen Rechtsverhältnis auszugehen sein, das bereits beschrieben wurde.[1946] Auch wenn eine solche Konstruktion ihr eigentliches Ziel, die Haftungsabschirmung, verfehlt, kann sie bei Fragen nach der Rechtfertigung bestimmter Regelungen im Scheidungsfall mitberücksichtigt werden.

f) Ansprüche von Schwiegereltern

1239 Ansprüche von Schwiegereltern im Scheidungsfall wurden einschließlich der geänderten Rechtsprechung des BGH, die nunmehr zu direkten Ansprüchen der Schwiegereltern gegen das Schwiegerkind führt, bereits dargelegt.[1947] Auch solche Ansprüche können zu beachten sein, wenn es um die Inhaltskontrolle von Vereinbarungen über die Scheidungsimmobilie geht. Zuweilen kommt es vor, dass solche Ansprüche »verdeckt« sind, weil Zuwendungen nicht offen erfolgt sind. Hier muss zumindest klargestellt werden, dass mit der getroffenen Vereinbarung alle Ansprüche Dritter in Bezug auf die Immobilie erledigt sind oder eine Freistellung erfolgt.

g) Gesamtabwägung

1240 Schließlich sei noch auf die Problematik der **Gesamtabwägung** hingewiesen. Wenn die Gütertrennung oder die Regelung über die Scheidungsimmobilie mit weiteren Verzichten zusammentrifft, kann das Gesamtbild dazu führen, dass der Vertrag der Wirksamkeitskontrolle nicht standhält. Dann kann auch die Gütertrennung bzw. die Regelung der Scheidungsimmobilie von der Unwirksamkeit betroffen sein.[1948] Wem es daher v.a. auf die güterrechtliche Regelung und die Vereinbarung zur Scheidungsimmobilie ankommt, der sollte vermeiden, auch bei anderen Regelungsbereichen noch bis zu den Grenzen des Möglichen zu gehen.

III. Vorsorgende Regelungen zur Immobilie

1241 Vorsorgende Regelungen zur Scheidungsimmobilie sind zum einen unter dem Blickwinkel zu betrachten, dass sie bereits bei Scheidung vorliegen und nun im Detail umgesetzt werden. Zum anderen kann der Vertragsgestalter – häufig nach

1945 OLG Stuttgart, NJW-RR 2007, 1380.
1946 Rdn. 294 ff.
1947 Rdn. 393 ff.
1948 Vgl. etwa OLG Oldenburg, FamRZ 2004, 545.

der Erfahrung einer ersten Scheidung – beauftragt sein, eine solche Vereinbarung zu entwerfen.

1. Familienwohnheim und Zugewinn

a) Herausnahme der Immobilie aus dem Zugewinn

Eine Regelung, die in der Praxis öfter anzutreffen ist, stellt die Herausnahme einer Immobilie aus dem Zugewinn dar. Sie hat zum Hintergrund, dass die Ehegatten **bzgl. der Immobilie keinen Zugewinn mehr verrechnen** wollen. 1242

Eine solche Regelung erfordert eine sorgfältige Recherche des Anliegens der Ehegatten, denn es kommen **verschiedene Fallgestaltungen** in diesem Rahmen in Betracht.

So kann es z.B. sein, dass die Immobilie im **Alleineigentum eines Ehegatten** steht und nicht gewünscht wird, dass die Wertsteigerung der Immobilie oder die werterhöhenden Verwendungen während der Ehe dessen Zugewinn erheblich beeinflussen. 1243

Eine andere Situation liegt vor, wenn das Familienwohnheim im **Miteigentum beider Ehegatten** steht, aber im Wesentlichen **durch das Anfangsvermögen eines Ehegatten finanziert** worden ist. Hier wähnt sich zwar der andere Ehegatte als gleichberechtigter Miteigentümer. Zu beachten ist jedoch, dass nach ständiger Rechtsprechung des BGH auf die Zuwendung eines Ehegatten an den anderen § 1374 Abs. 2 BGB keine Anwendung findet, sodass eine Zuwendung dem Endvermögen des Zuwendungsempfängers zugerechnet wird[1949] und im Endvermögen des Zuwendenden wegfällt,[1950] nicht aber im Anfangsvermögen. Damit kann trotz hälftigen Miteigentums eine Ausgleichungspflicht des Miteigentümer-Ehegatten für die Investitionen des anderen Ehegatten aus dem Anfangsvermögen gegeben sein, wenn es zum Ausgleich des Zugewinns im Rahmen einer Ehescheidung kommt. Dies ist für die meisten Ehegatten ein überraschendes Ergebnis, da sie sich i.d.R. gerade Miteigentum eingeräumt haben, damit das Haus auch bei Scheidung wirtschaftlich jedem zur Hälfte gehört. Oft ist dies die Grundlage für eine in der Ehe wahrgenommene Aufgabenverteilung. 1244

Hier kann, wenn eine Regelung bei der Übertragung nicht erfolgt ist oder nicht möglich war, weil die Anschaffung sogleich durch beide Ehegatten geschah, ehevertraglich Abhilfe geschaffen werden. Eine solche Regelung bei Miteigentum der Ehegatten wird nachfolgend vorgestellt: 1245

1949 BGHZ 82, 227, 234 f.; BGHZ 101, 65 ff.

1950 *Haußleiter/Schulz*, Vermögensauseinandersetzung, Kap. 5 Rn. 213.

1246 ▶ Formulierungsvorschlag (Ausschluss einer Immobilie vom Zugewinnausgleich bei Miteigentum der Ehegatten):

..... (Urkundseingang) .....

.....
Die Erschienenen sind mir, dem Notar, persönlich bekannt.
Auf Ansuchen der Erschienenen beurkunde ich ihren bei gleichzeitiger Anwesenheit vor mir abgegebenen Erklärungen gemäß Folgendes:

A. Allgemeines

I.

Wir sind in beiderseits erster Ehe verheiratet.
Unsere Ehe haben wir am ..... vor dem Standesbeamten in ...... geschlossen. Wir sind beide deutsche Staatsangehörige.
Wir haben bisher keinen Ehevertrag geschlossen und leben insoweit im gesetzlichen Güterstand.

II.

Wir sind in beide Miteigentümer je zur Hälfte des im Grundbuch von ..... für ..... Blatt ..... eingetragenen Hausanwesen FlurNr. ....., ...straße ..... zu .....m^2.
Die seinerzeitige Finanzierung des Erwerbs geschah jedoch allein durch den Ehemann aus dessen Anfangsvermögen.

B. Ehevertragliche Vereinbarungen

I. Güterstand

Ehevertraglich vereinbaren wir, was folgt:

1)

Den gesetzlichen Güterstand der Zugewinngemeinschaft wollen wir für unsere künftige Ehe ausdrücklich aufrechterhalten, ihn allerdings wie folgt modifizieren:

2)

Das in Ziffer A. II. genannte Hausanwesen soll beim Zugewinnausgleich bei Beendigung des Güterstandes aus anderen Gründen als durch den Tod eines Ehegatten in keiner Weise berücksichtigt werden.
Diese Immobilie soll also weder bei der Berechnung des Anfangsvermögens noch bei der Berechnung des Endvermögens eines von uns berücksichtigt werden.
Gleiches gilt für das Anfangsvermögen des Ehemanns, welches dieser für den Erwerb des Hausanwesens aufgewandt hat, sodass dieser Betrag bei der Berechnung des Anfangsvermögens des Ehemanns in Abzug gebracht wird.[1951]

3)

Dies gilt ebenso für **Wertsteigerungen oder -verluste** dieses Vermögens.

1951 Nach der Intention des Vertrages ist das Anfangsvermögen dann für den Ehemann in der Berechnung verloren.

Alternative:
Derzeit bestehen für diese Immobilie folgende Verbindlichkeiten: .....
Die Tilgung dieser Verbindlichkeiten soll im Zugewinn Berücksichtigung finden.[1952]
.....

C. Schlussbestimmungen

I. Belehrungen

.....
Der Notar hat über den Inhalt des Vertrages ausführlich belehrt. Er hat insbesondere darauf hingewiesen, dass nach den Regelungen dieses Vertrages das Haus und das dafür aufgewendete Vermögen keinem Zugewinnausgleich mehr unterliegen, auch wenn dieses Vermögen aus dem Anfangsvermögen eines Ehegatten stammt.

Wenn nur ein Ehegatte Eigentümer der ausgenommenen Immobilie ist, begünstigt diesen die Herausnahme der Immobilie. In solchen Fällen ist v.a. darauf zu achten, dass der Ehegatte sich nicht durch Verwendungen aus ausgleichspflichtigem Vermögen ein »Zweikontenmodell für die Scheidung« schafft. Es ist also eine genaue Regelung der Erträge oder Verwendungen ratsam. 1247

▶ Formulierungsvorschlag (Ausschluss einer Immobilie vom Zugewinnausgleich bei Alleineigentum eines Ehegatten): 1248

..... (Urkundseingang) .....

.....
Die Erschienenen sind mir, dem Notar, persönlich bekannt.
Auf Ansuchen der Erschienenen beurkunde ich ihren bei gleichzeitiger Anwesenheit vor mir abgegebenen Erklärungen gemäß Folgendes:

A. Allgemeines

I.

Wir sind in beiderseits erster Ehe verheiratet.
Unsere Ehe haben wir am ..... vor dem Standesbeamten in ..... geschlossen. Wir sind beide deutsche Staatsangehörige.
Wir haben bisher keinen Ehevertrag geschlossen und leben insoweit im gesetzlichen Güterstand.

II.

Ich, der Ehemann, bin Alleineigentümer des im Grundbuch von ..... für ..... Blatt ..... eingetragenen Hausanwesens FlurNr. ....., ...straße ..... zu ......m^2.
Diesen Grundbesitz habe ich nach dem Tod meiner Eltern geerbt.

1952 Eine solche Regelung kann sinnvoll sein, wenn die Immobilie im Alleineigentum eines Ehegatten steht und der künftige Vermögenszuwachs durch Tilgung der Verbindlichkeiten vom Zugewinn erfasst sein soll, nicht aber das sonstige bis dahin aufgewendete Anfangsvermögen des Ehegatten.

B. Ehevertragliche Vereinbarungen

I. Güterstand

Ehevertraglich vereinbaren wir, was folgt:

1)

Den gesetzlichen Güterstand der Zugewinngemeinschaft wollen wir für unsere künftige Ehe ausdrücklich aufrechterhalten, ihn allerdings wie folgt modifizieren:

2)

Das in Ziffer A. II. genannte Hausanwesen soll beim Zugewinnausgleich bei Beendigung des Güterstandes aus anderen Gründen als durch den Tod eines Ehegatten in keiner Weise berücksichtigt werden.

Alternative:
....., weder bei lebzeitiger Beendigung des Güterstandes noch bei Beendigung des Güterstandes durch den Tod eines von uns berücksichtigt werden.
Diese Immobilie soll also weder bei der Berechnung des Anfangsvermögens noch bei der Berechnung des Endvermögens eines von uns berücksichtigt werden.

3)

Dies gilt ebenso für **Wertsteigerungen oder -verluste** dieses Vermögens.

4)

Erträge des vom Zugewinn ausgeschlossenen Vermögens sind gleichfalls vom Zugewinn ausgeschlossen.[1953]

Alternative 1:
Ab heute erwirtschaftete Erträge aus diesem vom Zugewinn ausgeschlossenen Vermögen unterliegen dem Zugewinnausgleich.[1954]

Alternative 2:
Erträge aus diesem vom Zugewinnausgleich ausgenommenen Vermögen können für dieses verwendet werden und unterliegen dann nicht dem Zugewinnausgleich, sofern sie nicht nach unterhaltsrechtlichen Bestimmungen zur Deckung des angemessenen Unterhalts des Ehegatten und der gemeinsamen Kinder zu verwenden sind.[1955]

1953 Wenn die Immobilie komplett von den Eltern geerbt wurde, ohne dass eigene Finanzmittel investiert wurden, lässt sich durchaus vertreten, dass dann auch die Erträge vom Zugewinn ausgeschlossen sein sollen.

1954 Diese Regelung kommt in Betracht, wenn die Immobilie vermietet ist und die Mieteinnahmen zum Zugewinn rechnen sollen. Nachteil dieser Lösung ist, dass die Erträge erfasst werden müssen und bei einer solchen Regelung ohne weitere Einschränkung auch dann dem Zugewinnausgleich unterliegen, wenn sie wieder in die Immobilie verwendet werden.

1955 Würzburger Notarhandbuch/*J. Mayer*, Teil 3, Kap. 1 Rn. 89. Dieser Vorschlag will verhindern, dass Luxusinvestitionen in ausgeschlossene Vermögensgüter zulasten der Unterhaltsberechtigten getätigt werden.

Alternative 3:
Dient vom Zugewinn ausgenommenes Vermögen nicht der gemeinsamen Lebensführung[1956]*, wird für die Erträge ein Sonderkonto errichtet, mit dem der Inhaber Verwendungen auf dieses Vermögen, wozu auch Schuldentilgungen gehören, vornehmen kann. Guthaben und Verbindlichkeiten dieses Kontos sind gleichfalls vom Zugewinn ausgenommen.*
Verwendungen hierauf aus dem nicht ausgenommenen Vermögen sind jedoch ausgleichungspflichtig und zu dokumentieren.
Dient dagegen das vom Zugewinnausgleich ausgenommene Vermögen der gemeinsamen Lebensführung, können Verwendungen bis zur Grenze des § 1375 Abs. 2 BGB auch aus nicht ausgenommenem Vermögen erfolgen.

5)

Auch die diese Vermögenswerte betreffenden und ihnen dienenden **Verbindlichkeiten**[1957] sollen im Zugewinnausgleich keine Berücksichtigung finden.

Alternative:
Derzeit bestehen für diese Immobilie folgende Verbindlichkeiten: .....
Die Tilgung dieser Verbindlichkeiten soll im Zugewinn Berücksichtigung finden.[1958]

6)

Surrogate der aus dem Zugewinnausgleich herausgenommenen Vermögenswerte sollen nicht ausgleichungspflichtiges Vermögen sein. Sie werden also bei der Berechnung des Endvermögens auch nicht berücksichtigt. Jeder Ehegatte kann verlangen, dass über solche Ersatzvermögenswerte ein Verzeichnis angelegt und fortgeführt wird. Auf Verlangen hat dies in notarieller Form zu geschehen.

7)[1959]

a) Erträge der vom Zugewinn ausgenommenen Vermögenswerte können auf diese Vermögenswerte **verwendet** werden, ohne dass dadurch für den anderen Ehegatten Ausgleichsansprüche entstehen.

Alternative:
Dies gilt jedoch nicht für solche Verwendungen, die in den letzten beiden Jahren vor der Rechtshängigkeit eines Scheidungsantrags erfolgt sind.[1960] *Verwendungen aus dieser Zeit unterliegen mithin dem Zugewinnausgleich.*

1956 Diese Variante kann bei Alleineigentum empfohlen werden, wenn noch nicht feststeht, ob die Immobilie eigengenutzt sein wird oder nicht.

1957 Vgl. die Anregung bei *Plate*, MittRhNotK 1999, 257, 264; diese Regelung bewirkt, dass auch die zukünftig etwa durch einen Ehegatten zu erbringenden Tilgungsleistungen nicht dem Zugewinn unterliegen. Auch insoweit läge bei Miteigentum ggf. jeweils wieder eine Zuwendung vor.

1958 Eine solche Regelung kann sinnvoll sein, wenn die Immobilie im Alleineigentum eines Ehegatten steht und der künftige Vermögenszuwachs durch Tilgung der Verbindlichkeiten vom Zugewinn erfasst sein soll.

1959 Ggf. noch mit den Formulierungen zu 4. abstimmen!

1960 Auf diese Weise sollen nur Verwendungen in der Krise erfasst werden. Alle vorherigen Verwendungen unterlägen dann nicht dem Zugewinn.

b) Macht jedoch ein Ehegatte aus seinem sonstigen Vermögen Verwendungen auf die vom Zugewinnausgleich ausgenommenen Vermögenswerte, werden diese Verwendungen mit ihrem Wert zum Zeitpunkt der Verwendung dem Endvermögen des Ehegatten hinzugerechnet, der der Eigentümer dieser Vermögenswerte ist.
Derartige Verwendungen unterliegen also – ggf. um den Geldwertverfall berichtigt – dem Zugewinnausgleich.

Alternative 1:
Dies gilt jedoch nur für solche Verwendungen, die in den letzten beiden Jahren vor der Rechtshängigkeit eines Scheidungsantrags erfolgt sind.

Alternative 2:
Macht ein Ehegatte aus seinem sonstigen Vermögen Verwendungen auf die vom Zugewinnausgleich ausgenommenen Vermögenswerte, sind diese Verwendungen gleichfalls vom Zugewinn ausgeschlossen; das bedeutet, dass auch diese aus dem ausgleichungspflichtigen Vermögen stammenden Verwendungen nicht mehr ausgleichspflichtig sind.[1961] *Der Notar hat über die Auswirkungen dieser Vereinbarung eingehend belehrt.*

Alternative zu 7a) und b)[1962]***:***
Verwendungen auf die vom Zugewinnausgleich ausgenommenen Vermögenswerte werden mit ihrem Wert zum Zeitpunkt der Verwendung dem Endvermögen desjenigen Ehegatten zugerechnet, der Eigentümer dieser Vermögenswerte ist.
Derartige Verwendungen unterliegen also, ggf. um den Geldwertverfall berichtigt, dem Zugewinnausgleich.

Alt: Dies gilt jedoch nur für Verwendungen, die in den letzten beiden Jahren vor Rechtshängigkeit eines Scheidungsantrages erfolgt sind.
Unter Verwendungen verstehen wir auch die Tilgung von Verbindlichkeiten.

8)

Zur Befriedigung der sich etwa ergebenden Zugewinnausgleichsforderung gilt das vom Zugewinn ausgenommene Vermögen als vorhandenes Vermögen i.S.d. § 1378 Abs. 2 BGB.
Eine Vollstreckung in das vom Zugewinnausgleich ausgeschlossene Vermögen ist erst zulässig, wenn die Vollstreckung in das ausgleichspflichtige Vermögen nicht zum Erfolg geführt hat.
Ein Ehegatte ist nicht verpflichtet, seinen Zugewinn auszugleichen, wenn er unter Berücksichtigung des vom Zugewinn ausgenommenen Vermögens des anderen Ehegatten[1963] nicht zur Ausgleichung verpflichtet wäre.

1961 Angelehnt an die Formulierung, welche dem BGH-Urteil MittBayNot 1997, 231 ff. zugrunde lag.

1962 Gleicht alle Verwendungen aus ohne Rücksicht auf ihre Herkunft. Die weitere Alternative aber nur für die letzten beiden Jahre vor dem Scheidungsantrag.

1963 Vgl. Formularbuch/*Brambring*, Formular V. 17.

9)

Die güterrechtlichen Verfügungsbeschränkungen sollen bei zu diesem Vermögen gehörenden Gegenständen nicht gelten.[1964]

b) Ausschluss von Wertsteigerungen des Anfangsvermögens

In Eheverträgen wird häufig die komplette Herausnahme des Anfangsvermögens einschließlich des privilegierten Erwerbes aus dem Zugewinn geregelt. Das Anfangsvermögen unterliegt ja ohnehin nicht dem Zugewinnausgleich. Mit dieser ehevertraglichen Regelung werden also insbes. zusätzlich die Wertsteigerungen des Anfangsvermögens dem Zugewinn entzogen, deren Einbeziehung allgemein als ungerecht empfunden wird, weil sie mit dem Prinzip des Zugewinns als Halbteilung des in der ehelichen Lebens- und Wirtschaftsgemeinschaft Erworbenen nicht übereinstimmt. 1249

Häufig ist mit solchen Vertragsgestaltungen insbes. dem Interesse der Eltern Genüge getan, die Vermögen übertragen und sichergestellt wissen wollen, dass dieses nicht bei einer Ehescheidung des Empfängers ausgeglichen werden muss. Häufig verlangen Eltern hier von den Kindern den Abschluss eines Ehevertrages mit Gütertrennung, obwohl ihrem Schutzinteresse mit dem nachstehenden Formulierungsvorschlag Genüge getan ist. 1250

▶ Gestaltungsempfehlung: 1251

Nachdem das Anfangsvermögen seit der Änderung des § 1374 BGB auch negativ sein kann, ist in diesen Fällen darauf zu achten, dass mit dem Ausschluss des Anfangsvermögens nicht ungewollt die Schuldentilgung vertraglich wieder aus dem Zugewinn eliminiert wird.

▶ Formulierungsvorschlag (Ausschluss von Wertsteigerungen des Anfangsvermögens): 1252

..... (Urkundseingang) .....

.....

B. Ehevertragliche Vereinbarungen

I. Güterstand

Ehevertraglich vereinbaren wir, was folgt:
Den gesetzlichen Güterstand der Zugewinngemeinschaft wollen wir für unsere künftige Ehe ausdrücklich aufrechterhalten, ihn allerdings wie folgt modifizieren:

1) Sämtliche Vermögenswerte, die ein jeder Ehegatte in der Vergangenheit oder zukünftig von Todes wegen oder mit Rücksicht auf ein künftiges Erbrecht, durch Schenkung oder als Ausstattung erwirbt, sollen beim Zugewinnausgleich bei Beendigung des Güterstandes aus anderen Gründen als durch den Tod eines Ehegatten

1964 Bei Alleineigentum ggf. gewünscht.

Alternative:
.... zu Lebzeiten oder im Fall des Todes eines Ehegatten .....
in keiner Weise berücksichtigt werden. Soweit solche Vermögenswerte bisher auf diese Weise erworben wurden, sind sie in der Anlage 1 zu dieser Urkunde niedergelegt. Gleiches gilt für die in der Anlage 2 aufgeführten Vermögensgegenstände des Anfangsvermögens eines jeden Ehegatten nach § 1374 Abs. 1 BGB.[1965]

Alternative (kürzer):
Das Anfangsvermögen eines jeden Ehegatten nach § 1374 BGB soll beim Zugewinnausgleich bei Beendigung des Güterstandes aus anderen Gründen als durch den Tod eines Ehegatten in keiner Weise berücksichtigt werden.
Solche Vermögenswerte sollen also weder bei der Berechnung des Anfangsvermögens noch bei der Berechnung des Endvermögens des entsprechenden Ehegatten berücksichtigt werden, und zwar auch dann nicht, wenn sich ein negativer Betrag ergibt. Dies gilt insbesondere für Wertsteigerungen oder Verluste dieses Vermögens.

Für dieses Vermögen sollen die güterrechtlichen Verfügungsbeschränkungen nicht gelten.
..... (Regelungen für Erträge/Verbindlichkeiten/Surrogate[1966]/Verwendungen etc.[1967])
.....

c) Bewertungsvereinbarung

1253 Schließlich soll gelegentlich auch vorab die Bewertung von **Grundbesitz** im Zugewinn vertraglich festgelegt werden. Dies kann unter Anlehnung an verschiedene – bereits dargestellte – Bewertungsverfahren[1968] geschehen.[1969]

1254 Dabei ist zu bedenken, dass bei der Bezugnahme auf allgemeine Bewertungsvorschriften auf die Dynamik dieser Regelungen mit verwiesen wird. Wenn z.B. auf die erbschaftsteuerliche Bewertung von Grundvermögen verwiesen wird, ist diese mit zwei Erbschaftsteuerreformen 1995 und 2008 grundlegend umgestaltet worden und führt daher nun zu völlig anderen Werten auch i.R.d. ehevertraglichen Verweisung. Daher sollte von solchen Verweisen eher zurückhaltend Gebrauch gemacht werden.

1965 Bei Ausschluss des Anfangsvermögens nach § 1374 Abs. 1 BGB ggf. gesonderte Regelung für negatives Anfangsvermögen treffen.

1966 Surrogate sind oft im Nachhinein nur noch schwer feststellbar, dies wird insbes. im Dialog mit Richtern deutlich, die über solche Fälle zu entscheiden haben. Man kann diese Schwierigkeiten umgehen, wenn man nur diejenigen Surrogate vom Zugewinn ausnimmt, die durch notariell beglaubigte Erklärung übereinstimmend als ein solches Surrogat festgestellt worden sind.

1967 Ggf. näher ausführen wie im vorstehenden Formulierungsvorschlag.

1968 Ausführliche Schilderung s. Rdn. 4 ff.

1969 Vgl. etwa zu den Besonderheiten bei der Ermittlung des Zeitwertes für bebaute Grundstücke im Beitrittsgebiet: Stöckel, NWB Fach 3, S. 12391 ff. (2003).

Ehevertragliche Bewertungsvereinbarungen könnten folgendermaßen gestaltet werden: 1255

▶ Formulierungsvorschlag (Bewertung Grundbesitz):

Ehevertraglich vereinbaren wir, was folgt:
Den gesetzlichen Güterstand der Zugewinngemeinschaft wollen wir für unsere künftige Ehe ausdrücklich aufrechterhalten, ihn allerdings wie folgt modifizieren:

1)

Die Wertfestsetzung für Grundbesitz beider Ehegatten soll verbindlich und endgültig durch ein Gutachten des örtlich zuständigen Gutachterausschusses erfolgen.

Alternative 1:
Die Wertfestsetzung für Grundbesitz und Gebäude beider Ehegatten soll nach der Verordnung über die Grundsätze der Ermittlung der Verkehrswerte von Grundstücken (Immobilienwertermittlungsverordung – ImmoWertV)[1970] *erfolgen, maßgeblich sind für alle Bewertungen die zum Stichtag der Endvermögensbewertung jeweils gültige Fassung und die dazu erlassenen Wertermittlungsrichtlinien.*[1971]

Alternative 2:
Sofern Grundbesitz sowohl im Anfangs- als auch im Endvermögen enthalten ist, sollen jedoch jeweils nur 50 % der so ermittelten Werte in das Anfangs- und Endvermögen eingestellt werden.[1972]

Alternative 3:
Die Wertfestsetzung soll nach den zum Stichtag der Endvermögensberechnung für die Erbschaftsteuer maßgeblichen Bestimmungen erfolgen.[1973]

Alternative 4:
Die Wertfestsetzung für Grundbesitz und Gebäude beider Ehegatten soll nach der Verordnung über die Ermittlung der Beleihungswerte von Grundstücken nach § 16 Abs. 1 und Abs. 2 des Pfandbriefgesetzes (BelWertV – BGBl. 2006 I, S. 1175 ff.) erfolgen. Maßgeblich ist für alle Bewertungen die zum Stichtag der Endvermögensbewertung jeweils gültige Fassung.

d) Vorzeitiger Hausbau

In der Praxis kommt es häufig vor, dass zwei Partner mit dem **Hausbau beginnen**, von beiden Seiten Verwendungen tätigen, das Grundstück zur Verfügung stellen oder gemeinsam erwerben und **erst später heiraten.**[1974] 1256

1970 Kommentiert bei Ernst/*Zinkahn*, Baugesetzbuch, Stand 102. Ergänzung, 2011 unter G.

1971 Derzeit Richtlinie vom 11.01.2011, BAnz 2011, 597, abgedruckt bei *Simon/Busse*, Bayerische Bauordnung, 107. Erg., 2012, Anhang Nr. 137a.

1972 Dies dient der Minderung des Zugewinns aus illiquidem Grundbesitz.

1973 Problematische dynamische Verweisung momentan auf das Erbschaftsteuer- und Bewertungsgesetz in der Fassung des Erbschaftsteuerreformgesetzes 2008 (BGBl. 2008 I, S. 3018 ff.).

1974 Vgl. die instruktive Fallschilderung bei Grziwotz, DNotZ 2000, 486, 488.

1257 Bei dieser Fallgestaltung kommt es zu Verschiebungen des Anfangsvermögens, die bei einer späteren Zugewinnberechnung[1975] Probleme bereiten. Nicht minder schwerwiegende Abgrenzungsschwierigkeiten wird die nach der Rechtsprechung des BGH wichtige Frage bereiten, ob die Parteien bei der Zuwendung verlobt waren oder nicht.

1258 Ist etwa ein Partner Eigentümer des Baugrundstücks und der andere investiert einen erheblichen Geldbetrag für den Rohbau und die Partner heiraten nach dem Richtfest, gehört nach der gesetzlichen Regelung das **Grundstück samt Rohbau** zum Anfangsvermögen des Grundstückseigentümer-Ehegatten.

1259 Mit dem Wandel des BGH hin zu bereicherungsrechtlichen Ansprüchen bei der Auflösung einer nichtehelichen Lebensgemeinschaft gerade in Hausbaufällen[1976] könnten sich auch für die Zeit vor der Ehe Ansprüche konstruieren lassen, sodass es dann auf die »Zäsur« der Verlobung nicht mehr in gleicher Weise ankäme. Der BGH beschränkt Ausgleichsansprüche nun nicht mehr auf gesellschaftsrechtliche Ausgleichsansprüche, sondern zieht auch Ansprüche aus ungerechtfertigter Bereicherung oder wegen Wegfalls der Geschäftsgrundlage in Betracht. Der BGH geht damit einen Schritt hin zur »Zusammenlebensrechtsgemeinschaft«.[1977] Nach dieser Rechtsprechung kann es Ansprüche aus »gemeinschaftsbedingter« Zuwendung geben, wenn deren Zweck – das längerfristige Zusammenleben – nicht erreicht wird. Solche Ansprüche müssten daher auch dann bestehen, wenn die nichteheliche Lebensgemeinschaft wegen der Absicht späterer Heirat nicht auf Dauer angelegt war, weil letztlich die gemeinsame Nutzung des Vermögens aber auf Dauer – erst in der nichtehelichen, dann in der ehelichen Gemeinschaft – angelegt war. Man sollte hier zu gleichen Ansprüche wie bei der Verlobung kommen. Diese sind aber im Vorhinein nur schwer bestimmbar, sodass eine vertragliche Regelung vorzugswürdig bleibt.

1260 Waren die späteren Eheleute hingegen zum Zeitpunkt des Investitionsbeginns bereits **verlobt**, dann sieht der BGH die Interessenlage vergleichbar mit einer unbenannten Zuwendung unter Eheleuten mit Gütertrennung und geht von einem besonderen familienrechtlichen Rechtsverhältnis aus, zu dessen Geschäftsgrundlage der Bestand der künftigen Ehe zählt. Fällt diese Grundlage weg, so entsteht ein Ausgleichsanspruch, der ergänzenden Charakter hat und nur Werte zum Gegenstand haben kann, die nicht schon dem Zugewinn der späteren Ehe unterliegen. Der BGH will aber durch den Anspruch keine Besserstellung gegenüber einer Leistungserbringung erst nach der Eheschließung und bildet daher einen hypothetischen Zugewinn, als wäre das Objekt ohne die Verwendungen im Anfangsvermögen.[1978] Dies gilt übrigens

1975 Sonstige Probleme rund um das Familienheim bei Scheitern der Ehe erörtert *Graba*, NJW 1987, 1721 ff.

1976 BGH, NJW 2008, 3277 und 3282.

1977 *Grziwotz*, FamRZ 2008, 1829; zustimmend *Löhnig*, DNotZ 2009, 59, 60.

1978 BGH, NJW 1992, 427 = DNotZ 1993, 515; OLG Celle, NJW-RR 2000, 1675; vgl. OLG Köln, FamRZ 2002, 1404 m. Anm. *Wever* und weiterer Anm. *Quack*, FamRZ 2003, 606 f.

sogar dann, wenn ein Anspruchsteller einseitig aus der Ehe ausbricht, denn es gibt keinen Grundsatz, dass derjenige, der die Geschäftsgrundlage zerstört, keinen Ausgleichsanspruch wegen Störung der Geschäftsgrundlage hat.[1979]

Um diese Situation und die **Unwägbarkeit ihrer Behandlung in der Rechtsprechung** vertraglich zu regeln, gibt es mehrere Möglichkeiten. Nicht in Betracht kommt i.d.R. die vorherige Einräumung von **Miteigentum** am bereits vorhandenen Grundstück, weil dieses Schenkungsteuer oder aber Grunderwerbsteuer auslösen würde, wenn die Vertragsteile im Zeitpunkt der Übertragung noch unverheiratet sind. Zudem löst dies allein die Fragen späterer Auseinandersetzung nicht.[1980] Für die Übertragung des eigenbewohnten Hauses unter Ehegatten zu Lebzeiten ist hingegen bei Vorliegen der entsprechenden Voraussetzungen sogar Schenkungsteuerfreiheit nach § 13 Abs. 1 Nr. 4a ErbStG gegeben. 1261

Um dem Problem des vorgezogenen Hausbaus gerecht zu werden, sind verschiedene Lösungsmodelle entwickelt worden, die nachfolgend vorgestellt werden. 1262

Wenn es nach Wahl eines solchen Modells **zur Scheidung kommt**, so ist die güterrechtliche Regelung auf der Grundlage der gewählten Regelung auszuführen. Vertragliche **Ansprüche** sind zu **erfüllen** und dann ist zu **prüfen**, **ob** es **zusätzlich** eine **güterrechtliche Einbeziehung** der Immobilie gibt oder ob die Immobilie und die vertraglichen Leistungen dann vom Zugewinn ausgenommen sind.

Haben die Ehegatten **keine vertragliche Vereinbarung** geschlossen, wird zu prüfen sein, ob ein Verlöbnis vorliegt, das Ansprüche aufgrund einer Störung der Geschäftsgrundlage nach sich ziehen könnte oder ob Ansprüche aus der nichtehelichen Lebensgemeinschaft in Betracht kommen. 1263

aa) Darlehenslösung

Bei der **Darlehenslösung**[1981] werden die Zuwendungen des Nichteigentümer-Partners aus dem (späteren) Anfangsvermögen als Darlehen gegeben und diese Darlehen werden auch bei Eheschließung aufrechterhalten, sodass sie das Anfangsvermögen prägen. 1264

Das Problem bei Darlehen liegt darin, dass solche Darlehen nicht nur Auswirkungen auf die Berechnung des Anfangsvermögens haben, sondern dass diese Ansprüche sich vererben,[1982] sodass hier eine entsprechende Regelung getroffen werden muss, wenn später keine gegenseitige Erbeinsetzung vorgesehen ist. Ist eine gegenseitige Erbeinsetzung vorgesehen, so erlischt das Darlehen im Erbfall durch Vereinigung von Gläu- 1265

1979 BGH, NJW 1992, 427; hierzu *Haußleiter/Schulz*, Vermögensauseinandersetzung, Kap. 5 Rn. 233 ff.

1980 *N. Mayer*, ZEV 1999, 384, 385.

1981 Zum Ganzen *N. Mayer*, ZEV 1999, 384 f. und 435.

1982 *Böhm*, ZEV 2002, 337 ff.

biger- und Schuldnerstellung. Für die Berechnung von Pflichtteilen hingegen gilt das Darlehen als nicht erloschen.[1983]

1266 Ferner nehmen die **Finanzämter** bei **Unverzinslichkeit** der Darlehen eine **Schenkung** an, die bei nicht verheirateten Partnern sehr schnell die Freibeträge überschreitet,[1984] vor allem weil als Vergleichszinssatz ein in diesen Zeiten enorm hoher Zinssatz von 5,5 % nach § 15 Abs. 1 BewG[1985] angenommen wird. Ist die Verzinsung niedriger, so wird die Differenz zu diesem Zinssatz als Schenkung angesehen.[1986]

▶ Gestaltungsempfehlung:

Es bietet sich daher an, die Unverzinslichkeit mit dem Wohnvorteil zu begründen, sodass keine Unentgeltlichkeit gegeben sein dürfte. Eine förmliche Verrechnung birgt bei der momentanen fiskalischen Fantasie der Finanzverwaltung die Gefahr in sich, dass die Zinsersparnis noch als Mieteinnahme angesehen werden könnte.

1266a Das FG Rheinland-Pfalz[1987] hat für einen Ehegattenfall ausdrücklich eine Schenkung angenommen, ohne dass das Wohnenlassen als Gegenleistung berücksichtigt worden wäre. Das dort vorgetragene Argument, die Wohnung sei ein Teil der Gewährung des Familienunterhalts, ist auf nichteheliche Lebenspartner nicht übertragbar und auch zivilrechtlich nicht korrekt, denn der Unterhalt verpflichtet nicht zur Errichtung eines Eigenheims.

Die Revisionsentscheidung des BFH[1988] weist den Weg zur steuerschonenden Gestaltung jedenfalls für diejenigen Fälle, in denen beabsichtig ist, die nichteheliche Lebensgemeinschaft später in eine Ehe zu überführen. Nach dieser Entscheidung erfüllt es die Voraussetzungen des § 13 Abs. 1 Nr. 4a ErbStG mit der Folge einer völligen Freistellung von der Schenkungsteuer, wenn dem hausbauenden Partner zunächst ein Darlehen gewährt wird, das mit 5,5 % endfällig verzinslich ist, und dann nach Heirat das Darlehen samt Zinsen erlassen wird. Nach BFH steht es der Anwendung dieser Befreiungsbestimmung nicht entgegen, dass das Haus gekauft/gebaut wurde, als die Ehegatten noch nicht verheiratet waren. Entscheidend sind vielmehr die Verhältnisse im Zeitpunkt der Ausführung der Zuwendung (hier: Erlass des Darlehens). Wenn die Ehegatten zu diesem Zeitpunkt verheiratet waren, dann liegt ein Familienwohnheim i.S.d. § 13 Abs. 1 Nr. 4a ErbStG vor und dann ist die Freistellung von zum Hausbau eingegangenen Verbindlichkeiten schenkungsteuerfrei.

1983 BGH, DNotZ 1978, 487, 489.

1984 Hierzu näher *C. Münch*, Ehebezogene Rechtsgeschäfte, Rn. 1731 ff.

1985 Ob solche Pauschalität, die letztlich enteignend wirkt, verfassungsrechtlich zulässig ist, kann an dieser Stelle nicht näher untersucht werden; vgl. hierzu etwa FG Köln, BeckRS 009, 26027117 zu dem vergleichbaren Problem bei § 6 Abs. 1 Nr. 3 EStG.

1986 BFH, NJW-RR 2011, 441 f.

1987 FG Rheinland-Pfalz, ErbStB 2009, 296.

1988 BFH, NJW-RR 2011, 441 f.

▶ Formulierungsvorschlag (Darlehenslösung): 1267

..... (Partnerschaftsvertrag) .....

1)

Die Geldmittel i.H.v. ..... €, welche Herr .....

– nachfolgend kurz: »Gläubiger« –

für den Bau des Einfamilienhauses auf dem Grundstück der Frau .....

– nachfolgend kurz: »Eigentümer« oder »Schuldner« –

zur Verfügung gestellt hat, sind als Darlehen gewährt.
Für das Darlehen gelten folgende Bestimmungen:

a) Das Darlehen ist nicht zu verzinsen. Es ist jedoch auch nicht unentgeltlich gewährt, sondern mit Blick auf den Wohnvorteil, welchen Herr ..... durch das gemeinsame Bewohnen des Anwesens genießt.

Alternative: *Das Darlehen ist mit 5,5 % jährlich zu verzinsen. Die Zinsen sind mit der Hauptsumme zur Zahlung fällig.*[1989]

b) Schuldner und Gläubiger können das Darlehen ganz oder teilweise jederzeit mit einer Kündigungsfrist von sechs Monaten kündigen. Es ist sodann in voller Höhe zur Rückzahlung fällig.
c) Der Gläubiger ist berechtigt, die sofortige Rückzahlung des Darlehens ohne vorherige Kündigung zu verlangen, wenn
(1) die Zwangsversteigerung oder die Zwangsverwaltung des verpfändeten Grundbesitzes angeordnet wird,
(2) der Schuldner seine Zahlungen einstellt oder über das Vermögen des Schuldners das Insolvenzverfahren eröffnet wird oder sich die Vermögensverhältnisse des Schuldners i.S.d. § 490 BGB verschlechtern,
(3) der Pfandbesitz veräußert wird.

2) Hypothekenbestellung

Zur Sicherung aller Ansprüche des Gläubigers aus der vorstehend bezeichneten Darlehensforderung bestellt der Eigentümer zugunsten des Gläubigers an dem in Abschnitt 4) dieser Urkunde bezeichneten Pfandbesitz eine

Hypothek ohne Brief

an nächstoffener Rangstelle.

3) Zwangsvollstreckungsunterwerfung

Der Schuldner unterwirft sich wegen der in dieser Urkunde eingegangenen Zahlungsverpflichtung der

1989 Bei der später geplanten Überleitung in eine Ehe zu verwenden. Entsprechend müssen die Anträge bei der Hypothek auf die Verzinslichkeit umgestellt werden.

sofortigen Zwangsvollstreckung

aus dieser Urkunde in sein gesamtes Vermögen.
Der Eigentümer unterwirft sich darüber hinaus in Ansehung der vorbestellten Hypothek der
sofortigen Zwangsvollstreckung
aus dieser Urkunde in der Weise, dass diese i.S.d. § 800 ZPO gegen den jeweiligen Eigentümer des Pfandbesitzes zulässig ist.

4)

..... (Pfandbesitz, Anträge, Bewilligung) .....

1268 Sofern eine gegenseitige Erbeinsetzung nicht erfolgt ist, weil z.B. die jeweils vorhandenen Kinder erben sollen, erlischt das Darlehen im Todesfall nicht durch Konfusion. Daher kann zusätzlich vorgesehen werden, dass das Darlehen im Todesfall des Gläubigers erlassen wird. Beim Tod des Schuldners würde die Rückzahlungspflicht ohne weitere Regelung dessen Erben treffen, was gewollt sein kann, wenn diese auch Eigentümer des Hauses werden.

1269 Bei einem Erlass sind allerdings die **schenkungsteuerlichen Konsequenzen** zu bedenken.

1270 ▶ Formulierungsvorschlag (Darlehenserlass beim Tod des Gläubigers):

Verstirbt der Gläubiger vor dem Schuldner, so wird hiermit das Darlehen auf den Todeszeitpunkt erlassen, sofern dieses nicht zuvor bereits gekündigt worden war.

1271 Da die Vertragsparteien kein gesetzliches Erbrecht haben, solange sie unverheiratet sind, ist in jedem Fall eine **erbrechtliche Beratung** dringend zu empfehlen. An deren Ende kann eine gegenseitige Erbeinsetzung ebenso stehen wie Nießbrauchs- oder Wohnrechtsvermächtnisse.

bb) Gesellschaftsvertragslösung

1272 Die **gesellschaftsrechtliche Lösung**, die den Geld gebenden Partner mit dem Grundstückseigentümer in eine Gesellschaft einbindet, hat den Vorteil, dass auch die Wertsteigerungen durch eigene Arbeitsleistung oder im Lauf der Zeit durch allgemeinen Anstieg der Immobilienwerte, aber auch Veräußerungsverluste[1990] dem anderen Partner zugutekommen.[1991]

cc) Zugewinnlösung

1273 Ehevertraglich lässt sich die Problematik auf zwei Arten befriedigend lösen:

Einmal können sich die Ehegatten so stellen, als wären sie bereits bei Beginn des Hausbaus verheiratet gewesen. Sie verlegen damit den **Stichtag** für die Berechnung

---

1990 Hierzu *N. Mayer*, ZEV 2003, 453 ff. Näher zu dieser Lösung mit Formulierungsvorschlägen: *Milzer*, NJW 2008, 1621.

1991 Für die Formulierung von Ehegatteninnengesellschaftsverträgen s. *C. Münch*, Ehebezogene Rechtsgeschäfte, Rn. 1697 ff.

des Anfangsvermögens vor die Eheschließung auf den Tag zurück, an welchem mit dem **Hausbau** bzw. **vorherigen Finanzierungsaktivitäten** begonnen wurde. Diese Modifikation wird nunmehr einhellig für zulässig gehalten.[1992]

▶ Formulierungsvorschlag[1993] (Vorverlegung Anfangstermin): 1274

Die Vertragsparteien sind sich darüber einig, dass für die Berechnung des Zugewinns nicht der Tag der Eheschließung, sondern der ..... (Datum) ..... Anfangstermin i.S.d. § 1374 Abs. 1 BGB ist.
Dies soll sowohl dann gelten, wenn der Güterstand auf andere Weise als durch den Tod beendet wird wie auch – soweit gesetzlich zulässig – beim Ende des Güterstandes durch den Tod eines Ehegatten.
Der Notar hat darüber belehrt, dass die Vorverlegung des Anfangstermins nur schuldrechtliche Bedeutung hat, der Güterstand der Zugewinngemeinschaft also dennoch erst bei Eheschließung beginnt.

Eine andere ehevertragliche Lösung besteht darin, das **Anfangsvermögen wertmäßig** 1275
so **festzulegen**, dass die Werte bei Beginn des Hausbaus festgesetzt werden.

Fallgestaltung:[1994] Auf dem Grundstück des Ehemannes (Wert 100.000 €) wird noch 1276
vor Eheschließung ein Haus gebaut (Wert: 400.000 €). Die Ehegatten wollen, dass das Grundstück als Anfangsvermögen zählt, das Haus aber dem Zugewinn unterliegt.

▶ Formulierungsvorschlag (Wertfestlegung Anfangsvermögen): 1277

Wir sind uns darüber einig, dass für Zwecke des Zugewinnausgleichs das Anfangsvermögen des Ehemannes auf 100.000 € und das der Ehefrau auf Null festgelegt wird. Das im Eigentum des Ehemannes stehende Familienwohnheim ..... Str. ....., das heute einschließlich Grund und Boden einen Wert von 500.000 € hat, ist in einem etwaigen Zugewinnausgleich nur noch im Endvermögen anzusetzen, sodass der Gebäudewert und etwaige Wertsteigerungen in vollem Umfang in den Zugewinn fallen.

Sofern für die Errichtung des Hauses **Darlehensmittel** bei Dritten aufgenommen 1278
wurden, sind auch diese Verbindlichkeiten aus dem Anfangsvermögen auszuscheiden und nur im Endvermögen zu berücksichtigen.[1995]

Sofern die reine Zugewinnlösung bereits zum Zeitpunkt des Investitionsbeginns ver- 1279
einbart werden sollte, ohne dass noch eine Heirat bevorsteht, ist sie um eine Regelung zu ergänzen, welche Ansprüche bei Nichtheirat bestehen sollen.

1992 OLG Hamburg, NJW 1964, 1076; MünchKomm-BGB/*Koch*, § 1374 Rn. 31 (anders noch MünchKomm-BGB/*Gernhuber*, 3. Aufl., § 1374 Rn. 3); Palandt/*Brudermüller*, BGB, § 1374 Rn. 3.

1993 *Bergschneider*, Verträge in Familiensachen, Rn. 639; *N. Mayer*, ZEV 1999, 384, 435.

1994 *Langenfeld*, Eheverträge, Rn. 982.

1995 *Grziwotz*, Partnerschaftsvertrag, S. 104.

dd) Aufgeschobene Miteigentumslösung

1280 Vorgeschlagen wird ferner eine aufgeschobene Miteigentumslösung dergestalt, dass der Vertrag der zusammenlebenden Partner eine für den Fall künftiger Verehelichung aufschiebend bedingte Übertragung eines hälftigen Miteigentumsanteils vornimmt. Solches kann insbes. in der Form eines unwiderruflichen Angebots geregelt werden.[1996]

1281 Sofern das gewünscht ist und die Finanzierungsbeiträge gleich waren, kann dann das Familienwohnhaus i.Ü. aus dem Zugewinn herausgenommen werden.[1997]

1282 ▶ Formulierungsvorschlag (aufschiebende bedingte Miteigentumsübertragung):

Aufschiebend bedingt für den Fall unserer späteren Eheschließung überlässt Herr ..... bereits heute an Frau ..... einen hälftigen Miteigentumsanteil des Anwesens ..... in ....., eingetragen im Grundbuch des Amtsgerichts ..... für ..... Blatt ..... .
Er haftet nur für ungehinderten Besitz und lastenfreien Eigentumsübergang. Ausgenommen hiervon ist das in Abteilung III lfd. Nr. 1 eingetragene Grundpfandrecht zugunsten der .....-Bank, das zur ferneren dinglichen Haftung übernommen wird. Eigentümerrechte und Rückgewähransprüche werden anteilig mitübertragen, die Eintragung im Grundbuch bewilligt, jedoch ausdrücklich nicht beantragt. Für die zugrunde liegenden Verbindlichkeiten hat Frau ..... die gesamtschuldnerische Haftung bereits mit Urkunde vom ..... URNr. ..... übernehmen müssen.
Eine Haftung für Sachmängel wird – außer bei Vorsatz – nicht übernommen.
Besitz, Nutzen, Lasten, Gefahr und Verkehrssicherungspflichten gehen ab Eheschließung anteilig über, ebenso Erschließungs- und Anliegerkosten, für welche ein Bescheid ab Eheschließung zugestellt wird.
Die Vertragsteile verpflichten sich, unverzüglich nach Eheschließung die Auflassung zu erklären und entgegenzunehmen.
Auf die Eintragung einer Auflassungsvormerkung für Frau ..... wird nach Belehrung verzichtet.
Die Überlassung für den Fall der Eheschließung erfolgt als ehebedingte Zuwendung, d.h. im Hinblick auf die eheliche Lebensgemeinschaft und zum Ausgleich für geleistete Mitarbeit und als angemessene Beteiligung an den Früchten des ehelichen Zusammenwirkens. Die Vertragsteile gehen davon aus, dass sie gleichwertige Beiträge zur Erstellung und zum Unterhalt des Familienheims geleistet haben. Die künftige Zuwendung soll Frau ..... daher auch dann endgültig verbleiben, falls die künftige Ehe geschieden werden sollte.
Der vorgenannte Grundbesitz (übertragener und verbliebener Anteil) samt seiner Verbindlichkeiten soll daher im Zugewinnausgleich in keiner Weise berücksichtigt werden, er sollte also weder bei der Berechnung des Anfangsvermögens noch des Endvermögens eines Ehegatten einen Rechnungsposten bilden. Dies gilt insbesondere auch für Verluste und Wertsteigerungen.

1996 *N. Mayer*, ZEV 2003, 453 f.

1997 So der Vorschlag von *Grziwotz*, Partnerschaftsvertrag, 105, auf dem auch die nachfolgenden Ausführungen basieren.

..... (sofern erforderlich zusätzlich Regelung von Verwendungen, Surrogaten[1998] etc.)
.....

ee) Konkrete Lösung

Ein weiterer Lösungsansatz[1999] geht dahin, mittels einer konkreten Lösung Tilgungs- und Verzinsungsleistungen zu erfassen, die Kostentragung zu regeln und im Fall einer Trennung entsprechende Ansprüche wie z.B. Erwerbsrechte zu begründen, was aus schenkungsteuerlichen Gründen in der Form von Angeboten geschehen sollte. Besonders betont wird hierbei die Notwendigkeit, auch die Gewinnbeteiligung bzw. Verlusttragung bei einer Veräußerung des Anwesens einer Regelung zuzuführen. 1283

2. Haftung und Eigentum am Familienwohnheim

a) Treuhandeigentum

Bei Ehegatten mit haftungsgefährdeten Berufen ist es häufig so, dass das Familienwohnheim demjenigen Ehegatten gehört, der solchen Haftungsgefahren nicht ausgesetzt ist, während der andere Ehegatte die Immobilie vollständig finanziert hat. 1284

Hier soll also bereits bei der Anschaffung der Immobilie oder jedenfalls später durch Übertragung das Familienheim aus der Haftungsmasse ausgeschlossen werden. 1285

Wie bereits dargelegt, wird in den wenigsten derartigen Fällen von einer wirklichen Schenkung oder einer dauerhaften ehebedingten Zuwendung auszugehen sein, die auch im Fall einer Scheidung Bestand haben soll. Vielmehr wird zumeist treuhänderisch gehaltenes Eigentum vorliegen,[2000] auch wenn dieses zur Haftungsabschirmung denkbar ungeeignet ist, weil die Gestaltung zu möglicherweise pfändbaren Ansprüchen aus Auftragsrecht führt.[2001] 1286

Wenn jedoch eine solche treuhänderische Übertragung vorliegt, soll aus dieser Übertragung ein vorrangiger Anspruch auf Herausgabe der Immobilie in Natur resultieren, der unabhängig vom Zugewinn besteht. Beim Streit um die Scheidungsimmobilie ist daher an einen solchen Anspruch zu denken und die Rückgabe – wenn diese das vorrangige Ziel ist – aus Auftragsrecht geltend zu machen. 1287

Wenn vorsorgend die Eigentumsverhältnisse der Ehegatten und ihre Folgen im Fall der Scheidung geregelt werden sollen, kommt es auf die Interessenlage der Ehegatten an, welche Gestaltung empfohlen werden kann, um keinen pfändbaren Herausgabeanspruch zu haben. 1288

1998 Vgl. die Formulierungsvorschläge unter Rdn. 1246, 1248.
1999 *N. Mayer*, ZEV 2003, 453 ff.
2000 Vgl. *Wever*, Vermögensauseinandersetzung, Rn. 943; BGH, FamRZ 1988, 482, 484.
2001 Rdn. 294 ff.

b) Angebot auf (Rück-) Übertragung

1289 Wenn das Eigentum an der Immobilie aus Haftungsgründen bei einem Ehegatten liegt, aber im Scheidungsfall zurückfallen soll, dann ist sowohl ein vertraglicher Rückfallanspruch als auch ein aus Auftragsrecht folgender gesetzlicher Anspruch zu vermeiden, um eine Pfändbarkeit dieses Rückfallanspruches zu vermeiden.

1290 Überlegenswert ist stattdessen, ob nicht anstelle des vertraglichen Rückforderungsrechts ein **unwiderrufliches Angebot** des Empfänger-Ehegatten abgegeben werden soll, das der zuwendende Ehegatte annehmen kann, wenn die Ehe geschieden wird. Dieses Rechtsverhältnis geht dann auch einem allgemeinem Treuhandverhältnis vor, da eine spezielle Regelung für die Rückübernahme getroffen worden ist.

1291 Die Rechtsstellung eines Angebotsempfängers, insbes. die Frage, ob ein lediglich vorhandenes Angebot bereits einen Zugriff im Wege der Pfändung erlaubt, wird erstaunlicherweise kaum in der vollstreckungsrechtlichen Literatur kommentiert. Hinweise hierzu finden sich aber in den BGB-Kommentaren. Danach ist die **Behandlung der sog. Annahmeposition** des Angebotsempfängers **umstritten**. Während diese früher als Gestaltungsrecht angesehen wurde – womit wir wieder bei einer Rechtsposition wären, wie sie der BGH für das vertragliche Rückforderungsrecht angenommen hat – verneint dies die heute herrschende Ansicht.[2002]

1292 Ob eine solche Annahmeposition **pfändbar** oder im Fall einer Insolvenz Bestandteil der Insolvenzmasse ist, wird sich letztlich aber nicht an einer Einstufung als Gestaltungsrecht entscheiden, sondern an der Frage, ob die Annahmeposition **übertragbar** ist oder nicht. Ist sie kraft Gesetzes unübertragbar, muss man sie auch nach § 851 Abs. 1 ZPO als unpfändbar ansehen; anders aber, wenn die Annahmeposition lediglich nach vertraglicher Absprache – bzw. Inhalt des Angebots – nicht übertragbar ist. Hier gibt es gewichtige Stimmen, die sich generell für eine höchstpersönliche Rechtsposition aussprechen,[2003] während die meisten BGB-Kommentatoren dies ohne generelle Regel nach dem jeweiligen Sinn des Angebots prüfen möchten.[2004] Verträgen, bei denen die Person des Kontrahenten von Bedeutung ist, soll jedoch die Übertragbarkeit fehlen.[2005] Dies wird man in unserem Sachverhalt einer Ehegattenzuwendung annehmen dürfen.

1293 Im Anfechtungsrecht geht die Literatur ferner davon aus, dass **die Nichtannahme eines Angebots keine Anfechtbarkeit** begründet, selbst wenn es sich um ein Schen-

2002 Staudinger/*Bork*, BGB, § 145 Rn. 34 m.w.N. Dort heißt es: »Von einem Gestaltungsrecht lässt sich nicht schon dann sprechen, wenn jemand ein Rechtsverhältnis zu einem anderen nur begründen kann. Vielmehr liegt ein Gestaltungsrecht nur dann vor, wenn jemand die Rechtsmacht hat, auf ein bestehendes Vertragsverhältnis verändernd einzuwirken.« Zu Gestaltungsrechten als Verfügungsgegenstand: *Schürnbrand*, AcP 204 (2004), 177 ff.

2003 Soergel/*Wolf*, BGB, § 145 Rn. 19.

2004 MünchKomm-BGB/*Busche*, § 145 Rn. 22; Palandt/*Ellenberger*, BGB, § 145 Rn. 5; Staudinger/*Bork*, BGB, § 145 Rn. 35.

2005 Staudinger/*Bork*, BGB, § 145 Rn. 35.

kungsangebot handelt. Dies wird mit § 517 BGB begründet. Die Anfechtbarkeit wird dann deswegen abgelehnt, weil nicht pfändbare Rechte auch nicht anfechtbar seien[2006] und weil die Nichtannahme eines Angebots nicht zur Verminderung des Schuldnervermögens führt, sondern lediglich dessen Mehrung verhindert. Dies ist einer Verkürzung des Schuldnervermögens nicht gleichzustellen.[2007]

Damit bestehen gute Argumente, einem einseitigen Angebot den Vorzug zu geben, da es 1294
sich von einer pfändbaren Rechtsposition noch weiter wegbegibt als ein vertragliches Rückforderungsrecht unter einer Wollensbedingung. Allerdings wird man auch insoweit die weitere Entwicklung abzuwarten haben. Soweit argumentiert wird, trotz eines Angebots sei der daran anknüpfende künftige Anspruch pfändbar,[2008] mag man auf *Amann* verweisen, der herausgearbeitet hat, dass künftige Ansprüche bei ursprünglich bindendem Angebot nach Fristablauf oder Bedingungseintritt, mit dem das Angebot seine Bindung verliert, ihre Vormerkungsfähigkeit verlieren und daher die Vormerkung gelöscht werden kann.[2009] Das Angebot kann also so ausgestaltet sein, dass es nur innerhalb bestimmter Frist nach Eintritt eines Ereignisses angenommen werden kann, dann ist eine Dauersperre auch unter dem Gesichtspunkt Pfändung künftiger Ansprüche vermeidbar. Diese Angebotslösung hat Zustimmung,[2010] aber auch Kritik erfahren, weil einschränkend argumentiert wird, eine solche Angebotslösung setze noch keine Anfechtungsfristen in Lauf.[2011] Hingewiesen wird ferner darauf, dass in einem solchen Angebot möglicherweise keine Rückgängigmachung der Schenkung i.S.d. § 29 Abs. 1 Nr. 1 ErbStG liege.[2012] Dies ist jedoch bei dem zumeist betroffenen eigenen Familienwohnheim wegen § 13 Nr. 4a ErbStG unbeachtlich. Soweit andere Vorschläge auf eine »Verschweigenslösung« hingehen,[2013] dürfte diesen durch die neuere Rechtsprechung des OLG München[2014] der Boden entzogen sein.

Es bleibt zu hoffen, dass der BGH in nächster Zeit Gelegenheit erhält, die Frage der 1295
Pfändbarkeit von Rückforderungsrechten gezielt für den Scheidungsfall zu entscheiden, damit diese Klauseln wieder auf sicherer Grundlage verwendet werden können.

2006 Uhlenbruck/*Hirte*, Insolvenzordnung, § 129 Rn. 99; *Hess/Weis/Wienberg*, InsO, § 129 Rn. 24; *Schumacher-Hey*, RNotZ 2004, 543, 545.

2007 Heidelberger Kommentar zur Insolvenzordnung, § 129, Rn. 22.

2008 *Koch/J. Mayer*, ZEV 2007, 55, 60; die Kritik von *Schlögel*, MittBayNot 2009, 100, 102 übersieht, dass mit dem Angebot gerade noch kein Rechtsverhältnis zustande gekommen ist und das Angebot inhaltlich so an den Ehegatten angebunden sein kann, dass eine Übertragbarkeit nicht in Betracht kommt.

2009 *Amann*, MittBayNot 2007, 13, 18.

2010 Vorsichtig zustimmend *Langenfeld*, Eheverträge, 5. Aufl., Rn. 1191; befürwortend aber auch *Reul*, DNotZ 2010, 902, 907.

2011 *Brambring*, Rn. 158 mit Fn. 261.

2012 *Reul*, DNotZ 2010, 902, 907; *Brambring*, Rn. 158.

2013 Grundsätzlich zustimmend zur Angebotslösung *Koch/J. Mayer*, ZEV 2007, 55, 60, die allerdings einen pfändbaren künftigen Anspruch sehen wollen.

2014 OLG München, ZEV 2009, 352 und OLG München, DNotZ 2010, 917 = MittBayNot 2010, 413 mit abl. Anm. *Kesseler*.

1296 Hingewiesen wird auch hier nochmals auf die Möglichkeit der Vermögensübertragung zur Durchführung des Zugewinnausgleichs bei Beendigung dieses **Güterstandes im Rahmen eines Gesamtehevertrages.**[2015] Der BGH sah in einem solchen Vertrag einen entgeltlichen Vertrag, lehnte jedoch jede Privilegierung güterrechtlicher Verträge im Anfechtungsrecht ab.[2016] Er begründet dies mit der Systematik des Anfechtungsrechts, das nicht nur schuldrechtliche, sondern auch familienrechtliche Verträge erfasse. Auch bei güterrechtlichen Verträgen werde der Gläubigerbenachteiligungsvorsatz und die Kenntnis des anderen Teils hiervon widerleglich vermutet, sodass es Sache des begünstigten Ehegatten gewesen wäre, dies zu widerlegen.[2017]

1297 Wer nach diesen Ausführungen im Rahmen einer ehebedingten Zuwendung ein Angebot auf Rückübertragung verwenden möchte, kann dies folgendermaßen fassen:

▶ Formulierungsvorschlag (Angebot auf Rückübertragung):

1)

Der Zuwendungsempfänger

– nachfolgend kurz: Anbietender genannt –

unterbreitet dem zuwendenden Ehegatten folgendes Angebot:

2)

Der Zuwendungsempfänger überträgt dem zuwendenden Ehegatten

– nachfolgend kurz: Angebotsempfänger genannt –

das mit Urkunde des Notars ..... in ..... URNr. ..... übertragene Vertragsobjekt zu den nachgenannten Bedingungen zurück.

3)

Der Angebotsempfänger kann das Angebot nur innerhalb von 24 Monaten[2018] nach Eintritt einer der folgenden Voraussetzungen annehmen:

a) der Vertragsgrundbesitz wird ganz oder teilweise ohne seine Zustimmung veräußert oder belastet
oder

2015 Hierzu *C. Münch*, Ehebezogene Rechtsgeschäfte, Rn. 1201 ff. auch mit Hinweisen auf die Einschränkungen.

2016 BGH, NZI 2010, 738 = MittBayNot 2010, 493 m. Anm. *Lotter*; hierzu *Hormann*, VIA 2010, 77.

2017 Sowohl *Lotter*, MittBayNot 2010, 493 f. wie auch *Hörmann* schätzen die Fallgestaltung so ein, dass dem zu beurteilenden Fall die Absicht zur Vermögensentziehung ins Gesicht geschrieben stand.

2018 Ggf. sollte hier auch eine noch längere Frist vereinbart werden, wenn die Ausübung des Rechts nach einer Scheidung noch möglichst lange möglich sein soll. Andererseits werden die Vormerkungsfähigkeit und damit auch eine etwaige Beschlagnahmewirkung beendet, wenn das Rückforderungsrecht durch Fristablauf erlischt, ohne geltend gemacht worden zu sein.

b) der Anbietende oder der Angebotsempfänger stellt einen Antrag auf Scheidung der Ehe
oder
c) der Anbietende verstirbt vor dem Angebotsempfänger ohne Hinterlassung von gemeinschaftlichen Abkömmlingen[2019]
oder
d) über das Vermögen des Anbietenden wird ein Insolvenzverfahren eröffnet oder Zwangsversteigerungs- oder Zwangsvollstreckungsmaßnahmen gegen das Vermögen des Anbietenden werden durchgeführt oder die Vermögensverhältnisse des Anbietenden verschlechtern sich i.S.d. § 490 Abs. 1 BGB.[2020]

Das Angebot kann nur vom Angebotsempfänger angenommen werden, nicht hingegen von etwaigen Rechtsnachfolgern. Ein Benennungsrecht ist ausdrücklich ausgeschlossen.
Die Verpflichtung zur Rückübertragung kommt erst mit Annahme des Angebots zustande.

4)

Für den Fall der Annahme des Angebots gelten für die Rückübertragung folgende Bestimmungen:
Der Grundbesitz ist frei von Rechten Dritter zu übertragen.
Ausnahmen bilden etwaige Rechte, die in der vorliegenden Urkunde übernommen werden und etwaige Rechte, die mit Zustimmung des Angebotsempfängers im Grundbuch eingetragen wurden.
Hinsichtlich eingetragener Grundpfandrechte hat der Angebotsempfänger auch die zugrunde liegenden Verbindlichkeiten in persönlicher Haftung mit schuldbefreiender Wirkung zu übernehmen, soweit die Darlehensvaluten für Investitionen in den Vertragsgrundbesitz verwendet wurden oder bereits bei der Übertragung gemäß der in Ziffer 2) genannten Vorurkunde bestanden haben. Ein weiterer Erstattungsbetrag gemäß nachfolgendem Abschnitt ist insoweit nicht zu zahlen.
Der Angebotsempfänger hat dem Anbietenden ferner alle Aufwendungen auf den Vertragsgrundbesitz – hierzu gehört auch die Schuldentilgung – zum Zeitwert im Zeitpunkt der Annahme des Angebotes zu ersetzen.
Im Übrigen sind keine weiteren Gegenleistungen zu erbringen.

Alternative:
Ferner ist eine einmalige Entschädigung in Höhe von ..... € für alle nicht in Geld zu bemessenden Aufwendungen in das Anwesen zu ersetzen unabhängig von einem Nachweis ..... ggf. Wertsicherung .....[2021]

2019 Zuweilen wird noch eine weitere Einschränkung gewünscht: »eheliche, leibliche Abkömmlinge«.

2020 *Spiegelberger*, MittBayNot 2000, 1, 8 schlägt vor, schon die Verschlechterung der Vermögensverhältnisse nach § 490 Abs. 1 BGB (bzw. § 610 BGB a.F.) für die Ausübung genügen zu lassen.

2021 Hier sind etwaige Gegenleistungen im Zusammenhang mit der Rückübertragung zu nennen.

5)

Zur Sicherung aller Ansprüche des Angebotsempfängers auf Übertragung des Eigentums aus dem vorvereinbarten Angebot **bewilligen und beantragen**

die Vertragsteile die Eintragung einer Vormerkung gem. § 883 BGB zugunsten des Angebotsempfängers am Vertragsgrundbesitz in das Grundbuch an erster Rangstelle.

6)

Die Annahme des Angebots ist auf folgende Weise zu erklären: .....

Alternative – Auflassungsvollmacht*[2022]*:
Der Anbietende erteilt hiermit dem Angebotsempfänger Vollmacht, für ihn in der Annahmeurkunde die Auflassung zu erklären und entgegenzunehmen sowie alle Anträge zu stellen, die zur Eigentumsumschreibung und zum grundbuchamtlichen Vollzug der Urkunde nach erfolgter Annahme erforderlich sind.
Die in Ziffer 3) genannten Voraussetzungen sind in diesem Fall durch öffentlich beglaubigte Urkunden nachzuweisen.

1298 Soll im Scheidungsfall nun ein solches Angebot angenommen werden, lässt sich dies so formulieren:

▶ Formulierungsvorschlag (Annahme des Angebotes auf Rückübertragung):

URNr. .....
Heute, den .....
erscheint vor mir, dem Notar

Dr. .....

Frau .....

Alternative bei Auflassungsvollmacht:
hier nach ihrer Erklärung handelnd
a) *im eigenen Namen*
b) *aufgrund Vollmacht in der Angebotsurkunde vom ..... URNr. ..... des Notars ..... in ..... für Herrn ..... Diese Urkunde liegt heute in Ausfertigung vor und ist bezüglich der Vollmacht in auszugsweise beglaubigter Abschrift beigefügt. Auf sie wird verwiesen.*

(dann muss der Ehepartner nachfolgend nicht mehr mit erscheinen)

2022 Eine Vollmacht zur Auflassung kann dann erklärt werden, wenn die Abwicklung durch den annehmenden Ehegatten allein erfolgen soll. Anders als bei Kaufvertragsangeboten ist jedoch hier die Schwierigkeit der Festsetzung des Aufwendungsersatzes und der zu übernehmenden Verbindlichkeiten zu bedenken, sodass eine solche Vollmacht nur empfohlen werden kann, wenn in diesem Bereich keinerlei Probleme zu erwarten sind, weil weder Verbindlichkeiten bestehen noch Investitionen durch den Eigentümer erforderlich sind.

Herr .....
Die Erschienenen sind mir, dem Notar, persönlich bekannt. Nach Unterrichtung über den Grundbuchinhalt beurkunde ich auf Ansuchen und nach Erklärung der Erschienenen Folgendes:

1) Angebot

Mit Urkunde vom ..... des Notars ..... in .....

– nachfolgend kurz: Angebotsurkunde –

hat Herr .....

– nachfolgend kurz: Veräußerer genannt –

Frau .....

– nachfolgend kurz: Erwerberin –

ein Angebot zur Übertragung des nachfolgend genannten Grundbesitzes gemacht. Die vorgenannte Angebotsurkunde liegt heute in Ausfertigung vor. Auf sie wird verwiesen. Sie wurde zur Durchsicht vorgelegt. Der Inhalt der Angebotsurkunde ist bekannt. Auf nochmaliges Verlesen der Angebotsurkunde und Beifügen zu dieser Urkunde wird verzichtet.

2) Grundbuchstand

Im Grundbuch des Amtsgerichtes ..... von ..... Blatt ..... ist der in der Angebotsurkunde genannte Grundbesitz im Alleineigentum des Veräußerers wie folgt eingetragen:
FlurNr. .....
Belastet ist der Grundbesitz wie folgt:
Abt. II:
Vormerkung für Frau .....
.....
Abt. III.
.....

3) Annahmegrund

Am ..... wurde der Erwerberin der Scheidungsantrag des Veräußerers zugestellt, sodass die Voraussetzungen für die Annahme des Angebotes nach Ziffer 3b) der Angebotsurkunde vorliegen.

Alternative bei Vollmacht:
Die Erwerberin legt Zustellungsurkunde vom ..... vor enthaltend den Scheidungsantrag des Veräußerers, sodass nach ihrer Angabe die Voraussetzungen der Ziffer 3b) der Angebotsurkunde vorliegen. Diese Urkunde ist als Anlage 1 dieser Urkunde auszugsweise beigefügt und wurde mit verlesen.

4) Annahme

Die Erwerberin

nimmt

hiermit das ihr gemachte Angebot ausdrücklich

an,

sodass der in der Angebotsurkunde niedergelegte Übertragungsvertrag zustande kommt.

5) Schuldübernahme

Gemäß der Angebotsurkunde hat die Erwerberin die in Abteilung III eingetragenen Grundpfandrechte wie unter Ziffer 2) aufgeführt zur ferneren dinglichen Haftung zu übernehmen. Gleiches gilt für die in Abt. II eingetragenen Belastungen.
Die Erwerberin übernimmt ferner folgende Darlehensverbindlichkeiten mit schuldbefreiender Wirkung vom heutigen Tage an:
Darlehen Nr. ..... bei der .....bank
Darlehen Nr. ..... bei der .....bank.[2023]
Auf das Erfordernis einer Änderung der Zweckbestimmungserklärung wurde hingewiesen. Nach Hinweis des Notars auf das Erfordernis der Genehmigung der befreienden Schuldübernahme durch den Gläubiger

beauftragen und ermächtigen

die Vertragsteile den Notar und dessen amtlich bestellten Vertreter, dem Gläubiger die befreiende Schuldübernahme durch Übersendung einer Abschrift dieser Urkunde anzuzeigen. Die gem. § 415 BGB erforderliche Genehmigung werden sie selbst einholen und entgegennehmen. Sollte die befreiende Schuldübernahme nicht genehmigt werden, gelten diese Vereinbarungen als Erfüllungsübernahme im Sinne des § 329 BGB, sodass die Erwerberin verpflichtet ist, die Verbindlichkeiten jeweils fristgerecht zu erfüllen und den Veräußerer bei Inanspruchnahme freizustellen. Gleiches gilt bis zur Genehmigung.
Kosten, Spesen oder Provisionen anlässlich der Schuldübernahme hat die Erwerberin zu zahlen.

6) Aufwendungsersatz

Gemäß der Angebotsurkunde hat die Erwerberin ferner die Aufwendungen des Veräußerers in das Vertragsobjekt zu ersetzen.
Die Vertragsteile sind sich einig, dass es sich hierbei um folgende Summe handelt: .....€.
Die Erwerberin verpflichtet sich, an den Veräußerer die vorgenannte Summe binnen vier Wochen von heute an zu zahlen.
Die Erwerberin unterwirft sich wegen der Zahlung dieses Aufwandersatzes der sofortigen Zwangsvollstreckung aus dieser Urkunde in ihr gesamtes Vermögen. Der Veräußerer ist berechtigt, sich auf einseitigen Antrag auf Kosten der Erwerberin eine vollstreckbare Ausfertigung dieser Urkunde ohne weitere Nachweise erteilen zu lassen.

2023 Die weiteren Ausführungen hängen davon ab, wie die Tilgung der Darlehen in der Zeit zwischen Angebot und Annahme durchgeführt worden ist. Hat die Erwerberin die Darlehen auch in dieser Zeit allein bedient und ist persönlich haftende Schuldnerin geblieben, sind keine weiteren Regelungen veranlasst. Hat hingegen eine Umstellung der Bedienung und Haftung der Darlehen auf den Veräußerer stattgefunden, dann müssen die Darlehen nun erneut auf die Erwerberin umgestellt werden. Dem tragen die weiteren Ausführungen im Formulierungsvorschlag Rechnung, die ansonsten entfallen können.

7) Vollmachten

Die in der Angebotsurkunde erteilten Vollmachten werden von der Erwerberin im dort bezeichneten Umfang ausdrücklich erteilt.

8) Auflassung und Vormerkung

Die Vertragsteile sind sich darüber

einig,

dass das Eigentum am übertragenen Grundbesitz gemäß Ziffer 2) dieser Urkunde vom Veräußerer auf die Erwerberin übergeht.
Der Veräußerer

bewilligt

und die Erwerberin

beantragt

die Eintragung der Auflassung in das Grundbuch.
Hinsichtlich der für die Erwerberin bereits eingetragenen Vormerkung erklärt diese: Die Löschung der eingetragenen Vormerkung wird Zug um Zug mit Eigentumsumschreibung in das Grundbuch bewilligt und beantragt, vorausgesetzt, dass seit Eintragung der Vormerkung keinerlei Rechte im weitesten Sinne ohne Zustimmung der Erwerberin in das Grundbuch eingetragen wurden. Die Erwerberin erklärt ausdrücklich, dass alle in dieser Urkunde übernommenen Rechte mit ihrer Einwilligung bestellt worden sind.
Die Vertragsteile weisen den Notar unter Verzicht auf ihr eigenes Antragsrecht unwiderruflich an, den Antrag auf Eintragung der Eigentumsumschreibung beim Grundbuchamt erst dann zu stellen, wenn entweder der Veräußerer dem Notar bestätigt hat, dass ihm die Genehmigung der befreienden Schuldübernahme nach Ziffer 5) dieser Urkunde vorliegt und der Aufwendungsersatz nach Ziffer 6) dieser Urkunde bezahlt wurde oder die Erwerberin dies bankbestätigt nachweist.
Vorher werden von dieser Urkunde nur Ausfertigungen und beglaubigte Abschriften ohne die Auflassung erteilt.

9) Schlussbestimmungen

.....

3. Übernahmerechte

In Fällen, die nicht durch eine Haftungsproblematik gekennzeichnet sind, kommt es häufig gleichzeitig mit der Einräumung von Miteigentum an einem Grundstück zur Vereinbarung sog. Übernahmerechte, mit denen geklärt wird, dass das Eigentum im Scheidungsfall wieder von einem Ehegatten übernommen werden kann. 1299

Ein Anwendungsbereich solcher Vereinbarungen findet sich insbes. dort, wo 1300

- das Grundstück etwa von den Eltern eines Ehegatten überlassen wurde, die benachbart wohnen, und dann von beiden Ehegatten bebaut wurde,
- das Grundstück beruflichen Zwecken eines Ehegatten dient, der daher auch im Scheidungsfall die Immobilie übernehmen will.

1301 Bei der Vereinbarung eines solchen Übernahmerechtes muss geklärt werden, welche Aufwendungen dem weichenden Ehegatten erstattet werden und wie sich der Vorgang auf weitere güterrechtliche Ansprüche auswirkt.

1302 Die Vereinbarung eines solchen Übernahmerechtes kann folgendermaßen gestaltet werden:

▶ Formulierungsvorschlag (Zuwendung mit Rückforderungsrecht und Zugewinnausgleich nach Rückforderung):

1)

Die Überlassung erfolgt als ehebedingte Zuwendung, d.h. im Hinblick auf die eheliche Lebensgemeinschaft und zum Ausgleich für geleistete Mitarbeit und als angemessene Beteiligung an den Früchten des ehelichen Zusammenwirkens.

2)

Der zuwendende Ehegatte

– nachfolgend kurz: der Rückerwerbsberechtigte –

hat das Recht, im Fall der Scheidung der Ehe die Rückübertragung des Zuwendungsobjektes zu verlangen. Der Rückforderungsanspruch entsteht mit der Rechtshängigkeit des Scheidungsantrags gleich welches Ehegatten. Er erlischt, wenn er bis zur Rechtskraft der Scheidung nicht geltend gemacht wurde.

Alternative:
Das gleiche Recht steht dem Rückerwerbsberechtigten zu, wenn der Erwerber den Vertragsgrundbesitz ohne seine Zustimmung ganz oder teilweise veräußert oder belastet. In diesem Fall ist das Recht binnen 24 Monaten nach Abschluss des schuldrechtlichen Vertrages, längstens binnen 24 Monaten nach Kenntnis, auszuüben.

3)

Für den Rückerwerb gelten folgende Bestimmungen:

a) Der Grundbesitz ist frei von Rechten Dritter zu übertragen.
Ausnahmen hiervon bilden etwaige Rechte, die in der vorliegenden Urkunde übernommen werden, und etwaige Rechte, die mit Zustimmung des Rückerwerbsberechtigten im Grundbuch eingetragen werden.
Hinsichtlich eingetragener Grundpfandrechte hat der Rückerwerbsberechtigte auch die zugrunde liegenden Verbindlichkeiten in persönlicher Haftung mit schuldbefreiender Wirkung zu übernehmen, soweit die Darlehensvaluten für Investitionen auf dem Vertragsgrundbesitz verwendet wurden; ein Erstattungsbetrag gemäß nachfolgendem Buchst. b) ist insoweit nicht zu zahlen.

b) Der Rückerwerbsberechtigte hat dem heutigen Erwerber die von diesem auf den Vertragsgrundbesitz gemachten Aufwendungen – hierzu gehört auch die Schuldentilgung – zum Zeitwert im Zeitpunkt der Rückübertragung zu ersetzen, sofern diese Aufwendungen aus Anfangsvermögen i.S.d. § 1374 Abs. 1 oder Abs. 2 BGB stammen,[2024] und zwar Zug-um-Zug mit der Rückübertragung.
Im Übrigen hat der Rückerwerbsberechtigte keine Gegenleistung zu erbringen.

c) Zug um Zug mit der Rückforderung nach Maßgabe obiger Vereinbarungen findet dann auf der Grundlage der nach Rückforderung, Übernahme von Verbindlichkeiten und Rückerstattung von Aufwendungen bestehenden Vermögenslage der gesetzliche Zugewinnausgleich statt. Hierbei sind rückübertragene Vermögensgegenstände sowie ersetzte Aufwendungen so in das Anfangsvermögen des jeweiligen Ehegatten einzustellen, wie sie vor Übertragung und Aufwendung in dieses einzustellen gewesen wären.[2025]

4)

Die Kosten der Rückübertragung und durch die Rückübertragung etwa anfallende Verkehrsteuern hat der Rückerwerbsberechtigte zu tragen.

5)

Das Rückerwerbsrecht ist für den Rückerwerbsberechtigten von höchstpersönlicher Natur; es ist weder übertragbar noch vererblich.

6)

Zur Sicherung aller Ansprüche des Rückerwerbsberechtigten auf Übertragung des Eigentums aus dem vorvereinbarten Rückerwerbsrecht bewilligen und

beantragen

die Vertragsteile die Eintragung einer (Rückauflassungs-) Vormerkung gem. § 883 BGB zugunsten des Rückerwerbsberechtigten am Vertragsgrundbesitz in das Grundbuch an nächstoffener Rangstelle.

2024 Wenn nur Verwendungen aus dem Anfangsvermögen ausgeglichen werden, dann sind die übrigen zugewinnausgleichspflichtigen Verwendungen nicht berücksichtigt, weil diese dem zuwendenden Ehegatten in seinem Endvermögen anfallen und damit dem Zugewinnausgleich schon unterliegen. Da hier aber eine Gesamtrechnung erfolgt, kann auch stattdessen eine weitere Regelung getroffen werden, entweder i.S.d. sogleich vorgestellten 1. Alt. oder in dem Sinn, dass alle Verwendungen zunächst ersetzt werden.

2025 Dieser Satz dient lediglich der Klarstellung. Die Rückübertragung unter Ehegatten führt nicht dazu, dass das rückübertragene Vermögen beim Empfänger (= ursprünglicher Zuwender) Anfangsvermögen wird. Lediglich soweit in dem Vermögensgegenstand bereits Anfangsvermögen des Zuwenders enthalten war, hat es hierbei sein Bewenden.

7)

Der Notar hat darüber belehrt, dass der Zugewinnausgleich eine Rechnung ist, die das gesamte Vermögen erfasst, sofern dieses noch vorhanden oder hinzurechnungspflichtig ist. Es kommt in diesem Zusammenhang nicht immer zu einem vollen Ausgleich.[2026]

Alternative 1:
Erhält der zur Rückgabe Verpflichtete im Zugewinnausgleich, der sich an die Rückforderung anschließt, nicht die Hälfte der Geldbeträge zurück, welche die Eheleute in der Ehezeit aus demjenigen Vermögen auf das Grundstück verwendet haben, das dem Zugewinnausgleich unterliegt, ist die Rückforderung nur zulässig, wenn ihm der Rückerwerbsberechtigte den fehlenden Betrag Zug-um-Zug gegen Rückforderung zahlt.

Alternative 2:
Die Rückforderung ist nur zulässig, wenn das Endvermögen des Rückerwerbsberechtigten nach vollzogener Rückforderung mindestens so hoch ist wie die in der Ehezeit eingetretene Wertsteigerung des Gesamtgrundstücks nach Abzug der dem zur Rückgabe Verpflichteten gemäß Nr. 3b) zu erstattenden Aufwendungen.

1303 Für die Ausübung des Übernahmerechtes im Scheidungsfall kann auf einen bereits vorgestellten Formulierungsvorschlag verwiesen werden, der bei Miteigentum entsprechend angepasst werden kann.[2027]

4. Der Vertrag der Ehegattenaußengesellschaft bürgerlichen Rechts am Familienwohnheim

1304 Die Problematik der Ehegattenaußengesellschaft bei der Scheidung hat bereits eine ausführliche Würdigung erfahren.[2028] Solche Ehegattengesellschaften bestehen oft ohne einen Gesellschaftsvertrag, einfach weil die Ehegatten das Grundstück oder Haus als Gesellschafter bürgerlichen Rechts erworben haben. Ratsam ist ein solch vertragsloser Zustand freilich nicht. Insbes. die gesetzliche Regelung des § 727 BGB, wonach die Gesellschaft mit dem Tod eines Gesellschafters aufgelöst wird, passt nicht.

1305 Daher soll an dieser Stelle der Vertrag einer Ehegattengesellschaft vorgestellt sein, der spezielle Regelungen für die Situation der Ehegatten trifft. So ist etwa eine gesonderte Auseinandersetzung des Gesellschaftsvermögens durch alternierende Übernahmerechte enthalten und eine darin wieder gesonderte Behandlung des Familienwohnheims, das im Eigentum der BGB-Gesellschaft bleibt, bis das jüngste Kind das 21. Lebensjahr vollendet hat.

1306 Ein solcher Gesellschaftsvertrag bedarf der notariellen Beurkundung, wenn er eine Verpflichtung zum Erwerb oder zur Veräußerung von Grundbesitz enthält. Dies gilt

2026 Vgl. *Brambring*, Eheverträge, 6. Aufl. Rn. 47: »Ehebedingte Zuwendungen während der Ehe aus dem ausgleichungspflichtigen Vermögen sind wie ein Einsatz beim Roulette.«
2027 Rdn. 661.
2028 Rdn. 209 ff.

insbes. dann, wenn eine Gesellschaft speziell zum Erwerb eines bestimmten Grundstücks gegründet wird und der Erwerb und die spätere Verwaltung dieses Grundstücks Gegenstand der Gesellschaft sind.[2029] Nach der Rechtsprechung ist eine Beurkundungsbedürftigkeit jedoch dann nicht gegeben, wenn lediglich die »Verwaltung und Verwertung« von Grundbesitz Gegenstand der Gesellschaft ist.[2030] Einige Stimmen in der Literatur weisen jedoch mahnend darauf hin, dass trotz der Aufnahme dieses Gesellschaftszwecks in den Vertrag die Intention der Eheleute zumeist auf den Erwerb des einen konkreten Grundstücks gerichtet ist, sodass in weiterem Umfang Beurkundungsbedürftigkeit vorliege.[2031]

▶ Formulierungsvorschlag (Ehegattenaußengesellschaft bürgerlichen Rechts): 1307

Urkundseingang .....

.....
Die Ehegatten vereinbaren daher den nachfolgenden

Gesellschaftsvertrag

§ 1 Name, Sitz

(1) Der Name der Gesellschaft lautet:

..... (Vor- und Zunamen der Gesellschafter) .....

Grundstücksgesellschaft bürgerlichen Rechts

(2) Der Sitz der Gesellschaft ist ..... .

(3) Die Gesellschaft ist eine Gesellschaft bürgerlichen Rechts.

§ 2 Gegenstand des Unternehmens

(1) Gegenstand des Unternehmens ist der Erwerb sowie das Halten und Verwalten des eigenen Grundbesitzes. Hierzu gehört derzeit insbesondere der nachfolgend genannte Grundbesitz:
.....

Besondere Einlagen sind nicht zu erbringen.[2032]

2029 BGH, DStR 2001, 1711.

2030 BGH, NJW 1996, 1279.

2031 *Weser*, FS Schwab, 595, 611 Fn. 50.

2032 Diese Formulierung geht davon aus, dass die Gesellschaft selbst den Grundbesitz erwirbt und finanziert. Erwirbt die Gesellschaft mit dem Geld der Gesellschafter, sind Einlageverpflichtungen in Geld festzusetzen. Bringen die Gesellschafter den Grundbesitz in die GbR ein, muss eine entsprechende Einlageverpflichtung begründet werden.

Alternative 1:
Jeder Gesellschafter ist verpflichtet, bis zum Letzten des auf die Beurkundung folgenden Monats in die Gesellschaft bürgerlichen Rechts einen baren Geldbetrag i.H.v. ..... € einzubringen.
Alternative 2:
Die Gesellschafter verpflichten sich, den nachfolgend genannten Grundbesitz in die Gesellschaft bürgerlichen Rechts zu deren Alleineigentum einzubringen:
.....
(folgt im Anschluss an den Vertrag der Gesellschaft bürgerlichen Rechts die Einbringung mit Auflassung)

(2) Die Gesellschaft kann Geschäfte jeder Art tätigen, die dem Gesellschaftszweck unmittelbar oder mittelbar dienen.

(3) Eine gewerbliche Tätigkeit wird ausdrücklich nicht ausgeübt.[2033]

§ 3 Dauer der Gesellschaft

(1) Die Dauer der Gesellschaft ist unbestimmt.

(2) Die Kündigung der Gesellschaft kann mit einer Frist von einem halben Jahr zum Jahresende erfolgen. Sie ist mittels Übergabeeinschreiben an die Mitgesellschafter zu richten. Für die Rechtzeitigkeit der Kündigung kommt es auf das Datum der Aufgabe zur Post an.

(3) Im Fall einer Trennung kann jeder Gesellschafter die sofortige Auflösung der Gesellschaft verlangen. Wir legen fest, dass eine Trennung als erfolgt gilt, wenn der eine Ehegatte sie dem anderen Ehegatten per Übergabeeinschreiben mitgeteilt hat.[2034] Dieses Verlangen geht einer sonstigen Kündigung vor.

§ 4 Gesellschafter

(1) Gesellschafter der Gesellschaft bürgerlichen Rechts sind:
a) Herr ..... zu 50 %,
b) Frau ..... zu 50 %.

2033 Zu beachten ist bei der Verwendung einer GbR, dass die sog. »Drei-Objekt-Grenze« des gewerblichen Grundstückshandels bereits bei Überschreitung durch die GbR auf beide Gesellschafter durchschlägt (BMF, BStBl. 1990 I, S. 884, Rn. 15; BMF, BStBl. 2004 I, S. 913, Rn. 12; BFH, BStBl. 1986 II, S. 913), während die Ehegatten für den Fall, dass ein jeder von ihnen drei Objekte veräußert, getrennt betrachtet werden. Die Grundstücksgesellschaft ist also nur für eine langfristige Vermögensanlage geeignet, nicht für ein kurzfristiges Durchhandeln. Grundlegend zur Unterscheidung von gewerblichen und vermögensverwaltenden Gesellschaften aus steuerlicher Sicht: *von Sothen*, in: Münchener Anwaltshandbuch Erbrecht (Hrsg. Scherer), 3. Aufl., 2010, § 36, Rn. 24.

2034 Diese formalistische Sichtweise soll einen Streit über das Vorliegen einer Trennungssituation vermeiden.

(2) Die Gesellschaftsanteile sind unveränderlich, sodass sich der Anteil eines jeden Gesellschafters insbesondere nicht durch Gewinne oder Verluste, Einlagen oder Entnahmen verändert.[2035]

§ 5 Geschäftsführung und Vertretung

(1) Die Geschäfte der Gesellschaft werden von allen Gesellschaftern gemeinschaftlich geführt. Die Gesellschaft wird von allen Gesellschaftern gemeinschaftlich vertreten.[2036]

(2) Die Gesellschafter sind von den Beschränkungen des § 181 BGB generell befreit.

§ 6 Gesellschafterbeschlüsse

Die Gesellschafter entscheiden über die ihnen nach dem Gesetz oder diesem Gesellschaftsvertrag zugewiesenen Angelegenheiten durch einstimmigen Gesellschafterbeschluss.

Alternative:
Die Gesellschafter entscheiden mit einfacher Mehrheit der abgegebenen Stimmen; ausgenommen sind Veräußerung und Belastung von Grundbesitz sowie Änderungen dieses Gesellschaftsvertrages, über die nur einstimmig entschieden werden kann. Das Stimmrecht eines jeden Gesellschafters richtet sich nach der Höhe seines Gesellschaftsanteils gem. § 4 dieses Gesellschaftsvertrages.

§ 7 Überschussrechnung

(1) Die Ermittlung der Einkünfte der Gesellschaft erfolgt durch einen Rechnungsabschluss, der jeweils innerhalb von drei Monaten nach Ende eines jeden Geschäftsjahres erstellt werden soll. Geschäftsjahr ist das Kalenderjahr.

(2) Die Gesellschafter nehmen im Verhältnis ihrer Beteiligung nach § 4 dieses Vertrages am Ergebnis der Gesellschaft teil.

(3) Die Gesellschaft bildet angemessene Rücklagen zur Erhaltung des Grundbesitzes.

(4) Ein dem Gesellschafter verbleibender Anteil am Jahresüberschuss kann von diesem nach Erstellung der Jahresüberschussrechnung und Beschlussfassung über die Bildung von Rücklagen entnommen werden.

2035 Eine Klausel mit einer Anpassungsverpflichtung für unterschiedliche Beiträge und einer Gegenausnahme bei »familiärer Aufopferung« findet sich bei *Munzig*, in: Münch, Gestaltungspraxis, § 12, I, I.

2036 Die Bestimmungen der §§ 5 und 6 gehen von einem übersichtlichen Gesellschaftsvermögen aus. Dann müssen bei einer Grundstücksverwaltungsgesellschaft nicht übermäßig viele Rechtshandlungen vorgenommen werden, sodass eine gemeinschaftliche Beschlussfassung und Vertretung angebracht ist. Andere Lösungen, wie etwa Mehrheitsbeschlüsse bei unterschiedlichen Anteilsverhältnissen oder Einzelvertretungsberechtigung, sind vorstellbar.

§ 8 Ausscheiden eines Gesellschafters

(1) Bei Kündigung der Gesellschaft durch einen Gesellschafter, bei Verlangen der Auflösung wegen Trennung nach § 3 Abs. 3 dieses Vertrages und in allen sonstigen nicht von nachfolgendem Abs. 2 oder § 12 erfassten Fällen des Ausscheidens eines Gesellschafters wird die Gesellschaft aufgelöst.

(2) Bei Kündigung der Gesellschaft durch einen Gläubiger nach § 725 BGB, bei Eröffnung eines Insolvenzverfahrens über das Vermögen eines Gesellschafters oder der Ablehnung einer solchen Eröffnung mangels Masse und bei der Ausschließung eines Gesellschafters wird die Gesellschaft nicht aufgelöst, sondern von den übrigen Gesellschaftern fortgesetzt, während der betroffene Gesellschafter ausscheidet.[2037]

(3) Besteht in den Fällen des Abs. 2 die Gesellschaft nur aus zwei Gesellschaftern und scheidet einer von ihnen aus oder scheiden gleichzeitig mehrere Gesellschafter aus, sodass nur ein Gesellschafter übrig bleibt, steht dem verbleibenden Gesellschafter ein Übernahmerecht zu. Macht er von seinem Übernahmerecht Gebrauch, wächst das Gesellschaftsvermögen dem Übernehmenden ohne Einzelübertragung an, der Ausscheidende ist abzufinden. Eine Liquidation findet nicht statt.

Alternative:
Bei Kündigung wird die Gesellschaft aufgelöst.[2038]

§ 9 Ausschließung

(1) Tritt in der Person eines Gesellschafters ein wichtiger Grund ein, der die anderen Gesellschafter zu einer außerordentlichen Kündigung nach § 723 Abs. 1 Satz 2 BGB berechtigen würde, können diese Gesellschafter – anstatt die Gesellschaft außerordentlich zu kündigen – den erstgenannten Gesellschafter durch einstimmigen Beschluss aus der Gesellschaft ausschließen. Die Trennung der Ehegatten stellt keinen Ausschlussgrund dar, da sie in diesem Vertrag eine gesonderte Regelung erfahren hat.

(2) Der auszuschließende Gesellschafter hat kein Stimmrecht.

(3) Der auszuschließende Gesellschafter scheidet mit Zugang des Ausschließungsbeschlusses aus der Gesellschaft aus, welche von den verbleibenden Gesellschaftern fortgesetzt wird.

2037 Vgl. *Langenfeld*, Gesellschaft bürgerlichen Rechts, 17/18.

2038 So *Langenfeld*, Eheverträge, 5. Aufl., Rn. 1218 für die Ehegattengesellschaft. Es mag jedoch ein Interesse eines Ehegatten geben, gegen Abfindung den Grundbesitz allein weiterzuführen. Aus diesem Grund wurde hier – außer im Kündigungs- und Trennungsfall – die Fortführung vorgesehen, für die Kündigung durch Gläubiger, die Insolvenz und – zur Vermeidung der Gläubigerbenachteiligung – die Ausschließung des Gesellschafters. Wenn dies im jeweiligen Fall nicht gewünscht ist, kann die alternative Formulierung Verwendung finden. § 9 kann dann entfallen. § 11 kann sich in diesem Fall auf Abs. 1 beschränken.

§ 10 Verfügung über Gesellschaftsanteile

Eine Verfügung über einen Gesellschaftsanteil oder einen Teil eines solchen ist außer an einen Mitgesellschafter nicht zulässig, es sei denn, sie wird durch vorherigen einstimmigen Gesellschafterbeschluss zugelassen.

§ 11 Abfindung/Ausscheiden

(1) Im Fall der Auflösung der Gesellschaft nach § 8 Abs. 1 dieses Vertrages findet die Auseinandersetzung nach §§ 730 ff. BGB statt; im Fall des Auflösungsverlangens wegen Trennung gilt jedoch § 13 dieses Vertrages.
Alternative:
Bei Auflösung der Gesellschaft nach § 8 Abs. 1 des Vertrages findet die Auseinandersetzung nach § 13 dieses Vertrages statt.

(2) Wenn ein Gesellschafter nach § 8 Abs. 2 dieses Vertrages ausscheidet, erhält er eine Abfindung.

(3) Der Abfindungsbetrag bemisst sich nach dem Verkehrswert des Gesellschaftsvermögens, insbesondere des Grundbesitzes, und richtet sich nach der Höhe der Beteiligung des Gesellschafters gem. § 4 dieses Vertrages. Der Abfindungsbetrag beläuft sich auf 70 % des Verkehrswertes,[2039] dabei darf der Buchwert nicht unterschritten sein.

(4) Können sich die Gesellschafter über den Verkehrswert nicht einigen, wird dieser durch einen von der örtlich zuständigen Industrie- und Handelskammer benannten öffentlich vereidigten Grundstückssachverständigen für alle Beteiligten verbindlich festgestellt. Das Gutachten ist nur dann nicht verbindlich, wenn für ein Gericht unter den Voraussetzungen des § 412 ZPO die Einholung eines weiteren Gutachtens geboten wäre.[2040]

(5) Das Abfindungsguthaben ist in fünf gleichen, unmittelbar aufeinanderfolgenden Jahresraten auszuzahlen. Die erste Rate ist ein Jahr nach dem Ausscheidungsstichtag zur Zahlung fällig. Ab diesem Zeitpunkt ist das restliche Abfindungsguthaben mit jährlich 4 % – vier vom Hundert – zu verzinsen. Zinsen sind jeweils mit den Jahresraten zu entrichten.
Sicherheitsleistung kann nicht gefordert werden.

§ 12 Versterben eines Gesellschafters

(1) Bei dem Versterben eines Gesellschafters wird die Gesellschaft mit dessen Erben oder Vermächtnisnehmern fortgesetzt.
Alternative:
....wenn es sich hierbei um einen Mitgesellschafter oder um einen gemeinschaftlichen Abkömmling der Gründungsgesellschafter handelt. Anderenfalls wächst der Anteil den verbleibenden Gesellschaftern an. Ein Abfindungsanspruch besteht insoweit nicht.

2039 Für die Fälle der Ausschließung und der Inanspruchnahme durch Gläubiger wird die Abfindung hier niedriger festgesetzt.

2040 So die Formulierung von *Bergschneider*, Verträge in Familiensachen, Rn. 69.

(2) Testamentsvollstreckung ist zulässig.[2041]
Alternative:
Beim Tod eines Gesellschafters wird die Gesellschaft aufgelöst.

§ 13 Trennung der Ehegatten

Im Fall einer Trennung der Ehegatten mit einem Auflösungsverlangen nach § 3 Abs. 3 dieses Vertrages werden der Grundbesitz und das sonstige Vermögen der Gesellschaft bürgerlichen Rechts folgendermaßen auseinandergesetzt, soweit die Ehegatten nicht auf andere übereinstimmende Art die Auseinandersetzung gemeinschaftlich durchführen:

(1) Die Auseinandersetzung hat so zu geschehen, dass das Gesellschaftsvermögen, welches nach Begleichung der Gesellschaftsverbindlichkeiten verbleibt, an die Gesellschafter entsprechend ihrer Beteiligung nach § 4 dieses Vertrages ausgekehrt wird.

(2) Führen die nachfolgenden Regularien dazu, dass der Wert des Grundbesitzes, den ein Ehegatte erhält, den Wert des Grundbesitzes übersteigt, den der andere Ehegatte erhält, so hat derjenige Ehegatte, der den höheren Wert erhält, an den anderen Ehegatten die Hälfte der Differenz Zug-um-Zug mit der Durchführung der Auseinandersetzung auszuzahlen. Als Wert ist hierbei der Verkehrswert anzusetzen.[2042]

(3) Erzielen die Ehegatten über die Wertigkeit des Grundbesitzes keine Einigkeit, soll dieser sachverständig ermittelt werden, so wie in § 11 Abs. 4 dieses Vertrages beschrieben.

(4) Zunächst hat jeder Ehegatte das Recht, die Zuteilung desjenigen Grundbesitzes zu verlangen, den er in die Gesellschaft eingebracht hat.[2043]

2041 Da die Rspr. dies, wenn auch nicht ohne Einschränkungen, für möglich hält, sollte es auch vorgesehen sein; BGH, MittBayNot 1996, 118 m. Anm. *Weidlich*; *Weidlich*, ZEV 1998, 339 ff.

2042 Die Formulierung ist bei abweichenden Quoten anzupassen.

2043 Dies kann insbes. dann sinnvoll sein, wenn in die Gesellschaft Grundbesitz von einzelnen Ehegatten eingebracht wurde. Wobei auch dieser Grundbesitz an der hälftigen Teilung des Wertes teilnimmt. Soll etwas anderes gelten, etwa für eingebrachten Grundbesitz des Anfangsvermögens, muss dies gesondert vereinbart werden. An und für sich wird aber eine Außengesellschaft gerade dann gegründet, wenn der enthaltene Grundbesitz als gemeinsam erwirtschaftet und gleich zu teilen betrachtet wird.

(5) Sodann hat derjenige Ehegatte, dem die Trennung vom anderen Ehegatten mitgeteilt worden ist, das Recht, die Übernahme eines Objektes zu erklären.[2044] Sodann kann der andere Ehegatte – und jeweils wieder alternierend der andere – die Übernahme eines Objektes erklären. Als ein Objekt wird jeweils eine wirtschaftliche Einheit angesehen, sodass also insbesondere Nebengrundstücke oder Stellplätze zusammen mit dem Hauptgrundstück ein Objekt bilden.[2045]

(6) Jeder Ehegatte, der ein Objekt übernimmt, hat die Verbindlichkeiten mit zu übernehmen, die für dieses Anwesen verwendet wurden.

(7) Sofern das zuletzt gemeinsam bewohnte Familienwohnheim im Eigentum der Gesellschaft steht, bleibt dieses jedoch so lange im Eigentum der Gesellschaft bürgerlichen Rechts, bis das jüngste Kind, das dort noch wohnt, das 21. Lebensjahr vollendet hat. Insoweit wird das Recht auf sofortige Auflösung nach § 3 Abs. 3 suspendiert. Der Ehegatte, der das Familienwohnheim gemeinsam mit Kindern nutzt, hat die Verbindlichkeiten zu verzinsen und zu tilgen, welche auf dem Familienwohnheim lasten und die Lasten des Anwesens zu tragen. Diese Regelung ist unterhaltsrechtlich zu berücksichtigen. Diesem Ehegatten steht sodann ein Übernahmerecht gegen Ausgleich zu wie oben beschrieben.[2046]

§ 14 Schlussbestimmungen

(1) Soweit in diesem Gesellschaftsvertrag keine besondere Regelung getroffen ist, gelten ansonsten die gesetzlichen Bestimmungen.

(2) Die etwaige Nichtigkeit einzelner Bestimmungen berührt die Wirksamkeit des Gesellschaftsvertrages im Übrigen nicht.

Die Beteiligten sind verpflichtet, anstelle der unwirksamen Bestimmungen eine dem Vertragsgedanken entsprechende Neuregelung zu treffen. Sofern eine Neuregelung nicht erfolgt, gelten die für die entsprechende Regelungslücke bestehenden Gesetze.

5. Regelung unterhaltsrechtlicher Auswirkungen

Soweit bereits vorsorgend für den Scheidungsfall das Eigentum oder die Nutzung der Scheidungsimmobilie eine Regelung erfahren, ist auch die **unterhaltsrechtliche Auswirkung** mit zu bedenken. 1308

a) Diskrepanzehe mit Regelung zu Familienwohnheim und Unterhalt

Zum einen kommt es insbes. in Diskrepanzfällen vor, dass **für Verzichte** auf Zugewinnausgleich im Scheidungsfall die **Eigentumsübertragung oder** aber eine lebens- 1309

2044 Eine solche Anknüpfung hat ihre Grenzen dort, wo sie den anderen Ehegatten von einer Trennung oder Scheidung abhalten kann. Sie ist also bei einer Gesellschaft, die mehrere Grundstücke hält, unschädlich, bei einer »Ein-Haus-Gesellschaft« hingegen müsste die obige Formulierung anders gefasst werden.

2045 Vgl. die Definition bei *Langenfeld*, Eheverträge, Rn. 758. Dort auch ein grundlegender Formulierungsvorschlag einer Aufteilung nach Los unter Anleitung eines Sachverständigen.

2046 Eine solche Sonderregelung für das Familienwohnheim kann erfolgen, wenn auch dieses in der Gesellschaft gehalten wird, sie ist aber nicht zwingend notwendig.

zeitige **Nutzung** des Familienwohnheims oder einer anderen geeigneten Immobilie **versprochen** werden. Dieser Übertragungsanspruch kann bereits bei Abschluss des vorsorgenden Ehevertrages durch eine Auflassungsvormerkung gesichert werden.

1310 Diese Regelung ist häufig verbunden mit einer **Modifikation des Ehegattenunterhaltsrechts**, die eine **Höchstgrenze** des Unterhaltes festsetzt oder auch nach dem Erlass der Unterhaltsreform diese Höchstgrenze mit einer Verlängerung der Unterhaltszahlung über den gesetzlichen Zeitpunkt hinaus kombiniert. In dieser Situation wird eine **unterhaltsrechtliche Auswirkung der Nutzung der Immobilie i.d.R. nicht gewünscht** sein. Vielmehr soll hier die Unterhaltszahlung neben oder zusätzlich zur Immobilienübertragung bzw. -nutzung stehen.

1311 ▶ Formulierungsvorschlag (Verzicht auf Zugewinn gegen Übertragung der Wohnimmobilie mit Regelung unterhaltsrechtlicher Auswirkungen):

URNr. .....
Vom .....

Ehevertrag

Heute, den .....
erschienen vor mir,

Dr. .....

Notar in .....
1. Herr .....,
geboren am .....

2. dessen Verlobte,
Frau ....., geborene .....
geboren am .....
beide wohnhaft in .....,
nach Angabe beide ledig.
Die Erschienenen wollen einen

Ehevertrag

errichten.
Die Erschienenen erklären bei gleichzeitiger Anwesenheit gemeinsam mündlich mit dem Ersuchen um Beurkundung was folgt:

A. Allgemeines

I. Persönliches

Wir sind beide ledig und beabsichtigen, miteinander die Ehe einzugehen. Wir werden dem beurkundenden Notar zu seiner Urkundensammlung eine Heiratsurkunde einreichen.
Keiner von uns hat Kinder.
Wir sind beide deutsche Staatsangehörige und haben kein Vermögen im Ausland.
Wir haben bisher keinen Ehevertrag geschlossen.
..... (Angaben zu den Lebens- und Einkommensverhältnissen sowie der beruflichen Tätigkeit bzw. Ausbildung beider Ehegatten; ggf. Angaben zur Lebensplanung und zum voraussichtlichen Eintritt oder Nichteintritt ehebedingter Nachteile) .....

II. Grundbuchstand

Im Grundbuch des Amtsgerichts ..... für ..... Blatt ..... ist Herr ..... als Alleineigentümer des folgenden Grundbesitzes eingetragen:
Gemarkung .....
FlNr. ....., ...straße ..... Gebäude und Freifläche zu ..... m^2.
Der Grundbesitz ist belastet wie folgt:
Abt. II: .....
Abt. III: .....

B. Ehevertragliche Vereinbarungen

Ehevertraglich vereinbaren wir, was folgt:

I. Güterstand

1)

Den gesetzlichen Güterstand der Zugewinngemeinschaft wollen wir für unsere künftige Ehe ausdrücklich aufrechterhalten, ihn allerdings wie folgt modifizieren:

2)

Für den Fall der Beendigung des Güterstandes durch den Tod eines Ehegatten soll es beim Zugewinnausgleich durch Erbteilserhöhung oder güterrechtliche Lösung verbleiben.

3)

Wird jedoch der Güterstand[2047] auf andere Weise als durch den Tod eines Ehegatten beendet, findet der Zugewinnausgleich statt nur durch Übertragung des nachfolgend unter 4) genannten Grundbesitzes. Der unter 4. begründete Anspruch besteht jedoch ausdrücklich auch dann, wenn der Zugewinn den Wert der genannten Immobilie nicht erreicht.[2048]
Dies gilt auch für den vorzeitigen Zugewinnausgleich nach §§ 1385, 1386 BGB.
Auf den Ausgleich eines weiteren Zugewinns wird insoweit gegenseitig verzichtet.
Den Verzicht nehmen wir hiermit gegenseitig an.

2047 Wenn Güterstandsschaukel beabsichtigt, ist auf ein Ende der Ehe auf andere Weise als durch den Tod abzustellen.

2048 Es wurde hier kein Zugewinnverzicht gegen Abfindung formuliert, sondern der Zugewinn wird modifiziert und ist durch Übertragung der Immobilie zu erfüllen. Damit soll der Freibetrag des § 5 ErbStG für die Übertragung nutzbar gemacht werden. Außerdem sind Verzichte gegen Ausgleichsversprechen schenkungsteuerlich nicht unbedenklich. Die Ausgleichsleistungen sollten daher immer erst für den Scheidungsfall versprochen werden, vgl. BFH, DStR 2007, 1516. Da der Anspruch auf die Immobilie aber fest begründet sein soll, ist er hier auch zugesprochen, wenn der Zugewinnausgleichsanspruch den Wert der Immobilie nicht erreicht. Zivilrechtlich muss also der Zugewinn nicht nachgewiesen werden, wohl aber steuerlich.

Alternative:
Dies gilt auch für einen etwa bisher bereits entstandenen Zugewinn.[2049]
Durch diesen Vertrag tritt jedoch keine Gütertrennung ein.

4)

Zum Ausgleich des Zugewinns im Fall der Beendigung des Güterstandes auf andere Weise als durch den Tod eines Ehegatten verpflichtet sich Herr ..... hiermit für diesen Fall zur Übertragung des in A II. dieser Urkunde genannten Grundstücks einschließlich sämtlicher Gebäude auf Frau ..... zu Alleineigentum. Die Verpflichtung besteht demnach nur, wenn unsere Ehe – wie beabsichtigt – geschlossen wird.

Er haftet für ungehinderten und lastenfreien Eigentumsübergang. Das Objekt ist also frei von Belastungen in Abteilung II und III des Grundbuches zu übertragen.
Eine Haftung für Sachmängel wird außer bei Vorsatz nicht übernommen. Besitz, Nutzen und Lasten sind mit Rechtskraft der Ehescheidung – wenn eine Trennung der Ehegatten per Einschreiben dem anderen Teil mitgeteilt wurde, bereits binnen drei Monaten nach dem Zugang dieses Einschreibens – auf Frau ..... zu übertragen.
Die Vertragsteile verpflichten sich, die Auflassung zu erklären und entgegenzunehmen.
Zur Sicherung der Ansprüche von Frau ..... auf Übertragung des Eigentums bewilligen und

beantragen

die Vertragsteile die Eintragung einer Vormerkung nach § 883 BGB zugunsten von Frau ..... an dem vertragsgegenständlichen Grundbesitz an erster Rangstelle unter Zustimmung aller Rangänderungen. Herr ..... verpflichtet sich, alle notwendigen Rangrücktritte binnen vier Wochen von der Eheschließung an dem beurkundenden Notar vorzulegen. Dieser wird angewiesen, die Auflassungsvormerkung nach Einreichung der Heiratsurkunde dem Grundbuchamt zur Eintragung vorzulegen.[2050]

2049 Die Regelung wird bei Verlobten nicht benötigt. Bei Ehegatten ist Vorsicht geboten: Wird hier der Zugewinn der Vergangenheit ausgeglichen, kann es zu Schenkungsteuerfolgen kommen (ausführlich *C. Münch*, Ehebezogene Rechtsgeschäfte, Rn. 489 f.).

2050 Je nachdem, wie weit die Eheschließung entfernt ist, kann noch aufgenommen werden, dass bis dahin keine beglaubigten Abschriften von der Bewilligung erteilt werden dürfen.

Alternative:
verpflichtet sich Herr ..... (weitere Leistungen) ..... und an Frau ..... das Anwesen nach A. II dieses Vertrages auf ihre Lebensdauer – auch im Fall einer Wiederheirat oder des Eingehens einer eheähnlichen Beziehung[2051] *– kostenfrei*[2052] *zur Nutzung zu überlassen*[2053] *und ihr mit Rechtskraft der Ehescheidung ein Nießbrauchsrecht an diesem Objekt an erster Rangstelle einzuräumen, das nachfolgenden Inhalt hat. Wenn eine Trennung der Ehegatten per Einschreiben dem anderen Teil mitgeteilt wurde, ist bereits binnen drei Monaten nach dem Zugang dieses Einschreibens Frau ..... der Besitz an dem Anwesen einzuräumen. Der Anspruch setzt voraus, dass die Ehe – wie beabsichtigt – geschlossen wird.*

Für den Nießbrauch gelten die gesetzlichen Bestimmungen der §§ 1030 ff. BGB. Danach ist der Nießbraucher berechtigt, sämtliche Nutzungen aus dem Vertragsobjekt zu ziehen, aber auch verpflichtet, die auf dem Vertragsobjekt ruhenden öffentlichen und privaten Lasten zu tragen, jedoch mit Ausnahme der außerordentlichen, d.h. der nicht ständig wiederkehrenden Lasten.

Alt: Der Nießbraucher ist berechtigt, sämtliche Nutzungen aus dem Vertragsobjekt zu ziehen, aber auch verpflichtet, die auf dem Vertragsobjekt ruhenden privaten und öffentlichen einschließlich der außerordentlichen Lasten zu tragen. Der Nießbraucher ist auch verpflichtet, die nach der gesetzlichen Lastenverteilung den Eigentümer treffenden privaten Lasten zu tragen, insbesondere außergewöhnliche Ausbesserungen und Erneuerungen.
Das Recht, die Ausübung des Nießbrauchs einem Dritten zu überlassen, wird ausgeschlossen.

Der Notar hat darüber belehrt, dass das Nießbrauchsrecht auch zur Vermietung des Anwesens berechtigt. Dies wird ausdrücklich gewünscht.
Zur Sicherung des Anspruchs von Frau ..... auf Einräumung eines Nießbrauchs bewilligt und beantragt Herr ..... die Eintragung einer Vormerkung auf Einräumung eines Nießbrauchs nach § 883 BGB in das Grundbuch an erster Rangstelle unter Zustimmung aller Rangänderungen .....

5)

Andere Zuwendungen von Herrn ..... an Frau ..... während der Ehe ersetzen diese Übertragungsverpflichtung nur dann, wenn dies bei der Zuwendung bestimmt wurde.

2051 Wenn dies nicht gewünscht ist, dann sollten diese Fälle als auflösende Bedingung vereinbart sein.

2052 Wenn dies steuerlich gewünscht ist, kann auch an eine entgeltliche Überlassung gedacht werden, die mit der Unterhaltszahlung harmonisiert wird (allerdings kann diese zeitlich abweichen!). Auch bei entgeltlicher Überlassung kann zumindest ein Sicherungsnießbrauch bestellt werden, vgl. hierzu steuerlich BFH, DStR 1998, 392 ff. und OFD Kiel, DStR 2000, 731; zivilrechtlich MünchKomm-BGB/*Pohlmann*, § 1030 Rn. 77.

2053 Wenn nur eine Nutzungsüberlassung mit Nießbrauchsbestellung gewollt ist, dann kann ggf. noch zusätzlich ein Erbvermächtnisvertrag geschlossen werden, wonach die Immobilie nach dem Tode des Eigentümers an die Kinder fällt.

II. Ehegattenunterhalt

1)

Es gelten grundsätzlich die gesetzlichen Vorschriften zum Recht des nachehelichen Unterhalts. Allerdings vereinbaren wir, dass die Höhe des gesetzlichen nachehelichen Unterhalts (Gesamtunterhalt einschließlich Vorsorgeunterhalt und Sonderbedarf) auf den Betrag von

..... €
– in Worten .... Euro –

monatlich begrenzt wird.

2)

Dieser Höchstbetrag erhöht sich beim Unterhalt wegen Betreuung eines Kindes nach § 1570 Abs. 1 Satz 1[2054] oder 2 sowie Abs. 2[2055] BGB sowie beim Unterhalt wegen Alters oder Krankheit nach § 1571 Nr. 2 oder § 1572 Nr. 2 BGB auf ..... €.
Sofern nach Auslaufen dieser Unterhaltsansprüche weitere Anschlusstatbestände eingreifen, gilt jedoch für diese die Beschränkung nach Abs. 1 erneut.

Alternative:
In den Fällen des § 1570 Abs. 1 BGB vereinbaren wir – ggf. über den gesetzlichen Unterhaltsanspruch hinaus –, dass der Unterhalt ohne Billigkeitsprüfung in jedem Fall bei Vorliegen der Voraussetzungen des ersten Satzes zehn Jahre lang zu zahlen ist. Wir gehen davon aus, dass hierdurch andere vor- oder gleichrangige Unterhaltsberechtigte keinen Nachteil erleiden. Anderenfalls verkürzt sich der verstärkte Anspruch insoweit, als er Dritten zum Nachteil gereicht.[2056] *Für diesen Zeitraum schließen wir eine Herabsetzung nach § 1578b BGB aus.*

3)

Diese Höchstbeträge sollen wertbeständig sein.
Sie erhöhen oder vermindern sich in demselben prozentualen Verhältnis, in dem sich der vom Statistischen Bundesamt in Wiesbaden für jeden Monat festgestellte und veröffentlichte Verbraucherpreisindex für Deutschland gegenüber dem für den Monat, in welchem dieser Vertrag geschlossen wird, festgestellten Index erhöht oder vermindert (Basis 2005 = 100).

2054 Für die Höhenbegrenzung beim Basisunterhalt muss eine sehr auskömmliche Höhe gewählt werden, ggf. belässt man es auch für diesen dreijährigen Basisunterhalt ohne eine Höchstgrenze bei der gesetzlichen Regelung, vgl. *Löhnig/Preisner*, NJW 2012, 1479.

2055 Ggf. wäre für den ehebezogenen Kindesbetreuungsunterhalt nach § 1570 Abs. 2 BGB in der Fassung des Unterhaltsreformgesetzes 2008 auch eine abgesenkte Vereinbarung denkbar.

2056 Gerade in Diskrepanzfällen häufen sich Anfragen an die Beurkundungspraxis, die »sichere Zeit« des § 1570 Abs. 1 Satz 1 BGB zu verlängern. Dies kann jedoch an Grenzen stoßen, wo andere Unterhaltsberechtigte – etwa vorrangig berechtigte Kinder – dadurch benachteiligt werden. Hier wurde daher eingeschränkt um keinen unzulässigen Vertrag zulasten Dritter zu haben.

4)

Eine Erhöhung oder Verminderung der Höchstbeträge wird erstmals bei Rechtskraft der Scheidung festgelegt und dann jeweils wieder, wenn die Indexveränderung zu einer Erhöhung oder Verminderung des jeweils maßgeblichen Betrages um mindestens 10 % – zehn vom Hundert – gegenüber dem zuletzt festgesetzten Betrag geführt hat.
Der erhöhte Betrag ist erstmals zahlbar in dem Monat, der auf die Veröffentlichung des die oben genannte Grenze überschreitenden Preisindexes folgt.[2057]

5)

Klargestellt wird, dass sich die Höhe des nachehelichen Unterhalts nach den gesetzlichen Vorschriften errechnet, die vorstehende Regelung also keinen Anspruch auf Zahlung in dieser Höhe gewährt. Es handelt sich in Abs. 1 und Abs. 2 lediglich um eine Kappungsgrenze, wenn sich nach dem Gesetz ein höherer Betrag ergäbe.

6)

Ein Nachteilsausgleich bei Durchführung des begrenzten Realsplittings ist auf den Betrag der Höchstgrenze nicht anzurechnen, sodass es sich um einen Nettobetrag handelt.

7)

Eigenes Einkommen des Unterhaltsberechtigten wird bei der Berechnung des Unterhalts berücksichtigt. Der Höchstbetrag vermindert sich um die Hälfte des eigenen unterhaltsrechtlich relevanten Einkommens des Unterhaltsberechtigten.

Alternative:
Eigenes Einkommen des Unterhaltsberechtigten wird nicht angerechnet.[2058]

Hinsichtlich des Hausanwesens, zu dessen lastenfreier Überlassung im Scheidungsfall sich Herr ..... in Ziffer B.I. dieses Vertrages verpflichtet hat, gilt:
Der Wohnwert, der sich aus der kostenfreien Nutzung des Anwesens ergibt, wird weder bei der Unterhaltsberechnung mit einbezogen noch auf die Höchstgrenze des Unterhalts angerechnet. Gleiches gilt für Einkünfte aus einem Surrogat für diesen Grundbesitz.[2059]

2057 Genehmigungsvorbehalt wurde durch Art. 2 des Zweiten Gesetzes zum Abbau bürokratischer Hemmnisse (Preisklauselgesetz, BGBl. 2007 I, 2246) abgeschafft und durch ein Indexverbot mit gesetzlichen Ausnahmen ersetzt. Die Unwirksamkeit einer Klausel tritt dann erst mit rechtskräftiger Feststellung ein.

2058 Kann verwendet werden, wenn in Diskrepanzfällen die Höchstgrenze ohne »Hin und Her« gezahlt werden soll.

2059 Wird nur benötigt, wenn es zu einer Eigentumsübertragung kommt und nicht einer bloßen Nutzungsüberlassung.

8)

Zusätzlich gilt folgende weitere Beschränkung: Wenn unsere Ehe zwischen Eheschließung und Rechtshängigkeit eines Scheidungsantrags nicht länger als fünf Jahre gedauert hat, dann besteht die vorgenannte Unterhaltspflicht nur für einen Zeitraum von zehn Jahren ab Rechtskraft der Ehescheidung.
Dies gilt jedoch nicht im Fall des Abs. 2. Für diese Fälle ist also keine zeitliche Beschränkung des Unterhalts vereinbart.[2060]

9)

Wir verzichten hiermit auf weiter gehenden Unterhalt. Diese Verzichte gelten auch für den Fall der Not. Wir nehmen diesen Verzicht wechselseitig an.

10)

Der Verzicht gilt auch im Fall einer Änderung der einschlägigen gesetzlichen Vorschriften oder der Rechtsprechung weiterhin.

11)

Wir sind vom Notar über das Wesen des nachehelichen Unterhalts und die Auswirkungen des Verzichts eingehend belehrt worden, auch darüber, dass ein Unterhaltsverzicht sittenwidrig sein oder gegen Treu und Glauben verstoßen kann. Wir wissen außerdem, dass der Vertrag einer Inhaltskontrolle unterliegt. Der Notar hat uns ferner darüber belehrt, dass nur auf nachehelichen Unterhalt, hingegen nicht auf Trennungsunterhalt verzichtet werden kann.
..... (ggf. weitere Vereinbarungen etwa zum Versorgungsausgleich oder erbrechtliche Anordnungen).

b) Wohnungsgewährung als Sachleistung i.R.d. Unterhalts

1312 In anderen Fällen bei beengten finanziellen Verhältnissen wollen die Ehegatten zuweilen vereinbaren, dass die **Wohnungsgewährung auf die vereinbarte Unterhaltsleistung anzurechnen** ist. Hier kann eine Unterhaltsvereinbarung anstelle der von der Rechtsprechung entwickelten komplizierten Grundsätze des Wohnvorteils eine eigene Regelung treffen, die auch die Tilgung und Verzinsung der restlichen Schulden mit einbezieht.

1313 Soweit es später um die Geltendmachung des begrenzten Realsplittings geht, kann die Wohnungsgewährung an den Ehegatten als Sachleistung auch beim Realsplitting geltend gemacht werden.[2061]

2060 Eine solche zeitliche Begrenzung lässt sich bei Ehen ohne Kinder vereinbaren, da sich bei relativ kurzer Ehe die wirtschaftliche Verflechtung noch nicht allzu sehr verfestigt hat und ehebedingte Nachteile sich in Grenzen halten.

2061 BFH, BStBl. 2002 II, S. 130; EStH (2011) 10.2 (»Wohnungsüberlassung«); *Arens*, FamRZ 1999, 1558.

▶ Formulierungsvorschlag (Verpflichtung zur Zahlung nachehelichen Unterhalts und Wohnungsgewährung als Sachleistung): 1314

1)

Ich, der Ehemann, verpflichte mich, für die Zeit ab Rechtskraft der Scheidung an meine Ehefrau unter Zugrundelegung der gesetzlichen Vorschriften einen monatlichen Ehegattenunterhalt i.H.v. .....€ – in Worten ..... Euro – zu zahlen.
Dieser Betrag beinhaltet sowohl Vorsorge-, wie auch Kranken- und Pflegeversicherungsunterhalt. Aufgrund der großzügigen Bemessung kann weiterer Unterhalt wegen Sonderbedarfes nicht verlangt werden.

2)

Die Zahlung des nachehelichen Unterhalts beginnt an dem auf die rechtskräftige Scheidung folgenden Monatsersten und ist jeweils fällig im Voraus bis zum Ersten eines jeden Monats.

3)

Auf diesen Unterhaltsbetrag wird eine Sachleistung i.H.v. ..... € angerechnet, die der Ehemann dadurch erbringt, dass er die in seinem Alleineigentum stehende Eigentumswohnung in .....straße ..... der Ehefrau und den gemeinsamen Kindern als Wohnung zur Verfügung stellt. Bei der Festlegung der Anrechnungssumme wurde der Anteil der Kinder bereits vorab abgezogen. Die Ehefrau ist berechtigt, die kostenfreie Überlassung dieser Wohnung zur Nutzung zu verlangen und der Ehemann ist berechtigt, diesen Teil des Unterhalts durch diese Art der Sachleistung zu erbringen.
Bei der Berechnung des Gesamtunterhalts und des Sachleistungsbetrages wurde berücksichtigt, dass der Ehemann Zins und Tilgung für diese Wohnung allein erbringt, die Ehefrau aber die Nebenkosten allein zahlt.
Die Verpflichtung zur Wohnungsüberlassung erlischt mit Wiederheirat der Ehefrau oder Eingehen einer eheähnlichen Beziehung i.S.d. § 1579 Nr. 2 BGB.

4)

Der Unterhaltsbemessung liegen folgende eheprägende Daten zugrunde:
..... (Angaben und weitere Regelungen wie Zwangsvollstreckungsunterwerfung, Abänderbarkeit etc.) .....

Wird die Wohnungsgewährung als Sachleistung i.R.d. Unterhaltes ausgestaltet, soll sie nach Auffassung der Rechtsprechung **ertragsteuerrechtlich unentgeltlich** sein.[2062] 1315

Ganz anders behandelt der BFH den Fall, dass die **Wohnungsüberlassung** nicht als Sachleistung i.R.d. Unterhalts geschuldet wird, sondern **als Abgeltung einer Zugewinnausgleichsforderung**. In diesem Fall sieht der BFH eine Entgeltlichkeit als gegeben an und nimmt Einkünfte aus Vermietung und Verpachtung an, die in der steten Verminderung der Zugewinnausgleichsforderung bestehen und in den Jahren der Nutzungsüberlassung pro rata temporis zufließen.[2063] 1316

2062 BFH, BStBl. 1992 II, S. 1009.
2063 BFH/NV 2006, 1280.

1317 Diese Einordnung als Vermietung und Verpachtung kann durchaus wünschenswert sein, wenn etwa Abschreibungen geltend gemacht und auf diese Weise ggf. sogar steuerliche Vorteile erzielt werden können. Solche ließen sich auch generieren, wenn ein echter Mietvertrag geschlossen und dafür ein erhöhter Unterhalt gezahlt wird. Auch bei einer Verrechnung mit dem Unterhalt hat der BFH einen Gestaltungsmissbrauch verneint.[2064]

c) Unbilligkeit der Hausverwertung

1318 I.R.d. Leistungsfähigkeit des Unterhaltsschuldners regelt § 1581 Satz 2 BGB, dass der Vermögensstamm nicht verwertet werden muss, wenn die Verwertung unwirtschaftlich oder unter Berücksichtigung der beiderseitigen wirtschaftlichen Interessen unbillig wäre.

1319 Diese Unbilligkeit können die Ehegatten selbst im Ehevertrag näher festlegen. So kann die Verwertung des Hauses übereinstimmend als unbillig angesehen werden, etwa weil dieses den Kindern erhalten werden soll.

1320 ▶ **Formulierungsvorschlag (Ausschluss bestimmter Vermögensteile von der Verwertung):**

Es gelten grundsätzlich die gesetzlichen Vorschriften zum Recht des nachehelichen Unterhalts. Allerdings vereinbaren wir, dass eine Verwertung des im Eigentum des Ehemannes stehenden Hausanwesens ..... in ..... durch Verkauf oder Belastung zur Erfüllung der Unterhaltspflicht für den Ehemann nicht zumutbar ist. Dem Ehemann obliegt es aber, durch Vermietung des Erd- und Obergeschosses Einnahmen zu erzielen und nur das Dachgeschoss für den eigenen Bedarf zu nutzen.

.....

d) Ehewohnung von oder bei Eltern oder Schwiegereltern

1321 Gehört die Ehewohnung nicht den Ehegatten, sondern wird von den Eltern oder Schwiegereltern den Eheleuten und nach Scheidung dem eigenen Kind überlassen, handelt es sich dabei regelmäßig um eine freiwillige Leistung eines Dritten, sodass dem nutzenden Ehegatten ein Wohnvorteil nicht zugerechnet werden kann. Die Eigentümer wünschen nämlich i.d.R. nicht, dass dem eigenen Kind wegen der Wohnungsüberlassung weniger Unterhalt zusteht und die Nutzungsüberlassung so dem Schwiegerkind zugutekommt. Dies wird zumeist auch ohne gesonderte Abrede so zu verstehen sein.[2065] Nur ausnahmsweise soll eine solche Zuwendung auch den Unterhaltspflichtigen entlasten und sich damit auf die Bedürftigkeit auswirken.

1322 Allerdings kann es in Mangelfällen geboten sein, eine Anrechnung der freiwilligen Zuwendung aus Billigkeitsgründen nach § 1581 BGB vorzunehmen.[2066]

2064 BFH, DB 1996, 814; EStH (2011) 21.4. (»Vermietung an Unterhaltsberechtigte«).

2065 BGH, FamRZ 1995, 537, 539.

2066 BGH, FamRZ 2000, 153, 154.

Umgekehrt wird eine freiwillige Zuwendung an den Unterhaltspflichtigen i.d.R. nicht dessen Leistungsfähigkeit verbessern.[2067] 1323

Wenn sich die Ehegatten hier nicht auf eine richterliche Würdigung und Auslegung des Sachverhaltes verlassen wollen, so können sie den Punkt einer eigenen Regelung zuführen: 1324

▶ Formulierungsvorschlag (Nutzungsüberlassung durch Eltern als freiwillige Leistung): 1325

Die Ehegatten werden ihren Wohnsitz in ....straße nehmen. Diese Immobilie wird den Ehegatten von den Eltern der Ehefrau zur Nutzung überlassen.
Wir stellen klar, dass dies unterhaltsrechtlich als freiwillige Leistung Dritter anzusehen ist, die aufseiten der Ehefrau weder auf Unterhaltsbedürftigkeit noch auf Leistungsfähigkeit Einfluss haben soll.

.....

Noch komplexer werden die Probleme, wenn die Eltern ihrem eigenen Kind die **Wohnimmobilie geschenkt** haben, die das Kind nun nach der Scheidung auch bewohnt. 1326

Haben Eltern die Ehe ihres Kindes mit der Schenkung eines Hauses an ihr Kind fördern wollen, wollten sie zwar i.d.R. nicht ihr unterhaltspflichtiges Schwiegerkind entlasten. Anders als bei einer fortlaufenden Zuwendung ist aber die **Immobilie im Eigentum des Kindes dessen Vermögen zuzurechnen** und die Einnahmen bei einer Vermietung oder die Selbstnutzung sind **bei den Einkünften des Kindes** i.R.d. Unterhaltsberechnung zu **berücksichtigen**. 1327

Gleichwohl können sie die Schenkung nur **rückgängig** machen, wenn ein entsprechender Vorbehalt besteht. Wird die Schenkung dennoch unter Mitwirkung des Kindes aufgehoben, muss sich dieses die entgangenen Einnahmen fiktiv zurechnen lassen.[2068] 1328

▶ Hinweis:

Bei der Zuwendung an Kinder kann ein Rückübertragungsrecht im Scheidungsfall auch dann sinnvoll sein, wenn die Einnahmen aus der Schenkung nicht beim Kind verbleiben sollen, um diesem einen Unterhaltsanspruch gegen den geschiedenen Ehegatten zu erhalten.

Bei erheblichen Schenkungen von Eltern wird öfter eine ehevertragliche Regelung im Bereich des Zugewinns getroffen, dass die **Zuwendungen** dort nicht zu einem Ausgleich führen, auch nicht bei Wertsteigerungen. 1329

Zuweilen wird eine solche **Vereinbarung** auch so geschlossen, dass Einnahmen aus den Immobilien des Anfangsvermögens **aus der Unterhaltsberechnung ausgeschlossen** sein können. 1330

2067 BGH, FamRZ 1995, 537, 539.
2068 OLG Köln, ZFE 2003, 191 f. = NJW 2003, 438.

1331 ▶ Formulierungsvorschlag (Ausschluss aus der Unterhaltsberechnung):

Wir vereinbaren, dass Erträge der Ehefrau aus den vorstehend vom Zugewinn ausgenommenen Vermögenswerten auch bei der Unterhaltsberechnung nicht zum anrechnungspflichtigen Einkommen gehören, solange dadurch nicht eine Unterhaltspflicht des anderen Ehegatten begründet wird.[2069]

6. Immobilie und Versorgungsausgleich

1332 Mit dem Versorgungsausgleich haben die Scheidungsimmobilien i.d.R. wenig Berührung. Allenfalls mag als **Kompensation für den Ausschluss des Versorgungsausgleichs** die Übertragung einer Immobilie in Betracht kommen. Hier kann die Übertragung einer Immobilie, die vermietet werden kann oder auch die eigenen Wohnbedürfnisse erfüllt, zur Alterssicherung geeignet sein.

7. Allgemeine vertragliche Regelungsinstrumente

1333 Ein letzter Blick beim vorsorgenden Ehevertrag soll noch den allgemeinen vertraglichen Regelungsinstrumenten gelten, soweit sie nicht schon i.R.d. Inhaltskontrolle[2070] erläutert worden sind.

a) Präambel

1334 Die Wichtigkeit der Präambel ist bereits betont worden. Sind für die Wohnimmobilie Regelungen im vorsorgenden Ehevertrag getroffen, können in dieser Präambel die tragenden Gründe für die vorgesehene Behandlung der Wohnimmobilie genannt sein, etwa die Erhaltung der dynastisch vererbten Wohnimmobilie in der Familie oder die Wichtigkeit der auf einen Ehepartner zugeschnittenen Immobilie für seinen Beruf.

b) Abgeltungsklausel

1335 Sofern eine Übertragung der Wohnimmobilie oder das Beibehalten von Eigentumsverhältnissen mit Ausgleichsleistungen vorgesehen ist und durch diese Leistung alle anderen Ansprüche abgegolten sein sollen, ist ratsam, dies durch eine Abgeltungsklausel zum Ausdruck zu bringen, um insbes. Ansprüche aus der sog. »Zweiten Spur« im Familienrecht, also solche aus Ehegatteninnengesellschaft oder Gesamtschuldnerausgleich mit zu erfassen und auszuschließen. Dies erfordert zuvor eine sorgfältige Sachverhaltsaufklärung und Erörterung mit den Beteiligten.[2071]

1336 *(unbesetzt)*

2069 Zu dieser Einschränkung: *Wegmann*, Eheverträge, Rn. 162.

2070 Rdn. 1196 ff.

2071 Ein Formulierungsvorschlag findet sich unter Rdn. 116.

c) Salvatorische Klauseln

Salvatorische Klauseln sind in Eheverträgen **wichtig.** Die Rechtsprechung des BGH zur **Inhaltskontrolle** hat deutlich gemacht, dass bei Nichtigkeit einer Klausel der gesamte Vertrag unwirksam ist, wenn nicht eine salvatorische Klausel enthalten ist.[2072] 1337

Die salvatorischen Klauseln dürfen jedoch **nicht gedankenlos** verwendet werden, sondern es muss in jedem Einzelfall das Interesse der Eheleute überprüft werden. So ist eine solche Klausel insbes. dann gefährlich, wenn für einen Verzicht eine **Kompensation** versprochen ist. Denn hier ist gerade nicht gewollt, dass bei Unwirksamkeit des Verzichtes dennoch die Verpflichtung zur Kompensationsleistung bestehen bleibt.[2073] 1338

(unbesetzt) 1339

d) Schiedsklauseln

Noch relativ jung ist das Thema von Schiedsklauseln in Eheverträgen. Da aber die Tendenz zu außergerichtlicher Streitbeilegung und diskreter Abwicklung im Scheidungsverfahren mehr und mehr zunimmt,[2074] sind auch Schiedsklauseln in Eheverträgen immer häufiger anzutreffen. Nachdem die Schiedsfähigkeit mancher familienrechtlicher Bereiche umstritten ist,[2075] kommen Schiedsklauseln v.a. in den Bereichen des Zugewinnausgleichs und des Unterhaltsrechts in Betracht. 1340

Möglicherweise ist auch eine eingeschränktere Schiedsgutachterklausel[2076] zu empfehlen, wenn etwa der Wert eines Familienwohnheimes in Zusammengang mit einer Anrechnung auf andere Leistungen festzulegen ist. 1341

Eine Schiedsklausel könnte so formuliert werden:[2077]

▶ Formulierungsvorschlag (Schiedsklausel): 1342

Über alle Streitigkeiten, die sich aus diesem Ehevertrag ergeben, entscheidet unter Ausschluss der staatlichen Gerichtsbarkeit ein Schiedsgericht. Dies gilt auch für nichtvermögensrechtliche Streitigkeiten, soweit sie schiedsfähig sind, und für Streitigkeiten über die Wirksamkeit dieser Vereinbarung oder der übrigen Vertragsbestimmungen. Das Schiedsgericht ist insbesondere zuständig für die Auslegung dieses Vertrages sowie die verbindliche Bewertung einzelner Vermögenswerte und die Berechnung des Zugewinnausgleichsanspruchs sowie des nachehelichen Unterhaltes.

2072 BGH, FamRZ 2006, 1097.
2073 Formulierungsvorschlag unter Rdn. 1109.
2074 *Bergschneider*, Verträge in Familiensachen, Rn. 65.
2075 Vgl. näher *C. Münch*, Ehebezogene Rechtsgeschäfte, Rn. 567 ff.
2076 Hierzu *Langenfeld*, Eheverträge, Rn. 92.
2077 Aus *C. Münch*, Ehebezogene Rechtsgeschäfte, Rn. 572 m.w.N.

Alternative:

.....
Auslegung dieses Vertrages sowie die Bestimmung des vom Zugewinn ausgenommenen Betriebsvermögens und die verbindliche Bewertung der dem Zugewinn unterliegenden Vermögensgegenstände.....

Alternative:
Über Streitigkeiten, die sich aus diesem Ehevertrag ergeben, entscheidet für die Bereiche Zugewinn, nachehelichen Unterhalt und Hausrat unter Ausschluss der staatlichen Gerichtsbarkeit ein Schiedsgericht. Dies gilt auch für Streitigkeiten über die Wirksamkeit.......

Ort des schiedsgerichtlichen Verfahrens ist ..... .
Das Schiedsgericht besteht aus drei Schiedsrichtern. Jede Partei benennt einen Schiedsrichter. Die beiden Schiedsrichter benennen einen weiteren Schiedsrichter als Vorsitzenden des Schiedsgerichts, der die Befähigung zum Richteramt haben muss.
Ernennt eine Partei binnen vier Wochen nach Aufforderung keinen Schiedsrichter, so soll der Direktor des zuständigen Amtsgerichts einen Schiedsrichter ernennen.
Das Schiedsgericht bestimmt sein Verfahren, das nicht öffentlich zu sein hat, selbst. Der Schiedsspruch ist schriftlich abzusetzen und zuzustellen. Das Schiedsgericht wird nach § 1051 Abs. 3 ZPO zu einer Entscheidung nach Billigkeit ermächtigt.[2078] Es hat aber in diesem Rahmen die in der Präambel zu diesem Vertrag niedergelegten gemeinsamen Vorstellungen zu verwirklichen.
Die Vergütung der Schiedsrichter soll folgendermaßen erfolgen .....

Alternative:
Das Verfahren des Schiedsgerichtes richtet sich nach den folgenden Verfahrens- und Vergütungsvereinbarungen. Sie sind Bestandteil dieser Schiedsvereinbarung und wurde vom Notar mit verlesen.

2078 Wird empfohlen, da im Familienrecht Normen häufig die Billigkeit als Kriterium benennen. Nach a.A. bedarf es einer solchen Verweisung zur Anwendung der familienrechtlichen Normen nicht, die auf Billigkeit abstellen, sondern nur bei Ermächtigung des Schiedsgerichts zur Entscheidung unter Abweichung vom normierten Recht: Friederici, FuR 2006, 400, 448, 452 f.

G. Die Immobilie in der Scheidungsvereinbarung

I. Die Scheidungsvereinbarung

Die einzelnen Möglichkeiten vertraglicher Eigentumsänderungen oder Dauerregelungen in Bezug auf die Scheidungsimmobilie sind bereits Gegenstand der Darstellung gewesen.[2079] Nun soll die Scheidungsvereinbarung als Regelungsinstrument betrachtet werden, in die solche Regelungen bzgl. der Scheidungsimmobilie eingebettet sein können. 1343

1. Vorteile einer Scheidungsvereinbarung

Die vorherige – nach der Neufassung des § 1585c BGB nun zumeist notariell beurkundete – Scheidungsvereinbarung hat **viele Vorteile gegenüber einer umfassenden gerichtlichen Auseinandersetzung** und immer noch einen erheblichen **Kostenvorteil** gegenüber einem gerichtlichen Vergleich, bei dem beide Seiten anwaltlich vertreten sein müssen.[2080] 1344

Als Gründe für den Abschluss einer notariellen Scheidungsvereinbarung lassen sich nennen: 1345

- Es sind Regelungen zur **Scheidungsimmobilie** gewünscht, die ohnehin notarieller Beurkundung bedürfen.
- In der Unternehmerehe sind **hochkomplexe gesellschaftsrechtliche Sachverhalte** zu gestalten, mit denen der Notar auch sonst befasst ist, sodass die Aufnahme in eine notarielle Scheidungsvereinbarung nahe liegt.
- Es bestand eine **vorsorgende ehevertragliche Vereinbarung** mit nachfolgend abweichender Lebensentwicklung. Hier liegt es nahe, diese im Scheidungsfall auch wieder vertraglich zu erfassen.
- Es bestehen **Ansprüche der sog. »Zweiten Spur«**, die gleich mitbehandelt werden sollen. Häufig ist die Grundstücksübertragung oder die Ehegattengesellschaft ohnehin mit dem Notar zu gestalten. Es können daher alle Ansprüche in einer Scheidungsvereinbarung geregelt werden, die als **sonstige Familienstreitsachen** nach § 266 FamFG dem »Großen Familiengericht« zugewiesen sind. Nach der Rechtsprechungsänderung des BGH zur Schwiegerelternzuwendung[2081] müssen verstärkt auch Ansprüche der Schwiegereltern mit eingebunden oder Freistellungen vereinbart werden.

2079 Rdn. 578 ff.

2080 BGH, FamRZ 1991, 679, 680; OLG Hamm, FamRZ 1979, 848 f.; OLG Zweibrücken, FamRZ 1985, 1071; besteht Anwaltszwang, so ist bei einem gerichtlichen Vergleich nach FamFG ebenso wie nach ZPO eine anwaltliche Vertretung für beide Seiten zwingend, Schulte-Bunert/Weinreich/*Rehme*, FamFG, § 36, Rn. 10; Prütting/Gehrlein/*Scheuch*, ZPO, § 794, Rn. 10; MünchKomm-ZPO/*Finger*, § 630 Rn. 26.

2081 BGH, NJW 2010, 2202; BGH, ZEV 2012, 277.

- Es ist eine **schnelle Abwicklung** unabhängig von gerichtlicher Terminierung gewollt.
- Die **mediative Atmosphäre** eines Vertragsgestalters verhilft schneller zu einer Einigung als die hoheitlich dominierte Struktur eines Gerichtsverfahrens.
- Die Parteien sind sich einig, dass nur einer von ihnen anwaltlich vertreten sein soll. Sie möchten in diesem Fall eine möglichst **kostengünstige Regelung** der Scheidungsfolgen herbeiführen. Ein gerichtlicher Vergleich mit zwei Anwälten wäre kostenintensiver.
- Eine gute Scheidungsvereinbarung gibt für beide Ehegatten **Planungssicherheit**. Sie kann den **individuellen Bedürfnissen** in der jeweiligen Ehe- und Scheidungssituation gerecht werden.
- Das **neue Unterhaltsrecht** führt zu einer starken Individualisierung der Unterhaltsberechnung und damit zu einem steigenden Bedürfnis an ehevertraglichen und scheidungsbezogenen Vereinbarungen, die den neuen Spielraum der Ehegatten ausnutzen und individuelle Regelungen der Rechtsverhältnisse treffen können.[2082]

1346 Auch nach der Streichung des § 630 ZPO durch das FGG-Reformgesetz bleibt die Bedeutung der Scheidungsvereinbarung als kostengünstige und befriedende Regelung der Scheidungsfolgen gleichwohl erhalten.[2083] Die in der Endfassung des FamFG noch eingefügte Bestimmung des § 133 Abs. 1 Nr. 2 FamFG vermag den gestrichenen § 630 ZPO nicht zu ersetzen, da das Gericht nur über den Abschluss einer Vereinbarung informiert werden muss, diese dem Gericht aber nicht nachzuweisen ist.[2084]

2. Erarbeitung einer Scheidungsvereinbarung

1347 Beim Erarbeiten der Scheidungsvereinbarung ist die **Zusammenarbeit von Anwälten und Notaren** erforderlich, die sich bewährt hat. Im Scheidungsverfahren bestand nach §§ 630 Abs. 2 Satz 2 i.V.m. 78 Abs. 5 ZPO a.F. **Anwaltszwang nur für die Antragstellung** zur Scheidung, nicht aber für die Zustimmung.

Dies ist nach **§ 114 Abs. 4 Nr. 3 FamFG** auch nach dem FGG-Reformgesetz so geblieben. Ein vereinfachtes Scheidungsverfahren ohne Anwaltszwang, das zwischenzeitlich diskutiert worden war, sieht das Reformgesetz nicht mehr vor. Aus diesem Grund ist vielfach nur ein Ehegatte bei der Scheidung und auch bei der vorbereitenden Erstellung einer Scheidungsvereinbarung anwaltlich vertreten.

1348 Es ist zwar auch die **gemeinsame anwaltliche Beratung** getrenntlebender Ehegatten nicht absolut verboten, sondern in Grenzbereichen ohne widerstreitende Interessen zulässig; zeichnen sich aber **widerstreitende Interessen** der Eheleute konkret ab und setzt der Anwalt die Beratung beider fort, ist der **Anwaltsvertrag nichtig** (§ 43a

---

2082 Vgl. hierzu *Viefhues*, ZFE 2008, 44, 49.

2083 Hierzu *C. Münch*, FamRB 2008, 251 f.

2084 Hierzu *Rakete-Dombek*, FPR 2009, 16, 17.

Abs. 4 BRAO) und der Vergütungsanspruch entfällt komplett.[2085] Der Anwalt ist also gut beraten, es bei der einseitigen Interessenvertretung zu belassen, sonst riskiert er ggf. seinen gesamten Vergütungsanspruch[2086] (darauf werden sich die Eheleute wieder einigen können).

Die dargelegten[2087] **steuerlichen Folgen** der Scheidung insbes. bei Übertragung einer Immobilie lassen es geraten sein, bei der Vorbereitung der Scheidungsvereinbarung auch den steuerlichen Berater hinzuzuziehen, wenn steuerliche Folgen nicht ausgeschlossen werden können. Die Tücken der Veräußerungsgewinnbesteuerung setzen einen Informationsstand voraus, den häufig auch die Parteien selbst nicht haben. Hierbei ist noch zu berücksichtigen, dass im Steuerrecht häufig der Vorteil des einen sich mit einem Nachteil für den anderen verbindet, sodass es möglicherweise sogar ratsam ist, dass jeder Ehegatte einen eigenen steuerlichen Berater hat. Dies gilt erst recht nachdem nunmehr nach der neuen Rechtsprechung des BGH die latente Ertragsteuer bei der Zugewinnberechnung für alle Vermögensgüter zu berücksichtigen ist.[2088] 1349

Unter Zuhilfenahme der beratenden Personen gilt es dann, für alle Rechtsbereiche, die mit der Scheidung berührt sind, etwaige **Ansprüche herauszuarbeiten** und sie einer **Lösung zuzuführen**. Für die Scheidungsvereinbarung wird i.d.R. ein Gesamtpaket geschnürt, sodass dieser Vertrag alle Ansprüche der Ehegatten abschließend regeln soll – zuweilen bleibt lediglich der Versorgungsausgleich ausgenommen, weil er vom Gericht durchgeführt werden soll. 1350

Es heißt aber den **Charakter einer Scheidungsvereinbarung** misszuverstehen, wenn man annimmt, die notarielle Unterhaltsvereinbarung der Parteien müsse exakt den gesetzlichen Unterhalt festlegen.[2089] In einer solchen Vereinbarung muss nicht wie bei Gericht eine Entscheidung über etwa divergierende Ansichten hinsichtlich einzelner Berechnungsbestandteile des Unterhalts getroffen werden. Es genügt vielmehr, wenn die **Bandbreite möglicher Ansprüche** unter Zugrundelegen der verschiedenen Ansichten ermittelt und dann eine **Einigung** herbeiführt wird. 1351

Diese Einigung kann häufig bei gegenseitigem Nachgeben in verschiedenen Rechtsbereichen leichter erreicht werden. Manchmal ist es zudem für eine Einigung förderlich, wenn bleibende gemeinsame Interessen der Ehegatten – so etwa die Sicherung des Vermögens für die gemeinsamen Kinder – mit in die Vereinbarung eingebracht werden und es hier zu erbrechtlichen Begleitregelungen kommt.[2090] 1352

Die fortschreitende **Individualisierung** und auch **Verkomplizierung** des **Scheidungsfolgerechts** etwa im neuen § 1570 BGB wird es mit sich bringen, dass künftig Schei- 1353

2085 KG, FamRB 2008, 12.
2086 *Krause,* FamRB 2008, 13.
2087 Rdn. 937 ff.
2088 BGH, DStR 2011, 1683 = NJW 2011, 2572 = FamRZ 2011, 1367 Tz. 50.
2089 *Viefhues,* FF 2006, 183, 185.
2090 Hierzu Rdn. 1326 ff.

dungsvereinbarung nicht mehr nur durch Verzichte mit Gegenleistungen geprägt sein werden, sondern durch **Detailregelungen** etwa der ehebezogenen Billigkeit in § 1570 Abs. 2 BGB oder durch Festlegung von Unterhaltsfristen i.S.d. § 1578b BGB, ggf. auch Vereinbarungen zur Zumutbarkeit einer Erwerbstätigkeit im Lichte des § 1574 BGB.

1354 Nachfolgend soll in Form einer Checkliste eine Hilfe für das Aushandeln und die Abfassung einer Scheidungsvereinbarung gegeben werden. Hierbei ist zu bedenken, dass der Informationsbedarf und auch die Einfügung von Informationen in die Scheidungsvereinbarung aufgrund der Inhaltskontrolle stark zunehmen.

▶ Checkliste (Erstellung einer Scheidungsvereinbarung):

1. **Sachstand bzgl. der Trennung**
   - ☐ Datum der Trennung
   - ☐ Trennung durch Auszug oder zunächst im Haus/in der Wohnung
   - ☐ Bisherige Verfahren und Titel
     - ☐ Unterhaltstitel?
     - ☐ Vorläufige Regelungen Ehewohnung/Haushaltsgegenstände?
     - ☐ Scheidungsantrag bereits gestellt?
2. **Eheschließung**
   - ☐ Datum
   - ☐ Ort
   - ☐ Berührungspunkte mit ausländischem Recht
     - ☐ jetzt
     - ☐ bei Eheschließung
     - ☐ am 09.04.1983 (§ 220 Abs. 3 EGBGB)
3. **Persönliche Verhältnisse**
   - ☐ Name
   - ☐ Adresse
   - ☐ Kontaktdaten (Email – Kommunikation erwünscht? –, Tel., Fax)
   - ☐ Geburtsdatum
   - ☐ Geburtsort
   - ☐ Standesamtsnummern
   - ☐ Name der Eltern
   - ☐ Staatsangehörigkeit
   - ☐ besondere persönliche Eigenschaften, z.B. Krankheiten
   - ☐ Vorehen und Unterhaltspflicht hieraus
4. **Kinder**
   - ☐ Name und Geburtsdatum
   - ☐ Kinder vor oder außerhalb der Ehe
   - ☐ adoptierte Kinder
   - ☐ Schwangerschaft
   - ☐ Pflichtteilsprobleme (auch Eltern, wenn keine Kinder)
   - ☐ Besonderheiten bei einem Kind (z.B. schwere Erkrankungen)

5. **Berater**
   - ☐ Rechtsanwalt Ehemann
   - ☐ Rechtsanwalt Ehefrau
   - ☐ Steuerberater
     - ☐ gemeinsam
     - ☐ Ehemann
     - ☐ Ehefrau
   - ☐ Notar
6. **Ehekonstellation – jeweils für beide Ehegatten**
   - ☐ Ausbildung
   - ☐ Berufstätigkeit vor der Ehe
   - ☐ Berufstätigkeit in der Ehe
   - ☐ Kindererziehung in der Ehe
     - ☐ Eigenbetreuung
     - ☐ Fremdbetreuung
   - ☐ Einkommenssituation (mit Abzügen, Werbungskosten, Sonderpositionen wie Überstunden oder Urlaubsgeld)
     - ☐ vor der Ehe
     - ☐ in der Ehe
     - ☐ übliche oder besondere Karrierechancen
     - ☐ besondere berufliche Verzichte
       - ☐ ehebedingt
       - ☐ nicht ehebedingt
   - ☐ Vermögenssituation (bei größerem Vermögen eigener Punkt)
   - ☐ Wohnsituation
     - ☐ In der Ehe
     - ☐ Seit Trennung
   - ☐ Altersversorgung
     - ☐ Genaues Erarbeiten einzelner Versorgungen
     - ☐ Ausübung von Wahlrechten soweit für die rechtliche Einordnung von Bedeutung einschließlich künftiger Möglichkeiten
     - ☐ Einschalten von Rentenberatern, Versorgern oder Sachverständigen?
     - ☐ Weiterlaufen von Ansprüchen bei längerer Trennung?
   - ☐ Rollenverteilung in der Ehe
   - ☐ Abweichung von früherer Lebensplanung?
7. **Trennungskonstellation**
   - ☐ Wohnungssituation seit Trennung bisher
   - ☐ weitere Perspektive bzgl. Wohnungssituation
   - ☐ Neue Partnerschaften?
   - ☐ Haushaltsgegenstände
   - ☐ Berufstätigkeit seit Trennung
   - ☐ Bemühen um Berufstätigkeit
   - ☐ Aussichten auf beruflichen Wiedereinstieg

- ☐ Kinder nach der Trennung
  - ☐ Wo leben die Kinder?
  - ☐ Sorgerecht – Handlungsbedarf?
  - ☐ Umgangsrecht – Handlungsbedarf?
  - ☐ Besondere trennungsbedingte Probleme (§ 1570 Abs. 1 Satz 2 BGB)?
- ☐ Kindesbetreuung nach der Trennung
  - ☐ Eigenbetreuung
  - ☐ Fremdbetreuung
  - ☐ Besondere Kosten der Kindesbetreuung?
- ☐ Kindesunterhalt
  - ☐ Zahlungstitel?
  - ☐ tatsächliches Zahlungsverhalten
  - ☐ Mehrbedarfspositionen?
- ☐ Einkommenssituation seit Trennung (mit Abzügen, Werbungskosten, Sonderpositionen wie Überstunden oder Urlaubsgeld)
  - ☐ noch ausstehende Änderungen, z.B. Steuerklasse
  - ☐ Änderungen durch Erweiterung Berufstätigkeit?
  - ☐ Besonderheiten z.B. bei Selbstständigkeit
  - ☐ Überschreiten der Grenze zur konkreten Bedarfsberechnung?

8. **Vertragskonstellation**
- ☐ Ehevertrag
- ☐ Trennungsvereinbarung
- ☐ Erbvertrag
- ☐ Testamente (auch handschriftlich)
- ☐ wichtige Verträge der Ehegatten miteinander (z.B. Gesellschafts- und Arbeitsverträge)
- ☐ wichtige Verträge mit Dritten
- ☐ Zur Scheidungsvereinbarung selbst:
  - ☐ Drucksituation, besondere Umstände?
  - ☐ Wer schlägt Vereinbarung vor?
  - ☐ Hauptsächliches Regelungsziel jedes Beteiligten?
  - ☐ Welche Sachverhaltsklärungen sind noch erforderlich?
  - ☐ Wer fertigt Entwürfe?
  - ☐ Zeithorizont?
  - ☐ Welche Kosten entstehen – wie ist die Verteilung?

9. **Vermögenssituation**[2091]
- ☐ Betrieb
  - ☐ Generationennachfolge
  - ☐ Risiko
  - ☐ Verbindlichkeiten

2091 Jeweils nur soweit erforderlich – soweit für Unterhalt bedeutsam schon unter 7. Trennungskonstellation.

- ☐ Mitarbeit
- ☐ Entnahmen/Gehälter
- ☐ Wohnhaus
  - ☐ Eigentümer
  - ☐ Verbindlichkeiten
  - ☐ Elternzuwendungen
- ☐ sonstiges Vermögen derzeit
- ☐ Endvermögen
  - ☐ Berechnung (wenn Scheidung rechtshängig)
  - ☐ Latente Ertragsteuer abziehbar/zu befürchten
  - ☐ Gefährdungen (§ 1378 Abs. 2 BGB; ggf. vorzeit. Zugewinn)
- ☐ Verbindlichkeiten
- ☐ davon Anfangsvermögen
- ☐ Bewertungsfragen des Anfangsvermögens
- ☐ besondere steuerliche Gestaltung (z.B. Zweikontenmodell)

10. Zuwendungen unter Ehegatten
- ☐ Erfassen einzelner Zuwendungen
- ☐ Zuwendungen von Eltern oder Schwiegereltern
- ☐ Regelung solcher Ansprüche gesondert/Freistellung von Drittansprüchen
- ☐ Rückabwicklung?
- ☐ Störung der Geschäftsgrundlage?

11. Steuerfragen
- ☐ Steuerprobleme bei Vermögensauseinandersetzung?
- ☐ Verzichte und Kompensationen
- ☐ Realsplitting
- ☐ sonstige Steuerfragen (etwa Betriebsaufspaltung, Wiesbadener Modell)

12. Sonstige Fragen
- ☐ eigene zusätzliche Anliegen der Ehegatten

3. Inhaltskontrolle

Zur Inhaltskontrolle von Scheidungsvereinbarungen ist bereits ausführlich Stellung genommen worden.[2092] 1355

Dabei wurde betont, dass neben der Wirksamkeitskontrolle durchaus auch mit einer **Ausübungskontrolle** von Scheidungsvereinbarungen zu rechnen ist. 1356

Dem ist bei der Abfassung der Scheidungsvereinbarung insoweit Rechnung zu tragen, als auch hier in einer **Präambel** die wesentlichen Gesichtspunkte für die Scheidungsvereinbarung genannt sein sollten. 1357

Bei **Zahlungsregelungen** sind die Bemessungsgrundlagen für die Unterhaltsberechnung anzugeben. Bei **endgültigen Regelungen** wie z.B. Abfindungen oder Verzichten 1358

2092 Rdn. 1219 ff.

sollte außerdem künftig angegeben werden, dass diese auch von weiteren nachehelichen Entwicklungen unabhängig sind.[2093]

II. Regelungsinhalt

1359 Die ausführliche Scheidungsvereinbarung enthält eine Regelung aller Scheidungsfolgen, sodass die Ehegatten gerichtlich nur noch geschieden werden müssen. Dabei stellen die Vereinbarungen über das Familienwohnheim meist den Kern der Regelung dar, insbes. wenn dieses den wesentlichen Vermögensgegenstand in der Familie bildet und sich der Zugewinn ebenfalls voll in der Anschaffung und Entschuldung des Familienwohnheims niedergeschlagen hat.

1. Übernahme der Immobilie und Begleitregelung

1360 Die Behandlung der Scheidungsimmobilie und Vereinbarungen zu ihrer Nutzung oder zu ihrer Eigentumsübertragung bzw. Dauerregelungen bei geteiltem Eigentum wurden bereits ausführlich vorgestellt.[2094]

2. Sonstige Bestandteile

1361 Neben der Nutzung der **Ehewohnung** oder Eigentumsübertragungen hinsichtlich des **Familienwohnheim**s einschließlich Ausgleichsregelungen und Übergabeprozedere werden in einer Scheidungsvereinbarung zumeist die folgenden Punkte mit geregelt:[2095]

- **Verteilung der Haushaltsgegenstände**;
- **Güterstandswechsel** bzw. Auswirkungen auf den Zugewinnausgleich;[2096]
- **Nachehelicher Ehegattenunterhalt**; hier kann von den vielen Möglichkeiten einer vertraglichen individuellen Festlegung[2097] Gebrauch gemacht werden.
- **Versorgungsausgleich**;
- **Kindesunterhalt**: da der Kindesunterhalt keinerlei Verzichten zugänglich ist (§ 1614 BGB), stehen hier Zahlungsregelungen – am besten dynamische Zahlungstitel – im Vordergrund. Mangelfallberechnungen mit Ehegattenunterhalt wird es nach dem neuen Unterhaltsrecht hier seltener geben, da der Kindesunterhalt nunmehr nach § 1609 BGB n.F. den Vorrang genießt und i.d.R. gedeckt wer-

2093 Oder eben – aber dies wird die Ausnahme sein – von solchen Entwicklungen abhängig sein sollen.

2094 Rdn. 426 ff. und Rdn. 578 ff.

2095 Ausführlich *C. Münch*, Ehebezogene Rechtsgeschäfte, Rn. 3217 f.

2096 In Teil C. (Rdn. 578 ff.) ebenfalls dargestellt.

2097 Vgl. *C. Münch*, Ehebezogene Rechtsgeschäfte, Rn. 2577 ff.

den kann oder jedenfalls dann nichts mehr für den Ehegatten übrig bleibt. Gelegentlich werden in besonderen Konstellationen auch Freistellungsvereinbarungen der Eltern getroffen.
- **Erbverzichte**.[2098]

3. Erbrechtliche Begleitregelung

In nicht wenigen Fällen wird zusammen mit der Scheidungsvereinbarung noch eine erbrechtliche Regelung getroffen. In diesem Abschnitt sollen die gemeinsamen erbrechtlichen Regelungen zwischen den Ehegatten, deren Scheidung bevorsteht, besprochen sein, welche die Immobilie für die Kinder sichern. Das nachfolgende Kapitel[2099] wird sich dann mit einseitigen Anordnungen des jeweiligen Ehegatten befassen. Zunächst aber ist eine Gestaltung zu erläutern, die den verzichtenden Ehegatten noch am Wert der Immobile bei Verkauf beteiligt. 1362

a) Nachabfindungsklausel

Eine Einigung über die Zuordnung des Familienwohnheims kann häufig nur unter **Einbeziehung des weiteren Schicksals der Immobilie nach der Scheidung der Ehegatten** erzielt werden. Insbes. dann, **wenn** aufgrund beengter finanzieller Verhältnisse und hoher abzulösender Restschulden derjenige Ehegatte, der die Immobilie übernimmt, dem **anderen nicht den vollen Verkehrswert der Immobilie abgelten** kann, will zumeist derjenige Ehegatte, der bei der Auszahlung auf einen Teil seines Anspruches verzichtet, diesen Verzicht nur erklären, 1363

- wenn er letztlich den gemeinsamen Kindern zugutekommt oder
- wenn er bei einem Weiterverkauf der Immobilie innerhalb einer überschaubaren Frist an dem Erlös nochmals beteiligt ist (sei es für sich, sei es, um eigenes Erbgut für die Kinder zu haben).

Damit es nicht zu Missverständnissen kommt: Eine endgültige Regelung unter den Ehegatten ist allemal einer Lösung mit weiteren Kautelen vorzuziehen, nur ist sie oftmals finanziell nicht darstellbar. 1364

Eine **Nachabfindungsklausel** kann in der Scheidungsvereinbarung mit geregelt werden als Bestandteil der schuldrechtlichen Abreden zur Überlassung. Als Ausgleichsbetrag wird i.d.R. derjenige Betrag gewünscht sein, der nach Abzug der Ausgleichszahlung und unter Berücksichtigung der noch bestehenden Verbindlichkeiten zur Halbteilung fehlt. Um Missbräuche auszuschließen, wird man auch unentgeltliche Veräußerungen einbeziehen, ggf. mit einer Ausnahme für die Übertragung auf gemeinsame Abkömmlinge, zumindest für den Fall, dass diese für die restliche Laufzeit in die Verpflichtung eintreten. 1365

2098 Vgl. nachfolgend Rdn. 1401 ff.

2099 Rdn. 1410 ff.

1366 Hierzu bedürfen folgende Punkte einer Klärung:

- Bindungszeit,
- Ausgleichszahlung bei Scheidung,
- Abzüge vom Veräußerungserlös,
- Abzug von Steuern,
- Anspruchsberechtigter/Vererblichkeit.

1367 Bei der **Bindungszeit** ist zu berücksichtigen, dass das Haus umso mehr wirtschaftlich dem übernehmenden Eigentümer zuzuschreiben ist, je mehr Zeit von der Scheidung an vergangen ist. Denn der übernehmende Eigentümer hat in der ganzen Zeit die Tilgung und Verzinsung getragen, das Haus unterhalten und alle Arbeiten am Haus verrichtet. Aus diesem Grund soll ein Anspruch für den Veräußerungsfall eine Frist haben, die höchstens im Bereich von 10 bis 20 Jahren nach der Scheidung liegt.

1368 Bei der Festlegung der **Höhe der Nachabfindung** ist zu entscheiden, ob der weichende Ehegatte an der weiteren **Wertentwicklung** der Scheidungsimmobilie **beteiligt** werden soll **oder nicht**.

1369 Soll er nicht an der weiteren Wertentwicklung beteiligt werden – positiv oder negativ – muss für die Immobilie zwischen den Vertragsteilen ein Wert im Zeitpunkt der Urkundserrichtung vereinbart werden, von dem aus dann die Höhe des Nachabfindungsbetrages berechnet wird.

1370 Soll der anspruchsberechtigte Ehegatte hingegen von einer Wertsteigerung profitieren oder einen Wertverlust mittragen, ist auf den späteren Verkaufswert und – zur Vermeidung von Umgehungen – hilfsweise auf den Verkehrswert im Zeitpunkt der Veräußerung abzustellen.

1371 Für beide Varianten sprechen **Gesichtspunkte**. Bei einem Wertverlust wird der übernehmende Ehegatte den weichenden beteiligten wollen. Andererseits kann ein späterer Verkaufswert durch zahlreiche Wertverbesserungen zustande kommen, die der übernehmende Eigentümer getätigt hat und die daher auch ihm allein gebühren. Hierbei ist durchaus nicht jede Wertverbesserung durch Rechnung belegbar, sodass ein Herausrechnen schwierig wird. Andererseits werden die Ehegatten zu einer streitigen Wertfestlegung gezwungen, wenn nicht auf den späteren Verkaufserlös abgestellt werden kann. Eine Entscheidung muss im Einzelfall nach Absprache mit den Mandanten getroffen werden.

1372 Ferner ist die Höhe der **Restverbindlichkeiten** festzustellen. Dann können später vom Veräußerungserlös die dann noch bestehenden Restverbindlichkeiten, die Tilgung durch den Eigentümer und die Ausgleichszahlung abgerechnet werden. Ein Abzug der **Verzinsung** erfolgt im nachfolgenden Vorschlag nicht, weil dieser i.d.R. auch die Wohnnutzung oder Vermietung gegenübersteht.

1373 Geklärt werden sollte auch, ob etwaige **Steuerabzüge** vom Veräußerungserlös den Nachabfindungsbetrag mindern. Solches kann insbes. deshalb relevant werden, weil die Übertragung i.R.d. Scheidungsvereinbarung steuerlich als Anschaffung zu sehen sein kann mit der Folge, dass eine neue Frist von zehn Jahren i.S.d. § 23 EStG anläuft.

Von Bedeutung ist ferner, ob der **Nachabfindungsanspruch vererblich** ist, ob also nach dem Tod des anspruchsberechtigten Ehegatten auch dessen Erben die Nachabfindung fordern können. Nach dem Sinn der Scheidungsvereinbarung sollte dies nur dann der Fall sein, wenn und soweit es sich bei den Erben um gemeinschaftliche Abkömmlinge der geschiedenen Ehegatten handelt. Verstirbt der übernehmende Eigentümer, wird der anspruchsberechtigte Ehegatte i.d.R. auch bei einer Veräußerung durch die Erben innerhalb der Bindungsfrist auf der Nachabfindung bestehen. 1374

▶ Formulierungsvorschlag (Nachabfindungsklausel für die Scheidungsimmobilie): 1375

Veräußert der Erwerber oder sein Rechtsnachfolger das heute übertragene Familienwohnheim ganz oder teilweise innerhalb von ..... Jahren von heute an gerechnet – entscheidend ist der Abschluss des schuldrechtlichen Vertrages –, hat er dem heutigen Veräußerer eine Nachabfindung zu zahlen, die sich wie folgt errechnet:
Maßgeblich ist der heutige Verkehrswert in Höhe von ..... €, auf den sich die Vertragsteile einvernehmlich geeinigt haben. Davon werden die Restverbindlichkeiten nach dem heutigen Stand in Höhe von ..... € abgezogen, die der Erwerber allein zu tilgen hat, sowie die Ausgleichszahlung nach Ziffer ..... in Höhe von ..... €. Die Hälfte dieses Saldos ist als Nachabfindungsbetrag zu zahlen.

Alternative:
Sofern bei der späteren Veräußerung Steuern anfallen, darf auch der Betrag dieser Steuern noch vom Saldo abgezogen werden, bevor der Hälftebetrag ausbezahlt wird.

Eine Verzinsung oder Indexierung dieses Betrages erfolgt ausdrücklich nicht.
Der Nachabfindungsbetrag ist fällig binnen drei Monaten nach Abschluss des schuldrechtlichen Veräußerungsvertrages.[2100]
Der Nachabfindungsanspruch ist vererblich, wenn und soweit ein gemeinschaftlicher Abkömmling der Erschienenen als Erbe oder Vermächtnisnehmer den Anspruch erhält. An Dritte ist der Nachabfindungsbetrag hingegen nicht zu zahlen, es sei denn, er wäre bereits zu Lebzeiten der Abfindungsberechtigten fällig gewesen.
Die Nachabfindungspflicht entfällt ferner bei einer Veräußerung an gemeinschaftliche Abkömmlinge der Erschienenen, wenn diese die Nachabfindungspflicht für die restliche Laufzeit übernehmen.

Alternative bei Teilhabe an der Wertentwicklung:
..... die sich wie folgt errechnet:
Vom erzielten Verkaufserlös werden die noch bestehenden aus den heute übernommenen Verbindlichkeiten abgezogen. Ferner werden die geleisteten Tilgungsbeträge und die nach Ziffer ..... dieser Urkunde zu erbringende Ausgleichszahlung abgezogen. Die Hälfte dieses Saldos ist als Nachabfindungsbetrag zu zahlen.

2100 Sofern die Steuern abgezogen werden dürfen, wird eine längere Fälligkeit anzunehmen sein, da die Verbescheidung längere Zeit in Anspruch nimmt. Hier kann entweder für den Gesamtbetrag eine längere Fälligkeit angenommen und eine Verzinsung angeordnet werden oder der Betrag kann geteilt und die Hälfte des Saldos ohne Steuerabzug wie vorgesehen fällig gestellt werden und die andere Hälfte, von der dann alle Steuern abgehen, erst später.

An die Stelle des Verkaufserlöses tritt der Verkehrswert nach § 194 Baugesetzbuch, wenn dieser mehr als 15 % über dem erzielten Erlös liegt.[2101] *Können sich die Beteiligten über diesen Wert nicht einigen, ist dieser auf Antrag einer Partei von einem durch den örtlich zuständigen Landgerichtspräsidenten benannten Sachverständigen schiedsgutachterlich festzulegen. Die Gutachterkosten werden vom Saldo in Abzug gebracht, wenn die Differenz 15 % übersteigt, ansonsten sind sie vom Antragsteller zu tragen.*

Soweit durch diese Vereinbarung Abkömmlinge begünstigt werden, kann sie von den Erschienenen ohne Zustimmung der Abkömmlinge aufgehoben oder abgeändert werden.
Eine dingliche Sicherstellung wird nach Belehrung nicht gewünscht.

Alternative:
Der Erwerber bestellt nunmehr zur Sicherung der vorgenannten Zahlungsforderung in der festen Höhe von ..... € eine unverzinsliche Sicherungshypothek in Höhe von ..... € am Grundbesitz ..... .
Wegen der vorbestellten Hypothek unterwirft sich der Erwerber ferner der sofortigen Zwangsvollstreckung aus dieser Urkunde in der Weise, dass die Zwangsvollstreckung gegen den jeweiligen Eigentümer des zu belastenden Grundbesitzes zulässig ist.
Der Erwerber bewilligt und beantragt die Eintragung dieser Hypothek samt dinglicher Zwangsvollstreckungsunterwerfung. Die Hypothek erhält in Abteilung III Rang nach folgenden derzeit eingetragenen Rechten: .....
Der Notar ist zur Bestimmung einer abweichenden Rangstelle ermächtigt. Allen zur Rangbeschaffung etwa erforderlichen Erklärungen wird unter Vollzugsantrag zugestimmt.

b) Auswirkung der Scheidung auf Erbrecht und bestehende erbrechtliche Regelungen

aa) Auswirkungen auf das gesetzliche Erbrecht

1376 Zu besprechen ist ferner im Zusammengang mit dem Abschluss einer Scheidungsvereinbarung die **Auswirkung** der Scheidung bzw. schon des **Scheidungsverfahrens auf** bestehende Erbregelungen oder gesetzliche **Erbfolgen.** Die Darstellung wird zeigen, dass aufgrund der gesetzlichen Voraussetzungen für ein Entfallen des Erbrechts die Ehegatten besser im Zusammenhang mit der Scheidungsvereinbarung eine eigene Regelung treffen.[2102]

1377 **§ 1933 BGB** ordnet an, wann das gesetzliche Erbrecht eines Ehegatten im Fall einer bevorstehenden Scheidung entfällt.

Als **formelle Voraussetzung** sieht § 1933 BGB vor, dass der **Erblasser**

- vor seinem Tod die **Scheidung beantragt** hat **oder**
- dem Scheidungsantrag des anderen Ehegatten **zugestimmt** hat.

2101 Als Korrektiv für Umgehungsversuche. Ein solcher Verkehrswert wäre gutachterlich festzustellen.

2102 Stellungnahmen aus jüngerer Zeit zeigen, dass das Verständnis für die Regelung erbrechtlicher Belange bei Scheidung größer wird: *Abele/Klinger*, FPR 2006, 138 ff.; *Schulze-Heimig*, FF 2008, 404 f.

Materiell ist **Voraussetzung** für das Eingreifen des § 1933 BGB, dass die **Voraussetzungen für die Scheidung der Ehe gegeben** waren. 1378

Für den **Scheidungsantrag** i.S.d. § 1933 BGB ist Voraussetzung, dass die Rechtshängigkeit des Scheidungsantrages gegeben ist, also die **Zustellung** an den anderen Ehegatten erfolgt ist (§ 124 FamFG, § 253 ZPO).[2103] Weder genügt ein Verfahrenskostenhilfeantrag noch gibt es eine Rückbeziehung der Zustellungswirkung, wenn demnächst zugestellt wird.[2104] Der Scheidungsantrag muss ferner die formellen Zulässigkeitsvoraussetzungen der §§ 124, 133 Abs. 1 FamFG erfüllen.[2105] 1379

Die **förmliche Zustimmung** zum Scheidungsantrag des anderen Ehegatten ist Prozesshandlung (§ 134 FamFG) und setzt die Rechtshängigkeit des Scheidungsantrages voraus.[2106] Während z.T. die Formvoraussetzungen als ungeklärt bezeichnet werden,[2107] fordern andere, dass die Zustimmung dem Gericht gegenüber in prozessual wirksamer Form erklärt sein muss.[2108] Dies kann durch Erklärung zu Protokoll der Geschäftsstelle, in der mündlichen Verhandlung zur Niederschrift des Gerichts oder durch Schriftsatz eines bevollmächtigten Anwalts geschehen.[2109] Eine außergerichtlich geäußerte Zustimmung jedoch genügt nicht. Der BGH hat auch die Unterzeichnung einer Scheidungsfolgenvereinbarung nicht als ausreichend erachtet.[2110] 1380

▶ Rechtsprechung:

Ein aktuelles Urteil des OLG Düsseldorf[2111] beleuchtet die Problematik. Der Erblasser hatte sich im entschiedenen Fall nur dem Anwalt der den Scheidungsantrag stellenden Ehefrau gegenüber geäußert, dass er der Scheidung zustimme. Es war aber zu keinerlei prozessualen Erklärung gekommen, da der Erblasser die Erklärung aus Kostengründen im anberaumten Scheidungstermin hatte abgeben wollen. Das OLG sah die Voraussetzungen des § 1933 BGB nicht als gegeben an, sodass die Ehefrau (Mit-)Erbin blieb. Das OLG fasste in seiner Entscheidung die Voraussetzungen nochmals anschaulich zusammen. Demnach kann eine solche **Zustimmung zu Protokoll der Geschäftsstelle**, in der **mündlichen Verhandlung**, in einem **Schriftsatz** des Prozessbevollmächtigten oder auch durch **schriftliche Erklärung einer anwaltlich nicht vertretenen Partei** erfolgen. Zwar kann die Zustimmung auch durch Auslegung gewonnen werden. Liegt aber gar **keine prozessuale Erklärung** vor, so gibt es auch nichts auszulegen. Es genügt also nicht,

---

2103 BGH, FamRZ 1990, 1109; *Schulze-Heimig*, FF 2008, 404; *Werkmüller*, FPR 2011, 256.

2104 *Schulze-Heimig*, FF 2008, 404 m.w.N.; *Abele/Klinger*, FPR 2006, 138, 139.

2105 *Czubayko*, FPR 2011, 260, 261.

2106 *Werkmüller*, FPR 2011, 256.

2107 *Limmer*, in: Reimann/Bengel/J. Mayer, Testament und Erbvertrag, A 364.

2108 OLG Saarbrücken, FamRZ 1992, 109; *Busse*, MittRhNotK 1998, 225, 226; *Nieder*, ZEV 1994, 156, 157.

2109 *Nieder/Kössinger*, Testamentsgestaltung, § 1 Rn. 14; Palandt/*Weidlich*, BGB, § 1933 Rn. 4; BayObLG, NJW-RR 1996, 651.

2110 BGH, NJW 1995, 1082.

2111 OLG Düsseldorf, NJW-RR 2011, 1642 = JuS 2012, 173 m. Anm. *Wellenhofer*.

dem Scheidungsantrag nicht entgegenzutreten und es genügt auch keine außerprozessuale Erklärung, selbst wenn sie nachweisbar ist.

Die Zustimmung kann nach § 134 Abs. 2 FamFG widerrufen werden, sodass die Voraussetzungen des § 1933 BGB auch wieder entfallen können.[2112]

1381 Hinsichtlich der **materiellen Voraussetzungen** ist zu prüfen, ob die Ehe im Zeitpunkt des Todes geschieden worden wäre, also die Voraussetzungen der §§ 1565 ff. BGB vorgelegen haben. Es gibt nach dem BGB nur noch **einen Scheidungsgrund**, nämlich das **Scheitern der Ehe**, § 1565 Abs. 1 Satz 1 BGB.[2113]

1382 Nach § 1565 Abs. 1 Satz 2 BGB ist die Ehe gescheitert,

- wenn die eheliche Lebensgemeinschaft nicht mehr besteht (**Diagnose**)[2114] und
- ihre Wiederherstellung nicht wieder erwartet werden kann (**Prognose**), die Zerrüttung also unheilbar ist.[2115]

1383 Für diese Prognose genügt nicht ein erneuter Verweis auf das Getrenntleben, vielmehr sind konkrete Tatsachen vorzutragen, nach denen mit an Sicherheit grenzender Wahrscheinlichkeit keine Versöhnung der Ehegatten mehr erfolgt.[2116]

1384 Dies hätte das Gericht grds. zu prüfen. Diese **Prüfung kann** aber **entfallen**, wenn eine der beiden unwiderleglichen **Vermutungen** des **§ 1566 BGB** greift, also die Ehegatten entweder

- ein Jahr getrennt leben und beide die Scheidung beantragen bzw. der Antragsgegner der Scheidung zustimmt (§ 1566 Abs. 1 BGB) oder
- drei Jahre getrennt leben (§ 1566 Abs. 3 BGB).

1385 Die Vermutung des § 1566 Abs. 1 BGB konnte nach bisherigem Recht als Grundlage einer Scheidung aber nur dienen, wenn die Ehegatten zusätzlich die Voraussetzungen des § 630 ZPO a.F. erfüllten. Dementsprechend forderte die überwiegende Ansicht zum alten Recht, dass die Voraussetzungen des § 1933 BGB nur vorliegen, wenn auch die Einigung über die in § 630 ZPO genannten Folgesachen gegeben war.[2117] Nach der **Streichung des § 630 ZPO** durch die FGG-Reform kann es **auf materielle Einigungen** i.S.d. § 630 ZPO a.F. nun **nicht länger ankommen**. Die Voraussetzungen des § 1933 BGB treten daher auch ohne solche Einigung ein.

1386 Zu prüfen sind ferner die Härteklauseln des § 1568 BGB.[2118]

2112 *Werkmüller*, FPR 2011, 256 f.; *Czubayko*, FPR 2011, 260, 262.

2113 Vgl. zum Folgenden: Schwab/*Schwab*, Scheidungsrecht, II Rn. 6 ff.; *Büte*, FPR 2007, 231.

2114 Zu dieser Diagnose *Gernhuber/Coester-Waltjen*, Familienrecht, § 27 Rn. 4 ff.

2115 *Schwab*, FamRZ 1976, 491, 495; BGH, NJW 1978, 1810 f.

2116 BGH, FamRZ 1995, 229, 230; BGH, FamRZ 1981, 127, 129; BGH, NJW 1978, 1810; Anwaltkommentar/*Bisping*, BGB, § 1565 Rn. 10.

2117 OLG Zweibrücken, NJW 2001, 236; Palandt/*Weidlich*, § 1933 Rn. 7.

2118 BayOblG, Rpfleger 1987, 358; Palandt/*Weidlich*, BGB, § 1933 Rn. 7.

▶ Hinweis:

Nur wenn der antragstellende Ehegatte verstirbt, entfällt das Erbrecht. Verstirbt der andere Ehegatte, ohne vorher der Scheidung zugestimmt zu haben, erbt der Scheidungsantragsteller[2119] !

Mit dem Verlust des gesetzlichen Erbrechts geht auch der Verlust des Pflichtteilsrechts einher.[2120] Der güterrechtliche Zugewinnausgleichsanspruch nach § 1371 Abs. 2 BGB bleibt aber dennoch bestehen.[2121] 1387

Die Darstellung hat gezeigt, dass der Verlust des gesetzlichen Erbrechts i.R.d. Scheidungsverfahrens nach **§ 1933 BGB mit erheblichen Rechtsunsicherheit und Nachweisschwierigkeiten verbunden** ist.[2122] Daher ist dringend zu empfehlen, im Rahmen einer Trennungs- oder Scheidungsvereinbarung einen Verzicht auf das gesetzliche Erbrecht zu erklären, um diesen Unwägbarkeiten zu entgehen. Zudem treten die Voraussetzungen des § 1933 BGB erst recht spät im Scheidungsverfahren ein, wenn nämlich nach Ablauf der einjährigen Trennungszeit der Scheidungsantrag gestellt wird. Wer die Rechtsfolge früher herbeiführen will, der bedient sich des Erb- und Pflichtteilsverzichts. 1388

▶ Hinweis:

Die Aufnahme eines Erbverzichts in die Scheidungsvereinbarung erspart den aufwendigen und streitbaren Nachweis der Voraussetzungen des § 1933 BGB.

bb) Auswirkungen auf erbrechtliche Verfügungen

Nach **§ 2077 Abs. 1 BGB** wird eine **letztwillige Verfügung**, mit der ein Ehegatte bedacht war, **unwirksam**, wenn die Ehe vor dem Tod aufgelöst worden ist oder die Voraussetzungen des **§ 1933 BGB** in Bezug auf den Erblasser vorgelegen haben. Bei einer Scheidung im Ausland ist die funktionale Gleichwertigkeit zu prüfen.[2123] Die Unwirksamkeit beschränkt sich nach § 2085 BGB im Zweifel auf diese konkrete Verfügung, sodass die übrigen Verfügungen des Testaments wirksam bleiben können. 1389

Dies gilt allerdings nur, **wenn kein Fortgeltungswille** des Erblassers anzunehmen ist, § 2077 Abs. 3 BGB. Schon aus diesem Grund ist zu empfehlen, letztwillige Verfügungen zu widerrufen, um eindeutig ihre Unwirksamkeit herbeizuführen. 1390

Auf Lebensversicherungen ist in diesem Zusammenhang gesondert zu achten, denn für diese gilt § 2077 BGB nicht entsprechend.[2124] 1391

2119 *Nieder/Kössinger*, Testamentsgestaltung, § 1 Rn. 17.
2120 Palandt/*Weidlich*, BGB, § 2303 Rn. 1.
2121 BGH, NJW 1987, 1764.
2122 *Werkmüller*, FPR 2011, 256, 257: »rechtshistorisches Relikt aus der Zeit des inzwischen im Eherecht überkommenen Verschuldensprinzips.«
2123 OLG Stuttgart, BWNotZ 2011, 214 = DNotI-Report 2011, 196.
2124 BGH, NJW 1987, 3131.

1392 Ein **gemeinschaftliches Testament** ist nach **§ 2268 Abs. 1 BGB** in diesem Fall **seinem gesamten Inhalt nach unwirksam**. Von der Nichtigkeit sind also auch Verfügungen zugunsten Dritter betroffen, die Unwirksamkeit tritt sogar dann ein, wenn nur dritte Personen begünstigt wurden.[2125] Allerdings ist zu prüfen, ob ausnahmsweise ein **Fortgeltungswille** nach **§ 2268 Abs. 2 BGB** vorliegt, d.h. ob die Ehegatten auch für den Fall der Scheidung die getroffene Verfügung hätten fortgelten lassen. Hierbei kommt es auf den Willen bei Testamentserrichtung an, bei wechselbezüglichen Verfügungen auf den Willen beider Ehegatten, sonst auf den des Verfügenden.[2126] Ein solcher Fortgeltungswille muss in jedem Einzelfall geprüft werden. Ist er nicht feststellbar, ist auf den hypothetischen Willen abzustellen. Ein Fortgeltungswille ist nach BayObLG[2127] etwa trotz Scheidung anzunehmen, wenn die gemeinsamen Kinder wechselbezüglich zu Schlusserben bestimmt sind.

1393 Der BGH hat jüngst eine Streitfrage dahin gehend entschieden, dass in den Fällen, in denen **bei wechselbezüglichen Verfügungen** nach § 2268 Abs. 2 BGB ein Fortgeltungswille anzunehmen ist, **auch die Wechselbezüglichkeit bestehen bleibt**.[2128] Dies hat zur – meist nicht bedachten – Folge, dass nach § 2271 Abs. 1 Satz 2 BGB eine einseitige Aufhebung auch nach Scheidung ausgeschlossen ist.

▶ Hinweis:

Da sowohl die Frage des Fortgeltungswillens wie der Wechselbezüglichkeit streitbefangen sind, empfiehlt es sich zumeist, gemeinschaftliche Testamente in Zusammenhang mit der Scheidungsvereinbarung von beiden Ehegatten aufheben zu lassen.

1394 Ist es umgekehrt so, dass die Fortgeltung eines gemeinschaftlichen Testaments Voraussetzung der Einigung in der Scheidungsvereinbarung ist, sollte mittels letztwilliger Verfügung klargestellt werden, dass dieses gemeinschaftliche Testament trotz der bevorstehenden Scheidung der Ehe seine Gültigkeit behält.

1395 Auf einen **Erbvertrag**, den ein Ehegatte mit dem anderen schließt und der eine wechselseitige Erbeinsetzung enthält, ist über § 2279 Abs. 1 BGB schon § 2077 BGB anwendbar, sodass diese **Erbeinsetzung** schon aufgrund dieser allgemeinen Verweisung bei Vorliegen der Voraussetzungen **unwirksam** wird.[2129] § 2279 Abs. 2 BGB erweitert die Unwirksamkeitsfolge noch auf **Verfügungen zugunsten Dritter** in einem solchen Erbvertrag. Sind danach die Verfügungen eines Ehegatten unwirksam, kann dies über § 2298 Abs. 1 BGB auch zur Unwirksamkeit der Verfügungen des anderen Ehegatten führen.

2125 Palandt/*Weidlich*, BGB, § 2268 Rn. 1.

2126 BGH, NJW 2004, 3113 f.

2127 BayObLG, FamRZ 1994, 193.

2128 BGH, NJW 2004, 3113 f.; dagegen *Kanzleiter*, ZEV 2005, 181 ff.

2129 Gleiches hat aufgrund dieser allgemeinen Verweisung für Erbverträge mit Dritten zu gelten, in denen der andere Ehegatte bedacht ist.

Dies kann jedoch dann anders sein, wenn über § 2077 Abs. 3 BGB ein **Fortgeltungswille** anzunehmen ist. Ein solcher Wille müsste bei Testamentserrichtung erklärt worden sein oder hypothetisch bestanden haben. Zwar wird einerseits argumentiert, für einen solchen Fortgeltungswillen müssten besondere Umstände sprechen, andererseits heißt es aber, Zuwendungen an Dritte seien unabhängig vom Bestand der Ehe.[2130] So nimmt auch die Rechtsprechung zunehmend einen solchen Fortgeltungswillen für **Zuwendungen an gemeinsame Abkömmlinge** an.[2131]

Wenn die Verfügung danach fortbesteht, wird aufgrund des Urteils des BGH zu den gemeinschaftlichen Testamenten[2132] auch bei den Erbverträgen die **erbvertragliche Bindungswirkung selbst nach Scheidung fortbestehen.**[2133] Es kommt dann nur ein formgerechter Widerruf in Betracht, sofern die entsprechenden Voraussetzungen vorliegen.[2134] 1396

▶ Hinweis:

Vergessen Sie bei einer Scheidungsvereinbarung nie die Frage, ob zwischen den Ehegatten ein Erbvertrag oder ein gemeinschaftliches Testament geschlossen wurde. Diese sollten Sie tunlichst aufheben lassen.

c) Erbverzicht

Wenn Ehegatten also bisher bereits **erbrechtliche Verfügungen** getroffen hatten, dann **sollten** diese mit der Scheidungsvereinbarung **aufgehoben werden.** 1397

Bestehen solche nicht, ist jedoch auch die Folge des gesetzlichen Erbrechts und der späte Zeitpunkt des Erlöschens dieses gesetzlichen Erbrechts und damit verbunden des Pflichtteilsrechts i.d.R. in einer Trennungs- und Scheidungssituation nicht gewünscht. 1398

Aus diesem Grund und wegen der Schwierigkeiten, die Voraussetzungen des § 1933 BGB festzustellen, wird i.R.d. **Scheidungsvereinbarung auch** ein **Erb- und Pflichtteilsverzicht** vereinbart. 1399

Hier wird **ausnahmsweise** zum Mittel des **Erbverzichts** gegriffen, da mit der Scheidung später der Ehegatte als gesetzlich Erbberechtigter ohnehin wegfällt. Der Erbverzicht hat nämlich den Nachteil, dass er die Pflichtteilsrechte der übrigen Pflichtteilsberechtigten erhöht. Er hat den Vorteil, dass der Ehegatte auch ohne eine zusätzliche Verfügung von Todes wegen aus der gesetzlichen Erbfolge ausscheidet. Damit verliert er nach § 2346 Abs. 1, Satz 2 BGB zugleich sein Pflichtteilsrecht. Dennoch wird in der Praxis zur Verdeutlichung häufig ein Erbverzicht und Pflichtteilsverzicht erklärt. 1400

2130 Jeweils *Czubayko*, FPR 2011, 260, 261.

2131 *Reimann/Bengel/J. Mayer*, Testament und Erbvertrag, § 2279 BGB Rn. 18 m.w.N.; anders jedoch OLG München, ZEV 2008, 290 in dem Fall, dass ein überlebender Ehegatte zu freier Änderung berechtigt gewesen wäre.

2132 BGH, NJW 2004, 3113 ff.

2133 DNotI-Gutachten, DNotI-Report 2005, 45, 47; *Reimann/Bengel/J. Mayer*, Testament und Erbvertrag, § 2279 BGB Rn. 19.

2134 *Abele/Klinger*, FPR 2006, 141.

d) Erbvertrag mit Verfügungsunterlassungsvertrag

1401 Wenn eine **Einigung** hinsichtlich der Übernahme des Familienwohnheims gegen eine **Auszahlung**, die **hinter dem hälftigen Verkehrswert** zurückbleibt, gefunden worden ist, dann will der weichende Ehegatte häufig sichergestellt wissen, dass sein Verzicht nicht dem geschiedenen Ehegatten, sondern am Ende den **Kindern zugutekommt**, dass also das Familienwohnheim nach dem Tod des übernehmenden Ehegatten an die gemeinsamen Kinder fällt. Damit ist in vielen Fällen auch derjenige Ehegatte einverstanden, der nun allein Zins und Tilgung weiterhin erbringen muss.

1402 Der Preis für eine solche Einigung freilich ist hoch. Wenn man dem weichenden Ehegatten hierzu eine sichere Gestaltung empfehlen soll, dann kann es nicht nur beim **Abschluss eines Erbvertrages** belassen werden, mit dem das Familienwohnheim den Kindern als **Vermächtnis** versprochen wird, denn ein solches Vermächtnis entfaltet nur dann Wirkung, wenn das Familienwohnheim beim Tod des übernehmenden Ehegatten noch in seinem Eigentum steht. Ein Verschaffungsvermächtnis ist regelmäßig nicht realisierbar. Man muss vielmehr das Vermächtnis begleiten mit einem **Verfügungsunterlassungsvertrag**, in welchem sich der übernehmende Ehegatte verpflichtet, über das Familienwohnheim nicht anderweitig zu verfügen. Für den Fall des Verstoßes ist sodann eine Verpflichtung zur sofortigen Übertragung vorzusehen, denn diese kann **grundbuchlich gesichert** werden und somit eine anderweitige Verfügung effektiv verhindern.[2135]

1403 Soweit eine solche Gestaltung Rechte zugunsten der Kinder begründet, sollte daran gedacht werden, eine Klausel aufzunehmen, wonach die Ehegatten eine solche Vereinbarung auch ohne Zustimmung der Kinder wieder aufheben können, damit auf veränderte Entwicklungen der Lebenswirklichkeit reagiert werden kann.

1404 Für den übernehmenden Ehegatten bedeutet dies, dass ihm bzgl. des Familienwohnheims, dessen Tilgung und Unterhaltung er ebenso zu leisten hat wie die Verzinsung der Darlehen, die Hände gebunden sind. Er kann nach grundbuchlicher Sicherung dieses Anwesen weder verkaufen noch weiter beleihen.

1405 Hinsichtlich der Abwicklung des Vermächtnisses nach dem Tode des übernehmenden Ehegatten ist es ratsam, eine Testamentsvollstreckung anzuordnen, denn es kann nicht angenommen werden, dass eine Abwicklung mit etwaigen Erben aus einer neuen Familie reibungslos verläuft. Hier kann die Testamentsvollstreckung helfen.

1406 Nachstehend wird der Formulierungsvorschlag eines solchen Erbvertrages isoliert wiedergegeben. Die entsprechenden Verfügungen und Vereinbarungen können auch als Bestandteil einer Scheidungsvereinbarung getroffen werden.

2135 BGH, NJW 1959, 2252; BGH, FamRZ 1967, 470.

▶ Formulierungsvorschlag (Erbvermächtnisvertrag zugunsten der Kinder mit Verfügungsunterlassungsvertrag): 1407

URNr. ...../.....
vom

ERBVERMÄCHTNISVERTRAG

Heute, den .....
– ..... –
erschienen vor mir,

Dr. .....,

Notar in .....

1. Herr .....

geboren am ..... in ..... StA.Nr. ....
als Sohn von .....
wohnhaft in .....

2. dessen Ehefrau

Frau .....
geboren am .....in .... StA Nr. ....
wohnhaft in .....
Die Erschienenen sind im gesetzlichen Güterstand verheiratet und wiesen sich durch amtliche Lichtbildausweise aus.
Die Erschienenen sind nach meiner Überzeugung voll geschäfts- und testierfähig.
Auf Zeugenbeiziehung wurde verzichtet. Ein gesetzlicher Zeugenbeiziehungsgrund lag nicht vor.
Der Grundbuchinhalt wurde festgestellt. Aufgrund der Erklärungen, welche die Erschienenen bei gleichzeitiger Anwesenheit vor mir abgegeben haben, beurkunde ich folgenden

Erbvermächtnisvertrag:

I. Allgemeines

1) Persönliche Verhältnisse

Herr ..... und Frau ..... sind im gesetzlichen Güterstand verheiratet, leben aber getrennt. Aus ihrer am ..... in ..... geschlossenen Ehe sind zwei Kinder hervorgegangen:
K1 .....
K2 .....

2) Grundbesitz

Herr ..... ist Alleineigentümer des in der Gemarkung .....
gelegenen Grundbesitzes
Fl. Nr. ..... zu ..... m^2
vorgetragen im Grundbuch des Amtsgerichts für .....
Blatt .....
Der Grundbesitz ist belastet wie folgt:

Abteilung II:

.....

Abteilung III:

.....

3) Erbvertragliche Bindung

Herr ..... ist nach seiner Erklärung an einen Erbvertrag oder ein gemeinschaftliches Testament nicht gebunden und kann über sein Vermögen frei verfügen.
In dieser Urkunde trifft nur Herr ..... erbrechtliche Verfügungen. Frau ..... nimmt diese zur Herstellung der Bindungswirkung an.
Die nachfolgenden erbrechtlichen Verfügungen und deren erbrechtliche Bindung sollen ausdrücklich auch nach einer Scheidung der Ehe von Herrn ..... und Frau ..... bestehen bleiben.

II. Erbrechtliche Verfügungen

Etwa bisher getroffene Verfügungen von Todes wegen sollen durch die heutigen Bestimmungen nur insoweit aufgehoben oder ergänzt werden, als sie den heute getroffenen Verfügungen entgegenstehen.
Die Erschienenen vereinbaren sodann erbvertragsmäßig in einseitig nicht widerruflicher Weise – soweit nachstehend nicht anders aufgeführt –:

1) Vermächtnis

Herr .....
wendet hiermit

vermächtnisweise

den in Ziffer I dieser Niederschrift bezeichneten Grundbesitz

seinen Kindern K1 und K2 zu gleichen Teilen

zu.
Der Vermächtnisnehmer hat folgende oben bezeichnete in Abteilung II eingetragene Belastungen zur ferneren Duldung und dinglichen Haftung zu übernehmen: ....
Von allen anderen Belastungen ist der vermächtnisweise zugewendete Grundbesitz freizustellen. Zugrunde liegende Verpflichtungen und Verbindlichkeiten sind von den Erben zu erfüllen. Dies gilt ausdrücklich auch für Belastungen in Abteilung III, wenn die Darlehen für Investitionen in den Vermächtnisgegenstand verwendet wurden.

Alternative 1:
Dies gilt jedoch nicht für solche Belastungen in Abteilung III und zugrunde liegende Verbindlichkeiten, die bereits heute bestehen. Für diese Belastungen sind die im Todeszeitpunkt vorhandenen Eigentümerrechte und Rückgewähransprüche mit vermacht.

Alternative 2:
Dies gilt jedoch nicht für solche Belastungen in Abteilung III und zugrunde liegende Verbindlichkeiten, die in den Vermächtnisgegenstand investiert worden sind. Für diese Belastungen sind die im Todeszeitpunkt vorhandenen Eigentümerrechte und Rückgewähransprüche mit vermacht.

Die Freistellungsverpflichtung gilt nicht für Dienstbarkeiten oder Reallasten für öffentliche Versorgungsträger oder solche Rechte aus baurechtlichen oder nachbarrechtlichen Gründen.
Ersatzvermächtnisnehmer sind die Abkömmlinge der jeweiligen Vermächtnisnehmer entsprechend den Regeln der gesetzlichen Erbfolge.
Die Kosten und Steuern der Vermächtniserfüllung tragen die Vermächtnisnehmer.
Das Vermächtnis ist fällig und fällt an sechs Monate nach dem Ableben des vorgenannten Eigentümers und Erblassers.

2) Abänderung

Herr ..... ist jederzeit berechtigt, die vorstehende Vermächtnisanordnung innerhalb der gemeinschaftlichen Abkömmlinge (= Kinder, Enkelkinder, Urenkel usw.) der Erschienenen zu 1. und 2. insoweit abzuändern, als er anstelle der eingesetzten Vermächtnisnehmer andere gemeinschaftliche Abkömmlinge oder die eingesetzten oder andere gemeinschaftliche Abkömmlinge zu anderen Quoten bedenkt.
Herr ..... ist auch ausdrücklich berechtigt, den vorgenannten Vermächtnisgegenstand bereits zu Lebzeiten auf einzelne oder mehrere gemeinschaftliche Abkömmlinge der Erschienen zu 1. und 2. zu den Bedingungen dieser Urkunde zu übertragen.

3) Annahme

Frau ..... nimmt dies ausdrücklich an.

4) Testamentsvollstreckung

In einseitiger, also jederzeit frei widerruflicher Weise, bestimmt Herr ..... letztwillig Folgendes:
Für die Erfüllung des Vermächtnisses wird

Testamentsvollstreckung

angeordnet.
Zum Testamentsvollstrecker ernennt Herr ..... Herrn ..... .
Für den Fall, dass dieser vor oder nach Annahme des Amtes wegfällt, wird das Nachlassgericht gemäß § 2200 BGB ersucht, einen (Ersatz-) Testamentsvollstrecker zu ernennen, soweit der Testamentsvollstrecker nicht selbst einen Nachfolger ernannt hat, wozu der Testamentsvollstrecker ausdrücklich ermächtigt wird.
Aufgabe des Testamentsvollstreckers ist die Erfüllung des angeordneten Vermächtnisses einschließlich der ggf. zu erledigenden Übernahme von Verbindlichkeiten durch die Erben.
Der Testamentsvollstrecker ist ansonsten in der Führung seines Amtes in keiner Weise beschränkt. Er ist insbesondere auch berechtigt, in Erfüllung seiner Aufgabe Verpflichtungen und Verbindlichkeiten für den Nachlass einzugehen.
Der Testamentsvollstrecker erhält keine Vergütung. Er hat allerdings Anspruch auf Ersatz seiner Auslagen.[2136]
Der Testamentsvollstrecker ist von den Beschränkungen des § 181 BGB befreit.
Im Übrigen gelten für die Testamentsvollstreckung die gesetzlichen Bestimmungen.

2136 Diese Anordnung geht davon aus, dass die Testamentsvollstreckung durch einen Verwandten durchgeführt wird. Bei einem Berufsträger als Testamentsvollstrecker wäre eine Vergütung zzgl. USt festzusetzen.

5) Allgemeines

Auf das Anfechtungsrecht gem. § 2079 BGB wird verzichtet.
Rücktrittsrechte werden nicht vereinbart. Der Notar hat belehrt.

III. Verfügungsunterlassungsvertrag

In Verbindung mit dem vorstehenden Erbvertrag schließen die Erschienenen zu 1. und 2. folgenden schuldrechtlichen

Verfügungsunterlassungsvertrag

gemäß § 137, Satz 2 BGB:
Herr ..... verpflichtet sich gegenüber Frau ..... zu seinen Lebzeiten nicht über den in vorstehender Ziffer I. genannten Grundbesitz oder über Teile hiervon zu verfügen, ohne dass Frau ..... dieser Verfügung zustimmt.
Unter den Begriff »Verfügen« fällt auch eine Belastung des Grundbesitzes in den Abteilungen II und III des Grundbuches, es sei denn, es handelt sich um Dienstbarkeiten oder Reallasten für öffentliche Versorgungsträger oder um solche Rechte aus baurechtlichen oder nachbarrechtlichen Gründen.

Alternative:
Für die in Abteilung III eingetragenen Belastungen, welche die Darlehen im Zusammenhang mit der Errichtung des Familienwohnheims sichern, wird die Zweckbestimmung dahin gehend abgeändert, dass eine Neuvalutierung nur mit Zustimmung von Frau ..... erfolgen darf. Hierzu erhalten die eingetragenen Gläubiger eine auszugsweise beglaubigte Anschrift der Urkunde.

Für den Fall des Verstoßes gegen obige Verpflichtung hat Frau ..... das Recht, die Übertragung des Grundbesitzes nach Ziffer I dieser Urkunde an die beiden gemeinschaftlichen Kinder K1 ..... und K2 ..... je zu gleichen Teilen zu verlangen. Nach Ableben von Frau ..... steht dieses Recht den Kindern selbst zu für den Fall, dass ohne ihre eigene Zustimmung verfügt wurde.
Das gleiche Recht besteht für den Fall der Eröffnung eines Insolvenzverfahrens gegen das Vermögen des Herrn ..... oder der Ablehnung der Eröffnung mangels Masse oder wenn in den Grundbesitz nach Ziffer I Zwangsvollstreckungsmaßnahmen durchgeführt werden.
Herr ..... hat das Recht, sich bei der Übertragung an die Kinder einen lebenslangen und unentgeltlichen Nießbrauch am Grundbesitz nach Ziffer I vorzubehalten und diesen grundbuchlich an bereitester Rangstelle zu sichern. Er ist in diesem Fall berechtigt, sämtliche Nutzungen aus dem Vertragsobjekt zu ziehen, aber auch verpflichtet, die auf dem Vertragsobjekt ruhenden privaten und öffentlichen (einschließlich der außerordentlichen öffentlichen Lasten) zu tragen. Er ist auch verpflichtet, die nach der gesetzlichen Lastenverteilung den Eigentümer treffenden privaten Lasten zu tragen, insbesondere außergewöhnliche Ausbesserungen und Erneuerungen.
Für grundbuchlich abgesicherte Verbindlichkeiten sind die vorstehenden unter II.1. getroffenen Regelungen zu beachten.
Der Nießbrauch kann nicht zur Ausübung einem Dritten überlassen werden.
Die Ehegatten können diese Vereinbarung unter Ziffer III. auch ohne Zustimmung der begünstigten Kinder aufheben oder ändern.
Zur Sicherung aller Ansprüche von Frau ..... auf Übertragung des Eigentums aus dem vorvereinbarten Übertragungsrecht auf die beiden gemeinschaftlichen Kinder K1 ..... und K2 .....

bewilligen und beantragen

die Vertragsteile die Eintragung einer Vormerkung gem. § 883 BGB zugunsten von Frau .....[2137] am Vertragsgrundbesitz in das Grundbuch an nächstoffener Rangstelle. Mitteilung vom Vollzug der Eintragung an den Notar wird beantragt.

IV. Belehrungen, Hinweise

Über die rechtliche Tragweite unserer vorstehenden Erklärungen wurden die Beteiligten vom Notar eingehend belehrt.
Insbesondere wurden sie hingewiesen auf
a) den Rechtscharakter eines Vermächtnisses, insbesondere darauf, dass dieses einen schuldrechtlichen Anspruch gibt, der erfüllt werden muss,
b) das Pflichtteilsrecht,
c) die erbvertragliche Bindungswirkung,
d) das freie Verfügungsrecht unter Lebenden und seine Grenzen,
e) das Anfechtungsrecht,
f) auf die einschlägigen Bestimmungen des Erbschafts- und Schenkungssteuergesetzes.

V. Schlussbestimmungen

1) Die Erschienenen beantragen die Erteilung je einer Ausfertigung dieser Urkunde. Das Grundbuchamt erhält eine auszugsweise beglaubigte Abschrift zur Eintragung der Vormerkung

Alternative:
Der Finanzierungsgläubiger des Familienwohnheims erhält eine auszugsweise Abschrift zur Einschränkung der Sicherungsabrede.

Ferner erhält das Finanzamt – Schenkungsteuerstelle – eine Abschrift.
2) Die besondere amtliche Verwahrung beim Amtsgericht wird nicht gewünscht. Diese Urschrift und eine Ausfertigung sollen unverschlossen in der Urkundensammlung des beurkundenden Notars aufbewahrt werden.
3) Die Kosten dieser Urkunde trägt ..... .
4) Der Notar benachrichtigt das zentrale Testamentsregister.

III. Formulierungsvorschlag einer Gesamtscheidungsvereinbarung

An dieser Stelle können nicht alle Einzelregelungen in der Scheidungsvereinbarung 1408
vorgestellt werden. Es soll jedoch noch ein Formulierungsbeispiel für eine Gesamtscheidungsvereinbarung gegeben sein.

2137 Die Vormerkung wird i.d.R. nicht für die Kinder als Begünstigte eingetragen, sondern für den Ehegatten als Versprechensempfänger, damit spätere Änderungen leichter vereinbart werden können. Dies ist zulässig, denn dem Versprechensempfänger steht nach § 335 BGB ein eigenes Recht auf die Leistung zu, Schöner/Stöber, Grundbuchrecht, Rn. 1494. Die Vormerkung könnte auch für alle Kinder zu gleichen Teilen eingetragen werden und sich damit auf künftige Kinder erstrecken, LG Passau, MittBayNot 2004, 362; vgl. auch Nieder/Otto, in: Münchener Vertragshandbuch, Band 6, XVI.31, Anm. 9.

1409 ▶ Formulierungsvorschlag (Notarielle Scheidungsvereinbarung mit Grundstücksübertragung, Gütertrennung, Ehegatten- und Kindesunterhalt sowie Erbverzicht):

URNr. .....
vom .....

Scheidungsvereinbarung
mit Grundstücksübertragung und Auflassung
sowie Erbverzicht

Heute, den .....
erschienen vor mir,

Dr. .....
Notar in ....., an der Amtsstelle .....

1. Herr .....,

geboren am ..... in ..... StA.Nr. ....
als Sohn von .....,
letztere eine geborene .....,
wohnhaft in .....

2. dessen Ehefrau,

Frau ....., geborene .....
geboren am ..... in ..... StA.Nr. ....
als Tochter von .....,
letztere eine geborene .....,
wohnhaft in .....,
nach Angabe im gesetzlichen Güterstand der Zugewinngemeinschaft verheiratet.
Die Erschienenen wollen eine

Scheidungsvereinbarung

errichten.
Nach meiner, des Notars, Überzeugung sind sie voll geschäfts- und testierfähig.
Auf Zeugenbeiziehung verzichten die Vertragsteile. Ein gesetzlicher Grund, Zeugen hinzuzuziehen, besteht nicht.
Die Erschienenen erklären bei gleichzeitiger Anwesenheit gemeinsam mündlich mit dem Ersuchen um Beurkundung was folgt:

A. Vorbemerkungen, Allgemeines

I.

Unsere Ehe haben wir am ..... vor dem Standesbeamten in ..... geschlossen.
Wir leben seit dem ..... getrennt.
Aus unserer Ehe sind zwei Kinder hervorgegangen namens
K1, geb. am ..... (3 Jahre) und
K2, geb. am ..... (9 Jahre).
Einen Ehevertrag haben wir bisher nicht geschlossen.

II.

Wir sind zu der Überzeugung gekommen, dass unsere Ehe unheilbar zerrüttet ist und eine Wiederherstellung einer dem Wesen der Ehe entsprechenden Lebensgemeinschaft nicht wieder erwartet werden kann.
Wir sind uns darüber einig, dass das Scheidungsverfahren nach Ablauf der einjährigen Trennungszeit als einverständliches Verfahren nach § 1566 Abs. 1 BGB durchgeführt werden soll.
Den Scheidungsantrag zum Familiengericht werde ich, ..., einreichen. Ich, ..., stimme dem Antrag zu.

B. Güterstand

I.

Für die fernere Dauer unserer Ehe vereinbaren wir als Güterstand die

Gütertrennung

nach Maßgabe des Bürgerlichen Gesetzbuches.
Über die rechtlichen Wirkungen dieses Güterstandes, auch in erbrechtlicher Hinsicht, wurden wir vom Notar belehrt, insbesondere über den Ausschluss des Zugewinns und den Wegfall von Verfügungsbeschränkungen.
Die Gütertrennung soll derzeit nicht in das Güterrechtsregister eingetragen werden. Jeder von uns beiden ist jedoch berechtigt, den Eintragungsantrag jetzt oder künftig allein zu stellen.
Die Vereinbarung der Gütertrennung sowie Vereinbarungen zur Durchführung des Zugewinnausgleichs erfolgen unabhängig vom Ausgang der Ehescheidungssache.

II.

Die im nachfolgenden Abschnitt C. vorgesehenen Vermögensübertragungen und Zahlungen dienen abschließend dem vergleichsweisen[2138] Ausgleich des Zugewinns. Daher wird für etwa darüber hinaus noch bestehende Ansprüche erklärt:
Auf den Ausgleich eines etwa bisher entstandenen Zugewinns

verzichten

wir gegenseitig und nehmen diesen Verzicht hiermit gegenseitig an.

C. Verteilung der Vermögensgegenstände mit Durchführung des Zugewinnausgleichs sowie Regelung von Ehewohnung und Haushaltsgegenstände

Im Wege der Auseinandersetzung unseres beiderseitigen Vermögens einschließlich unserer Verbindlichkeiten sowie zur Durchführung eines etwaigen Zugewinnausgleichs und zur Regelung der Rechtsverhältnisse an Ehewohnung und Haushaltsgegenständen

vereinbaren

wir Folgendes:

2138 Vgl. OLG Jena, FamRB 2005, 351 m. Anm. *Grziwotz.*

I. Übertragung des Familienwohnheims

1) Grundbesitz/Familienwohnheim

Wir sind Miteigentümer je zur Hälfte des Anwesens ....., eingetragen im Grundbuch des Amtsgerichts ..... für ..... Blatt .....
Dieser Grundbesitz ist belastet wie folgt: .....
Die Verbindlichkeiten zur Hausfinanzierung, für welche wir als Gesamtschuldner haften, belaufen sich zum Stichtag ..... auf ..... €.

2) Trennung/Räumung

Die Ehegatten sind sich einig, dass das Haus gem. Ziffer 1), welches die Ehewohnung darstellt, nach der Trennung der Ehegatten von der Ehefrau und den gemeinsamen Kindern bewohnt wird. Der Ehemann ist bereits aus dem Anwesen ausgezogen.

Alternative 1:
Der Ehemann verpflichtet sich zur Räumung des Anwesens bis spätestens zum...

Alternative 2:
Wegen dieser Räumungsverpflichtung unterwirft sich der Ehemann der Ehefrau gegenüber der sofortigen Zwangsvollstreckung. Er weist den Notar an, der Ehefrau ohne weitere Nachweise auf einseitigen Antrag insoweit eine vollstreckbare Ausfertigung dieser Urkunde zu erteilen.

3)

Mit dieser Urkunde wird der Miteigentumsanteil zu 1/2 des Ehemannes

– nachstehend kurz: Veräußerer –

auf die Ehefrau übertragen.
Den vorgenannten Grundbesitz erhält und übernimmt daher mit allen damit verbundenen Rechten, Bestandteilen und dem Zubehör die Ehefrau

– künftig Erwerberin genannt –

zum Alleineigentum.

4) Auflassung

Wir sind uns darüber

einig

dass das Eigentum am überlassenen Vertragsobjekt vom Veräußerer auf die Erwerberin zum Alleineigentum übergeht.
Der Veräußerer bewilligt und die Erwerberin

beantragt

die Eintragung der Auflassung im Grundbuch.
Um Vollzugsmitteilung an den amtierenden Notar wird gebeten.

Auf die Bestellung und Eintragung einer Auflassungsvormerkung verzichten wir nach Belehrung durch den Notar.[2139]

Alternative:
Zur Sicherung des Anspruchs der Erwerberin auf Übertragung des Eigentums am Vertragsgrundbesitz

bewilligt

der Veräußerer die Eintragung einer Vormerkung gem. § 883 BGB zugunsten der Erwerberin im angegebenen Erwerbsverhältnis in das Grundbuch.
Die Erwerberin

beantragt

die Eintragung dieser Vormerkung.
Der Erwerberin bewilligt und

beantragt

die Löschung der Vormerkung Zug um Zug mit Eigentumsumschreibung im Grundbuch unter der Voraussetzung, dass seit dem Tag der Eintragung der Vormerkung ohne Zustimmung der Erwerberin keinerlei Rechte im weitesten Sinn im Grundbuch eingetragen worden sind.
Vollzugsmitteilungen an den Notar und an die Vertragsteile werden beantragt.

Die Vertragsteile

weisen

den Notar unter Verzicht auf ihr eigenes Antragsrecht unwiderruflich an, den Antrag auf Eintragung der Eigentumsumschreibung beim Grundbuchamt erst dann zu stellen, wenn der Veräußerer dem Notar schriftlich bestätigt hat, dass

a) ihm die befreiende Schuldübernahme gem. nachfolgender Ziffer 5) durch die Gläubiger nachgewiesen wurde,
 und
b) die in dieser Urkunde vereinbarte Gegenleistung gem. nachfolgender Ziffer 6) in der Hauptsache – ohne etwaige Zinsen – bezahlt ist

oder dies – zu a) und b) – dem Notar von der Erwerberin entsprechend – hinsichtlich der Zahlung durch Bankbestätigung – nachgewiesen wurde.
Die Bestätigung wird der Veräußerer dem Notar zu gegebener Zeit unaufgefordert übersenden.
Vor Nachweis der Zahlung und Schuldentlassung werden von dieser Urkunde nur Ausfertigungen und beglaubigte Abschriften ohne die Auflassung erteilt.

2139 I.d.R. kann unter Ehegatten auch bei einer Scheidungsvereinbarung auf die Eintragung einer Vormerkung verzichtet werden. Dies ist dann anders, wenn Pfändungen drohen oder ein begründetes Misstrauen gegenüber zu erwarteten Vermögensverschiebungen besteht.

5) Schuldübernahme

Die Erwerberin übernimmt das am Vertragsgrundbesitz in Abteilung III des Grundbuches eingetragene Grundpfandrecht über ..... € in dinglicher Haftung.
Entstandene Eigentümerrechte und/oder Rückgewähransprüche werden hiermit entschädigungslos auf die Erwerberin mit deren Zustimmung übertragen, die Eigentumsumschreibung vorausgesetzt.
Die Umschreibung im Grundbuch wird bewilligt, mit dieser Urkunde jedoch ausdrücklich nicht beantragt, auch nicht vom Notar gem. § 15 GBO.
Die persönliche Haftung hat die Erwerberin bereits in der Grundpfandrechtsbestellungsurkunde übernommen.
Ferner übernimmt die Erwerberin die dem übernommenen Grundpfandrecht zugrunde liegende Schuldverpflichtung beider Vertragsteile gegenüber dem Gläubiger als künftige alleinige Schuldnerin mit schuldbefreiender Wirkung. Die befreiende Schuldübernahme erfolgt jeweils mit Wirkung vom heutigen Tag an mit dem zu diesem Zeitpunkt gegebenen genauen Stand der Schuldverpflichtungen.
Auf das Erfordernis der Änderung der Zweckbestimmungserklärung wurde hingewiesen.
Nach Hinweis des Notars auf das Erfordernis der Genehmigung der befreienden Schuldübernahme durch den Gläubiger

beauftragen und ermächtigen

die Vertragsteile den Notar und dessen amtlich bestellten Vertreter, dem Gläubiger die befreiende Schuldübernahme durch Übersendung einer Abschrift dieser Urkunde anzuzeigen. Die gem. § 415 BGB erforderliche Genehmigung werden sie selbst einholen und entgegennehmen.
Sollte die befreiende Schuldübernahme durch den Gläubiger nicht genehmigt werden, gelten vorstehende Vereinbarungen insoweit als Erfüllungsübernahme i.S.d. § 329 BGB, sodass die Erwerberin dem Veräußerer gegenüber verpflichtet ist, die Verbindlichkeiten jeweils fristgerecht zu erfüllen, insbesondere die Zins- und Tilgungsbeträge an den Gläubiger zu zahlen, und den Veräußerer im Fall einer Inanspruchnahme durch den Gläubiger unverzüglich freizustellen. Gleiches gilt bis zur Genehmigung sowie bis zum vertragsgemäßen Vollzug der Eigentumsumschreibung.
Etwaige Kosten, Spesen oder Provisionen anlässlich der Genehmigung der Schuldübernahme hat die Erwerberin zu tragen.

6) Zahlung

Als weitere Gegenleistung für die Übernahme des Grundbesitzes verpflichtet sich die Erwerberin ferner, an den Veräußerer den Betrag von

..... €

– in Worten ..... Euro – zu zahlen. Dieser Betrag ist binnen vier Wochen von heute an zur Zahlung fällig.
Wegen dieser Zahlungsverpflichtung unterwerfe ich, die Ehefrau, mich der

sofortigen Zwangsvollstreckung

aus dieser Urkunde in mein Vermögen.
Der Veräußerer ist berechtigt, sich jederzeit auf einseitigen Antrag auf schuldnerische Kosten eine vollstreckbare Ausfertigung dieser Urkunde erteilen zu lassen, ohne dass es hierzu des Nachweises der Fälligkeit oder sonstiger die Vollstreckbarkeit begründender Tatsachen bedarf.

7) Besitz, Nutzen, Lasten und Gefahr

Besitz, Nutzungen, Lasten und Abgaben aller Art sowie die mit dem Vertragsgrundbesitz verbundene Haftung und die Verkehrssicherungspflichten gehen ebenso wie die Gefahr einer zufälligen Verschlechterung oder eines zufälligen Untergangs ab sofort auf die Erwerberin über.
Die Pflicht zur Zahlung der Grundsteuer übernimmt die Erwerberin ab dem nächsten Fälligkeitstermin.

Soweit vom Veräußerer oder seinen Rechtsvorgängern im Eigentum des übertragenen Grundbesitzes bereits Erschließungsbeiträge oder Anliegerleistungen im weitesten Sinn geleistet wurden, kommen diese ohne weitere Erstattungspflicht der Erwerberin zugute. Vorausleistungen und Rückzahlungsansprüche werden an die Erwerberin abgetreten.
Alle künftig anfallenden und von heute an zugestellten derartigen Leistungen für den Vertragsbesitz, auch soweit sie bereits ausgeführte Arbeiten betreffen, trägt ausschließlich die Erwerberin. Der Veräußerer versichert, dass offene, bereits festgesetzte derartige Forderungen nicht bestehen.
Der Vertragsgrundbesitz ist nicht vermietet.

8) Rechte bei Mängeln

Der Veräußerer schuldet ungehinderten Besitz- und Eigentumsübergang frei von irgendwelchen Rechten und Ansprüchen Dritter. Ausgenommen sind die in dieser Urkunde ausdrücklich übernommenen Rechte, nicht eingetragene altrechtliche Dienstbarkeiten oder Rechte, die mit Zustimmung der Erwerberin neu bestellt werden.
Der Veräußerer verpflichtet sich zur unverzüglichen Freistellung des Vertragsbesitzes von allen nicht übernommenen Belastungen; der Lastenfreistellung wird mit dem Antrag auf grundbuchamtlichen Vollzug zugestimmt.
Eine weiter gehende Haftung, insbesondere für die Freiheit von Sachmängeln aller Art, die Grundstücksgröße und den Grundbuchbeschrieb, Flächenmaß, Bodenbeschaffenheit, Verwertbarkeit für die Zwecke der Erwerberin sowie baulichen Zustand, ist ausgeschlossen, außer bei Vorsatz. Der Vertragsbesitz geht über in dem Zustand, in dem er sich heute befindet und der der Erwerberin bekannt ist.

9) Abwicklungsvollmacht

Die Vertragsteile beauftragen den Notar, alle zur Rechtswirksamkeit dieses Vertrages notwendigen Erklärungen von Beteiligten oder Behörden einzuholen und die hierfür notwendigen Anträge (einschließlich etwaiger Rechtsmittel) zu stellen. Genehmigungen und Zustimmungen gelten, soweit sie auflagen- und bedingungsfrei erteilt werden, als mit dem Eingang beim Notar allen Beteiligten zugegangen; auf Einlegung von Rechtsmitteln wird für diesen Fall verzichtet.
Der Notar und die Angestellten der Notarstelle.... (Namen)...... werden unter Befreiung von § 181 BGB jeweils einzeln ermächtigt, Anträge zu stellen, abzuändern oder zurückzunehmen sowie Nachtragserklärungen und Bewilligungen abzugeben.

10) Finanzierungsvollmacht

Der Veräußerer erklärt sich bereit, bei der Bestellung von Grundpfandrechten zugunsten deutscher Finanzierungsinstitute mitzuwirken. Die persönliche Haftung und Kosten übernimmt er jedoch nicht.
In der Grundschuldbestellungsurkunde müssen folgende bereits jetzt getroffene Bedingungen wiedergegeben werden:
»1. Das Grundpfandrecht dient bis zur vollständigen Zahlung der Gegenleistung nach Ziffer C.I.6) nur als Sicherheit für tatsächlich mit Tilgungswirkung auf die Gegenleistung geleistete Zahlungen.
2. Alle weiteren Zweckbestimmungserklärungen, Sicherungs- und Verwertungsvereinbarungen innerhalb oder außerhalb dieser Urkunde gelten erst, nachdem die Gegenleistung mit dieser Tilgungsbestimmung an den Veräußerer gezahlt ist.
3. Die Erwerberin erteilt unwiderrufliche Anweisung zur Zahlung entsprechend den Bestimmungen dieses Vertrages.«
Alle übrigen Rechte und Pflichten aus dem Darlehensverhältnis bleiben bei der Erwerberin, die auch allein zur Abrufung der auszuzahlenden Beträge befugt ist. Dieser werden ab Zahlung der Gegenleistung bestehende Rückgewähransprüche und Eigentümerrechte bezüglich dieser Grundpfandrechte abgetreten, deren Umschreibung im Grundbuch bewilligt wird. Mit Eigentumsumschreibung übernimmt die Erwerberin diese Grundpfandrechte in dinglicher Haftung.
Die Einschränkung der Sicherungsabrede ist dem Darlehensgeber nach Beurkundung des jeweiligen Grundpfandrechtes durch den beurkundenden Notar anzuzeigen.
Hierzu erteilt der Veräußerer der Erwerberin unter Befreiung von den Beschränkungen des § 181 BGB Vollmacht, unter Genehmigung alles für ihn bereits Gehandelten, Grundpfandrechte mit beliebigen Nebenleistungen und vollstreckbar gemäß § 800 ZPO am Vertragsgegenstand zu bestellen.

II. Haushaltsgegenstände/Schenkungen

Wir sind uns darüber einig, dass die Haushaltsgegenstände geteilt werden. Jeder Ehegatte behält und übernimmt diejenigen Haushaltsgegenstände zum Alleineigentum, wie er sie derzeit im Besitz hat.
Die vorhandenen Personenkraftwagen wurden bereits jeweils zum Alleineigentum übernommen. Die zugehörigen Kraftfahrzeugbriefe sind dem neuen Eigentümer jeweils auszuhändigen.
Die bestehenden Verbindlichkeiten aus der Anschaffung der Kfz trägt jeweils derjenige Ehegatte allein, der das entsprechende Kfz übernimmt.
Nach Möglichkeit soll der andere Ehegatte aus der Mithaftung für diese Verbindlichkeit entlassen werden.

Die bestehenden Schadensfreiheitsrabatte sollen – soweit gesetzlich zulässig – auf den jeweiligen Alleineigentümer des Pkw übertragen werden.
Weitere gegenseitige Herausgabeansprüche oder Ansprüche auf Wertausgleich bestehen insoweit nicht.
Ebenso wenig bestehen gegenseitige Ansprüche auf Rückgabe bzw. Rückerstattung von Schenkungen oder sonstigen Zuwendungen, gleichgültig auf welchem Rechtsgrund ein solcher Anspruch auch immer beruhen könnte und ob er uns bei Abschluss dieses Vertrages bekannt war oder nicht.

III. Ehewohnung

Die Verhältnisse hinsichtlich der bisherigen ehelichen Wohnung in ..... sind geklärt. Diese hat die Ehefrau mit der vorausgehenden Übertragung übernommen. Der Ehemann ist bereits ausgezogen.

IV. Aufteilung des sonstigen Vermögens[2140]

1)

Unsere **Schallplattensammlung** wird so geteilt, dass die Ehefrau alle Vinyl-Schallplatten des klassischen Bereichs und der Ehemann alle übrigen Vinyl-Schallplatten und die CDs erhält.

2)

Wir führen bei der ..... Bank ein gemeinsames **Girokonto** mit der Nr. ....., für das jeder von uns Einzelvertretungsbefugnis hat, sowie ein gemeinsames Sparbuch Nr. ....., über das wir nur gemeinsam verfügen können. Ferner hat jeder von uns bei diesem Institut ein eigenes Sparbuch. Bei der ..... Bank unterhalten wir ein gemeinsames Wertpapierdepot Nr. ....
Wir sind uns darüber einig, dass das Guthaben auf dem Girokonto zunächst dort verbleibt und bis zum 31.12. dieses Jahres zur Zahlung laufender Kosten zur Verfügung steht. Wir vereinbaren hiermit und teilen dies der ..... Bank durch Übersendung einer Abschrift mit, dass wir über dieses Konto nur gemeinsam verfügen können. Das Konto darf nur auf Guthabenbasis geführt werden. Nach Ablauf dieser Frist wird das vorgenannte Konto aufgelöst und der verbleibende Guthabenbetrag zu gleichen Teilen auf das jeweils eigene Sparbuch eines jeden von uns überwiesen. Das gemeinsame **Sparbuch** soll jedoch sofort aufgelöst und der Erlös in der beschriebenen Weise auf unsere beiden eigenen Sparbücher zu gleichen Teilen überwiesen werden.
Das **Wertpapierdepot**, das wir bei der ..... Bank führen, ist zwar auf beide Ehegatten eingetragen, wir sind uns aber darüber einig, dass die Wertpapiere sämtlich dem Ehemann zu Alleineigentum zustehen, da dieses Depot mit Mitteln seines Anfangsvermögens eingerichtet wurde.

2140 Eine solche Regelung ist nur als Beispiel gegeben und zeigt typische Problempunkte bei der Regelung auf. Sie wird nicht in jeder Scheidungsvereinbarung erforderlich sein, sondern nur, wenn die Ehegatten sie verlangen.

3)

Den **Bausparvertrag** bei der .....-AG übernimmt die Ehefrau. Die Vertragsteile übertragen hiermit an die Ehefrau ihre Rechte aus diesem Vertrag einschließlich des Anspruchs auf die Gewährung von Bauspardarlehen. Mitübertragen ist insbesondere auch der derzeitige Guthabenstand auf den Konten, ohne dass hierfür ein Ausgleichsanspruch geltend gemacht wird.

4)

Die **Lebensversicherung**, welche der Ehemann auf sein Leben und zugunsten der Ehefrau als Bezugsberechtigter bei der .....-AG abgeschlossen hat, bleibt bestehen und ist vom Ehemann mit den gleichen Monatsbeiträgen wie bisher auch fortzuführen. Als unwiderruflich Bezugsberechtigte sind unverzüglich unsere gemeinschaftlichen Kinder zu je gleichen Teilen einzusetzen.

5)

Für die bestehenden **Verbindlichkeiten** vereinbaren wir Folgendes:
Das Darlehen für die Einbauküche wird von der Ehefrau zur weiteren Verzinsung und Tilgung als künftige Alleinschuldnerin übernommen.
Das Darlehen für die Anschaffung des Klaviers wird vom Ehemann übernommen, der im Rahmen der Haushaltsgegenständeverteilung das Klavier übernommen hat.
Das Darlehen der Eltern des Ehemannes wird von diesem ebenfalls zur ferneren Verzinsung und Tilgung übernommen.
Alle weiteren etwa bestehenden Verbindlichkeiten tragen die Ehegatten im Innenverhältnis je zur Hälfte. Gleiches gilt für etwa noch ausstehende Abrechnungen z.B. der Nebenkosten.
Die Vertragsteile werden die Genehmigung ihrer Gläubiger selbst einholen. Der Notar hat auf die Bestimmung des § 415 BGB hingewiesen.

6)

Die Vertragsteile sind sich über alle hiermit verbundenen Eigentumsübergänge einig und verpflichten sich gegenseitig, alle etwa noch erforderlichen Erklärungen zum Umschreiben einzelner Vertragswerke auf einen Ehegatten abzugeben.

7)

Steuererstattungen oder Steuernachzahlungen für die Zeit bis zur Trennung sollen uns beiden je zur Hälfte zustehen oder uns je zur Hälfte belasten. Für dieses Jahr und die Jahre zuvor, für die noch keine **Steuererklärungen** abgegeben wurden, vereinbaren wir die Zusammenveranlagung nach § 26b EStG.

D. Ehegattenunterhalt

Im Hinblick auf die nachstehende Unterhaltsregelung erklären wir Folgendes: Ich, der Ehemann, arbeite in Vollzeit als angestellter Architekt und verdiene derzeit etwa netto monatlich ..... € nach Steuerklasse ..... . Ich, die Ehefrau, bin gelernte Grafik-Designerin, habe im elterlichen Betrieb gearbeitet und werde dort auch wieder tätig sein, sobald das jüngste unserer Kinder zur Schule geht. Mein Verdienst wird bei einer Halbtagstätigkeit etwa netto monatlich ..... € betragen nach Steuerklasse ..... .

I. Zahlung nachehelichen Unterhalts

1)

Ich, der Ehemann, verpflichte mich, für die Zeit ab Rechtskraft der Scheidung an meine geschiedene Ehefrau unter Zugrundelegung der gesetzlichen Vorschriften auf der Basis der sog. »Düsseldorfer Tabelle«[2141] einen monatlichen Ehegattenunterhalt i.H.v. 1.229 €
– in Worten eintausendzweihundertneunundzwanzig Euro –
zu zahlen, und zwar Elementarunterhalt i.H.v. 978 € und Vorsorgeunterhalt i.H.v. 251 €.

2)

Zusätzlich verpflichte ich mich, der Ehefrau denjenigen Betrag, den sie aufgrund ihres derzeit bestehenden Versicherungsvertrags an die ..... Krankenversicherungs-AG zu zahlen hat, monatlich zu erstatten.

3)

Die Zahlung des nachehelichen Unterhalts beginnt an dem auf die rechtskräftige Scheidung folgenden Monatsersten und ist jeweils fällig im Voraus bis zum Ersten eines jeden Monats.

4)

Der Unterhalt wird zunächst wegen Kindesbetreuung nach § 1570 Abs. 1 Satz 1 BGB[2142] und nach Vollendung des dritten Lebensjahres unseres jüngsten Kindes nach § 1570 Abs. 1 Satz 2 BGB gezahlt.

5)

Der Unterhaltsbemessung liegen folgende eheprägende Daten zugrunde:
Bereinigtes Nettoeinkommen des Ehemannes (Jahresbrutto des Vorjahres minus gesetzliche Abzüge unter Berücksichtigung von Steuernachzahlungen und Erstattungen auf der Basis der Lohnsteuerklasse I sowie des Realsplittingvorteils minus 5 % für berufsbedingte Aufwendungen geteilt durch 12):[2143]

	3.166 €
Kindesunterhalt K1[2144]:	./. 381 €
Kindesunterhalt K2:	./. 437 €
Zzgl. 1/2 Kindergeld für zwei Kinder	+ 184 €
Nettoeinkommen für die Unterhaltsberechnung:	2.532 €

2141 Stand 01.01.2011; für 2012 wurde keine Änderung veröffentlich. Diese Version gilt einheitlich auch in den Neuen Bundesländern. Die sog. Berliner Tabelle ist abgeschafft. Abrufbar unter www.olg-duesseldorf.de oder www.famrb.de.

2142 Hier ggf. entsprechend andere Anspruchsgrundlage angeben.

2143 Diese Formulierung nach Bergschneider, Verträge in Familiensachen, Rn. 411.

2144 Eingeordnet in Stufe 5 der Düsseldorfer Tabelle, da der Ehemann insgesamt drei Unterhaltsberechtigten zu Unterhalt verpflichtet ist.

Nettoeinkommen der Ehefrau:	0 €
Daraus ergibt sich ein vorläufiger Elementarunterhalt auf der Grundlage eines Erwerbstätigkeitsbonus von 1/7[2145] von:	1.085 €
Unter Zugrundelegung der Bremer Tabelle[2146]wird dies	
mit einem Zuschlag von 18 % hochgerechnet	
zu einem fiktiven Bruttoeinkommen von:	1.280 €
Bei einem Beitragssatz von 19,6 %[2147] ergibt dies einen	
Vorsorgeunterhalt i.H.v.:	251 €
Dies ergibt einen endgültigen Elementarunterhalt von	
2.532 € ./. 251 € = 2.281 € × 3/7 =	978 €

6)

Hinsichtlich dieser Zahlungsverpflichtung unterwerfe ich, der Ehemann, mich der sofortigen Zwangsvollstreckung aus dieser Urkunde in mein gesamtes Vermögen. Meine Ehefrau ist jederzeit auf einseitigen Wunsch berechtigt, auf eigene Kosten eine vollstreckbare Ausfertigung dieser Urkunde zu verlangen, ohne dass der Nachweis der Fälligkeit zu führen ist.

7)

Diese Unterhaltsregelung ist nach § 239 FamFG[2148] abänderbar.

8)

Ich, die Ehefrau, bin mit der Durchführung des begrenzten Realsplittings einverstanden und verpflichte mich hiermit, alle hierzu noch erforderlichen Erklärungen abzugeben und jährlich zu wiederholen, insbesondere aber die Anlage U zur Einkommensteuererklärung[2149] jährlich zu unterzeichnen.

2145 Bei Anwendung der unterhaltsrechtlichen Leitlinien der Familiensenate Süddeutschland: 1/10.

2146 Derzeitige Fassung Bremer Tabelle 2012, FamRB 2012, 64; abrufbar unter www.famrb.de Materialien Tabellen

2147 Bekanntmachung der Beitragssätze in der allgemeinen Rentenversicherung 2012, DStR 2011, 2473.

2148 Zu dieser neuen Abänderungsvorschrift Büte, FuR 2008, 583, 587. Wie nach der bisherigen Rechtsprechung bestimmt sich die Abänderung nach dem materiellen Recht und damit nach den Regeln über die Störung der Geschäftsgrundlage, § 313 BGB.

2149 Bzw. zum Antrag auf Lohnsteuerjahresausgleich.

Ich, der Ehemann, verpflichte mich, meine Ehefrau von allen ihr hierdurch entstehenden nachgewiesenen steuerlichen und sonstigen wirtschaftlichen[2150] Nachteilen freizustellen, und zwar unverzüglich nach Vorlage der entsprechenden Belege oder Bescheide. Zu diesen Nachteilen gehören auch Steuerberatungskosten, die vom begrenzten Realsplitting verursacht sind, bis zu höchstens ..... € jährlich.[2151]
Sicherheitsleistung kann stets insoweit nicht verlangt werden, als die Unterhaltspflicht im vergangenen Jahr erfüllt wurde.

II. Verzicht auf weiteren nachehelichen Unterhalt

1)

Hat das jüngste Kind das sechste Lebensjahr vollendet, halbiert sich die Zahlungsverpflichtung nach Abschnitt I. Hat das jüngste Kind das zwölfte Lebensjahr vollendet, so erlischt die Verpflichtung zur Zahlung des Ehegattenunterhalts völlig.[2152] Eine weitere zeitliche Kürzung nach § 1578b BGB schließen wir hiermit aus.

2)

Ab dann gilt Folgendes:
Wir verzichten gegenseitig vollständig auf Unterhalt, auch für den Fall des Notbedarfes, gleichgültig, ob ein Unterhaltsanspruch gegenwärtig bereits erkennbar hervorgetreten ist oder nicht.
Diesen Verzicht nehmen wir hiermit gegenseitig an.

3)

Soweit vorstehend die Verpflichtung zur Zahlung von Ehegattenunterhalt, welche in Ausgestaltung des gesetzlichen Unterhaltsanspruches vereinbart wurde, über den gesetzlichen Unterhaltsanspruch hinausgeht, hat die Vereinbarung nur insoweit Gültigkeit, als vorrangig oder gleichrangig Unterhaltsberechtigte in ihrem Recht nicht beeinträchtigt werden.

2150 Z.B. sozialversicherungsrechtliche Nachteile, vgl. *Börger/Bosch/Heuschmid*, Familienrecht, § 3 Rn. 551.

2151 MüHdbFamR/*Arens*, § 31 Rn. 110.

2152 Diese Regelung entspricht dem Rechtsgedanken der §§ 1570, 1578b BGB in der Fassung des Unterhaltsrechtsänderungsgesetzes und trägt dem Umstand Rechnung, dass die Ehefrau dann gleitend wieder arbeitet. An eine Befristung ist nunmehr angesichts des § 1578b BGB n.F. immer zu denken!

4)

Wir wurden vom Notar über das Wesen des nachehelichen Unterhalts und die Auswirkungen des Verzichts eingehend belehrt.
Wir wurden insbesondere darauf hingewiesen, dass ein Unterhaltsverzicht je nach den Umständen des Einzelfalls sittenwidrig sein oder werden kann mit der Folge, dass nach einer Ehescheidung Unterhalt nach den gesetzlichen Bestimmungen zu gewähren ist. Ferner kann die Berufung auf einen Unterhaltsverzicht gegen Treu und Glauben verstoßen. Für diesen Fall vereinbaren wir, soweit gesetzlich zulässig, dass Unterhalt höchstens in folgender Höhe zu leisten ist:. (ggf. voreheliche Anknüpfung) .....[2153]
Wir gehen jedoch übereinstimmend davon aus, dass derzeit Gründe für eine Sittenwidrigkeit nicht erkennbar sind, da wir in dem Zeitpunkt, in dem der Verzicht greift, beide berufstätig sein wollen.

5)

Der Notar hat uns darüber belehrt, dass auch Scheidungsvereinbarungen einer Inhaltskontrolle unterliegen können, in deren Rahmen Vereinbarungen möglicherweise unwirksam oder unanwendbar sind, wenn aufgrund ungleicher Verhandlungsposition eine erheblich einseitige Lastenverteilung gegeben ist. Bei einer Änderung der Verhältnisse kann es zu einer Ausübungskontrolle kommen.

III. Trennungsunterhalt

Als Trennungsunterhalt zahle ich, der Ehemann, bis zur rechtskräftigen Scheidung den gleichen Betrag, wie er sich nach Ziffer D.I.1. für den nachehelichen Unterhalt ergibt.
Auch insoweit unterwerfe ich mich der sofortigen Zwangsvollstreckung in mein gesamtes Vermögen.
Ein Verzicht auf Unterhalt ist mit dieser Zahlungsverpflichtung nicht verbunden.

E. Versorgungsausgleich

Da die Ehefrau während der Ehezeit Kinder erzogen hat und ihren Beruf zeitweise nicht ausüben konnte, soll es bei den gesetzlichen Bestimmungen über den Versorgungsausgleich verbleiben. Dieser soll also durchgeführt werden.

2153 Die frühere Ansicht des BGH (FamRZ 1997, 873, 874), dass dann, wenn sich der Verpflichtete nach Treu und Glauben nicht auf einen Verzicht berufen darf, lediglich Unterhalt i.H.d. Mindestbedarfes zur Sicherung der Existenz geschuldet wird, lässt sich wohl angesichts der Entscheidungen des BVerfG zur Inhaltskontrolle (FamRZ 2001, 343 und FamRZ 2001, 985) nicht mehr halten (*Rakete-Dombek*, NJW 2004, 1273, 1276). Dann sollte auch vertraglich nicht mehr diese niedrige Schwelle angesetzt werden. Der Vorschlag, der hier schon bei der Darstellung der Inhaltskontrolle unterbreitet wurde, geht dahin, einen Betrag zu wählen, der die fortgeschriebene voreheliche Lebensstellung repräsentiert.

F. Kindesunterhalt

Ich, der Ehemann, verpflichte mich, meinen Kindern .....[2154] (derzeit drei Jahre alt) und ..... (derzeit neun Jahre alt) zu Händen meiner Ehefrau monatlich, und zwar immer zum Ersten eines jeden Monats im Voraus, den gesetzlichen Unterhalt nach der Düsseldorfer Tabelle zu zahlen.
Aufgrund des Alters der Kinder, meines Nettoeinkommens von 3.166 € und des Umstandes, dass ich drei Berechtigten Unterhalt schulde, erfolgt die Unterhaltsbemessung derzeit nach der Gruppe 5 der Düsseldorfer Tabelle. Somit erfolgt die Festlegung des Unterhaltsbetrages derzeit

für K1 nach der ersten Altersstufe. Dies bedeutet derzeit einen Unterhaltsbetrag von 381 €;
für K2 nach der zweiten Altersstufe. Dies bedeutet derzeit einen Unterhaltsbetrag von 437 €.
Ab dem ..... erhöht sich der Unterhalt für K1 entsprechend der zweiten Altersstufe auf derzeit 437 €.
Ab dem ..... erhöht sich der Unterhalt für K1 entsprechend der dritten Altersstufe auf derzeit 512 €.
Ab dem ..... erhöht sich der Unterhalt für K2 entsprechend der dritten Altersstufe auf derzeit 512 €.

Hierbei ist das Kindergeld noch nicht berücksichtigt. Dieses erhält derzeit die Ehefrau, da die Kinder sich in der Obhut ihrer Mutter befinden. Dieses Kindergeld für ein erstes und zweites Kind wird auf meine Unterhaltspflicht zur Hälfte angerechnet. Somit ergibt sich derzeit ein monatlicher Zahlbetrag
für K1 von 381,00 € abzgl. 92,00 € = 289 €;
für K2 von 437,00 € abzgl. 92,00 € = 345 €.
Anzurechnen ist immer das jeweils gültige gesetzliche Kindergeld nach den gesetzlichen Bestimmungen.

Alternative:
Ich, der Ehemann verpflichte mich, meinem Sohn ..... (K1), geboren am ..... und meiner Tochter ..... (K2), geboren am ..... zu Händen meiner Ehefrau monatlich je zum ersten eines Monats im Voraus Unterhalt in Höhe von 120 % des Mindestunterhaltsbetrages der jeweiligen Altersstufe unter Abzug des hälftigen Kindergeldes für ein erstes bzw. zweites Kind in der jeweiligen Höhe zu zahlen. Dies sind derzeit für ..... (K1) 289 € und für ..... (K2) 345 €.

Hiermit unterwerfe ich, der Ehemann, mich gegenüber meinen Kindern wegen der vorbezeichneten Unterhaltszahlung der sofortigen Zwangsvollstreckung aus dieser Urkunde in mein gesamtes Vermögen. Diesen kann jeweils eine vollstreckbare Ausfertigung ohne weiteren Nachweis zu Händen meiner Ehefrau erteilt werden.

2154 Um den Formulierungsvorschlag verständlich zu machen, sind konkrete Geburts- und Einkommensdaten angegeben. Diese müssen je nach Fallgestaltung geändert werden.

G. Elterliche Sorge

Anträge zur Übertragung der elterlichen Sorge oder eines Teils der elterlichen Sorge für die Kinder auf einen Elternteil und zur Regelung des Umgangs der Eltern mit den Kindern werden nicht gestellt, weil wir uns über das Fortbestehen der elterlichen Sorge und über den Umgang einig sind.
Die gemeinsame elterliche Sorge soll so ausgeübt werden, dass unsere Kinder sich in der Obhut der Mutter befinden, die somit auch die alltäglichen Angelegenheiten der Kinder entscheidet.
Wir sind uns darüber einig, dass der Vater ein großzügiges Umgangsrecht unter Berücksichtigung der Interessen der Kinder wahrnehmen kann. Einzelne Umgangszeiten wollen wir jedoch nicht festlegen. Die Kinder sollen aber sowohl unter der Woche wie für längere Zeit am Wochenende und über eine Periode in den Ferien beim Vater sein können.

H. Erb- und Pflichtteilsverzicht

Wir

verzichten

hiermit gegenseitig auf unser Erb- und Pflichtteilsrecht.
Den Erb- und Pflichtteilsverzicht nehmen wir hiermit gegenseitig an.
Über das Wesen des Verzichts wurden wir vom Notar eingehend belehrt.
Der vorstehende Pflichtteilsverzicht beinhaltet ausdrücklich keinen Verzicht auf nachehelichen Unterhalt nach § 1586b BGB und § 1933 Satz 3 BGB für den Fall des Vorversterbens des unterhaltspflichtigen Ehegatten.

J. Schlussbestimmungen

I. Abgeltungsklausel

Wir sind uns darüber

einig,

dass durch diese Vereinbarung und nach Vollzug und Durchführung der enthaltenen Bestimmungen keinerlei gegenseitige Ansprüche, gleich welcher Art, mehr zwischen uns bestehen, den Versorgungsausgleich ausgenommen. Dabei ist es gleich, aus welchem Rechtsgrund etwaige Ansprüche hergeleitet werden mögen. Dies gilt unabhängig davon, ob sie bei Abschluss dieses Vertrages bekannt sind oder nicht. Insbesondere bestehen keine weiter gehenden Ansprüche aus Gesamtschuldnerausgleich. Soweit Ansprüche der Eltern eines Ehegatten gegen den anderen Ehegatten bestehen, stellen wir uns von solchen Ansprüchen wechselseitig frei.

II. Salvatorische Klausel

Sollten einzelne Bestimmungen dieses Vertrages unwirksam sein oder unanwendbar werden oder sollte sich im Vertrag eine Regelungslücke zeigen, so wird die Wirksamkeit der übrigen Bestimmungen hierdurch nicht berührt.
Die Beteiligten sind dann verpflichtet, eine ersetzende Bestimmung zu vereinbaren, die dem wirtschaftlichen Sinn der unwirksamen Bestimmung im Gesamtzusammenhang der getroffenen Regelung in rechtlich zulässiger Weise am nächsten kommt, oder eine neue Bestimmung zu treffen, welche die Regelungslücke des Vertrages so schließt, als hätten sie diesen Punkt von vorneherein bedacht.
Der Notar hat die Beteiligten über die Auswirkungen der Klausel eingehend belehrt und darauf hingewiesen, dass die Klausel nur zu einer Beweislastveränderung führt. Er hat die Vertragsteile befragt, ob Vertragsbestimmungen für sie so miteinander verbunden sind, dass die Unwirksamkeit der einen auch die der anderen zur Folge haben soll.
Hierauf erklären die Vertragsteile: Wir wünschen keine von der salvatorischen Klausel abweichende Festlegung für bestimmte Vertragsklauseln.

III. Annahme

Die in dieser Urkunde abgegebenen Verpflichtungen und Verzichtserklärungen nehmen wir gegenseitig an.

IV. Amtliche Hinweise des Notars
Wir wurden vom Notar belehrt über
- die Bestimmungen des Erbschaftsteuer- und Grunderwerbsteuergesetzes,
- den Zeitpunkt des Eigentumsübergangs,
- die Notwendigkeit, dass alle Abreden richtig und vollständig beurkundet werden müssen, da sonst diese Urkunde nichtig sein kann,
- die Haftung aller Vertragsteile für Kosten und Steuern sowie die Haftung des jeweiligen Eigentümers für Erschließungsbeiträge, Anliegerleistungen und rückständige öffentliche Lasten und Abgaben,
- die Notwendigkeit vorheriger steuerlicher und/oder anwaltschaftlicher Beratung,
- die Bedeutung und Folgen des partiellen Unterhaltsverzichts.

Im Hinblick auf die Rechtsprechung zur Inhaltskontrolle erklären die Vertragsteile, dass sie nach einer Vorbesprechung und dem Erhalt eines Vertragsentwurfs die rechtlichen Regelungen dieses Vertrages umfassend erörtert haben und diese Regelungen ihrem gemeinsamen Wunsch zur Gestaltung ihrer ehelichen Verhältnisse entsprechen und, soweit der Ehegattenunterhalt nach Billigkeit zu zahlen ist, sie mit diesen Vereinbarungen die Billigkeit konkretisiert haben.

K. Kosten und Abschriften

I.

Die Kosten dieser Vereinbarung tragen wir je zur Hälfte.
Die Grundbuchgebühren trage ich, die Ehefrau.
Etwa anfallende Steuern trägt jeder Empfänger für seinen Teil.
Die Kosten des Scheidungsverfahrens trägt jeder von uns für seinen Teil.
Für den Fall, dass im Scheidungsverfahren nur einer von uns anwaltschaftlich vertreten ist, tragen wir die Anwaltskosten, die einem von uns erwachsen, je zur Hälfte.

II.

Von dieser Urkunde sollen erhalten:

a) wir, die Beteiligten, je sofort eine einfache Abschrift,

b) Frau Rechtsanwältin ..... sofort eine Abschrift und eine Ausfertigung zur Weiterleitung an das Familiengericht.

c) auszugsweise
das Finanzamt – Grunderwerbsteuerstelle –,
das Finanzamt – Schenkungsteuerstelle –,
das Grundbuchamt (beglaubigt),
die Finanzierungsbank,
die .....Bank zur Anzeige nach C.V.

Der Notar benachrichtigt das zentrale Testamentsregister.
Nach grundbuchamtlichem Vollzug erhalten die Beteiligten noch je eine Ausfertigung mit Vollzugsmitteilung.

H. Erbrechtliche Sicherung der Immobilie nach Scheidung

I. Die verschiedenen Interessen

Wenn i.R.d. Scheidung das Vermögen der Ehegatten auseinandergesetzt ist und Zugewinn und Ausgleichszahlungen erbracht wurden, dann möchten die Ehegatten i.d.R. **jede Beteiligung des geschiedenen Ehegatten** an diesem Vermögen **ausschließen.** Das gilt ganz besonders für das Familienwohnheim. 1410

Hier ist es dringend erforderlich, den geschiedenen Mandanten zu weiteren Maßnahmen zu raten. Eine indirekte Teilhabe am Vermögen durch den geschiedenen Ehegatten kann nämlich häufig beim Tode des Übernehmers des Familienwohnheims eintreten. Leider wird dieser Rat in der Praxis zu wenig befolgt.[2155] 1411

Wenn gemeinschaftliche Testamente oder Erbverträge durch Widerruf und Aufhebung beseitigt sind oder jedenfalls keine Bindungswirkung mehr haben,[2156] dann kann der geschiedene Ehegatte frei testieren, um so nachfolgenden Interessen Rechnung zu tragen. 1412

▶ Hinweis:

Sofort nach einer Scheidung mit Übernahme des Familienwohnheims oder sonstigen Vermögens sollte dem geschiedenen Ehegatten die Abfassung eines Geschiedenentestaments geraten werden, und zwar unabhängig vom Lebensalter. Die Konstruktion ist so kompliziert, dass der geschiedene Ehegatte hierbei ohne fachlichen Rat nicht auskommen wird.

1. Sicherung der Abkömmlinge

Regelmäßig will der geschiedene Ehegatte das **Vermögen seinen Kindern sichern.** Wenn er nicht schon mit dem anderen Elternteil wegen nicht ausreichender Auszahlung eine Bindungswirkung über die Scheidung hinaus eingegangen ist, wird er dies in einer Form tun wollen, die ihm eine spätere einseitige Änderung etwa bei Wiederheirat oder der Geburt weiterer Kinder erlaubt. Es ist daher ein **Einzeltestament** in Betracht zu ziehen. 1413

2. Vermeidung von Einflussnahmen des geschiedenen Ehepartners

Wenn die **Kinder**, die zu Erben eingesetzt sind, noch **minderjährig** sind, droht über die **elterliche Vermögenssorge nach §§ 1626 ff. BGB** eine Einflussnahme des geschiedenen Ehegatten auf das Erbe. Schon dies wird i.d.R. nicht gewünscht und kann durch eine familienrechtliche Anordnung nach § 1638 BGB ausgeschlossen werden. 1414

2155 *Reimann*, ZEV 1995, 329, 330.

2156 Hierzu Rdn. 1389 ff.

3. Der geschiedene Ehegatte als Erbe nach den Kindern

1415 Noch größer werden die Probleme, wenn ein **Kind**, das Erbe geworden ist, dann **nachverstirbt**. Hier wäre der **geschiedene Ehegatte** als leiblicher Elternteil kraft Gesetzes zur **Erbfolge** berufen und würde auf diese Weise wirtschaftlich betrachtet seinen Ex-Ehegatten beerben.

1416 Die Kinder sind häufig noch minderjährig und nicht testierfähig (§ 2229 Abs. 1 BGB – erst mit Vollendung des 16. Lebensjahres) und können den Erbanfall an den geschiedenen Ehegatten nicht testamentarisch ausschließen. Selbst wenn sie alt genug sind und dies könnten, bleibt das Problem, dass der geschiedene Ehegatte als Elternteil nach §§ 2303 Abs. 2, 2309 BGB **pflichtteilsberechtigt** ist, solange nicht wiederum eigene Kinder (also Enkelkinder unseres Testators) vorhanden sind. Allerdings besteht das Pflichtteilsrecht nur für den geschiedenen Ehegatten als leiblichen Elternteil, nicht aber für dessen Verwandte aufsteigender Linie oder für seine Kinder aus anderen Verbindungen.

1417 Dies ist in der überwiegenden Zahl der Fälle nicht gewünscht und muss durch die richtige Gestaltung eines Geschiedenentestamentes verhindert werden.

4. Absicherung eines neuen Partners

1418 Sofern bereits ein neuer Partner vorhanden ist, wird häufig auch dessen Absicherung als wichtiger Gesichtspunkt i.R.d. Erbfolge angesehen. Hier geht der Wille zumeist dahin, dass den **Kindern die Substanz** zugutekommt, der **neue Partner** aber, wenn er seinen Lebensmittelpunkt nunmehr auch in das Familienwohnheim verlegt hat, für den Todesfall ein **Nutzungsrecht** über einen bestimmten Zeitraum oder auch lebenslang erhält. Hier muss insbes. die **Kostentragung**, aber auch **Verzinsung und Tilgung** geregelt werden, wenn die Kinder zwar das Eigentum erhalten, aber ggf. keinerlei Nutzungen des Objektes ziehen können.

II. Das »Geschiedenentestament«

1419 Die Lösungsmöglichkeit, mit der den vorgenannten Interessen Rechnung getragen werden kann, wird in der Literatur unter dem Stichwort »Geschiedenentestament« behandelt.[2157]

1. Vor- und Nacherbschaft als Gestaltungsinstrument

1420 Hierbei bedient man sich regelmäßig der Vor- und Nacherbschaft als Gestaltungsinstrument. Mit dieser unterliegt das ererbte Vermögen bei den Kindern als eigene **Vermögensmasse** einer Nacherbschaft und **unterfällt** daher **weder der gesetzlichen Erbfolge noch dem Pflichtteilsrecht nach dem Kind**.

2157 *Nieder/Kössinger*, Testamentsgestaltung, § 21 Rn. 35 ff.; Würzburger Notarhandbuch/*Limmer*, Teil 4, Kap. 1 Rn. 377 f.; *Nieder*, ZEV 1994, 156 f.; *Wagner*, ZEV 1997, 369 f.

Zugleich sind mit der Anordnung der Vor- und Nacherbschaft aber **Einschränkungen** des Vorerben in der Verfügung und Verwaltung des Erbes nach den §§ 2113 ff. BGB verbunden. **Surrogate** von Erbschaftsgegenständen unterliegen in gleicher Weise wieder der Vor- und Nacherbschaft, § 2111 BGB. Ferner unterliegt der Vorerbe diversen **Kontrollrechten** des Nacherben und er kann über den so ererbten Nachlass **nicht** selbst durch **eigene Verfügung** von Todes wegen bestimmen. 1421

Da die Vor- und Nacherbschaft hier nur angeordnet wurde, um einen (mittelbaren) Erbanfall auf den geschiedenen Ehegatten zu verhindern, kann man testamentarisch die Beschränkungen des Vorerben soweit lockern, wie dies gesetzlich zulässig ist. Allerdings bleiben einige Hindernisse bestehen. 1422

So kann der Vorerbe von den **Beschränkungen der §§ 2113 ff.** in weitem Umfang **befreit** werden, soweit dies § 2136 BGB zulässt. Wichtigste Ausnahme jedoch ist, dass der Vorerbe nicht von dem Verbot des § 2113 Abs. 2 BGB, Schenkungen vorzunehmen, und nicht von der dinglichen Surrogation befreit werden kann.[2158] 1423

Der Nacherbe kann auf den **Überrest nach § 2137 Abs. 1 BGB** eingesetzt sein, sodass dem Vorerben weitgehend der Verbrauch der Erbschaft gestattet ist. 1424

Ferner können dem Vorerben Vermögensgüter als **Vorausvermächtnis** zugewendet werden, die dann nicht der Vor- und Nacherbschaft unterliegen. Der Vorerbe erwirbt diese Gegenstände mit dem Erbfall unmittelbar als freies Vermögen. Diese Gestaltung kann auch genutzt werden, um dem Vorerben eine **vorweggenommene Erbfolge** an seine Abkömmlinge zu erlauben, indem die **Vorausvermächtnisse aufschiebend bedingt** für den Fall angeordnet werden, dass der Vorerbe diese an eigene Abkömmlinge weitergibt.[2159] 1425

Wenn die verbleibenden Beschränkungen dem geschiedenen Ehegatten noch immer zu weitgehend sind, werden in der Literatur zwei Auswege diskutiert. 1426

Zum einen wird mit der sog. **»Dieterle-Klausel«**[2160] die Bestimmung der Nacherben so gefasst, dass Nacherben diejenigen Personen sein sollen, die der Vorerbe selbst als seine Erben eingesetzt hat. Die Problematik dieser Klausel liegt in der Frage, ob sie gegen **§ 2065 Abs. 2 BGB** verstößt, der die Erbenbestimmung durch einen Dritten verbietet.

Der BGH hat diese Klausel zunächst als möglich angesehen,[2161] dann aber offengelassen, ob an dieser Einschätzung festzuhalten ist.[2162] Die herrschende Auffassung in der Literatur hält die Klausel für wirksam.[2163] Sowohl das OLG Frankfurt[2164] wie 1427

2158 Zu den Befreiungsmöglichkeiten: *J. Mayer*, ZEV 2000, 1 ff.
2159 *Nieder/Kössinger*, Testamentsgestaltung, § 10 Rn. 42 f.
2160 *Dieterle*, BWNotZ 1971, 15 ff.
2161 BGH, DNotZ 1973, 105.
2162 BGH, DNotZ 1981, 765, 767/8.
2163 Palandt/*Weidlich*, BGB, § 2065 Rn. 7 m.w.N.
2164 OLG Frankfurt, DNotZ 2001, 143 ff.

auch das BayOblG[2165] jedoch haben gegen eine solche oder ähnliche Klausel erhebliche Bedenken und halten sie im Licht des § 2065 Abs. 2 BGB für unwirksam.

1428 Damit erscheint die Wirksamkeit ungeachtet aller materiellen Argumente derzeit nicht so ausreichend sicher, dass eine Empfehlung zur Verwendung der Klausel unter dem Gesichtspunkt des sichersten Weges ratsam erscheint.[2166]

1429 Zum anderen werden Lösungen diskutiert, die von der Vor- und Nacherbfolge abrücken und stattdessen mit einem **Herausgabevermächtnis** arbeiten. Hier werden die Kinder zu Vollerben eingesetzt und mit dem beim Tod der Kinder anfallenden Vermächtnis beschwert, diejenigen Vermögensgegenstände, welche sie vom Testator geerbt haben und die sich beim eigenen Tod noch im Nachlass befinden, an die Vermächtnisnehmer herauszugeben. Dies soll jedenfalls für den Fall (aufschiebend bedingt) gelten, dass beim Tod des beschwerten Erben Nachlassgegenstände aus dem ererbten Vermögen mittelbar an den geschiedenen Ehegatten, dessen Abkömmlinge aus anderen Verbindungen oder seine Verwandten aufsteigender Linie fallen oder sie zur Grundlage der Pflichtteilsberechnung des geschiedenen Ehegatten werden.[2167]

1430 Allerdings hat diese Konstruktion den ganz erheblichen Nachteil, dass ihr die gesetzlichen Vorgaben der Vor- und Nacherbschaft fehlen, sodass eine Vielzahl von Details einer eigenständigen Regelung bedürfen.[2168] Die Pflichtteilsfestigkeit dieser Lösung bedarf zudem einer intensiven Begründung.[2169]

1431 Daher wird hier eine andere Möglichkeit favorisiert, den Vorerben den nötigen Bewegungsspielraum zu vermitteln. Die Anordnung der **Nacherbschaft kann unter eine auflösende Bedingung** gestellt werden, bei deren Eintritt der Vorerbe zum Vollerben wird, ohne weiteren Beschränkungen zu unterliegen. Als eine solche auflösende Bedingung kommt in Betracht, dass der **Vorerbe** selbst **eigene Abkömmlinge** hat. Um sicherzustellen, dass aus diesem Grund Erbfolge und Pflichtteilsrecht zum leiblichen Elternteil[2170] hin nicht mehr besteht, müsste freilich diese Bedingung noch beim Tod des Kindes und Vorerben vorliegen. Wollte man dies so anordnen,[2171] dann müsste die Bedingung noch beim Tod des Vorerben vorliegen, um den Erbanfall zum leiblichen Elternteil zu verhindern. Damit könnte zwar eine eigene Erbfolgeanordnung des Vorerben erreicht werden, dieser unterläge aber auch mit mehreren

2165 BayObLG, MittBayNot 2004, 450 ff.

2166 So auch *Reimann*, MittBayNot 2002, 4, 5; *Krug*, FPR 2011, 268. 270.

2167 *Nieder*, ZEV 1994, 156, 159.

2168 Im Detail und anschaulich *Reimann*, MittBayNot 2002, 1 ff.

2169 *Reimann*, MittBayNot 2002, 1 ff.; krit. *J. Mayer*, ZEV 2000, 9 und *Nieder/Kössinger*, Testamentsgestaltung, § 21 Rn. 53.

2170 Hier wird die Bezeichnung leiblicher Elternteil verwendet, um von einem neuen Ehegatten in der Patchworkfamilie abzugrenzen. Die Problematik gilt aber auch für Elternschaft durch Adoption.

2171 Eine solche Anordnung findet sich etwa bei *Nieder/Kössinger*, Testamentsgestaltung, § 21 Rn. 54.

erwachsenen Kindern bis zu seinem eigenen Tod den Beschränkungen der Nacherbfolge.[2172]

Es sollte aus diesem Grunde überlegt werden, unter **Inkaufnahme eines gewissen Restrisikos** die Anordnung der Nacherbschaft **bereits durch** die **Geburt**/Annahme eines **eigenen Abkömmlings auflösend bedingt** zu gestalten. Es entsteht dann eine Lücke für den Fall, dass neben dem eigenen Kind als Vorerben auch noch dessen Abkömmlinge versterben. 1432

Ferner kann die Anordnung der Nacherbfolge durch den **Eintritt eines bestimmten Lebensalters des Vorerben auflösend bedingt** sein. Dies geschieht vor dem Hintergrund, dass der Vorerbe dann in der Lage ist, ein eigenes Testament zu errichten, um den anderen leiblichen Elternteil von der Erbfolge auszuschließen. Tut er es nicht, dann ist er freilich auch Vollerbe mit der Konsequenz, dass der geschiedene Ehegatte wiederum erben kann. Auch wenn der Vorerbe wie erwartet den anderen leiblichen Elternteil von der Erbfolge ausschließt, bleibt diesem dennoch ein Pflichtteilsrecht, wenn keine eigenen Abkömmlinge des Vorerben vorhanden sind. Da dieses nur für den leiblichen Elternteil besteht, nicht aber für dessen Verwandte oder Kinder aus anderen Verbindungen, kann zusätzlich noch an den Tod dieses anderen leiblichen Elternteiles angeknüpft werden. 1433

Im Beratungsgespräch stellt sich vielfach heraus, dass die Mandanten nach Aufklärung ein solches Restrisiko in Kauf nehmen, aber den Vorerben nach Eintritt der Bedingungen freie Hand lassen wollen. Dies ist in jedem Einzelfall individuell zu entscheiden.

2. Verwaltungsausschluss und Testamentsvollstreckung

Im Geschiedenentestament wird in aller Regel die Verwaltung des ererbten Vermögens durch den geschiedenen Ehegatten nach § 1638 BGB ausgeschlossen. 1434

Zusätzlich findet sich häufig die Anordnung einer Testamentsvollstreckung, die je nach Vermögenszusammensetzung auch nach der Volljährigkeit der Kinder noch weiterbesteht, um diese nicht zu früh zur eigenen Verwaltung zuzulassen. 1435

3. Wohnungsrechte oder Nießbrauchsbestellungen

Sofern ein **neuer Lebenspartner in das Familienwohnheim aufgenommen** ist, werden in den Geschiedenentestamenten häufig noch **Wohnungsrechte** für diesen als **Vermächtnis** ausgesetzt, die je nach Konstellation für eine gewisse Frist nach Ableben oder auf Lebenszeit bestehen sollen. Wenn die Kinder alle anderweitig beheimatet sind, dann kommt ggf. sogar die Bestellung eines Nießbrauchs in Betracht. 1436

2172 BGH, NJW 1958, 59; Staudinger/*Kanzleiter*, § 2269 Rn. 42; *Nieder/Kössinger*, Testamentsgestaltung, § 10 Rn. 68 m.w.N.

1437 Hierbei ist zu beachten, dass das einseitige **Testament jederzeit änderbar** ist, dem Lebenspartner also keine vollständige Sicherheit bietet, insbes. wenn dieser eigene Investitionen tätigt oder bei der Schuldentilgung mithilft.

1438 Hier kommt ggf. sogar die **sofortige Bestellung und Eintragung** eines Wohnungsrechtes infrage. Allerdings muss die Gestaltungspraxis vorsichtig sein, dass hierfür keine **Schenkungsteuer** anfällt. Ggf. kann das Wohnungsrecht zunächst entgeltlich bestellt werden und das Entgelt dann für die Tilgung Verwendung finden.

4. Formulierungsvorschläge

1439 ▶ Formulierungsvorschlag (Geschiedenentestament – Vorerblösung):

URNr. .....
Vom .....

Testament

Heute, den .....
– ..... –
erschien vor mir,

Dr. .....
Notar in .....

Herr .....,
wohnhaft .....,
geboren am ..... in ..... StA.Nr. .....
als Sohn von .....
Der Erschienene hat sich durch Lichtbildausweis legitimiert.
Er ersuchte mich um Beurkundung seines Testaments. Er besitzt, wie ich mich im Gespräch eingehend überzeugte, die hierzu erforderliche Geschäfts- und Testierfähigkeit.
Die Zuziehung von Zeugen wurde nicht gewünscht.
Ein gesetzlicher Zeugenbeiziehungsgrund bestand nicht.
Vermögen im Ausland oder Gesellschaftsanteile mit eingeschränkter Vererblichkeit sind nicht vorhanden.
Auf Ansuchen des Erschienenen beurkundete ich folgendes

Testament,

indem der Erschienene den letzten Willen mündlich vor mir erklärte, wie folgt:

I. Persönliche Angaben

Ich war verheiratet mit Frau ..... . Diese Ehe ist rechtskräftig geschieden.
Aus dieser Ehe sind folgende Kinder hervorgegangen:
K1 .....
K2 .....
Weitere Kinder habe ich nicht.
An ein gemeinschaftliches Testament oder an einen Erbvertrag bin ich nicht gebunden und kann über meinen Nachlass frei verfügen.[2173]
Ich hebe vorsorglich alle etwa früher getroffenen Verfügungen von Todes wegen als nicht mehr meinem letzten Willen entsprechend auf.

II. Letztwillige Verfügungen

Letztwillig bestimme ich Folgendes:

1)

Ich setze hiermit meine Kinder K1 ..... und K2 ..... zu unter sich gleichen Teilen gemäß den Regeln der gesetzlichen Erbfolge zu meinen

Erben

ein.

2)

Meine Kinder sind jedoch nur Vorerben. Die Vorerben werden von allen Beschränkungen der §§ 2113 ff. BGB befreit.

Alternative:
Die Nacherben sind auf den Überrest im Sinne des § 2137 Abs. 1 BGB eingesetzt.

3)

Die Nacherben sind zugleich Ersatzerben.

4)

Die Nacherbfolge tritt mit dem Tode des Vorerben ein.

5)

Zu Nacherben berufe ich jeweils in folgender Reihenfolge:
a) Die Abkömmlinge des jeweiligen Vorerben gemäß den Regeln der gesetzlichen Erbfolgeordnung;[2174]
b) meine übrigen Abkömmlinge gemäß den Regeln der gesetzlichen Erbfolgeordnung;

2173 Hier nachfragen, ob mit dem geschiedenen Ehegatten gemeinschaftliche Testamente oder Erbverträge geschlossen worden sind, deren Schlusserbeinsetzung evtl. noch fortgelten könnte.

2174 Hier ist je nach den Wünschen des Betroffenen ggf. zu differenzieren, ob nur leibliche oder auch adoptierte Abkömmlinge gemeint sind oder ob nur Kinder eingesetzt werden sollen, die ehelich geboren sind.

c) diejenigen Personen, die meine gesetzlichen Erben wären, wenn ich im Zeitpunkt des Eintritts des Nacherbfalles ohne Hinterlassung von Abkömmlingen verstorben wäre, unter sich nach gesetzlicher Erbregel.
Meine geschiedene Ehefrau, ihre Abkömmlinge, soweit sie nicht mit mir gemeinschaftlich sind, und ihre Verwandten aufsteigender Linie sind dabei jedoch als Nacherben ausgeschlossen.[2175]
Die Nacherbanwartschaften sind zwischen Erbfall und Nacherbfall nicht vererblich und nicht übertragbar.

6)

Soweit gemeinschaftliche Abkömmlinge von mir und meiner geschiedenen Ehefrau Nacherben werden, sind jeweils in entsprechender Anwendung des vorstehenden Absatzes 5) die dort bestimmten Personen deren weitere Nacherben auf ihren Tod. Die zeitliche Schranke des § 2109 BGB bleibt unberührt. Gleiches gilt im Fall der Ersatzerbfolge.

7)

Soweit Kinder von mir zur Zeit meines Todes noch minderjährig sind, entziehe ich meinem geschiedenen Ehegatten gemäß § 1638 BGB das Recht, den Erwerb von Todes wegen zu verwalten.

Alternative:
Für diesen Fall bestimme ich zum Pfleger für die Vermögensverwaltung nach §§ 1909, 1917 BGB: .....[2176]

8)

Für die Zeit, bis das jüngste Kind das einundzwanzigste Lebensjahr vollendet hat, schließe ich, und zwar auch für den Fall des Todes eines Miterben, die Auseinandersetzung meines Nachlasses aus und ordne Dauertestamentsvollstreckung an. Der Testamentsvollstrecker soll in der Eingehung von Verbindlichkeiten für den Nachlass nicht beschränkt sein.
Zum Testamentsvollstrecker ernenne ich: ..... .

2175 Formulierungsvorschläge etwa bei *Nieder/Kössinger*, Testamentsgestaltung, § 21 Rn. 54; Würzburger Notarhandbuch/*Limmer*, Teil 4, Kap.1 Rn. 377; *Busse*, MittRhNotK 1998, 225, 230.

2176 Es ist umstritten, wann eine Pflegschaft eingerichtet werden muss, um den Testamentsvollstrecker überwachen zu können. Nach OLG Zweibrücken, ZEV 2007, 333 ist keine »Beobachtungspflegschaft« anzuordnen. Das OLG Schleswig, NJW-RR 2007, 1597 hingegen hält eine Pflegschaft für notwendig, die freilich nicht der Verwaltung des Erbes dient, sondern nur der Kontrolle des Testamentsvollstreckers. Der BGH hat sich jedoch nunmehr ebenfalls gegen eine generelle Beobachtungspflegschaft ausgesprochen. Nur bei Interessenwiderstreit im Einzelfall kommt die Bestellung eines Pflegers in Betracht, BGH, ZEV 2008, 330.

Der Testamentsvollstrecker ist verpflichtet, bei Annahme seines Amtes einen Nachfolger zu benennen. Sollte er das Amt nicht annehmen können oder wollen und auch keinen Nachfolger benennen, so ersuche ich das Nachlassgericht um Ernennung eines geeigneten Testamentsvollstreckers.
Der Testamentsvollstrecker erhält für seine Tätigkeit keine Gebühren, sondern nur Auslagenersatz.

Ergänzende Alternative:

9)

Für den Fall (aufschiebende Bedingung), dass die Vorerben zu Lebzeiten durch Rechtsgeschäft unter Lebenden einzelne ererbte Vermögenswerte im Wege der vorweggenommenen Erbfolge auf einzelne oder mehrere ihrer Abkömmlinge übertragen, sind diese Vermögenswerte den Vorerben als Vorausvermächtnis nach § 2150 BGB zur freien Verfügung zugewandt.

III. Belehrungen

Weitere letztwillige Bestimmungen will ich zurzeit nicht treffen.
Der Notar hat mich belehrt:
- über das Wesen der Vor- und Nacherbschaft und die damit verbundenen Beschränkungen des Vorerben,
- über Gestaltungsalternativen wie Herausgabevermächtnisse oder die Vereinbarung auflösender Bedingungen,
- über das Pflichtteilsrecht,
- über die Bestimmungen des Erbschafts- und Schenkungssteuergesetzes und
- über die Möglichkeiten, dieses Testament zu ändern.

IV. Verwahrung, Kosten und Abschriften

Ich trage die Kosten, ersuche, das Testament in die gerichtliche Verwahrung beim Amtsgericht ..... zu bringen und ersuche um eine beglaubigte Abschrift. Eine weitere beglaubigte Abschrift ist unverschlossen in der Urkundensammlung des beurkundenden Notars aufzubewahren. Der Notar benachrichtigt das Zentrale Testamentsregister.

Soll die Geburt eines Kindes des Vorerben oder ein bestimmtes Alter des Vorerben, 1440
ggf. abhängig vom Tod des geschiedenen Ehegatten, zur auflösenden Bedingung für die Nacherbschaft gemacht werden, so kann dies folgendermaßen formuliert sein:

1441 ▶ Formulierungsvorschlag (Geschiedenentestament mit auflösenden Bedingungen):

..... (Urkundseingang wie beim vorhergehenden Formulierungsvorschlag) .....

II.
Letztwillige Verfügungen

Letztwillig bestimme ich Folgendes:

1)

Ich setze hiermit meine Kinder K1 ..... und K2 ..... zu unter sich gleichen Teilen gemäß den Regeln der gesetzlichen Erbfolge zu meinen

Erben

ein.

2)

Meine Kinder sind jedoch nur Vorerben. Die Vorerben werden von allen Beschränkungen der §§ 2113 ff. BGB befreit.

Alternative:
Die Nacherben sind auf den Überrest im Sinne des § 2137 Abs. 1 BGB eingesetzt.

3)

Die Nacherben sind zugleich Ersatzerben.
Sofern die Voraussetzungen der nachfolgenden Ziffer 7) a) bereits bei meinem Tode vorliegen, gilt hinsichtlich der Ersatzerbenregelung:
Ersatzerben sind die Abkömmlinge der vorgenannten Erben im Verhältnis der gesetzlichen Erbfolgeordnung, sonst tritt Anwachsung unter den übrigen Miterben ein.

4)

Die Nacherbfolge tritt mit dem Tode des Vorerben ein.

5)

Zu Nacherben berufe ich für jedes meiner Kinder dessen Geschwister zu unter sich gleichen Teilen gemäß den Regeln der gesetzlichen Erbfolge. Ersatznacherben sind die Abkömmlinge der jeweiligen Geschwister.
Weitere Ersatznacherben sind diejenigen Personen, die nach meinem Tode sonst meine gesetzlichen Erben wären.
Meine geschiedene Ehefrau, ihre Abkömmlinge, soweit sie nicht mit mir gemeinschaftlich sind, und ihre Verwandten aufsteigender Linie sind dabei jedoch als Nacherben ausgeschlossen
Die Nacherbanwartschaften sind zwischen Erbfall und Nacherbfall nicht vererblich.

6)

Soweit gemeinschaftliche Abkömmlinge von mir und meiner geschiedenen Ehefrau Nacherben werden, sind jeweils in entsprechender Anwendung des vorstehenden Absatzes 5 die dort bestimmten Personen deren weitere Nacherben auf ihren Tod. Die zeitliche Schranke des § 2109 BGB bleibt unberührt. Gleiches gilt im Fall des Eintrittes der Ersatzerbfolge.

7)

Die Anordnung der Nacherbfolge ist aufschiebend und auflösend in folgender Weise bedingt:
a) Die Anordnung der Nacherbfolge entfällt für denjenigen Vorerben mit der Folge, dass er Vollerbe wird, wenn er oder sie ein eigenes Kind hat.
Der Notar hat mich darauf hingewiesen, dass diese Bedingung noch beim Tode des Vorerben vorliegen müsste, um die Nichtbeteiligung des geschiedenen Ehegatten sicherzustellen. Ich erkläre jedoch, dass eine Vollerbschaft schon dann eintreten soll, wenn ein Kind vorhanden ist, ohne dass diese Bedingung beim Tode des Vorerben noch vorliegen muss.
b) Die Anordnung der Nacherbfolge entfällt ferner für denjenigen Vorerben, der das dreißigste Lebensjahr vollendet hat.
Hierbei gehe ich davon aus, dass der Vorerbe bis zu diesem Zeitpunkt eine letztwillige Verfügung getroffen hat, aufgrund derer der geschiedene Ehegatte nicht Erbe oder Vermächtnisnehmer wird. Die Bedingung tritt jedoch auch ein, wenn das nicht der Fall sein sollte.

Alternative:
b) *Die Anordnung der Nacherbfolge entfällt ferner, wenn alle Vorerben das dreißigste Lebensjahr vollendet haben und meine geschiedene Ehefrau nicht mehr lebt*[2177]*.*

8)

Soweit Kinder von mir zur Zeit meines Todes noch minderjährig sind, entziehe ich meinem geschiedenen Ehegatten gemäß § 1638 BGB das Recht, den Erwerb von Todes wegen zu verwalten.
Alternative:
Für diesen Fall bestimme ich zum Pfleger für die Vermögensverwaltung nach §§ 1909, 1917 BGB: ..... .

2177 Hier wird zusätzlich der Tod der geschiedenen Ehefrau zur Voraussetzung gemacht, da erst dann die Pflichtteilsproblematik nicht mehr ansteht, die auch bei dem erwarteten abweichenden Testament des Vorerben bestünde.

9)

Für die Zeit, bis das jüngste Kind das einundzwanzigste Lebensjahr vollendet hat, schließe ich, und zwar auch für den Fall des Todes eines Miterben, die Auseinandersetzung meines Nachlasses aus und ordne Dauertestamentsvollstreckung an. Der Testamentsvollstrecker soll in der Eingehung von Verbindlichkeiten für den Nachlass nicht beschränkt sein.
Zum Testamentsvollstrecker ernenne ich: ..... .
Der Testamentsvollstrecker ist verpflichtet, bei Annahme seines Amtes einen Nachfolger zu benennen. Sollte er das Amt nicht annehmen können oder wollen und auch keinen Nachfolger benennen, so ersuche ich das Nachlassgericht um Ernennung eines geeigneten Testamentsvollstreckers.
Der Testamentsvollstrecker erhält für seine Tätigkeit keine Gebühren, sondern nur Auslagenersatz.

III. Belehrungen

Der Notar hat mich belehrt:
- über das Wesen der Vor- und Nacherbschaft und die damit verbundenen Beschränkungen des Vorerben,
- über Gestaltungsalternativen wie Herausgabevermächtnisse oder die Vereinbarung auflösender Bedingungen,
- über das Pflichtteilsrecht,
- über die Bestimmungen des Erbschafts- und Schenkungssteuergesetzes und
- über die Möglichkeiten, dieses Testament zu ändern.

IV. Verwahrung, Kosten und Abschriften

Ich trage die Kosten, ersuche, das Testament in die gerichtliche Verwahrung beim Amtsgericht ..... zu bringen und ersuche um eine beglaubigte Abschrift. Eine weitere beglaubigte Abschrift ist unverschlossen in der Urkundensammlung des beurkundenden Notars aufzubewahren.

1442 Sofern die Vorerbschaft insbes. beim Tod des geschiedenen Ehegatten erlischt, weil dann keine Pflichtteilsprobleme mehr bestehen, kann ergänzend ein Herausgabevermächtnis angeordnet werden:[2178]

2178 Formulierung nach *Nieder*, ZEV 1994, 156, 159 und *Nieder/Kössinger*, Testamentsgestaltung, § 21 Rn. 54.

▶ Formulierungsvorschlag (zusätzliche Anordnung einer Vermächtnislösung[2179]): 1443

.....

9)

Sofern Gegenstände aus meinem Nachlass mit dem Tod eines meiner Abkömmlinge im Wege der gesetzlichen oder gewillkürten Erbfolge oder eines Vermächtnisses auf meinen geschiedenen Ehegatten, Abkömmlinge meines geschiedenen Ehegatten aus einer anderen Verbindung oder an seine Verwandten aufsteigender Linie[2180] fallen, vermache ich all diejenigen Vermögensgegenstände, die der verstorbene Abkömmling aus meinem Nachlass erworben hat oder die an die Stelle solcher Vermögensgegenstände getreten sind (Surrogate) und die sich zum Zeitpunkt des Vermächtnisanfalls noch nachweislich in seinem Vermögen befinden, an seine eigenen Erben, ausgenommen die Abkömmlinge meines geschiedenen Ehegatten aus anderen Verbindungen und seine Verwandten aufsteigender Linie und zwar zu den Miteigentumsanteilen, die ihren Erbteilen entsprechen. Die Vermächtnisse fallen erst mit dem Tode des Erblassers an und werden damit fällig.

2179 Zur Vermächtnislösung *Krug*, FPR 2011, 268, 270.

2180 Unter der Prämisse einer kombinierten Lösung, bei der die Nacherbfolge mit dem Tod des geschiedenen Ehegatten entfällt und dann nur noch das Herausgabevermächtnis greift. Anderenfalls muss der geschiedene Ehegatte hier mit genannt sein.

Stichwortverzeichnis

(Die Zahlen hinter den einzelnen Stichworten verweisen auf die Randnummern.)